Regionale Strukturpolitik als europäischer Kooperations- und Entscheidungsprozeß

Europäische Hochschulschriften
Publications Universitaires Européennes
European University Studies

Reihe XXXI
Politikwissenschaft

Série XXXI Series XXXI
Sciences politiques
Political Science

Bd./Vol. 440

PETER LANG
Frankfurt am Main · Berlin · Bern · Bruxelles · New York · Oxford · Wien

Gerd Eckstein

Regionale Strukturpolitik als europäischer Kooperations- und Entscheidungsprozeß

PETER LANG
Europäischer Verlag der Wissenschaften

Die Deutsche Bibliothek - CIP-Einheitsaufnahme

Eckstein, Gerd:

Regionale Strukturpolitik als europäischer Kooperations- und Entscheidungsprozeß / Gerd Eckstein. - Frankfurt am Main ; Berlin ; Bern ; Bruxelles ; New York ; Oxford ; Wien : Lang, 2001
(Europäische Hochschulschriften : Reihe 31, Politikwissenschaft ; Bd. 440)
Zugl.: Speyer, Hochsch. für Verwaltungswiss., Diss., 2001
ISBN 3-631-38707-5

Die vorliegende Untersuchung wurde im *Forschungsinstitut für öffentliche Verwaltung* bei der Deutschen Hochschule für Verwaltungswissenschaft Speyer durchgeführt.

ISSN 0721-3654
ISBN 3-631-38707-5

www.peterlang.de

Vorwort

Die vorliegende Arbeit wurde im Sommersemester 2001 an der Deutschen Hochschule für Verwaltungswissenschaften Speyer (DHV) als Dissertation angenommen. Die Untersuchung entstand im Rahmen eines Projektes an dem Forschungsinstitut für öffentliche Verwaltung bei der DHV, dessen wissenschaftlicher Leiter Univ.-Prof. Dr. Dr. h. c. *Heinrich Siedentopf* war. Ihm danke ich für die inhaltliche Betreuung und Begleitung des Projektfortschritts und im besonderen Maße für die jahrelange gute, sehr angenehme Zusammenarbeit am Lehrstuhl und im Forschungsinstitut. Bei Univ.-Prof. Dr. *Siegfried Magiera* möchte ich mich für die zügige Erstellung des Zweitgutachtens bedanken.

Aus dem Kreis der ehemaligen Kolleginnen und Kollegen bin ich insbesondere Assessor *Holger Holzwart* zu Dank verpflichtet, mit dem ich manch anregendes Fachgespräch über die neuesten Entwicklungen im europäischen Mehrebenensystem gehalten habe. Ihm wünsche ich einen baldigen erfolgreichen Abschluss seines Forschungsvorhabens. Allen Interviewpartnern auf europäischer, Bundes- und Landesebene danke ich an dieser Stelle nochmals für die gezeigte Bereitschaft, sich mit mir über ein derart komplexes, zuweilen sehr technisches, aber immer spannendes Thema unterhalten zu haben. Eventuelle Fehler bei der Wiedergabe oder Interpretation von Quellen gehen selbstverständlich zu Lasten des Verfassers.

Elisabeth Lerchenmüller aus dem Sekretariat des Forschungsinstitutes ist zu verdanken, dass aus meinen wissenschaftlichen Bemühungen ein druckreifes Manuskript werden konnte. Ein letzter, aber dafür um so größerer Dank gilt meiner Familie, die so manches Mal auf mich verzichten musste. Ihr sei diese Arbeit gewidmet.

Speyer, im Juli 2001 *Gerd Eckstein*

Inhaltsverzeichnis

Abkürzungsverzeichnis

AdR	Ausschuß der lokalen und regionalen Gebietskörperschaften
a. F.	alte Fassung
AMR	Arbeitsmarktregion
AStV	Ausschuß der ständigen Vertreter
BDI	Bundesverband der deutschen Industrie
BIP	Bruttoinlandsprodukt
BLV	Vereinbarung zwischen der Bundesregierung und den Regierungen der Länder über die Zusammenarbeit in Angelegenheiten der EU
BMAS	Bundesministerium für Arbeit und Sozialordnung
BMELF	Bundesministerium für Ernährung, Landwirtschaft und Forsten
BMF	Bundesministerium der Finanzen
BMWi	Bundesministerium für Wirtschaft und Technologie
BSP	Bruttosozialprodukt
COREPER	Comité des Représentants permanents
COSAC	Conférence des Organes Specialisées sur les Affaires Communautaires
DGB	Deutscher Gewerkschaftsbund
DIHT	Deutscher Industrie- und Handelstag
EAGFL-A	Europäischer Ausrichtungs- und Garantiefonds für die Landwirtschaft - Abteilung Ausrichtung
EEA	Einheitliche Europäische Akte
EFRE	Europäischer Fonds für Regionale Entwicklung
EGKS	Europäische Gemeinschaft für Kohle und Stahl
EGV	Vertrag zur Gründung der Europäischen Gemeinschaft (EG-Vertrag)
EGV-A	EG-Vertrag in der Fassung des Amsterdamer Vertrages

EIB	Europäische Investitionsbank
EMK	Ständige Konferenz der Europaminister der Länder
EP	Europäisches Parlament
EPP	Ergänzung zur Programmplanung
EPPD	Einheitliches Programmplanungsdokument
ESF	Europäischer Sozialfonds
EU	Europäische Union
EuGH	Europäischer Gerichtshof
EuRH	Europäischer Rechnungshof
EUZBBG	Gesetz über die Zusammenarbeit von Bundesregierung und Deutschem Bundestag in Angelegenheiten der Europäischen Union
EUZBLG	Gesetz über die Zusammenarbeit von Bund und Ländern in Angelegenheiten der Europäischen Union
EWU	Europäische Währungsunion
FIAF	Finanzinstrument für die Ausrichtung der Fischerei
GAP	Gemeinschaftliche Agrarpolitik
GD	Generaldirektion
GFK	Gemeinschaftliches Förderkonzept
GG	Grundgesetz
GOBT	Geschäftsordnung des Deutschen Bundestages
GOLT	Geschäftsordnung des Landtages
GRW	Gemeinschaftsaufgabe zur Verbesserung der regionalen Wirtschaftsstruktur
IAS	Stiftung Innovation und Arbeit Sachsen
IHK	Industrie- und Handelskammer
IMNOS	Interministerieller Ausschuß für Notstandsgebietsfragen
IMP	Integrierte Mittelmeerprogramme
KKS	Kaufkraftstandards
KMU	Klein- und Mittelständische Unternehmen
MdEP	Mitglied des Europäischen Parlaments

MdL	Mitglied des Landtages
MLG	Multi Level Governance
MOEL	Mittel- und Osteuropäische Länder
MPK	Ministerpräsidentenkonferenz
MSAG	Ministerium für Soziales, Arbeit und Gesundheit
MWVLW	Ministerium für Wirtschaft, Verkehr, Landwirtschaft und Weinbau
NBL	Neue Bundesländer
NGI	Neues Gemeinschaftsinstrument
NPGI	Nationale Programme von Gemeinschaftlichem Interesse
NUTS	Nomenclature des unités territoriales statistiques
OP	Operationelles Programm
REP	Regionalentwicklungsplan
RGRE	Rat der Gemeinden und Regionen Europas
RKK	Regionaler Koordinierungskreis
RP	Regierungspräsidium
SAB	Sächsische Aufbaubank
SMK	Sächsisches Staatsministerium für Kultus
SMU	Sächsisches Staatsministerium für Umwelt und Landwirtschaft
SMWA	Sächsisches Staatsministerium für Wirtschaft und Arbeit
SMWK	Sächsisches Staatsministerium für Wissenschaft und Kunst
VRE	Versammlung der Regionen Europas
Wimiko	Ständige Konferenz der Wirtschaftsminister der Länder
WSA	Wirtschafts- und Sozialausschuß
WWF	World Wildlife Fund
WWU	Wirtschafts- und Währungsunion
ZdH	Zentralverband des deutschen Handwerks

1. Die Europäische Union als Mehrebenensystem

Die Entwicklung der europäischen Integration stellt keinen linearen Prozeß kontinuierlicher Vergemeinschaftung dar - Perioden dynamischen Voranschreitens wurden immer wieder unterbrochen durch Zeiten der Stagnation. Über den gesamten Zeitverlauf betrachtet ist jedoch die Grundtendenz einer stetigen Vertiefung der Integration unverkennbar, die durch den Vertrag von Amsterdam nur einen vorläufigen Abschluß gefunden hat[1]. Die Vollendung der Wirtschafts- und Währungsunion und die bevorstehende Osterweiterung stellen weitere anspruchsvolle Etappenziele dar, wenngleich Ziel und Endpunkt der Entwicklung nicht endgültig feststehend erscheinen: „Zu welcher Balance europäische Vergemeinschaftung und mitgliedstaatliche Autonomie finden wird, ist noch offen."[2] Die theoretisch denkbaren Optionen reichen dabei vom rein ökonomisch determinierten „Zweckverband" bis hin zum europäischen „Superstaat"[3].

Bevor mit der Analyse eines auf europäischer Ebene bearbeitenden Politikfeldes begonnen werden kann, ist somit der Frage nachzugehen, welche Charakteristika der untersuchte Handlungsrahmen aufweist. Die (neo-)realistische Schule definiert die Europäische Union als ein intergouvernementales Verhandlungssystem souveräner Nationalstaaten, die sich nach den primärrechtlichen Regelungen als die „Herren der Verträge" verstehen[4]. Daraus abzuleiten, daß souveräne Nationalstaaten die ausschließlichen Akteure auf dem Gebiet internationaler Politik verkörpern, die ihre Interessen weitgehend autonom durchsetzen können, ist am Ende des 20. Jahrhunderts insbesondere in bezug auf die europäische Integration jedoch unzutreffend[5]. Die (neo-)funktionalistische Gegenposition sieht in der EU eine neue, sup-

1 Die vorliegende Untersuchung behandelt den europäischen Integrationsprozeß bis zum 31.7.2000. Dokumente und Veröffentlichungen, die danach erschienen sind, konnten nur noch in Ausnahmefällen bei der Überarbeitung berücksichtigt werden. Der Vertrag von Nizza (Dezember 2000) ist somit nicht mehr Gegenstand der Analyse.

2 *Kohler-Koch* 1998, S. 267.

3 Vgl. *Giering* 1997.

4 Zu dem intergouvernementalistischen Ansatz vgl. die Beiträge in *Wallace/Wallace* 1996.

5 Vgl. stellvertretend *Bulmer* et al. 1998, S. 92.

ranationale Form der Staatlichkeit[6], die oberhalb der Nationalstaaten eine zusätzliche Ebene mit eigenen Kompetenzen konstituiert[7]. Der Neofunktionalismus reagiert damit auf den Befund, daß die Mitgliedstaaten in beträchtlichem Umfang Souveränitätsrechte an die europäische Ebene abgegeben haben, bei deren Ausübung supranationale, nationale und in zunehmendem Maße auch regionale und lokale Akteure auf hoch komplexe Art und Weise miteinander verbunden sind. Eine dritte, moderne Position spricht von einem Gebilde „sui generis"[8], um die Einzigartigkeit der europäischen Integration und der sie tragenden Institutionen zu betonen. In dieser Interpretation stellt die EU einerseits „... mehr dar als eine internationale Organisation im traditionellen Sinne; auf der anderen Seite verfügt sie nur über einen Teil jener Eigenschaften, die normalerweise einen Staat auszeichnen."[9] Mit dem eher vagen Begriff eines Gebildes sui generis wird zugleich der Entwicklung von der Europäischen Wirtschaftsgemeinschaft zur Europäischen Union Rechnung getragen, die in ihrer aktuellen Ausprägung von dem Bundesverfassungsgericht - in Abgrenzung zu „Staatenbund" und „Bundesstaat" - als supranationaler „Staatenverbund"[10] qualifiziert wurde. Tatsächlich handelt es sich bei der Europäischen Union angesichts ihrer „Säulenstruktur" um eine Mischform aus intergouvernemental und supranational dominierten Politikfeldern - je nach Vergemeinschaftungsgrad der betreffenden Materie. Inzwischen werden auf europäischer Ebene verbindliche Entscheidungen getroffen, die die Lebensbedingungen der Bürger unmittelbar und wesentlich beeinflussen. Schon aus diesem Grund ist es deshalb gerechtfertigt, von der EU als einer „politische(n) Herrschaftsordnung eigener Art"[11] zu sprechen, deren Spezifika nachfolgend analysiert werden sollen.

---

6 *Grande* (1995, S. 329) spricht in diesem Zusammenhang von einer „neue(n) Architektur von Staatlichkeit".

7 Zur Evolution der Integrationstheorie(n) im Zuge des europäischen Integrationsprozesses vgl. *Giering* 1997; vgl. auch *Eichener* 2000, S. 9 ff.

8 Vgl. stellvertretend *Benz* 1999c, S. 45; *Jachtenfuchs* 1997, S. 15.

9 *Decker* 2000, S. 599.

10 Vgl. Entscheidung zum Maastrichter Vertrag vom 12.10.1993, BVerfGE 89, S. 155 ff. (S. 184).

11 *Grande* 2000, S. 12.

1.1 Gang der Untersuchung

Die Ausgangsthese der vorliegenden Untersuchung lautet: Das politisch-administrative, föderal gegliederte System der Bundesrepublik Deutschland unterliegt einem nachhaltigen Langzeittrend: der „Europäisierung“[12], verstanden als „... Erweiterung des Wahrnehmungshorizontes und des politischen Handlungsraumes um die europäische Dimension“[13]. Dieser Trend war anfangs auf den Bereich der Wirtschaft beschränkt, entfaltete im Zuge der voranschreitenden Integration jedoch zunehmend Folgewirkungen auf weitere Politikbereiche. Durch die Abgabe von staatlichen Souveränitätsrechten an die supranationale Ebene kam und kommt es wiederholt zu sogenannten Spill over-Effekten, d. h. Aktivitäten der europäischen Ebene zeitigen Wirkungen in Bereichen, die nach dem Vertrag nicht oder nur teilweise in ihrem Kompetenzbereich liegen. Ein Beispiel für derartige Folgewirkungen der „Vergemeinschaftung“ sind die regionalpolitischen Implikationen der europäischen Beihilfenpolitik, die aus diesem Grund in die Analyse einbezogen werden müssen.

Das erste Kapitel der vorliegenden Untersuchung beschäftigt sich mit der europäischen Mehrebenenverflechtung. Bei der Entwicklung der analytischen Kategorien wird der Versuch unternommen, Elemente des Netzwerkansatzes für die angestrebte Analyse eines dynamischen Mehrebenensystems miteinander verbundener Entscheidungsarenen fruchtbar zu machen (Gliederungspunkt 1.2). Die Entscheidungsprozesse in dem ausgewählten redistributiven Politikfeld zeichnen sich dabei durch im Zeitverlauf (Politikzyklus) wechselnde Konstellationen zwischen den beteiligten Ebenen aus. Unterschiedliche Verhandlungsmodi kommen zum Tragen, um den vier prägenden „K“ der europäischen Integration - Kooperation, Konsens, Koordination und Konkurrenz[14] - entsprechen zu können. Die Analyse erfolgt anhand der zentralen Kategorien:

- beteiligte Akteure,
- ihren spezifischen Interessen und
- den sich aus den Kontextbedingungen ergebenden Handlungsoptionen[15].

---

12 Vgl. *Wessels* 1999a, S. 23 ff.

13 So die Definition von *Kohler-Koch* 2000a, S. 22. Zu weiteren, davon abweichenden Interpretationen des Begriffs „Europäisierung“ vgl. auch *Große Hüttmann/ Knodt* 2000, S. 32.

14 Diese einprägsame Typologie stammt von einer Interviewpartnerin; vgl. Gesprächsprotokoll EU 3.

15 Vgl. *Krahmann* 1998, S. 223.

Am Beginn der Untersuchung des Politikfeldes erscheint es nach einer definitorischen Annäherung an den Begriff „Strukturpolitik" sinnvoll, die hauptsächlichen Akteure der drei untersuchten Ebenen mit Blick auf ihre Stellung im institutionellen System und ihre Rolle in der europäischen, nationalen und regionalen Strukturpolitik kurz vorzustellen (1.3).

Im zweiten Kapitel soll die „Europäisierung" des Politikfeldes nachgezeichnet werden. Die zentrale Frage lautet: Welche Faktoren waren ausschlaggebend für die Entwicklung, daß die Strukturpolitik mittlerweile nach der Gemeinsamen Agrarpolitik den zweitgrößten Haushaltsposten darstellt, der im aktuellen Gemeinschaftshaushalt über dreißig Prozent der Gesamtmittel in Anspruch nimmt. Dieser historisch-deskriptive Teil beginnt mit den Anfängen strukturpolitischer Aktivitäten auf europäischer Ebene (2.1). Den Ausgangspunkt bildet die These, daß die Politik des wirtschaftlichen und sozialen Zusammenhalts zwar von Beginn an dem Ziel der Erhaltung und Erhöhung der Kohäsion dienen sollte. Ein nicht minder bedeutsamer Beweggrund für das ständige Anwachsen des strukturpolitisches Anteils am Gesamthaushalt besteht jedoch darin, daß diese Mittel als Kompensationszahlungen zur Flankierung bisheriger Erweiterungsrunden instrumentalisiert wurden (2.2). Die chronologische Betrachtung der Strukturpolitik macht zugleich deutlich, daß die bisherige Geschichte dieses Politikfeldes eine Reformgeschichte ist (2.3 und 2.4). Ebenfalls beleuchtet werden die Neuerungen der 1990er Jahre, die sich aus der bisher letzten Erweiterungsrunde und den primärrechtlichen Änderungen des Amsterdamer Vertrags ergeben haben (2.5 und 2.6).

Bei einer ebenenübergreifenden, integrierten Analyse der Verhandlungsprozesse und Entscheidungsstrukturen in einem Politikfeld kann dessen inhaltliche Dimension nicht ausgeblendet bleiben. Auf der Grundlage der chronologischen Betrachtung werden deshalb im dritten Kapitel sowohl Qualität als auch Quantität der EU-Aktivitäten in dem untersuchten Politikfeld kritisch gewürdigt. Der konzeptionellen Kritik (3.1) folgen einige kritische Anmerkungen zur Förderpraxis (3.2). Die bisher in diesem Politikfeld erzielten Ergebnisse erweisen sich bei näherer Betrachtung als lediglich suboptimal (3.3). Angesichts der bevorstehenden Erweiterungen um die Beitrittskandidaten aus Ostmittel- und Südosteuropa ist es notwendig, die damit verbundenen strukturpolitischen und institutionellen Herausforderungen zu skizzieren (3.4). Um die Vielfalt alternativer Reformkonzepte zu verdeutlichen, werden ausgewählte Reformoptionen vorgestellt und hinsichtlich ihrer Realisierungschancen betrachtet (3.5). Den Schluß des dritten Kapitels bildet die Darstellung der aktuellen Reformrunde, die in wesentlichem Maße von den Beschlüssen des Europäischen Rates in Berlin im März 1999 geprägt wurde (3.6)[16].

Im zweiten Hauptteil der Untersuchung geht es im vierten Kapitel um die Auswirkungen europäischer strukturpolitischer Aktivitäten auf die nationale und die regionale Ebene(n) in Deutschland und vice versa. Bevor jedoch das Kooperations- und Konfliktverhältnis zu der supranationalen Ebene betrachtet werden kann, muß die im nationalen Rahmen gewachsene staatliche Wirtschaftspolitik mit regionaler Zielsetzung vorgestellt werden. Seit Einfügung des Art. 91a GG im Jahre 1969 erfolgt die nationale Strukturförderung in Deutschland durch das Instrument der „Gemeinschaftsaufgabe zur Verbesserung der regionalen Wirtschaftsstruktur (GRW)“ (4.1). Wiederum chronologisch wird die Entwicklung des Spannungsverhältnisses zwischen europäischer und nationaler Förderpolitik bis zum Jahr 1990 nachgezeichnet (4.2). In den 1990er Jahren sah sich die nationale Förderung in Deutschland zwei großen Herausforderungen gegenüber: dem weiter wachsenden Einfluß der supranationalen Ebene und dem mit der Wiederherstellung der staatlichen Einheit verbundenen wirtschaftlichen Aufholbedarf in Ostdeutschland. Das überkommene, in den westdeutschen Ländern erfolgreich praktizierte Instrumentarium mußte somit an die neuen Rahmenbedingungen angepaßt werden (4.3).

Die unterschiedliche Entwicklung in der regionalen Strukturpolitik nach der deutschen Vereinigung wurde u. a. bedingt durch den stark abweichenden Stellenwert europäischer Förderung für die jeweiligen Landespolitiken. In den neuen Bundesländern, die flächendeckend zu Ziel 1-Gebieten mit der höchsten Förderpriorität erklärt wurden, hat die Strukturfondsförderung für manche Branchen eine existenzielle Bedeutung, während sie in den Altbundesländern eher marginal zu Buche schlägt. Aus diesem Grund wurden je ein westdeutsches und ein ostdeutsches Land als Referenzländer für eine vergleichende Betrachtung ausgewählt: der Freistaat Sachsen (4.4) und das Land Rheinland-Pfalz (4.5)[17]. Der vergleichende, durch eigene Erhebungen[18]

16 Gliederungslogisch hätte dieser Punkt bereits an das Ende der chronologischen Betrachtung des zweiten Kapitels gehört. Inhaltslogisch erfolgt die kritische Würdigung der aktuellen Reform jedoch an dieser Stelle, um zu zeigen, welche der vorher angesprochenen Reformkonzepte eine (teilweise) Umsetzung erfahren haben.

17 Die Wahl fiel aus mehreren Gründen auf diese beiden Bundesländer: Sie weisen eine ähnliche Größe auf - sie haben etwa 4 Mio. Einwohner (Rheinland-Pfalz), bzw. rund 4,5 Mio. Einwohner (Freistaat Sachsen) und bedecken eine Fläche von jeweils knapp 20.000 km². Da eine vergleichende Betrachtung von Gemeinsamkeiten und Unterschieden lebt, wurde bewußt ein ostdeutsches Land ausgewählt, das

unterlegte empirische Teil konzentriert sich auf eine Phase des Politikzyklus - die Neu-Formulierung („re-definition") der Strukturpolitik für die Förderperiode 2000-2006. Die zentrale Fragestellung lautet: Wie wird das zwischen den Kompetenzen der drei Ebenen bestehende Kooperations- und Konkurrenzverhältnis von den beteiligten Akteuren wahrgenommen und in welcher Weise wird von ihnen versucht, auf die (Neu-)Gestaltung der Förderpolitik Einfluß zu nehmen? Erfahrungen aus den anderen Phasen des Politikzyklus (Implementation, Evaluierung etc.) können und sollen dabei nicht völlig ausgeblendet werden. Der Fokus der Betrachtung liegt auf zwei der vier Prinzipien der Strukturfondsförderung: dem Grundsatz der Programmplanung und dem Partnerschaftsprinzip[19]. Angesichts der Vielzahl der beteiligten Akteure muß zwangsläufig eine Begrenzung des Untersuchungsrahmens erfolgen: Die Konzentration auf die EU-Kommission sowie die mittelverwaltenden Ressorts auf Bundes- und Landesebene trägt dem Umstand Rechnung, daß die Entscheidungsprozesse deutscher Europapolitik im allgemeinen durch eine „Dominanz der Exekutiven"[20] geprägt sind. Bei der vergleichenden Betrachtung geht es gleichwohl um die Frage der demokratischen Legitimation sowie um ergänzende Legitimationsformen staatlichen Handelns in dem untersuchten Politikfeld.

Die Analyse der regionalen Strukturpolitik zeigt, daß sich nur dann ein vollständiges Bild ergeben kann, wenn mindestens ein weiteres Politikfeld ebenfalls in den Blick genommen wird: die europäische Beihilfenkontrolle durch die zuständigen Generaldirektion Wettbewerb, die von gravierender Bedeutung für die (sub-)nationalen Förderaktivitäten ist. Bei einer Instru-

---

sowohl im nationalen als auch im EU-Rahmen die höchste Förderpriorität genießt. Ihm wird ein westdeutsches Land gegenüber gestellt, das in bezug auf beide Fördersysteme lediglich partiell und zu schlechteren Konditionen als förderungswürdig gilt.

18 In Form von Hintergrundgesprächen und Experteninterviews, die anhand eines vorstrukturierten, aber dennoch offenen Leitfadens mit insgesamt 47 Vertretern folgender Institutionen geführt wurden: Europäisches Parlament, beide Landtage, Ausschuß der Regionen, beide Länderbüros in Brüssel, Ständige Vertretung, Auswärtiges Amt, Europäische Kommission, Bundesrat, mittelverwaltende Ressorts auf Bundes- und Landesebene sowie Vertreter der Wirtschafts- und Sozialpartner. Einige Gesprächspartner wurden - mit zeitlichem Abstand - mehrfach befragt. Die in den Gesprächen und Interviews gemachten Aussagen werden in anonymisierter Form wiedergegeben.

19 Daneben gibt es noch die eher „technischen" Prinzipien: Zusätzlichkeit der Mittel (Additionalität) und Konzentration des Mitteleinsatzes auf die bedürftigsten Regionen und Zielgruppen.

20 *Janning/Meyer* 1998, S. 17.

mentalisierung der Beihilfenaufsicht als „indirekte Regionalpolitik“ erweist sich als problematisch, daß die Wettbewerbspolitik einen höheren Vergemeinschaftungsgrad als die Politik aufweist, die die Stärkung des wirtschaftlichen und sozialen Zusammenhalts zum Ziel hat. Ausgehend von einer Definition des Begriffs „staatliche Beihilfe“ (5.1) wird auf die nach wie vor beträchtliche Bedeutung staatlicher Subventionen in Deutschland und Europa hingewiesen (5.2). Nach einem Blick auf die Entwicklung der gemeinschaftlichen Beihilfenaufsicht (5.3) erfolgt eine Darstellung der primärrechtlichen Regelungen (5.4). Die ostdeutschen Länder werden durch die sich sukzessive verschärfende europäische Wettbewerbskontrolle mit spezifischen Problemen konfrontiert: Eine erste Fallstudie (VW-Beihilfe im Freistaat Sachsen) illustriert das Spannungsverhältnis zwischen dem gemeinschaftsrechtlichen Beihilfeverbot mit Genehmigungsvorbehalt und dem nationalen bzw. regionalen Bestreben nach Verbesserung der Standortqualität durch staatliche Interventionen (5.5). Der anhängige Rechtsstreit zwischen der Bundesrepublik Deutschland und der EU-Kommission über die Neuabgrenzung der GRW-Fördergebiete in Westdeutschland und Berlin ist Gegenstand der zweiten Fallstudie (5.6). Diese Auseinandersetzung beweist die Brisanz grundsätzlicher Fragen der Kompetenzzuordnung und -ausübung in dem untersuchten Politikfeld, insbesondere in bezug auf die Festlegung und Notifizierung regionaler Fördergebietskulissen. Am Ende des Kapitels erfolgt der Versuch einer kritischen Würdigung der europäischen Beihilfenaufsicht (5.7). Eine Zusammenfassung der wesentlichen Aussagen bildet den Abschluß der Untersuchung (Gliederungspunkt 6).

1.2 Der verwendete Ansatz: Integrierte Analyse eines Politikfeldes im europäischen Mehrebenensystem

Nach Mayntz und Scharpf ist ein analytischer Ansatz „... ein der Erfassung und Ordnung empirischer Tatbestände dienendes Gerüst relativ allgemeiner Kategorien, die in der Regel auf einen bestimmten Typ von Erklärungsgegenständen zugeschnitten sind.“[21] Dabei sind sowohl Reichweite als auch Erklärungskraft eines theoretischen Ansatzes wesentlich begrenzter als dies bei einer umfassenden Theorie der Fall wäre[22]. Im vorliegenden Fall geht es um die politik- und verwaltungswissenschaftliche Analyse der (informellen) Verhandlungsprozesse und (formellen) Entscheidungsverfahren in einem auf

21 *Mayntz/Scharpf* 1995, S. 39.

22 Mit *Scharpf* (2000, S. 75) liefern theoretische Ansätze „... nur Hinweise für die Suche nach Erklärungen.“

europäischer Ebene bearbeiteten Politikfeld. Rechtliche Aspekte müssen in diesem Zusammenhang ebenso beleuchtet werden wie die ökonomischen Wirkungen der bereits durchgeführten oder für die Zukunft geplanten Maßnahmen. Insofern besteht die Notwendigkeit, unterschiedliche Zugänge und Sichtweisen interdisziplinär miteinander zu verbinden. Eine weitere Integrationsleistung, die der verwendete Ansatz zu erbringen versucht, ist die Kombination von zwei, bisher weitgehend separierten Herangehensweisen an das europäische Mehrebenensystem[23]: Der institutionelle Zugang fokussiert die Betrachtung auf die territorial abgegrenzten Ebenen staatlichen Handelns und fragt nach ihren jeweiligen Beiträgen im politischen Entscheidungsprozeß. Dieses Verständnis europäischer Mehrebenenpolitik wurde insbesondere durch die bisherigen Forschungen zur regionalen Strukturpolitik geprägt und entwickelt[24]. Dem gegenüber steht das funktionale Herangehen an das europäische Mehrebenensystem, das den spezifischen Entscheidungsbeitrag staatlicher und privater, individueller und kollektiver Akteure in den Mittelpunkt der Betrachtung rückt. Dadurch wird ermöglicht, die Formen „horizontaler Politikverflechtung"[25] zwischen formal unabhängigen, funktional jedoch interdependenten Akteuren und Entscheidungsarenen in die Analyse einzubeziehen[26]. Ziel dieser Kombination aus institutionellem und funktional geprägtem Zugang ist ein besseres Verständnis der Komplexität europäischer Entscheidungsstrukturen und ihrer Politikresultate.

Die regionale Strukturpolitik zeichnet sich durch eine stark ausgeprägte Überschneidung regionaler, nationaler und supranationaler Kompetenzen aus. Horizontalen Verflechtungen zwischen den Organen der EU sowie auf Bundes- und Landesebene stehen vertikale Verflechtungen zwischen den drei genannten Ebenen gegenüber. Die EU-Organe ebenso wie die anderen Ebenen bedürfen einer Binnendifferenzierung: Beispielsweise ist der EU-Ministerrat kein „monolithischer Akteur", sondern er vereint in sich die Regierungsvertreter der Mitgliedstaaten. Auf der Arbeitsebene kooperieren nationale Beamte in verschiedenen Ratsarbeitsgruppen intensiv; im Rahmen der zahlreichen Komitologie-Ausschüsse[27] erfolgt die Zusammenarbeit mit Kommissionsbeamten. Bogdandy spricht folgerichtig von einem „vertikalen

---

23 Vgl. *Grande* 2000, S. 14 f.

24 Vgl. stellvertretend die Arbeiten von *Heinelt* 1996, *Hooghe* 1996, *Marks* 1996, *Tömmel* 1994.

25 Vgl. *Benz* 1992.

26 Zur Verschränkung von Entscheidungsarenen im politischen System der Bundesrepublik Deutschland vgl. *Lehmbruch* 2000, S. 27 ff.

27 Zu der Herausbildung und Entwicklung der Komitologie vgl. *Falke* 2000.

Verbundsystem"[28], das im wesentlichen gubernativ-bürokratisch - und nicht parlamentarisch - geprägt ist.

Der verwendete Ansatz versucht im Rahmen der Mehrebenenanalyse das Netzwerkkonzept fruchtbar zu machen, da die überkommenen Deutungsmuster staatlichen Handelns regelmäßig nicht in der Lage sind, die auf europäischer Ebene erzielten Politikergebnisse adäquat zu erklären, geschweige denn künftige Entwicklungen zu prognostizieren. Netzwerke stellen eine „Mischkategorie von Markt und Hierarchie"[29] dar, wodurch sie Steuerungsleistungen erbringen können, die die beiden genannten Ausprägungen in reiner Form nicht zu leisten im Stande sind. Zwischen den genannten althergebrachten Steuerungsmodi als den beiden Skalenendpunkten[30], mit den jeweils korrespondierenden Medien Recht und Geld, finden vermehrt netzwerkartig konfigurierte Austauschbeziehungen statt, die weder mit dem einen Modus noch mit dem anderen vollständig erklärbar sind[31]. Netzwerkmodelle bieten sich für die Mehrebenenanalyse verflochtener Entscheidungsprozesse in besonderem Maße an, weil „... das Konzept des Netzwerks die Integration verschiedenster nationaler, transnationaler und internationaler Akteure"[32] erlaubt. Allerdings ist das Funktionieren von Netzwerken an Voraussetzungen gebunden: Sie haben nur dann eine Chance, die ihnen unterstellte höhere Flexibilität bei der Entscheidungsvorbereitung, die stärkere Kohärenz ihrer Politikergebnisse sowie deren langfristigere Orientierung zu realisieren, so lange Verteilungsfragen nicht dominant werden und die Transaktionskosten für die Koordination beherrschbar bleiben. Wenn jedoch die genannten negativen Rahmenbedingungen vorliegen, besteht die Gefahr, daß sich die Akteure auf die Verteidigung der eigenen Positionen und damit auf den Modus der negativen Koordination zurückziehen.

---

28 Vgl. *Bogdandy* 1999, S. 17 ff.

29 *Wilkesmann* 1999, S. 53.

30 Zur Dichotomie von Markt und Hierarchie vgl. *Mayntz* 1993, S. 43 ff.

31 Vgl. *Burton* 1999, S. 233 f. *Scherer* (1997, S. 185 ff.) bietet neben Markt und Hierarchie zwei weitere soziale Steuerungssysteme an, mit deren Hilfe die Koordinierung von Entscheidungsträgern beschrieben werden könne: das Polyarchiesystem und das Verhandlungssystem.

32 *Krahmann* 1998, S. 222. Eine Alternative bietet die Studie von *Fischer* (1998), die die Entwicklung der Regionalpolitik auf europäischer Ebene mit Hilfe eines bürokratietheoretischen Ansatzes analysiert. Allerdings ist die Prognosefähigkeit dieses Ansatzes stark eingeschränkt.

1.2.1 Der Netzwerkansatz

Die Netzwerkanalyse[33] beschäftigt sich im Schwerpunkt mit den inhaltlichen Aspekten politischen Handelns, d. h. mit der Policy-Dimension[34]. Weitere Dimensionen des Politik-Begriffs, die sich als ebenfalls relevant für die Analyse erweisen, sind die institutionellen (Grund-) Strukturen („Polity") sowie die prozessuale Komponente von politischem Handeln bei der Durchsetzung von spezifischen Interessen („Politics")[35]. Im europäischen Mehrebenensystem kommt es durch eine zunehmende Fragmentierung[36] von Macht immer häufiger dazu, daß politische Entscheidungen nicht mehr ausschließlich von einer zentralen staatlichen Autorität hervorgebracht werden, sondern in den Prozeß der Entscheidungsfindung eine Vielzahl öffentlicher und privater Akteure eingebunden werden[37]. Dies geschieht in Form netzwerkartiger Strukturen, die sich je nach untersuchtem Politikfeld und der in Betracht kommenden Phase des Policy Cycle unterscheiden. Nach politikwissenschaftlichem Verständnis sind Netzwerke „... relativ dauerhafte, nicht formal organisierte, durch wechselseitige Abhängigkeiten, gemeinsame Verhaltenserwartungen und Orientierungen sowie Vertrauensbeziehungen stabilisierte Kommunikationsstrukturen zwischen Individuen oder Organisationen, die dem Informationsaustausch, der kooperativen Produktion eines Kollektivgutes oder der gemeinsamen Interessenformulierung dienen."[38] Demnach entstehen Netzwerke aus interessengeleiteten strategischen Handlungen unterschiedlicher Akteure. Sie sind zugleich funktional im Hinblick auf die Bearbeitung von Interdependenzen und Konflikten in verbundenen Entscheidungsarenen. Die beteiligten Akteure bilden Netzwerke als Reaktion auf Defizite in verflochtenen Entscheidungsstrukturen und schaffen

---

33 *Rhodes* et al. (1996, S. 384 f.) schreiben über die Nützlichkeit des policy-network approach: „... the concept of policy networks should be part of the toolkit of any political scientist."

34 Zu Kritik und Neuorientierung der Policy-Analyse vgl. die Beiträge in *Héritier* 1993.

35 *Derlien/Murswieck* (1999, S. 15) nennen ein viertes „P" für „Politicians" - als Hinweis auf die Bedeutung von Personalentscheidungen bei der Besetzung von (exponierten) Posten in den europäischen Institutionen.

36 *Bogdandy* (1999, S. 44) spricht mit Blick auf die EU von „... zahlreichen Ausprägungen von Fragmentierung, Diffusität und Polyzentrik".

37 Vgl. *Mayntz* 1993, S. 40.

38 *Benz* 1995, S. 194. Einen im Vergleich deutlich weniger ausdifferenzierten, pragmatischen Netzwerkbegriff wählen *Rhodes* et al. (1996, S. 368): „A policy network is a set of resource-dependent organizations."

damit die Voraussetzungen für die Überwindung strukturell angelegter Dilemmata[39].

Benz unterscheidet konsequent zwischen Struktur- und Akteursebene, um darauf aufbauend Netzwerke auf der Akteursebene zu verorten, Institutionen hingegen auf der Strukturebene Diese strikte Trennung basiert auf der These, daß Netzwerke und formale Institutionen in einem dialektischen, „unauflösbaren Spannungsverhältnis"[40] stehen. Netzwerke erfüllen demnach wichtige Aufgaben, die formale Strukturen in komplexen Mehrebenensystemen nicht leisten können, und wirken ergänzend, ohne daß sie die Institutionen vollständig ersetzen[41]. Daraus ergibt sich zugleich, daß Netzwerkmitglieder doppelten Anforderungen unterliegen, „... die einerseits emergenten Spielregeln der Interaktion zwischen Vertretern von Institutionen und andererseits den Anforderungen der als bindend anerkannten, formal festgelegten Struktur- und Regelsysteme von Institutionen entspringen."[42] Die Akteure müssen unterschiedlichen Handlungsanforderungen genügen: als Netzwerkmitglied einerseits und als Vertreter privater, gesellschaftlicher oder öffentlicher Interessen auf der anderen Seite. Bezogen auf staatliche Akteure betont Scharpf, daß diese als Netzwerkmitglieder zwar einerseits Verhandlungszwängen unterworfen sind, andererseits bleiben sie „... einer eigensinnigen Handlungsorientierung verpflichtet und sind funktionsspezifischen Legitimationszwängen und Sanktionen unterworfen."[43] Welcher Art diese Anforderungen im konkreten Fall sind, hängt wesentlich von dem Grad der Einbettung[44] der informalen Netzwerkstrukturen in die gegebene, formal strukturierte Umwelt ab. Um diese gegenseitige Bedingtheit und Beeinflus-

---

39 Vgl. *Czada* 1998, S. 81. Zu unterschiedlichen Netzwerk-Modellen vgl. *Wilkesmann* 1999, S. 52 ff.

40 *Benz* 1995, S. 204; vgl. auch *Greß* 2000, S. 86 ff.

41 Den Versuch einer Synthese zwischen der Akteurs- und Strukturebene unternehmen *Mayntz* und *Scharpf* mit dem Ansatz des „akteurzentrierten Institutionalismus". Vgl. *Scharpf* 2000, S. 73 ff.; *Mayntz/Scharpf* 1995.

42 *Benz* 1996, S. 24. Ausgehend von dem Umstand, daß diese Anforderungen einander widersprechen können, ihre gleichzeitige Erfüllung aber dennoch funktional notwendig ist, kann es zu einem Phänomen kommen, das *Benz* bezeichnet als „paradoxe Struktur interorganisatorischer Verflechtungsstrukturen". *Putnam* (1988) prägte für das Dilemma, in dem sich die Akteure befinden können, den Ausdruck „Two-Level Game".

43 *Scharpf* 1991, S. 630.

44 *Beck* (1997, S. 41) spricht in Reflexion der angelsächsischen Diskussion von „Embeddedness"; zur „Einbettung" von Verhandlungen vgl. *Greiffenhagen* 1999, S. 183 f.; *Scharpf* 1991, S. 627.

sung zwischen den netzwerkartig verbundenen Akteuren und dem jeweiligen Politikfeld zu verdeutlichen, schlägt Pappi den Begriff „Politikfeldnetze“[45] vor.

Einen umfassenden Netzwerkbegriff, der sowohl die Struktur- als auch die Akteursebene integriert, entwickelt van Waarden, indem er folgende Aspekte („major dimensions“) in die Definition einbezieht: „(1) actors, (2) function, (3) structure, (4) institutionalization, (5) rules of conduct, (6) power relations and (7) actor strategies.“ [46] Diese unterschiedlichen „Dimensionen“ von Netzwerken sollen näher betrachtet werden. Bevor dies geschieht, muß auf die Grenzen des Netzwerkansatzes hingewiesen werden, auch um keine unerfüllbaren Hoffnungen in seine Erklärungskraft zu wecken. Folgende theoretischen, normativen und methodischen Probleme der Netzwerkanalyse sind zu nennen[47]:

1. die weitgehende Ausblendung normativer Fragen;
2. die methodisch problematische Definition und empirisch schwierige Messung von Macht;
3. die Auswahl der „richtigen“ Analyseebene (Aggregationsproblem);
4. das jeweilige Akteurmodell, d. h. die unterstellte Handlungslogik der Netzwerkteilnehmer;
5. die Tatsache, daß es sich bei Netzwerken um dynamische Systeme handelt, die ständigem Wandel unterworfen sind.

Die entscheidende Beschränkung des Netzwerkansatzes liegt neben den vorstehend genannten Problemen darin, daß er prinzipiell nur auf Austauschbeziehungen in Verhandlungssystemen angewendet werden kann, die auf freiwilliger Basis funktionieren, d. h. den beteiligten Akteuren muß eine Wahl-

---

45 *Pappi* 1993, S. 93. Diesem Vorschlag wird hier nicht gefolgt, da das untersuchte Politikfeld und die handelnden Akteure hinreichend genau definiert werden und somit der explizite Hinweis obsolet erscheint. Außerdem existieren auch politikfeldübergreifende Netzwerke.

46 *Van Waarden* 1992, S. 32. Die nachfolgende Darstellung orientiert sich an dieser Systematik. Daß Netzwerke auch auf andere Weise analysiert werden können, beweist u. a. Beck (1997, S. 38 ff.), der zuerst die Elemente und anschließend die Funktionslogik von Politiknetzwerken untersucht. *Jansen/Schubert* (1995, S. 11 ff.) unterscheiden die „Dimensionen“: beteiligte Akteure, Netzwerkfunktionen, -strukturen sowie die Machtverteilung in Netzwerken. *Rhodes* et al. (1996, S. 369) nennen bei einem Vergleich der beiden Netzwerktypen „Policy Community“ und „Issue Network“ die Kriterien membership, integration, resources und power.

47 Vgl. *Jansen/Schubert* 1995, S. 13 ff.; vgl. auch *D. Jansen* 1999.

möglichkeit zwischen der Teilnahme an den Verhandlungen und einseitigem Handeln verbleiben, denn gerade auf dieser Informalität und Strukturflexibilität beruht die Effektivität von Netzwerken[48]. Im Unterschied dazu haben die Mitglieder von „Zwangsverhandlungssystemen"[49] keine exit-Option: Es handelt sich hierbei um Konstellationen, in denen die Akteure aus rechtlichen oder tatsächlichen Gründen gezwungen sind, an den Verhandlungen teilzunehmen. In derartigen, hochgradig institutionalisierten Kollektiventscheidungssystemen, zu denen die Gemeinschaftsaufgaben nach Art. 91a GG ebenso zählen wie intergovernementale Verhandlungen im Rahmen der Europäischen Union, herrscht in aller Regel das Einstimmigkeitsprinzip, d. h. die kollektiv getroffenen Entscheidungen, die für jeden Akteur rechtlich verbindlich sind, können nur durch Zustimmung aller Beteiligten geändert werden.

Der heuristische Wert der Anwendung der Netzwerkanalyse auf das europäische Mehrebenensystem besteht in der Herausarbeitung neuer Fragestellungen und in der möglichst wirklichkeitsnahen Beschreibung praktischer Abläufe. Es handelt sich bei dem nachfolgend noch näher vorgestellten Ansatz somit nicht um den Versuch inhaltlicher Theoriebildung, sondern um ein Analyseinstrument[50]. Angesichts der komplexen Aufgabenstellung der vorliegenden Untersuchung, die ein auf drei Ebenen bearbeitetes Politikfeld zum Gegenstand hat, kann es dabei nicht um eine umfassende quantitative Netzwerkanalyse gehen. Vielmehr sollen die Kategorien des Netzwerkansatzes bei einer Beschreibung und Bewertung der Entscheidungsprozesse in der regionalen Strukturpolitik nutzbar gemacht werden. Die Ausgangsthese lautet[51]: Netzwerke gewinnen im Zuge der „Europäisierung" regionaler Strukturpolitik ständig an Bedeutung. Sie können einen ergänzenden Beitrag im Prozeß der Entscheidungsfindung leisten. Die strategische Ausrichtung der Förderpolitik sowie die Letztentscheidung über einzelne Maßnahmen erfolgen jedoch weiterhin im Rahmen der politisch-administrativen Systeme.

1.2.1.1 Akteure

Ausgehend von dem (Rational-Choice-)Ansatz des rational handelnden, d. h. gewinnmaximierenden Individuums („homo oeconomicus") werden

---

48 Vgl. *Benz* 1996, S. 32.

49 Vgl. *Scharpf* 2000, S. 243 ff.; vgl. auch *Benz* 2000, S. 143.

50 Darauf verweisen u. a. *Derlien/Murswieck* 1999, S. 8.

51 Vgl. *Greß* 2000, S. 90; vgl. auch die Ergebnisse der empirischen Studien in *Kohler-Koch* 1998b.

den individuellen oder kollektiven Akteuren[52] spezifische Eigeninteressen unterstellt, die das jeweilige, mehr oder minder stabile Präferenzsystem determinieren. Durch die rationale Verarbeitung von Informationen über die Kosten-Nutzen-Relation potentieller Handlungsalternativen sowie deren möglicher Konsequenzen ist der Akteur in der Lage, eine Entscheidung zu treffen, die seinen individuellen Nutzen maximiert[53]. Restriktionen, mit denen sich der Akteur im Prozeß der individuellen Entscheidungsfindung auseinandersetzen muß, sind die jeweilige Ressourcenausstattung[54] sowie Umwelteinflüsse, die exogen wirken. Eng damit im Zusammenhang steht die „Verhandlungsmacht"[55] des jeweiligen Akteurs, die sich u. a. daran messen läßt, über welche rechtliche Stellung er verfügt, wie groß seine finanziellen Möglichkeiten sind und welche Unterstützung durch Dritte mobilisiert werden kann. Bei kollektiven Akteuren kann schließlich von Bedeutung sein, wie groß die Mitgliederzahl ist und welchen Organisationsgrad sie aufweisen.

Die Triebfeder für die Interaktion zwischen den Akteuren besteht in dem gemeinsamen Interesse, Unsicherheit und damit verbundene Handlungsrisiken zu vermindern. Diese „Verständigungsorientierung" ist im rational choice-Modell ausschließlich durch egoistische Interessenbefriedigung motiviert[56]. Bezogen auf den Netzwerkansatz bedeutet das: Die Herausbildung eines Netzwerkes löst per se keine zwischen den Beteiligten bestehenden Interessendivergenzen, sondern eröffnet in der ersten Phase der Netzwerkbildung lediglich die Möglichkeit des Informationsaustausches zwischen den Akteuren unbeschadet ihrer fortdauernden Konkurrenz untereinander. Inwieweit die Chance zu einer gegenseitigen Annäherung der Standpunkte durch Argumentation und Überzeugen genutzt wird, bzw. wie hoch der jeweilige Entscheidungsbeitrag der Akteure letztendlich ausfällt, ist mit der weiteren Ausgestaltung der Netzwerkbeziehungen verbunden. Von entscheidender Bedeutung ist dabei die Anzahl der Akteure, d. h. die Größe des Netzwerkes. Grundsätzlich gilt, daß die Informationsverarbeitungs- und Konfliktregelungskapazität eines netzwerkartig strukturierten Verhandlungssystems beschränkt ist. Je größer die Zahl der Teilnehmer ist und je hetero-

---

52 *Scharpf* (2000, S. 101 ff.) unterscheidet aggregierte, kollektive und korporative Akteure, wobei er die kollektiven Akteure wiederum differenziert nach: Koalition, Club, soziale Bewegung und Verband.

53 Vgl. *Beck* 1997, S. 25 ff.

54 Vgl. *Scharpf* 2000, S. 86.

55 Vgl. *Scherer* 1997, S. 194.

56 Vgl. *Czada* 1998, S. 75.

gener ihre Zusammensetzung ausfällt, um so höher sind die Transaktionskosten bei der Konsensbeschaffung. Außerdem steigt der Koordinationsaufwand mit der Zahl der Akteure und ihrer Handlungsoptionen exponentiell, was zwangsläufig zu einer Begrenzung der Zahl der Netzwerkmitglieder führt: „Das Problem der großen Zahl beschränkt die Zahl der Beteiligten, unter denen komplexe Aufgabeninterdependenz durch Verhandlungskoordination bewältigt werden kann."[57] Bezogen auf das europäische Mehrebenensystem folgt daraus eine faktische Begrenzung der Verflechtungstendenzen in den Kooperationsbeziehungen vertikaler und horizontaler Art[58].

Netzwerke können sowohl staatliche als auch gesellschaftliche Akteure einschließen. Sie unterscheiden sich in Größe und Stabilität, variieren zwischen den unterschiedlichen Politikfeldern sowie zwischen verschiedenen Ebenen und im Zeitablauf[59]. Aus ihrer Herkunft leiten sich die jeweiligen Rollenanforderungen[60] sowie die Selbst- und Fremdsicht der Akteure ab. Der Grad der Durchsetzungsfähigkeit der einzelnen Interessen wird wesentlich von dem Umfang der Autonomie des jeweiligen Akteurs bestimmt. Je höher die relative Unabhängigkeit eines Netzwerkteilnehmers ist, je weniger Rücksichten er nehmen muß, umso weitreichender ist sein Verhandlungsspielraum. Dabei kann in gewissen Konstellationen der Grad der Handlungsautonomie durch die Mobilisierung dritter Parteien für die eigenen strategischen Optionen erhöht werden[61]. In der wissenschaftlichen Debatte setzte sich die Überzeugung durch, daß es den rational handelnden Akteur „in reiner Form" praktisch nicht gibt. Dieser unterliegt vielmehr mindestens zwei elementaren Beschränkungen: Als erstes ist, wie bereits angedeutet, davon auszugehen, daß ein Akteur nie völlig isoliert handelt, sondern immer in Beziehung zu anderen Akteuren. Da er deren Präferenzen im Regelfall nicht in vollem Umfang kennt und die ihm vorliegenden Informationen über alle potentiellen Handlungsmöglichkeiten unvollständig und/oder zu umfangreich sind, ist nahezu jede Entscheidungssituation geprägt durch Unge-

---

57 *Scharpf* 1993, S. 67. Er spricht in diesem Kontext von dem „Problem der großen Zahl": Wenn jeder von (N) Beteiligten zwischen (S) Optionen zu wählen hätte, dann müßten für die Feststellung eines Gesamtoptimums (SN) potentielle Gesamtlösungen überprüft werden.

58 Vgl. *Benz* 2000, S. 146.

59 Vgl. *Marin/Mayntz* 1991.

60 Zur Definition von Rollen vgl. *Krahmann* 1998, S. 226; *Mayntz* 1993, S. 42. *Ansell* et al. (1997, S. 355) bezeichnen in ihrem Mehrebenenmodell die unterschiedlichen Rollen als die „Knoten" des Netzwerkes.

61 Bezogen auf die „Triade" EU-Mitgliedstaat-Region vgl. *Ansell* et al. 1997, S. 358.

wißheit bzw. Informationsüberlastung: Die Informationsbeschaffungskosten steigen ab einem Sättigungspunkt exponentiell. Gleichzeitig stößt die Informationsverarbeitungskapazität an eine - individuell unterschiedliche - Grenze. Als zweite Einschränkung des „Idealtyps" gilt es festzuhalten, daß der realtypische Akteur kein einheitliches Präferenzsystem besitzt, sondern sowohl gleichzeitig mehrere Ziele verfolgen als auch im Zeitverlauf eine Neugewichtung der Reihenfolge der Präferenzen vornehmen kann. Im Zusammenhang mit derartigen Abwägungsprozessen kommt es vor, daß taktische zugunsten strategischer Ziele zurückgestellt werden und vice versa.

1.2.1.2 Funktion

Netzwerke fungieren als Kommunikationskanäle, die gleichzeitig mehreren Anforderungen genügen müssen. Die Herausbildung von Netzwerken erfolgt „ungeplant"[62] auf der Grundlage der Akteursinteressen, d. h. das Netzwerk verfolgt keine eigenen, selbstdefinierten Ziele, sondern bildet die Arena für die Durchführung von Abstimmungs-, Verhandlungs- und Entscheidungsprozessen. Je nach Grad der gegenseitigen Abhängigkeit der (teil-)autonomen Akteure, je nach der Stufe der Intensität der Beziehungsverflechtung differieren die Funktionen des Netzwerkes[63]:

- Zugang zu Entscheidungsfindungsprozessen,
- Konsultation, Erfahrungs- und Informationsaustausch,
- Verhandlung, Betrachtung eines gemeinsamen Problems aus verschiedenen Blickwinkeln,
- Ressourcenmobilisierung und -austausch (Lobbying), Koalitionsbildung,
- Koordinierung unterschiedlicher Sichtweisen, Konsensbildung,
- Kooperation durch Suche nach Kompromissen, Konfliktaustragung.

Je stabiler und dauerhafter ein Netzwerk konfiguriert ist, umso größer ist die Chance der Herausbildung von Vertrauensbeziehungen zwischen den Akteuren, die Verständnis auch für gegenteilige Positionen aufbauen können. Burton geht noch einen Schritt weiter und erklärt das Vorhandensein von gegenseitigem Vertrauen zur Grundvoraussetzung für das Entstehen und

---

62 *Benz* 1995, S. 195. Er sieht drei wesentliche Motive für ihre Etablierung: Machtsicherung, Komplexitätsreduktion und Konsenssuche.

63 Vgl. *van Waarden* 1992, S. 33.

das Funktionieren von Politiknetzwerken[64]. Allerdings wäre es unzulässig, daraus im Umkehrschluß abzuleiten, daß ein linear-proportionaler Zusammenhang zwischen der Kompromißbereitschaft der Akteure und der Stärke der zwischen ihnen herrschenden Vertrauensbeziehungen bestünde. Vielmehr hängt die Fähigkeit zu Kompromissen maßgeblich von den individuellen Verhandlungs- und Entscheidungsspielräumen der Akteure ab. Durch die Heterogenität der von den Akteuren verfolgten Zielsetzungen kommt es zu einer Gemengelage aus identischen, teilkongruenten, divergierenden und konfligierenden Interessen. Bei Vorliegen antagonistischer Interessenlagen erscheint keine Konfliktlösung durch Netzwerke möglich.

Die aus der beschriebenen Interessenkonstellation resultierende Mischung aus Kooperationsbereitschaft und Konkurrenzdenken äußert sich deutlich im Prozeß der Ressourcenmobilisierung durch sogenanntes Lobbying[65]. Interessant ist in diesem Zusammenhang der Aspekt, daß die Initiative zur Kontaktaufnahme nicht zwingend von der „pressure group" oder dem beauftragten Lobbyisten ausgehen muß, sondern sich auf europäischer Ebene eine Praxis herausgebildet hat, daß auch die eigentlichen Adressaten der Einflußnahme, insbesondere die Generaldirektionen der Kommission und das Europäische Parlament, aktiv werden und gezielt Informationskanäle aufbauen - und damit networking betreiben. Lobbying ist auf europäischer Ebene also nicht als „Einbahnstraße manipulativer Beeinflussung" zu verstehen, sondern als Versuch der gezielten Informationsbeschaffung und -übermittlung im Sinne eines Abwägens konkurrierender Argumente. Europäisches Lobbying kann somit als Tauschgeschäft charakterisiert werden, bei dessen Realisierung neben dem Tauschgut „Informationen" u. a. ein Tauschgut „Legitimität" zum Einsatz kommt[66].

---

64 *Burton* (1999, S. 234): „Policy networks are regulated by trust among members rather than by recourse to law and entry depends more on the recommendation of existing trusted members than it does on position in a formal or constitutional system."

65 Die verschiedenen Aspekte des Lobbying sollen hier nicht weiter vertieft werden. Der Umfang diesbezüglicher Literatur hat in den letzten Jahren sprunghaft zugenommen; vgl. *Buholzer* 1998, *Diekmann* 1998, *Joos* 1998, *Schaber* 1997, *Eichener/Voelzkow* 1994, *Mazey/Richardson* 1993, *van Schendelen* 1993.

66 So jedenfalls *Buholzer* 1998, insbesondere S. 353 ff.; vgl. ausführlicher nachfolgend Abschnitt 1.3.2.9.

1.2.1.3 Institutionen

Institutionen[67] verkörpern organisatorische, rechtliche und sozial-normative Regelungen, die die Rationalität arbeitsteiliger Problembearbeitung erhöhen. Die relativ dauerhaften, inhaltlich miteinander verknüpften Regeln können sowohl formaler als auch informaler Natur sein[68]. Indem sie Interaktionsprozesse organisieren, beeinflussen Institutionen wechselseitige Erwartungsmuster, institutionenbezogene Deutungsregeln und damit letztlich die Präferenzen der handelnden Akteure. Die Generierung höherer Berechenbarkeit durch Routinehandeln kann dazu beitragen, die Transaktionskosten von Entscheidungsprozessen zu senken und diese Prozesse nachprüfbarer und transparenter zu gestalten. Institutionen, verstanden als „Gestaltungskorridore"[69] individuellen Handelns, verursachen eine (neue) Zuordnung von Kosten und Nutzen der einzelnen Akteure. Sie wirken selektiv, indem sie ausgewählte Themen priorisieren und gleichzeitig unerwünschte Verhaltensweisen ausschließen. Durch Prämierung bzw. Sanktionierung werden Anreize für das Tun oder Unterlassen bestimmten Verhaltens gesetzt.

Die Herausbildung von Institutionen führt zur Veränderung von Macht- und Einflußbeziehungen, weil Zuständigkeiten geordnet und damit die Verfügungsgewalt über Ressourcen verteilt werden. Im Rahmen von Institutionen kommt es stets auch zu eigendynamischen Prozessen, da sich mit ihnen Macht- und Einflußpotentiale verbinden, die für die Zwecke der Institution (primäre Motivation), aber auch für die Erreichung individueller Ziele (sekundäre Motivation) genutzt werden können. Bei Vorliegen von Quasi-Monopolen und dem Fehlen gegensteuernder Kräfte, z. B. in Form von Kontrollstrukturen, ermöglichen Institutionen es den Akteuren, die Institution für persönliches „rent seeking" zu instrumentalisieren. Die Ergebnisse wissenschaftlicher Beschäftigung mit formal verfestigten Institutionen belegen, daß sich diese nur schwer ändern lassen, weil sich mehrere systemkonservierend wirkende Interessenbündel überlagern und gegenseitig verstärken können. So besteht beispielsweise die Gefahr der Überlagerung von politischen Interessen mit den institutionellen Eigeninteressen nach Selbsterhalt. Das ihnen immanente „Beharrungsvermögen"[70] führt in diesen Konstellatio-

---

67 Der verwendete Institutionenbegriff basiert auf dem von *Mayntz/Scharpf* (1995, S. 39 ff.) entwickelten Ansatz des „akteurzentrierten Institutionalismus"; vgl. auch *Scharpf* 2000, S. 76 ff.

68 Vgl. *Krahmann* 1998, S. 226.

69 *Beck* 1997, S. 33.

70 *Scharpf* 2000, S. 82.

nen zu Inflexibilitäten und Anpassungsfriktionen, was wiederum wachsende Transaktionskosten zur Folge hat, die in letzter Konsequenz die Handlungsfähigkeit dynamischer Systeme in Frage stellen können. Für die angestrebte Analyse in einem ausgewählten Feld europäischer Politik ist es erforderlich zu untersuchen, ob und in welchem Maße die vorstehend aufgeführten Charakteristika von Institutionen anzutreffen sind, um auf diese Weise den Institutionalisierungsgrad feststellen zu können. Es steht zu vermuten, daß dieser umso höher ist, je stabiler, geschlossener und dauerhafter sich die untersuchten Verflechtungsbeziehungen erweisen.

1.2.1.4 Spielregeln

Die Interaktionen der Akteure unterliegen bestimmten Konventionen, die den Ressourcenaustausch wesentlich beeinflussen können. Das können ungeschriebene Regeln sein, aber auch mehr oder weniger detailliert fixierte Konditionen des Umgangs miteinander, bzw. in bezug auf das Verhalten gegenüber Dritten. Ein Beispiel für die Schwierigkeiten bei der Formulierung eines derartigen „code of conduct“ bietet die jahrelang im Europäischen Parlament geführte Diskussion über den Verkehr mit Lobbyisten[71]. Derartige Spielregeln ergeben sich aus den unterschiedlichen Rollenanforderungen und -verständnissen der einzelnen Akteure, ihren Einstellungen und Interessen, bis hin zu ihrem intellektuellen Hintergrund. Die so definierten Regeln, „... deren Einhaltung man von anderen erwarten kann und sich selbst zumuten lassen muß“[72], bilden den Rahmen, der einerseits den erforderlichen Spielraum für unterschiedliche Interessen und daraus abgeleitete Handlungsstrategien bietet, auf der anderen Seite aber zugleich die Anzahl zur Verfügung stehender Optionen für das Akteurshandeln einschränkt[73].

Wesentlich beeinflußt werden die in Netzwerken anzutreffenden Umgangsformen von der politischen und administrativen Sozialisierung der Akteure, ihrer jeweiligen bürokratischen Kultur. Hochgradig institutionalisierte Netzwerke entwickeln häufig ihre eigenen Konventionen, indem sie eine Art „corporate identity“ kreieren. Die damit verbundene institutionelle Sozialisation kann auf die ursprünglichen Interessen, Motive und Einstellungen der Akteure zurückwirken und diese modifizieren. Typische Dichotomien[74], die

---

71 Vgl. dazu *Schaber* 1997.

72 *Mayntz/Scharpf* 1995, S. 49.

73 Vgl. *Luthart* 1999, S. 16 f.

74 Vgl. *van Waarden* 1992, S. 36.

prägend auf den Umgang zwischen Netzwerkteilnehmern wirken können, sind beispielsweise:

- Streben nach Geheimhaltung versus Offenheit und Transparenz,
- Gemeinwohlorientierung vs. Verfolgung von Partikularinteressen,
- Abwehrhaltung und Opportunismus vs. Konsensstreben und Kooperationsbereitschaft,
- Politisierung des Streitgegenstandes und ideologischer Disput vs. rationaler Pragmatismus.

1.2.1.5 Akteursstrategien

Autonome Akteure mit einer ihnen Handlungsfähigkeit verleihenden Ressourcenausstattung verfolgen in und gegenüber Netzwerken bestimmte mittel- und langfristige Ziele, zu deren Erreichung sie Strategien entwickeln. Von entscheidender Bedeutung für die Bildung erfolgversprechender Strategien ist die unterstellte bzw. tatsächliche Machtverteilung innerhalb einer Verhandlungs- oder Entscheidungsarena, denn nur in den seltensten Fällen besteht ein Netzwerk aus symmetrisch voneinander abhängigen Akteuren mit vergleichbarer Ressourcenausstattung. „Unterstellt" soll andeuten, daß in unklaren Situationen zentralen Akteuren tendenziell mehr Macht zugebilligt wird, als diese tatsächlich haben. „Macht" soll hierbei im Weberschen Sinne verstanden werden als „... die Chance, innerhalb einer sozialen Beziehung den eigenen Willen auch gegen Widerstreben durchzusetzen, gleichviel worauf diese Chance beruht"[75]. Netzwerkstrukturen implizieren somit immer auch Machtbeziehungen, wobei Macht als „relationales Konzept" zu verstehen ist: „Es beschreibt die kausale Beziehung zwischen den Präferenzen und dem Verhalten von Akteur A und denen des Akteurs B."[76] Als zentrale Kategorie in Netzwerkbeziehungen basiert die Macht jedes Akteurs auf der jeweiligen spezifischen Ressourcenausstattung.

In der Realität stehen meistens einem oder mehreren zentralen Akteur(en) mit entsprechend dominanter Stellung eine größere Anzahl von Akteuren mit lediglich beschränktem Einflußpotential gegenüber. Aus dieser individuellen Stärke (respektive Schwäche) leiten sich entsprechende (Kompensations-)Strategien ab. Eine mögliche Akteursstrategie ist die Suche nach Koalitionspartnern, die die gleiche Verhandlungsposition unterstützen und

---

75 *Weber* 1972, S. 28; vgl. auch *D. Jansen* 1999, S. 155 ff.

76 *Krahmann* 1998, S. 225.

so den eigenen Einfluß verstärken. Um in mehreren Politikarenen gleichzeitig präsent zu sein, kann eine zweite Strategie darin bestehen, sich möglichst vielen Netzwerken anzuschließen oder selbst neue zu initiieren. Der Zugang zu Informationen vermag ebenso von strategischer Bedeutung zu sein, wie die Erlangung von (komparativen) Vorteilen gegenüber Mitbewerbern um ein knappes Gut. Bei einem derartigen „knappen Gut" kann es sich im konkreten Fall um finanzielle Zuwendungen handeln. Strategisch bedeutsamer ist jedoch die Erlangung einer Machtstellung, die eine entsprechende Thematisierungs- und Entscheidungskompetenz mit sich bringt. Die endogene Eigenentwicklung einzelner Akteure und die damit verbundene Strategiebildung bzw. -neubestimmung sind häufig mit Strukturveränderungen für das Gesamtnetzwerk verbunden. Somit ist die Dynamik eines Netzwerkes untrennbar mit der Wandlungsfähigkeit und -häufigkeit seiner Mitglieder verbunden.

1.2.1.6 Struktur

Die Netzwerkstruktur hängt von einer Vielzahl von Variablen ab, wie z.B.:

- den Grenzen des Netzwerkes, die offen und fließend, aber auch geschlossen und restriktiv sein können (daraus resultierend: hohe oder niedrige Zutrittsschwelle),
- den Beziehungsmustern zwischen den Teilnehmern (geordnet, spontan, chaotisch),
- der Beziehungsdichte der Akteure (Häufigkeit und Dauer der Kontakte, Grad der gegenseitigen Abhängigkeit und Verflechtung, Mehrfachmitgliedschaft[77]),
- der eventuell vorhandenen Binnendifferenzierung (Aufspaltung in Sub-Netzwerke),
- dem vorherrschenden Koordinationstyp (hierarchisch-autoritär, horizontal-konsultativ),
- dem dominierenden Modus der Problembearbeitung (konfliktorisch, kompetitiv, konsensual),
- dem Grad der Zentralität (monozentrisch, polyzentrisch, ohne erkennbare Zentralinstanz),
- der Stabilität des Netzwerkes (Grad der Akteursfluktuation, Dauerhaftigkeit der Beziehungsstrukturen),

77 *Van Waarden* (1992, S. 35) spricht von „overlapping membership".

- der Intensität und Richtung des Ressourcentransfers zwischen den Netzwerkmitgliedern (Symmetrie/Asymmetrie bzw. Reziprozität des Austauschs).

Die meisten der genannten Variablen sind miteinander verbunden und dürfen deshalb nicht isoliert betrachtet werden. So kann beispielsweise davon ausgegangen werden, daß ein hochgradig verflochtenes, durch eine hohe Zutrittshürde gekennzeichnetes, über einen langen Zeitraum bestehendes Netzwerk stabiler ist als ein sehr offenes, kompetitives und durch starke Fluktuation charakterisiertes. Aus strukturalistischer Perspektive betrachtet, sind Netzwerke „... channels through which political mobilization and coalition-building take place“[78]. Im Unterschied zu einer auf den Ressourcenaustausch beschränkten Betrachtungsweise, die der Struktur eines Netzwerkes nur im Moment der Interaktion zwischen Akteuren Bedeutung beimißt, wirken Netzwerkstrukturen auch über den bloßen Tauschakt hinaus, indem sie kognitive Schemata und Verhaltensregeln der Beteiligten beeinflussen können.

1.2.2 Verhandlungsmodi in Abstimmungs- und Entscheidungsprozessen

Der verwendete Ansatz betrachtet die Abstimmungsprozesse in den Verhandlungssystemen auf den unterschiedlichen Ebenen (EU, Mitgliedstaat und Region) und ebenenübergreifend. Verhandlungssysteme sind dabei idealtypisch durch folgende Merkmale gekennzeichnet, von denen in der Realität mehr oder weniger deutlich abgewichen wird[79]:

1. Alle Akteure verfügen über die gleiche Ressourcenausstattung (Machtbalance).
2. Im Konfliktfall einigen sie sich auf einen Mediator, der primus inter pares ist.
3. Das Verhandlungssystem besteht aus einer begrenzten, überschaubaren Anzahl von Teilnehmern, die eine „face-to-face“ Interaktion aller Akteure ermöglicht.
4. Die Teilnahme an den Verhandlungen ist durch personelle Kontinuität gekennzeichnet (Stabilitätsaspekt).

---

78 *Ansell* et. al. 1997, S. 356.

79 Vgl. *Wilkesmann* 1999, S. 56 f.

5. Die einzelnen Akteure sind Vertreter (teil-)autonomer Einheiten, die einerseits mit einem Verhandlungsmandat ausgestattet sind und die andererseits die ausgehandelten Ergebnisse durchsetzen können.
6. In den Verhandlungen darf es nicht (ausschließlich) um die Verteilung finanzieller Mittel gehen, sondern es müssen Sachfragen („issues") im Mittelpunkt der Interaktion stehen.
7. Zwischen den verschiedenen Verhandlungsteilnehmern müssen individuelle Tausch- und Koppelgeschäfte möglich sein.

Im Rahmen des europäischen Mehrebenensystems können vier Verhandlungsebenen unterschieden werden[80]:

- in den intra-gemeinschaftlichen Verhandlungen agieren die supranationalen Akteure, insbesondere die EU-Kommission, das Europäische Parlament, WSA und AdR, aber auch transnationale Organisationen (z. B. europäische Dachverbände);
- die inter-nationalen Verhandlungen werden dagegen geprägt von nationalen Akteuren (Fachminister, nationale Experten, Ministerialbeamte, nationale Interessengruppen etc.), die auf supranationaler Ebene (ver-)handeln;
- auf intra-nationaler Verhandlungsebene finden die Interaktionen zwischen den nationalen Akteuren statt, die die jeweiligen Interessen des Mitgliedstaates gegenüber der EU definieren;
- im deutschen föderalen System kommt schließlich noch eine vierte, die regionale Ebene hinzu, auf der sich die Akteure in den Ländern über die landesspezifischen Interessen und die Strategie zu ihrer Durchsetzung gegenüber dem Bund und der EU verständigen. In der Praxis wird diese „saubere" Trennung der unterschiedlichen Verhandlungsebenen durch Mechanismen vertikaler Koordinierung (Stichwort Fachbruderschaften) sowie durch neue Formen der Kooperation durchbrochen, indem beispielsweise Beamte der EU-Kommission an den Begleitausschußsitzungen auf Bundes- und Landesebene teilnehmen. Es wäre dennoch falsch anzunehmen, daß es sich bei dem europäischen Mehrebenensystem um ein „allumfassendes" Verhandlungssystem handelt, das die EU-Organe, die nationalen Regierungen und die regionalen Vertreter jederzeit gleichberechtigt einschließt. Tatsächlich existieren typischerweise getrennte Interaktionsstrukturen

---

80 Vgl. *Grande* 2000, S. 15.

- zwischen der EU-Kommission und den nationalen Regierungen im Rahmen der vertraglichen Bestimmungen;
- zwischen der regionalen Ebene und europäischen Institutionen – meist informell und unter Umgehung der nationalen Regierung sowie
- zwischen der zentralstaatlichen Ebene und den nationalen Untergliederungen (regionale und lokale Gebietskörperschaften) nach den innerstaatliche Regeln der Politikverflechtung.

„Die europäischen intergovernementalen Beziehungen sind also gleichzeitig in erweitertem Umfang verflochten und in sich differenziert.“[81]

1.2.2.1 Tausch- und Koppelgeschäfte (bargaining)

Die wichtigste institutionelle Besonderheit des europäischen Mehrebenensystems ist ihre nicht-hierarchische Konfiguration, d. h. es gibt keine automatische Überordnung der europäischen Ebene gegenüber den nationalen und regionalen Akteursebenen[82]. Bestimmend sind vielmehr die institutionellen und materiellen Interdependenzen zwischen den genannten Ebenen: Erstens sind die nationalen und regionalen Akteure in abgestufter Form an den supranationalen Entscheidungsprozessen beteiligt. Zweitens wäre die Implementation europäischer Politik ohne ihren aktiven Beitrag nicht realisierbar. Drittens ist die Aufgabenverteilung zwischen den Ebenen nicht immer eindeutig und endgültig fixiert, da sich die Integration in einem dynamischen Prozeß vollzieht. Dadurch kann es dazu kommen, daß innerhalb eines Politikfeldes zwischen den Ebenen „... ein beträchtliches Maß an Konkurrenz um Ressourcen und Klienten besteht.“[83] Verhandlungssysteme wie die Europäische Union setzen sich aus (teil-)autonomen Akteuren mit gleichen, ähnlichen oder divergierenden Interessen zusammen. Im Unterschied zur Marktlogik des Wettbewerbs und der Logik von Hierarchien (Befehl und Gehorsam) steht den Akteuren die Option des Aushandelns von Tauschverhältnissen offen. Die Tauschbeziehungen sind von dem Umstand geprägt, daß sie eher multilateral als bilateral, eher indirekt als direkt erfolgen. Kennzeichnend ist weiterhin, daß der Tausch auch Ressourcen umfassen

---

81 *Benz* 2000, S. 147.

82 Ausgenommen von dieser Feststellung sind die hochgradig vergemeinschafteten Politikbereiche, wie z. B. die Wettbewerbspolitik oder die Agrarpolitik, in denen die Entscheidungen der europäischen Ebene hierarchisch gegenüber den nationalen Rechtsordnungen wirken und für den Fall der Nicht-Beachtung mit entsprechenden Sanktionen versehen sind.

83 *Grande* 2000, S. 17.

kann, für die kein Marktpreis quantifizierbar ist, z. B. politische Unterstützung[84]. Aufgrund dieser Multidimensionalität der potentiellen Austauschbeziehungen kann auch von „generalisiertem Tausch“ [85] gesprochen werden. Durch die arbeitsteilige, sektoral fragmentierte Problembearbeitung auf europäischer Ebene finden Bargaining-Prozesse nicht nur auf höchster Ebene („high politics“) statt, sondern in starkem Maße auch auf der Arbeitsebene („low politics“)[86].

Unter der Bedingung, daß jeder Akteur seine Position kompromißlos verteidigt und alle Themen von gleicher Priorität sind, kommt es zu Blockaden (Nicht-Entscheidung), die bestenfalls durch eine Einigung auf den kleinsten gemeinsamen Nenner aufgelöst werden können[87]. Wenn allerdings die unterschiedlichen Entscheidungsgegenstände bei den einzelnen Akteuren mit verschieden hoher Priorität besetzt sind, wovon in der Praxis mehrheitlich ausgegangen werden kann, und sich die Akteure konzessionsbereit zeigen, ergibt sich die Chance für einzelne Verhandlungsteilnehmer, ihnen besonders wichtige Entscheidungen dadurch voranzutreiben, daß anderen Akteuren Zugeständnisse in subjektiv weniger relevanten Fragen signalisiert werden. Dieses Unterstützungshandeln zum gegenseitigen Vorteil wird auch als „Stimmentausch“ oder „logrolling“ bezeichnet. Ermöglicht und verstärkt wird die Kompromißbereitschaft der Akteure dabei durch das Denken in größeren Zeiträumen, das dazu führt, daß Zugeständnisse an andere Akteure mit kurzfristig wirkenden Vorteilen gemacht werden können, wenn dadurch das Erreichen eigener Langfristziele gesichert wird. Peters nennt dieses Wechselspiel gegenseitiger Konzessionen zum gemeinsamen Vorteil „limited stakes game“[88], dessen grundlegende Handlungslogik darin besteht, die Entscheidungsarena als solche durch kleine Zugeständnisse an den oder die Verhandlungspartner zu erhalten. Zu trennen sind auch hierbei Ent-

---

84 Vgl. *Buholzer* 1998.

85 Vgl. *Mayntz* 1993, S. 45 ff.

86 *Peters* (1997, S. 31): „... bargaining is occurring at the level of experts and bureaucrats as much or more as it is occurring at more 'official' levels.

87 *Benz* (1998c, S. 205) nennt diese Haltung „positionsorientiertes Verhandeln“. Vgl. auch *Grande* 2000, S. 21 f.

88 *Peters* (1997, S. 31): „In the limited stakes game, the dominant strategy often becomes preserving the arena as a locus for generating future benefits, rather than simply always to defeat the opponent at each turn.“

scheidungen vertragsändernder Qualität („high polititcs") von den auf Arbeitsebene getroffenen Detailregelungen („low politics")[89].

Eine Spezialform von Tauschhandlungen sind sogenannte Koppelgeschäfte, bei denen die verschiedenen miteinander verknüpften Materien unterschiedliche Wichtigkeit für die einzelnen Akteure besitzen. Um allseits akzeptable Lösungen in komplexen Entscheidungssituationen mit divergierenden Interessen zu ermöglichen, werden subjektiv wichtige mit eher unwichtigen Punkten verknüpft und auf diese Weise ein „Verhandlungspaket" geschnürt. Dieses Vorgehen ist - wie noch zu zeigen sein wird - schon seit Abschluß der Römischen Verträge bei Verhandlungen auf europäischer Ebene weit verbreitet[90] und hat sich bei bisherigen Erweiterungs- und Vertiefungsschritten als „funktional notwendig"[91] erwiesen. Als größter Vorteil dieser Verknüpfungen unterschiedlicher Themen erweist sich, daß am Ende jeder Akteur einerseits gewisse Konzessionen machen muß, in anderen Punkten jedoch seine Interessen (vollständig) durchsetzen kann. „Absolute Verlierer" gibt es somit bei nach diesem Modus erzielten Kompromissen nicht[92]. Aus demokratietheoretischer Perspektive ist diese Verhandlungsmethode jedoch problematisch, weil eine klare Verantwortungszuschreibung für politische Entscheidungen praktisch unmöglich wird. Ein weiterer Nachteil derartiger „package deals" besteht darin, „... daß eine Revision einzelner Bestandteile des Abstimmungspakets, bspw. aufgrund neuer Informationen, die Auflösung des gesamten Pakets bedeuten kann." [93] Die Korrektur von auf diese Weise getroffenen Entscheidungen bringt deshalb mit hoher Wahrscheinlichkeit gravierende Probleme bei Neuverhandlungen mit sich.

1.2.2.2 Kooperatives Problemlösen (problem-solving)

Während bei bargaining-Prozessen die Interaktionsstrategien der Akteure wesentlich durch das Streben nach individueller Gewinnmaximierung ge-

---

89 Kritisch zur „Logik des politischen Bargaining" auf der Ebene des Rates äußert sich *Sturm* (1998, S. 53), der in „Formelkompromissen" eine der Ursachen für die „Widersprüchlichkeiten des Maastrichter Vertrages" sieht.

90 *Weber/Wiesmeth* (1991, S. 255): „The technique of issue linkage as a negotiating tool has been used continually in the deliberations of the European Community".

91 *Neßler* 1999, S. 169.

92 *Nugent* (1999, S. 377) dazu: „Linking issues together in 'package deals' can open the door by ensuring that there are prizes for everybody and not, as might be the case when only a specific issue is taken, for just a few."

93 *Zeitel* 1998, S. 143.

kennzeichnet sind, besteht die Fähigkeit kooperativ-problemorientierter Verhandlungen darin, „... durch Interaktion ungeachtet divergierender Interessen ihrer Mitglieder absichtsvoll kollektive outputs zu produzieren“[94]. Kennzeichnend für diesen Verhandlungsmodus ist die Leitung durch das allgemein gehaltene gemeinsame Ziel, den vormals anarchischen Zustand zum Vorteil aller Beteiligten zu überwinden. Hinter dem „Austausch allgemein akzeptierter Argumente“[95] steht das Bestreben nach Reduktion von Unsicherheit, die sich u. a. dadurch vermindern läßt, wenn in einem Zustand relativer Ungewißheit nach gemeinsam festgelegten, von allen Seiten als fair empfundenen Regeln vorgegangen wird. Ungewißheit liegt insbesondere dann vor, wenn Entscheidungen von großer Tragweite und mit langfristigen Auswirkungen gefällt werden müssen und die Entscheidungsgrundlagen unsicher sind, z. B. bei der Ausarbeitung von mehrjährigen Programmen, die auf Prognosen über wirtschaftliche Entwicklungen basieren.

Die in der Verhandlungs- und Entscheidungspraxis auf europäischer Ebene am häufigsten anzutreffende Form der kooperativen Problembearbeitung ist die inkrementalistische Kompromißfindung. In der Regel bestehen in diesen Fällen zwischen den Akteuren relativ verfestigte Abhängigkeits- und Beeinflussungsstrukturen. Der Verhandlungsmodus ist dabei eine Mischung aus bargaining-Prozessen und der allgemeinen Überzeugung, daß ein bestimmtes Verhandlungsergebnis - zumeist unter Zeitdruck - realisiert werden muß. Als Beispiele seien die nächtlichen Abschlußverhandlungen zur Verabschiedung des Amsterdamer Vertrags oder die Verhandlungen des Berliner Gipfels vom März 1999 genannt[96]. Durch eine inkrementale Ermittlung von Gemeinsamkeiten, Unterschieden und „Manövriermassen“ in den Interessenbündeln der einzelnen Akteure kommt es Schritt für Schritt zu Annäherungen, die sowohl in bilateralen als auch multilateralen Kontakten realisiert werden. Handlungsleitende Idee ist das „Maximin-Prinzip“: „Die Verhandlungsteilnehmer versuchen entsprechend, durch schrittweise Konzessionen zu einer Übereinstimmung zu gelangen, bei der sich minimale Gewinnerwartungen und maximal akzeptierte Verluste decken.“[97]

---

94 *Mayntz* 1993, S. 46.

95 *Benz* 1998c, S. 205.

96 Vgl. ausführlicher nachfolgend Abschnitt 3.6.

97 *Zeitel* 1998, S. 142.

1.2.2.3 Quasi-kooperative und nicht-kooperative Verhandlungen

Eine „'anarchistische' Antwort“[98] auf die bis dahin dominierenden Ansätze der Entscheidungstheorie, die jederzeit ziel- und funktionsorientiertes Handeln unterstellten, gaben Anfang der 70er Jahre Cohen, March und Olsen in Gestalt ihres „Garbage Can“-Modells[99]. Demnach können Verhandlungsprozesse von folgenden Merkmalen geprägt sein[100]:

- die Handlungspräferenzen der einzelnen Teilnehmer sind nicht vollständig transparent bzw. ständigen Veränderungen im Prozeßverlauf unterworfen,
- es fehlt an einer „Szenariotechnik“, d. h. die Beteiligten können nicht abschätzen, welche Folgen alternative Entscheidungsoptionen nach sich ziehen würden,
- die Fluktuation der Entscheidungsträger ist mehr oder minder signifikant.

Bei Vorliegen der genannten Annahmen kommt es dazu, daß sich verschiedenste Akteure mit unterschiedlichen Problemen, Handlungsoptionen und Entscheidungsalternativen wie „in einem Mülleimer“ ansammeln, da sie im einzelnen nicht in der Lage sind, strukturbildende Zusammenhänge zu erkennen und daraus Handlungsstrategien abzuleiten. Unter diesen Umständen werden schließlich zufällige Entscheidungen getroffen, die nicht das Prädikat gezielter Problemlösung verdienen. Die dieser Art von Problemlösen zugrunde liegende Logik wird auch bezeichnet als „Flucht“ oder „Übersehen“[101]. Entscheidungen durch Flucht sind charakterisiert durch das Vertagen kontroverser Themen auf nachfolgende Entscheidungsrunden. Der Verhandlungserfolg besteht in diesem Fall lediglich darin, daß das Problem als solches erkannt wird und ihm Regelungsrelevanz zugestanden wird. Entscheidungen durch Übersehen sind dagegen dadurch gekennzeichnet, daß das (entscheidungsreife) Thema nicht bewußt als Problem erkannt und folglich keine Regelung getroffen wird. Im Umkehrschluß bedeutet das: Es bedarf immer mindestens eines Promotors, der willens und in der Lage ist, ein bestimmtes Thema auf die Entscheidungsagenda zu setzen.

---

98 *Von Prittwitz* 1994, S. 145.

99 Was soviel wie „Mülleimer“-Modell heißt; vgl. *Cohen* et al. 1972.

100 Vgl. *Zeitel* 1998, S. 144.

101 *Cohen* et al. (1972, S. 8) sprechen von „decision by flight“ bzw. „decision by oversight“.

Neben dieser quasi-kooperativen Form können in Entscheidungsprozessen auch nicht-kooperative Verhandlungsmodi zum Tragen kommen. Konfrontative Elemente, wie z. B. Drohungen oder Proteste stellen ein Mittel dar, von dem sich einzelne Akteure in Verhandlungen u. U. eine Verbesserung ihrer Position erhoffen bzw. auf diese Weise versuchen, für sie inakzeptable Ergebnisse zu verhindern. Das individuelle Drohpotential, d. h. die Fähigkeit Konflikte erfolgreich auszufechten, hängt dabei ab von der jeweiligen Ressourcenausstattung[102] und der damit verbundenen Stellung in dem Verhandlungssystem. So verleiht der Abstimmungsmodus der Einstimmigkeit jedem Entscheidungsträger die Möglichkeit, durch ein Veto einen erfolgreichen Abschluß der Verhandlungen zu blockieren. Dies zwingt zu einvernehmlichen Kompromißlösungen und erhöht damit die Transaktionskosten der Entscheidungsfindung, insbesondere bei komplexen Materien und mehreren Verhandlungsrunden. Für ein derartiges Vorgehen gibt es als prominentes Beispiel den sogenannten Luxemburger Kompromiß aus dem Jahre 1966, der auch als ein „... zentraler Einbruch in der Erfolgsgeschichte der europäischen Integration“ [103] charakterisiert wird.

1.2.2.4 Positive und negative Koordination in Verhandlungssystemen

In der europäischen Praxis läßt sich in den allermeisten Fällen eine Kombination der vorstehend genannten Verhandlungsmodi feststellen, deren situative Ausprägung von der behandelten Materie sowie den beteiligten Akteuren abhängt. Strategisches Problemlösen ist theoretisch ebenso möglich wie Tausch- und Kompensationsgeschäfte, um einen für alle Beteiligten annehmbaren Kompromiß zu erzielen. Dasselbe gilt allerdings auch für Drohung und Blockade. „Die Logik von Verhandlungen läßt sich somit nicht auf eine dieser Interaktionsformen reduzieren.“[104] Dennoch ist in der Regel eine der beiden Handlungsorientierungen Interessenausgleich (bargaining) oder „verständigungsorientiertes Verhandeln“[105] (problem-solving) dominierend und damit prägend für die Interaktionsmuster zwischen den Beteiligten. Während Tauschbeziehungen, die durch Koppel- und Kompensationsgeschäfte gekennzeichnet sind, lediglich negativer Koordination bedürfen, ist im Falle des Problemlösens ein kooperatives Zusammenwirken der Akteure

---

102 Das können u. a. politische, ökonomische, militärische, finanzielle oder personelle Ressourcen sein.

103 *Weidenfeld* 1995, S. 22.

104 *Mayntz* 1993, S. 47.

105 *Benz* 1998c, S. 205.

im Sinne positiver Koordination[106] erforderlich. Dabei ist das Prädikat „negativ" nicht absolut zu verstehen, denn verglichen mit unkoordiniertem Vorgehen sind die Wohlfahrtsverluste bei negativer Koordination deutlich geringer[107]. Allerdings ist das Leistungspotential negativer Koordination begrenzt: „Bei einer steigenden Zahl von Beteiligten führt negative Koordination deshalb zu einer Kumulation von Veto-Positionen, welche die erreichbaren Wohlfahrtsgewinne unter das Niveau drückt, das durch positive Koordination erreicht werden könnte"[108].

Unter realen Bedingungen findet in Verhandlungssystemen sowohl positive als auch negative Koordination in den strukturellen Grenzen formaler Institutionen statt. Das Hauptproblem besteht dabei nicht wie zu vermuten wäre in antagonistischen Positionen und damit verbundenen Entscheidungsblockaden. Das grundlegende Dilemma erwächst vielmehr aus der Tatsache, daß den Akteuren die negativen Externalitäten, die bei der Verfolgung ihrer als legitim betrachteten Interessen entstehen, nicht bewußt bzw. gleichgültig sind[109]. Ein Ausweg besteht in der gemeinsamen Festlegung allgemeingültiger Regeln, die die Zielsetzung verfolgen, die legitimen Interessen der Verhandlungspartner zu akzeptieren. Derartige institutionelle Arrangements sind kennzeichnend für stabile Verhandlungssysteme, die in kooperative Dauerbeziehungen sozial eingebettet sind. Scharpf spricht von dem (heuristischen) „Konzept der eingebetteten Verhandlungen", das zwar nicht die Realisierung eines Wohlfahrtsoptimums verspreche, aber „... eine bessere Erklärung für den überraschend hohen Grad an tatsächlich wirksamer Handlungskoordination und Erwartungssicherheit jenseits der engen Grenzen, in denen Markt und Hierarchie allein die Turbulenz interdependenter Interaktionen bewältigen könnten."[110]

Der eben beschriebene „institutionelle Grundkonsens"[111] ermöglicht und erleichtert die Kompromißfindung bei divergierenden Interessen und ver-

---

106 Die Unterscheidung in negative und positive Koordination stützt sich u. a. auf *Mayntz* (1993). In der vorliegenden Betrachtung wird „problem-solving" mit positiver und „bargaining" mit negativer Koordination gleichgesetzt. *Scharpf* (1997, S. 253) geht einen Schritt weiter und unterscheidet alle vier genannten Begriffe anhand der Kriterien „salience of distribution" und „salience of value-creation".

107 Vgl. *Scharpf* 2000, S. 192 ff.

108 *Scharpf* 1993, S. 69. Zu den Voraussetzungen und Vorteilen positiver Koordination vgl. *Scharpf* 2000, S. 225 ff; vgl. auch *Benz* 1999, S. 56.

109 Vgl. *Willke* 1990.

110 *Scharpf* 1993, S. 80.

111 *Mayntz* 1993, S. 50.

mindert zugleich die Gefahr rücksichtsloser Nutzenmaximierung einzelner auf Kosten anderer Akteure. Unter bestimmten Umständen kann diese Orientierung allerdings auch dysfunktional wirken. Dann nämlich, wenn politisch intendierte Veränderungen an der konservativen Tendenz eines Verhandlungssystems, das bestrebt ist, den erreichten Gleichgewichtszustand zu erhalten, zu scheitern drohen. Solche Konstellationen erweisen sich als hochgradig „... strukturkonservativ und zeichnen sich gerade durch eine hohe Inflexibilität aus."[112] Eine Möglichkeit, diesem latent vorhandenen Beharrungsstreben zu entgegnen, besteht in der strikten Trennung der Behandlung von Sach- und Verteilungsfragen[113]. Angewendet auf das zu untersuchende Politikfeld der europäischen Strukturpolitik würde das beispielsweise bedeuten, daß die Verhandlungen über die allgemein akzeptierten Kriterien der Mittelvergabe (Sachfragen) getrennt von den Entscheidungen über die Einteilung der Fördergebiete sowie die konkrete Höhe der jeweiligen Förderung (Verteilungsfragen) erfolgen müßten. In der Realität ist die „Entkopplung von Handlungszielen und individuellem Nutzenstreben" freilich nur schwer zu realisieren, weil gerade in (re-)distributiven Politikfeldern - im Unterschied zu regulativ gesteuerter Politik - eine hochgradige Kongruenz zwischen der Gruppe der Entscheidungsträger und der -betroffenen besteht, was wiederum zu einer „charakteristischen Spannung zwischen Interessenausgleich und Problemlösung"[114] führt.

1.2.3 Die Mehrebenenanalyse

Das Politikfeld regionale Strukturpolitik bietet sich für die Mehrebenenanalyse in besonderem Maße an, „... weil es hinsichtlich des Koordinationsbedarfs als Pilotprojekt für eine europäisierte Mehrebenenpolitik angesehen werden kann."[115] Im Unterschied zu den methodischen Annahmen des Intergouvernementalismus[116], der die nationalen Regierungen als Allein- bzw. Letztentscheider auch in Fragen der europäischen Integration definiert, be-

---

112 *Wilkesmann* 1999, S. 62. Als Beispiel kann der überraschend starke Widerstand des deutschen Gesundheitswesens gegen langjährige politische Reformversuche genannt werden; vgl. *Mayntz* 1993, S. 50.

113 *Scharpf* (1988, S. 77 ff.) spricht von „Steuerungspathologien", die nur durch Entflechtung vermieden werden können.

114 *Mayntz* 1993, S. 52.

115 *Benz* 1998b, S. 360.

116 „Pathologien intergouvernementalen Entscheidens" auf europäischer Ebene beschreibt *Sturm* (1998, S. 61).

ruht der Mehrebenenansatz auf der Prämisse, daß der Nationalstaat kein monolithischer Akteur ist. Für diesen theoretischen Zugang bietet die europäische Regionalpolitik nach mehreren Reformrunden in ihrer heutigen Ausprägung „geradezu das Paradebeispiel“[117]. Die Mehrebenenanalyse[118] disaggregiert die scheinbare Einheitlichkeit der Entscheidungsfindung und fragt nach den Einflußpotentialen und dem Zusammenwirken einzelner Akteure. Neben der Beachtung unterschiedlicher Handlungs- und Entscheidungsebenen besteht eine weitere Prämisse dieses Forschungsansatzes darin, daß die Akteure vielschichtige, sich z. T. widersprechende Zielsetzungen verfolgen können. Damit wird zugleich die These der realistischen Schule unhaltbar, daß die Nationalstaaten ohne Einschränkung in der Lage seien, die Ergebnisse von Verhandlungsprozessen auf europäischer Ebene zu kontrollieren und stets in ihrem Sinne zu bestimmen. Es wird vielmehr davon ausgegangen, „... daß sich der Einfluß von Akteuren auf den verschiedenen Regierungsebenen zwischen einzelnen Politikfeldern und sogar innerhalb derselben erheblich unterscheidet.“[119]

Potentielle Schwächen der Mehrebenenanalyse bestehen zum einen in der Gefahr, in dem Bestreben nach Abgrenzung von rein intergouvernementalen Ansätzen die supra- und subnationalen Akteure in ihrer Bedeutung zu überzeichnen, bzw. das nach wie vor große Einflußpotential der nationalen Regierungen zu vernachlässigen[120]. Als mittlerweile überholt kann die „Sandwich-These“ gelten, wonach in einer Art Nullsummenspiel die Kompetenzen der Mitgliedstaaten perspektivisch zwischen der EU und den Regionen aufgeteilt werden[121]. Ein zweites Defizit bildet der Umstand, daß die meisten Multi-Level Governance-Modelle („MLG“)[122] bei dem Nachweis der Existenz netzwerkartig konfigurierter Strukturen stehen bleiben und sich damit keine Prognosefähigkeit in bezug auf zu erwartende Entwicklungen verbinden läßt. Diese wäre dann zu erreichen, wenn nicht nur wie bisher

---

117 *Voelzkow* 1999, S. 105.

118 Zum Mehrebenenansatz vgl. u. a. *Schneider* 1997, S. 164 ff.

119 *Marks* 1996, S. 339.

120 Kritisch äußert sich *Sturm* (1998, S. 49), der den Begriff „Mehrebenenpolitik“ als ein „Modewort“ bezeichnet, das „vage genug“ sei, um den derzeitigen „... unter Umständen bloß scheinstabilen Status Quo“ der europäischen Integration zu beschreiben. Nach *Grande* (2000, S. 12) sind die Begriffe „Mehrebenensystem“ und „Multi-Level Governance“ bisher wenig mehr als eine „deskriptive Metapher“.

121 Vgl. *Eser* 1991, S. 10. Kritisch dazu vgl. *Greß* 2000, S. 88.

122 *Marks* et al. (1996, S. 372 f.) datieren die Herausbildung des MLG-Systems auf die 1980er Jahre, mit einem (ersten) Kulminationspunkt in Gestalt der EEA.

die Austauschlogik der Netzwerkteilnehmer, sondern auch die strukturelle Logik der Netzwerke in die Untersuchung einbezogen werden würden. Während die „exchange logic“ das Verhalten der Akteure anhand ihrer jeweiligen Ressourcenausstattung analysiert, deren gegenseitig vorteilhafter Austausch das Netzwerk erst konstituiert, fragt der Betrachter der strukturellen Logik eines Netzwerkes nach der Stellung der Beteiligten zueinander und ihrer Position im Netzwerk[123]. Mit diesem Blick auf die Binnenstruktur eines Netzwerkes verbindet sich die Erwartung neuer Erkenntnisse darüber, wie die Beziehungsmuster zwischen den Akteuren deren Strategien beeinflussen und damit Auswirkungen auf potentielle Politikergebnisse haben können.

In der nachfolgenden Untersuchung wird modellhaft abstrahiert von den drei Ebenen (supranational, national und subnational) gesprochen, ungeachtet ihrer mehr oder minder ausgeprägten Binnendifferenzierung. Aus Gründen der Praktikabilität muß auf eine Untersuchung der „vierten“ Ebene, der kommunalen Selbstverwaltung, verzichtet werden[124]. In der Literatur[125] bildete sich in den vergangenen Jahren eine eigenständige Begrifflichkeit heraus, die u. a. von „dual networks“[126] spricht. Damit verknüpft sich die Vorstellung, daß jede der drei Ebenen zwei unterschiedliche direkte Verbindungen herstellen kann, was wiederum abweichende Rollenanforderungen impliziert. So besteht aus der Sicht der nationalstaatlichen Untergliederungen einerseits die Möglichkeit, in einer konkreten Frage die Unterstützung der europäischen Ebene, insbesondere der Europäischen Kommission, gegen die eigene nationale Regierung zu mobilisieren und vice versa. Andererseits hat die subnationale Ebene ebenso die Option, sich mit der Regierung gegen die Kommission zu „verbünden“ - und umgekehrt. Somit ergibt sich - stark vereinfacht - eine Triade, deren konkrete Koalitionsausprägungen durch den

---

123 *Ansell* et al. (1997, S. 349): „Structuralist logic does not deny that actors pursue favourable opportunities for exchange, but analyses their actions in the first place in terms of relative structural positions in the network.“

124 Zur Stellung der deutschen Gemeinden und Kreise in einem vereinten Europa vgl. *Siedentopf* 1997 sowie die Beiträge in *Ipsen / Rengeling* 1999, insbesondere *Hoffschulte* (S. 29-53) und *von Ameln* (S. 17-28).

125 Vgl. *Jeffery* 1997, *Hooghe* 1996, *Mazey/Richardson* 1996, *Jones/Keating* 1995.

126 Vgl. *Ansell* et al. 1997. Mit diesem Herangehen an das Mehrebenensystem versuchen die genannten Autoren zugleich eine Synthese aus MLG-Modellen und intergouvernementalistischen Prämissen herzustellen.

Inhalt der jeweils entscheidungsrelevanten Frage gekennzeichnet werden[127]. Daraus läßt sich eine auf den ersten Blick widersprüchlich anmutende These ableiten, die verkürzt lautet: Stabilität des Gesamtsystems durch permanente Veränderung. Gemeint ist damit, daß die bei wechselnden Materien sich ständig vollziehende Änderung der Koalitionen innerhalb der „Triade“ eine wesentliche Voraussetzung dafür bietet, die relative Stabilität des Mehrebenensystems zu sichern. Oder anders ausgedrückt: im Zeitverlauf wird es keine dauerhaft vorherrschende Interessenübereinstimmung zwischen zwei der drei Ebenen geben. Hierin liegt auch begründet, warum in einer solchen Konstellation weder ein strikt intergouvernementales noch ein rein föderales Europa Chancen besitzt, das alleinig prägende Ordnungsmuster zu werden.

Um die Prozeßhaftigkeit und die Veränderungsdynamik der Integration adäquat abbilden zu können, betrachtet der Mehrebenenansatz die Veränderungen in ausgewählten Politikfeldern im Zeitverlauf mit dem heuristischen Hilfsmittel des Politikzyklus („Policy Cycle“). Dieser setzt sich aus folgenden Phasen[128] zusammen:

- agenda setting (Problemwahrnehmung und -definition, Aktivieren von Verhandlungsarenen),
- Politikformulierung (Verhandlungsphase),
- Entscheidungsphase („decision making“),
- Implementation (Transformation in nationales Recht),
- Umsetzungsphase (Anwendung, Vollzug und Kontrolle)
- Bewertung und Neuformulierung (Ex-post-Evaluations- und Novellierungsphase).

Die genannten Phasen sind idealtypisch, d. h. sie existieren in der Realität nicht in dieser modellhaft abstrahierten Form, da sie fließend ineinander übergehen, Vor- und Rückwirkungen entfalten und sich teilweise überlap-

---

127 *Ansell* et al. (1997, S. 350) „The overall pattern is not that of three levels of actors engaged in policy-network cooperation , but of constantly shifting alliances within the triad.“ Vgl. auch *Voelzkow* 1999, S. 111 f.

128 Vgl. *Siedentopf* 1999; S. 83. Die Unterteilung und Benennung der einzelnen Phasen erfolgt in der Literatur nicht einheitlich. *Lang* et al. (2000, S. 100) differenzieren lediglich drei Phasen: policy formation, policy implementation und policy termination. *Staeck* (1997) unterscheidet zwischen Planungs-, Entscheidungs- und Implementationsphase. *Böhret* et al. (1982, S. 28 f.) nennen die Phasen: „Politikformulierung und -durchführung“ sowie „Wirkungsphase“. Eine Alternative zur Phasenheuristik versucht *Sabatier* (1993) zu entwerfen.

pen[129]. Das Feedback der Evaluationsphase und die auf dieser Basis vorgenommene Neuformulierung lassen den Politikzyklus schließlich erneut beginnen. Mit Hilfe der Phasenheuristik soll es gelingen, die Veränderungsdynamik der europäischen Entscheidungsprozesse abzubilden. Wenn die weitere Untersuchung auf die Exekutive(n) fokussiert wird, so basiert die Betrachtung auf einem neo-institutionalistischen Herangehen. Im Unterschied zum „klassischen", stark juristisch geprägten, auf die Kompetenzverteilung fixierten Institutionalismus, versucht der Neo-Institutionalismus, „... die Dynamik des Politikzyklus einzufangen, tatsächliches Entscheidungsverhalten sowie die Spannung zwischen Politik und Exekutive zu beleuchten."[130] Die Ausgangsfrage für die Analyse lautet demnach, ob Netzwerke und Verhandlungsprozesse in dem untersuchten Politikfeld existieren. Um jedoch nicht bei einer bloßen Bestandsaufnahme stehen zu bleiben, muß sich daran die Frage nach den spezifischen Merkmalen dieser Prozesse und Strukturen sowie nach ihren Auswirkungen auf das Funktionieren der Exekutiven anschließen.

1.2.4 Die europäische Politikverflechtung

Im Zuge der europäischen Integration hat sich eine Ebene supranationalen Regierens herausgebildet, die zu den bereits vorhandenen nationalen Strukturen hinzutritt und mit diesen - je nach konkretem Politikfeld und dem daran geknüpften Vergemeinschaftungsgrad unterschiedlich intensiv - verschränkt und verflochten ist. Mit den sich ständig weiter ausdifferenzierenden Verflechtungsbeziehungen geht eine Entwicklung einher, in deren Ergebnis der Ort politischer Entscheidungsfindung zunehmend schwerer zu lokalisieren ist[131]. Gleichzeitig generiert die Mehrebenenstruktur einen erhöhten Abstimmungsbedarf, der sich in multilateralen Verhandlungen ausdrückt, in deren Verlauf „... sich Entscheidungen oft auf verschlungenen Pfaden herausbilden. Politisches Handeln ist dadurch mehr denn je als mehrstufiges Kompromißhandeln begreifbar."[132] Eine ergänzende Rahmen-

129 *Rhodes* et al. (1996, S. 375): „The distinction between policy-making and its implementation is a useful analytic tool but separating the two can be difficult."

130 *Derlien/Murswieck* 1999, S. 9; zum neo-institutionalistischen Ansatz vgl. stellvertretend *Bulmer* 1994.

131 *Wessels* (1997, S. 65) spricht im Rahmen der durch ihn entwickelten „Fusions-These" von einer „Diffusion von Verantwortlichkeiten".

132 *Czada* 1998, S. 67, im Original mit Hervorhebung. Zur Herausbildung von „Kompromißkulturen" in Verhandlungssystemen vgl. *Greiffenhagen* 1999, S. 172 ff.

bedingung, die als Katalysator für die Herausbildung einer neuen Dimension von Unübersichtlichkeit politischer Entscheidungsfindung wirkt, ist die permanente Erhöhung der sachlichen Komplexität der Regelungsgegenstände: Unter den Bedingungen postindustrieller Risikogesellschaften steigt der Bedarf an Expertenwissen zur detaillierten Regelung hochkomplexer Materien ständig.

Der durch den Zwang zu einvernehmlichen Lösungen gekennzeichnete Verhandlungsmodus des Einstimmigkeitsprinzips führt zu einer „... selektiven Problemlösungsfähigkeit des politischen Systems, in deren Folge Verhandlungsergebnisse durch Minimallösungen, Eingriffsverzicht und Besitzstandswahrung geprägt sind."[133] Für dieses Phänomen prägte Scharpf in einer vergleichenden Analyse zwischen dem deutschen Föderalismus und dem Prozeß der europäischen Integration den Begriff der „Politikverflechtungs-Falle", die er definiert als eine „... zwei oder mehr Ebenen verbindende Entscheidungsstruktur, die aus ihrer institutionellen Logik heraus systematisch (...) ineffiziente und problem-unangemessene Entscheidungen erzeugt, und die zugleich unfähig ist, die institutionellen Bedingungen ihrer Entscheidungslogik zu verändern"[134]. Die Reduktion der Entscheidungsspielräume auf den „kleinsten gemeinsamen Nenner" erscheint aus dieser Sichtweise zwangsläufig und unvermeidbar.

Das von Tsebelis entwickelte sogenannte Vetospieler-Theorem geht auf eine vergleichende Analyse unterschiedlich ausgestalteter politischer Systeme zurück, die u. a. zu dem Ergebnis kommt, daß der Handlungsspielraum einer Regierung mit steigender Anzahl der Vetospieler abnimmt. Danach werden insbesondere föderale Systeme von einer großen Zahl potentieller Vetospieler charakterisiert[135]. Ein möglicher Ausweg aus der Zwangsläufigkeit dieses Dilemmas besteht in der zeitlichen Befristung politischer Entscheidungen in Form von Programmen. Daraus resultiert ein Druck zur Einigung, weil im negativen Falle, der Status quo durch das Auslaufen des Programmes nicht erhalten bleibt. Durch das Bewußtsein dieser Handlungsrisiken geht - bei Vorherrschen des Einstimmigkeitsprinzips - zwar nicht die Veto-Position jedes einzelnen Entscheidungsträgers verloren, doch es

---

133 *Knodt* 1998, S. 43.

134 *Scharpf* 1985, S. 350. Der Begriff „Politikverflechtungs-Falle" wurde bereits in den 70er Jahren geprägt; vgl. *Scharpf* et al. 1976.

135 *Tsebelis* (1995, S. 289): „... federal systems have multiple veto players. The potential for policy change decreases with the number of veto players, the lack of congruence (...) and the cohesion (...) of these players." Vgl. auch *Wachendorfer-Schmidt* 1999, S. 8.

kann unterstellt werden, daß von den Maximalforderungen im Fall einer drohenden Blockade abgegangen wird. Das Niveau der Verständigungsbereitschaft innerhalb des Gesamtsystems nimmt somit immer dann zu, „... wenn die Rückfallposition, d. h. die Lage, die bei Nichtkooperation eintritt, ungünstiger oder als mit größeren Risiken behaftet wahrgenommen wird als eine kooperative Problemlösung."[136] Der Programmcharakter einer Maßnahme kann somit einen Garantiemechanismus gegen die Gefahren der „Politikverflechtungsfalle" bilden.

Neuere Forschungsergebnisse[137] zeigen, daß es in verflochtenen föderalen Systemen nicht zwangsläufig zu Immobilismus oder zur Reduktion des Entscheidungsspielraums auf den kleinsten gemeinsamen Nenner kommen muß. Vielmehr könne die Steuerungsleistung des Systems durch zwei Mechanismen gesteigert werden: „Kostenverschiebungen und Anstöße von außen"[138]. Ein Beispiel für den zuerst genannten Mechanismus sind die sich im Rahmen der Wiederherstellung der staatlichen Einheit ergebenden Finanztransfers von West- nach Ostdeutschland. Diese Leistungen wären ohne eine Kostenabwälzung auf Dritte weder in der vorliegenden Form noch in dem praktizierten Umfang realisierbar gewesen: Die Finanzierung der deutschen Einheit erfolgte in vergleichsweise geringem Maße durch Umverteilung (Besitzstandswahrung!), sondern im wesentlichen über die Verlagerung der Kosten in die Zukunft: Steuererhöhungen fanden statt, der Solidarzuschlag wurde eingeführt, Nebenhaushalte entstanden (Fonds Deutsche Einheit, Erblastentilgungsfonds etc.). Der zweite genannte Mechanismus („Anstöße von außen") kann im Rahmen des europäischen Mehrebenensystems durch verschiedene Beispiele belegt werden. Im Vorgriff auf den zweiten Teil der Untersuchung soll nur darauf verwiesen werden, daß die Reformfreudigkeit der Bund-Länder-Gemeinschaftsaufgabe zur Verbesserung der regionalen Wirtschaftsstruktur durch die Einwirkung der EU-Kommission wesentlich erhöht wurde[139].

In dem Politikfeld der regionalen Strukturpolitik kam es in der Bundesrepublik nach der Wiedervereinigung zu Umverteilung und Innovation auf Kosten der alten Bundesländer – und damit zu „... einem Fall, den die Poli-

---

136 *Czada* 1998, S. 76. Bezogen auf die Neuverhandlung der Strukturfondsverordnungen bedeutet das verkürzt ausgedrückt: Keine Einigung wäre angesichts der auslaufenden Programme nachteiliger als eine – mit gewissen Nachteilen verbundene – Kompromißlösung.

137 Vgl. stellvertretend *Grande* 2000, *Wachendorfer-Schmidt* 1999, *Peters* 1997.

138 *Wachendorfer-Schmidt* 1999, S. 3.

139 Ausführlicher vgl. nachfolgend Abschnitt 4.1.

tikverflechtungstheorie eigentlich nicht zulässt. Hier liegt der Schlüssel im Hinzukommen eines dritten Akteurs, der Europäischen Kommission."[140] Daraus ließe sich die These ableiten, daß die Defizite der einfachen, föderalen Politikverflechtung durch die Vergemeinschaftung des betreffenden Politikfeldes nicht zwangsläufig im Sinne einer „doppelten Verflechtungsfalle" verschärft werden müssen, sondern auch das Gegenteil eintreten kann: Durch die (Selbst-)Einschaltung eines dritten Beteiligten kann das „Bund-Länder-Kartell" aufgebrochen werden. Damit können Defizite der einfachen Verflechtung - zumindest teilweise - überwunden werden. Allerdings wird zugleich der vormals allein föderal ausgehandelte Kompromiß durch die Intervention der EU-Kommission, im konkreten Fall durch das Instrument der Beihilfenaufsicht, wieder in Frage gestellt.

Peters setzt sich ebenfalls mit der Frage auseinander, ob bzw. unter welchen Bedingungen das europäische Mehrebenensystem zwangsläufig in der Politikverflechtungsfalle enden muß. Er differenziert zwischen den Entscheidungen supranationaler Gipfeldiplomatie („high politics") und dem tagtäglichen Entscheidungsprozeß auf niedrigerer Ebene („low politics"). In dieser Unterscheidung liegt s. E. der Schlüssel für das Verständnis dafür, daß die Theorie der Politikverflechtungsfalle zwar eine hohe Erklärungskraft für all jene Konstellationen hat, die durch klare nationale (Veto-)Positionen gekennzeichnet sind[141]. Diese Entscheidungssituationen stellen jedoch eher die Ausnahme als die Regel europäischer Problembearbeitung dar. Die Spezifik des supranationalen Entscheidungsprozesses eröffnet demnach zumindest in dem Bereich der „low politics" verschiedene Optionen, um nicht zwangsläufig lediglich sub-optimale Ergebnisse zu erzielen: Die arbeitsteilige Struktur führt auch auf europäischer Ebene zu einer funktionalen Spezialisierung der exekutivischen Untereinheiten, d. h. weder die nationalen Regierungen mit ihren Ministerien und nachgeordneten Behörden treten als „monolithischer" Akteur in den Verhandlungen auf, noch die EU-Organe[142]. Am stärksten ausgeprägt ist die Binnendifferenzierung auf europäischer Ebene innerhalb der Kommission. Aber auch der Rat mit seinen zahlreichen unterstützenden Gremien (COREPER, Expertengruppen u. a.) sowie das Europäische Parlament mit den entsprechenden Ausschüssen stehen dem Grad an Differenzierung kaum nach. Dadurch ergeben sich Flexibilitäten

---

140 *Wachendorfer-Schmidt* 1999, S. 25.

141 *Peters* (1997, S. 33): „... in situations in which there are clear national (or Land) interests that can be protected through the policy process, and in which the high politics of national vetoes dominates." Im Original mit Hervorhebung.

142 Vgl. ausführlicher zu den einzelnen Akteuren auf den verschiedenen Ebenen nachfolgend Abschnitte 1.3.2 ff.

und Handlungsspielräume bei der Problembearbeitung. Im Politikfeld Wirtschaft stehen dem jeweiligen nationalen Ministerium beispielsweise vier oder fünf Generaldirektionen gegenüber[143]. Die europäische Entscheidungsfindung muß somit als arbeitsteiliger, ebenenübergreifender Prozeß verstanden werden, in dessen Verlauf sektoral spezialisierte Problemlösungen ausgehandelt werden, die in den meisten Fällen Kompromißcharakter tragen. Dadurch wird die inkrementalistische Anpassung europäischer Politik an sich verändernde Rahmenbedingungen erleichtert, werden Anreize für „policy learning"[144] gegeben. Bezugnehmend auf die Ausgangsthese der scheinbar zwangsläufig eintretenden Politikverflechtungsfalle gilt es festzuhalten, daß ein statisches Entweder-Oder und das Beharren auf Vetopositionen im europäischen Mehrebenensystem Spezialfälle sind, die im Prozeß der Entscheidungsfindung die Ausnahme und nicht die Regel darstellen.

1.2.5 Legitimations- und Kontrollprobleme in Mehrebenenverflechtungen

Die bereits angesprochene vage Begrifflichkeit von der Europäischen Union als einem supranationalen System „sui generis" impliziert die Verlockung, durch den Hinweis auf die „Sonderstellung" der EU eine Antwort darauf zu umgehen, ob und wie sich europäische Entscheidungen demokratisch zu legitimieren haben. Gerade die Legitimationsbedürftigkeit politischer Entscheidungen muß jedoch als grundlegendes Kriterium bei der Analyse und Bewertung des europäischen Entscheidungssystems angesehen werden[145]: Mehrebenenverflechtungen sind aus der Sicht der Demokratietheorie „... suspekt, da sie gravierende Verantwortlichkeits- und Kontrollprobleme aufweisen."[146] Die Klärung der Legitimationsfrage ist somit Voraussetzung und Schlüssel für das tiefere Verständnis der miteinander verbundenen Entscheidungsprozesse. Dabei müssen Leistungsfähigkeit und Defizite der bestehenden Strukturen gleichermaßen kritisch gewürdigt werden, um in einem zweiten Schritt Alternativen für eventuell notwendige Veränderungen benennen zu können.

---

143 *Peters* (1997, S. 28): „This level of fragmentation and overlap sets the stage for a great deal of bureaucratic in-fighting (...) The high degree of fragmentation also provide the active policy entrepreneur with options for finding a co-operative organisational home for a policy idea."

144 Weitere „positive Interaktionseffekte" der europäischen Mehrebenenverflechtung nennt *Grande* 2000, S. 22.

145 Vgl. stellvertretend *Greß* 2000, S. 84.

146 *Grande* 2000, S. 23.

1.2.5.1 Demokratische Legitimation politischer Entscheidungen und Legitimität staatlichen Handelns

Ausgangspunkt der nachfolgenden Überlegungen zur demokratischen Legitimation der EU soll eine Analyse der aktuellen Struktur des supranationalen Institutionengefüges sein. Die Europäische Union heutiger Prägung erweist sich in der Mehrzahl der Politikfelder als ein supranationales Verhandlungssystem, das, insbesondere in den Bereichen mit Einstimmigkeitserfordernis, auf die Erzielung konsensualer Entscheidungen angewiesen ist. Diese Konstruktion bedingt, daß nicht die gleichen Maßstäbe wie an die durch Parteienkonkurrenz geprägten parlamentarischen Systeme der Mitgliedstaaten[147] angelegt werden können. Auf europäischer Ebene fehlt es hierfür an grundlegenden Voraussetzungen, wie z. B. an einem europäischen Staatsvolk, an einem europäischen Parteiensystem, einer europäischen Öffentlichkeit sowie an einer ausgeprägten europäischen Identität[148]. Andererseits könnten die Besonderheiten der europäischen Integration „... auch eine mittelbare demokratische Legitimation über die Parlamente der Mitgliedstaaten ausreichen lassen."[149] Die Dynamik des Integrationsprozesses würde in diesem Fall jedoch bedingen, daß eine kontinuierliche parlamentarische Rückbindung stattfindet, die sich nicht in der einmaligen Zustimmung der nationalen Parlamente zu den primärrechtlichen Bestimmungen erschöpfen dürfte. Als wichtigstes, mittelbar demokratisch legitimiertes Organ auf Gemeinschaftsebene ist der Ministerrat[150] zu nennen, der sich aus Regierungsvertretern der Mitgliedstaaten zusammensetzt. Um ein weiteres Glied länger ist die Kette demokratischer Legitimation bei den anderen Organen und Gremien der Gemeinschaft, deren Mitglieder durch die Regierungen der Mitgliedstaaten[151] bzw. durch den Ministerrat[152] ernannt werden. Aus demokratietheoretischer Sicht müssen diese Institutionen somit als „mittelbar mittelbar" demokratisch legitimiert gelten.

---

147 Zum Parteienwettbewerb im deutschen Bundesstaat vgl. *Lehmbruch* 1976 bzw. 2000.

148 Vgl. *Decker* 2000, S. 606 ff.

149 *Magiera* 1995, S. 792. Eine weitere Stärkung des Europäischen Parlaments fordert dagegen *Bieber* 1999a.

150 Ausführlicher vgl. nachfolgend Abschnitt 1.3.2.3.

151 Wie die EU-Kommission, deren Ernennung seit Maastricht der Zustimmung durch das Europäische Parlament bedarf. Ausführlicher zur EU-Kommission vgl. nachfolgend Abschnitt 1.3.2.4.

152 Die „Nebenorgane" WSA und AdR werden u. a. auf diesem Wege bestellt; vgl. die nachfolgenden Abschnitte 1.3.2.7 bzw. 1.3.2.8.

In der Literatur wird häufig vom „Regieren im dynamischen Mehrebenensystem“[153] gesprochen, wobei nicht immer genau erkennbar ist, was unter „Regieren“ zu verstehen sein soll. Der Begriff des Regierens wird im folgenden verstanden als die Herstellung gesellschaftlich allgemeinverbindlicher politischer Entscheidungen durch die Regierung, die sich ihrerseits an dem Kriterium demokratischer Legitimation messen lassen muß. Staatsrechtlich betrachtet ist eine Regierung dann legitimiert, wenn ihre „Herrschaft auf Zeit“ verfassungskonform zu Stande gekommen ist, d. h. wenn sie von der Mehrheit des Wählerwillens getragen wird. Diese parlamentarische Form demokratischer Rückbindung ist zugleich „die häufigste, sichtbarste und praktisch bedeutendste Art demokratischer Legitimation.“[154] Die Mitglieder der Regierung verfügen somit im parlamentarischen System über eine individuelle, abgeleitete Legitimation. Staatliches Handeln wird jedoch nicht nur von (Grundsatz-)Entscheidungen der Regierungen auf Bundes- oder Landesebene bestimmt, sondern es hängt in bedeutendem Maße von deren Umsetzung durch die Verwaltungen in Form konkreter Einzelfallentscheidungen ab. Auch dieser Teil der Exekutive unterliegt den Kontrollrechten des Parlaments, was sich in Informations-, Auskunfts- und Rechenschaftspflichten ausdrückt. Die Mitarbeiter der Verwaltungen tragen jedoch nur mittelbare - über den zuständigen Minister - politische Verantwortung. Neben die Frage nach der demokratischen Legitimation politischer Entscheidungen tritt damit die Frage nach der Legitimität staatlichen Handelns.

Die vorgefundenen Listen von Kriterien, anhand derer die Legitimität staatlichen Handelns gemessen werden soll, sind teilweise umfangreich. Sie gehen über das Kriterium der Verfassungskonformität weit hinaus und beinhalten Begriffe wie[155]: Partizipation, Effizienz und Transparenz sowie die Bindung an Gesetz und Recht. Als weitere, miteinander verbundene „Legitimitätsprinzipien“ werden genannt: Repräsentation, Kontrolle, Öffentlichkeit, Konsensdemokratie und europäische Identität[156]. Ein Autor versteht unter Legitimität nicht nur die Akzeptanz von Entscheidungen, „sondern

153 *Jachtenfuchs/Kohler-Koch* 1996; vgl. auch *Kohler-Koch* 2000, *Scharpf* 1999, *Benz* 1998b, *Staeck* 1998.

154 *Bieber* 1999a, S. 142.

155 Vgl. *Klein* 1997, S. 225.

156 Vgl. *Merkel* 1999, S. 34. Zu dem Verhältnis von Herrschaft, Legitimität und Identität vgl. auch *Walkenhorst* 1999, S. 51 ff.

auch Anerkennung und Zustimmung von seiten der Bürger."[157] Eine weitere Möglichkeit, sich dem Legitimationsproblem analytisch zu nähern, ist dessen Zerlegung in folgende Dimensionen, die sich gegenseitig ergänzen können[158]:

1. politische Legitimation (Willensbildung durch demokratische Verfahren, Wahlrecht);
2. rechtliche Legitimation (Rechtsschutz durch die Möglichkeit gerichtlicher Kontrolle) sowie
3. öffentliche Legitimation (Kontrolle durch die öffentliche Meinung).

Um der kurz aufgezeigten Gefahr der begrifflichen Verwirrung zwischen „Legitimation" und „Legitimität" mit den genannten unterschiedlichen Ausprägungen zu entgehen, wird bei den nachfolgenden Überlegungen davon ausgegangen, daß sich staatliches Handeln in demokratischen politischen Systemen durch folgende Elemente auszeichnet: parlamentarische Verantwortlichkeit und Kontrolle, Rechtsgebundenheit, Transparenz und Partizipation. Ergänzend ist das „Prinzip der Effektivität"[159] zu nennen, denn staatliches Handeln wird zwar nicht schon allein dadurch legitimiert, daß Problemlösungen mit vertretbarem Aufwand zu Stande kommen. Andererseits unterliegen die Entscheidungsstrukturen der Kritik der öffentlichen Meinung, insbesondere wenn sie nicht geeignet erscheinen, in überschaubaren Zeiträumen problemadäquate Ergebnisse erzielen zu können. Die genannten Elemente demokratischen Regierens bedingen sich gegenseitig und beziehen sich aufeinander, d. h. jedes für sich genommen stellt eine notwendige, aber noch keine hinreichende Bedingung dafür dar, daß staatliches Handeln als legitimiert gelten kann.

1.2.5.2 Kontrolle und Transparenz der Entscheidungsfindung

Aus demokratietheoretischer Sicht impliziert die europäische Mehrebenenverflechtung die Problematik einer „zunehmenden Zergliederung des politi-

157 *Leiße* 1998, S. 141; Ein noch weiter gefaßtes Begriffsverständnis wählt *Böhner* (1998, S. 255), die unter Legitimität „... die Anerkennungswürdigkeit der politischen und gesellschaftlichen Integration" in der EU versteht.

158 Vgl. *Meise* 1999, S. 166.

159 *Benz* 1998c, S. 202.

schen Entscheidungs- und Gestaltungsprozesses"[160], die steigende Intransparenz bei der Zuordnung von Verantwortlichkeiten für erzielte Politikergebnisse zur Folge hat. Mit der horizontalen und vertikalen Ausdifferenzierung der Politikbereiche steigt der Koordinierungsbedarf und damit die Verhandlungsintensität. In Politikfeldern mit paralleler bzw. konkurrierender Zuständigkeit sind bezogen auf Deutschland nicht weniger als 32 Exekutiven - in abgestufter Form und mit unterschiedlichen Kompetenzen - an der Politikentwicklung beteiligt: die Europäische Kommission, die Bundesregierung, 16 Landesregierungen sowie 14 nationale Regierungen der anderen Mitgliedstaaten. Neben dieser quantitativen Herausforderung sehen sich die nationalen und subnationalen Parlamente mit einer permanenten Zunahme der Komplexität der Regelungsmaterien konfrontiert. Durch beide Tendenzen erhöhen sich die Anforderungen an die parlamentarischen Kontrollstrukturen in exponentieller Weise, denen diese jedoch regelmäßig nicht gerecht werden können. Die Folge sind „... Kontrolldefizite, die sich in Steuerungsproblemen, in letzter Instanz aber in schwindender Verantwortungszuschreibung und als Demokratieverlust äußern"[161].

Die strukturellen Ursachen für die Überforderung der traditionellen Kontrollmechanismen sind vielfältig: Erstens reduzieren die Problembearbeitungsmuster parlamentarischer Mehrheitsdemokratien die vorhandenen unterschiedlichen Interessen auf dichotomische Konflikte. Die sich so ergebenden Ja-Nein-Entscheidungen, die dem Dualismus von Parlamentsmehrheit und -minderheit folgen, können das in modernen Gesellschaften vorhandene Maß an Interessenpluralismus nur teilweise abbilden, was wiederum die Gefahr einer „Verzerrung von Präferenzen"[162] in sich birgt. Zweitens ist die grundlegende Voraussetzung für das Funktionieren parlamentarischer Demokratie - die Übereinstimmung des Kreises der an der Willensbildung Beteiligten mit dem Kreis der von den Entscheidungen Betroffenen - spätestens seit den „Megatrends" der Europäisierung und der Globalisierung in der Wirklichkeit nur noch eingeschränkt gegeben. Die zu beobachtenden Durchbrechungen gehen dabei in zwei Richtungen: Einerseits kommt

---

160 *Keating* 1997, S. 105. Weiter heißt es: „Politikgestaltung entzieht sich zunehmend den Systemen demokratischer Repräsentation und politisch-kultureller Identität, verschwindet mehr und mehr in intergouvernementalen wie öffentlich-privaten Netzwerkbeziehungen und unterhöhlt somit zurechenbare demokratische Verantwortung ebenso wie die Basis für soziale Solidarität."

161 *Czada* 1998, S. 70; vgl. ebenso *Wessels* 1999, S. 334.

162 *Benz* 1998c, S. 203. Das Ergebnis dieser Entwicklung sind „... zyklische Mehrheiten mit der Gefahr von Entscheidungen, die den Interessen einer Mehrheit widersprechen".

es auf kommunaler, regionaler und nationaler Ebene bei parlamentarischen Entscheidungen zu externen Effekten, d. h. die getroffenen Entscheidungen entfalten Wirkungen, die über den eigenen, territorial begrenzten Kompetenzraum hinausgehen. Andererseits werden die parlamentarischen Gremien auf den genannten Ebenen durch Vorgaben, die außerhalb ihres Kompetenzraumes gesetzt worden sind, in ihrer Entscheidungsautonomie eingeschränkt. Drittens setzt staatliche Steuerung durch Ver- und Gebote eine Hierarchie zwischen Staat und Gesellschaft im Sinne einer Unterordnung der zu steuernden Adressaten unter die Ausübung hoheitlicher Herrschaft voraus, die es in dieser Form in hoch entwickelten Gesellschaften nicht mehr gibt. In dem Maße wie sich die gesellschaftliche Arbeitsteilung ausdifferenziert und zu immer komplexeren gesellschaftlichen Strukturen führt, gewinnen kooperative Formen staatlichen Handelns an Bedeutung[163].

Europäische Politik ist - ebenso wie nationalstaatliche Politik - auf soziale Geltung und ein Mindestmaß von Akzeptanz[164] angewiesen. Um der Tendenz einer „relativen Entkopplung von Prozessen politischer Legitimierung und Konfliktregulierung von einer im Verflechtungsbereich getroffenen sachlichen Letztentscheidung“[165] entgegenwirken zu können, müssen folglich Mechanismen demokratischer Kontrolle etabliert und gestärkt werden. Im gegenwärtigen institutionellen Gefüge der EU fokussiert sich das vielfach beklagte Demokratiedefizit auf die Entscheidungsfindung im Ministerrat. Da nur die Parlamente durch Wahlen direkt legitimiert sind, „... verdünnt sich die Legitimationskette zu den Regierungen in europäischen Fragen.“[166] Neben die allenfalls mittelbare demokratische Legitimation tritt das Problem mangelnder Transparenz, da die Ratsverhandlungen in aller Regel unter Ausschluß der Öffentlichkeit stattfinden und sich somit der Kontrolle einer kritischen Öffentlichkeit weitgehend entziehen. Als besonders schwerwiegend stellt sich der Mangel an demokratischer Legitimation immer dann dar, wenn ein Mitgliedstaat im Rat überstimmt wird, die verabschiedete Regelung gemäß der vorrangigen Geltung des Gemeinschafts-

163 Zum „kooperativen Staat“ vgl. die Beiträge in *Voigt* 1995; zur „kooperativen Verwaltung“ vgl. *Benz* 1994.

164 Nach *Kohler-Koch* (2000, S. 31) geht es den Regierenden lediglich um die „wohlwollende Duldung“ („permissive consensus“) ihrer Entscheidungen.

165 *Czada* 1998, S. 80.

166 *Pöhle* 1999, S. 239.

rechts aber vorbehaltlos umsetzen muß[167]. Faktisch kommt das einer Nicht-Beachtung des nationalen Parlaments- und damit des mehrheitlichen Wählerwillens des betroffenen Mitgliedstaates gleich: „Wichtige politische Entscheidungen werden der Kontrolle der nationalen Parlamente entzogen, die Legitimationskette über die nationalen Vertreter im Rat ist lang und brüchig; bei Mehrheitsentscheidungen ist sie völlig unterbrochen."[168] Die Anzahl solcher Fälle hat nach der Ausweitung der Möglichkeit von Mehrheitsentscheidungen auf neue Materien durch den Amsterdamer Vertrag noch einmal deutlich zugenommen. Zwar existierten bereits vorher Reformbestrebungen, die die Transparenz der Ratssitzungen erhöhen[169] und den nationalen Parlamenten eine verstärkte Mitwirkung sichern sollten[170]. Angesichts der unveränderten Entscheidungslogik im Rat und der bereits angesprochenen Ausweitung von Mehrheitsabstimmungen nach dem Amsterdamer Vertrag muß das Fazit lauten, „... daß eine Verbesserung der mittelbaren demokratischen Legitimation das Demokratiedefizit allenfalls verringern, nicht aber beseitigen kann."[171]

Ein möglicher Ausweg aus dem beschriebenen Defizit an (unmittelbarer) demokratischer Legitimation könnte in dem weiteren Ausbau der Kompetenzen des Europäischen Parlaments (EP) bestehen. Denkbar wäre ein Entscheidungssystem, in dem das EP neben dem Ministerrat zu einem gleichberechtigten Legislativorgan würde. In diesem Falle könnte selbst bei einer Abstimmungsniederlage eines oder mehrerer Mitgliedstaaten im Ministerrat eine direkte Legitimationskette gewährleistet werden. Um diesen Zustand erreichen zu können, wären jedoch zahlreiche grundlegende Veränderungen im institutionellen Gefüge und in der Kompetenzverteilung der EU erforderlich[172]. Exemplarisch soll auf einen wesentlichen Kritikpunkt an der demo-

---

167 Vgl. *Zeh* 1999, S. 48 f. *Götz* (1995, S. 347) spricht von einer „Spannungslage zwischen Integrationsfortschritt und integrationshemmendem Eingriff in die Eigenverantwortlichkeit der Staaten".

168 *Kohler-Koch* 2000, S. 33.

169 Vgl. beispielsweise Europäischer Rat von Edinburgh am 11./12.12.1992, Schlußfolgerungen des Vorsitzes, Bulletin EG 12-1992.

170 Durch die Erklärungen 13 und 14 zum Maastrichter Vertrag; vgl. auch *Bieber* 1999a, S. 154.

171 *Magiera* 1995, S. 794.

172 Auf die breite Diskussion über die Notwendigkeit und den Inhalt einer „europäischen Verfassung" kann hier nicht näher eingegangen werden; vgl. stellvertretend *Kielmansegg* (1996, S. 51), der die These vertritt: „Ohne eine zustimmungsfähige Verfassung wird die Europäische Union ihre Legitimitätsprobleme nicht lösen können."

kratischen Legitimation des Europäischen Parlaments hingewiesen werden: das nicht einheitliche Wahlverfahren. Diesem Defizit soll der Auftrag des Art. 190 Abs. 4 EGV an das EP abhelfen, „einen Entwurf für allgemeine unmittelbare Wahlen nach einem einheitlichen Verfahren in allen Mitgliedstaaten oder im Einklang mit den allen Mitgliedstaaten gemeinsamen Grundsätzen" auszuarbeiten. Der Rechtsgrundsatz der Gleichheit der Wahl, d. h. gleicher Zählwert und gleicher Erfolgswert jeder abgegebenen Stimme, ist damit allerdings noch immer nicht gewährleistet[173]. Hierin zeigt sich ein strukturelles Dilemma der Repräsentation auf europäischer Ebene: Bei einer Einteilung der EU in annähernd gleich große Wahlkreise würden den kleineren Mitgliedstaaten insgesamt „... noch nicht einmal so viele Sitze zustehen, wie Deutschland alleine."[174] Dieses prinzipielle Problem läßt sich nicht mit dem Hinweis entkräften, daß die faktische Gleichheit der Wahl auch in vielen Mitgliedstaaten nur mit Einschränkungen verwirklicht ist[175]. Nachdem auch Großbritannien bei den jüngsten EP-Wahlen zum ersten Mal das Verhältniswahlrecht angewendet hat, gelten zwar „die gröbsten Unstimmigkeiten"[176] mittlerweile als beseitigt. Von einem wirklich einheitlichen Wahlverfahren sind die Mitgliedstaaten aber noch weit entfernt.

Eine zweite Option zur Stärkung der (mittelbaren) demokratischen Legitimation auf europäischer Ebene getroffener Entscheidungen bestünde in der intensiveren Beteiligung der nationalstaatlichen Parlamente: Um die besondere Stellung der nationalen Parlamente zu verdeutlichen, wurde in Amsterdam ein Protokoll zu dem EU-Vertrag „über die Rolle der einzelstaatlichen Parlamente in der Europäischen Union" angenommen. Gefordert wird darin u. a. eine umfassende, „unverzügliche" Unterrichtung der Volksvertretungen über EU-Dokumente und -Vorhaben, um deren „stärkere Beteiligung (...) an den Tätigkeiten der Europäischen Union zu fördern". Außerdem soll die bereits im November 1989 in Paris gegründete Konferenz der Europaausschüsse der nationalen Parlamente (COSAC[177]) nach dem Wortlaut des Protokolls „... jeden ihr zweckmäßig erscheinenden Beitrag über die Gesetzgebungstätigkeiten der Union" vorlegen können. In der Realität hat die COSAC aus unterschiedlichen Gründen bisher jedoch kaum Wirkung entfal-

173 Vgl. ausführlicher *Franßen-de la Cerda* 2000, S. 551 ff.

174 *Koschnick* 1999, S. 233.

175 Beispielsweise schwankt die Größe der Wahlkreise in Deutschland innerhalb vorgegebener Bandbreiten; vgl. *Magiera* 1995, S. 797

176 *Decker* 2000, S. 604.

177 „Conférence des Organes Specialisées sur les Affaires Communautaires"; vgl. auch *Bieber* 1999a, S. 153.

tet. Sie leidet sowohl unter strukturellen Schwächen[178] als auch unter Akzeptanzproblemen[179] sowie unter ihrer diffusen Aufgabenzuschreibung.

Wenn das Ziel darin besteht, den Einfluß nationaler Parlamente auf die auf europäischer Ebene getroffenen Entscheidungen zu erhöhen, wäre des weiteren die Erteilung von (imperativen) Mandaten an die Vertreter der Exekutive vorstellbar, wie dies durch den Marktausschuß des dänischen Folketing praktiziert wurde[180], oder eine nachträgliche parlamentarische Behandlung von Ministerratsentscheidungen. Hierbei ergäbe sich allerdings die Gefahr von Blockaden, die aus der Politisierung bestehender Interessenunterschiede zwischen den Entscheidungsebenen sowie aus dem Verlust an (Ver-)Handlungsspielraum der nationalen Regierungsvertreter resultieren würden. Insgesamt ist deshalb der Einschätzung zuzustimmen: „Eine Stärkung der europäischen Legitimationsbasis durch fragmentierte Parlamentarisierung scheint allzu brüchig; der Effekt könnte kontraproduktiv sein."[181] Dieses Modell einer „zusammengesetzten Legitimationskette" erweist sich zudem bei dem Versuch seiner Einordnung in das hergebrachte Konzept demokratischer Rückkoppelung staatlicher Entscheidungen als problematisch, denn eine additive Verknüpfung von zwei Teilstücken einer Legitimationskette ist theoretisch fraglich.

Der einzige Ausweg scheint - beim gegenwärtig erreichten Stand der Integration - darin zu bestehen, daß die auf nationalstaatlicher und europäischer Ebene sich unterschiedlich darstellenden Formen demokratischer Legitimation und Kontrolle für den jeweils abgedeckten Kompetenzbestand wirken und sich damit gegenseitig ergänzen. Davon abweichend hat das Bundesverfassungsgericht in seiner Maastricht-Entscheidung geurteilt, daß im Staatenverbund der EU - in Ermangelung eines europäischen Staatsvolkes - die Völker der Mitgliedstaaten am Prozeß der Willensbildung „zuvörderst" mitzuwirken haben, vermittelt durch die nationalen Parlamente und die ihnen verantwortlichen Regierungen[182]. Die beschriebene Konstruktion,

---

178 Kein eigener Haushalt, lediglich zwei Sitzungen pro Jahr, weder fester Sitz noch eigenes Sekretariat; ausführlicher vgl. *Pöhle* 1998. Etwas positiver fällt die Einschätzung bei *Pflüger* (2000, S. 242 f.) aus.

179 So hat sich der Deutsche Bundestag beispielsweise gegen eine weitergehende Institutionalisierung der COSAC ausgesprochen; vgl. BT-Drs. 13/6891 vom 3.2.1997.

180 Seit einiger Zeit wird diese „steuernde parlamentarische Aktion" von dem Europaausschuß wahrgenommen; vgl. *Pöhle* 1998, S. 82.

181 *Jäger/Piepenschneider* 1997, S. 160; vgl. ebenso *Bieber* 1999a, S. 151.

182 Vgl. Urteil vom 12.10.1993, BVerfGE 89, S. 155 ff.; vgl. auch *Hölscheidt* 2000, S. 31.

die auch als „duales System parlamentarischer Kontrolle“[183] bezeichnet wird, setzt eine klare Abgrenzung der auf der jeweiligen Ebene wahrgenommenen Kompetenzen voraus. Die „kooperative Beschaffung“ demokratischer Legitimation durch das EP und die Parlamente der Mitgliedstaaten wird allerdings überlagert und teilweise konterkariert durch das zwischen ihnen bestehende Konkurrenzverhältnis, das sich aus dem Prinzip der demokratischen Verantwortlichkeit der Gewählten gegenüber den (nationalen) Wählern ergibt. Paradoxerweise verstärkt sich dieses Konkurrenzverhältnis in dem Maße, „... in dem der nationalstaatlichen Mitwirkung eine legitimierende Aufgabe für die EU-Organe institutionell zugeschrieben und zugeordnet wird.“[184] Aus diesem Grunde scheiterte der Versuch des Europäischen Parlaments, eine regelmäßig tagende „Konferenz der Parlamente“ (Assises) zu etablieren. Diese Konferenz trat bisher lediglich ein Mal im November 1990 zusammen, um eine gemeinsam parlamentarische Forderungen an die Regierungskonferenz (Maastricht) zu formulieren[185]. Das Modell abgestufter Legitimation ist nicht neu, wird es doch im Rahmen des deutschen Föderalismus zwischen den Landesparlamenten und dem Deutschen Bundestag seit Jahren erfolgreich praktiziert. Allerdings gibt es auch in diesem System Kompetenzverflechtungen, die eine eindeutige Verantwortungszuschreibung bei staatlichen Entscheidungen erschweren, beispielsweise in dem Bereich der sogenannten Gemeinschaftsaufgaben nach Art. 91a GG[186]. Den eingangs konstatierten Legitimations- und Kontrolldefiziten europäischer Entscheidungsprozesse ist damit noch nicht abgeholfen.

1.2.5.3 Partizipation

Eine dritte Möglichkeit der (mittelbaren) Beeinflussung und Kontrolle auf europäischer Ebene getroffener Entscheidungen besteht schließlich in der Einbeziehung beratender Gremien, die den Entscheidungsbeitrag subnationaler Untergliederungen sowie gesellschaftlicher Kräfte sichern sollen. Wichtig sind in diesem Kontext der Wirtschafts- und Sozialausschuß und der Ausschuß der Regionen, deren Status im Primärrecht verankert ist. Bezogen auf die Strukturpolitik müssen darüber hinaus die Begleitausschüsse genannt werden, die vornehmlich in der Implementationsphase der Förder-

---

183 *Pöhle* 1998, S. 86.

184 *Zeh* 1999, S. 47.

185 Von den über 300 Teilnehmern waren drei Viertel nationale Abgeordnete, das restliche Viertel MdEP; vgl. *Bieber* 1999a, S. 153.

186 Vgl. ausführlicher dazu Abschnitt 4.1.

programme tätig sind. Aus der verstärkten Einbeziehung von Betroffenen und Sachkundigen ergibt sich eine Möglichkeit, die scheinbar gegensätzlichen Zielsetzungen hoher Systemeffizienz und öffentlicher Kontrolle zu integrieren. Dem liegt die Annahme zu Grunde, daß durch umfassende Beteiligung unterschiedliche Interessen und Sichtweisen einfließen können und damit die Problemadäquanz der Entscheidungen potentiell steigt (Effizienzgesichtspunkt). Eine zweite Zielsetzung, die sich mit der Beteiligung der Entscheidungsbetroffenen verbindet, ist die vermutete Erhöhung der Akzeptanz politischer Entscheidungen. Die Kommission hat versucht, dieser Überlegung bereits in den Strukturfondsreformen von 1988[187] Rechnung zu tragen, insbesondere mit der Verankerung des Prinzips der Partnerschaft. Die Forderung nach Einbeziehung der Wirtschafts- und Sozialpartner in den Prozeß der Entscheidungsfindung und -umsetzung wurde in den Reformen von 1993 und 1998/99 bekräftigt und verstärkt. „Der diskrete Charme direkter Partizipation liegt in dem doppelten Zugewinn von Steuerungsfähigkeit und demokratischer Legitimität."[188] Das Europäische Parlament betont in einer Entschließung zur aktuellen Reform der Fondsverordnungen den demokratischen Charakter der Strukturfonds, der in dem „... zweifachen Partizipationsprinzip, einerseits der Mitgliedstaaten und andererseits der lokalen und regionalen Gebietskörperschaften und der gesellschaftlichen Akteure, zum Ausdruck kommt."[189]

Zusammenfassend kann festgestellt werden, daß die Frage nach den bestmöglichen Legitimations- und Kontrollstrukturen für Entscheidungen im europäischen Mehrebenensystem politikfeldspezifisch anhand der Kriterien: parlamentarische Verantwortlichkeit und Kontrolle, Rechtsgebundenheit, Transparenz, Partizipation und Effektivität zu beantworten ist. Von der jeweiligen Regelungsmaterie bzw. ihrem Vergemeinschaftungsgrad hängt ab, welche Option zur Gewährleistung von Legitimation und Kontrolle am besten geeignet erscheint. So haben die Mitgliedstaaten beispielsweise in den Bereichen Außen- und Sicherheitspolitik sowie Justiz und Inneres ihre Handlungssouveränität bisher weitgehend bewahrt, d. h. sie werden in diesen Politikfeldern im zwischenstaatlichen Verhältnis in intergouvernemental geprägten Kooperationsformen tätig. Dazu sind sie durch die nationalen Parlamente ausreichend legitimiert. In den bereits hochgradig vergemeinschafteten, auf supranationaler Ebene bearbeiteten Politikbereichen werden die Entscheidungen jedoch abgekoppelt von den mitgliedstaatlichen Parla-

---

187 Vgl. ausführlicher dazu nachfolgend Abschnitt 2.3.

188 *Kohler-Koch* 1998, S. 280; vgl. *dies.* 2000, S. 32 ff.

189 EP 1998, S. 190.

menten getroffen. Bezogen auf diesen Kompetenzbestand gibt es langfristig gesehen keine Alternative zu einer „forcierten Parlamentarisierung der europäischen Legitimationswege“[190] durch einen weiteren Ausbau der Rechte des Europäischen Parlaments. Nur so kann letztlich eine „Verdichtung der demokratischen Rückkoppelung“[191] auf europäischer Ebene getroffener Entscheidungen erfolgen.

In allen anderen Politikbereichen, die sich dadurch auszeichnen, daß die Mitgliedstaaten oder ihre Untergliederungen die originäre Zuständigkeit für sich reklamieren, die europäische Ebene aber gleichfalls tätig wird, muß von einem sich ergänzenden „Mischmodell“ ausgegangen werden: Jede der drei Ebenen hat die für ihren Kompetenzbestand und ihre Aktivitäten notwendigen Vorkehrungen zu treffen, daß den genannten Charakteristika demokratischer politischer Systeme in angemessener Form zur Geltung verholfen wird. Dabei muß betont werden, daß die Europäische Union in ihrer aktuellen Form nicht mit den politisch-administrativen Systemen der ihr angehörenden Nationalstaaten vergleichbar ist, sondern ein Gebilde eigener Art darstellt. Es dürfen folglich nicht dieselben Maßstäbe wie bei der Beurteilung nationaler gewaltenteiliger Strukturen angelegt werden. Die Gemeinschaftsinstitutionen befinden sich ihrerseits in einem spezifischen institutionellen Gleichgewicht, das letztlich jedoch an der Überrepräsentanz der Exekutive(n) im Gesamtsystem nichts entscheidendes ändert.

Bevor auf die Akteure der drei relevanten Ebenen, ihre Interessen und wechselseitigen Verflechtungsbeziehungen näher eingegangen werden soll, macht sich an dieser Stelle ein Wechsel in der Betrachtung notwendig: Nach der Behandlung institutioneller Fragen und der Erarbeitung von Kategorien für die Analyse eines Feldes europäischer Politik muß in aller gebotenen Kürze auf die inhaltliche Dimension eingegangen werden. Was verbirgt sich hinter dem Politikfeld europäische Strukturpolitik bzw. welche theoretischen Begründungen lassen sich für die Notwendigkeit einer Strukturpolitik auf europäischer Ebene finden? Bei der Suche nach einer funktionellen Definition erweist sich der Begriff des wirtschaftlichen und sozialen Zusammenhalts (Kohäsion) zudem als konkretisierungsbedürftig.

---

190 *Jäger/Piepenschneider* 1997, S. 161.

191 *Zeh* 1999, S. 50.

1.3 Das Politikfeld europäische Strukturpolitik

Die Frage, inwieweit Strukturpolitik erforderlich und ordnungspolitisch akzeptabel ist, wird von Ökonomen kontrovers diskutiert, wobei sich zwei Auffassungen diametral gegenüberstehen: die Polarisationstheoretiker und die Anhänger der neoklassischen Ökonomie[192]. Die letztgenannte Schule des Wirtschaftsliberalismus vertritt die These der automatischen Nivellierung von regionalen ökonomischen Entwicklungsunterschieden bei Herstellung und Sicherung der vollen Marktfreiheit (Konvergenzthese). Das neoklassische Paradigma lautet - in entsprechender Terminologie - folgendermaßen: „Unter den Bedingungen der vollkommenen Faktorsubstitution, der vollkommenen Faktormobilität, des vollkommenen Wettbewerbs und fehlender Raumüberwindungskosten gleichen sich Faktorentlohnung und -einsatz an."[193] Eine ergänzende Strukturpolitik erscheint aus dieser Perspektive nicht notwendig zu sein, da die Marktkräfte sich selbst regulieren („invisible hand") und damit zugleich die wirtschaftliche und soziale Kohäsion des Gesamtsystems sichern[194]. Dirigistische Eingriffe behindern nach dieser Auffassung die freie Entfaltung der Marktkräfte und schränken die Mobilität der Produktionsfaktoren ein, was wiederum zu verzögerten Anpassungsreaktionen führen kann. Strukturpolitik verletze das Prinzip fiskalischer Äquivalenz, das besagt, daß wirtschaftlich Begünstigte auch für die entstehenden Kosten aufzukommen haben[195]. Zudem laufe ein Eingreifen in den Wirtschaftskreislauf dem sogenannten Verbundprinzip bei der Minimierung von Produktions- und Transaktionskosten zuwider: „Ist der Verbund zwischen Nutzern, Zahlern, Anbietern und Entscheidern aufgelöst und unterscheiden sich dabei die Interessenfunktionen dieser Gruppen, so ist Ineffizienz vorprogrammiert."[196] Informationsökonomisch erhebt die neoklassische Schule den Einwand, daß die supranationale Ebene nicht in der Lage sei, sich mehr

192 Diesem „Schulenstreit" räumt *Axt* (1997, S. 891) jedoch „allenfalls heuristischen Wert" ein, weil es sowohl an einer ausreichenden theoretischen Basis mangele als auch an der entsprechenden Datengrundlage.

193 *Schäfers* 1993, S. 185.

194 Ganz in diesem Sinne ist beispielsweise in dem sogenannten *Cecchini*-Bericht aus dem Jahre 1988 von eventuell zu befürchtenden regionalen Disparitäten bzw. der Verschärfung bereits bestehender im Ergebnis der Vollendung des Binnenmarktes keine Rede; vgl. *Cecchini* 1988.

195 *Waniek* (1992, S. 126) spricht von einem „ökonomischen Haftungsprinzip".

196 *Holtzmann* 1997, S. 678; im Original mit Hervorhebung. *Holtzmanns* Studie kommt zu dem Ergebnis, daß u. a. dieser ökonomische Mechanismus zu Wohlfahrtsverlusten in der europäischen Förderpraxis führt.

Informationen als die unmittelbaren Marktteilnehmer zu beschaffen, auf deren Grundlage dann regionale Wirtschaftsabläufe gezielt beeinflußt werden könnten[197]. Politiker sehen nach Auffassung der Ökonomen die Strukturpolitik häufig lediglich als Instrument zur Stimmenmaximierung, um wiedergewählt zu werden. Bestimmendes Motiv der Bürokraten sei dagegen die ständige Ausweitung des eigenen Budgets. Die Strukturpolitik auf europäischer Ebene müsse auch deshalb als „ambivalent" eingeschätzt werden, „... weil der problematische Interventionismus mit der an sich akzeptierten Wettbewerbsaufsicht durch die Kommission vermischt werde."[198] Zudem berge sie außenwirtschaftlich gesehen die Gefahr einer Abschottung im internationalen Wettbewerb.

Die theoretische Begründung der Notwendigkeit einer Strukturpolitik auf europäischer Ebene findet in Auseinandersetzung mit dem neoklassischen Paradigma statt. Die Argumentationen ordnungspolitisch-regulativ geprägter Ökonomen kommen regelmäßig zu dem Ergebnis, daß die Vollendung des Binnenmarktes, die Erweiterung der Gemeinschaft sowie die neuen Trends der Technologieentwicklung eine regionalen Strukturpolitik auf europäischer Ebene notwendig machen, weil die räumliche Verteilung der Gewinne ungleich erfolgt (Polarisationsthese). Anders als die Anhänger des „freien Spiels der Kräfte" befürworten die „Polarisationstheoretiker"[199] steuernde Eingriffe, weil sich nach ihrer Auffassung die Unterschiede zwischen Zentrum und Peripherie nicht von selbst aufheben, sondern sich unter bestimmten Umständen im Zeitverlauf sogar noch verschärfen können. Angesichts der Tatsache, daß sich die im nationalstaatlichen Rahmen bereits vollzogene Polarisierung in Zentrum und Peripherie auf Gemeinschaftsebene wiederholen bzw. verstärken kann, wird in der Literatur auch von einem „doppelten Polarisierungseffekt"[200] gesprochen. Armstrong begründet die Notwendigkeit einer Strukturpolitik auf europäischer Ebene mit den Worten: „The forces unleashed by economic integration carry with them not only the hope for a more prosperous Europe, but also a threat to the already disadvantaged areas. The EC's regional policy is its response to this threat."[201]

Aus Sicht der ordnungspolitisch-regulativen Ökonomie hat Strukturpolitik das Ziel, steuernden Einfluß auf Entwicklungen der Wirtschaftsstruktur

---

197 Vgl. *Waniek* 1992, S. 132.

198 *Axt* 1997, S. 893.

199 Eine Übersicht der „Theorien über die ungleiche Verteilung wirtschaftlicher Kräfte im Raum" findet sich bei *Schäfers* 1993, S. 198 ff.

200 Vgl. *Werner* 1996, S. 169.

201 *Armstrong* 1995, S. 23.

zu nehmen. Ihr Gegenstand sind Aspekte der Ressourcenallokation (natürliche Rohstoffe, Sach- und Humankapital), der Produktionsstrukturen (Branchenvielfalt, regionale Verteilung, Beschäftigungsfragen, Betriebsgrößen etc.) und der Nachfragestrukturen (öffentliche und private Nachfrage im konsumtiven und investiven Bereich). Nach Yenal haben staatliche Aktivitäten in diesem Politikfeld „... ressourcen-, wirtschaftssektoren-, regional- und marktentwicklungspolitische Komponenten."[202] Ausgehend von der Theorie des Marktversagens[203] ist das Ziel aktiver Strukturpolitik die Angleichung der Lebensverhältnisse und die Nutzung der endogenen Wachstumspotentiale möglichst aller Teilräume einer Volkswirtschaft. Staatliche Interventionen können sich sowohl auf die gezielte Förderung einzelner Branchen einer Volkswirtschaft (sektorale Strukturpolitik), z. B. Industriepolitik, Agrarpolitik, beziehen als auch auf einzelne Marktteilnehmer oder Gruppen, z. B. Klein- und Mittelständische Unternehmen (KMU), Langzeitarbeitslose. Die Wirkungen strukturpolitischer Maßnahmen tangieren andere Politikfelder, wie z. B. Forschungs- und Technologiepolitik, Energie-, Verkehrs-, Raumordnungs- und Umweltpolitik. Auch die regionale Strukturpolitik ist ihrerseits der Einflußnahme anderer Poltitiken unterworfen, insbesondere der europäischen Wettbewerbskontrolle.

Die europäische Strukturpolitik weist einige Besonderheiten auf:

1. Es handelt sich um ein re-distributives Politikfeld, das nicht vordergründig über Ver- und Gebote gesteuert wird, sondern sich der Verteilung materieller Ressourcen bedient[204].

2. Die institutionelle Stabilität des Politikfeldes ist relativ hoch, da es „viel zu gewinnen oder zu verlieren gibt", die Verhandlungsprozesse über einen längeren Zeitraum verlaufen und die Regelungen bereits mehrfach novelliert wurden.

3. Daraus resultierend ist die Fluktuation der Akteure vergleichsweise niedrig.

4. Die EU-Kommission nimmt insbesondere in der Planungsphase eine zentrale Stellung ein, ist aber nicht in der Rolle des Allein- oder Letztentscheiders.

5. Die Entscheidungsprozesse involvieren - in Abhängigkeit von der Binnenstruktur der Mitgliedstaaten und je nach Phase des Politikzyklus un-

---

202 *Yenal* 1996, S. 753.

203 Zur Theorie des Marktversagens vgl. stellvertretend *Hödl/Weida* 1997, S. 52 ff.

204 Zur Unterscheidung in regulative, distributive und redistributive Politiken vgl. *Tömmel* 2000, S. 167 ff.

terschiedlich - mehrere Ebenen. Das Politikfeld weist eine hohe strukturelle Komplexität auf: Die Ebenen sind vertikal verflochten und zugleich horizontal stark ausdifferenziert[205]. Als Untersuchungsgegenstand für eine Analyse mit Hilfe der Kategorien des Netzwerkansatzes drängt sich die europäische Strukturpolitik damit geradezu auf[206].

Redistributive Politiken werden durch eine Einnahmen- und eine Ausgabenseite determiniert. Während die Abschöpfung finanzieller Ressourcen über einen als legitim angesehenen „Abgabenzwang“[207] funktioniert, müssen auf der Ausgabenseite allgemein akzeptierte Kriterien für die Verteilung dieser Mittel vorliegen. Über diese allgemeingültigen Kriterien (Sachfragen) wird im Rahmen von Novellierungen ebenso verhandelt wie über die Einteilung der Fördergebiete sowie die konkrete Höhe der jeweils gültigen Fördersätze (Verteilungsfragen). Die Notwendigkeit der Trennung von Sach- und Verteilungsfragen, um der Gefahr einer Entscheidungsblockade oder der Einigung auf den kleinsten gemeinsamen Nenner zu entgehen, wurde bereits begründet. Ob und auf welche Weise dies im Zuge der Verhandlungen um die Neudefinition der Strukturfondsförderung für die Periode 2000-2006 gelungen ist, wird noch zu untersuchen sein. Nachfolgend sollen die wichtigsten Akteure der drei beteiligten Ebenen mit ihren spezifischen Interessen und den sich aus ihrer Stellung im Entscheidungsgefüge ergebenden Handlungsoptionen kurz vorgestellt werden. Zunächst ist es jedoch erforderlich, eine terminologische Klärung vorzunehmen.

1.3.1 Zum Begriff „Strukturpolitik“

Der Terminus ist in der Literatur unterschiedlich besetzt und wird keineswegs eindeutig verwendet. Häufig ist synonym von „Regionalpolitik“[208] oder „Kohäsionspolitik“[209] die Rede - je nachdem, ob besonders auf den Aspekt der regionalen Wirkung, auf die Beteiligung der regionalen Ebene oder auf

---

205 Vgl. *Benz* 2000, S. 148 ff.

206 *Rhodes* et al. (1996, S. 385): „This policy area offers a culture for growing policy networks, for identifying the conditions which foster national and transnational regional policy networks.“

207 *Heinelt* 1996, S. 27.

208 Beispielsweise bei *Klemmer* 1998, *Holtzmann* 1997, *Benz* 1996, *Gick* 1996, *Arnold* 1995, *Waniek* 1992.

209 Diesen Ausdruck präferieren u. a. *Busch* et al. 1997, *Hooghe* 1996, *Wishlade* 1996.

die Zielsetzung der Erhöhung des wirtschaftlichen und sozialen Zusammenhalts der Gemeinschaft verwiesen werden soll. Bezeichnenderweise trägt die zuständige Generaldirektion der EU-Kommission den Titel „Regionalpolitik und Kohäsion". Einen Systematisierungsversuch unternimmt Schäfers, der die Strukturpolitik als Teilmenge des kohäsionspolitischen Instrumentariums[210] definiert. Im Verständnis der EG ist der Terminus weit gefaßt als „... Oberbegriff für verschiedene fiskalpolitische Ansätze, mit denen eine Verbesserung der wirtschaftlichen und sozialen Situation in der Gemeinschaft erreicht werden soll."[211]

In der nachfolgenden Untersuchung sollen die regionalpolitischen Wirkungen öffentlicher Strukturhilfen im Mittelpunkt stehen. Dabei geht es nicht vorrangig um die Klärung der Frage, ob die ökonomische Einflußnahme durch staatliche Akteure sich als grundsätzlich notwendig und sinnvoll für die Lösung ökonomischer Probleme darstellt. Die Austragung dieses Streits soll den Wirtschaftswissenschaftlern vorbehalten bleiben. Auch würde eine zu weit gefaßte Definition die Betrachtung ausufern lassen: Das dieser Untersuchung zugrunde liegende Verständnis von europäischer Strukturpolitik ist pragmatischer Natur und in gewisser Weise am EU-Haushalt orientiert: Der Begriff umfaßt im folgenden die Entscheidungsstrukturen und -verfahren, die sich auf europäischer Ebene mit den sogenannten Strukturfonds verbinden. Gemeint sind damit die Ressourcentransfers im Rahmen der Fonds: Europäischer Fonds für Regionale Entwicklung (EFRE), Europäischer Sozialfonds (ESF), Europäischer Ausrichtungs- und Garantiefonds für die Landwirtschaft - Abteilung Ausrichtung (EAGFL-A) sowie das Finanzinstrument für die Ausrichtung der Fischerei (FIAF). Streng genommen müßte deshalb durchgängig von „Strukturfondspolitik"[212] oder „Strukturfondsförderung"[213] gesprochen werden, was aus Gründen der Vereinfachung unterbleibt. Nicht in die Betrachtung einbezogen werden alle Formen (zusätzlicher) Ressourcentransfers, die sich außerhalb des Rahmens des EU-Haushalts vollziehen, insbesondere die Darlehenstätigkeit der Europäischen Investitionsbank (EIB), Kredite im Rahmen des Neuen Gemeinschaftsinstruments (NGI) sowie Kredite der Europäischen Gemeinschaft für Kohle und Stahl und der Europäischen Atomgemeinschaft. Ebenfalls nicht näher

---

210 Neben der „Ordnungspolitik" und der „Prozeßpolitik"; vgl. *Schäfers* 1993, S. 78 f.

211 So jedenfalls *Kaluza* 1998, S. 62.

212 Wie dies *Staeck* (1998) konsequenterweise getan hat.

213 Mit diesem Begriff arbeitet u. a. *Schmidt* (1998, S. 194), der die Strukturfondsförderung als „... die konkreteste und materiell bedeutsamste Ausprägung europäischer Regionalpolitik" bezeichnet.

eingegangen wird auf den Kohäsionsfonds, der zwar im Rahmen des EU-Haushalts abgewickelt wird, sich jedoch hinsichtlich seiner Prioritätensetzung von den Strukturfonds unterscheidet und entsprechend separaten Regeln unterliegt[214]. Die Analyse auf nationaler und subnationaler Ebene versteht unter dem Begriff regionale Strukturpolitik in Deutschland das Zusammenwirken von Bund und Ländern im Rahmen der Gemeinschaftsaufgabe zur Verbesserung der regionalen Wirtschaftsstruktur (GRW) sowie die wirtschaftsfördernde Tätigkeit der Länder im Rahmen landesspezifischer Förderprogramme.

Nach diesem kurzen „Ausflug" in die inhaltliche Dimension der Fragestellung geht es nachfolgend im Schwerpunkt wieder um die eingangs angekündigten Kategorien: Akteure, ihre Interessen und Handlungsoptionen. Letztgenannte resultieren aus der jeweiligen Stellung des Akteurs im institutionellen Gefüge und seinen Möglichkeiten, auf formellen und informellen Wegen politische Entscheidungen zu beeinflussen. Zu beleuchten sind in diesem Kontext weiterhin Verflechtungsbeziehungen in horizontaler und vertikaler Richtung, deren Spektrum sich von hochgradiger Institutionalisierung auf der einen Seite bis zu unverbindlichen Kontakten informeller Art auf der anderen Seite erstrecken kann. Neben einer kurzen Darstellung der allgemeinen Stellung des jeweiligen Akteurs im institutionellen Gefüge geht es immer auch um dessen spezifische Interessen in dem untersuchten Politikfeld und um die ihm zur Verfügung stehenden Ressourcen und Kanäle, einen wirksamen Entscheidungsbeitrag zu leisten.

1.3.2 Akteure, Interessen, Handlungsoptionen - EU-Ebene

Benz formuliert die Qualität der erreichten Zusammenarbeit auf dem Gebiet europäischer Strukturfondsförderung als „Prinzip der losen Koppelung zwischen funktional arbeitsteilig operierenden Ebenen"[215]. Bisherige Untersuchungen[216] belegen die immer dichter werdende Vernetzung der involvierten

214 Ausführlicher zu diesem Fonds vgl. *Klemmer* 1998, S. 495. Der Kohäsionsfonds wird im Rahmen der Untersuchung lediglich als Verhandlungsgegenstand interessieren.

215 *Benz* 1997, S. 171.

216 Am Mannheimer Zentrum für Europäische Sozialforschung laufen seit 1996 Projekte im Rahmen des DFG-Forschungsschwerpunktes Europa, die sich mit Fragen des europäischen Regierens beschäftigen. Ein Projekt untersuchte „Regionen als Handlungseinheiten in der europäischen Politik" (REGE); vgl. *Kohler-Koch* 1998b;

Akteure aller drei Ebenen. Bei der wirtschaftlichen Förderung strukturschwacher Regionen handelt es sich um eine originär staatliche Aufgabe, die zentral koordiniert, aber dezentral umgesetzt wird. Deshalb verwundert es nicht, daß in dem untersuchten Politikfeld die regionalen Behörden als bevorzugte Ansprechpartner gelten: In einer europaweit durchgeführten Umfrage bewerteten 73,3 Prozent der Befragten die Regionalverwaltungen als hilfreich in bezug auf europäische Fördermöglichkeiten[217]. Die Europäische Kommission kommt auf einen Wert von 66,4 %. Sie wird insbesondere dann kontaktiert, wenn es um direkte Hilfestellung bei der Teilnahme an EU-Förderprogrammen geht. Die nationalen Behörden der Mitgliedstaaten betrachten im europäischen Durchschnitt dagegen lediglich 55,9 % als wichtige Ansprechpartner in Fragen der Strukturfondsförderung. Zur Erklärung dieser empirischen Befunde soll ein Blick auf die unterschiedlichen Akteure der drei Ebenen, ihre spezifischen Interessen, ihre Stellung im sowie ihren Einfluß auf den Entscheidungsprozeß beitragen.

1.3.2.1 Der Europäische Rat

Der Rat der Staats- und Regierungschefs der Mitgliedstaaten, kurz Europäischer Rat, fungiert nach Art. 4 EU-Vertrag als Impulsgeber der europäischen Integration, indem er die allgemeinen politischen Zielvorstellungen für die weitere Entwicklung festlegt. Seine Fixierung erfolgt bewußt in Titel I „Gemeinsame Bestimmungen" des EU-Vertrags, denn er unterliegt auf diese Weise nicht den im EG-Vertrag verankerten „checks and balances" durch EP und EuGH[218]. Mindestens zwei Mal im Jahr treten die im Europäischen Rat vereinigten Staats- und Regierungschefs unter halbjährlich wechselndem Vorsitz zusammen. Der Präsident der Europäischen Kommission sowie die Außenminister der Mitgliedstaaten nehmen ebenfalls an diesen Gipfeltreffen teil. Eine wesentliche Aufgabe der Ratstreffen bestand und besteht in der konstitutionellen Fortentwicklung der Gemeinschaft. Bedeutende Wegmarken waren die EEA (1987 in Kraft getreten) der EU-Vertrag von Maastricht (1993) sowie das Vertragswerk von Amsterdam (1999). Eine zweite Funktion des Europäischen Rates bildet die Festlegung von allgemeinen Leitlinien in wirtschaftlichen oder sozialpolitisch relevanten Fragen.

---

mehr Informationen auch unter der Internetadresse „http://www.mzes.uni-mannheim.de".

217 Vgl. *Kohler-Koch* 1998, S. 66.

218 Vgl. *Wessels* 1999, S. 341.

Von zentraler Bedeutung für die vorliegende Untersuchung ist schließlich eine dritte Funktion des Europäischen Rates: Er ist im Laufe der Entwicklung „... insbesondere bei strittigen finanziellen und institutionellen Fragen zum zentralen Entscheidungsgremium der Gemeinschaft geworden“[219]. Allerdings kann er aufgrund seiner rechtlichen Stellung selbst keine verbindlichen Beschlüsse für die EG verabschieden. Diese Funktion üben der (allgemeine) Rat sowie die Fachministerräte aus. Folgende Charakteristika des Europäischen Rates lassen sich bereits an dieser Stelle festhalten: Die Entscheidungsvorbereitung bei den Gipfeltreffen ist jeweils geprägt von bargaining-Prozessen, in deren Verlauf Kompromißmöglichkeiten ausgelotet und Verhandlungspakete geschnürt werden. Obwohl die Aufgabe des Europäischen Rates ursprünglich anders konzipiert war (Vorgabe allgemein gehaltener politischer Leitlinien), zeigte sich im Verlauf der voranschreitenden Integration immer deutlicher, daß offensichtlich nur bei Verhandlungen auf höchster Ebene tragfähige Kompromisse in sensiblen Bereichen zu erzielen sind, die mehr als nur den „kleinsten gemeinsamen Nenner“ darstellen. Als Belege dieser teilweise langwierigen gegenseitigen Verrechnung von Forderungen und Konzessionen können die dramatischen (Nacht-)Sitzungen kurz vor Abschluß des Amsterdamer Vertrages oder auch des Berliner Gipfels vom März 1999 gelten[220]. Die Entwicklung, derartige Detailfragen auf höchster Ebene zu verhandeln, macht deutlich, daß die eigentlich für die Behandlung der Einzelfragen zuständigen Entscheidungsgremien offensichtlich keine Einigung erzielen konnten und die unerledigten Probleme „nach oben“ delegiert wurden. Zugleich kann die Entscheidungsfähigkeit des Gesamtsystems durch eine größere Aktivität des Europäischen Rates nicht beliebig gesteigert werden. Das Gremium der Staats- und Regierungschefs läuft somit Gefahr, durch die Notwendigkeit der Befassung mit Detailfragen sukzessive seine ursprüngliche Funktion als Vordenker und Impulsgeber für die weitere Integration zu verlieren.

1.3.2.2 Das Europäische Parlament

Verglichen mit den Anfängen parlamentarischer Vertretung auf europäischer Ebene hat das Europäische Parlament eine „steile Karriere“ hinter sich: Als Wegmarken zu nennen wären die 1952 gegründete Parlamentarische Versammlung der Montanunion (EGKS), die Ausweitung der „Ver-

219 *Wessels* 1999, S. 342.

220 Vgl. *Pöhle* 1999, S. 235. Der Berliner Gipfel ist Gegenstand der Betrachtung in Abschnitt 3.6.

sammlung“ auf alle drei Gründungsverträge (1958), die Umbenennung in Europäisches Parlament (1962), die ersten Direktwahlen im Jahre 1979 sowie die Verankerung der Bezeichnung „Europäisches Parlament“ in den Gründungsverträgen durch die EEA (1986)[221]. Doch selbst nach den Vertragsrevisionen von Maastricht und Amsterdam, die jeweils mit einem weiteren Bedeutungszuwachs der Parlamentskompetenzen verbunden waren, kann dem EP noch nicht bescheinigt werden, daß es einer nationalstaatlichen Legislative in jeder Hinsicht vergleichbar sei. Hauptmanko ist das nach wie vor fehlende Gesetzesinitiativrecht, das unverändert bei der Kommission liegt: Nach Art. 192 EG-Vertrag kann das EP lediglich „... mit der Mehrheit seiner Mitglieder die Kommission auffordern, geeignete Vorschläge zu Fragen zu unterbreiten, die nach seiner Auffassung die Ausarbeitung eines Gemeinschaftsakts zur Durchführung dieses Vertrags erfordern.“ Die tatsächliche Kooperation mit der Kommission kann indes als erfolgreich angesehen werden. Das zeigt sich u. a. darin, daß die Kommission inzwischen rund drei Viertel der durch das EP eingebrachten Änderungs- und Ergänzungsvorschläge akzeptiert[222].

Unbestreitbar ist, daß sich das sogenannte institutionelle Gleichgewicht sukzessive zugunsten der parlamentarischen Mitwirkung verschoben hat. Das EP wurde nach Abschluß des Amsterdamer Vertrages in Presse und Wissenschaft unisono als der große „Gewinner“[223] der bislang letzten Vertragsrevision bezeichnet. Zu den nach dem Maastrichter Vertrag bestehenden 15 Anwendungsfällen des Mitentscheidungsverfahrens kamen im Vertrag von Amsterdam weitere 23 Materien[224] hinzu. Eine weitere gravierende Änderung des Amsterdamer Vertrages ist die Neuregelung des Verfahrens der Mitentscheidung nach Art. 189b EG-Vertrag (jetzt Art. 251 EGV), u. a. durch die Streichung der sogenannten dritten Lesung. Die Bedeutung dieser Modifizierung sehen Experten vor allem in „... einer Verbesserung des Verhältnisses zwischen Rat und Parlament, bei dem sich beide Seiten jetzt auf gleicher Ebene begegnen und gemeinsam die Verantwortung für den

221 Vgl. *Gündisch/Mathijsen* 1999, S. 87 ff.

222 Vgl. *Nugent* 1999, S. 364; zum Vergleich: der Rat macht sich weniger als die Hälfte der EP-Vorschläge zu eigen. Diese Einschätzung wurde im Interview bestätigt; vgl. Gesprächsprotokoll EU 14.

223 Vgl. stellvertretend *Nickel* 1997, S. 220.

224 Beispielsweise in den Bereichen Beschäftigungsförderung, Gleichberechtigung, Sozialpolitik, Verkehrspolitik und Berufsbildung. Fünf Jahre nach Inkrafttreten des Amsterdamer Vertrags werden zwei weitere Rechtsgrundlagen in die Mitentscheidung überführt werden, womit dieses Verfahren dann für insgesamt 40 Anwendungsfälle gelten wird.

positiven Abschluß des Verfahrens spätestens im Stadium der Vermittlung tragen."[225] Es wird eingeschätzt, daß das EP sich „eher der Konsenssuche als dem parlamentarischen Streit verpflichtet"[226] fühlt. Das hat mindestens zwei Gründe. Im Unterschied zu den nationalen Parlamenten stützt das EP keine Regierung, d. h. das typische Wechselspiel von Regierungsmehrheit und Opposition - mit entsprechenden Wirkungen bei Abstimmungen - findet nicht statt. Dadurch ist die Fraktionsdisziplin weniger ausgeprägt, was wiederum die Konsensfindung erleichtern kann. Ein zweiter Grund ist das Selbstverständnis des Parlaments, die Integration voranzutreiben und das daraus resultierende Bestreben zur konstruktiven Zusammenarbeit mit den anderen Gemeinschaftsorganen. Andererseits will das EP als gleichberechtigter Partner von Kommission und Ministerrat „ernst genommen" werden und nutzt die sich ihm bietenden Möglichkeiten zur eigenen Profilierung.

Die gewachsenen Einflußmöglichkeiten wie auch das gestiegene Selbstvertrauen der mittlerweile 626 Parlamentarier[227] wurden offenkundig, als das EP am 17.12.1998 der Kommission die Entlastung für die Ausführung des Haushaltsplans 1996 aufgrund verschiedener Unregelmäßigkeiten verweigerte[228]. Damit praktizierte das EP zugleich das „Königsrecht" jedes Parlaments: das Haushaltsrecht, bzw. wie in diesem Fall die Möglichkeit, die Haushaltsentlastung nach Art. 276 EG-Vertrag zu verweigern[229]. Einschränkend ist jedoch zu sagen, daß das EP lediglich im Bereich der sogenannten nichtobligatorischen Ausgaben - zu denen die Strukturfonds zählen - ein Letztentscheidungsrecht im Haushaltsverfahren hat, geregelt in Art. 272 EG-Vertrag. Bei den obligatorischen Ausgaben, die u. a. den Agrarbereich einschließen, liegt „das letzte Wort" dagegen nach wie vor beim Rat. Die Trennung von obligatorischen und nichtobligatorischen Ausgaben hat einen politisch motivierten Hintergrund. Die ungenaue Definition der Begriffe in den Vertragstexten wurde 1982 durch eine Gemeinsame Erklärung der drei Organe (Rat, EP, Kommission) konkretisiert, die ihrerseits durch die Inter-

---

225 *Nickel* 1997, S. 221.

226 *Neßler* 1999, S. 158.

227 Die Sitzverteilung ist nur bedingt proportional zu der Einwohnerzahl der Mitgliedstaaten. Luxemburg stellt sechs Abgeordnete, aus der Bundesrepublik Deutschland kommen 99 MdEP.

228 Streitpunkte waren u. a. das undurchsichtige Finanzgebaren des Amts für Humanitäre Hilfe (ECHO), Unregelmäßigkeiten beim Mittelmeerprogramm (MED) sowie Vorwürfe der Vetternwirtschaft an die Kommissare *Cresson* und *Marin*.

229 Vgl. *Graf* 1999, S. 103 ff., der zwischen „Aufschub und Verweigerung der Entlastung" differenziert.

institutionelle Vereinbarung von 1993 eine Präzisierung erfuhr. Danach sind all jene Ausgaben obligatorisch, die sich aus den internen und externen Verpflichtungen der Gemeinschaft, d. h. aus den Gründungsverträgen oder den auf ihrer Grundlage erlassenen Rechtsakten, ergeben. Im Umkehrschluß sind alle sonstigen Ausgaben nichtobligatorisch. „Gleichwohl kommt es immer wieder zu Konflikten hinsichtlich der Einstufung von Ausgaben“[230], heißt es dazu im Haushaltsvademekum der Kommission.

Die bereits beschriebene Auseinandersetzung zwischen EP und Kommission um die Haushaltsentlastung[231] eskalierte weiter und fand in einem - am 12.1.1999 mehrheitlich gescheiterten - Mißtrauensvotum lediglich ihren vorläufigen Abschluß[232]. Eine große Mehrheit der Parlamentarier sprach sich gleichzeitig für die Einsetzung einer Kommission unabhängiger Sachverständiger aus, die ihren „Bericht über Anschuldigungen betreffend Betrug, Mißmanagement und Nepotismus in der Europäischen Kommission“[233] am 15. März 1999 vorlegten. Am nächsten Tag erfolgte der kollektive Rücktritt der EU-Kommission. Angesichts der Bedeutungsaufwertung des Europäischen Parlaments im Rahmen des institutionellen Gefüges der EU muß die geringe Wahlbeteiligung bei den Europawahlen im Juni 1999, die in vielen Mitgliedstaaten die historisch niedrigsten Quoten seit Einführung der Direktwahl brachte, aus demokratietheoretischer Sicht nachdenklich stimmen, denn offensichtlich schätzen viele Bürger das EP nach wie vor als schwachen Akteur im Verhältnis zu den anderen Organen und fühlen sich von ihm folglich nicht adäquat vertreten[234]. Ein weiterer Grund für die große Zahl der Nichtwähler dürfte in dem mit der Veröffentlichung des genannten Berichtes über Unregelmäßigkeiten in der EU-Kommission verbundenen allgemeinen Ansehensverlust der europäischen Institutionen zu suchen sein[235].

Die Abgeordneten des Europäischen Parlaments (MdEP) sind Akteure in weit verzweigten, engmaschigen Kommunikationsnetzwerken. Die Mehrzahl der Kontakte zwischen den MdEP und den Mitgliedern anderer EU-

---

230 Kommission 1997b, S. 7.

231 *Waldhoff* (2000, S. 216) sieht im Haushaltsrecht einen „Kampfplatz“, auf dem „... vorrangig um Stellung und Bedeutung des Parlaments im Organisationsgefüge der Gemeinschaft“ gerungen wird.

232 Zu den Einzelheiten und Hintergründen des Konflikts vgl. *Stabenow* 1999.

233 Vgl. Ausschuß Unabhängiger Sachverständiger 1999.

234 Vgl. *Neßler* 1999, S. 163; vgl. auch *Decker* 2000, S. 601 ff.

235 Die öffentliche Meinung wurde auch beeinflußt durch die Berichte des EU-Beamten *van Buitenen* (1999).

Organe, insbesondere der Kommission und des Ministerrats, sowie Interessenvertretern („Lobbyisten") sind informeller Natur. Daneben bestehen institutionalisierte Formen der Kommunikation im Rahmen der Fraktionen und Ausschüsse oder bei interparlamentarischen Treffen. Immer intensiver bemühen sich in jüngster Vergangenheit die Vertreter der nationalen und regionalen Regierungen um enge Kontakte zu den MdEP. Dafür gibt es zwei Gründe: Erstens findet das Mehrheitsprinzip bei Abstimmungen im Ministerrat breitere Anwendung und zweitens erfolgte, wie bereits angesprochen, eine sukzessive Erweiterung der parlamentarischen Mitwirkungskompetenzen im Entscheidungsprozeß. „Dadurch wird das Parlament zum immer attraktiveren Verbündeten für Regierungen, die befürchten, im Ministerrat überstimmt zu werden."[236]

1.3.2.3 Der Ministerrat

Trotz der durch den Amsterdamer Vertrag erfolgten Erweiterung der Kompetenzen des EP bleibt die Stellung des Rates im Rechtsetzungsprozeß dominierend. Seine Aufgaben und Befugnisse regeln die Artikel 202-210 EGV. Art. 205 EG-Vertrag legt die Stimmenverteilung auf die einzelnen Mitgliedstaaten und ihre Gewichtung fest. Gemäß Absatz 2 haben Luxemburg 2 Stimmen; Dänemark, Irland und Finnland je 3; Österreich und Schweden je 4; Belgien, Griechenland, die Niederlande und Portugal je 5; Spanien 8; Deutschland, Frankreich, Italien und das Vereinigte Königreich je 10 Stimmen. Insgesamt ergibt das 87 Stimmen. Bei Entscheidungen mit qualifizierter Mehrheit ist eine Mindestzahl von 62 Stimmen erforderlich, d. h. die Sperrminorität liegt bei 26[237]. Gemäß Art. 203 Abs. 2 EG-Vertrag wechselt der Vorsitz im Rat alle sechs Monate. Im ersten Halbjahr 1999 hatte Deutschland die Ratspräsidentschaft inne, gefolgt von Finnland, Portugal, Frankreich, Schweden, Belgien, Spanien, Dänemark und Griechenland[238] in den sich jeweils anschließenden Halbjahren. Durch die genannte vertragliche Stellung und seine Konfiguration wird die Doppelfunktion des Rates deutlich: Einerseits verfügt er als zentrales Organ im institutionellen Gefüge der EG/EU über weitgehende (Letzt-)Entscheidungsgewalt. Andererseits besteht seine politische Funktion in erster Linie darin, die Interessen

---

236 *Neßler* 1999, S. 162.

237 Zu Repräsentationsungleichgewichten des aktuellen Systems der Stimmengewichtung sowie Reformoptionen angesichts der bevorstehenden Erweiterungen vgl. *Janning/Giering* 1999, S. 50 ff.

238 Vgl. Beschluß des Rates vom 1.1.1995, ABl. L 1 vom 1.1.1995, S. 220.

der Mitgliedstaaten zu vertreten, bzw. diese zu einem fairen Ausgleich zu bringen.

Die Willensbildung läuft im Rat nach einem dreistufigen Modus ab: In einer ersten Phase beschäftigen sich Arbeitsgruppen, die nach Politikbereichen bzw. nach Sachthemen gegliedert sind und sich aus nationalen Beamten der Mitgliedstaaten zusammensetzen[239], mit den technischen Aspekten der Kommissionsvorlagen. In einem zweiten Schritt werden die eigentlichen Ratssitzungen durch einen speziellen „Ausschuß der ständigen Vertreter" (AStV[240]), den sogenannten COREPER[241], vorbereitet, der gemäß Art. 207 EG-Vertrag die ihm vom Rat übertragenen Aufträge ausführt. Den Vorsitz in diesem mit Abstand wichtigsten Ausschuß auf europäischer Ebene hat das Mitgliedsland inne, das jeweils den Ratsvorsitz stellt. Durch seine ständige Präsenz[242] und den hohen Standard des in ihm vereinten Expertenwissens kommt dem COREPER erstrangige Bedeutung bei der Bildung des Gemeinschaftswillens zu. In den meisten Fällen gelingt es den Ständigen Vertretern der Mitgliedstaaten (AStV II) bzw. ihren Stellvertretern (AStV I), bereits im Vorfeld einer Ratssitzung Konsens über einzelne Punkte zu erreichen, wodurch die Beschlußfassung im Rat vereinfacht und beschleunigt wird[243]. Zur Entscheidungsvorbereitung bedient sich der Ausschuß häufig der Expertise eigens zu diesem Zweck eingesetzter Arbeitsgruppen, die sich aus Fachbeamten der Mitgliedstaaten und/oder aus Mitarbeitern der Ständigen Vertretungen zusammensetzen. Lediglich die noch strittigen Fragen müssen dann im Ministerrat eingehend behandelt werden: 70 bis 80 % aller späteren Ratsbeschlüsse sind sogenannte „A"-Punkte auf der Tagesordnung, die in den Fachausschüssen und dem COREPER bereits konsensfähig ausgearbeitet wurden und i. d. R. ohne Aussprache im Ministerrat verabschiedet werden[244].

---

239 *Wessels* (1999, S. 343) nennt für die erste Hälfte der 1990er Jahre eine Zahl von rund 300 Ratsausschüssen.

240 Der sich wiederum unterteilt in AStV I und II. Ausführlich vgl. *Mentler* 1996; vgl. auch *Hoyer* 1998, S. 79.

241 Französisches Akronym für „Comité des Représentants permanents"; vgl. *Nugent* 1999, S. 366.

242 Am 26.1.1958 begann die offizielle Zählung der Sitzungen. Bis Mai 1998 tagte das Gremium mehr als 1780 Mal. Dieses Pensum entspricht einem wöchentlichen Sitzungsturnus; vgl. *Escher* 1998, S. 52.

243 Mit den Worten von *Lewis* (1998, S. 479): „... Coreper maintains the performance of the Council through the production of a distinct culture of compromise and community-method."

244 Vgl. *König* 1997, S. 113.

Mit Ausnahme der Verteidigungsminister verfügen alle Ressortchefs über einen „eigenen" Ministerrat auf europäischer Ebene, die allerdings unterschiedlich häufig tagen. Von den derzeit 21 Räten beschäftigen sich folgende direkt oder indirekt mit wirtschaftspolitisch relevanten Fragestellungen - ihre Beschlüsse können somit Auswirkungen auf die Gestaltung der regionalen Strukturpolitik haben[245]: der Allgemeine Rat, die Räte für Wirtschaft und Finanzen (ECOFIN), Arbeit und Soziales, Außenwirtschaft, Binnenmarkt, Energie, Entwicklung, Fischerei, Forschung, Industrie, Landwirtschaft, Telekommunikation, Touristik, Umwelt, Verbraucher und Verkehr. Die höchste Tagungsfrequenz weist der Allgemeine Rat auf, in dessen Rahmen sich die Außenminister versammeln. Auch der ECOFIN und die Landwirtschaftsminister treffen sich überdurchschnittlich häufig in einem festen monatlichen Rhythmus; andere Räte dagegen nur einmal im Halbjahr. Auf Grund der herausgehobenen Bedeutung des Agrarsektors werden die entsprechenden Ratstreffen nicht von dem COREPER, sondern von einem eigenen Gremium vorbereitet: dem Sonderausschuß Landwirtschaft[246]. Gemeinsam ist den Entscheidungsprozessen in den unterschiedlichen Räten die schrittweise Suche nach Kompromissen. Nüchtern und prägnant umschreibt Helen Wallace dieses Charakteristikum mit den Worten: „Der Verhandlungsprozeß im Rat, angefangen bei den Arbeitsgruppen nationaler Experten bis hin zu den Treffen der auch politische Verantwortlichkeit tragenden Minister, dient nicht der Hervorbringung brillianter Ideen, sondern der Umsetzung von Ideen in annehmbare Entscheidungen."[247]

Der Abstimmungsmodus für die Beschlußfassung im Rat richtet sich nach der jeweils behandelten Materie. Die Verfahren sind in den betreffenden Vertragsbestimmungen geregelt. Bei Abstimmungen mit qualifizierter Mehrheit werden dabei die Stimmen nach dem bereits genannten Schlüssel gewichtet[248]. Obwohl die Mehrheitsregel mit jeder Vertragsrevision in immer mehr Bereichen Einzug hält, besteht in einer Vielzahl von Materien, die mit starken nationalen Interessen verbunden werden, nach wie vor das Einstimmigkeitserfordernis. Der Bereich der Strukturfonds unterfällt ebenfalls diesem Konsenszwang. Lediglich die Durchführungsbeschlüsse zu den

245 Vgl. *Westerhoff* 1998, S. 110.

246 *Mentler* (1996, S. 54) weist auf die Sitzungsfrequenz dieses Ausschusses hin: Seine erste Sitzung fand am 9.9.1960 statt, die 1000. Tagung am 31.10.1995, d. h. das langjährige Mittel liegt bei fast 30 Ausschußsitzungen.

247 *Wallace* 1996, S. 152.

248 Für einen Beschluß mit qualifizierter Mehrheit sind derzeit mindestens 62 der 87 Ratsstimmen erforderlich.

Fonds können mit qualifizierter Mehrheit gemäß dem Mitentscheidungsverfahren verabschiedet werden. Durch die Erweiterung von ursprünglich sechs auf inzwischen 15 Mitgliedstaaten nahm die Anzahl und Variabilität möglicher Koalitionen bei der Entscheidungsfindung im Rat exponentiell zu, während der prozentuale Anteil potentieller qualifizierter Mehrheiten gleichzeitig zurückging. Statistisch dargestellt ergibt sich folgendes Bild:

Tabelle: Prozentualer Anteil rechnerisch möglicher qualifizierter Mehrheiten an der Gesamtheit potentieller Koalitionen bei einer Entscheidung im Rat[249]

	1958-72	**1973-80**	**1981-85**	**1986-94**	**seit 1995**
Anzahl der Mitgliedstaaten	6	9	10	12	15
Gesamtzahl möglicher Koalitionen	63	511	1.023	4.095	32.767
Gesamtzahl möglicher qualifizierter Mehrheiten	14	75	140	402	2.549
Anteil qualifizierter Mehrheiten an der Gesamtzahl	22.22 %	14,68 %	13,69 %	9,82 %	7,78 %
Anzahl möglicher Koalitionen bei Einstimmigkeit	1	1	1	1	1
Anteil der einstimmigen Option an der Gesamtzahl möglicher Koalitionen	1,5873 %	0,1957 %	0,0978 %	0,0244 %	0,0031 %

Die Grundaussage dieser Statistik lautet: Bei einer steigenden Zahl von Mitgliedern erhöht sich die Komplexität der Entscheidungsfindung, da die Anzahl möglicher Koalitionen sprunghaft zunimmt. In gleichem Maße sinkt die statistische Wahrscheinlichkeit, erfolgreiche Mehrheiten zu erzielen. Dem-

249 Vgl. *Hosli* 1998, S. 19; „winning coalitions“ wurde mit „qualifizierter Mehrheit“ übersetzt.

nach beträgt die rechnerische Chance auf Einstimmigkeit bei derzeit fünfzehn Mitgliedstaaten 1:32.767[250].

Die tatsächliche Fähigkeit des Ministerrats, einstimmige Entscheidungen zu produzieren, hängt von der Kompromißfähigkeit der handelnden Akteure ab. Dies sind die Vertreter der Regierungen der Mitgliedstaaten mit ihren spezifischen nationalen Interessen. Sie tagen in der jeweiligen Ressortzusammensetzung hinter verschlossenen Türen unter Ausschluß der Öffentlichkeit[251]. Aus besagtem Grund gibt es bisher nur sehr wenige ergiebige empirische Untersuchungen zum konkreten Verlauf der Abstimmungsprozesse im Ministerrat[252]. Ein erster Schritt, die Transparenz des Entscheidungsprozesses zu erhöhen, war der Beschluß des Europäischen Rates von Edinburgh im Dezember 1992[253], künftig u. a. die Abstimmungsprotokolle zu veröffentlichen. Entgegen der (statistischen) Annahme, daß Einstimmigkeit bei den Abstimmungen die Ausnahme sein müßte, ergibt sich nach Auswertung der nunmehr verfügbaren Daten folgendes Bild: Im Jahre 1995 wurden bei insgesamt 406 abschließenden Abstimmungen im Ministerrat drei Viertel der Beschlüsse einstimmig verabschiedet. Ein Jahr später stieg der Anteil einstimmiger Verabschiedungen sogar auf 81 Prozent[254]. Wesentliche Ursache für diesen hohen Konsensgrad ist die bereits erwähnte intensive Vorarbeit der Ausschüsse, insbesondere des COREPER, sowie der verhandlungstheoretisch begründete „Zwang zur Einstimmigkeit“, der immer dann entsteht, wenn die Kosten bei Nichtentscheidung höher wären als die sich aus der jeweiligen Entscheidung ergebenden individuellen Nachteile der einzelnen Entscheidungsträger. Andererseits sind die Sitzungen in den ressortspezifisch zusammengesetzten Ministerräten alles andere als „Harmonieveranstaltungen“, denn die Mitgliedstaaten bleiben ihren nationalen Interessen verpflichtet. Das führt im Falle abweichender Präferenzen zu

250 Eine Erweiterung um sechs auf dann 21 Mitgliedstaaten hätte einen Anstieg auf 2.097.151 mögliche Koalitionsalternativen zur Folge. Die statistische Wahrscheinlichkeit einer einstimmigen Entscheidung läge dann bei 0,00005 %; vgl. *Hosli* 1998, S. 20.

251 *Franßen-de la Cerda* (2000, S. 566) spricht aus diesem Grund von „geheimer Kabinettsdiplomatie“.

252 Eine der wenigen Ausnahmen bildet die Habilitationsschrift von *Thomas König* (1997).

253 Vgl. Europäischer Rat von Edinburgh am 11./12.12.1992, Schlußfolgerungen des Vorsitzes, Bulletin EG 12-1992.

254 Bei insgesamt 443 Abstimmungen. Gleichzeitig sank der Anteil der Ablehnungen von 19 % (1995) auf 15 % (1996); der Anteil der Enthaltungen blieb mit 6 bzw. 4 % nahezu konstant; vgl. *Lane/Mattila* 1998, S. 335.

Stimmenthaltung oder Ablehnung der Beschlußempfehlung im Ministerrat. Dabei zeigt eine nach Mitgliedstaaten aufgeschlüsselte Statistik ein differenziertes Bild:

Tabelle: Ablehnungen (A) und Enthaltungen (E) bei Abstimmungen im Ministerrat (in %)[255]

	1994		**1995**		**1996**	
Länder	**A**	**E**	**A**	**E**	**A**	**E**
Belgien	0,8	0,0	0,2	0,2	1,6	0,3
Dänemark	4,2	0,4	2,5	0,5	1,0	0,8
Deutschland	3,4	2,3	3,0	1,2	7,0	1,0
Finnland	-	-	0,5	0,0	0,5	0,3
Frankreich	0,8	1,1	0,2	1,0	0,8	0,1
Griechenland	1,5	0,0	0,0	0,2	0,3	0,0
Großbritannien	2,3	6,1	3,0	3,7	4,2	0,3
Irland	0,4	0,8	0,5	0,2	0,8	0,0
Italien	0,8	1,1	1,5	1,0	2,3	0,5
Luxemburg	1,9	0,0	0,2	0,2	0,3	1,0
Niederlande	3,4	1,9	1,5	0,2	0,5	1,3
Österreich	-	-	1,2	1,0	1,6	0,5
Portugal	0,8	1,5	1,5	1,0	0,8	1,0
Schweden	-	-	9,1	0,5	2,6	0,0
Spanien	0,8	3,1	0,7	0,7	2,6	0,0

Auffällig ist, daß sich einige Länder, wie z. B. Deutschland oder Großbritannien, häufiger als andere den Beschlüssen widersetzen oder sich der Stimme enthalten. Andere Mitgliedstaaten wiederum weisen generell ein hohes Maß an Zustimmung auf, z. B. Irland und Finnland. Ein weiterer Befund ist die Veränderung des Abstimmungsverhaltens im Zeitverlauf: Lehnte Schweden im ersten Jahr nach seinem Beitritt noch über 9 Prozent der

255 Vgl. *Lane/Mattila* 1998, S. 336.

Vorlagen ab, so senkte sich der Grad der Ablehnung bereits im Folgejahr auf moderate 2,6 %, wohingegen dieser Wert für Deutschland im selben Zeitraum von 3,0 % auf 7 % anstieg.

Die grundlegenden Bestimmungen zu den Strukturfonds fallen, wie bereits erwähnt, auch nach der Vertragsrevision von Amsterdam in den Bereich der Einstimmigkeit. In Art. 161 EGV heißt es unverändert: „... legt der Rat auf Vorschlag der Kommission und nach Zustimmung des Europäischen Parlaments sowie nach Anhörung des Wirtschafts- und Sozialausschusses und des Ausschusses der Regionen einstimmig die Aufgaben, die vorrangigen Ziele und die Organisation der Strukturfonds fest, was ihre Neuordnung einschließen kann." Ebenfalls einstimmig werden die für die Fonds geltenden allgemeinen Regeln beschlossen sowie die Bestimmungen, „... die zur Gewährleitung einer wirksamen Arbeitsweise und zur Koordinierung der Fonds sowohl untereinander als auch mit den anderen vorhandenen Finanzierungsinstrumenten erforderlich sind." Im Gegensatz zu den allgemeinen Fondsverordnungen können gemäß Art. 37 EG-Vertrag (EAGFL-Abteilung Ausrichtung), Art. 148 EGV (ESF) bzw. Art. 162 EGV (EFRE) die fondsspezifischen Durchführungsverordnungen mit qualifizierter Mehrheit verabschiedet werden. Dies erfolgte bis zur Vertragsänderung von Amsterdam nach dem Verfahren der Zusammenarbeit gemäß Art. 189c EGV a. F. und nach Anhörung des Wirtschafts- und Sozialausschusses und des Ausschusses der Regionen. Seit Inkrafttreten des Amsterdamer Vertrages gilt für die Verabschiedung der Durchführungsbeschlüsse das reformierte Mitentscheidungsverfahren nach Art. 251 EGV (ex-Art. 189b)[256] unter Beibehaltung der Anhörungsrechte von AdR und WSA. Dadurch erweiterten sich die Einflußmöglichkeiten des Europäischen Parlaments bei den fondsspezifischen Regelungen, nicht aber bei den grundsätzlichen, allgemeinen Bestimmungen, die für alle Fonds gelten.

1.3.2.4 Die Europäische Kommission

Durch den sogenannten Fusionsvertrag[257] wurden 1965 die Kommission der EWG und der EAG sowie die Hohe Behörde der EGKS zur Kommission der Europäischen Gemeinschaften zusammengefaßt. Die Kommission ist ein überstaatliches, vom Willen der Mitgliedstaaten unabhängiges Organ, des-

---

256 Zur Darstellung der genannten Abstimmungsverfahren vgl. nachfolgend Abschnitt 2.6.

257 Der Vertrag ist gemäß Bekanntmachung vom 27.7.1965 (BGBl. II, S. 2156) am 1.7.1967 in Kraft getreten.

sen Hauptaufgabe in der Wahrung der Gemeinschaftsinteressen besteht. Aus diesem Grund wird sie häufig als „Hüterin der Verträge“[258] bezeichnet. Sie zählt seit der letzten Erweiterung 20 Mitglieder („Kommissare“) mit dem Kommissionspräsidenten an der Spitze, dessen Stellung durch den Amsterdamer Vertrag gestärkt wurde. Seine Ernennung bedarf nach Art. 214 Abs. 2 EG-Vertrag der Zustimmung des Europäischen Parlaments. Alle anderen Kommissionsmitglieder werden „im Einvernehmen mit dem designierten Präsidenten“ benannt. Neu ist ebenfalls der erste Satz in Art. 219 EG-Vertrag: „Die Kommission übt ihre Tätigkeit unter der politischen Führung ihres Präsidenten aus.“ Die Arbeitsweise der Kommission entspricht der eines Kollegialorgans, das Beschlüsse mit der Mehrheit seiner Mitglieder faßt. Den Kommissaren direkt unterstellt sind kleinere Beraterstäbe, die sich aus politischen Vertrauten zusammensetzen. Die Chefs dieser sogenannten Kabinette treffen sich einmal wöchentlich und legen u. a. fest, in welchen Punkten bereits Konsens erzielt werden konnte („A-Punkte“), bzw. welche Vorlagen der weiteren Erörterung durch das Kollegium der Kommissare bedürfen („B-Punkte“). Neben der Beobachtung der Aktivitäten anderer Generaldirektionen besteht eine weitere wichtige Funktion dieser Kabinette in der Pflege des Kontaktes der Kommissionsmitglieder zum administrativen Apparat, da sie „an der Schnittstelle zwischen der Kommission als Organ und ihren Dienststellen“[259] wirken. Aufgrund der hohen Arbeitsbelastung - die Kommission trifft jährlich rund 20.000 Beschlüsse[260] - und der häufig bestehenden Notwendigkeit, kurzfristig Beschlüsse zu fassen, haben vereinfachte Beschlußverfahren[261] in der Praxis eine große Bedeutung erlangt.

Nach Einschätzung von Bach stellt die Kommission „einen neuartigen Typus politisch-expertokratischer Bürokratie“[262] dar. Gegen diese zu stark vereinfachende, lediglich auf den bürokratischen Aspekt abstellende Sichtweise wendet sich u. a. Landfried, die die Mitglieder der Kommission als politische „europäische Elite“ sieht. Daß es sich bei den Kommissionsmit-

---

258 Vgl. stellvertretend *Wessels* 1999, S. 336; *Decker* 1995, S. 1073.

259 *Priebe* 2000, S. 402. Einige Kabinette ließen dabei „eine gewisse Neigung zu eigenständiger Machtentfaltung“ erkennen, die seitens der Kommissionsdienste zu Vorbehalten führten. Aus diesem Grund wurden durch die Prodi-Kommission 1999 detaillierte Regelungen zur Rekrutierung und Arbeitsweise der Kabinette getroffen.

260 Vgl. *Franßen-de la Cerda* 2000, S. 561.

261 Insbesondere das schriftliche Umlaufverfahren oder die Möglichkeit der Zeichnungsermächtigung; vgl. Gesprächsprotokoll EU 8.

262 *Bach* 1999, S. 9. Deutlich differenzierter, insbesondere hinsichtlich der „Verwaltungskultur“ vgl. *Priebe* 2000.

gliedern in ihrer großen Mehrheit (80 %) um Politiker mit Erfahrungen in herausgehobenen Postitionen handelt, belegen die individuellen Karrieremuster: 66 Prozent aller Kommissare des Zeitraums 1967-97 waren vor ihrer Ernennung Abgeordnete in nationalen Parlamenten; 57 % bekleideten vor ihrem Dienstantritt in der Brüsseler Behörde ein Ministeramt[263]. Zwar sind die Mitglieder der Kommission „europäisch orientiert" und - schon aus räumlicher Perspektive - von den nationalen Politiken entfernt. Im Zuge der sich vertiefenden Integration entwickelte sich die Kommission jedoch „... zu einem komplexen Organ und errichtete eine Vielzahl von direkten Beziehungen vor allem zu den Adressaten ihrer Politik, zu Experten und zu Gesprächspartnern in den Mitgliedstaaten."[264] Von entscheidender Bedeutung sind in diesem Zusammenhang die vielfältigen Ausschüsse der Kommission[265], die - je nach Politikbereich in unterschiedlicher Zusammensetzung - mit nationalen Beamten, Vertretern der Wirtschafts- und Sozialpartner sowie wissenschaftlichen Experten besetzt sind. Diese Ausschüsse spielen eine substanzielle Rolle bei der Rechtsgestaltung und -anwendung, je nachdem in welcher Phase des Politikzyklus sie zum Einsatz kommen (Verhandlungs- bzw. Implementationsphase)[266]. Es ist deshalb irreführend, die Kommission auf den Begriff der „Eurokratie" zu reduzieren, die sich lediglich dadurch auszeichnet, „regelungshungrig" und „detailverliebt" zu sein. Dem steht schon der empirische Befund entgegen: Oftmals hat die europäische Ebene schneller auf neue politische Probleme reagiert als die Regierungssysteme der Mitgliedstaaten[267].

Der Aufbau der Kommissionsverwaltung ist dem nach funktionalen Kriterien strukturierten Unterbau nationaler Ministerien vergleichbar: 24 Generaldirektionen werden durch spezielle Dienste (Juristischer Dienst, Sprecher- und Dolmetscherdienst etc.) sowie ein Generalsekretariat unterstützt[268]. Insgesamt verfügt die Kommission mit 21.190 Bediensteten über den mit Abstand größten Apparat der Gemeinschaftsorgane[269]. Verglichen

---

263 Vgl. *Landfried* 1999, S. 74 ff.

264 *Wallace* 1996, S. 148.

265 *Eichener* (2000, S. 217) beziffert ihre Gesamtzahl auf „über 1000".

266 Zu weiterführenden Details des Ausschußwesens auf europäischer Ebene vgl. die Beiträge in *Joerges/Falke* 2000; vgl. auch *Pappi/Schnorpfeil* 1996, S. 139 ff.

267 Vgl. *Wallace* 1996, S. 149.

268 Einen systematischen Überblick über „das Räderwerk" der Kommission bieten *Dietz/Fabian* 1999.

269 Stand 1997; zum Vergleich die Personalbestände der anderen Organe: EP (4.109), Rat (2.529), EuGH (953), EuRH (503); vgl. Kommission 1997b, S. 45.

mit den Personalbeständen nationaler Behörden in den (größeren) Mitgliedstaaten ist diese Ressourcenausstattung jedoch eher bescheiden[270]. Hinzu kommt, daß nur etwa 4.000 Beamte an der Politikformulierung im engeren Sinne beteiligt sind. Alle anderen sind mit Übersetzer- und Dolmetscherdiensten bzw. administrativen Aufgaben betraut[271].

Einige Mitgliedstaaten, insbesondere Großbritannien und Frankreich, verfolgen auf europäischer Ebene eine strategische Personalentwicklung, um auf diese Weise Landsleute in entscheidenden Positionen zu bringen, die unter Umständen besser für die Wahrnehmung nationaler Interessen mobilisiert werden können als Beamte aus anderen Mitgliedstaaten. Dem liegt die Überlegung zu Grunde, daß die europäischen Beamten durch das Beamtenstatut zwar zu unabhängiger Amtsführung verpflichtet sind. Bei der Ausarbeitung von Entwürfen und Vorschlägen sind sie jedoch häufig auf externen Sachverstand angewiesen. Schon aus sprachlichen Gründen werden sie bei der Informationsbeschaffung geneigt sein, mit den Verwaltungen des Heimatlandes zu kommunizieren. Im Februar 1998 gab es in der gesamten Kommissionsverwaltung 5992 sogenannte A-Beamte[272], deren Stellung dem höheren Dienst in Deutschland vergleichbar ist. Von diesen knapp 6000 höheren und hohen Beamten sind 734 Deutsche, d. h. die Bundesrepublik ist mit einem Anteil von 12,25 % an leitenden Positionen unterrepräsentiert, sowohl im Verhältnis zu ihrem Bevölkerungsanteil (22 %) als auch zu ihrem Anteil am Gesamt-BSP der EU (28 %). Selbst wenn der bereits gewichtete Anteil der deutschen MdEP am Gesamtparlament (99 von insgesamt 626 Sitzen) als Maßstab herangezogen würde (15,8 %), bliebe eine Unterrepräsentanz. Allerdings differiert der Anteil deutscher Beamter zwischen den einzelnen Generaldirektionen und Diensten teilweise erheblich. Kritische Stimmen weisen darauf hin, daß Deutschland insbesondere in den Generaldirektionen mit wachsender politischer und wirtschaftlicher Bedeutung (GD Umwelt, GD Verkehr) oder mit der Verfügungsgewalt über große „Fördertöpfe" (GD Regio) schwach präsent ist. In der GD „Regionalpolitik und Kohäsion" waren im Juli 1998 lediglich 13 der 151 A-Planstellen mit Beamten aus Deutschland besetzt. Dem deutschen Anteil von 8,6 % standen 25 Italiener (16,6 %) und 24 Franzosen (15,9 %) gegenüber.

---

270 Die Gesamtzahl der Kommissionsbediensteten entspricht in etwa der Größe des französischen Kultusministeriums oder des britischen Justizressorts. Selbst die Kommunalverwaltungen von Rom oder München haben mehr Beschäftigte als die EU-Kommission; vgl. *Bach* 1999, S. 23 f.

271 Darauf verweist *Diekmann* 1998, S. 220.

272 Zu diesen und den folgenden Zahlenangaben vgl. *Neuss/Hilz* 1999, S. 41 ff.

Im Hinblick auf die Strukturfondsförderung ist weiterhin von Bedeutung, daß die Kommission keineswegs als „monolithischer Akteur" handelt, sondern daß es zwischen den einzelnen Generaldirektionen abweichende Meinungen geben kann, die aus unterschiedlichen Ressortinteressen resultieren[273]. Eine Befragung von 140 hohen Kommissionsbeamten unterschiedlicher Geschäftsbereiche ergab, daß lediglich 46 Prozent der Befragten die EU-Kohäsionspolitik vorbehaltlos unterstützen. Dreißig Prozent melden „gewisse Vorbehalte" an, jeder fünfte Befragte lehnt die europäischen Aktivitäten in diesem Politikfeld sogar ab[274]. Begünstigt wird dieses „ausgeprägte Eigenleben"[275] der Generaldirektionen durch das Fehlen eines administrativen Zentrums mit Richtlinienkompetenz. Problemverschärfend tritt hinzu, daß es der Kommission angesichts ihrer - historisch gesehen - erst kurzen Existenz sowie aufgrund ihrer heterogenen Zusammensetzung bisher nicht gelungen ist, eine homogene Verwaltungskultur zu entwickeln. Eine aktuelle Studie kommt u. a. zu dem Ergebnis: „Die Koordinationsroutinen zwischen den Generaldirektionen der Kommission erscheinen als unterentwickelt, was sich z. B. an unterschiedlichen Positionen zu Sachfragen - etwa zur Auslegung von Regelungen zur Förderfähigkeit - zeigt."[276]

Die Kommission hat nach Art. 211 EG-Vertrag 1. Spiegelstrich dafür Sorge zu tragen, daß das primäre und sekundäre Gemeinschaftsrecht ohne Einschränkungen angewendet werden. Sie veröffentlicht seit 1984 jährlich einen Bericht über die Kontrolle der Anwendung des Gemeinschaftsrechts[277]. Art. 226 EG-Vertrag gibt der Kommission die Möglichkeit, bei Verstoß gegen die vertraglichen Verpflichtungen eine „staatengerichtete Aufsichtsklage"[278] gegen einen oder mehrere Mitgliedstaaten vor dem EuGH anzustrengen. Außerdem hat sie nach Art. 211 EG-Vertrag 3. Spiegelstrich das Recht, „nach Maßgabe dieses Vertrags in eigener Zuständigkeit Entscheidungen zu treffen und am Zustandekommen der Handlungen des Rates und des Europäischen Parlaments mitzuwirken". Durch das mit dieser Bestim-

---

273 Zu einem Beispiel für „Interessenkonflikte" zwischen Generaldirektionen vgl. *Landfried* 1999, S. 77 ff.

274 Daß es sich dabei insbesondere um Vertreter der GD Wettbewerb handelt, kann angesichts der Anonymität der Umfrage nur spekuliert werden. Vgl. *Hooghe* 1998, S. 461.

275 *Hartmann* 1998, S. 241.

276 *Lang/Reissert* 1999, S. 384. Deutlich differenzierter hinsichtlich der „Verwaltungskultur" vgl. *Priebe* 2000.

277 Vgl. Kommission 1998a.

278 *Decker* 1995, S. 1073.

mung verbundene exklusive Initiativrecht[279] kommt der Kommission eine Schlüsselstellung in bezug auf die Weiterentwicklung des Gemeinschaftsrechts zu. „Produkte“ der Kommissionsaktivitäten sind u. a. die noch näher zu betrachtende „Agenda 2000“ aus dem Jahre 1997 sowie die am 18. März 1998 präsentierten Vorschläge[280] der revidierten Fondsverordnungen im Bereich der Strukturpolitik.

Gleichzeitig fungiert die Kommission bei der Durchführung verschiedener Gemeinschaftspolitiken als Exekutive und ist damit ein „wesentlicher Bestandteil einer Mehrebenenverwaltung“[281]. Die dafür notwendigen Kompetenzen ergeben sich entweder aus den Verträgen oder werden vom Rat auf die Kommission übertragen[282]. In den vergemeinschafteten Politikfeldern besitzt die Kommission weitreichende Befugnisse, so z. B. im Agrarbereich, auf dem Kohle- und Stahlsektor sowie in der Wettbewerbspolitik. Die intergouvernemental bearbeiteten Politikfelder der zweiten und dritten Säule sind dagegen durch eine vergleichsweise „schwache“ Kommission gekennzeichnet. Probleme nicht oder nur teilweise vergemeinschafteter Materien werden von der Kommission behandelt, wenn sie deren Bearbeitung auf gemeinschaftlicher Ebene für notwendig erachtet[283]. In aller Regel muß sie sich bei der Umsetzung, Anwendung und Vollzugskontrolle des Gemeinschaftsrechts jedoch auf den Verwaltungsunterbau in den Mitgliedstaaten stützen, da ihre eigenen Ressourcen begrenzt sind und sich die in eigener Regie durchgeführten Kontrollen[284] bestenfalls auf Stichproben beschränken: Im Bereich der Strukturfonds stellte die Kommission beispielsweise im Jahr 1997 in 41 Fällen Verstöße gegen das Gemeinschaftsrecht bei gemeinschaftlich kofi-

---

279 Aktuelle Reformvorschläge fordern dieses Initiativrecht auch für Parlament und Rat; vgl. stellvertretend *Franßen-de la Cerda* 2000, S. 555 f.

280 KOM(1998) 131 endg.; vgl. ausführlicher nachfolgend Abschnitt 3.5.8.

281 *Wessels* 1999, S. 337, im Original mit Hervorhebung.

282 Auf der Grundlage von Art. 211 EGV 4. Spiegelstrich i.V.m. Art. 202 EGV 3. Spiegelstrich.

283 *Bellier* (1997, S. 114) stellt fest, daß die Kommission immer dann tätig wird, „... when it decides to pronounce on a problem which can be addressed only at the European level (for example, the White Paper on Growth, Competitiveness and Employment), or when it puts in order its own methods of management (as, for example in the new regulation on the structural funds).“ Im Original mit Hervorhebung.

284 Zum Kontrollproblem vgl. *Magiera* 1998, S. 178, S. 182 f.

nanzierten Projekten[285] fest. Die tatsächliche Anzahl von Unregelmäßigkeiten bei der Mittelbewirtschaftung von Strukturfondsgeldern dürfte um ein Vielfaches höher liegen. Ihre Aufdeckung liegt in der hauptsächlichen Verantwortung des Europäischen Rechnungshofes, der jedoch ebenfalls auf die Kooperationsbereitschaft der nationalen und subnationalen Kontrollbehörden angewiesen ist.

Bisher einmalig in der vierzigjährigen Geschichte der europäischen Integration war der geschlossene Rücktritt der Kommission als Reaktion auf den am 15. März 1999 vorgelegten Bericht des Ausschusses unabhängiger Sachverständiger, dessen zentraler Vorwurf lautete, daß die Kommissare „... die Kontrolle über die Verwaltung, die sie eigentlich führen müßten, verloren haben."[286] Bereits auf dem Europäischen Rat in Berlin am 24. und 25. März 1999 gelang es jedoch, einen Nachfolger für das Amt des Kommissionspräsidenten zu nominieren. Dadurch konnte u. a. verhindert werden, daß die Verhandlungen um die Verabschiedung des Reformpakets „Agenda 2000" hätten erfolglos vertagt werden müssen. Die neue Kommission wurde nach eingehender Befragung der einzelnen Kandidaten am 16.9.1999 von dem Europäischen Parlament kollektiv bestätigt. Inzwischen beauftragte der neue Kommissionspräsident seinen Vize Neil Kinnock mit einer grundlegenden administrativen Reform der Kommission, die sich sowohl auf ihren inneren Aufbau und Geschäftsablauf als auch auf die Kooperation der Brüsseler Behörde mit den Verwaltungen der Mitgliedstaaten beziehen soll. Letzteres dient dem Ziel, der Rolle der Kommission als „policy manager" im Mehrebenensystem verstärkt Rechnung zu tragen[287].

1.3.2.5 Der Europäische Gerichtshof

Die Europäische Gemeinschaft ist eine „Rechtsgemeinschaft" (Walter Hallstein). Um vom ersten Tag ihres Bestehens an eine möglichst einheitliche

285 Vgl. Kommission 1998, S. 134. Die Verstöße verteilten sich auf die Mitgliedstaaten wie folgt (geordnet nach der Häufigkeit): Griechenland (13 Fälle), Spanien (7), Portugal (6), Frankreich (6), Irland (3), Österreich (2), Deutschland, Belgien, Italien und Großbritannien (je 1).

286 Ausschuß Unabhängiger Sachverständiger 1999, S. 129. Andere Vorwürfe betrafen Fälle von Nepotismus, die einzelnen Kommissionsmitgliedern, insbesondere Frau *Cresson*, nachgewiesen werden konnten, sowie Fälle von Mißmanagement im Zusammenhang mit der Verwaltung einzelner Programme (MED, ECHO, LEONARDO).

287 Zu den Reformnotwendigkeiten und ersten -schritten vgl. *Metcalfe* 1999; vgl. auch *Priebe* 2000.

Interpretation und Durchsetzung des Gemeinschaftsrechts zu gewährleisten, war in jedem der Gründungsverträge ein eigener Gerichtshof mit entsprechenden Kompetenzen vorgesehen, die ab 1.1.1958[288] zu dem gemeinsamen EuGH zusammengefaßt wurden. Im Zuge der bisherigen Erweiterungen wuchs die Zahl der Richter auf aktuell 15 (Art. 221 EGV), die von acht Generalanwälten[289] sowie einem Gericht 1. Instanz[290] unterstützt werden. Trotz dieser permanenten Ausweitung stößt die zentrale Kontrolle durch den EuGH, der sowohl als Verfassungs-, Verwaltungs-, Straf- oder Disziplinargericht, als Zivil- oder als Schiedsgericht[291] materiell tätig werden kann, zunehmend „... an personelle Kapazitätsgrenzen, die sich nicht beliebig erweitern lassen."[292] Hinzu kommt der Umstand, daß das Verhältnis zwischen nationalen Gerichten und dem EuGH nicht immer spannungsfrei war. So spricht beispielsweise das Bundesverfassungsgericht (BVerfG) in seiner Maastricht-Entscheidung[293] von einem „Kooperationsverhältnis" zwischen BVerfG und EuGH. Eine Kompetenz-Kompetenz komme der Gemeinschaft nach Auffassung des höchsten deutschen Gerichtes angesichts des erreichten Integrationsniveaus nicht zu. Von besonderer Bedeutung für das untersuchte Politikfeld sind die Entscheidungen des EuGH in Beihilfefragen, da diese wesentlichen Einfluß auf den Gestaltungsspielraum der nationalen und regionalen Akteure haben[294].

Der EuGH wirkt „... nicht nur durch Interpretation und Urteile in einzelnen Fällen, sondern auch durch die Entwicklung von Ideen und juristischen Doktrinen."[295] Die EuGH-Urteile sind für alle Verfahrensbeteiligten unmittelbar bindend und in bezug auf sich eventuell ergebende Zahlungsverpflichtungen auch vollstreckungsfähig. Seit dem Maastrichter Vertrag

288 Durch Art. 3 und 4 des Abkommens über gemeinsame Organe vom 25.3.1957, BGBl. II, S. 753.

289 Gem. Art. 222 EGV; vom 1.1.1995 bis 6.10.2000 durch einen 9. Generalanwalt unterstützt.

290 Vgl. Beschluß des Rates Nr. 888/591, ABl. L 319 vom 25.11.1988, S. 1; geregelt in Art. 225 EGV. Zur Bilanz der ersten zehn Jahre, insbesondere in dem Bereich des Beihilfenrechts, vgl. *Nemitz* 2000.

291 Vgl. *Decker* 1995, S. 1073 f.; zu den unterschiedlichen Klage- und Verfahrensarten vgl. den Überblick bei *Wessels* 1999, S. 345 f.

292 *Magiera* 1998, S. 182.

293 BVerfGE 89, S. 155 ff. (S. 175).

294 Vgl. ausführlicher zur Beihilfenproblematik und ihren unterschiedlichen Facetten nachfolgend Abschnitt 5.

295 *Wallace* 1996, S. 156.

gibt es zur Durchsetzung die Möglichkeit, bei Nicht-Befolgung gemäß Art. 171 EG-Vertrag (Art. 228 EGV-A) Zwangsgelder zu verhängen. Begrenzt werden die Sanktionsmittel des EuGH dadurch, daß die Wirkung seiner Urteile auf die grundsätzliche Akzeptanz durch die Mitgliedstaaten und deren (Verfassungs-)Gerichte angewiesen ist[296]. Problemverschärfend wirkt, daß sich die gerichtliche Kontrolle naturgemäß auf eine nachträgliche Überprüfung anhand rechtlicher Maßstäbe beschränken muß. Angesichts der ständig zunehmenden Komplexität der Regelungsmaterien einerseits und der angesprochenen Systemgrenzen zentraler (EuGH) wie auch dezentraler gerichtlicher Kontrollen durch die nationalen Instanzen wird immer häufiger die Einführung zusätzlicher Mechanismen gefordert, die im Bereich der Verwaltung weitaus früher wirken und es - im Idealfall - gar nicht erst zu Rechtsverletzungen kommen lassen. Für die Wirksamkeit derartiger Kontrollmechanismen[297] bedürfte es allerdings einer neuen „Kultur der Zusammenarbeit" zwischen den Kommissionsbehörden und den mitgliedstaatlichen Verwaltungen der verschiedenen Ebenen, von der momentan nicht flächendeckend ausgegangen werden kann.

1.3.2.6 Der Europäische Rechnungshof

Der Europäische Rechnungshof (EuRH) ist das „jüngste" Hauptorgan der EU. Durch den Maastrichter Vertrag wurden die Artikel 188a-188c in den EG-Vertrag (Art. 246-248 EGV-A) eingefügt. Für Wessels ist der EuRH damit „... eine jener Einrichtungen, die die institutionell-organisatorische Verfestigung des politischen Systems der EU dokumentieren."[298] Die Institution selbst wurde bereits 1975 geschaffen: Art. 15 des Änderungsvertrages vom 22.7.1975 (sogenannter „Brüsseler Vertrag") beinhaltete eine Neufassung des Art. 206 EWG-Vertrag, wonach der bis dahin bestehende Kontrollausschuß und der EGKS-Rechnungsprüfer durch den EuRH ersetzt wurden[299]. Im Oktober 1977 begann der Rechnungshof nach Inkrafttreten des vorstehend genannten Vertrags mit der Wahrnehmung seiner Aufgaben, die gemäß Art. 248 Abs. 2 EGV u. a. in der Überprüfung der Rechtmäßigkeit und Ordnungsmäßigkeit der Einnahmen und Ausgaben sowie der Wirtschaftlichkeit der Haushaltsführung bestehen[300]. Der Amsterdamer Vertrag

---

296 Vgl. *Wessels* 1999, S. 346.

297 Vgl. *Magiera* 1998, S. 182 ff.

298 *Wessels* 1999, S. 346.

299 Vgl. *Decker* 1995, S. 1075.

300 Zur Rolle des EuRH im institutionellen Gefüge der EU vgl. *Hubl* 1999, S. 122 ff.

ergänzte die genannte Bestimmung um den Satz: „Dabei berichtet er insbesondere über alle Fälle von Unregelmäßigkeiten." Mit diesem umfassenden Kontrollauftrag und den daran geknüpften Berichtspflichten[301] bei gleichzeitiger völliger Unabhängigkeit seiner Mitglieder unterscheidet sich der EuRH von den meisten Rechnungshöfen auf nationaler oder subnationaler Ebene, die sich in ihrer Mehrzahl auf die Überprüfung der Recht- und Ordnungsmäßigkeit der Haushaltsführung beschränken[302]. Im Vorgriff auf den empirisch unterlegten Teil der Untersuchung kann an dieser Stelle bereits bestätigt werden, daß die Mitglieder des EuRH ihren Kontrollauftrag sehr ernst nehmen und ihre Unabhängigkeit strikt wahren[303]. Hinzu kommt, daß der ehemalige Präsident des EuRH in besonderem Maße bemüht war, die ihm zuwachsende Rolle als Kontrolleur und Berater gemeinsam mit seinem Stab auch in dem Bereich der Strukturpolitik wirkungsvoll auszufüllen[304]. Der EuRH-Präsident ist dabei primus inter pares, d. h. er hat keinerlei Weisungsbefugnis gegenüber den anderen 14 Mitgliedern des Kollegiums, die vom Rat nach Anhörung des Parlaments einstimmig für die Dauer von sechs Jahren ernannt werden. Allerdings sind der Prüfungsintensität personelle Grenzen gesetzt: Im ersten Jahr seiner Tätigkeit (1978) hatten 164 Mitarbeiter die Aufgabe, die Verwendung eines Gesamthaushalts von rund 12,5 Mrd. ECU zu prüfen. 1995 verfügte der EuRH über 503 Bedienstete[305], die ein inzwischen auf 77,6 Mrd. ECU angewachsenes Budget[306] zu überwachen hatten.

Angesichts dieser beschränkten Ressourcen ist dem EuRH an einer möglichst intensiven Kooperation mit den nationalen Rechnungsprüfungsbehörden gelegen, um gegebenenfalls auch auf deren Kontrollergebnisse zurück-

---

301 Für den Bereich der Strukturpolitik vgl. Rechnungshof 1998, 1998a; zu weiteren Details der Prüftätigkeit vgl. *Graf* 1999, S. 76 ff.

302 In Dänemark ist die entsprechende Kontrollbehörde beispielsweise dem Finanzministerium angegliedert; in Belgien, Österreich und den USA gilt sie als Bestandteil der Legislative, in Italien, Frankreich und Spanien als Teil der Judikative; lediglich in Deutschland und Großbritannien ist die Unabhängigkeit der Finanzkontrolle der Stellung des EuRH annähernd vergleichbar; vgl. *Graf* 1999, S. 75.

303 O-Ton eines in Sachsen geführten Interviews in bezug auf die jährlich stattfindende Kontrolle durch den EuRH: „Mit dem kann man nicht reden ..."; vgl. Gesprächsprotokoll SN 6.

304 Vgl. *Friedmann* 1996, 1996b.

305 Vgl. Kommission 1997b, S. 45.

306 Dieses Prüfungsvolumen nimmt noch einmal beträchtlich zu, wenn die „Satellitenhaushalte", Darlehen und Anleihen der EU hinzu gerechnet werden. *Hubl* (1999, S. 124) nennt eine Summe von ca. 200 Mrd. ECU.

greifen zu können. Die Zusammenarbeit mit den Rechnungshöfen der Mitgliedstaaten findet u. a. in Form von sogenannten Austauschbeamten statt. Außerdem tagt zwei Mal im Jahr ein Kontaktausschuß von Verbindungsbeamten, der sich in Arbeitsgruppen untergliedert. Einmal jährlich treffen sich die Präsidenten des EuRH und der nationalen Höfe, um den Jahresplan abzustimmen. Bei der praktischen Durchführung seiner Prüftätigkeit ist für den EuRH in Deutschland der Bundesrechnungshof nur ein möglicher Ansprechpartner. In allen Fällen, in denen die Länder für die Verwaltung von EU-Geldern zuständig sind, wie z. B. bei den Strukturfonds und dem EAGFL-Garantie, „... sind sie vom ERH prüfungstechnisch wie selbständige Mitgliedstaaten zu behandeln.“[307] Somit kommen die Landesrechnungshöfe als Adressat der sehr weit gehenden Auskunftsrechte des EuRH sowie als Partner für eventuell durchzuführende gemeinsame Prüfungen in Betracht. In dieser Kooperation ergeben sich unterschiedliche Probleme und Schwierigkeiten, die beispielsweise daraus resultieren, daß die jeweiligen Prüfungsmethoden und -ziele nur partiell übereinstimmen. In bezug auf die Strukturfondsförderung beschränkt sich die Prüfung der Landesrechnungshöfe zumeist auf die Frage, „... ob denn alle Mittel aus den Finanzierungszusagen der Gemeinschaft auch geflossen sind.“ Der Anspruch des EuRH, auch die Zweckmäßigkeit und Wirtschaftlichkeit des Mitteleinsatzes zu evaluieren, wird damit nicht erfüllt. Die nationalen Prüfbehörden sind bevorzugter Ansprechpartner des EuRH, haben allerdings keine „Monopolstellung“ inne. Insbesondere wenn es sich um die Prüfung privater Subventionsempfänger handelt, wird die Luxemburger Behörde - nach entsprechender vorheriger Benachrichtigung der nationalen Instanzen - vor Ort selbst aktiv.

1.3.2.7 Der Wirtschafts- und Sozialausschuß

Im Gegensatz zu dem (im Anschluß näher vorgestellten) Ausschuß der Regionen ist der Wirtschafts- und Sozialausschuß (WSA)[308] bereits in den Gründungsverträgen der EWG verankert. Die damals sechs Mitgliedstaaten entsandten gemäß Art. 194 EWG-Vertrag (Art. 258 EGV-A) insgesamt 101 Vertreter „der verschiedenen Gruppen des wirtschaftlichen und sozialen Lebens“ in das beratende Gremium. Im wesentlichen handelte und handelt es sich dabei um Repräsentanten der Verbände der Arbeitgeber- und der Ar-

---

307 *Hubl* 1999, S. 129. Nachfolgendes Zitat ebenda, S. 132.

308 Zu Aufbau, Arbeitsweise und Stellung des WSA im institutionellen Gefüge der EU vgl. *Vierlich-Jürcke* 1998; vgl. auch *van der Voort* 1998.

beitnehmerseite. Neben Gewerkschaften und Unternehmen sind aber auch Verbraucherschutzorganisationen, Handwerker, Landwirte und Vertreter freier Berufe im WSA repräsentiert[309]. Heute hat sich die Anzahl der Ausschußmitglieder mit 222 mehr als verdoppelt, wovon auf Luxemburg 6 Sitze entfallen, die großen Mitgliedstaaten dagegen je 24 Vertreter benennen können. Die aktuelle Amtsperiode erstreckt sich vom 21.9.1998 bis zum 20.9.2002.

Seit dem Inkrafttreten des Maastrichter Vertrages ist der WSA umfassend selbständig, d. h. er verfügt über organisatorische, haushalts- und personalrechtliche Autonomie. In den im EG-Vertrag dafür vorgesehenen Fällen hat der Ausschuß ein obligatorisches Anhörungsrecht, z. B. im Bereich der Strukturfonds nach Art. 161 EG-Vertrag. Bei allen anderen Materien kann er aus eigenem Antrieb Stellungnahmen (sogenannte Initiativstellungnahmen) abgeben, die jedoch in jedem Fall nur empfehlenden Charakter haben. Erarbeitet werden die Stellungnahmen in sechs Fachgruppen, wobei auf externe Sachverständige zurückgegriffen werden kann. Die endgültigen Beschlüsse faßt die Plenarversammlung, die zehn Mal jährlich in Brüssel tagt. Seit Inkrafttreten des Amsterdamer Vertrages kann der Ausschuß auch von dem Europäischen Parlament gehört werden, Art. 262 EG-Vertrag. Außerdem erweiterte sich durch die jüngste Vertragsrevision seine Beratungstätigkeit auf die Bereiche Beschäftigungspolitik, Umwelt und Verbraucherschutz. Mit Blick auf seinen Entscheidungsbeitrag im decision-making process wird der WSA in der Literatur verschiedentlich als „Nebenorgan"[310] ausgewiesen. Aufgrund der Heterogenität seiner Zusammensetzung und den daraus resultierenden Interessendivergenzen seiner Mitglieder verkörpern die Stellungnahmen des WSA allerdings häufig Kompromißformeln, in besonders kontroversen Fragen den „kleinsten gemeinsamen Nenner". Das wird auch in der „kommissionsfreundlichen", wenig Konfliktstoff bietenden Stellungnahme zu den im März 1998 vorgelegten Kommissionsentwürfen der revidierten Fondsverordnungen deutlich[311].

Das Bestehen effektiverer alternativer Zugangsmöglichkeiten zu den Entscheidungsträgern ist ein weiterer Grund dafür, daß der Ausschuß beispielsweise von Vertretern der Wirtschaft in erster Linie als Forum für die Herstellung von Kontakten und für den Austausch von Informationen angesehen wird. Ein Lobbyist kommt zu dem Schluß, „... daß der WSA für eine

---

309 Eine vollständige Liste findet sich im Anhang zu dem Beschluß des Rates vom 15. September 1998, ABl. L 257 vom 19.9.1998, S. 37 ff.

310 So beispielsweise von *Vierlich-Jürcke* 1998, S. 317.

311 Vgl. WSA 1998.

gezielte effektive Vertretung individueller Unternehmensinteressen nur von begrenzter Eignung ist."[312]. Van der Voort nennt zusammenfassend sechs Gründe dafür, daß der WSA keine zentrale vermittelnde Rolle spielen kann. Ursächlich für dessen relativ geringen Einfluß auf den europäischen Entscheidungsprozeß sind demnach u. a. seine institutionelle Stellung als beratendes Organ, seine innere Struktur als „broad committee filled with specialists"[313] sowie die daraus resultierende, zumeist schwierige und vor allem langwierige Suche nach konsensfähigen Positionen. Aus demokratietheoretischer Sicht kann der WSA zwar keine personell-organisatorische Legitimation verkörpern bzw. entfalten, da seine Mitglieder nicht über direkte Wahlmandate verfügen und die von ihm verabschiedeten Empfehlungen nur unverbindlich wirken. Im Kontext pluralistischer Willensbildung ist der Ausschuß jedoch in der Lage, einen - wenn auch aus sachlich-inhaltlicher Perspektive bescheidenen - Beitrag zur Entscheidungsfindung zu leisten.

1.3.2.8 Der Ausschuß der Regionen

Im Zusammenhang mit der Reform der Strukturfonds im Jahre 1988 und der Einführung des Prinzips der Partnerschaft wurde nach „langjährigen Verhandlungen"[314] zwischen dem „Rat der Gemeinden und Regionen Europas" (RGRE) und den Gemeinschaftsorganen der „Beirat der lokalen und regionalen Gebietskörperschaften"[315] geschaffen, der fortan die Aufgabe hatte, die Kommission in Fragen der regionalen Entwicklung und hinsichtlich der Auswirkungen der anderen relevanten Gemeinschaftspolitiken auf die Regionen und Kommunen zu beraten. Dieses aus 42 ehrenamtlich tätigen Mitgliedern bestehende Gremium war einerseits ein „... wichtiger Schritt auf dem Weg zur institutionellen Verankerung der regionalen Ebene in den Gemeinschaftsverträgen"[316]. Andererseits waren die Einflußmöglichkeiten des Beirats von Anfang an beschränkt, so daß die Forderungen der Regionen nach einer noch wirkungsvolleren Beeinflussung der europäischen Entscheidungsprozesse bei der Umsetzung des Binnenmarktprogramms und im Prozeß der Erarbeitung des Maastrichter Vertrags immer nachdrücklicher

---

312 *Joos* 1998, S. 81.

313 *van der Voort* 1998, S. 267; nach Meinung von *Wessels* (1999, S. 338) ist der WSA „... ein formalisierter Ansatz, Interessen intermediärer Gruppierungen zu bündeln"; vgl. ebenso *Platzer* 1999, S. 419 f.

314 *Hoffschulte* 1999, S. 41.

315 Vgl. ABl. L 247/1988, S. 23 ff.; vgl. auch *Johne* 2000, S. 104 f.

316 *Arnold* 1998, S. 9.

wurden. In besonderem Maße engagierten sich dabei die Versammlung der Regionen Europas (VRE)[317] sowie die deutschen Länder, mit Bayern an der Spitze[318]. Die Vertragsrevision von Maastricht trug dieser Forderung mit der Errichtung eines beratenden Ausschusses aus Vertretern der regionalen und lokalen Gebietskörperschaften gemäß Art. 263 EG-Vertrag, nachstehend „Ausschuß der Regionen (AdR)" genannt, Rechnung. Die Konstituierung des AdR am 9. März 1994 war ein „entscheidender qualitativer Sprung"[319] gegenüber dem Beirat der lokalen und regionalen Gebietskörperschaften, den die Kommission am 21. April 1994 auflöste[320].

Gegenwärtig gehören dem AdR 222 Mitglieder[321] an, deren Zugehörigkeit zu einer der beiden Ebenen (Kommune/Region) den unterschiedlichen Regionalisierungsgrad der einzelnen Mitgliedstaaten widerspiegelt: Während alle belgischen Vertreter aus den Regionen stammen, wurden in Irland, Griechenland und Schweden ausschließlich kommunale Repräsentanten benannt. Das Spektrum der AdR-Mitglieder reicht von Ministerpräsidenten deutscher Länder, österreichischen Landeshauptmännern, belgischen Ministerpräsidenten und den (Ober-) Bürgermeistern der Hauptstädte Athen, Helsinki, Lissabon, Madrid und Rom auf der einen Seite bis hin zu Bürgermeistern griechischer und portugiesischer Kleinstädte andererseits[322]. Die deutsche Fraktion im AdR besteht aus 21 zumeist hochrangigen Vertretern der Länderebene - u. a. die Regierungschefs Baden-Württembergs, Bayerns, Berlins und des Saarlands - und drei Repräsentanten der kommunalen Spitzenverbände. Die deutschen Länder hatten die Präsenz in dem AdR anfangs für sich allein reklamiert mit der Begründung, daß sie zugleich Interessenvertreter der kommunalen Ebene seien. Es bedurfte der Intervention des damaligen Bundeskanzlers, um den kommunalen

---

317 Zu der „Dachorganisation der europäischen Regionen", die prinzipiell allen Regionen Europas sowie deren Verbänden offen steht, und ihre Schwierigkeiten, sich von dem AdR abzugrenzen; vgl. *Engel* 1998, S. 160 ff.

318 Vgl. *Zumschlinge* 1999, S. 57 ff.

319 *Johne* 2000, S. 104.

320 Vgl. *Degen* 1998, S. 106 ff.

321 Davon zählen 92 zu den regionalen, 130 zu den lokalen Gebietskörperschaften. Die Sitze verteilen sich wie folgt: D, Fra, Ita und UK je 24; Esp 21; Bel, Gre, NL, Aut, Port und Swe je 12; Den, Fin, Irl je 9 sowie Lux 6.

322 Angesichts dieser „pluralen Struktur und konstitutionellen Heterogenität" charakterisiert *Greß* (2000, S. 86) den AdR nur als „ein schwaches Nebenorgan" im Konzert der EU-Institutionen.

des damaligen Bundeskanzlers, um den kommunalen Spitzenverbänden zumindest drei Sitze im Ausschuß zu sichern[323].

In der ersten vierjährigen Amtsperiode (1994-97) verabschiedete der Ausschuß 184 Stellungnahmen[324]. Ihr Schwerpunkt lag - mit etwa einem Viertel aller Äußerungen - in dem Bereich wirtschaftliche Entwicklung und Kohäsion. Die Berücksichtigung der Stellungnahmen des AdR durch die Gemeinschaftsorgane wird jährlich dokumentiert. Es zeigt sich, daß die jeweilige Resonanz von dem konkreten Regelungsgegenstand abhängig ist. Der 4. Bericht weist beispielsweise darauf hin, daß der Rat „einige Positionen des Ausschusses in die Endfassung seiner Rechtsakte aufgenommen"[325] hat. Den Stellungnahmen zu teilweise sehr unterschiedlichen Themen ist der Tenor gemeinsam, daß sich der AdR als „Hüter der Subsidiarität" versteht[326]. Allerdings lassen sich interne Konflikte nicht immer ausschließen, da die Ausschußmitglieder auch Interessenvertreter ihrer Region bzw. Kommune sind. Ein Insider kommt deshalb mit Blick auf die Strukturfonds zu der Einschätzung: „Insbesondere wenn die Aussicht auf weitere Fördermittel besteht, tritt in den Plenarbeschlüssen der Gedanke der Subsidiarität zurück."[327] Nach der ersten Amtsperiode[328] kann eingeschätzt werden, daß der AdR insbesondere für die Kommission zu einem Partner geworden ist, mit dem in enger und regelmäßiger Zusammenarbeit letztlich auch die eigene Legitimationsbasis gegenüber dem im Entscheidungsprozeß nach wie vor dominanten Ministerrat gestärkt wird. Beispielsweise nahm die für Regionalpolitik zuständige Kommissarin häufig an Ausschußsitzungen teil, wodurch „ein Vertrauensverhältnis zwischen den beiden Institutionen entstan-

---

323 Eine Liste der deutschen Ausschußmitglieder bietet *Mietzsch* 1998, S. 68.

324 Vgl. *Bindi Calussi* 1998, S. 234. *Mietzsch* (1998, S. 68) spricht dagegen von 197 Stellungnahmen, von denen 102 Initiativstellungnahmen, 38 obligatorische Befassungen sowie 57 fakultative Stellungnahmen waren.

325 AdR 1998a, S. 1. So fand die Position des AdR beispielsweise Eingang in die Richtlinie über die Bodenabfertigungsdienste auf den Flughäfen. In einem anderen Fall sah sich die Kommission dagegen nicht in der Lage, der Ausschußempfehlung in bezug auf eine steuerliche Entlastung der KMU nachzukommen.

326 Vgl. *Degen* 1998, S. 109. Auf das Subsidiaritätsprinzip, das durch den Maastrichter Vertrag im Primärrecht verankert wurde, soll hier nicht näher eingegangen werden; vgl. nur *Calliess* 1996; *Döhring* 1996, 1993.

327 *Arnold* 1998, S. 13; vgl. auch *Kalbfleisch-Kottsieper* 1999, S. 10 f.

328 Allerdings waren die ersten beiden Jahre des AdR durch große Anlaufprobleme gekennzeichnet. *Degen* (1998, S. 110) spricht deshalb von einer „chaotische(n) Anfangsphase" mit „erheblichen Kinderkrankheiten".

den"[329] sei. Ein Autor sieht in dieser Entwicklung die Gefahr, daß der AdR von der Kommission lediglich als Informationsquelle „ausgenutzt" werden könnte[330]. Dem ist insofern zuzustimmen, als die Kommission zwar an zustimmenden Stellungnahmen, nicht aber an einer Aufwertung der primärrechtlichen Stellung des AdR interessiert ist. Andererseits hat die Kommission als erstes und bisher einziges EU-Organ die Kooperation mit dem AdR formalisiert: Wesentliche Inhalte dieses Verfahrens sind die Abstimmung der jährlichen Arbeitsprogramme sowie regelmäßige Berichte über die Berücksichtigung der AdR-Stellungnahmen[331]. Die in Amsterdam erfolgten Vertragsänderungen stärken die Stellung und die beratende Funktion des Ausschusses durch[332]: die Verankerung seiner rechtlichen und administrativen Eigenständigkeit[333], die Ausweitung der obligatorischen Anhörungsrechte sowie die Möglichkeit der Anhörung durch das EP gemäß Art. 265 EG-Vertrag[334]. Kritische Stimmen sehen ein nach wie vor latent vorhandenes „strukturelles Spannungsverhältnis"[335] zwischen EP und AdR, da „... in beiden Gremien demokratisch legitimierte Vertreter mit politischem Anspruch mitwirken."[336] Außerdem führen die bereits angesprochene Heterogenität der Mitglieder und die daraus resultierenden Interessendivergenzen zu einer Beschränkung der Handlungsfähigkeit des Ausschusses bzw. zu der Notwendigkeit von Kompromissen bei der Konsenssuche. Insgesamt fällt die Bilanz des AdR in bezug auf die Amsterdamer Verhandlungen differenziert aus: Sieben erfüllten Forderungen stehen fünf nicht erfüllte gegenüber, darunter so wichtige wie das eigenständige Klagerecht vor dem EuGH[337]. Gegen die Übertragung dieses „Exklusivrechts" für die Überwachung der Subsidiarität auf den AdR sprach sich u. a. die Kommission aus[338].

---

329 *Mietzsch* 1998, S. 70.

330 Vgl. *Engel* 1998, S. 159.

331 Vgl. *T. Jansen* 1999, S. 199; vgl. auch *Degen* 1998, S. 119 f.

332 Vgl. *Wiedmann* 1999, S. 54 ff.; vgl. auch *Zumschlinge* 1999, S. 59.

333 Durch die Gewährung einer Geschäftsordnungsautonomie gem. Art. 264 EGV (ex-Art. 198b) und die Errichtung eines eigenen Verwaltungsapparates (bisher war der AdR administrativ an den WSA gekoppelt).

334 Dadurch könne „... eine neue Etappe enger Zusammenarbeit zwischen den beiden europäischen Institutionen mit der höchsten demokratischen Repräsentativität eingeleitet werden"; AdR 1998a, S. 1.

335 *Degen* 1998, S. 119.

336 *Mietzsch* 1998, S. 70. Vgl. ebenso *Wiedmann* 1999, S. 63 ff.

337 Vgl. *Bindi Calussi* 1998, S. 242 ff.

338 Vgl. *T. Jansen* 1999, S. 201.

Zwischenfazit: Die Expertise der Fachkommissionen[339] findet in Detailfragen zunehmend Beachtung bei den letztentscheidenden Organen („low politics"), wobei Rat und Kommission es sich vorbehalten, in strategischen Fragen („high politics") eigenen Interessen Priorität einzuräumen. Die zu beobachtende verstärkte Kooperation zwischen AdR und EP kann die Legitimation und die Akzeptanz europäischer Entscheidungen erhöhen. Bemerkenswert ist weiterhin, daß der Willensbildungsprozeß innerhalb des AdR zunehmend durch parteipolitische Gruppenbildung gekennzeichnet wird. Durch diese Entwicklung tritt in der Phase der politischen Willensbildung neben die „nationalen Delegationen" und einige „interregionale Gruppen" (z. B. Ostsee-Anrainer, Alpen- oder Mittelmeerregion), eine dritte Art von Abstimmungsgremien[340]: In Anlehnung an das EP wurden mittlerweile Fraktionen gebildet[341]. Die Besetzung der Fachkommissionen und die Wahl des Präsidenten erfolgen inzwischen sowohl nach einem geographischen als auch einem parteipolitischen Proporz. Ob sich diese Parteipolitisierung fortsetzen und den ursprünglichen Auftrag des Ausschusses - die Vertretung regionaler und kommunaler Interessen - eventuell überlagern wird, kann zum gegenwärtigen Zeitpunkt nicht mit Bestimmtheit beantwortet werden. Wesentlich für die weitere Profilierung des AdR ist die Frage, ob perspektivisch ein Klagerecht der Regionen und Kommunen vor dem EuGH durchgesetzt werden kann.

Eine stärkere demokratische Legitimation könnte das Handeln des Ausschusses dadurch erlangen, daß es zukünftig zu einer unabdingbaren Voraussetzung für alle AdR-Mitglieder gemacht wird, ein gültiges Wahlmandat der lokalen oder regionalen Ebene zu besitzen. Bisher ist dies nicht zwingend vorgeschrieben. Nichtsdestotrotz trifft es bereits auf die übergroße Mehrzahl der Mitglieder zu: Lediglich zwei Mitglieder der griechischen Fraktion und einige der Vertreter niederländischer Provinzen besitzen kein Wahlmandat[342]. Die auch von deutschen Ländern verschiedentlich geforderte Aufwertung des AdR zu einem Mitentscheidungsorgan ist im Rahmen des gegenwärtigen institutionellen Gefüges nicht realisierbar. Ein solcher Schritt

---

339 Ihre Anzahl wurde in der zweiten Amtszeit von ursprünglich 13 auf nunmehr 8 reduziert. In jeder Fachkommission (FK) arbeiten zwischen 58 und 68 Mitglieder. FK 1 ist u. a. für die Strukturfonds zuständig.

340 Vgl. *Degen* 1998, S. 107 f.

341 Größte Fraktion ist derzeit die sozialistische mit 93 Mitgliedern, gefolgt von der EVP (79), den Liberalen (23) und der Europäischen Allianz (16); vgl. *Arnold* 1998, S. 14; vgl. auch *Mietzsch* 1998, S. 68.

342 Vgl. *Bindi Calussi* 1998, S. 230 ff. Zu den deutschen Vertretern im AdR vgl. auch Abschnitt 1.3.4.1.

in Richtung eines föderal ausgestalteten „Europas der Regionen" hätte u. a. die Umgestaltung des Europäischen Parlamentes zu einem „echten" Rechtsetzungsorgan zur Voraussetzung. Dann würde neben den AdR als „Regionenkammer" der Rat als „Staatenkammer" treten. Die damit verbundene Selbstentmachtung der Nationalstaaten ist zum gegenwärtigen Zeitpunkt politisch nicht umsetzbar und würde im übrigen auch nicht dem erreichten Stand der Integration entsprechen[343].

Für die deutschen Länder kann nach den ersten Erfahrungen mit diesem beratenden Gremium festgehalten werden, daß der AdR „zur Stärkung der europäischen Handlungsfähigkeit beiträgt"[344], insbesondere angesichts der Möglichkeit, frühzeitig „ungefilterte" Informationen erhalten zu können. Die wirksame Wahrnehmung deutscher Interessen wurde befördert durch den Umstand, daß sich deutsche Vertreter in herausgehobenen Positionen des AdR befanden und befinden: So stellte Deutschland in der ersten Amtsperiode einen Vizepräsidenten, zwei weitere Präsidiumsmitglieder, einen Vorsitzenden sowie zwei stellvertretende Vorsitzende von Fachkommissionen (FK)[345]. Außerdem übernahmen deutsche AdR-Mitglieder die Berichterstattung zu Schlüsselthemen, wie z. B. zur „Gestaltung der europäischen Strukturpolitik nach 1999". Dadurch gelang es, Einfluß auf politisch wichtige Stellungnahmen zu nehmen[346]. Die AdR-Mitglieder sehen sich zudem in die Lage versetzt, untereinander sowie mit Kommissions- und Ratsvertretern persönliche Netzwerke aufzubauen. Durch diese Möglichkeit des „networking" übersteigt die tatsächliche Bedeutung des AdR seine rein formale, lediglich beratende Stellung. Zum Zwecke der Begegnung und des Meinungsaustauschs organisierte der AdR beispielsweise im Mai 1997 den „Europäischen Gipfel der Regionen und Städte" in Amsterdam, an dem 300 hochrangige Vertreter der regionalen Ebene aus allen Mitgliedstaaten teilnahmen, darunter drei deutsche Ministerpräsidenten[347].

---

343 Vgl. ebenfalls ablehnend *Boeck* 2000, S. 188 f.

344 *Kalbfleisch-Kottsieper* 1999, S. 11. *Hoffschulte* (1999, S. 45) schätzt ein, daß die Stellungnahmen des AdR, insbesondere bei Einstimmigkeitserfordernis im Rat, eine „relativ starke Waffe" seien.

345 Die FK Regional- und Wirtschaftsentwicklung leitete der sächsische Staatssekretär Dr. *Günter Ermisch*.

346 Vgl. *Degen* 1998, S. 117.

347 Vgl. *Zumschlinge* 1999, S. 58.

1.3.2.9 Organisierte Interessen

Auf europäischer Ebene ist Lobbyismus kein neues Phänomen, unterliegt aber teilweise anderen Rahmenbedingungen als die Interessenvertretung auf nationalstaatlicher Ebene. Zwei sich aus dem Wesen der Integration ergebende Besonderheiten beeinflussen auch die „Gestaltungsmacht organisierter Interessen"[348]: Erstens handelt es sich bei der EU um ein dynamisches System mit sich wandelnden Zuständigkeiten sowohl zwischen den beteiligten Ebenen als auch zwischen den entscheidungsbefugten Institutionen. Diese Dynamik zwingt die Akteure bei Veränderungen der Rahmenbedingungen zu immer neuen Anpassungsleistungen. Zweitens weist das europäische Mehrebenensystem „Eigentümlichkeiten" auf, die die Einflußlogik der handelnden Akteure in spezifischer Weise prägen. So ist es für kleine Unternehmen beispielsweise nahezu aussichtslos, „im Alleingang" Spezialinteressen durchsetzen zu wollen, weil ihnen in aller Regel die dazu notwendigen Ressourcen und Kontakte fehlen. Ein Weg, die angestrebten Ziele dennoch zu erreichen - oder zumindest mißliebige Entwicklungen zu verhindern -, besteht in der Mitgliedschaft in einem auf EU-Ebene aktiven nationalen oder in einem europäischen (Dach-)Verband[349]. Alternativ können professionelle Agenturen vor Ort mit der Wahrnehmung der eigenen Interessen betraut werden. Das sind zumeist Anwaltskanzleien oder Beratungsbüros, die sich als „Lobbying-Consultants" inzwischen einen eigenen Berufsstand geschaffen haben[350].

War in der zweiten Hälfte der achtziger bis Anfang der neunziger Jahre noch eine rapide Zunahme der Lobbyisten in Brüssel zu beobachten[351], so macht sich in der jüngeren Vergangenheit eine verstärkte Professionalisierung, verbunden mit einer „Marktbereinigung" bemerkbar. Gegenwärtig wird von etwa 3.000 Interessengruppen mit rund 10.000 Mitarbeitern in Brüssel ausgegangen. Die große Mehrheit sind „Ein-Mann-Büros mit einer

---

348 Vgl. *Kohler-Koch* 1996, S. 197.

349 Ausführlicher zu Entwicklung und Wachstum der „Euroverbände" vgl. *Platzer* 1999, S. 412 ff.; kritisch vgl. *Hartmann* 1998, S. 245 ff. *Franzmeyer* (1999, S. 51) sieht „... auch auf der Mesoebene der Verbände eine Tendenz zur Zentralisierung".

350 Davon gibt es nach *Platzer* (1999, S. 411) derzeit rund 250; vgl. auch *Strauch* 1993, S. 78.

351 Die Zahl der Lobby-Organisationen stieg von 600 im Jahre 1986 auf 3.000 in 1990, was einer Zunahme der Lobbyisten im gleichen Zeitraum von 6.000 auf ca. 9.500 entspricht; vgl. *van Schendelen* 1993, S. 68.

Sekretärin als Halbtagskraft"[352]. Einen Stab von 50 und mehr Mitarbeitern unterhalten ein Teil der europäischen Spitzenverbände und einige multinationale Unternehmen, von denen mittlerweile über 200 in Brüssel präsent sind. Nach wie vor unterrepräsentiert sind dagegen gemeinnützige Gruppierungen, wie z. B. Verbraucherschutzorganisationen oder Umweltverbände[353]. Diekmann zählt in Brüssel insgesamt 192 deutsche Interessenvertretungen[354], darunter 72 Verbände, 33 Industrieunternehmen, 27 Kanzleien, 11 Dienstleistungsunternehmen, 15 Länderbüros, 10 Banken und 9 Beratungsbüros sowie 4 politische Stiftungen.

Eine Sonderstellung nimmt bereits seit den sechziger Jahren der Agrarsektor ein. Kein anderes Politikfeld ist sowohl auf nationaler Ebene als auch auf Gemeinschaftsebene so stark korporatistisch geprägt. Wie bereits erwähnt werden die Sitzungen des Rates der Agrarminister nicht von den ständigen Vertretern der Mitgliedstaaten, sondern von einem speziellen Ausschuß vorbereitet. In der Bundesrepublik gelang es dem Deutschen Bauernverband frühzeitig unter Hinweis auf die Bedeutung der bäuerlichen Wählerklientel, das Bundesministerium für Ernährung, Landwirtschaft und Forsten für eine enge Kooperation zu gewinnen. Auf europäischer Ebene wurden in der Vergangenheit immer wieder umfangreiche Maßnahmen zur landwirtschaftlichen Einkommensförderung verabschiedet, was dazu führte, daß die Gemeinschaftliche Agrarpolitik (GAP) zu dem nach wie vor mit Abstand größten Haushaltsposten wurde. Maßgeblich zu dieser Entwicklung in Richtung immer höherer Subventionen trug der europäische Ausschuß der berufsständischen landwirtschaftlichen Organisationen (COPA) bei, „... der eine exemplarische, von anderen Euro-Verbänden bis heute nicht erreichte Kommunikationsdichte zwischen den Mitgliedsverbänden aufgebaut hat."[355]

Die Kommission ist nach wie vor der zentrale Ansprechpartner für die Interessenvertreter, da sie das exklusive Initativrecht für europäische Rechtsakte innehat. Lobbyingaktivitäten konzentrieren sich auf die Phase der Politikformulierung, weil in diesem frühen Stadium bedeutend wirkungsvoller Einfluß ausgeübt werden kann als in der Entscheidungs- oder Implementationsphase. Die Kommissionsdienststellen bedienen sich ihrerseits fast schon

---

352 *Diekmann* 1998, S. 213.

353 Zu den Ursachen für die „Bevorzugung wirtschaftlicher Interessen und die Beförderung klientelbezogener Verteilungskoalitionen" vgl. *Platzer* 1999, S. 411 f.; vgl. auch *Mazey/Richardson* 1993, S. 193.

354 Vgl. *Diekmann* 1998, S. 232.

355 *Hartmann* 1998, S. 248.

traditionell des von den Firmen- und Verbandsvertretern verkörperten Sachverstands[356], um eigene Vorhaben mit dem notwendigen Expertenwissen auszustatten, bzw. um die späteren Realisierungschancen bereits im Vorfeld einer Regelung einschätzen zu können. Durch seine Kompetenzaufwertung gelangt auch das EP immer mehr in das Blickfeld der Lobbyisten als wichtiger Adressat ihrer Anliegen. Neben der Teilnahme an förmlichen Anhörungsverfahren erschließen sich die Interessengruppen immer neue informelle Wege, beispielsweise durch sogenannte Parlamentarische Abende, zu denen meist größere Unternehmen oder Verbände einladen. Eine weitere Möglichkeit der Interessenvertretung besteht über „eingebaute Lobbyisten"[357], d. h. durch MdEP, die zugleich Funktionsträger einer Lobbyorganisation sind. Die zunehmende Überlastung aufgrund der Tätigkeit von Interessenvertretern veranlaßte das EP im Juli 1996, seine Geschäftsordnung durch eine Neuregelung der Tätigkeit von Interessenvertretern beim Parlament sowie in bezug auf die finanziellen Interessen der Parlamentarier zu ändern. Dem vorangegangen war eine fünfjährige Diskussion über die Notwendigkeit, aber auch die Gefahren des Lobbyings, die stark durch nationale Sichtweisen geprägt wurde[358].

Ein charakteristisches Merkmal der aktuellen Entwicklung vieler Euroverbände[359] stellt ihre sachliche und räumliche Ausdifferenzierung dar. Verbunden ist dieser Trend mit dem Aufbau und der Ausweitung von Netzwerkstrukturen zum Zwecke der Information, Beratung und Kooperation, insbesondere bei jenen Verbänden, „... die auf europäischer Ebene eine Vielzahl nationaler, regionaler und lokaler Mitgliedsorganisationen vertreten und deren Interessen- und Aufgabenfelder von den Struktur- und Regionalpolitiken der EU stark berührt sind"[360]. Ein exponierter Vertreter ist in diesem Zusammenhang die 1958 gegründete europäische Dachorganisation der Industrie- und Handelskammern (EUROCHAMBRES), die mittlerweile europaweit 1200 Kammern in 32 Ländern vernetzt. Derzeit wird von EUROCHAMBRES ein elektronischer Datenverbund aufgebaut, der nach seiner Fertigstellung 14 Millionen Unternehmen spezifische Dienstleistun-

---

356 Vgl. *Diekmann* 1998, S. 250.

357 *Platzer* 1999, S. 419.

358 Kritisch vgl. *Schaber* 1997. Von „achtjährigen Bemühungen" um die Verabschiedung des Verhaltenskodex berichtet *Diekmann* 1998, S. 227.

359 Kritisch zur „Dachverbandsproblematik" vgl. *Grande* (2000, S. 21), der den europäischen Dachverbänden mangelnde „Verpflichtungsfähigkeit gegenüber ihren Mitgliedsorganisationen" attestiert.

360 *Platzer* 1999, S. 417.

gen wird anbieten können. Auch die bisher „stark fragmentiert“[361] handelnde Arbeitnehmerseite versucht, sich auf europäischer Ebene wirksam zu organisieren. Der Europäische Gewerkschaftsbund (EGB) unterstützt beispielsweise koordinierend die Aktivitäten von 29 „Interregionalen Gewerkschaftsräten“[362]. Andere organisierte Interessen bemühen sich ebenfalls um größeren Einfluß: Das Europäische Umweltbüro (EEB) hat sich unlängst zu einer „explizit ausformulierten Netzwerkphilosophie“[363] bekannt.

Im Bereich der europäischen Strukturfondsförderung lassen sich zahlreiche Beispiele für erfolgreiches Lobbying finden. Die Reform von 1988 hatte eine Konzentration der Förderung auf fünf Ziele ergeben, wobei die Förderperiode auf den Zeitraum 1989-93 begrenzt war[364]. Anfang 1991 machten hochrangige Vertreter einiger Mitgliedstaaten, die in besonderem Maße von der Ziel 1-Förderung profitierten, bei einem Treffen mit dem Generaldirektor für Regionalpolitik deutlich, daß sie sich eine noch stärkere Konzentration auf diese Zielgebiete in der nächsten Förderperiode vorstellen könnten. Daraufhin organisierte sich die „Ziel 2-Lobby“[365], um den Fortbestand der Förderung für diese Problemgebiete zu sichern. Im Juli 1991 fand ein Treffen aller 60 nach Ziel 2 förderfähigen Regionen in Brüssel statt. In der Folgezeit übernahm der Strathclyde Regional Council eine Führungsrolle bei der weiteren Lobbyarbeit für die Erhaltung der Ziel 2-Förderung, indem er u. a. ein Folgetreffen im Oktober 1991 in Florenz organisierte und die Delegation aus acht Ziel 2-Regionen[366] anführte, die sich Anfang 1992 mit den zuständigen Kommissaren sowie mit dem EP-Präsidenten und dem Vorsitzenden des EP-Ausschusses für Regionalpolitik trafen. Der Europäische Rat von Lissabon im Mai 1992 legte das sogenannte Delors II-Paket vor, das u. a. einen Fortbestand der Ziel 2-Förderung über das Jahr 1993 hinaus sowie eine Mittelaufstockung für diese Zielgebiete um 50 % vorsah[367]. Ein an-

---

361 *Franzmeyer* 1999, S. 50.

362 Zu den Begrenzungen gewerkschaftlicher Interessenvertretung auf EU-Ebene vgl. *Hartmann* 1998, S. 243 ff.

363 *Platzer* 1999, S. 418.

364 Vgl. ausführlicher nachfolgend Abschnitt 2.3.

365 Vgl. zu den Details *McAleavey/Mitchell* 1994, S. 241 ff.

366 Katalonien, Wallonien, Toskana, Nord Jütland, Nord Pas-de-Calais, Nordrhein-Westfalen, Groningen-Drenthe und Strathclyde.

367 Es fällt schwer genau zu quantifizieren, welchen Anteil die Lobbyaktivitäten an dieser – aus der Sicht der Ziel 2-Regionen erfolgreichen – Entwicklung letztendlich hatten. Geschadet haben sie ihr aber ganz gewiß nicht; vgl. *McAleavey/Mitchell* 1994, S. 246 f.

deres Beispiel für erfolgreiches Lobbying ist die Gemeinschaftsinitiative (GI) RECHAR, die die Anpassung von Kohlefördergebieten an den Strukturwandel zum Ziel hat. Diese GI der Kommission ist maßgeblich auf einen Vorschlag der „Coalfields Communities Campaign", einer Lobbyorganisation von Bergbaukommunen aus Großbritannien, Deutschland, Belgien, Frankreich und Spanien, zurückzuführen[368]. Die GI KONVER für die Unterstützung der Konversion von Rüstungs- bzw. Militärstandorten geht ursprünglich auf einen saarländischen Entwicklungsplan zurück. Durch die maßgebliche Unterstützung des rheinland-pfälzischen Verbindungsbüros in Brüssel konnte diese GI initiiert werden, nachdem es gelungen war „anfängliche Bedenken von Nordrhein-Westfalen und den Widerstand von Bayern und Baden-Württemberg"[369] zu überwinden. Auch in dem Bereich sogenannter Innovativer Maßnahmen ist das Lobbying der Verbindungsbüros der deutschen Länder wirksam. Durch die Aktivierung seines Büros in Brüssel bewarb sich beispielsweise das Land Nordrhein-Westfalen erfolgreich um die Teilnahme an den Pilotprojekten „Informationsgesellschaft" und „Verkehr"[370].

Diese Beispiele zeigen, daß Lobbyaktivitäten dann erfolgreich sind, wenn sie zum richtigen Zeitpunkt auf den richtigen Akteur einwirken. Je nach Entscheidungsträger und nach Phase des Politik-Zyklus scheinen folgende Einflußstrategien am erfolgreichsten zu sein[371]:

a) nationales Lobbying: der Versuch, die Regierung eines Mitgliedstaates in ihrem Abstimmungsverhalten im Ministerrat zu beeinflussen (funktioniert insbesondere in Politikbereichen mit Einstimmigkeitserfordernis);

b) europäisches Lobbying: möglichst frühzeitige Einwirkung auf die EU-Organe, insbesondere die Kommission und das EP, aber auch WSA, AdR und Ständige Vertretung;

c) bi- bzw. multilateral abgestimmte Versuche der Einflußnahme nationaler Akteure gegenüber ihren jeweiligen Regierungen und den europäischen Entscheidungsträgern;

d) Interessenvertretung durch auf europäischer Ebene aggregierte Lobbymacht (Euroverbände);

e) Kombination der vorstehend genannten Strategien.

---

368 Vgl. *Greenwood* 1997, S. 223.

369 *Kohler-Koch* 1998, S. 66.

370 Vgl. *Diekmann* 1998, S. 246.

371 Vgl. *Platzer* 1999, S. 418.

Neben diesen Optionen informeller Art besteht wie bereits angesprochen die Möglichkeit, im Rahmen der institutionalisierten Mitwirkung sich in dem umfangreichen Ausschußwesen der Kommission und des Rates einzubringen. Darüber hinaus besteht eine Vielzahl von beratenden Gremien[372], die mit ihrer wissenschaftlichen Expertise der Kommission Entscheidungshilfen liefern. Selbst die aus Vertretern der nationalen Ministerialbürokratien zusammengesetzten sogenannten Komitologieausschüsse eignen sich - wenn auch bedingt - für die Artikulation von Verbandsinteressen. Stellen sich die Möglichkeiten der Einflußnahme in der Phase der (Neu-)Formulierung europäischer Politik als relativ vielversprechend dar, so muß vermutet werden, daß in der sich anschließenden Entscheidungsphase, bedingt durch die hochkomplexen bargaining-Prozesse intergovernementaler Verhandlungssysteme, für (verbandlich organisierte) gesellschaftliche Interessen nur noch geringe Chancen zu direkter Einflußnahme bestehen. Ein kleines „window of opportunity" ergibt sich aus der mittlerweile gängigen Praxis, „... wonach der amtierende Ratspräsident am Vorabend einer Ratstagung Delegationen repräsentativer europäischer Dachverbände (EGB, UNICE) zu einem bilateralen informellen Meinungsaustausch empfängt."[373]

1.3.3 Akteure, Interessen, Handlungsoptionen - Bundesebene

Der Einfluß der Bundesebene auf die europäische Strukturfondsförderung differiert erheblich in Abhängigkeit vom jeweiligen Fonds und seiner speziellen Widmung sowie zwischen den Phasen des Förderprozesses. Die räumlich unspezifischen Ziele 3 und 4 (alt) wurden beispielsweise ausschließlich aus ESF-Mitteln finanziert. Da sowohl Arbeitsbeschaffungsmaßnahmen (ABM) als auch Qualifizierungs- und Bildungsprogramme durch den ESF gefördert werden, ergab sich in der Bundesrepublik aufgrund der föderalen Kompetenzverteilung ein Problem: für die Arbeitsmarktpolitik besteht eine bundespolitische Zuständigkeit, wohingegen der Bildungsbereich in die Landeskompetenz fällt. Der Kompromiß sah folgendermaßen aus: 51 % der ESF-Mittel standen dem Bund zur Verfügung, der damit über die Bundesanstalt für Arbeit im Rahmen des Arbeitsförderungsgesetzes ABM finanzierte. Die restlichen 49 % verteilten sich auf die Länder, die das Geld für eigenständig entwickelte Programme einsetzten. Diese Dezentralisierung ist EU-weit einmalig und erweist sich als „... ein wesentlicher,

---

372 Z. B. der Veterinärausschuß, der im Zusammenhang mit der BSE-Krise „traurige Berühmtheit" erlangte.

373 *Platzer* 1999, S. 420.

wenn nicht sogar der entscheidende Faktor, daß sich eine eigenständige Arbeitsmarktpolitik der Länder herausbilden konnte."[374]

In der Phase der Implementation in den Ziel 2- und Ziel 5b-Gebieten (alt) spielte der Bund dagegen eine marginale Rolle, da die Länder die Umsetzung der Programme in Zusammenarbeit mit regionalen und lokalen Akteuren in eigener Verantwortung durchführten. In bezug auf die Ziel 1-Förderung in den neuen Bundesländern hatte der Bund im Falle der Koppelung der EFRE-Mittel an die Mechanismen der Gemeinschaftsaufgabe zur „Verbesserung der regionalen Wirtschaftsstruktur"[375] signifikante Einflußmöglichkeiten. In der Phase der Programmplanung kommt den Bundesministerien die Funktion einer „Relaisstation"[376] zu, da die Kommission formal nur mit mitgliedstaatlichen Akteuren in Verhandlungen eintritt. Bei der Aufstellung und Ausgestaltung der Gemeinschaftlichen Förderkonzepte und Operationellen Programme bzw. der Einheitlichen Programmplanungsdokumente bedient sich die Kommission in der Praxis jedoch verstärkt direkter Kontakte zu regionalen und lokalen Partnern, was zu einem „schleichenden" Bedeutungsverlust der Bundesebene beitragen kann. Angesichts ihrer Stellung im europäischen Mehrebenensystem ist anzunehmen, daß die Nationalstaaten jedoch auch zukünftig „zentrale Organisationen der Politik"[377] darstellen werden. Bevor diese These eingehender geprüft wird, erfolgt die Vorstellung der auf Bundesebene vertretenen Akteure.

Bulmer et al. kommen im europäischen Vergleich zu der Einschätzung: „Die institutionelle Basis des europapolitischen Entscheidungsprozesses in der Bundesrepublik ist zweifellos die diffuseste in der EU."[378] Das Grundgesetz verteilt die politische Macht in horizontaler und vertikaler Richtung. Auf der Bundesebene bedeutet das einerseits die Zusammenarbeit der einzelnen Ministerien entsprechend ihrer Ressortzuständigkeit und zum anderen eine Kooperation zwischen dem Bund und den Ländern. Zur Ausgestaltung dieser Beziehungen stehen verfassungsrechtlich verankerte Institutionen zur Verfügung: allen voran Bundestag und Bundesrat. Ismayr charakterisiert die Länderkammer angesichts ihrer spezifischen Stellung im föderativen

---

374 *Heinelt* 1998, S. 131.

375 Vgl. ausführlicher nachfolgend Abschnitt 4.3.

376 *Heinelt* 1996a, S. 283.

377 *Benz* 1998d, S. 106.

378 *Bulmer* et al. 1998, S. 26.

System der Bundesrepublik Deutschland als „weltweit einzigartiges Verfassungsorgan“[379].

1.3.3.1 Der Bundesrat

Die Grundgesetzänderung vom 21.12.1992[380] war die logische Folge einer Entwicklung, die der voranschreitenden europäischen Integration und der daraus resultierenden Notwendigkeit stärkerer Einbeziehung der Länderebene in die Entscheidungsfindung in bezug auf europäische Angelegenheiten gleichermaßen Rechnung trug. Durch die verfassungsrechtliche Verankerung erreicht die Ländermitwirkung in Fragen der EU eine neue Qualität. Eine erste Option der Einflußnahme besteht in der Beteiligung der Länder „an der Willensbildung des Bundes“ (Art. 23 Abs. 4 GG)[381]. Die Länder haben außerdem gemäß Art. 23 Abs. 6 GG unter bestimmten Bedingungen die Möglichkeit, selbst an den Verhandlungen im Ministerrat teilzunehmen. Die damit verbundene Übertragung der Verhandlungsführung hat in der ersten Zeit nach der Grundgesetzänderung mehrfach zu Auseinandersetzungen zwischen Bundes- und Landesebene, insbesondere im Bildungs- und Kulturbereich geführt[382]. In dem Zeitraum, 1993 bis 1995 ist es bei zwölf Anwendungsfällen zu drei Konflikten über die Frage der Verhandlungsführung im Ministerrat gekommen. Um derartigen Streitigkeiten, die in letzter Konsequenz von dem Bundesverfassungsgericht geklärt werden müßten, in Zukunft vorzubeugen, kam es in der Zwischenzeit zu einer Verständigung zwischen Vertretern des Bundes und der Europaministerkonferenz der Länder (EMK), daß in strittigen Fällen ein „kooperatives Verfahren“[383] zur Anwendung kommen soll.

Der verfassungsrechtlichen Regelung vorangegangen waren bereits frühzeitig unternommene Versuche der Länder, „schleichende“ Kompetenzverluste durch stärkere Mitspracherechte des Bundesrates bei der innerstaatlichen Willensbildung in Europaangelegenheiten zu kompensieren. So enthielt

---

379 *Ismayr* 1999, S. 15.

380 Gesetz vom 21.12.1992, BGBl. 1992 I S. 2086; vgl. *Lang* 1997, *Schmalenbach* 1996; vgl. auch *Kalbfleisch-Kottsieper* 1993.

381 Zu den Details der Regelungen vgl. *Zumschlinge* 1999, S. 55 ff.

382 Vgl. *Oschatz/Risse* 1995.

383 Zu den Verhandlungen über die konkrete Ausgestaltung des Verfahrens vgl. *Knodt* 1998a, S. 157.

Art. 2 des Zustimmungsgesetzes[384] zu den Römischen Verträgen die Verpflichtung der Bundesregierung, den Bundesrat laufend über die Entwicklungen im Rat der EWG und im Rat der EAG zu informieren. Das damit geschaffene sogenannte Zuleitungsverfahren erwies sich allerdings schon bald als unzureichend und nicht genügend zeitnah. Die Unterrichtung der Bundesländer in europäischen Angelegenheiten erfolgte in dieser frühen Phase „zunächst nur sporadisch und ohne jegliche institutionalisierte Form."[385] Aus diesem Grund versuchten die Länder, sich über andere Kanäle Zugriffsmöglichkeiten auf aktuelle Informationen über Regelungsvorhaben der europäischen Akteure zu erschließen. Ein Ergebnis dieser Bemühungen ist der sogenannte „Länderbeobachter"[386], der bereits Ende der 1950er Jahre als gemeinsame Einrichtung der Länder ins Leben gerufen wurde. Mehr als dreißig Jahre konnte er lediglich auf der Basis eines „gentlemen agreements" tätig werden: Erst Ende 1988 regelten die Länder seine Aufgaben, Organisation und Finanzierung[387]. In jüngerer Vergangenheit erfuhr der Länderbeobachter durch die Unterzeichnung eines Abkommens zwischen allen Bundesländern am 24.10.1996 in Erfurt[388] eine neuerliche Aufwertung. Allerdings sind die Möglichkeiten dieser von den Ländern gemeinschaftlich finanzierten Einrichtung beschränkt, denn sie dient „fast ausschließlich der Informationsbeschaffung und -weiterleitung."[389] Das spiegelt sich auch in ihrer geringen Ressourcenausstattung, die weiter reduziert werden soll, wider[390].

384 Gesetz vom 27.7.1957, BGBl. 1957 II S. 753.

385 *Halfmann* 2000, S. 28.

386 Zu Aufgaben und Tätigkeit des Länderbeobachters vgl. *Stöger* 1988; vgl. auch *Schönberg* 1998, S. 666.

387 Abkommen über den Beobachter der Länder bei den Europäischen Gemeinschaften vom 27.10.1988, abgedruckt u. a. in: Ministerialblatt für das Land Nordrhein-Westfalen (NRW) vom 23.12.1988, S. 1884.

388 Abkommen über den Beobachter der Länder bei der Europäischen Union, abgedruckt u. a. in: LT-Drs. 2/1485 (NRW); MinBl. (NRW) Nr. 16/1997 vom 17.3.1997, S. 282 f.; vgl. auch *Halfmann* 2000, S. 47.

389 *Escher* 1998, S. 60; im Original mit Hervorhebung.

390 Bisher verfügte der Länderbeobachter über drei Mitarbeiter des höheren Dienstes sowie über vier Schreibkräfte mit einem doppelten Dienstsitz in Bonn und Brüssel. Nach einem Beschluß der EMK vom 4. Juni 1997 soll die Ausstattung bis spätestens zum 31.12.1999 auf einen Dienstsitz mit nur noch zwei Stellen des höheren Dienstes und entsprechend reduzierter Servicekapazität zurückgeführt werden; vgl. *Kalbfleisch-Kottsieper* 1999, S. 5 ff. (S. 6).

Die bereits erwähnte Europaministerkonferenz konstituierte sich Anfang Oktober 1992 im bayerischen Wildbad Kreuth als „Ständige Konferenz der Europaminister der Länder“[391]. Die EMK tritt damit neben die bereits bestehenden Fachministerkonferenzen anderer Ressorts, deren verfassungsrechtliche Stellung - im Gegensatz zum Bundesrat - nicht eindeutig geklärt ist. Gleichwohl ist die tatsächliche Bedeutung der Fachministerkonferenzen hoch, insbesondere bei der Klärung konfliktreicher Fragen[392]. Die Einrichtung der EMK erfolgte nicht zufällig Anfang der 1990er Jahre, denn im Ergebnis der am 28.2.1986 unterzeichneten Einheitlichen Europäischen Akte war es zu einer Ausweitung der Mitwirkungsmöglichkeiten der Länder gekommen[393], der im Vorfeld der Vollendung des Binnenmarktes „eine Art europapolitisches Verantwortungsvakuum“[394] gegenüber stand. Erklärtes Ziel der Etablierung der EMK als Koordinierungsgremium war es deshalb, die europapolitischen Anstrengungen der Länder zu bündeln, um so der wachsenden Bedeutung der supranationalen Rechtsetzung auch für die Länderebene Rechnung zu tragen[395]. Die Beschlüsse der EMK werden, wie bei allen anderen Fachministerkonferenzen, einstimmig getroffen: „Diese Entscheidungsregel kann sich bei verhärteten Positionen der Betroffenen als äußerst nachteilig auswirken.“[396]

Erschwert wird die Konsensfindung im Rahmen der EMK, da die Länder in einzelnen europapolitisch relevanten Politikfeldern - darunter die Bereiche Strukturfondsförderung und Subventionsaufsicht - in hohem Maße landesspezifische Interessen verfolgen, die im konkreten Fall kontrovers sein können. Stark vereinfacht lassen sich in bezug auf wirtschaftspolitische Themen zwei „Interessenpole“ unterscheiden: An einem Ende der Skala stehen mit Nordrhein-Westfalen, Bayern und Baden-Württemberg wirtschaftlich potente und entsprechend selbstbewußte Länder, die ihren Beitrag im europäischen Entscheidungsprozeß leisten wollen, aber gleichzeitig den

391 Zu Aufgaben, Themen und Selbstverständnis der „Europaministerkonferenz“ vgl. *Gerster* 1993.

392 *Lehmbruch* (1976, S. 84) verweist bereits Mitte der 70er Jahre auf die „wachsende Bedeutung der Selbstkoordinierung der Länder“.

393 *Zeh* (1999, S. 40) verweist auf die „zähen Verhandlungen“, die nötig waren, um die institutionell geregelte innerstaatliche Mitwirkung für den Bundesrat in europäischen Fragen durchzusetzen.

394 *Kalbfleisch-Kottsieper* (1999, S. 8) bezeichnet die EMK deshalb auch als „zeitbedingtes Phänomen“.

395 Vgl. *Schönberg* 1998, S. 668 f.

396 *Schmuck* 1998, S. 222.

ihnen verbleibenden Kompetenzbestand gegen Einflußnahmen der europäischen und der Bundesebene bewußt abzuschirmen versuchen. Am anderen Skalenende liegen die ökonomisch schwachen ostdeutschen Länder, das Saarland und Bremen, deren Handlungsspielraum gegenüber Bund und EU teilweise so stark eingeschränkt ist, „... daß sie bereit sind, die Erosion ihrer Kompetenzen hinzunehmen, wenn ihnen dafür ein Ausgleich in Form von wirtschaftlicher Unterstützung für ihre ökonomische Restrukturierung (...) angeboten wird."[397] Aus diesen teilweise großen Interessendivergenzen und der nach wie vor umstrittenen Gesamtakzeptanz der Europaministerkonferenz zwischen den Ländern ergaben sich Fälle, in denen die Vorschläge der EMK im Bundesrat nicht konsensfähig waren. In den Verhandlungen zum Amsterdamer Vertrag trat das latente Konkurrenzverhältnis zwischen der Länderkammer und der EMK, die das „Verhandlungsmonopol" übertragen bekommen hatte und dieses nachdrücklich verteidigte, offen zu Tage. Diese Entwicklung war einer der entscheidenden Gründe dafür, daß die Ministerpräsidentenkonferenz (MPK)[398], die gegenüber den Fachministerkonferenzen naturgemäß eine herausgehobene Stellung einnimmt, sich in jüngster Vergangenheit verstärkt selbst mit grundlegenden Fragen der europäischen Integration befaßt. Die Ministerpräsidenten der Länder erklärten beispielsweise die Verhandlungen über die Reformvorschläge der EU-Kommission („Agenda 2000") im Dezember 1998 zur Chefsache, „... nachdem eine Vielzahl - sich zum Teil widersprechender - Stellungnahmen einzelner Fachministerkonferenzen und Fachausschüsse des Bundesrates vorlagen."[399]

Der revidierte, auch als „Europaartikel" bezeichnete Art. 23 GG[400] wird ergänzt durch das Gesetz über die Zusammenarbeit von Bund und Ländern in Angelegenheiten der Europäischen Union (EUZBLG) vom 12.3.1993[401] sowie durch die in Ausführung von § 9 dieses Gesetzes getroffene Vereinbarung zwischen der Bundesregierung und den Regierungen der Länder über die Zusammenarbeit in Angelegenheiten der Europäischen Union

397 *Bulmer* et al. 1998, S. 40.

398 Interessanterweise gibt es neben der MPK aller Länder eine MPK-Ost, in deren Rahmen sich die neuen Länder mit ihren spezifischen Interessen koordinieren. Eine MPK-West existiert dagegen nicht. Im November 2000 trafen sich die Regierungschefs der neuen Länder zu ihrer 24. Regionalkonferenz.

399 *Kalbfleisch-Kottsieper* 1999, S. 9.

400 Vgl. *Lang* 1997, *Schmalenbach* 1996; stellvertretend für kritische Stimmen vgl. *Paul* (1996, S. 100), der in dem neuen Art. 23 GG einen „Verstoß gegen das Prinzip der Verfassungsklarheit" sieht.

401 In Kraft getreten - mit dem Maastrichter Vertrag - am 1.11.1993, BGBl. 1993 I S. 313; vgl. *Zeh* 1999, S. 42 f.

(BLV)[402]. Im Rahmen der genannten gesetzlichen Regelung ergibt sich für die Länder fortan die Möglichkeit, Vertreter zu den vorbereitenden Ressortbesprechungen der Bundesregierung zu entsenden (§ 4 Abs. 1 EUZBLG). Zu derartigen Vorbesprechungen zählen auch die sogenannten Weisungssitzungen für die Tagungen des COREPER, in deren Rahmen die Festlegung von Verhandlungspositionen für die Sitzungen des Ausschusses stattfindet. Der Bundesrat beschloß in seiner Sitzung am 17.12.1993[403], je einen Bediensteten des Landes Nordrhein-Westfalen und des Landes Mecklenburg-Vorpommern zu den Weisungssitzungen der Bundesregierung zu entsenden. Dadurch erhielten die Länder die Möglichkeit, auf die Verhandlungen in diesem mit Abstand wichtigsten Gremium der Entscheidungsvorbereitung auf europäischer Ebene indirekt Einfluß zu nehmen. Auch in Vorbereitung auf die Verabschiedung der „Agenda 2000" wurden die Ländervertreter in dieser Weise beteiligt[404]. Der unmittelbare Zugang zu den COREPER-Sitzungen bleibt den Ländern jedoch durch die „weiterhin strikt ablehnende Haltung der Bundesregierung in dieser Frage"[405] wohl auch in Zukunft verschlossen.

Paragraph 6 Absatz 1 EUZBLG sieht u. a. vor, daß die Bundesregierung vom Bundesrat benannte „Vertreter der Länder zu den Verhandlungen in den Beratungsgremien der Kommission und des Rates" hinzuzieht, soweit es sich um Vorhaben handelt, bei denen der Bundesrat an einer entsprechenden innerstaatlichen Maßnahme mitzuwirken hätte, bzw. die Länder zuständig wären oder diese „wesentliche Interessen" tangiert sehen. Bei Vorhaben, die im Schwerpunkt ausschließliche Landeskompetenzen betreffen, soll die Bundesregierung die Verhandlungsführung in den Beratungsgremien der Kommission und des Rates sowie bei Ratssitzungen auf einen Landesminister übertragen (§ 6 Abs. 2 EUZBLG)[406]. Der Bundesrat benann-

---

402 Vom 29.10.1993, Bundesanzeiger Nr. 226/1993, S. 10425; vgl. auch *Kalbfleisch-Kottsieper* 1999, S. 15 ff.

403 BR-Drs. 922/93 (Beschluß).

404 Ernüchternd jedoch das Fazit eines Interviewpartners, nach dessen Darstellung die Ländervertreter „... ihre Statements vorgelesen haben, die im Ergebnis aber nicht berücksichtigt wurden"; Gesprächsprotokoll RP 11.

405 *Escher* 1998, S. 63; vgl. ebenso *Halfmann* 2000, S. 293.

406 Zu den damit verbundenen, bisher ungelösten Problemen vgl. *von Dewitz* 1998, S. 76 ff.

te zwischenzeitlich etwa 450 Experten[407], die als nationale Vertreter in den Beratungsgremien der Kommission und des Rates tätig werden. Die Benennung erfolgt in den meisten Fällen gremienbezogen auf Grundlage der zwischen Bund und Ländern ausgehandelten „Liste der Beratungsgremien bei Kommission und Rat“[408]. In einigen Fällen benennt der Bundesrat seine Vertreter anlaßbezogen, d. h. bei der Verabschiedung einer Stellungnahme zu einem bestimmten Vorhaben. Die auf diese Weise bestimmten Vertreter sind in aller Regel höhere Fachbeamte aus den jeweils zuständigen Ministerien, die über die nötige Sachkenntnis verfügen. Derzeit wirken 110 sogenannte Länderbeauftragte in 85 Rats- und 25 Kommissionsgremien mit[409]. Hinzu kommen nationale Sachverständige als Mitglied in verschiedensten EU-Ausschüssen: Von insgesamt rund 700 nationalen Sachverständigen auf europäischer Ebene entfallen auf Deutschland 170. Davon werden 75 von der Bundesebene entsandt. Bei den anderen knapp 100 handelt es sich um Landesbeamte, darunter 18 aus den neuen Bundesländern[410]. In besonders wichtigen Politikbereichen wie der regionalen Strukturpolitik werden zwei Vertreter - i. d. R. nach A/B-Proporz - der Länder entsandt. Insbesondere kleinere Bundesländer hatten in der Vergangenheit wiederholt Probleme, diesen Personaleinsatz abzusichern, der von den Heimatverwaltungen zudem teilweise nur widerstrebend geleistet wird. In der Folge ist bei der Entsendung ein deutliches Übergewicht der ressourcenstarken Landesverwaltungen Baden-Württemberg, Bayern und Nordrhein-Westfalen zu verzeichnen[411].

Um seine Handlungsfähigkeit zu erhöhen, wurde zudem in Art. 52 Abs. 3a GG eine „Europakammer“ des Bundesrates verfassungsrechtlich verankert, „deren Beschlüsse als Beschlüsse des Bundesrates gelten“. Die Paragraphen 45b-k der Geschäftsordnung des Bundesrates regeln die Einsetzung und das Entscheidungsverfahren der Europakammer detailliert[412]. In der Praxis hat diese Kammer bisher jedoch kaum Bedeutung erlangt: In dem

---

407 Vgl. *Rudolf* 1997a, S. 45; *Zumschlinge* (1999, S. 55) nennt eine (aktuellere) Zahl von „rund 330“; *Escher* (1998, S. 65) spricht von über 300 Ländervertretern in den Arbeitsgruppen des Rates.

408 Gestützt auf die Regelung in Ziffer IV Abs. 3 BLV.

409 Mit Stand vom 3. Februar 1999; vgl. *Kalbfleisch-Kottsieper* 1999, S. 12 ff. (S. 22).

410 Diese ausdrückliche Beteiligung ist auf eine Initiative von *Jacques Delors* zurückzuführen, die allerdings Ende 2000 auslaufen wird; vgl. Gesprächsprotokoll EU 3.

411 Vgl. *Knodt* 1998a, S. 158.

412 Vgl. *Zeh* 1999, S. 45 ff. (S. 46).

Zeitraum 1994 bis Juli 1996 wurden von 292 EG-Vorlagen lediglich zwei in der eigens eingerichteten Europakammer behandelt. Viel mehr zu bewältigen hat dagegen der EG- bzw. EU-Ausschuß des Bundesrates[413], dem zwischen Dezember 1957 und Juli 1996 insgesamt 6.647 Vorlagen zugeleitet wurden[414]. Miteinander verbunden sind der EU-Ausschuß und die Europakammer insofern, als das Ausschußbüro zugleich die Geschäftsstelle der Europakammer bildet. Seine Hauptaufgabe besteht darin, die umfangreichen schriftlichen Informationen der Bundesregierung in EU-Angelegenheiten rechtzeitig an die zuständigen Dienststellen der Länder zu übermitteln. Gleichzeitig nimmt das Ausschußbüro die Funktion einer Verbindungsstelle zu dem Europäischen Parlament wahr. Insgesamt verfügt der Bundesrat über 16 ständige Ausschüsse. In Fragen der EU werden regelmäßig auch der Ausschuß für Auswärtige Angelegenheiten sowie der Wirtschafts-, Finanz- und Agrarausschuß beteiligt.

Auf dem Gebiet der Strukturfonds, deren Verwaltung Sache der Länder ist, sind für jeden der drei großen Fonds (EFRE, ESF, EAGFL-Ausrichtung) jeweils zwei Ländervertreter - wiederum nach A/B-Proporz - im Rahmen der entsprechenden Kommissionsausschüsse beteiligt. Diese Repräsentanten haben nach § 45 i der Geschäftsordnung des Bundesrates die Pflicht, bei Handlungsbedarf die (Wieder-)Aufnahme von Beratungen anzuregen. Dies geschah beispielsweise im Zusammenhang mit der Initiative der Kommission „Sound and Efficient Management 2000“ („SEM 2000“)[415], die das Ziel verfolgte, die praktische Umsetzung der Strukturfonds-Verordnungen zu erleichtern. Zu diesem Zweck sollten insgesamt 22 sogenannte Arbeitsblätter erstellt werden. Im August 1996 begannen die Beratungen im Bundesrat, der bereits in seiner Sitzung am 27. September 1996 zahlreiche Verbesserungsvorschläge unterbreitete, im übrigen aber die Kommissionsvorschläge in der vorliegenden Fassung ablehnte[416]. Es zeigte sich allerdings schon bald, daß die Bedenken des Bundesrates auf europäischer Ebene keine „Verbündeten“ würden finden können, da sich eine „breite Zustimmung der

413 Eine Bilanz der bisherigen Arbeit im EU-Ausschuß des Bundesrates findet sich bei *von Dewitz* 1998.

414 Zu den Zahlen vgl. *Laufer/Münch* 1997, S. 222. Eine häufigere Einschaltung der Europakammer als „Schnellgremium“ fordert u. a. *Kalbfleisch-Kottsieper* 1999, S. 12.

415 Zu den Details des im folgenden kurz geschilderten Ablaufs vgl. *von Dewitz* 1998, S. 81 ff.

416 Vgl. BR-Drs. 673/96 (Beschluß).

anderen Mitgliedstaaten zu den Vorschlägen der Kommission"[417] abzeichnete. Intensive Verhandlungen zwischen Bund und Ländern mit der EU-Kommission räumten einige der Bedenken gegen deren Vorschläge aus[418]. Den Vorstellungen unter der Rubrik „Finanzkontrolle" vermochten die Länder jedoch noch immer nicht zuzustimmen und lehnten den entsprechenden Passus in der Bundesratssitzung vom 16. Mai 1997 wiederum ab. Die Bundesregierung wurde gleichzeitig gebeten „... auf der Basis dieses Beschlusses, die Verhandlungen zu SEM 2000 weiterzuführen."[419] Erst nachdem die Länderkammer nach weiteren Verhandlungen bereit war, ihre vormals grundsätzlich ablehnende Haltung zurückzustellen[420], konnte die Bundesregierung den Kommissionsvorschlägen zuzustimmen. Allerdings war die Zustimmung der Länder mit der Bitte an die Bundesregierung verknüpft, bei dem Erlaß der entsprechenden Durchführungsverordnung in einer Protokollerklärung verschiedene Anliegen der Länder festzuhalten.

Insgesamt kann eingeschätzt werden, daß es den Ländern durch die Neufassung des Art. 23 GG sowie die genannten Begleitregelungen gelungen ist, ein „erhebliches Maß an Kompensation für Verluste an Eigenentscheidungs- und Mitwirkungsrechten im Zuge der europäischen Integration"[421] auszuhandeln. Der Bund hatte diese Zugeständnisse nicht freiwillig gemacht, sondern er sah sich dazu gezwungen, da er die Zustimmung des Bundesrates zum Maastrichter Vertrag benötigte[422]. Aufgrund der Einschränkungen in den Regelungen wäre es allerdings übertrieben davon zu sprechen, daß die Bundesregierung sich nunmehr „an der Kette der Länder"[423] befindet. So verbleibt der Bundesregierung grundsätzlich die Federführung bei der Festlegung einer Verhandlungsposition, um „die gesamtstaatliche Verantwortung des Bundes zu wahren" (Art. 23 Abs. 5 GG). Die praktischen Erfahrungen der ersten Jahre haben gezeigt, daß sich die entsprechenden Verfahren zur Beteiligung des Bundesrates an Verhandlungen über EU-Vorhaben - aus Sicht der Bundesebene - „gut eingespielt und be-

---

417 *Von Dewitz* 1998, S. 82.

418 Vgl. Beschluß des Bundesrates vom 21.2.1997, BR-Drs. 673/96 (Beschluß) (2).

419 Vgl. BR-Drs. 312/97 (Beschluß), S. 4.

420 Vgl. Beschluß des Bundesrates vom 26.9.1997, BR-Drs. 312/97 (Beschluß) (2), S. 2.

421 *Oschatz/Risse* 1995, S. 451.

422 Darauf verweist zutreffend *Rudolf* 1997a, S. 46.

423 So die - im Ergebnis verneinte - Fragestellung bei *Oschatz/Risse* 1995.

währt haben."[424] Auf der Ebene der Länder wird diese Einschätzung prinzipiell geteilt, wenngleich es in Einzelfällen auch heute noch zu Klagen über mangelnde oder verspätete Information durch die Bundesressorts kommt. Zur Verbesserung der föderalen Kooperation hat der Direktor des Bundesrates am 15. Dezember 1997 ein „Merkblatt für die vom Bundesrat benannten Vertreter der Länder in Beratungsgremien der EU" herausgegeben, das den Aspekt intensiver Kommunikation mit dem federführenden Fachreferenten des jeweiligen Bundesressorts besonders betont, bei gleichzeitiger Rückkoppelung an den Bundesrat im Wege der Berichterstattung. Dieses Bestreben nach Formalisierung des Verfahrens - u. a. mit sogenannten „Erfolgskontrollbögen" - trifft auf Kritik: „Gerade die sehr formale, fast perfektionistische 'Erfassung' der Ländermitwirkung im Bundesrat zeigt sein eher statisches Herangehen an die politischen Prozesse."[425]

Die Mitwirkung der Länder über den Bundesrat findet in der „Letztverantwortlichkeit der Bundesregierung"[426] ihre verfassungsmäßige Grenze. Hinzu kommt, daß die Bundesregierung durch den Interessenpluralismus der Länder einen erweiterten Handlungsspielraum erhalten kann: Die Betonung der kollektiven Ländermitwirkung setzt deren Einigung auf einen gemeinsamen Nenner voraus. Dadurch entsteht eine auf den ersten Blick paradoxe Situation: Die Regierungen der Länder haben zwar über den Bundesrat umfangreiche prozedurale Mitwirkungs- und Entscheidungsrechte erhalten - die Möglichkeiten zur Einflußnahme durch einzelne Länder werden jedoch insbesondere in strittigen Fragen infolge des herrschenden Mehrheitsprinzips eingeschränkt[427]. In kontroversen Politikfeldern wie der Strukturpolitik kann der Zwang zur Einigung auf eine gemeinsame Linie im Bundesrat eine „Verwässerung" der Position der Länder[428] mit sich bringen. Werden die Interessengegensätze zwischen den Ländern zu groß - und damit selbst im Wege von package deals nicht mehr überbrückbar - stellen die Beschlüsse des Bundesrates zudem häufig nur noch wenig konkrete Kompromißformeln dar. Im europäischen Entscheidungsprozeß eröffnet sich der Bundesregierung durch die für die anderen Mitgliedstaaten häufig nur schwer zu durch-

---

424 *Schnapauff* 1997, S. 192.

425 *Kalbfleisch-Kottsieper* 1999, S. 16.

426 *Halfmann* 2000, S. 349.

427 Sehr bildhaft die diesbezügliche Einschätzung von *Janning/Meyer* (1998, S. 17): „Im Bundesrat werden auch die letzten föderalen Reservate per Mehrheit auf dem europäischen Altar unitarisiert."

428 Die Entschließungen des Bundesrates tragen häufig Kompromißcharakter; vgl. Bundesrat 1998, ders. 1997.

schauenden föderalen Kooperationsmechanismen somit die Möglichkeit, auf innenpolitische Zwänge hinzuweisen, die es erforderlich machen, eine bestimmte Verhandlungsposition einnehmen zu müssen. Ob und in welchem Umfang die Bundesregierung von diesem „scapegoating"[429] in Verhandlungen auf europäischer Ebene, insbesondere bei den Verhandlungen im Rahmen der Agenda 2000, Gebrauch machte, ist nur schwer zu ermitteln. „In jedem Fall bleibt der Eindruck, daß die Komplexität der sich aus Art. 23 GG ergebenden Prozeduren die Bundesregierung nicht nur behindert."[430]

Diese These wurde von den Entwicklungen im Vorfeld des Berliner Gipfels, der im März 1999 stattfand[431], bestätigt: Im Zuge der Diskussion um die konkreten Folgen der Kommissionsvorschläge („Agenda 2000") verhärteten sich die Verhandlungspositionen einiger Bundesländer so sehr, daß kein einvernehmlicher Kompromiß möglich erschien. Das ist um so beachtlicher angesichts der Tatsache, daß im Vorfeld der aktuellen Reformrunde der Strukturfonds auf der Ebene der Chefs der Staats- und Senatskanzleien Arbeitsgruppen gebildet wurden: Jeweils ein A- und ein B-Land erhielten den Auftrag, die gemeinsamen Standpunkte der von ihnen vertretenen Ländergruppe zu formulieren, die dann die Grundlage von Bundesratsbeschlüssen bilden sollten[432]. War es Ende November 1997 noch gelungen, eine inhaltlich substantielle Entschließung zu verabschieden[433], schlugen alle Versuche fehl, im Vorfeld des Berliner Gipfels eine vergleichbare Stellungnahme auszuhandeln. „Offiziell" war zwar nie beabsichtigt, eine solche Stellungnahme zu erarbeiten, weil sich in „inoffiziellen" Vorgesprächen mit den Ländervertretern bereits abzeichnete, daß eine Einigung auf gemeinsame Positionen nicht möglich sein würde[434]. Zu tief waren die Interessenge-

---

429 Als „scapegoating" wird eine spezifische Verhandlungstaktik bezeichnet, die von einem Akteur in einem bi- oder multilateralen Kontext angewendet werden kann, um die eigene Position durch Hinweis auf (vermeintliche) äußere Zwänge zu rechtfertigen und gegen Revisionsforderungen zu „immunisieren". Eine alternative Taktik, die Verantwortung für politische Entscheidungen auf eine andere Ebene abzuschieben, wird mit „blame avoidance" - zur Ablenkung vom Nicht-Erreichen eigener Ziele - umschrieben; vgl. *Grande* 2000, S. 19.

430 *Bulmer* et al. 1998, S. 42.

431 Ausführlicher dazu vgl. nachfolgend Abschnitt 3.6.

432 Vgl. Gesprächsprotokoll RP 3.

433 Vgl. Bundesrat 1997; diese Entschließung umfaßte immerhin 9 Seiten, auf denen zu den wichtigsten Neuerungen der Agenda 2000 Stellung genommen wurde.

434 Aus der Sicht einer Beteiligten entstand dabei „... der Eindruck eines weitgehend unkoordinierten, multiplen Beschlußfassungsprozesses in diversen Gremien." *Kalbfleisch-Kottsieper* 1999, S. 17.

gensätze zwischen Nord- und Südländern, zwischen alten und neuen Bundesländern sowie innerhalb dieser Gruppen[435]. Lediglich eine halbe Seite Text verabschiedete der Bundesrat in seiner 735. Sitzung am 26. Februar 1999[436]: In den wenigen Zeilen werden die bereits Ende 1997 erhobenen Forderungen bekräftigt. Die einzige inhaltliche Aussage betrifft die Bekräftigung des Willens, an der nationalen Kofinanzierung im Agrarbereich festzuhalten. Die Verabschiedung einer substantiellen Stellungnahme scheiterte auch daran, daß der Bundesrat einmal mehr für parteipolitische Interessen instrumentalisiert wurde. In dem beschriebenen Fall lehnte die Ländermehrheit einen sogenannten Aufsetzungsantrag des Freistaats Bayern zur Agenda 2000 auf die Tagesordnung der 734. Bundesratssitzung (5.2.1999), insbesondere zu einer Vorabbehandlung landwirtschaftlicher Fragen, ab. Das Verfahren über die Europakammer wurde ebenfalls nicht eingeleitet. Damit wollte die A-Länder-Mehrheit im Bundesrat offensichtlich den Verhandlungsspielraum des deutschen Bundeskanzlers - und damaligen Ratspräsidenten - nicht durch eine „Teilfestlegung"[437] der deutschen Position im Vorfeld der EU-Gipfel einengen.

Aus der vorstehenden Betrachtung den Schluß zu ziehen, daß die Zusammenarbeit der Länder im Bundesrat zwangsläufig zu einer „Unitarisierung" der Länderinteressen führt, wäre zu pauschal. Berechtigt ist dagegen die Forderung nach einer weiteren Verbesserung der Koordination der im Einzelfall divergierenden Länderinteressen[438]. Gegenwärtig werden die Bundesratssitzungen durch den sogenannten ständigen Beirat der Länderbevollmächtigten vorbereitet, die sich - nach A- und B-Ländern separiert - regelmäßig treffen und abstimmen. Eine durch Bundeskanzler Schmidt begründete Tradition ist außerdem das Zusammentreffen mit den Ministerpräsidenten der SPD-geführten Länder am Vorabend der Bundesratssitzungen[439]. Neben dieser Abstimmungsrunde auf höchster politischer Ebene[440]

---

435 So die Auskünfte eines Bundesratsmitarbeiters in einem Telefonat (Gesprächsprotokoll B 1): „Mehr als die Entschließung (aus dem Jahr 1997 - G.E.) war angesichts der Interessenunterschiede nicht drin."

436 Vgl. Bundesrat 1999.

437 *Kalbfleisch-Kottsieper* 1999, S. 9.

438 Vgl. u. a. *Janning/Meyer* 1998.

439 Zu „Bonner Zeiten" fanden diese Treffen in der NRW-Landesvertretung statt; vgl. Gesprächsprotokoll RP 3.

440 In Ergänzung der genannten Treffen am Vorabend der Bundesratssitzungen werden „Kamingespräche beim Kanzler" durchgeführt, die insbesondere im Vorfeld der

gibt es zwischen den Beamten der unterschiedlichen Hierarchiestufen auf der Arbeitsebene vielfältige Kontakte. Schwierigkeiten, mit denen die Länder bei der konzertierten Wahrnehmung ihrer Interessen auf europäischer Ebene konfrontiert werden, sind „Termin- und Mengenprobleme". Der deutsche Beteiligungsföderalismus ist an sich bereits „gremienintensiv" und mit hohem Koordinierungsaufwand verbunden. Durch das Hinzutreten der supranationalen Ebene steigt dieser Aufwand um ein beträchtliches Maß. Das angesprochene „Mengenproblem" ergibt sich aus der Informationsflut, die sich aus den auf europäischer Ebene tagenden Gremien über die nationalen Verwaltungen ergießt. Im Jahre 1995 übersandte das dafür zuständige BMWi rund 7.000 EU-Dokumente an den Bundesrat. Davon wurden 139 in Bundesratsdrucksachen umgedruckt, eingehend beraten und mit einer Stellungnahme der Länderkammer versehen[441]. Erfolgreich begegnet werden kann dem Mengenproblem nur durch eine professionell ausgestaltete, effektive Selektion, die eine gezielte Weiterleitung der einzelnen Informationen an die zuständigen Ansprechpartner ermöglicht.

1.3.3.2 Der Bundestag

Die Mitwirkung des Deutschen Bundestages in Angelegenheiten der Europäischen Union ergibt sich zwingend aus dem Demokratieprinzip, zu dem sich die Präambel des EU-Vertrags ausdrücklich bekennt. Das Bundesverfassungsgericht hat in seiner Maastricht-Entscheidung[442] mit Nachdruck deutlich gemacht, daß im Staatenverbund der EU - in Ermangelung eines europäischen Staatsvolkes - die Völker der Mitgliedstaaten am Prozeß der Willensbildung „zuvörderst" mitzuwirken haben, vermittelt durch die nationalen Parlamente und die ihnen verantwortlichen Regierungen. Der Bundestag wird „... damit zu einem unentbehrlichen Glied in jener Legitimationskette erhoben, die das deutsche Staatsvolk mit Rechtsakten der Europäischen Union verbindet."[443] Gemäß Art. 23 GG wirkt er neben den Ländern in EU-Angelegenheiten mit. Die Bundesregierung unterrichtet das Parlament ebenso wie die Länderkammer „umfassend und zum frühestmöglichen

deutschen EU-Ratspräsidentschaft regelmäßig stattfanden und zur Abstimmung der Standpunkte von Bund und Ländern beitrugen; vgl. Gesprächsprotokoll RP 5.

441 Vgl. *Knodt* 1998a, S. 159.

442 Urteil vom 12.10.1993, BVerfGE 89, S. 155 (184); vgl. auch *Hölscheidt* 2000, S. 31.

443 *Klein* 1997, S. 227. Kritisch dagegen *Bieber* (1999a, S. 151), der dem BVerfG eine „... verfehlte Theorie von der notwendigerweise auf einen Staat und ein Volk bezogenen demokratischen Legitimation" vorwirft.

Zeitpunkt". Absatz 3 der genannten Verfassungsbestimmung enthält das Recht des Bundestages, Stellungnahmen zu bevorstehenden Rechtsetzungsakten der EU abzugeben, die vom Kabinett bei den Verhandlungen zu berücksichtigen sind[444].

Näher geregelt ist die Zusammenarbeit von Regierung und Parlament in dem Gesetz über die Zusammenarbeit von Bundesregierung und Deutschem Bundestag in Angelegenheiten der Europäischen Union (EUZBBG)[445], dessen § 5 u. a. festschreibt: „Die Bundesregierung legt die Stellungnahme (des Bundestages - G. E.) ihren Verhandlungen zugrunde." Das bedeutet bei verfassungskonformer Auslegung, daß die Regierung die Parlamentsmeinung zum Ausgangspunkt ihrer Verhandlungen zu machen hat, davon jedoch „im Verhandlungsverlauf aus integrationspolitischen Gründen abweichen kann."[446] Es handelt sich also nach entscheidungstheoretischer Terminologie nicht um ein „imperatives" bzw. „Durchsetzungsmandat", sondern allenfalls um ein „Kompromißmandat"[447]. Die Vorschriften des EUZBBG wurden für den Bereich der Exekutive im Rahmen einer interministeriellen Vereinbarung der Europa-Staatssekretäre konkretisiert[448]. In dieser sogenannten Ressortabsprache wird detailliert geregelt, wie das förmliche Zuleitungsverfahren auszugestalten ist. Für den Bundestag sind diesbezüglich die Bestimmungen der Paragraphen 93 und 93a der Geschäftsordnung (GOBT) maßgebend[449].

Die Verfassungsänderung eröffnet dem Bundestag außerdem die Möglichkeit, nach Art. 45 GG n. F. einen Ausschuß für Angelegenheiten der Europäischen Union zu bestellen, der zur Wahrnehmung der Parlaments-

---

444 Nach Meinung von *Rath* (1995, S. 138 ff.) beschränkt sich die „unionswärtige Gewalt" des Bundestages jedoch nicht auf die Abgabe von (unverbindlichen) Stellungnahmen. Ausgehend von Art. 20 Abs. 3 GG (Gesetzmäßigkeitsprinzip) müßte der Bundestag demnach auf das Mittel des Gesetzes zurückgreifen, wenn er die inhaltliche Programmierung der deutschen Verhandlungsführung in EU-Angelegenheiten an sich ziehen wollte.

445 Vom 12.3.1993, BGBl. 1993 I S. 311; vgl. auch *Zeh* 1999, S. 42.

446 *Magiera* 1994, S. 10 f. *Rath* (1995, S. 142 f.) weist darauf hin, daß sich der Bundestag bei einer veränderten Verhandlungssituation durchaus erneut im Wege einer Stellungnahme äußern könnte, die dann wiederum der deutschen Position „zugrundegelegt" werden müßte.

447 Vgl. *Czada* 1997; vgl. auch *Hölscheidt* 2000, S. 32 f.

448 Abgedruckt in *Läufer* 1999, S. 372 ff.

449 Zur Kritik an dem übertrieben detaillierten, wenig kompatiblen Regelwerk vgl. *Lang* 1997, S. 378 f.

rechte gegenüber der Bundesregierung ermächtigt werden kann[450]. Bis zu diesem Zeitpunkt gab es für die Behandlung europäischer Fragen lediglich einen Unterausschuß bei dem Auswärtigen Ausschuß[451], der sich im September 1991 als eigenständiger EG-Ausschuß konstituiert hatte. Hintergrund dieser Aufwertung war das Bestreben des Parlaments, wirksamer als bisher Einfluß auf die Verhandlungen zum Maastrichter Vertrag nehmen zu können[452]. Die Einsetzung des EU-Ausschusses nach Art. 45 GG erfolgte erst im Dezember 1994, nachdem es am Ende der 12. Wahlperiode nicht mehr gelungen war, eine für die Verabschiedung der entsprechenden Änderungen in der Geschäftsordnung notwendige Mehrheit zu finden[453]. Gemäß § 93a Abs. 7 GOBT verabschiedete der Ausschuß am 25. Oktober 1995 Grundsätze über die Behandlung der ihm zugeleiteten Unionsvorlagen[454].

In der 14. Legislaturperiode verfügt der Europaausschuß über 36 Mitglieder und ist damit einer der größten der insgesamt 23 Ausschüsse des Bundestages[455]. Das sich aus der herausgehobenen Stellung des EU-Ausschusses[456] ergebende, latente Konkurrenzverhältnis zu den Fachausschüssen ist „insgesamt als Kompromiß"[457] geregelt. In der Realität übersteigt die große Zahl an EU-Vorlagen[458] die Kapazitäten des Ausschusses, so daß er sich darauf beschränken muß, „... selektiv Themen herauszugreifen und zu beraten."[459] Im Verlaufe der 13. Legislaturperiode (1994-98) haben 84

---

450 Vgl. *Pflüger* 2000, S. 234 f.; *Hölscheidt* 2000, S. 34 f.; vgl. auch *Hauck* 1999, S. 54 ff.

451 Der Unterausschuß war zu Beginn der 11. Wahlperiode (1987) eingerichtet worden. Zur Parlamentarisierung der deutschen Europapolitik, zu dem Europaausschuß und zu seinen Vorläufergremien vgl. *Pflüger* 2000.

452 Vgl. *Töller* 1995, S. 74 ff.

453 Vgl. *Pflüger* 2000, S. 231.

454 Abgedruckt in *Läufer* 1999, S. 366 ff.

455 Der Ausschußvorsitzende *Friedbert Pflüger* gehört der CDU/CSU-Fraktion an. *Hölscheidt* (2000, S. 33) spricht deshalb auch von einem „Oppositionsausschuß".

456 Nach *Krause* (1998, S. 145) genießen der Auswärtige und der EU-Ausschuß „weitgehende Freiheiten".

457 *Zeh* 1999, S. 45. Einschlägig sind die Absätze 3 bis 5 des § 93a GOBT.

458 Der Europaausschuß ist der einzige Ausschuß, der sich mit sämtlichen Tagungen aller EU-Ministerräte befaßt; vgl. *Pflüger* 2000, S. 231. Im jährlichen Durchschnitt werden dem Bundestag mehr als 2.000 Unionsvorlagen zugeleitet, ergänzt durch 15.000-20.000 „Nachfolge- und Begleitdokumente"; vgl. *Hölscheidt* 2000, S. 36.

459 *Krause* 1998, S. 149.

Ausschußsitzungen stattgefunden, die durchschnittlich vier Stunden dauerten. In dieser Zeit beriet der Ausschuß insgesamt 901 Vorlagen, von denen wiederum 174 zur Federführung an ihn überwiesen worden waren, darunter die Vorschläge der EU-Kommission im Rahmen der „Agenda 2000“[460]. In der Sitzungspause im Sommer des Jahres 1996 traf sich der Ausschuß gemäß § 93a Abs. 3 S. 5 GOBT zu einer Sondersitzung, die die EU-Beihilfepolitik im Falle VW-Sachsen zum Gegenstand hatte[461]. Weitere Regelungen in der GOBT betreffen u. a. die Möglichkeit der Teilnahme von deutschen MdEP an Ausschußsitzungen des Bundestages, bzw. die „umgekehrte“ Möglichkeit, Delegationen des Bundestages zu dem entsprechenden Fachausschuß des EP oder zu anderen EU-Organen zu entsenden - deren Einverständnis vorausgesetzt. Von diesen Formen interparlamentarischer Zusammenarbeit wird in der Praxis Gebrauch gemacht[462], wobei die Teilnahme von deutschen MdEP an Ausschußsitzungen des Bundestages vergleichsweise selten ermöglicht werden kann. Ursache sind in erster Linie Terminüberschneidungen: der Europaausschuß tagt regelmäßig mittwochs nachmittags, wenn die Europaabgeordneten ihrerseits in Straßburg oder Brüssel „unabkömmlich“ sind. In der bisherigen Praxis entwickelte der Ausschuß intensive Kontakte zum Auswärtigen Amt und zum Bundeswirtschaftsministerium[463].

Bezeichnend für das Ringen um europapolitischen Einfluß war die Kontroverse zwischen Bundestag und Bundesrat im Vorfeld der Verabschiedung des Gesetzes zur Änderung des Grundgesetzes. Hatte es im Entwurf noch eine differenzierte Vorrangregelung zugunsten des Bundestages bei sich widersprechenden Stellungnahmen von Parlament und Länderkammer gegeben, so wurde diese auf Empfehlung des Vermittlungsausschusses[464] gestrichen. Im Ergebnis sind „... die Bundestagsrechte deutlich schwächer ausgefallen als die Rechte des Bundesrates.“[465] Diese relative Schwäche des Parlaments kann der Bundesregierung einen erweiterten Spielraum zur Umsetzung eigener Vorstellungen verschaffen, da sie nun frei ist, „... in derartigen Fällen unmittelbar aufgrund der Verfassungsregelung in Art. 23 III 2

---

460 Vgl. *Hölscheidt* 2000, S. 34 f.

461 Zu dem Streit um die sächsischen Beihilfen für die Volkswagen AG vgl. ausführlicher Abschnitt 5.5.

462 In der aktuellen Wahlperiode sind 14 deutsche MdEP im EU-Ausschuß mitwirkungsberechtigt (ohne Stimmrecht); vgl. *Pflüger* 2000, S. 236.

463 Vgl. *Hoyer* 1998, S. 81.

464 Vgl. BT-Drs. 12/4247; vgl. auch *Rath* 1995, S. 143.

465 *Lang* 1997, S. 370.

und V GG die erforderliche Abwägung vorzunehmen und zu einer Entscheidung zu gelangen."[466] Es ist zwar nicht davon auszugehen, daß die Bundesregierung in europäischen Fragen gegen den mehrheitlichen Willen des Parlaments zu agieren pflegt - schließlich bilden Bundestagsmehrheit und Regierung im parlamentarischen System der Bundesrepublik eine Funktionseinheit. Kritisch zu sehen ist hingegen die Gewährleistung der Kontrollrechte der Opposition[467] sowie der inhaltliche Gestaltungsspielraum des Parlaments bei der Beeinflussung der Regierungspolitik in europäischen Angelegenheiten[468].

Rechtlich zwingende Konsequenzen ergeben sich für die Bundesregierung immer dann, wenn der Bundestag als Gesetzgeber tätig wird. Das ist jedoch nur bei ratifikationsbedürftigen Rechtsakten der Gemeinschaft (Vertragsänderungen, Beitritte) der Fall. Diese limitierten Befugnisse erlauben es letztendlich nicht, eine „systematische Teilhabe"[469] der nationalen Parlamente an dem europäischen Entscheidungssystem zu postulieren. In den genannten Fällen befindet sich das Parlament zudem in einem strukturellen Dilemma: Das von den Regierungsvertretern aller Mitgliedstaaten auf europäischer Ebene erzielte Verhandlungsergebnis kann, wenn überhaupt, nur im Wege komplizierter Nachverhandlungen revidiert werden. Ist der Bundestag in einem ihm wichtig erscheinenden Punkt nicht mit dem Ergebnis einverstanden, so bleibt ihm die Option, die Ratifikation zu verweigern. Damit bindet er jedoch nicht nur die eigene Regierung, sondern verhindert auch für alle anderen Mitgliedstaaten die Umsetzung des erzielten Kompromisses und setzt sich durch dieses Vorgehen dem Vorwurf des integrationsfeindlichen Verhaltens aus. Bislang hat der Bundestag die entsprechenden Gesetze stets beschlossen „... und wird es weiterhin tun, solange die europäische Innenpolitik auf völkerrechtlichem Wege formuliert und vollzogen wird"[470].

466 *Magiera* 1994, S. 11. Zu dem Phänomen „einer Verschiebung im Funktions- und Machtverteilungsgefüge der Mitgliedstaaten" zulasten des Parlaments bzw. zum Vorteil der Regierung vgl. *Klein* 1997, S. 214 f.

467 Eine Umfrage über das Aufgabenverständnis der Mitglieder des EG-Ausschusses belegt: die Vertreter der Opposition geben dem Punkt „Kontrolle der Europapolitik der Regierung" mit Abstand die höchste Wertigkeit; vgl. *Töller* 1995, S. 77.

468 Vgl. *Krause* 1998, S. 138 ff.

469 *Neßler* 1999, S. 150.

470 *Hölscheidt* 2000, S. 38.

1.3.3.3 Die Bundesregierung und -ministerien

Die Bundesregierung spielt in der deutschen Europapolitik[471] nach wie vor die zentrale Rolle, da die europäische Integration zur Kompetenzmaterie der auswärtigen Gewalt gehört und diese in den Zuständigkeitsbereich der Exekutive fällt[472]. Der Bundeskanzler gibt im Rahmen seiner Richtlinienkompetenz (Art. 65 GG) die Orientierung in europapolitischen Fragen für die Fachminister. Er vertritt die Bundesrepublik Deutschland im Europäischen Rat der Staats- und Regierungschefs, der als Impuls- und Ideengeber im Integrationsprozeß fungiert. Immer dann, wenn grundlegende Weichenstellungen auf der Tagesordnung standen, nutzte Altkanzler Kohl die ihm zur Verfügung stehende Richtlinienkompetenz[473], um den europäischen Integrationsprozeß voranzubringen, so z. B. bei den Verhandlungen über die zweite Stufe der Wirtschafts- und Währungsunion (WWU) auf dem Gipfel von Rom (Oktober 1990), bei der Einigung auf einen Termin für die dritte Stufe der WWU im Rahmen des Maastrichter Gipfels (Dezember 1991) oder im Vorfeld des Amsterdamer Gipfels (1996/97)[474]. Ebenfalls stark von Kohls Engagement geprägt war das ständige Streben nach einer engen Verbindung zu Frankreich („Achse Bonn-Paris"). Die Erfahrungen mit der deutschen Ratspräsidentschaft im ersten Halbjahr 1999, insbesondere im Zusammenhang mit der Verabschiedung des Reformpakets „Agenda 2000" auf dem Berliner Gipfel im März 1999, lassen erkennen, daß Gerhard Schröder in der Europapolitik in ähnlicher Weise von der Richtlinienkompetenz Gebrauch macht wie sein Amtsvorgänger, allerdings mit teilweise anderen Prioritäten. Bei der Erledigung europapolitischer „Routineangelegenheiten" ist die Einflußnahme des Regierungschefs jedoch wesentlich beschränkter.

Die institutionelle Basis der deutschen Europapolitik ist stark dekonzentriert[475]. In horizontaler Richtung befinden sich die unterschiedlichen Bundesministerien sowie das Bundeskanzleramt, die in bezug auf das „Quer-

---

471 Da es sich bei europäischen Angelegenheiten im konkreten Fall immer um Sachthemen aus unterschiedlichen Politikbereichen handelt, kann streng genommen nicht von *der* deutschen Europapolitik gesprochen werden, sondern es handelt sich um Ressortpolitiken und ihre Koordinierung im europäischen Kontext.

472 Vgl. *Hoyer* 1998, S. 76 ff.

473 Vgl. *Siwert-Probst* 1998, S. 15 ff.

474 *Bulmer* et al. (2000, S. 80): „Helmut Kohl's custom was to stay aloof from negotiation on matters of detail, but typically to retain the right and authority to intervene where it was deemed necessary.

475 *Bulmer* et al. (2000, S. 22): „... without doubt the most deconcentrated in the EU."

schnittsthema Europa“ Positionen vertreten, die den eigenen „Haus“-Interessen entsprechen. Auf der vertikalen Achse herrscht ein der Kompetenzverteilung des Grundgesetzes folgendes Kooperationsverhältnis mit den Ländern, deren Ministerialorganisationen wiederum in horizontaler Ebene ausdifferenziert sind. Weitere, in Teilgebieten einflußreiche Akteure auf die Europapolitik der Bundesregierung sind die Deutsche Bundesbank und das Bundesverfassungsgericht. In den Anfangsjahren der europäischen Integration lag die regierungsinterne Koordinierungsfunktion zunächst bei dem Bundeskanzleramt, dessen Staatssekretär Walter Hallstein u. a. an den Verhandlungen zum Abschluß des EGKS-Vertrages teilnahm. Bereits Mitte der 1950er Jahre wurde jedoch deutlich, daß sich das Auswärtige Amt (AA) und das Bundeswirtschaftsministerium (BMWi) am intensivsten mit Fragen der europäischen Integration befassen. Der damalige Bundeskanzler Konrad Adenauer übertrug dem BMWi in einem Brief vom 27.10.1957 die Aufgabe, die deutsche Europapolitik fortan zu koordinieren. Folgerichtig kam es am 6.6.1958 zu der Unterzeichnung einer interministeriellen Vereinbarung der beiden verantwortlichen Minister über eine Funktionsteilung[476]: Danach vertritt das BMWi die Bundesregierung im Ministerrat in allen Fragen von wirtschaftlicher Bedeutung; das AA wird dagegen bei außenpolitisch relevanten Themen aktiv. Bis zur Vollendung des Binnenmarktes hatte somit das BMWi die zentrale Koordinierungsrolle inne. Nach Einschätzung von Oppermann hat sich „... die Entscheidung von 1958 bewährt, durch die Zuweisung wesentlicher Europazuständigkeiten an das Wirtschaftsministerium den Binnencharakter des europäischen Einigungsprozesses mehr als seine ‘auswärtige’ Seite zu betonen.“[477] Im Zusammenhang mit den Verträgen von Maastricht und Amsterdam verlagerte sich der Schwerpunkt in Richtung politische Integration. Damit nahm die Bedeutung des AA sukzessive zu, denn es handelt sich bei ihm um das einzige Ressort, das in allen drei Säulen des EU-Vertrags substantielle Kompetenzen aufweist[478].

Der Schwerpunkt der europapolitischen Kompetenzen in ökonomischen Fragen lag zu Zeiten der Kohl-Regierung im Bundeswirtschaftsministerium. Im BMWi traf sich bis zum Wahlerfolg der rot-grünen Koalition im September 1998 die sogenannte Dienstags-Runde aus hohen Beamten der federführenden Ressorts, um die Weisungen an den Ständigen Vertreter für die

---

476 Das waren *Heinrich von Brentano* und *Ludwig Erhard*; vgl. *Westerhoff* 1998, S. 107 f.; *Hoyer* 1998, S. 77.

477 *Oppermann* 1995, S. 31.

478 Neben der Abteilung für strategische Planung des Bundeskanzleramtes koordiniert die 1993 geschaffene Europaabteilung des Auswärtigen Amtes Aktivitäten in den Bereichen Gemeinsame Außen- und Sicherheitspolitik sowie Justiz und Innneres.

COREPER-Sitzungen abzustimmen. Die Europaabteilung des Wirtschaftsministeriums fungierte hierbei als Koordinierungsstelle ohne Direktionsbefugnis gegenüber den anderen Ressorts. Ziel der bereits mehrfach erwähnten Weisungssitzungen ist es, die nationalen Vertreter mit „Sprechzetteln"[479] auf die Sitzungen in Brüssel vorzubereiten. Ein Großteil der genannten Zuständigkeiten des BMWi wanderte nach dem Regierungswechsel Ende 1998 – einschließlich der Europaabteilung – zum Bundesfinanzministerium (BMF) und verblieb dort auch nach dem Ausscheiden des für diese Übertragung maßgeblich verantwortlichen Ministers verankert[480]. Problematisch ist diese Zuordnung wegen dem Selbstverständnis des Finanzressorts, das insbesondere in Zeiten „knapper Kassen" darin besteht, Ausgaben zu beschränken. Daraus ergibt sich die Gefahr, daß „Haushaltsinteressen über langfristige, übergeordnete politische Zielvorstellungen dominieren"[481] können. Kritiker halten das BMF als federführendes Ressort in europäischen Angelegenheiten deshalb für „völlig ungeeignet". Daß es für die Europaabteilung nach dem Wechsel aus dem BMWi in das BMF nicht einfach war, sich auf das Selbstverständnis des „neuen Hauses" einzustellen, wurde im Interview[482] bestätigt. Nachteilig auf die Koordinierung regionaler Wirtschaftspolitik wirkt sich die angesprochene Neuordnung der Kompetenzen auf Bundesebene insofern aus, als die nationale und die europäische Strukturpolitik nunmehr in unterschiedlichen „Häusern" verwaltet werden.

Im Moment wird die Koordinierungsrolle zwischen dem Finanzministerium und dem Auswärtigen Amt neu „austariert"[483], nachdem im Zuge der Regierungsumbildung eine „verstärkte Bündelung der Koordinierungsinstrumente"[484] vereinbart worden war. Hierzu besteht dringender Handlungsbedarf, denn interministeriellen Informations- und Abstimmungsprozessen kommt in europäischen Fragen eine ständig steigende Bedeutung zu. Zugleich gestaltet sich die Koordination der Einzelaktivitäten durch die „starke Sektoralisierung"[485] der Fachpolitiken immer aufwendiger. Zentrales In-

---

479 *Westerhoff* 1998, S. 112 f.

480 Die vom BMWi auf das BMF übertragenen Zuständigkeiten sind einzeln aufgelistet bei *Busse* 1999, S. 317.

481 *Neuss/Hilz* 1999, S. 71. Nachfolgendes Zitat ebenda.

482 Vgl. Gesprächsprotokoll B 4.

483 *Wessels* 1999a, S. 28.

484 *Busse* 1999, S. 317.

485 Vgl. *Bulmer* et al. 1998, S. 28 ff. Ernüchternd das Ergebnis der Analyse von *Janning/Meyer* (1998, S. 18): „Vielstimmigkeit, Diffusion, Segmentierung und Besitzstandsdenken prägen zunehmend die Tagespolitik."

strument der Abstimmung innerhalb der Bundesregierung ist der sogenannte Ressortkreis[486], in dessen Rahmen sich die Mitarbeiter aller von einer bestimmten Sachfrage betroffenen Ministerien unter Leitung eines federführenden Ressorts zusammenfinden. Danach durchläuft ein bestimmter Vorgang aufsteigend die Ressortkreise der unterschiedlichen Hierarchiestufen: Referatsebene, Unterabteilung, Abteilung, Staatssekretärsebene, Kabinett. Die strittigen Fragen werden auf jeder Ebene abgeschichtet und nach Möglichkeit mit einem Lösungsvorschlag versehen, um die jeweils nächste Stufe zu entlasten. Zwar nimmt dadurch die Quantität der noch offenen Fragen ab, tatsächlich bleiben aber die politisch besonders brisanten Probleme bis zuletzt ungelöst.

Dominierendes Handlungsmuster ist bisher eine negative, d. h. auf Kompetenzabgrenzung orientierte Koordination[487]. Insbesondere die Ministerien, deren Geschäftsbereiche stark von europäischen Regelungen betroffen sind, wie z. B. das Landwirtschaftsministerium oder das Umweltministerium, fordern eine verstärkte Einbeziehung in die interne Meinungsbildung der Bundesregierung. Je nach „Problemlage“ und ressortspezifischen Prioritäten bleiben Interessenkonflikte zwischen den Ressorts nicht aus. Diese nach Möglichkeit bereits im Vorfeld der Kabinettssitzungen zu schlichten, ist eine der Aufgaben des Staatssekretärs-Ausschusses für Europafragen der Bundesregierung[488], der sich einmal monatlich in Vorbereitung der Sitzung des Allgemeinen Rates trifft. In der Beratungsphase zu dem Reformpaket „Agenda 2000“ lag der Sitzungsturnus bei zwei Wochen[489]. Unter Vorsitz eines Staatsministers des Auswärtigen Amtes beraten die „vier Musketiere“[490] sowie hohe Beamte anderer Ressorts, des Bundeskanzleramtes und der Ständige Vertreter. Zwischenzeitlich umfaßte das Gremium praktisch alle Ressorts der Bundesregierung, so daß der Prozeß der Kompromiß- und Entscheidungsfindung in Gefahr geriet, sich zu überdehnen. In dieser Phase zeigte sich der Zielkonflikt zwischen umfassender Beteiligung möglichst aller Ressorts und dem Suchen nach schnellen Entscheidungen. Seit Anfang

---

486 Geregelt in § 16 GOBReg.; vgl. auch *Westerhoff* 1998, S. 102 ff.

487 Zu den Koordinationsdefiziten interministerieller Ausschüsse der Bundesregierung vgl. schon *Lepper* 1976.

488 Dieser Ausschuß wurde bereits am 6.2.1963 vom Kabinett eingesetzt; vgl. *Andreae/ Kaiser* 1998, S. 42.

489 Vgl. *Westerhoff* 1998, S. 112.

490 Das sind neben dem Vertreter des AA die Staatssekretäre des BMWi, des BMF und des Agrarressorts; vgl. *Wessels* 1999a, S. 28; vgl. auch *Hoyer* 1998, S. 78.

1998 wird deshalb der Kreis der Teilnehmer wieder stärker auf die genannten Kernressorts beschränkt[491].

Allerdings besteht in diesem Gremium kein Zwang, ein verbindliches Ergebnis zu erzielen, so daß hoch streitige Fragen ungelöst bleiben können bzw. ohne Vorklärung ins Kabinett gelangen[492]. Die Verhandlungen um die Verabschiedung der „Agenda 2000" haben beispielsweise die Meinungsverschiedenheiten zwischen Finanz- und Landwirtschaftsministerium offen sichtbar werden lassen: Der Landwirtschaftsminister mußte versuchen, die für die Bauern bestmögliche Lösung zu erzielen, was gleichbedeutend mit einem weiterhin hohen Subventionsniveau gewesen wäre. Die politische Vorgabe des Bundesfinanzministers lautete dagegen: deutliche Senkung des deutschen Finanzbeitrags (Nettozahler-Diskussion). Hier machte sich das Fehlen einer zentralen Koordinierungsstelle, wie es sie z. B. in der britischen Regierung in Gestalt des European Secretariat bei dem Cabinet Office[493] oder in dem französischen SGCI[494] gibt, schmerzlich bemerkbar. In der Geschäftsordnung der Bundesregierung findet sich zwar ein entsprechendes Koordinierungsgremium: Das sogenannte Europakabinett tagte bisher jedoch erst ein einziges Mal[495]. Die mangelhafte oder verspätete Koordinierung der deutschen Position kann im Ergebnis dazu führen, daß die europäischen Verhandlungspartner kein einheitliches Bild von den Absichten der Bundesrepublik erhalten und entsprechend irritiert sind[496]. Außerdem wirkt sich der zeitaufwendige Prozeß regierungsinterner Meinungsbildung „... negativ auf die Fähigkeit aus, die in Brüssel existierenden Netzwerke (wie etwa die Kabinette der Kommission) zur Beeinflussung politischer Positionsformulierungen zu nutzen."[497] Ein Ausweg aus diesem Koordinie-

---

491 Vgl. *Westerhoff* 1998, S. 118 f.

492 Unter Altkanzler *Kohl* herrschte die Maxime, daß nur abgestimmte Vorschläge ins Kabinett gelangen sollten.

493 Vgl. *Armstrong/Bulmer* 1996, S. 270; vgl. auch *Neuss/Hilz* 1999, S. 71.

494 Sécretariat Général du Comité Interministériel pour les Questions de Coopération Economique Européenne; vgl. *Lequesne* 1996, S. 187 ff.

495 Vgl. *Wessels* 1999a, S. 28. Auch *Hoyer* (1999, S. 78) schätzt ein, daß der formell noch bestehende Kabinettsausschuß für Europapolitik „keine praktische Relevanz" hat; vgl. ebenso *Busse* 1999, S. 321.

496 *Janning/Meyer* (1998, S. 17): „... über die Fachministerräte der EU verfolgen die Ressorts der Bundesregierung nicht selten eine gesamtstrategisch unreflektierte Politik."

497 *Bulmer* et al. 1998, S. 30. Als Vorteile einer späten Festlegung auf eine bestimmte Verhandlungsposition werden dagegen genannt: „Man vermeidet oft, in die Isolati-

rungsdefizit könnte darin bestehen, das „europapolitische Controlling" des Bundeskanzleramtes zu stärken, bei gleichzeitigem Rückgriff auf die historisch gewachsene Sachkompetenz des Auswärtigen Amtes[498]. Andere Reformvorschläge gehen in Richtung einer stärkeren politischen und administrativen Zentralisierung, z. B. in Form eines eigenständigen Europaministeriums oder eines bei dem Bundeskanzleramt angesiedelten Europaministers[499]. Angesichts der institutionellen Rahmenbedingungen und der föderalen Kompetenzverteilung dürfte ein derartiges „Superministerium" jedoch keine optimale Lösung darstellen. Zu groß wären die Widerstände der Fachressorts auf Bundes- der Länderebene, was „zu erheblichen Reibungsverlusten bei den Koordinierungsversuchen führen"[500] würde.

Da es sich bei europäischen Fragen um eine Querschnittskompetenz handelt, unterhalten alle Ministerien - unterschiedlich dimensionierte - Europaabteilungen, was im Ergebnis zu einer „Multipolarität der Europakompetenzverteilung zwischen den Bundesressorts"[501] führt. Europäische Angelegenheiten werden somit auf der Bundesebene sektoriell dekonzentriert von den jeweils federführenden Ressorts und innerhalb der Ministerien von den zuständigen Fachreferaten bearbeitet. Dieser Befund trifft - wie noch zu zeigen sein wird - in ähnlicher Weise auch auf die Landesebene zu. Auf der Arbeitsebene finden sich in allen Ressorts Europabeauftragte (Referatsleiter oder Unterabteilungsleiter), die sich bei Bedarf zur Beratung europapolitisch bedeutsamer Fragen treffen[502]. Dieser Ressortkreis tritt unter Vorsitz des BMWi zusammen und nimmt insofern eine Sonderstellung ein, als seine Hauptaufgabe darin besteht, das jeweilige Programm der deutschen Präsidentschaft auf Arbeitsebene abzustimmen[503]. Durch die Möglichkeiten der Mitarbeit in Ratsarbeitsgruppen, in den Komitologie-Ausschüssen, in Sachverständigengremien der Kommission sowie als „Abgeordneter" in der

---

on zu geraten und erhält die Möglichkeit, in letzter Minute noch einen Handel abzuschließen."

498 Vgl. *Kalbfleisch-Kottsieper* 1999, S. 13. Ablehnend zu einer weiteren Stärkung des Bundeskanzleramtes in Fragen der europäischen Integration vgl. *Westerhoff* 1998, S. 109.

499 Vgl. *Bulmer* et al. 1998, S. 102. Einen Staatsminister für europäische Fragen bei dem Bundeskanzler- oder dem Auswärtigem Amt schlagen *Neuss/Hilz* (1999, S. 89 f.) vor.

500 *Wessels* 1999a, S. 32 f. Ebenfalls ablehnend vgl. *Hoyer* 1998, S. 80.

501 *Kalbfleisch-Kottsieper* 1999, S. 13; vgl. auch die Kritik bei *Neuss/Hilz* 1999, S. 70 f.

502 Vgl. *Hoyer* 1998, S. 78 f.

503 Vgl. *Westerhoff* 1998, S. 113.

Ständigen Vertretung nehmen die nationalen Fachbeamten unmittelbar an „themenbezogenen Mehrebenennetzwerken“[504] teil, in denen sie mit Kommissionsbeamten ebenso kooperieren wie mit Vertretern des Generalsekretariats des Rates, mit Beamten anderer Mitgliedstaaten sowie mit Verbands- und Unternehmensvertretern und - in zunehmendem Maße - mit MdEP. Neben diesen „Arbeitskontakten“ verfügt jeder nationale Beamte über ein individuell verschiedenes persönliches Netzwerk informeller Art, das in horizontaler und vertikaler Richtung um so ausgeprägter ist, je länger sich der oder die Betreffende „im europäischen Geschäft“ befinden und je häufiger Positions- und Ebenenwechsel stattgefunden haben.

1.3.3.4 Organisierte Interessen

Interessengruppen oder -verbänden werden in einem demokratisch organisierten politischen System vier wesentliche Funktionen zugeordnet[505]: Sie dienen der Interessenartikulation und können damit gleichzeitig zu einer politischen Integration unterschiedlicher Anliegen führen. Verbandsintern haben sie die Aufgabe der funktionalen Aggregation heterogener Auffassungen, wobei im Wege der Selektion verbandsbezogen allgemein verbindliche Positionsbestimmungen vorgenommen werden[506]. Einen Anhaltspunkt für die permanente Ausdifferenzierung der deutschen Verbändelandschaft gibt die seit 1974 geführte „öffentliche Liste über die Registrierung von Verbänden und deren Vertretern“. Waren im ersten Jahr der Registrierung 635 Interessengruppen in der Liste zu finden, so stieg deren Zahl auf inzwischen 1.673[507].

Unter den Verbänden nimmt der Deutsche Industrie- und Handelstag (DIHT) zweifellos eine herausgehobene Stellung ein. Er verkörpert die Spitzenorganisation der 83 Industrie- und Handelskammern (IHK) und ist damit praktisch flächendeckend präsent. Die IHK sind ihrerseits als Körperschaften des öffentlichen Rechts nach demokratischen Prinzipien aufgebaut. Im jeweiligen Kammerbezirk gehören alle ansässigen Unternehmen den

---

504 *Wessels* 1999a, S. 27; im Original mit Hervorhebung.

505 Vgl. *Sebaldt* 1997, S. 27 f.

506 Sehr anschaulich zur „Macht und Ohnmacht der Verbände“, illustriert am Beispiel des Bundesverbandes der Deutschen Industrie (BDI); vgl. *Mann* 1994.

507 Stand: 31.3.1998; vgl. Bundesanzeiger Nr. 172b vom 15.9.1998. Die Liste reicht von „A.I.C.E. e.V. - Allgemeiner Ifa-Club Europa“ bis „Zukunftsaktion Kohlegebiete (ZAK) e.V.“.

IHK an, die eine „institutionalisierte Selbsthilfe“[508] verkörpern. Die Kammern üben in bezug auf die regionale Strukturpolitik eine Doppelfunktion aus: Einerseits sind sie Interessenvertreter ihrer Mitglieder, andererseits wirken sie verantwortlich an der Entscheidungsfindung, insbesondere in der Implementationsphase im Rahmen der Begleitausschüsse, mit. Die unter ihrer Mitwirkung getroffenen Entscheidungen bilden dann den allgemeinverbindlichen, auch für ihre Mitglieder gültigen Handlungsrahmen. Somit stellen die IHK keine Lobbyorganisation zur Interessendurchsetzung im klassischen Sinne dar, sondern sie sind vielmehr vermittelnd zwischen den Unternehmen und dem politisch-administrativen System tätig[509]. Bundesweit beläuft sich die Mitgliederzahl aller IHK auf rund zweieinhalb Millionen Unternehmen, die mehr als drei Viertel des deutschen BSP erwirtschaften[510]. Aufgrund der Vielzahl der Mitglieder mit ihren unterschiedlichen Interessenlagen und der durch sie verkörperten Wirtschaftskraft kann der DIHT als „Repräsentant der gesamten deutschen Wirtschaft“[511] bezeichnet werden. In seinen 18 Fachausschüssen entwickelt er Vorstellungen zu Fragen aus den Bereichen Wirtschafts-, Wettbewerbs-, Finanz-, Verkehrs- und Umweltpolitik, die er im Wege der Politikberatung Entscheidungsträgern in Politik und Verwaltung nahebringt. Der DIHT wird bei allen wichtigen Gesetzentwürfen und sonstigen wirtschaftspolitisch relevanten Entscheidungen der Bundesregierung angehört. Darüber hinaus besteht ein informelles Netzwerk zwischen Verbandsfunktionären, Parlamentariern und Vertretern der Ministerien. Ausweis der regen internationalen Aktivitäten des DIHT sind über 50 von ihm betreute Auslandshandelskammern und Delegiertenbüros in 49 Ländern. Eine angemessene Repräsentanz befindet sich in Brüssel, um vor Ort auf die „europäische Gesetzgebung“ einwirken zu können, bzw. um Informationen für die Kammermitglieder „aus erster Hand“ zu bekommen. Im Bereich der Strukturfondsförderung besteht die Serviceleistung des DIHT u. a. in der Erarbeitung und Verteilung eines praxisbezogenen Leitfadens, der Hinweise zu Fördermöglichkeiten, -inhalten und -kriterien, Fristen und Antragsformalien ebenso enthält wie Adressen zuständiger Ansprechpartner[512].

---

508 *Scherer* 1997, S. 101.

509 Sie können deshalb auch als „intermediäre Organisationen“ bezeichnet werden; *Scherer* 1997, S. 102.

510 Weitere Informationen bietet die Internet-Homepage „http.//www.diht.de“.

511 *von Walderdorff* 1993, S. 160.

512 Vgl. DIHT 1998.

1.3.4 Akteure, Interessen, Handlungsoptionen - Ebene der Länder

Die sogenannte Ewigkeitsklausel des Art. 79 Abs. 3 GG umfaßt folgende Verfassungsgrundsätze: Demokratie, Republik, Bundesstaat, Rechtsstaat und Sozialstaat. Der Föderalismus als eine der Staatszielbestimmungen[513] spielt eine elementare Rolle bei der Ausgestaltung des „deutschen Konsensmodells". Die föderale Tradition verleiht den deutschen Ländern eine verfassungsrechtlich verankerte, starke Stellung innerhalb des Bundesstaates. Das Bundesverfassungsgericht führt dazu bereits im Jahre 1951 aus: „Die Länder sind als Glieder des Bundes Staaten mit eigener - wenn auch gegenständlich beschränkter - nicht vom Bund abgeleiteter, sondern von ihm anerkannter staatlicher Hoheitsmacht."[514] Luthart nennt als die drei wesentlichsten Aufgaben des föderalen Systems in Deutschland[515]:

1. Als Staatsorganisationsprinzip kommt ihm die Aufgabe zu, Machtkonzentrationen zu verhindern und Mechanismen für eine Ausbalancierung der unterschiedlichen Interessen auf den und zwischen den verschiedenen Entscheidungsebenen zu entwerfen. In den Anfangsjahren der Bundesrepublik war darunter ein Zwei-Ebenen-System zu verstehen: Bund versus Länder, die sich für die kommunalen Belange mitverantwortlich fühlen. Jeder Ebene fielen dabei spezifische Aufgaben zu, deren Erledigung eigenständige Kompetenzen und dementsprechende Handlungsautonomie erforderte. Durch das Hinzutreten der europäischen Ebene wird daraus ein Mehrebenensystem, das neue Kompetenzzuordnungen notwendig macht und neue Kooperationsmodi erfordert[516].
2. Anliegen des Föderalismus ist weiterhin die Herstellung von „Identifikationsräumen", die durch dezentrale Problembearbeitung zur gesellschaftlichen Konsens- und Sinnstiftung beitragen können.
3. Das dritte Wesensmerkmal des föderalen Systems in der Bundesrepublik Deutschland besteht in der Kombination aus unterschiedlicher territoria-

---

513 Ausführlich und grundsätzlich vgl. *Sommermann* 1997.

514 Beschluß vom 23.10.1951, BVerfGE 1, 14 (34). In einem Beschluß vom 29.1.1974, BVerfGE 36, 342 (360 f.), lautet es in Fortführung dessen: „Das Eigentümliche des Bundesstaates ist, daß der Gesamtstaat Staatsqualität und daß die Gliedstaaten Staatsqualität besitzen."

515 Vgl. *Luthart* 1999, S. 17 f.

516 Zur Herausbildung des Föderalismus-Gedankens und seiner Verknüpfung mit der europäischen Integration vgl. *Bieber* 1999; vgl. auch *Benz* 1998a.

ler Strukturierung und der solidarischen Gleichverteilung materieller Ressourcen im Sinne des Grundgesetzes[517].

Die Kompetenzverteilung zwischen Bund und Gliedstaaten ist in Art. 30 GG geregelt. Die Ausübung staatlicher Befugnisse ist demnach Sache der Länder, soweit das Grundgesetz keine andere Regelung trifft oder zuläßt. Artikel 74 Abs. 1 Nr. 11 eröffnet dem Bund das Recht, im Rahmen der konkurrierenden Gesetzgebung die Wirtschaftspolitik zu regeln. Davon hat der Bundesgesetz- und Verordnungsgeber in den vergangenen 50 Jahren extensiv Gebrauch gemacht[518]. Eine andere Regelung trifft die Verfassung bei der Verteilung der Außenkompetenz, die allgemein unter dem Begriff „auswärtige Gewalt“ zusammengefaßt wird und nach Art. 32 GG ausschließlich „Sache des Bundes“ ist[519]. Im Zuge des europäischen Integrationsprozesses haben die deutschen Länder jedoch ein Maß an Mitspracherechten erlangt, das an der traditionell weiten Auslegung dieser Verfassungsnorm zunehmend Zweifel aufkommen läßt. Eine enge Interpretation beschränkt den Vorrang des Bundes auf völkerrechtliche Vertragsbeziehungen. Handlungen der Länder mit Außenbezug unterhalb dieser Schwelle sind danach als legitim einzustufen. In der täglichen Praxis erreichen die Länder mittlerweile in einigen Politikfeldern einen Grad an Handlungsfähigkeit, der sie Kraft Sachkompetenz faktisch gleichwertig neben die Bundesebene treten läßt. In diesem Zusammenhang wurde der Begriff „Paradiplomatie“ gebildet, „der das internationale Handeln föderaler Einheiten bezeichnet.“[520] Dabei kann das Verhältnis zwischen bundesstaatlicher Außenpolitik und „internationalem Handeln“ subnationaler Einheiten folgende Formen annehmen:

1. verflochtenes Handeln, das von der Bundesebene dominiert wird und damit kaum autonome Handlungsspielräume der Länder zuläßt;
2. verflochtenes Handeln, das gemeinsame Entscheidungsprozesse der nationalen und regionalen Ebenen zum Inhalt hat;
3. paralleles Handeln, das sich gegenseitig ergänzt und durch wechselseitige Information und Duldung gekennzeichnet ist;

---

517 Art. 72 Abs. 2 GG: „Herstellung gleichwertiger Lebensverhältnisse im Bundesgebiet“ sowie Art. 106 Abs. 3 GG: Wahrung der „Einheitlichkeit der Lebensverhältnisse im Bundesgebiet“.

518 Vgl. *Wolf* 2000, S. 288 f.

519 Vgl. stellvertretend *Magiera* 1997, S. 98 f.

520 *Knodt* 1998a, S. 154 ff. (S. 155).

4. paralleles Handeln zwischen Bundes- und Landesebene, das sich zueinander in einem Konkurrenz- und Konfliktverhältnis befindet.

Welche der genannten Spielarten konkret anzutreffen ist, hängt in entscheidendem Maße von dem jeweils betroffenen Politikfeld, von der in ihm vorherrschenden Kompetenzverteilung, von den Entscheidungsmechanismen und von den involvierten Akteuren ab. Daß die unterschiedlichen Phasen des Politik-Zyklus ihre Widerspiegelung in sich verändernden Modi vertikaler Kooperation zwischen zentralstaatlicher und subnationaler Ebene finden, wird noch Gegenstand der Betrachtung sein. Im folgenden Abschnitt soll es im Schwerpunkt jedoch um die Veränderungen im horizontalen Verhältnis auf Landesebene gehen. Die Ausgangsthese dazu lautet: Der europäische Integrationsprozeß hat auf Landesebene zu Verschiebungen in der Machtbalance zwischen den Gewalten, insbesondere zwischen Parlament und Regierung, sowie zu Veränderungen hinsichtlich ihrer Binnenstrukturen geführt. Eine in der Literatur gefundene Einschätzung beschreibt die nachfolgend zu prüfende These mit den Worten: „Der Gewaltenteilungsgrundsatz im Verhältnis der Landesparlamente zu den Landesregierungen wird (...) durch die Schwächung der Parlamente in regionalbezogenen EU-Angelegenheiten zumindest negativ berührt.“[521]

1.3.4.1 Der Landtag

Walter Rudolf kommt nach einer Betrachtung der nunmehr fünfzigjährigen Entwicklung der Bundesrepublik zu dem Fazit, „... daß die Bedeutung der Landesparlamente in Deutschland seit 1949 ständig zurückgegangen ist.“[522] Als Ursachen sieht er u. a. die nahezu vollständige Ausschöpfung der konkurrierenden Gesetzgebungskompetenzen sowie die häufig Detailregelungen umfassende Rahmengesetzgebung durch den Bund, den Abschluß völkerrechtlicher Verträge auf Gebieten der Landesgesetzgebung, bis hin zur direkten Übertragung von Gesetzgebungskompetenzen der Länder auf die europäische Ebene. Der im Dezember 1992 neu in das Grundgesetz eingefügte Art. 23 hat zwar die Länderbeteiligung bei der Übertragung von Hoheitsrechten auf die europäische Ebene gestärkt und ihre Beteiligungsmöglichkeiten bei zukünftigen EU-Rechtsakten erweitert[523]. Allerdings beziehen sich

---

521 *Boeck* 2000, S. 132 f.

522 *Rudolf* 1997, S. 69; vgl. ebenso *Paul* 1996, S. 101 ff.; *Greß/Huth* 1998, S. 124 ff.

523 *Bulmer* et al. (1998, S. 36) sprechen in diesem Zusammenhang von der „Erweiterung des kooperativen Föderalismus auf die Europapolitik“.

die angesprochenen verfassungsrechtlichen Regelungen auf den Bundesrat, der sich nach Art. 51 Abs. 1 GG aus Mitgliedern der Regierungen der Länder zusammensetzt. „Die Hauptverlierer der Strukturveränderungen sind die Landesparlamente, während die Landesregierungen über den Bundesrat und durch die erstrittenen Europakompetenzen kräftig mitzumischen wissen."[524] Die auch mit der voranschreitenden europäischen Integration verbundene verstärkte Zusammenarbeit der Landesregierungen und -verwaltungen führte zu einem weiteren Machtverlust der Landtage. Dem versuchten die Landesparlamente im früheren Bundesgebiet durch Verfassungsänderungen entgegenzuwirken, bzw. durch die Berücksichtigung der genannten Problematik bei der Verfassunggebung in den neuen Ländern[525]. Im Mittelpunkt stehen dabei die Informations- und Fragerechte der Abgeordneten gegenüber der Regierung und die sich daraus ergebenden Auskunfts- und Unterrichtungspflichten der Exekutive.

Mittlerweile ist die Unterrichtungspflicht der Landesregierung in bezug auf europäische Angelegenheiten gegenüber dem Parlament in den Verfassungen folgender Länder vorgeschrieben: Baden-Württemberg (Art. 34a LV), Brandenburg (Art. 94 LV), Bremen (Art. 79 LV), Mecklenburg-Vorpommern (Art. 39 LV), Niedersachsen (Art. 25 LV), Sachsen-Anhalt (Art. 62 LV), Schleswig-Holstein (Art. 22 LV) und Thüringen (Art. 67 LV)[526]. Häufig sind die auf EU-Angelegenheiten bezogenen Unterrichtungspflichten in bereits bestehende Prozeduren eingebettet. Die Konkretisierung des Unterrichtungsverfahrens erfolgt auf verschiedenen Wegen: Formalisierte Verfahren auf der Grundlage von Parlamentsbeschlüssen gibt es beispielsweise in Bayern, Hessen und Hamburg. In Rheinland-Pfalz und Nordrhein-Westfalen bilden Briefwechsel zwischen den Ministerpräsidenten und den Landtagspräsidenten die Grundlage der Unterrichtungsverfahren[527]. Nach überwiegender Auffassung ist es den Landesparlamenten allerdings grundsätzlich verwehrt, „... die Regierungen in Bundesratsangelegenheiten rechtlich zu verpflichten, d. h. ihnen Weisungen hinsichtlich ihres Abstimmungsverhaltens im Bundesrat zu erteilen."[528] Der 1995 eingefügte Art. 34a

---

524 *Langguth* 2000, S. 6; vgl. auch *Halfmann* 2000, S. 56 ff.

525 Zu den „neuen Landtagen" vgl. *Storr* 2000.

526 Vgl. *Greß/Huth* 1998, S. 131 f.

527 In Rheinland-Pfalz fand dieser Briefwechsel im April/Mai 1988 statt; vgl. *Johne* 2000a, S. 200 ff.

528 *Iltgen* 1997, S. 48 f. Eine Minderheitenmeinung gesteht dem Landesparlament hingegen ein „mitlaufendes Kontrollrecht" im Sinne einer substantiellen Beeinflussung der Regierungsentscheidung zu.

der baden-württembergischen Landesverfassung wird in diesem Zusammenhang als „... das in seiner Reichweite für eine verstärkte innerstaatliche Beteiligung der Landtage herausragende Beispiel“[529] bezeichnet. Die genannte Bestimmung ist exklusiv der Unterrichtung des Landtages durch die Landesregierung über alle EU-Vorhaben gewidmet und verlangt diese „zum frühestmöglichen Zeitpunkt“. Bei allen Vorhaben, die Gesetzgebungskompetenzen des Landes „wesentlich berühren“, sowie bei der Übertragung von Hoheitsrechten habe die Landesregierung die Stellungnahmen des Landtages zu berücksichtigen. Eine noch weiter gehende Änderung der Landesverfassung in Richtung einer verbindlichen Instruktion der Landesregierung durch das Parlament ist aus verfassungsrechtlichen Gründen problematisch. Ein derartiges Vorgehen könnte einen Eingriff in den Kernbereich exekutiver Eigenverantwortung der Regierung bedeuten und damit „... das Prinzip der Gewaltenteilung und des parlamentarischen Regierungssystems durchbrechen.“[530] Das angesprochene Problem der schleichenden „Entparlamentarisierung“ der Entscheidungsfindung in Europafragen ist damit noch nicht zufriedenstellend gelöst.

Um die parlamentarische Infrastruktur der ständig steigenden Bedeutung europäischer Angelegenheiten anzupassen, wurden in den vergangenen Jahren nach und nach in jedem Landesparlament eigenständige Ausschüsse geschaffen[531]. In Hessen, Rheinland-Pfalz, Sachsen und dem Saarland finden sich „reine“ Europaausschüsse, während in anderen Ländern mehrere Zuständigkeiten in einem Ausschuß zusammengefaßt sind[532]. Eine Ausnahme bildet Baden-Württemberg: hier findet die Behandlung von Grundsatzfragen der Europapolitik nach wie vor im sogenannten Ständigen Ausschuß statt. Die alltäglichen europäische Angelegenheiten werden dagegen von den Fachausschüssen betreut. Das ist auch der Grund dafür, daß es den Europaausschüssen bisher nicht gelungen ist, die „Dominanz der Fachausschüsse“ zu brechen. Zumeist dürfen sie europäische Themen lediglich koordinieren

---

529 *Boeck* 2000, S. 160.

530 So jedenfalls *Halfmann* 2000, S. 340.

531 Vgl. die Übersicht bei *Lenz/Johne* 2000, S. 23. Im Jahr 1994 waren erst in 13 Volksvertretungen spezielle Ausschüsse eingerichtet. In Hamburg und Schleswig-Holstein wurden EU-Angelegenheiten zu diesem Zeitpunkt noch in den jeweils zuständigen Fachausschüssen behandelt; vgl. *Iltgen* 1997, S. 49 f.

532 Häufig ist der Ausschuß zugleich für Bundesangelegenheiten zuständig (Bayern, Berlin, Bremen u. a.). Besonders viele Zuständigkeiten hat er in Mecklenburg-Vorpommern: Ausschuß für Justiz, Bundes- und Europaangelegenheiten, Verfassung, Geschäftsordnung, Wahlprüfung und Immunitätsangelegenheiten; vgl. die Übersicht bei *Johne* 2000a, S. 300 f.

und mitberatend begleiten, woraus ein „sehr begrenzter autonomer Zuständigkeitsbereich“[533] resultiert.

Der baden-württembergische, der niedersächsische und der rheinland-pfälzische Landtag haben u. a. das Recht, vor der Beratung einer Angelegenheit im Bundesrat eine Stellungnahme abzugeben, wobei in Eilfällen auch der zuständige Ausschuß von dieser Möglichkeit Gebrauch machen kann. In Rheinland-Pfalz ist die Landesregierung im Falle einer Abweichung von der Stellungnahme des Parlaments zudem verpflichtet, dieses über die maßgeblichen Gründe zu unterrichten. Derartige Regelungen ändern jedoch grundsätzlich nichts an der eingangs festgestellten allgemeinen Verschlechterung der Position der nationalen und subnationalen Volksvertretungen im Zuge des europäischen Integrationsprozesses[534]. Die Präsidentinnen und Präsidenten der deutschen Landesparlamente kamen deshalb - trotz der Grundgesetzänderung des Jahres 1992 - auf einer Konferenz am 28.10.1994 zu dem Ergebnis, daß die Mitwirkungsmöglichkeiten der deutschen Landesparlamente in Angelegenheiten der EU „nach wie vor unzureichend“[535] seien. Durch verstärkte (horizontale) Kooperation versuchen die subnationalen Volksvertretungen dieser Entwicklung entgegenzuwirken: Bereits seit 1947 finden regelmäßige Treffen der Präsidenten und Direktoren der Landtage statt. Die jährlich zweimal tagende „Konferenz der Präsidentinnen und Präsidenten der deutschen Landesparlamente“, die sich mit grundsätzlichen Fragen der Parlamentsarbeit beschäftigt, nimmt eine Koordinierungsfunktion für länderübergreifende Probleme wahr. Das Voranschreiten des europäischen Integrationsprozesses macht die Abstimmung gemeinsamer Positionen der Landtage immer dringlicher[536]. Seit Ende 1996 gibt es aus diesem Grund auch regelmäßige Treffen auf der Ebene der Vorsitzenden der Europa-Ausschüsse. In dem Bereich vertikaler parlamentarischer Zusammenarbeit wurde außerdem im Jahre 1995 eine Vereinbarung zwischen der Konferenz der Landtagspräsidenten und der damaligen Bundestagspräsidentin erzielt, die es ermöglicht, daß ein ständiger Beobachter der Landesparlamente an den Beratungen des Bundestagsausschusses für die

---

533 *Lenz/Johne* 2000, S. 22. Allerdings ist das eine „grundsätzliche Problematik von Querschnittsausschüssen“.

534 Vgl. *Klatt* 1999, S. 162 f. *Wessels* (1999a, S. 30) kommt ebenfalls zu dem Ergebnis, daß die Landtage „... gegenüber den europapolitischen Aktivitäten ihrer Regierungen zurückgeblieben“ sind.

535 Zitiert nach *Greß/Huth* 1998, S. 133; vgl. auch *Johne* 2000, S. 108.

536 *Scharpf* (1994, S. 94) spricht angesichts der vielfältigen Abstimmungsprozesse im Rahmen des föderalen gewaltenteiligen Systems von einem „Alptraum der innerstaatlichen Koordination“.

Angelegenheiten der Europäischen Union teilnimmt, um so einen umfassenden und schnellstmöglichen interparlamentarischen Informationsfluß zu gewährleisten[537].

In ihrem Streben nach stärkerer und unmittelbarer Einflußnahme auf den europäischen Entscheidungsprozeß haben die Landtage zumindest einen „Teilerfolg“ errungen: Seit Beginn seiner zweiten Amtsperiode sitzen bedeutend mehr Landesparlamentarier als Mitglieder oder Stellvertreter im Ausschuß der Regionen (AdR): Waren bei der Konstituierung des Ausschusses im Jahre 1994 noch 19 der 21 Sitze, die den deutschen Ländern zustehen, den Vertretern der Landesregierungen vorbehalten und lediglich zwei von Landtagsabgeordneten besetzt, so änderte sich dieses Verhältnis zu Beginn der zweiten AdR-Amtszeit auf sechzehn zu fünf. Noch deutlicher zugunsten der Landtagsabgeordneten fiel das Ergebnis bei den Stellvertretern aus. Hier haben die Landesregierungen seit Beginn der zweiten Wahlperiode des AdR nur noch eine „hauchdünne“ Mehrheit von elf zu zehn[538]. Ermöglicht wurde die verstärkte Präsenz der deutschen Landesparlamente in diesem Nebenorgan der EU durch das beharrliche Wirken der Konferenz der Landtagspräsidenten, die wiederholt entsprechende Appelle an die Ministerpräsidentenkonferenz richtete. Dabei beriefen sich die Parlamentspräsidenten auf § 14 EuZBLG[539], der das innerstaatliche Benennungsverfahren offen läßt, bzw. seine Ausgestaltung an die Länder delegiert[540]. Trotz der mit dieser unmittelbaren Beteiligung verbundenen größeren Einflußmöglichkeiten der Landtage gilt es festzuhalten: Der AdR stellt lediglich ein beratendes Gremium dar, dessen Anhörungsrechte nicht jede Materie betreffen. Zwar ist sein tatsächliches Einflußpotential größer als seine formale Stellung nach dem Vertrag, die zudem in Amsterdam deutlich aufgewertet worden war[541]. Eine direkte Beeinflussung der europäischen Gesetzgebung kann aus einer Mitwirkung im AdR jedoch nicht erwachsen.

537 Bis zum Umzug des Bundestages nach Berlin wurde diese Aufgabe von einem Mitglied des parlamentarischen Beratungsdienstes des nordrhein-westfälischen Landtages wahrgenommen; vgl. *Greß/Huth* 1998, S. 129.

538 Vgl. *Johne* 2000, S. 110 ff.

539 BGBl. I 1993, S. 313 ff.

540 In einer Entschließung vom 28.10.1994 wird die Forderung bekräftigt, „... daß die Landesparlamente angemessen im Ausschuß der Regionen vertreten sind. Ferner muß es Aufgabe der Landesparlamente sein, die deutschen Vertreter zu wählen oder in anderer Weise an ihrer Benennung mitzuwirken.“ Zitiert nach *Johne* 2000, S. 108.

541 Zum AdR vgl. ausführlicher nachfolgend Abschnitt 1.3.2.8.

Ein gewichtiges Argument für die Konzentration der regionalen Strukturpolitik auf der Landesebene ist neben der Problemnähe dezentraler Einheiten, die eine realistische Einschätzung der Entwicklungsdefizite und -chancen gewährleisten und damit umsetzbare Lösungen ermöglichen, die Sicherung der demokratischen Legitimation staatlicher Entscheidungen: Förderprogramme der Länder verkörpern das Ergebnis parlamentarischer Entscheidungsprozesse in den jeweiligen Landtagen. Die Mittelverwendung im Einzelfall kann dagegen lediglich als mittelbar demokratisch kontrolliert gelten: Oftmals entscheiden administrative Einheiten, wie z. B. die staatlichen Mittelbehörden als Vertreter der Landesregierung in der Fläche, in Abstimmung mit demokratisch nicht unmittelbar legitimierten Gremien über die Bewilligung von Förderanträgen und kontrollieren den Mitteleinsatz. Kritische Stimmen warnen angesichts der unverkennbaren Tendenz in Richtung kooperativer Staat[542] bzw. kooperative Verwaltung[543] vor einer „... Marginalisierung des Parlaments, das an den Verhandlungen nicht beteiligt ist (und) nach erzieltem Verhandlungsergebnis in eine bloße Akklamationsfunktion abgedrängt zu werden droht“[544]. Optimistischer ist ein Szenario, das die sich wandelnde Funktion der (Landes-)Parlamente darin sieht, ein Forum für öffentliche Debatten zu bieten, in dessen Rahmen unterschiedliche Entscheidungsoptionen thematisiert und diskutiert werden können. Die damit verbundene Forderung nach Stärkung dieser originären Parlamentsfunktion mit dem Ziel der demokratischen Legitimation des modernen, kooperativen Staates lautet: „Verhandlungen, die selbst nicht öffentlich verlaufen, müssen deshalb eingebettet sein in Strukturen der Öffentlichkeit“[545]. Die Sicherung demokratischer Kontrolle durch die Herstellung einer kritischen Öffentlichkeit wird demnach um so wichtiger, je stärker die hergebrachten parlamentarischen Entscheidungs- und Kontrollfunktionen eingeschränkt werden. Wesentliche Verantwortung bei der ständigen Erneuerung der Forderung nach größerer Transparenz der europäischen Entscheidungsprozesse,

---

542 Vgl. die Beiträge in *Voigt* 1995.

543 Vgl. stellvertretend *Benz* 1994.

544 *Klein* 1997, S. 219 f. Drastisch, aber bildhaft fährt er fort, daß das Parlament „... der Exekutive als Knüppel herhalten muß, mit dem sie die Betroffenen für die von ihr gewünschten Verhaltenszusagen weichklopft“.

545 *Benz* 1998c, S. 218. Eine Antwort auf die Frage, wie dies konkret geschehen soll, erfolgt jedoch nicht.

bei der Darstellung von Erfolgen, aber auch Mißständen kommt der „vierten Gewalt“ - den Medien - zu[546].

1.3.4.2 Die Landesregierung und -ministerien

Bezogen auf die europäische Strukturfondsförderung muß die Frage beantwortet werden, in welcher Form die Exekutive am effektivsten die spezifischen Länderinteressen gegenüber der europäischen sowie der Bundesebene vertreten kann. Der empirische Befund fällt von Land zu Land unterschiedlich aus: Sowohl die organisatorische Anbindung der europapolitischen Kompetenzen als auch die Ausstattung der Europaressorts bzw. -abteilungen ist nicht einheitlich. Während es in einigen Bundesländern eigene Europaressorts gibt, ist diese Kompetenz in anderen Ländern bestehenden Ministerien (Jusitz-, Bundes-, Wirtschafts-) oder direkt dem Ministerpräsidenten (Staatskanzlei) zugeordnet. In Rheinland-Pfalz können die ersten Direktwahlen zu dem Europäischen Parlament im Jahre 1979 als „Geburtsstunde“[547] des Europabeauftragten bezeichnet werden. Im Zusammenhang mit diesem Wahlgang wurde der Justizminister als Europawahlbeauftragter eingesetzt und blieb nach der Wahl Europabeauftragter der Regierung. Sein Amtsnachfolger übernahm diese Zuständigkeit und behielt sie auch nach einem Wechsel in das Amt des Finanzministers. Als er schließlich Ministerpräsident wurde, wechselte die Funktion des Europabeauftragten zum Bundesratsminister. Nach dem Regierungswechsel im Jahre 1991 erfolgte die Errichtung eines Ministeriums für Bundesrats- und Europaangelegenheiten, das allerdings bereits 1994 wieder aufgelöst wurde. Gegenwärtig ist der Bevollmächtigte des Landes Rheinland-Pfalz beim Bund gleichzeitig Europabeauftragter und ressortiert als Staatssekretär beim Regierungschef. In Sachsen ist der Europabeauftragte ebenfalls der Staatskanzlei zugeordnet, allerdings im Range eines Staatsministers. Die etwas umständliche Amtsbezeichnung lautet vollständig „Staatsminister für Bundes- und Europaangelegenheiten in der Staatskanzlei und Bevollmächtigter des Freistaates Sachsen beim Bund“. In beiden Ländern werden also die Zuständigkeiten für Bundes- und Europafragen miteinander verknüpft. Insgesamt muß eingeschätzt werden, daß

---

546 Derzeit konzentriert sich die Berichterstattung der nationalen Rundfunk- und Fernsehprogramme eher auf die Negativschlagzeilen, so daß der europäische Gedanke ein positives „Eigen-Marketing“ dringend gebrauchen könnte. Der deutsch-französische Kulturkanal arte kann nur als erster Schritt angesehen werden.

547 Vgl. *Schönberg* 1998, S. 667.

das Europaressort kabinettsintern nicht den Status genießt wie beispielsweise die Finanz- oder Wirtschaftsminister[548].

Die Länder haben es im Laufe des Integrationsprozesses verstanden, ihre Möglichkeiten zur Einflußnahme auf europäische Entscheidungen sukzessive auszubauen. Einigen Vertretern der Bundesebene gehen diese Mitwirkungsrechte und die sich daraus ergebenden Informations- und Abstimmungspflichten mittlerweile fast schon wieder zu weit. Unter dem Stichwort Effizienz wird davor gewarnt, daß die Fortsetzung der beschriebenen Entwicklung „zu einer Komplizierung der ohnehin schon aufwendigen Koordinierungsmechanismen der deutschen Europapolitik führen“[549] könnte. Gänzlich unbegründet sind derartige Befürchtungen nicht: Beispielsweise haben der rheinland-pfälzische Europabeauftragte zusammen mit dem bayerischen Europaminister als Vertreter des Bundesrats an den Vorbereitungstreffen der Regierungskonferenz von Amsterdam teilgenommen[550]. Somit war eine mehrfache Koordinierungsleistung notwendig, da sich die Europabeauftragten sowohl des Mandats aller Länder versichern als auch mit Vertretern des Bundes, anderen Mitgliedstaaten und der EU-Kommission flexibel kooperieren mußten. In diesem Zusammenhang wurde folgender Modus der Arbeitsteilung zwischen Bundesrat und Europaministerkonferenz (EMK) praktiziert: Die Festlegung der Grundsatzpositionen erfolgte durch Bundesratsbeschlüsse[551]. Die konkrete Auslegung und Formulierung dieser Positionen, die auf veränderte Verhandlungskontexte reagieren können mußte, erfolgte im Rahmen der EMK[552]. Entscheidungstheoretisch interessant war in diesem Zusammenhang die Handhabung der unterschiedlichen Abstimmungsregeln: Während im Rahmen der EMK das Einstimmigkeitsprinzip vorherrscht, kann im Bundesrat auch mit Mehrheit beschlossen werden. In der Praxis war allen Beteiligten bei der Erarbeitung gemeinsamer Positionen im Rahmen der EMK-Gremien bewußt, daß im Falle von Vetodrohungen einzelner

548 *Bulmer* et al. (2000, S. 36) bestätigen, daß die Europaressorts „... are of relatively low status, certainly some way below Finance, Economics and Home Affairs.“

549 *Hoyer* 1998, S. 76. *Borkenhagen* (1999, S. 14) leitet daraus die These ab: „Das Unbehagen über eine vermeintliche Eigenständigkeit der Länder in Europa hat allgemein zugenommen.“

550 *Bulmer* et al. (2000, S. 81): „Generally, the cooperation between the Foreign Office and the Länder in the IGC ran smoothly, with a good proportion of the Länder demands being directly tabled by the German delegation.“

551 Im Vorfeld der Regierungskonferenz von Amsterdam fielen Beschlüsse am 31.3.1995 (BR-Drs. 169/95), am 15.12.1995 (BR-Drs. 667/95) sowie am 8.11.1996 (BR-Drs. 813/96); vgl. auch *Schmuck* 1998, S. 224 ff.

552 Vgl. *Schönberg* 1998, S. 670.

Länder das Bundesratsverfahren zur Anwendung kommen konnte: „Diese Möglichkeit förderte in hohem Maße die Konsensbereitschaft."[553] Trotzdem konnten zwischen den Ländern bestehende Meinungsverschiedenheiten nicht völlig ausgeräumt werden, beispielsweise in bezug auf die zukünftige Rolle des AdR oder die (Nicht-)Aufnahme eines eigenständigen Kapitels über Beschäftigungspolitik in den Vertrag. Das Ergebnis waren lediglich Kompromißformeln in den Bundesratsbeschlüssen[554]. Dadurch wurde zugleich die Position der Länder gegenüber dem Bund, der die Verhandlungen führte, geschwächt.

Während die (interministerielle) Aufgabe des Europabeauftragten darin besteht, sich um eine Koordinierung der einzelnen Ressorts in bezug auf europäische Fragestellungen zu bemühen, kommt den Europareferenten in den Fachministerien die Funktion der (intraministeriellen) Abstimmung innerhalb ihres Geschäftsbereiches zu. Intern sind sie Ansprechpartner für alle Abteilungen und Referate des Ressorts. Eine ihrer Hauptaufgaben besteht darin, alle eingehenden Unterlagen mit europäischem Bezug zu sichten und auf die Abteilungen zu verteilen. Außerdem müssen sie beratend tätig werden und Stellungnahmen zu relevanten Fragen ausarbeiten. Im Außenverhältnis müssen die Europareferenten die Positionen ihres „Hauses" gegenüber den anderen Ressorts darstellen und nach Möglichkeit durchsetzen. Zu diesem Zweck finden regelmäßige Treffen der Europareferenten aller Ressorts unter dem Vorsitz des Europabeauftragten statt. Die Kontaktpflege zu dem Länderbüro in Brüssel gehört ebenfalls zu den Obliegenheiten der Europareferenten. In Rheinland-Pfalz bestellt jeder Minister einen Referenten für Europaangelegenheiten[555]. In einigen Fachministerien hat dieser dann aber noch andere Aufgabenbereiche mit abzudecken (Rechtsangelegenheiten, Weiterbildung, Datenschutz o. ä.). Mehrere Referenten bzw. ein eigenständiges Europareferat befindet sich dagegen im Wirtschaftsministerium, weil hier die Bereiche Beihilfenaufsicht und Strukturfonds angesiedelt sind. In diesem Zusammenhang sind die Europareferenten auch für die praktische Umsetzung von EU-Programmen zuständig: Sie sind Ansprechpartner für

---

553 *Schmuck* 1998, S. 226.

554 Insbesondere in dem Beschluß vom 15.12.1995 (BR-Drs. 667/95), dem 17 Änderungsanträge vorausgegangen waren und der erst nach langer Debatte verabschiedet werden konnte; vgl. Stenographischer Bericht der 692. Sitzung des Bundesrates vom 15.12.1995; vgl. auch *Bulmer* et al. 2000, S. 82 f.

555 Geregelt in § 10 a GGO vom 11.7.1995.

Unternehmen, Verbände und Vereine sowie für Privatpersonen und geben Hilfestellung bei der Beantragung von Fördermitteln[556].

Aus der unterschiedlichen Gestaltung der Europakompetenz zwischen den Ländern und innerhalb der Länder im Zeitverlauf ergeben sich fast zwangsläufig Europapolitiken von verschiedener Qualität. Während Bremen und dem Saarland ein „eher unklares und wenig schlagkräftiges europapolitisches Profil“[557] bescheinigt wird, haben es vor allem die großen und wirtschaftsstarken Länder Nordrhein-Westfalen, Bayern und Baden-Württemberg immer besser verstanden, ihre spezifischen Anliegen auf formellen und informellen Kanälen zu artikulieren und durchzusetzen. Ebenfalls nicht zu unterschätzen ist der personelle Faktor: Ministerpräsidenten wie Edmund Stoiber und Kurt Biedenkopf, die die Europapolitik zur „Chefsache“ erklären, oder verantwortliche Minister wie vormals Florian Gerster in Rheinland-Pfalz, leisten einen mitunter entscheidenden Beitrag für die Schärfung des europapolitischen Profils sowohl gegenüber Brüssel als auch gegenüber Bonn/Berlin sowie kabinettsintern. Die eigenständige Rolle der Länder in Deutschland und ihr Selbstverständnis als staatliche Einheiten zeigt sich heute u. a. darin, daß sie sich verstärkt zu europäischen Themen äußern, wie z. B. in Gestalt der Thesen des Freistaates Bayern zu einer Reform der Strukturfonds[558]. Diese Entwicklung spiegelt sich letztlich auch in der Einschätzung wider: „Die Länderbeamten (...) haben im Hinblick auf Sachwissen, Verfahrenskenntnisse und politisches Gespür eine gegenüber ihren Bonner und Brüsseler Kollegen wettbewerbsfähige Infrastruktur aufbauen können.“[559]

Schon frühzeitig erkannten die deutschen Länder die „Landes-Blindheit“[560] der EG-Gründungsverträge. Sie gaben sich in der Folgezeit auch nicht mit den eingeschränkten Möglichkeiten des Länderbeobachters[561] zur Informationsbeschaffung und Interessenartikulation bzw. der mittelbaren Vertretung ihrer Interessen durch den Bund zufrieden. Die Länder strebten nach einer Herstellung von Direktkontakten zur europäischen Ebene, die ihrerseits an einer Kooperation mit den Regionen interessiert war und ist. Die Aufnahme von Kontakten gelang den Ländern auf dem Gebiet der regi-

---

556 Vgl. *Schönberg* 1998, S. 671.

557 So jedenfalls *Bulmer* et al. 1998, S. 38.

558 Vgl. Bayerische Staatsregierung 1996.

559 *Wessels* 1999a, S. 29; im Original mit Hervorhebung.

560 *Ipsen* 1966, S. 256.

561 Ausführlicher zum Länderbeobachter vgl. vorstehend Abschnitt 1.3.3.1.

onalen Strukturpolitik mit gutem Erfolg, wie Ipsen bereits 1966 berichtet: „Die meisten deutschen Länder haben in ihren regionalpolitischen Anliegen den unmittelbaren Kontakt mit der EWG-Kommission und der Hohen Behörde gesucht und gefunden“[562]. In den achtziger Jahren erfuhr der Integrationsprozeß durch das Binnenmarktprogramm eine neue Dynamik. Deshalb bemühten sich die Länder nun verstärkt um die Errichtung einer Repräsentanz „vor Ort“. 1985 eröffneten die Länder Niedersachsen, Hamburg und Schleswig-Holstein ein gemeinsam betriebenes Verbindungsbüro in Brüssel - das sogenannte „Hanse-Office“[563]. Bis zum Jahre 1989 folgten alle anderen (westdeutschen) Länder nach. Seit 1992 haben auch die neuen Bundesländer jeweils ein Verbindungsbüro in der europäischen Hauptstadt[564]. Wesentliche Aufgaben dieser Büros sind:

- Beschaffung landesspezifischer Informationen (Informations- und Frühwarnfunktion),
- Versuch der Einflußnahme auf Entscheidungsprozesse in den EG-Gremien (Lobbyfunktion).
- Herstellung und Pflege von politischen und wirtschaftlichen Kontakten (Vermittlerfunktion),
- Außendarstellung des Landes als Wirtschaftsstandort (Marketingfunktion),
- Hilfestellung bei der Beantragung europäischer Fördergelder (Servicefunktion)[565],
- Unterstützung der regionalen Vertreter im Ausschuß der Regionen,
- Betreuung der Politiker und Experten aus der Heimatverwaltung bei Besuchen in Brüssel,
- Ansprechpartner für Vertreter aus anderen Regionen und Institutionen (Netzwerkfunktion),
- Durchführung von Informations- und Kulturveranstaltungen sowie Beantwortung von Bürgeranfragen und Gespräche mit Besuchergruppen aus der Region[566].

---

562 *Ipsen* 1966, S. 258, Fußnote 32.

563 Vgl. *Halfmann* 2000, S. 52.

564 Niedersachsen hat mittlerweile ein eigenes Büro. Die materielle und personelle Ausstattung differiert jedoch von Land zu Land; vgl. *Zumschlinge* 1999; S. 60 ff.; vgl. auch *Bauer* 1996.

565 Vgl. *Schönberg* 1998, S. 667; vgl. auch *Heichlinger* 1999, S. 15 ff.

Hauptadressaten bei der Übermittlung von Informationen, Argumenten, Einschätzungen, Positionen und Beurteilungen durch die Länder sind die Kommission und - in ständig zunehmendem Maße - das Europäische Parlament. Zwar hat die Kommission das Vorschlagsmonopol, aber es fehlt ihr in Ermangelung eines eigenen Verwaltungsunterbaus die Kenntnis der tatsächlichen Probleme „vor Ort". Hier setzen die (Lobby-) Aktivitäten der Länder bereits in der Formulierungsphase an, denn es gilt: „Erfahrungsgemäß nimmt derjenige, der die Kommission mit Informationen versieht, auch Einfluß auf den Kommissionsvorschlag."[567] Dabei liegt die Motivation zur Kontaktaufnahme nicht nur auf der Seite der Länder: Die Erfahrungen seit der Errichtung der Länderbüros in Brüssel machen deutlich, daß die Kommission zunehmend erkannt hat, welche politische Stellung die Länder im deutschen Verfassungsgefüge einnehmen. Um deren Verwaltungskompetenz und Problemnähe zu nutzen, kommt es immer häufiger vor, daß sich die Kommission direkt an die Büros der Bundesländer mit der Bitte wendet, spezifische Informationen über Deutschland zu erhalten. Die gleiche Feststellung ist in bezug auf die Kontakte der Verbindungsbüros zum Europäischen Parlament zu machen, das ebenfalls auf „Informationen von außen" angewiesen ist.

Hatte die Bundesregierung, insbesondere das Auswärtige Amt, anfangs noch massive Bedenken gegen die Errichtung von Verbindungsbüros der Länder in Brüssel, so ist die Furcht vor dem „Gespenst der 'Nebenaußenpolitik'"[568] längst einem kooperativen Verhältnis zwischen der Ständigen Vertretung der Bundesrepublik Deutschland in Brüssel und den dort ansässigen „Antennen" der Länder gewichen. Seit dem Maastrichter Vertragswerk und den sich daran knüpfenden (grund-)gesetzlichen Regelungen haben die Verbindungsbüros der Länder[569] nach § 8 EUZBLG[570] einen gesicherten rechtlichen, aber keinen diplomatischen Status (Körperschaft des öffentlichen

566 Vgl. Papier der Senatskanzlei des Landes Berlin vom 16.12.1999 über „Die Büros der Europäischen Regionen in Brüssel"; vgl. auch Gesprächsprotokoll EU 12.

567 *Zumschlinge* 1999, S. 62.

568 Geprägt wurde der Begriff „Nebenaußenpolitik" von *Nass* (1986). *Diekmann* (1998, S. 236) wendet sich gegen die Selbstbezeichnung der Verbindungsbüros als „Vertretung".

569 Eine Liste der deutschen Regionalbüros in Brüssel findet sich bei *Heichlinger* (1999, S. 27 f.). Die Bezeichnungen sind nicht einheitlich, z. B.: Informationsbüro des Freistaates Sachsen, Verbindungsbüro des Saarlandes, Vertretung des Landes Rheinland-Pfalz bei der EU.

570 In Kraft getreten am 1.11.1993, BGBl. 1993 I S. 313; vgl. auch *Zumschlinge* 1999, S. 61.

Rechts). Angesichts der Tatsache, daß die europäische Gesetzgebung in einem hohen Maße in Brüssel stattfindet, ergibt sich die „... durchaus realistische Perspektive, daß die Ländervertretungen sich später einmal zu Zweigstellen der Bundesratsministerien der Länder entwickeln könnten."[571] Im Politikfeld Strukturpolitik ist der Fakt bemerkenswert, in welch hohem Maße - neben der Kommission - bei den Informationsbüros der deutschen Länder auf EU-Ebene von Unternehmen, Kommunen, Verbänden, Kammern und halbstaatlichen Einrichtungen direkt um Beratungsleistungen in bezug auf die Beteiligung an EU-Programmen nachgesucht wird[572].

1.3.4.3 Begleitausschüsse

Einer der interessantesten Forschungsgegenstände bei der Beschäftigung mit europäischer Strukturfondsförderung sind die Begleitausschüsse, die einerseits das „Produkt" dieser speziellen Form von Mehrebenenkooperation darstellen und zugleich als deren wesentlicher Träger in der Umsetzungsphase der Programme fungieren. Aufgrund ihrer personellen Zusammensetzung und ihrer Funktion im Förderprozeß werden sie als „multilevel policy arena"[573] charakterisiert. Ihre Hauptaufgaben bestehen darin, die Abwicklung der Programme zu überwachen und in diesem Zusammenhang für einen effizienten Mitteleinsatz Sorge zu tragen[574]. Die Begleitausschüsse dienen „... als Foren und Netzwerke für die regelmäßige Interaktion, Koordination und Interessenschlichtung zwischen den relevanten Akteuren"[575]. Durch die häufig langjährige enge Zusammenarbeit der beteiligten Ausschußmitglieder kann sich auf der Basis kommunikativer Sozialisation ein kollektives Selbstverständnis herausbilden, das gekennzeichnet ist durch eine gemeinsame Problemsicht, gegenseitiges Verständnis und Vertrauen bis hin zu der Herausbildung einer eigenen Terminologie. In die Kompetenz der Begleitausschüsse fällt die Anpassung der Programme an nicht antizipierte Veränderungen der Rahmenbedingungen im Verlauf des Implementationsprozesses. Neben dieser formellen Steuerungsfunktion erwächst im informellen Bereich die Möglichkeit, Defizite in der Koordination zwischen einzelnen Akteuren aufzuarbeiten und eventuell vorhandene Blockaden auf-

---

571 Dieses Szenario entwirft *Kalbfleisch-Kottsieper* 1999, S. 9.

572 Vgl. die Gesprächsprotokolle EU 10 und EU 12.

573 *Marks* 1993, S. 403.

574 Erstmals detailliert geregelt in Art. 25 ff. der VO 4253/88, ABl. L 374 vom 31.12.1988, S. 10 ff.

575 *Lang* et al. 2000, S. 101.

zubrechen. Durch das weitgehende Fehlen hierarchischer Subordinationsverhältnisse in den Ausschüssen als Entscheidungsarenen kommt es - stärker als im Fall demokratischer Mehrheitsentscheidungen - darauf an, durch Argumente zu überzeugen. Das persuasive Element in der Konfliktbearbeitung und Konsensbildung führt schließlich dazu, daß sich in den Begleitausschüssen neue, eigenständige Modi der Koordination entwickeln können.

Allerdings muß einschränkend festgehalten werden, daß die in Art. 4 der Rahmenverordnung von 1993[576] erstmals ausdrücklich geforderte Einbeziehung der Wirtschafts- und Sozialpartner in die Konzertierung zwischen den an der Förderung Beteiligten im Rahmen des Partnerschaftsprinzips noch nicht gemeinschaftsweit im angestrebten Umfang erreicht wird. Eine vergleichende Betrachtung der Entwicklungen in verschiedenen Mitgliedstaaten kommt zu dem Ergebnis, daß die Stärkung des Partnerschaftsprinzips durch Elemente des Dialogs zwischen den Sozialpartnern, insbesondere durch die Einbeziehung der Gewerkschaften und Unternehmerverbände, „in den meisten Mitgliedstaaten noch weniger entwickelt“[577] ist. Die deutschen Länder verfügen durch ihre Föderalismuserfahrungen insofern über einen „Entwicklungsvorsprung“. Wie sich die Umsetzung des Partnerschaftsprinzips in Rheinland-Pfalz und Sachsen in der Vergangenheit dargestellt hat, bzw. sich in der Zukunft gestalten soll, wird Gegenstand der Betrachtung im empirisch unterlegten zweiten Teil der Analyse sein[578].

1.3.4.4 Programmadressaten und Projektträger

Die Implementation der Programme und ihre Umsetzung im Einzelfall sollen nicht im Mittelpunkt der Untersuchung stehen, weil dies zum ersten den Umfang der Studie unverhältnismäßig ausweiten würde. Zum zweiten kann auf bereits vorhandene Evaluationen der Implementationspraxis verwiesen werden[579]. Der konkrete Fördervorgang wird häufig über eigens dafür eingerichtete, quasi-staatliche Agenturen abgewickelt, wie z. B. die Investitions- und Strukturbank Rheinland-Pfalz GmbH oder die Sächsische Aufbau-

---

576 VO 2081/93 des Rates vom 20. Juli 1993, ABl. L 193 vom 31.7.1993, S. 5 ff. (S. 8).

577 *Heinelt* 1996b, S. 300.

578 Vgl. nachfolgend die Abschnitte 4.4.5 und 4.5.3.

579 Zur Einschätzung des EuRH vgl. Rechnungshof 1998 und 1998a; vgl. weiterhin *Hagen/Toepel* 1997; Institut für Wirtschaftsforschung 1997; *Riedel/Scharr* et al. 1997. Zu kritischen Aussagen über die im Förderalltag vorherrschende Verwaltungskultur vgl. auch *Heinelt* 1996a, S. 287.

bank GmbH[580]. Die Antragswege unterscheiden sich je nach Programm, laufen jedoch zumeist über die staatliche Mittelinstanz[581] als Bündelungsbehörde bzw. über das zuständige Ministerium[582]. In einigen Fällen sind spezialisierte Träger involviert, die auch als gemeinnützige Vereine organisiert sein können, wie z. B. das Rationalisierungskuratorium der Deutschen Wirtschaft e. V. oder der Verein der beruflichen Förderung von Frauen in Sachsen e. V..

Als Projektträger bei der Umsetzung der regionalen Strukturpolitik kommen staatliche, halb-staatliche und private Akteure sowie Gebietskörperschaften in Frage. Die Arbeitsämter verwalten beispielsweise einen großen Teil der ESF-Mittel. Privatrechtlich organisierte Gesellschaften zur Wirtschaftsförderung, deren Allein- oder Mehrheitsgesellschafter jedoch in der Regel die öffentliche Hand ist, stellen eine weitere Akteursgruppe bei der Umsetzung der Förderung. Private Unternehmen, insbesondere Klein- und Mittelständische Unternehmen (KMU), bilden die größte Gruppe der Programmadressaten. Ihre verstärkte Beteiligung an den Entscheidungsprozessen sowohl über die strategische Ausrichtung der Förderung als auch über die Mittelbewilligung im Einzelfall ist Inhalt des Partnerschaftsprinzips, dessen Umsetzung in Rheinland-Pfalz und Sachsen im zweiten Teil der Studie untersucht werden soll.

Schematische Darstellung:

Verflechtungsbeziehungen in dem Politikfeld europäische Strukturpolitik[583].

---

580 Zu Fördermöglichkeiten in Rheinland-Pfalz und Sachsen vgl. *Winkler-Otto* 1999, S. 164 ff. bzw. S. 192 ff.

581 In Sachsen sind das die drei Regierungspräsidien in Chemnitz, Dresden und Leipzig. In Rheinland-Pfalz gab es bis Ende 1999 Bezirksregierungen in Koblenz, Neustadt und Trier, die ab 1.1.2000 zu Aufsichts- und Genehmigungsdirektionen umstrukturiert wurden.

582 Eine schematische Darstellung der mit der Strukturfondsförderung verbundenen Antragswege und Zahlungsflüsse im Freistaat Sachsen findet sich am Ende des nachfolgenden Abschnitts 4.4.9.

583 Die Grafik muß notwendigerweise vereinfachen. Aus Gründen der Übersichtlichkeit beschränkt sich die Darstellung auf die entscheidenden Akteure und die wichtigsten Wege der Einflußnahme.

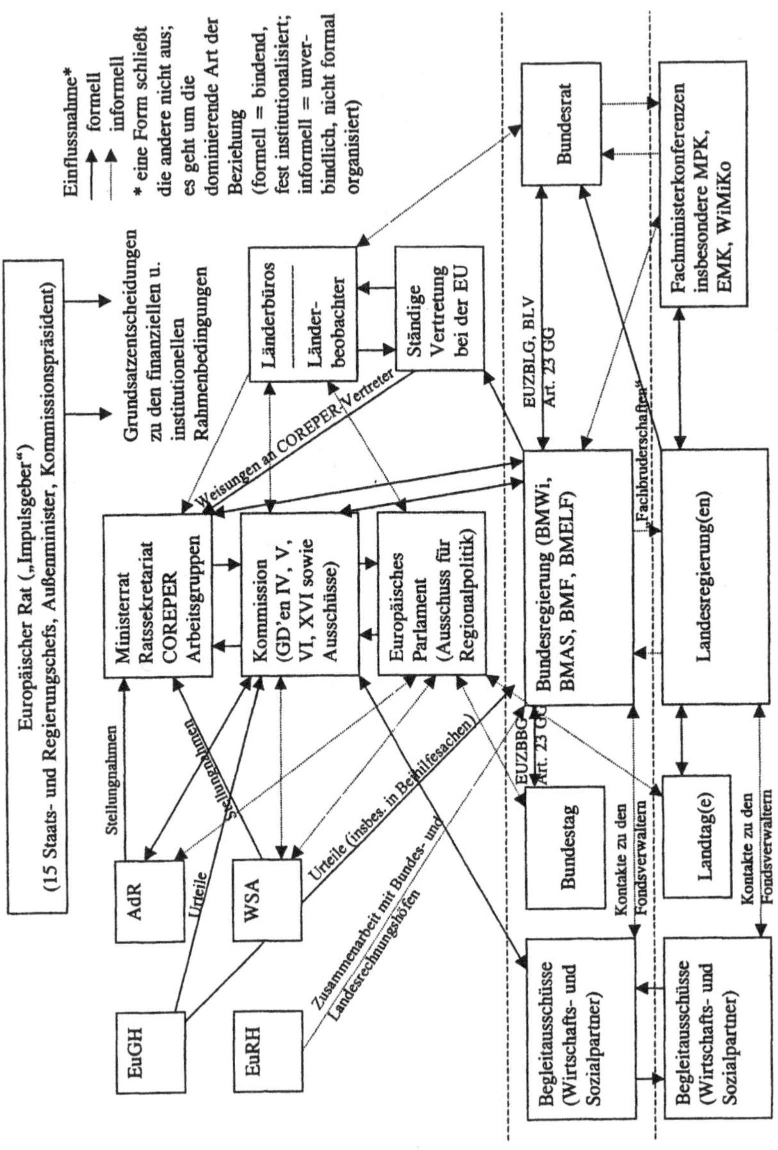
Europäischer Rat („Impulsgeber“)
(15 Staats- und Regierungschefs, Außenminister, Kommissionspräsident)
Grundsatzentscheidungen zu den finanziellen u. institutionellen Rahmenbedingungen
Einflussnahme*
formell
informell
* eine Form schließt die andere nicht aus; es geht um die dominierende Art der Beziehung
(formell = bindend, fest institutionalisiert; informell = unverbindlich, nicht formal organisiert)
Länderbüros
Länderbeobachter
Ständige Vertretung bei der EU
Ministerrat
Ratssekretariat
COREPER
Arbeitsgruppen
Kommission (GD'en IV, V, VI, XVI sowie Ausschüsse)
Europäisches Parlament (Ausschuss für Regionalpolitik)
Weisungen an COREPER-Vertreter
Stellungnahmen
Stellungnahmen
Urteile
Urteile (insbes. in Beihilfesachen)
Zusammenarbeit mit Bundes- und Landesrechnungshöfen
AdR
WSA
EuGH
EuRH
Bundesrat
EUZBLG, BLV
Art. 23 GG
Fachministerkonferenzen insbesondere MPK, EMK, WiMiKo
Bundesregierung (BMWi, BMAS, BMF, BMELF)
„Fachbruderschaften“
Landesregierung(en)
EUZBBG
Art. 23 GG
Bundestag
Landtag(e)
Kontakte zu den Fondsverwaltern
Kontakte zu den Fondsverwaltern
Begleitausschüsse (Wirtschafts- und Sozialpartner)
Begleitausschüsse (Wirtschafts- und Sozialpartner)

2. Die Herausbildung und Entwicklung der Strukturpolitik als eigenständiges Politikfeld

Eine chronologische Betrachtung der europäischen Strukturpolitik, angefangen bei ihrer Herausbildung als eigenständiges Politikfeld bis hin zu den aktuellen Reformbemühungen, weckt das Bewußtsein für die innere Logik sowie für die Entwicklungsdynamik dieser Gemeinschaftspolitik, die im Rahmen unterschiedlicher „package deals" als Katalysator bisheriger Vertiefungs- und Erweiterungsrunden diente, immer jedoch auch dem Ziel der Erhaltung und Erhöhung des wirtschaftlichen und sozialen Zusammenhalts verpflichtet war. Im Mittelpunkt dieses Untersuchungsteils stehen die Verhandlungs- und Entscheidungsprozesse auf europäischer Ebene, die mit Hilfe der in der theoretischen Einführung entwickelten Kategorien analysiert werden sollen. Ein Schwerpunkt der Betrachtung wird auf den sogenannten Gemeinschaftsinitiativen liegen, bei deren Ausgestaltung die Kommission die größte Autonomie gegenüber den im Rat versammelten Mitgliedstaaten hat. Diese Initiativen müssen sich somit in besonderem Maße daran messen lassen, ob sie einen „gemeinschaftlichen Mehrwert" erbringen. Die nachfolgende Chronologie beginnt bei den Gründungsverträgen und endet mit den Neuerungen des Amsterdamer Vertrages, da die aktuelle Reformrunde (1997-2000) am Ende des nächsten Abschnitts behandelt wird[1].

2.1 Die Anfänge der Strukturpolitik auf europäischer Ebene

Mit der Unterzeichnung des Vertrags über die Gründung der Europäischen Gemeinschaft für Kohle und Stahl (EGKS) am 18. April 1951[2] wurde erstmals eine europäische Hilfestellung für die Bearbeitung von strukturellen Problemen in den Volkswirtschaften der Mitgliedstaaten geboten: Artikel 56 des EGKS-Vertrags sah die Möglichkeit vor, sogenannte Umstellungsdarlehen zu finanzieren. Diese zinsverbilligten Kredite wurden als „flankierende Maßnahmen der Wirtschaftspolitik"[3] verstanden und in der Folgezeit vor

---

1 Vgl. nachfolgend Abschnitt 3.6.

2 Über die Jahre 1950-57 und die mit der beginnenden europäischen Integration verbundenen Visionen und Hoffnungen berichtet das schon klassische Buch „The Uniting of Europe" von *Haas* (1958).

3 *Steppacher* 1996, S. 11.

allem in Industriegebieten mit Strukturproblemen eingesetzt. Dies erfolgte ohne regionalpolitischen Impetus und ohne entscheidende Effekte für periphere Gebiete[4].

Die Präambel des am 25. März 1957 unterzeichneten und am 1.1.1958 in Kraft getretenen Vertrags über die Gründung der Europäischen Wirtschaftsgemeinschaft (EWG) enthält den verpflichtenden Programmsatz: „In dem Bestreben, ihre Volkswirtschaften zu einigen und deren harmonische Entwicklung zu fördern, indem sie den Abstand zwischen einzelnen Gebieten und den Rückstand weniger begünstigter Gebiete verringern ...". Die sechs Gründungsmitglieder übertrugen damit der EWG einen kohäsionspolitischen Auftrag, der durch konkrete (Vertrags-)Bestimmungen auszugestalten war. Ganz im Sinne ihres Selbstverständnisses als Wirtschaftsgemeinschaft fordert Art. 123 EWG-Vertrag die Einrichtung eines Sozialfonds, „... um die Beschäftigungsmöglichkeiten der Arbeitskräfte im Binnenmarkt zu verbessern und damit zur Hebung der Lebenshaltung beizutragen". Der Europäische Sozialfonds (ESF) nahm zum 1. September 1960 seine Arbeit auf[5]. In den Anfangsjahren lag der Schwerpunkt der durch diesen Fonds finanzierten Maßnahmen auf der Erhöhung der beruflichen und räumlichen Mobilität. So wurden beispielsweise Beihilfen für die Umschulung von Arbeitslosen sowie für die soziale Absicherung von Wanderarbeitnehmern und deren Familien gezahlt. Die finanzielle Abwicklung verlief nach folgendem Verfahren: Auf Antrag des Mitgliedstaates erstattete die Kommission 50 Prozent der nationalen Beihilfen, die auf diesem Gebiet gezahlt worden waren. Da es zu dieser Zeit noch keine Länderquoten gab, profitierten einige Mitgliedstaaten mit „geübten" Verwaltungen überproportional. So konnte die Bundesrepublik Deutschland bis 1972 die Hälfte der insgesamt zur Verfügung stehenden Mittel in Anspruch nehmen[6]. Der ESF hatte eine am Arbeitsmarkt orientierte Zielsetzung, die sich in den Förderschwerpunkten entsprechend ausdrückte: Finanzierung von Aus- und Weiterbildungsmaßnahmen, insbesondere für Langzeitarbeitslose und Jugendliche, Zuschüsse zur Schaffung und Erhaltung von Dauerarbeitsplätzen, Beihilfen für Existenzgründer etc. Die regionale Wirkung des ESF ergab sich aus der räumlichen Konzentration der Arbeitsmarktprobleme, die in aller Regel gerade in den wirtschaftsschwachen Gebieten der Gemeinschaft besonders ausgeprägt waren und sind.

---

4 Vgl. *Schäfers* 1993, S. 201.

5 Verordnung (VO) Nr. 9 vom 25.8.1960, ABl. Nr. 1189/60 vom 31.8.1960; vgl. *Kaluza* 1998, S. 17 ff.

6 Vgl. *Staeck* 1997, S. 91.

Auf Betreiben der Mitgliedstaaten und auf Drängen der einflußreichen „Agrarlobby" kam es am 20. April 1962 zu der Einrichtung des Europäischen Ausrichtungs- und Garantiefonds für die Landwirtschaft[7] (EAGFL), der fortan die Ziele verfolgen sollte, das Einkommen der in der Landwirtschaft Tätigen zu garantieren, die Produktivität zu steigern und die Märkte für Agrarerzeugnisse zu stabilisieren. Im Jahre 1964 wurde der EAGFL in die beiden Abteilungen Ausrichtung und Garantie untergliedert. Die strukturpolitisch orientierte Abteilung Ausrichtung fiel allerdings hinsichtlich ihrer Mittelausstattung im Vergleich zu der Abteilung Garantie, die für die finanzielle Abwicklung der Gemeinsamen Agrarpolitik zuständig ist und den mit Abstand größten Einzelposten des Gemeinschaftshaushalts beansprucht, anfangs kaum ins Gewicht. Nachdem im Jahre 1967 die Generaldirektion für Regionalpolitik bei der Kommission eingerichtet worden war[8], wurden im Folgejahr erstmals Maßnahmen ergriffen, die die Anzahl der im Landwirtschaftssektor Beschäftigten reduzieren sollten. Die dafür vorgesehenen Instrumente waren u. a. Umschulungsbeihilfen, finanzielle Absicherung des Vorruhestands, Förderung von Arbeitsplätzen im nicht-agrarischen Bereich. Von einer strukturpolitisch ausgerichteten Landwirtschaftspolitik kann jedoch frühestens ab 1972, nach Verabschiedung entsprechender Strukturrichtlinien, gesprochen werden[9]. Zu einem zweiten Schwerpunkt des EAGFL - Abteilung Ausrichtung entwickelte sich in der Folgezeit die Finanzierung von Maßnahmen, die zur Verbesserung der Bearbeitung, Verarbeitung und Vermarktung landwirtschaftlicher Produkte beitragen sollten. Von regionalpolitischer Bedeutung sind die EAGFL-A-finanzierten Maßnahmen, weil sie i. d. R. zur Einkommenssteigerung in strukturschwachen ländlichen Räumen beitragen.

Eine wichtige Zäsur der Integrationsgeschichte kann im Rahmen der chronologischen Betrachtung nicht unerwähnt bleiben: der sogenannte Luxemburger Kompromiß. Zwar hatte dieser keinen unmittelbaren Bezug zu dem Politikfeld Regionalpolitik, aber er machte das von nationalen Interessen dominierte Europaverständnis der Mitgliedstaaten deutlich und prägte die auf europäischer Ebene herrschenden Verhandlungsmodi für viele Jahre. Laut EWG-Vertrag wären ab 1.1.1966 in einigen Bereichen bei Abstimmungen im Ministerrat Mehrheitsentscheidungen möglich geworden. Gleichzeitig schwelte ein Streit über die Finanzierung im Agrarsektor. Frankreich

---

7 VO Nr. 25, ABl. Nr. 991/62 vom 24.4.1962.

8 Vgl. *Axt* 1997, S. 887.

9 Vgl. *Staeck* 1997, S. 92. Zu den Phasen und bisherigen Reformen der Agrarpolitik vgl. *Bicker* 1998, S. 77 ff.

betrieb daraufhin seit dem 1. Juli 1965 eine „Politik des leeren Stuhls", d. h. seine Ratsvertreter nahmen nicht mehr an den Beratungen teil. Um die Stagnation zu überwinden, wurde Ende Januar 1966 in Luxemburg vereinbart, daß fortan jeder Mitgliedstaat Entscheidungen blockieren kann, sobald er „vitale Interessen" gefährdet sieht[10]. Offen blieb, was unter „sehr wichtigen nationalen Interessen" zu verstehen sei sowie die Frage, wie eine Einigung im Dissensfall zu erzielen sein würde. Im Anschluß an die französische Blockade setzten sich Mehrheitsbeschlüsse nur sehr zögerlich als Regelfall durch. In dem Zeitraum 1966 bis 1982 war die Zusammenarbeit im Rat vom Einstimmigkeitserfordernis dominiert: „Mehrheitsbeschlüsse wurden nur im Haushaltsbereich getroffen sowie in Fragen von nebensächlicher Bedeutung."[11] Mit der Verabschiedung der Einheitlichen Europäischen Akte, die u. a. eine Reform der Entscheidungsverfahren zum Inhalt hatte, verbindet sich der verstärkte Übergang zu Mehrheitsentscheidungen im Rat. Seitdem wurde auch nicht mehr auf die genannte Form des Vetos zurückgegriffen, wenngleich dies theoretisch jederzeit möglich blieb[12].

2.2 Die Entwicklung der Strukturfonds im Zuge der ersten Erweiterungsrunden

2.2.1 Die Norderweiterung

Zum 1.1.1973 vergrößerte sich die Gemeinschaft im Zuge der sogenannten Norderweiterung um Dänemark, Irland und das Vereinigte Königreich. Damit nahmen gleichzeitig die Disparitäten zwischen den Mitgliedstaaten und Regionen enorm zu. Während Irland zum damaligen Zeitpunkt noch stark agrarisch geprägt war, befand sich das hochindustrialisierte England in einer tiefen Strukturkrise. Das am Gemeinschaftsdurchschnitt gemessen relativ arme Großbritannien hätte nicht von den Zahlungen aus dem EAGFL profitieren können, sondern es wäre im Gegenteil zum Nettozahler geworden. Die regional unterschiedlichen Wirkungen der Agrarsubventionen waren somit für das Vereinigte Königreich nicht zu akzeptieren - die Forderung

---

10 Vgl. Bulletin EWG 3-1966, S. 8 ff.

11 *Götz* 1995, S. 341.

12 Griechenland unternahm 1988 den bisher letzten (vergeblichen) Versuch, sich auf die „Luxemburger Vereinbarungen" zu berufen: Die starke Abwertung seiner Währung sollte durch eine Ablehnung der anstehenden Agrarpreisbeschlüsse verhindert werden.

nach Kompensation wurde zum Gegenstand der Beitrittsverhandlungen[13]. Damit sollte zugleich die Voraussetzung geschaffen werden, dem starken innenpolitischer Widerstand der „Euro-Skeptiker“ entgegnen zu können[14]. Die Strukturpolitik spielte auch deshalb eine große Rolle bei den Verhandlungen, „... because the UK had a strong tradition of regional policy and was also bringing into the EC a number of problem regions in need of help.“[15]

Die ökonomische Ausgangslage war in Irland eine im Vergleich zu Großbritannien völlig andere. Deshalb unterschied sich die irische Verhandlungsführung auch von der britischen. Im Rahmen der Beitrittsverhandlungen verwies die irische Seite immer wieder auf die grundlegenden Prinzipien in den Verträgen, insbesondere auf das Streben nach einer harmonischen Entwicklung der Volkswirtschaften bei gleichzeitiger Reduzierung der Disparitäten zwischen den am weitesten entwickelten und den rückständigsten Regionen. Angesichts der im nationalen Rahmen unternommenen Anstrengungen zur Stärkung der Exportindustrie, u. a. durch steuerliche Entlastungen, ersuchte die Regierung in Dublin die Kommission, bei der Auslegung der Wettbewerbsregeln nach Artt. 92-94 EG-Vertrag a. F. den besonderen Nachholbedarf Irlands bei der Bewertung zu berücksichtigen. Um den spezifischen Problemen der irischen Volkswirtschaft Rechnung zu tragen, wurde der Beitrittsakte ein entsprechendes Protokoll beigefügt, das die genannten Punkte umfaßt[16]: Einerseits wird auf die besondere Verantwortung der Gemeinschaft verwiesen, für wirtschaftliche Prosperität in allen ihren Teilen zu sorgen. Andererseits werden die Spezifika der irischen Situation beschrieben und mit dem Hinweis versehen, daß sie bei Entscheidungen nach Artt. 92 und 93 EGV zu beachten seien. Dieses Protokoll sollte bei künftigen Erweiterungen als Vorbild dienen[17].

Bereits Ende 1969 hatte die Kommission - die sich aus den Entwicklungsunterschieden ergebenden Probleme antizipierend - Vorschläge unterbreitet, einen entsprechenden Fonds für regionale Entwicklung einzurich-

---

13 Vgl. *Krieger-Boden* 1987, S. 86 f.; vgl. auch *Bollen* et al. 2000, S. 184 ff.

14 Vgl. *Waniek* 1992, S. 27 f.; vgl. auch *Stehn* 2000, S. 317.

15 *Armstrong* 1995, S. 35. Nicht zufällig wurde einer der beiden britischen Kommissare, *George Thomson*, nach dem Beitritt im Jahre 1973 für den Bereich der Regionalpolitik zuständig.

16 Zum Wortlaut des Protokolls vgl. *Bollen* et al. 2000, S. 186 f.; ausführlicher vgl. *Aust* 1999.

17 „It is remarkable that the wording in Ireland's protocol was literally copied in the Act of Accession of Greece, and similar phrasing was used in the case of the accession of Spain and Portugal.“ *Bollen* et al. 2000, S. 187.

ten[18], dessen Etablierung allerdings durch die langwierigen Erweiterungsverhandlungen verzögert wurde. Auf der Pariser Gipfelkonferenz im Herbst 1972, an der die drei Beitrittsaspiranten bereits teilnahmen, faßte der Rat den grundlegenden Beschluß, einen derartigen Fonds, mit dem Ziel strukturelle und regionale Ungleichgewichte zu beheben bzw. zu vermindern, einzurichten. Die Verhandlungen zwischen Kommission und Rat gestalteten sich allerdings als so schwierig, daß der ursprünglich für 1973 avisierte Fonds nur mit beträchtlicher Verzögerung gegründet werden konnte. Wesentliche Streitpunkte waren - neben der Höhe der finanziellen Dotierung - die einzelnen Förderschwerpunkte, da jeder Mitgliedstaat daran interessiert war, angemessen an der Förderung zu partizipieren. Ein Kompromiß bestand beispielsweise darin, industrielle Umstrukturierungsgebiete als neue Kategorie in die Liste der Problemgebiete aufzunehmen. Im März 1975 kam es schließlich, „speziell auf britisches Verlangen hin“[19], zu der Errichtung des Europäischen Fonds für Regionale Entwicklung (EFRE)[20], der in der ersten Phase (1975-1979) genau fixierte Dotationen nach festen Länderquoten[21] vorsah. Diese nationalen Quoten wurden im Ministerrat ausgehandelt, d. h. ohne direkte Möglichkeit für die Kommission, eigene Prioritäten zu setzen[22]. Ursache dieser closed-shop-Mentalität im Rat war die Sorge der Mitgliedstaaten, die Kommission könnte zu großen Einfluß auf die nationalen Fördersysteme bekommen. Mit den Fondsgeldern sollten die Ungleichgewichte in der wirtschaftlichen Leistungsfähigkeit zwischen den Mitgliedstaaten verringert werden. Aufgrund der vergleichsweise geringen finanziellen Ausstattung des EFRE in den Anfangsjahren fielen die damit erreichbaren Wirkungen jedoch entsprechend bescheiden aus. Der Anteil des EFRE entsprach im Jahre 1976 lediglich 0,04 % des Gesamt-BIP der damals neun Mitgliedstaaten[23].

---

18 Vorschläge vom 17.10.1969, ABl. C 152/6 vom 28.11.1969.

19 *Steppacher* 1996, S. 12.

20 VO 724/75, ABl. L 73/1 vom 21.3.1975; basierend auf dem Vorschlag vom 31.7.1973, ABl. C 86/7 vom 16.10.1973.

21 Im Jahre 1975 betrugen diese festen Quoten für ITA: 40,0 %, UK: 28,0 %, FRA: 15,0 %, D: 6,4 %, IRL: 6,0 %, NL: 1,7 %, BEL: 1,5 %, DEN: 1,3 %, LUX: 0,1 %; vgl. *Tömmel* 1994, S. 74.

22 *Anderson* (1996, S. 168) charakterisiert die Rolle der Kommission in der Phase 1975-79 lakonisch wie folgt: „The Commission exercised little control over who and where got what.“

23 *Armstrong* (1995, S. 38) bemängelt die „... extraordinary meagre financial resources“.

Als Grundlage für die Mittelvergabe dienten zu dieser Zeit ausschließlich nationale bzw. regionale Entwicklungsprogramme, so daß die europäische Strukturpolitik eine Ergänzung der nationalstaatlichen Politik(en) darstellte. Der Regionalfonds subventionierte in den Anfangsjahren vorwiegend Industrieansiedlungen sowie den Ausbau der Infrastruktur in nationalen Problemgebieten[24]. Das änderte sich mit der ersten Reform des EFRE[25] im Jahre 1979, in deren Folge eine quotenfreie Abteilung in Höhe von 5 Prozent des Gesamtfonds eingerichtet wurde. Damit erweiterten sich die Handlungsspielräume der Kommission, die erstmals die Möglichkeit hatte, eigene Prioritäten in der Strukturpolitik zu setzen. Sie konnte bei der Nutzung des quotenfreien Fondsanteils im Rahmen „spezifischer Gemeinschaftsprogramme“[26] fortan nicht nur vom Verteilungsschlüssel des jeweiligen Mitgliedstaates abweichen, sondern auch von den nach nationalen Schwerpunkten festgelegten Fördergebieten.

Nach einer ersten Modifizierung des ESF[27] im Jahr 1971, die seine ausschließliche Funktion als „Ausgleichskasse“[28] der Mitgliedstaaten beendete und seine verstärkte Anbindung an strukturpolitisch relevante Ziele anstrebte, erfolgte Ende 1977 eine zweite Reform[29] dieses Fonds, die eine Konzentration auf die Überwindung regionaler Disparitäten beinhaltete. So wurde u. a. bei Maßnahmen in deutlich weniger entwickelten Gebieten[30], in die zukünftig mindestens die Hälfte des Gesamtfördervolumens fließen sollte, ein erhöhter Beteiligungssatz seitens der Gemeinschaft möglich. Die dritte ESF-Novellierung fand im Jahre 1983[31] statt, die auf der Ebene der Interventionsbereiche zwei eindeutige Präferenzen formulierte: Förderung des regionalen Ausgleichs und Bekämpfung der Jugendarbeitslosigkeit. Insgesamt konnte die ESF-Reform von 1983 jedoch den an sie gestellten Anspruch stärkerer Konzentration bei gleichzeitig höherer Fördertransparenz nicht erfüllen: „Weder wurde die dringend notwendige Entschlackung der

24 Vgl. *Werner* 1996, S. 170.

25 VO 214/79, ABl. L 35/1 vom 9.2.1979.

26 Vgl. *Beckmann* 1995, S. 93; vgl. auch *Krieger-Boden* 1987, S. 89 f.

27 Beschluß des Rates 71/66, ABl. L 28/15 vom 4.2.1971.

28 Vgl. *Kaluza* 1998, S. 20 ff.

29 VO 2893-2895/77, ABl. L 337 vom 27.12.1977.

30 Es handelte sich um Süditalien, Irland, Nordirland, die französischen Überseegebiete sowie Grönland.

31 VO 83/516, ABl. L 289/38 vom 22.10.1983.

ESF-Förderung, noch die inhaltliche Verzahnung der EG-Instrumente erreicht."[32]

2.2.2 *Die erste Süderweiterung*

Durch den Beitritt Griechenlands zum 1. Januar 1981 verstärkten sich die regionalen Disparitäten ein weiteres Mal, da der neue Mitgliedstaat, gemessen am BSP pro Kopf, zugleich das ärmste Land der Gemeinschaft darstellte. Das Hauptaugenmerk der griechischen Verhandlungsführung hatte im Beitrittsprozeß darauf gelegen, daß das gesamte Territorium des Landes als strukturschwache Region anerkannt werden sollte. Somit konnten die nationalen Beihilfen für die Industrie als Regionalbeihilfen nach Art. 92 Abs. 3 lit. a EG-Vertrag interpretiert werden. Die Beitrittsakte enthielt ein spezielles Protokoll, das sich stark an den irischen Vorgänger anlehnte[33]. Das neue Mitglied bekam einen 13-prozentigen Anteil an den EFRE-Mitteln, wodurch sich die Quoten der bisherigen Begünstigten entsprechend verringerten[34]. Insbesondere das Vereinigte Königreich, das zu diesem Zeitpunkt in absoluten Zahlen der zweitgrößte Nettozahler der Gemeinschaft war, forderte eine Kompensation für den Rückgang des eigenen EFRE-Anteils von 28,0 auf 23,8 Prozent[35].

Um eine Anpassung der Fondsverordnung bemüht, legte die Kommission Ende Oktober 1981 ihren Vorschlag[36] vor, der u. a. einen Übergang von der Projekt- zur Programmfinanzierung, die Ausweitung des quotenfreien Sektors sowie die Koordination der nationalen Politiken vorsah. Nach langwierigen, mehrjährigen Verhandlungen verabschiedete der Rat am 19.6.1984 die neue Verordnung[37], die anstelle des von der Kommission beabsichtigten qualitativen Sprunges nur wenige Weiterentwicklungen zu enthalten schien.

---

32 *Kaluza* (1998, S. 37) weiter: „Es blieb bei einer komplizierten Verstrickung verschiedener Förderprioritäten und -kriterien, und es blieb bei einem Nebeneinander der EG-Instrumente, die isoliert voneinander umgesetzt wurden."

33 Vgl. *Bollen* et al. 2000, S. 188 f.

34 So z. B. für Italien von 40,0 auf 35,5 % und für Deutschland von 6,4 auf 4,7 %.

35 *Bollen* et al. (2000, S. 187) verweisen darauf, daß für die Regierung in London „... the Community budget was an extremly sensitive matter."

36 Vgl. Vorschlag der Kommission zur EFRE-Reform, ABl. C 336 vom 23.12.1981.

37 VO 1787/84, ABl. L 169/1 vom 28.6.1984.; zu den Auseinandersetzungen zwischen Kommission und Rat um die Novellierung der EFRE-VO vgl. *Tömmel* 1994, S. 51 ff.

So wurde der quotenfreie Teil durch die Ratsbeschlüsse, entgegen den Kommissionsvorschlägen, wieder abgeschafft und durch ein System indikativer Spannen ersetzt. Diese Spannen sollten als Richtwerte bei der Mittelvergabe fungieren: Beispielsweise betrug der Höchstwert des französischen Anteils 14,7 %, der entsprechende Tiefstwert 11,0 % der EFRE-Gesamtdotierung, gegenüber 13,6 % im Jahre 1981. Ebenfalls im Juni 1984 wurde nach jahrelangen kontroversen Verhandlungen auf dem Europäischen Gipfel von Fontainebleau eine spezieller Mechanismus für Großbritannien gefunden, der dem Mitgliedstaat eine Reduzierung seiner Beitragszahlungen ermöglichte. Das Vereinigte Königreich berief sich im Streit um die Ermäßigung seines Beitrags zum Gemeinschaftshaushalt auf den sogenannten Luxemburger Kompromiß: Premierministerin Thatcher („I want my money back.") setzte durch, ihrem Land zwei Drittel seines Nettosaldos zurückzuerstatten. Die offizielle Begründung lautete: Damit werde ein Ausgleich dafür geschaffen, daß Großbritannien aufgrund seiner Agrarstruktur nur in vergleichsweise geringem Maße an den Rückflüssen aus den EU-Agrarfonds beteiligt sei[38]. Dieser sogenannte Britenrabatt gilt bis heute und wurde auch im Rahmen der Verhandlungen zum Abschluß der Agenda 2000 auf dem Berliner Gipfel (März 1999) nicht revidiert[39].

Die zum 1.1.1985, d. h. drei Jahre nach dem ursprünglich vorgesehenen Termin in Kraft getretene, novellierte Verordnung erweiterte den Handlungsspielraum der Kommission für eine eigenständige, supranationale Strukturpolitik. Ein wesentlicher Reforminhalt war der schrittweise Übergang von der Projekt- zur Programmförderung, die wiederum in zwei Programmarten unterteilt wurde: Gemeinschaftsprogramme und Nationale Programme von Gemeinschaftlichem Interesse (NPGI). Bei Gemeinschaftsprogrammen handelt es sich im Sinne der Verordnung[40] um ein „... Bündel kohärenter Maßnahmen, die unmittelbar mit der Erreichung gemeinschaftlicher Ziele und mit der Durchführung von Politiken der Gemeinschaft zusammenhängen". Nach Art. 10 der Verordnung wurden unter dem Begriff NPGI „... Maßnahmen, die einzelstaatlichen Zielen entsprechen und zur Erreichung bzw. Durchführung von gemeinschaftlichen Zielen und Politiken beitragen", gefaßt[41]. Außerdem erlangte die Kommission durch das bereits erwähnte Sys-

---

38 Vgl. *Bollen* et al. 2000, S. 187. Ein Korrekturmechanismus für Großbritannien bestand bereits seit 1976; vgl. *Waldhoff* 2000, S. 206.

39 Vgl. ausführlicher nachfolgend Abschnitt 3.6.

40 Vgl. Art. 7 der VO 1787/84, ABl. L 169/1 vom 28.6.1984.

41 *Armstrong* (1995, S. 39) unterstreicht die neue Qualität des Programm-Ansatzes mit folgender Definition: „Programmes are carefully co-ordinated packages of help

tem der Beteiligungsspannen einen erweiterten Ermessensspielraum: Danach standen die durch die Untergrenzen markierten EFRE-Anteile den Mitgliedstaaten auf jeden Fall zu. Im Rahmen der verbleibenden Mittel, die immerhin 11 % der EFRE-Gesamtdotation ausmachten, konnte die Kommission die Verteilung auf die Mitgliedstaaten in eigener Regie vornehmen, wobei kein Land über die festgelegte Obergrenze hinaus gefördert werden durfte. Da jeder Mitgliedstaat möglichst viele Förderanträge einreichte, ergaben sich für die Kommission bei der Entscheidung über die Kofinanzierung „weitere Einflußmöglichkeiten“[42] im Sinne einer gezielten Auswahl. Somit hatte sich die Strukturfondsförderung durch die zweite EFRE-Reform „... zu einem Instrument entwickelt, das es der Kommission ermöglichte, in Abkopplung von der Regionalpolitik der Mitgliedstaaten eigene Zielvorstellungen zu verfolgen.“[43]

2.2.3 Die zweite Süderweiterung

Die bevorstehende Erweiterung um Spanien und Portugal ließ bei den Mittelmeeranrainern der Gemeinschaft Forderungen nach (strukturpolitischen) Kompensationszahlungen laut werden, denen mit der Ankündigung, der Erweiterung gegebenenfalls nicht zustimmen zu wollen, Nachdruck verliehen wurde. Insbesondere Griechenland fühlte sich durch den geplanten Beitritt drohender Konkurrenz ausgesetzt. Produkt des daraufhin einsetzenden bargaining-Prozesses waren die Integrierten Mittelmeerprogramme (IMP)[44]: Sondermaßnahmen mit ursprünglich siebenjähriger Laufzeit, von denen Frankreich, Italien und vor allem Griechenland profitieren sollten. Die Mittelausstattung der IMP stellte letztlich einen Kompromiß dar zwischen den Forderungen der Mittelmeeranrainer und der begrenzten Verzichtsbereitschaft der bisher Begünstigten sowie der ebenfalls nur eingeschränkten Bereitschaft der Nettozahler, zusätzliche Mittel zur Verfügung zu stellen[45].

(...) targeted on a range of projects and policies designed to alleviate specific regional problems.“

42 *Krieger-Boden* 1987, S. 90.

43 *Beckmann* 1995, S. 96; vgl. auch *Tömmel* 1994, S. 53.

44 VO 2088/85, ABl. L 197/1 vom 27.7.1985; *Heinelt* (1996, S. 23) bezeichnet die IMP als „Großexperiment“; zur Kritik an den IMP vgl. *Schäfers* 1993, S. 128 ff.; *Waniek* 1992, S. 28.

45 2,4 Mrd. ECU wurden aus den bestehenden Fonds umgeschichtet. 1,6 Mrd. ECU kamen als verlorene Zuschüsse neu hinzu. Weitere Darlehen von bis zu 2,5 Mrd. ECU sollte die Gemeinschaft gewähren.

Daß diese neuen Fördermöglichkeiten anfangs zu verwaltungstechnischen Problemen in den Empfängerländern führen konnten, zeigt ein Blick auf Griechenland besonders plastisch: Der regionale Teil der Strukturförderung im Rahmen der IMP untergliederte sich ab dem Jahr 1986 zunächst in sechs Teilprogramme, „... die sich auf sechs Regionen bezogen, die es in Griechenland zu dieser Zeit administrativ gar nicht gab."[46] An diesem Beispiel wird deutlich, daß die europäische Strukturpolitik einen Beitrag zur Regionalisierung - und damit Dezentralisierung - der griechischen Verwaltung geleistet hat. Kritisch betrachtet könnte der Einwand erhoben werden, daß die europäischen Programme mit den nationalstaatlichen Strukturen offensichtlich nicht immer kompatibel waren (und sind).

Zum 1. Januar 1986 traten in der zweiten Stufe der Süderweiterung Portugal und Spanien als neue Mitglieder bei. Dies führte, wie schon im Falle Griechenlands, zu einer erneuten Polarisierung der Gemeinschaft, denn die beiden Neumitglieder nahmen den drittletzten bzw. letzten Platz in der Wohlstandsskala der EG ein. Vorangegangen waren jahrelange, teilweise kontroverse Verhandlungen: Die beiden Neumitglieder hatten bereits im Jahre 1977 ihre Aufnahmeanträge gestellt, im Oktober 1978 (Portugal) bzw. Februar 1979 (Spanien) begannen die Beitrittsverhandlungen. Um die beiden Volkswirtschaften an das Niveau der Gemeinschaft heranzuführen, wurden Vorbeitrittshilfen vereinbart, die zu einem Großteil aus Krediten der EIB bestanden. Wie schon bei den vorangegangenen Erweiterungsrunden bildeten die spezifischen Defizite der Beitrittsaspiranten den Kern der Beitrittsverhandlungen. Im März 1985 erzielten die Kommission und Portugal eine politische Übereinkunft, in deren Ergebnis dem Land u. a. 700 Mio. ECU aus dem EAGFL-Abteilung Ausrichtung, verteilt über einen Zeitraum von zehn Jahren, in Aussicht gestellt wurden[47]. Spanien erhielt bereits vor dem Beitritt Unterstützung in ähnlicher Größenordnung, denn auch hier waren strukturelle Probleme in der Landwirtschaft sowie in einzelnen Industriebranchen, wie z. B. bei Eisen und Stahl, nicht zu übersehen. Die Strukturschwächen verbanden sich mit regionalen Ungleichgewichten, die die gemeinschaftsweit bestehenden Disparitäten nach einem Beitritt weiter verschärfen würden. Aus diesem Grund enthielten auch die Beitrittsabkommen mit Portugal und Spanien Protokolle, die speziell der regionalen Entwicklung gewidmet waren. Die iberische Erweiterung vermehrte die Zahl der Anspruchsberechtigten auf Regionalbeihilfen der Gemeinschaft und vergrö-

---

46 *Getimis/Economou* 1996, S. 172.

47 Für ein spezielles Programm mit dem Ziel struktureller Verbesserungen im Agrarbereich; vgl. *Bollen* et al. 2000, S. 192.

ßerte zugleich die Staatenkoalition, die diese Unterstützung bei zukünftigen Integrationsschritten auch einfordern bzw. verteidigen würden.

2.3 Die grundlegende Strukturfondsreform im Jahre 1988

2.3.1 Die Einheitliche Europäische Akte und das „Delors-Paket"

Die Kommission gab Mitte der 1980er Jahre vermehrt Studien in Auftrag, die die Perspektiven der Integration untersuchen sollten. Während die Untersuchung von Padoa-Schioppa[48] auf Chancen und Risiken eines gemeinsamen Marktes verwies, werden im sogenannten Checchini-Bericht[49] fast ausschließlich die zu erwartenden Wohlfahrtsgewinne eines verwirklichten einheitlichen Marktes herausgestellt. Mit dem „Projekt Binnenmarkt" war auch in bezug auf die strukturpolitischen Aktivitäten der Gemeinschaft eine neue Dynamik verbunden. Das Bewußtsein für regionale Entwicklungsunterschiede und die Notwendigkeit ihrer Überwindung durch gezielte Interventionen wuchs in dieser Phase nicht nur in der Kommission. Auch die Mitgliedstaaten „entdeckten" in zunehmendem Maße die sich mit europäischer Förderung verbindenden (finanziellen) Möglichkeiten. Der Rat verabschiedete beispielsweise Ende Oktober 1986 in Gestalt von STAR[50] und VALOREN[51] zwei mit EFRE-Mitteln finanzierte Gemeinschaftsprogramme, die erstmals die technologische Förderung peripherer Gebiete zum Ziel hatten. Weitere Gemeinschaftsaktivitäten folgten nach, u. a. mit Programmen für die Umstrukturierung von Stahlrevieren (RESIDER) und von Schiffswerften (RENAVAL).

Auf dem Mailänder Gipfel im Juni 1985 wurde in einer „dramatischen Kampfabstimmung"[52] auf Initiative von Frankreich und Deutschland beschlossen, einen Zusatzvertrag zu den Gründungsverträgen ausarbeiten zu lassen. Die zu diesem Zweck eingesetzte Regierungskonferenz legte ihren Entwurf im Januar 1986 vor. Am 17. Februar 1986 unterzeichneten in Lu-

48 Vgl. *Padoa-Schioppa* 1988.

49 Vgl. *Checchini* 1988; vgl. auch *Weindl/Woyke* 1999, S. 247 ff.

50 Ziel: Verbesserung der Telekommunikations-Infrastruktur, VO 3300/86, ABl. L 305/1 vom 31.10.1986.

51 Ziel: Förderung alternativer Energiequellen, VO 3301/86, ABl. L 305/6 vom 31.10.1986.

52 *Weindl/Woyke* 1999, S. 9. Dänemark, Griechenland und Großbritannien stimmten anfangs gegen das Vorhaben.

xemburg neun Mitgliedstaaten die sogenannte Einheitliche Europäische Akte[53] (EEA). Am 28. Februar 1986 folgten die Unterschriften von Italien, Griechenland und - nach einem positiv verlaufenen Plebiszit - Dänemark. Die EEA änderte erstmals die Gründungsverträge der drei Gemeinschaften und hatte weitreichende Implikationen auch für die europäische Strukturpolitik. Der EWG-Vertrag wurde durch die EEA um folgende Bestimmungen ergänzt:

- Binnenmarkt (Art. 8a-8c),
- wirtschaftlicher und sozialer Zusammenhalt (Art. 130a-130e),
- Forschung und Technologie (Art. 130f-130q),
- Umwelt (Art. 130r-130t).

Die EEA sollte nach dem Willen der Kommission einen entscheidenden Schritt auf dem Weg zur Vertiefung der europäischen Integration vorbereiten. Dazu war es notwendig, in der Frage der künftigen Finanzierung des Haushalts sowie in den Bereichen Agrar- und Strukturpolitik grundlegende Weichenstellungen vorzunehmen, zu deren Umsetzung die Kommission in Gestalt des sogenannten Delors-Pakets Vorschläge unterbreitete. Bezeichnenderweise lautete die Überschrift der betreffenden Mitteilung der Kommission an den Rat: „Die Einheitliche Akte muß ein Erfolg werden: Eine neue Perspektive für Europa“[54]. Neben der Vollendung des Binnenmarktes ging es hierin u. a. um Fragen der stärkeren Haushaltsdisziplin, das neue System der Eigenmittel sowie um die Reform der Agrarpolitik und der Strukturfonds. Der durch die EEA in den EWG-Vertrag eingefügte Art. 130a erteilte in seiner ursprünglichen Fassung dem Rat den Auftrag, innerhalb eines Jahres nach Verabschiedung der EEA (also bis spätestens 1.7.1988) einen Gesamtvorschlag mit dem Ziel zu verabschieden, „an der Struktur und den Regeln für die Arbeitsweise der bestehenden Fonds (...) die zur Präzisierung und Rationalisierung der Aufgaben dieser Fonds gegebenenfalls erforderlichen Änderungen vorzunehmen, um (...) die Effizienz der Fonds zu erhöhen und deren Tätigkeit sowohl untereinander als auch im Verhältnis zu den Tätigkeiten der vorhandenen Finanzierungsinstrumente zu koordinieren.“ Diese etwas „umständliche“, weit gefaßte Formulierung offenbart die grundlegenden Defizite der Strukturfondsförderung in der Periode vor 1988: Erstens mangelte es an einer klaren Aufgabenbeschreibung

---

53 In Kraft seit dem 1.7.1987, nachdem Irland am 25.6.1987 als letzter Mitgliedstaat ratifiziert hatte; ABl. L 169/1 vom 29.6.1987.

54 Vgl. Kommission 1987; zu den Verhandlungen über das Delors-Paket vgl. *Falkner* 1994, S. 138 ff.

und einer entsprechenden rationellen Umsetzung. Zweitens fehlte die Konzentration des Mitteleinsatzes auf das politikfeldübergreifende Kohäsionsanliegen. Drittes Manko war die zum damaligen Zeitpunkt unzureichend entwickelte, nur in Ansätzen vorhandene Koordination der Fonds untereinander.

Die Staats- und Regierungschefs einigten sich auf dem europäischen Sondergipfel in Brüssel am 11. und 12. Februar 1988, im Rahmen des Delors-Pakets eine Verdopplung der Mittel für die Strukturpolitik bis 1993 vorzunehmen. Ausschlaggebend für diesen Schritt waren insbesondere die Forderungen Spaniens und Portugals, eine Kompensation für befürchtete Nachteile, die sich für die wirtschaftlich schwächeren Staaten aus der Vollendung des Binnenmarktes hätten ergeben können, zu erhalten[55]. Vorangegangen waren zwei Treffen der Staats- und Regierungschefs[56], auf denen die Kommission erfolglos versucht hatte, die insbesondere in bezug auf die Zukunft der Strukturpolitik weit auseinander liegenden Positionen der Mitgliedstaaten mit den eigenen Vorstellungen in Übereinstimmung zu bringen[57]: Während die Südländer mehr als eine Verdopplung der Mittel für die nächste Förderperiode forderten, lehnten vor allem Frankreich, Großbritannien und Deutschland eine derartige Erhöhung ab, bzw. sie verknüpften ihr Entgegenkommen mit Forderungen im Agrarsektor sowie hinsichtlich der Beschränkung ihres Beitrags zum Gemeinschaftshaushalt („Britenrabatt"). Der im Rahmen des Gipfels ausgehandelte Kompromiß wurde in bilateralen Treffen zwischen der deutschen Ratspräsidentschaft und einzelnen Delegationen sowie zwischen der Kommission und Regierungsvertretern vorbereitet[58]. Im Ergebnis kam es zu der bereits erwähnten Einigung auf eine Verdopplung der Mittel, wobei die Südländer Zugeständnisse in anderen Fragen machen mußten, beispielsweise bei der Umstellung der Förderung auf einen regional differenzierten, gebietsorientierten Ansatz[59]. Mit der prinzipiellen Einigung auf das sogenannte Delors-Paket war der Weg frei für die bis da-

---

55 *Hooghe* (1998, S. 461): „... the Spanish and Portuguese governments extracted a doubling of the structural funds as a sidepayment for their consent to the internal market programme." Vgl. auch *Franzmeyer* 1999, S. 45 f.

56 Diese fanden im Juni 1987 in Brüssel und im Dezember 1987 in Kopenhagen statt.

57 Zu den Details vgl. *Falkner* 1994, S. 146 ff.

58 Diese bis dahin ungewöhnliche Form der Kompromißsuche bewährte sich offensichtlich, denn auf dem Berliner Gipfel im März 1999 wurde - wiederum unter deutschen Präsidentschaft - erneut auf derartige „Beichtstuhlgespräche" zurückgegriffen.

59 Vgl. *Falkner* 1994, S. 160; zu den Details der Reform vgl. auch den nachfolgenden Abschnitt.

hin grundlegendste Reform der Strukturfonds[60], in deren Zentrum „die Umstellung von der Einzelprojekt- auf die mehrjährige und integrierte Programmförderung"[61] stand. Die Umsetzung der Reform in konkreten Verordnungstexten mußte in einem nächsten Schritt erfolgen.

2.3.2 Die Strukturfondsverordnungen von 1988

2.3.2.1 Ziele und Mittel der Förderung

Am 24. Juni 1988 verabschiedete der Rat auf der Grundlage des durch die EEA neu eingefügten Art. 130d EGV nach dem Einstimmigkeitsprinzip die sogenannte Rahmenverordnung[62]. Damit gelang die „schwierige Übersetzung eines politischen Kompromisses"[63] in einen rechtsverbindlichen Text, denn es ging u. a. um die Frage, welche Regionen in die Liste der am meisten benachteiligten Gebiete aufzunehmen sein würden. Gleichzeitig wurde ein Sonderprogramm zur beschleunigten industriellen Entwicklung Portugals und Spaniens (PEDIP) mit einer Mittelausstattung von 500 Mill. ECU für die Dauer von fünf Jahren aufgelegt[64]. Die Rahmenverordnung definiert in Artikel 1 die vorrangigen Ziele der Förderung:

Ziel Nr. 1: Förderung der Entwicklung und der strukturellen Anpassung der Regionen mit Entwicklungsrückstand;

Ziel Nr. 2: Umstellung der Regionen, Grenzregionen oder Teilregionen (einschließlich Arbeitsmarktregionen und städtische Verdichtungsräume), die von der rückläufigen industriellen Entwicklung besonders betroffen sind;

Ziel Nr. 3: Bekämpfung der Langzeitarbeitslosigkeit;

Ziel Nr. 4: Erleichterung der Eingliederung der Jugendlichen in das Erwerbsleben;

Ziel Nr. 5: Im Hinblick auf die Reform der Gemeinsamen Agrarpolitik
- **a)** beschleunigte Anpassung der Agrarstrukturen,
- **b)** Förderung der Entwicklung des ländlichen Raumes.

---

60 Eine empirisch belegte, kritische Analyse der Reform von 1988 findet sich bei *Franzmeyer* et al. 1993.

61 *Zipfel* 1999, S. 56.

62 VO 2052/88 des Rates vom 24. Juni 1988, ABl. L 185 vom 15.7.1988, S. 9 ff.

63 *Falkner* 1994, S. 164.

64 Vgl. VO 2053/88, ABl. L 185 vom 15.7.1988.

Der Einsatz der Fördermittel erfolgt für die regionalen Ziele 1, 2 und 5b auf der Basis regionalbezogener Kriterien im Rahmen sogenannter Gebietskulissen. Bei den horizontalen Zielen 3, 4 und 5a handelt es sich dagegen nicht um regional zu definierende Problemlagen, sondern um die Bekämpfung der Begleiterscheinungen strukturellen Wandels in allgemeiner Form. Artikel 2 der Verordnung 2052/88 regelt, welche Fonds für die jeweiligen Ziele einzusetzen sind:

Ziel Nr. 1: EFRE, ESF, EAGFL - Abteilung Ausrichtung;

Ziel Nr. 2: EFRE, ESF;

Ziel Nr. 3: ESF;

Ziel Nr. 4: ESF;

Ziel Nr. 5a): EAGFL - Abteilung Ausrichtung;

Ziel Nr. 5b): EAGFL - Abteilung Ausrichtung, ESF, EFRE.

Die Zielgebiete werden nach einer statistischen Systematik der Gebietseinheiten voneinander abgegrenzt. Diese NUTS („Nomenclature des unités territoriales statistiques") gliedern sich in drei Ebenen: NUTS I entspricht - bezogen auf die Bundesrepublik - den Bundesländern, NUTS II den Regierungsbezirken und NUTS III den Landkreisen und kreisfreien Städten. Während die Ziele 3 und 4 nicht an diese Systematik gebunden sind, beziehen sich die Förderkulissen der Ziele 2 und 5b auf die NUTS III-Ebene. Das Ziel 1-Gebietsverzeichnis wird dagegen auf NUTS II-Ebene festgelegt[65].

2.3.2.2 Prinzipien der Förderung

Neben dem Prinzip der Konzentration der Mittel auf fünf vorrangige Ziele wurden mit der Reform des Jahres 1988 weitere zentrale Grundsätze[66] für die zukünftige Förderpraxis eingeführt. Dazu zählen die Kooperation zwischen europäischer, nationaler und subnationaler Ebene bei der Umsetzung konkreter Projekte, der Grundsatz der Programmplanung sowie das Prinzip

---

65 Zur Kritik an der NUTS-Systematik vgl. stellvertretend *Holtzmann* 1997, S. 173 ff.

66 Vgl. *Ridinger* 1992, S. 46 ff.

der Zusätzlichkeit der Mittel (Additionalitätsprinzip)[67]. In Art. 4 Abs. 1 der Rahmenverordnung wird das Partnerschaftsprinzip[68] verankert:

„Die Gemeinschaftsaktion wird als Ergänzung oder Beitrag zu den entsprechenden nationalen Aktionen konzipiert. Erreicht wird dies durch eine enge Konzertierung zwischen der Kommission, dem betreffenden Mitgliedstaat und von ihm bezeichneten, auf nationaler, regionaler, lokaler oder sonstiger Ebene zuständigen Behörden, wobei alle Parteien als Partner ein gemeinsames Ziel verfolgen. Diese Konzertierung wird nachstehend Partnerschaft genannt. Die Partnerschaft erstreckt sich auf die Vorbereitung, Finanzierung, Begleitung und Bewertung der Aktionen." Neben dieser vertikalen Komponente - der Kooperation zwischen Union, Mitgliedstaaten und Regionen - hat das Prinzip der Partnerschaft[69] eine horizontale Dimension: die Einbeziehung von Gewerkschaften und Unternehmen sowie anderen auf nationaler und regionaler Ebene tätigen gesellschaftlichen Gruppen[70].

Die Förderung soll verstärkt auf die am wenigsten entwickelten Gebiete konzentriert werden. Deshalb war ein Großteil der Mittel für Ziel 1-Gebiete vorgesehen, „... deren Pro-Kopf-BIP nach den Daten der letzten drei Jahre weniger als 75 v. H. des Gemeinschaftsdurchschnitts beträgt."[71] Gleichzeitig wurden Ausnahmen von der strikten Anwendung dieser Bestimmung formuliert: „Unter das Ziel Nr. 1 fallen ferner Nordirland, die französischen überseeischen Departements und andere Regionen, deren Pro-Kopf-BIP dem der Regionen des Unterabsatzes 1 nahekommt und für deren Berücksichtigung im Rahmen des Ziels Nr. 1 besondere Gründe bestehen." Somit war eine Möglichkeit eröffnet, das strenge Kriterium gegebenenfalls „aufzuweichen", um Verhandlungsspielräume zu schaffen. Der Umfang der Förderung wurde durch die Reform nahezu verdoppelt: Die Mittel, die für die drei Strukturfonds in der nächsten Förderperiode zur Verfügung stan-

---

67 Der Grundsatz der Kofinanzierung wird seither kontrovers diskutiert; vgl. nur *Seidel* 1999, S. 577 ff.

68 Zu den „Versprechungen" und Problemen des Partnerschaftsprinzips vgl. *Scott* 1998, S. 180 ff. Eine Übersicht konkreter Konfliktfelder im Partnerschaftsprozeß findet sich schon bei *Franzmeyer* et al. 1993, S. 50 f.

69 Einen Einblick in die ersten Anwendungsjahre des Partnerschaftsprinzips sowie einen Vergleich der unterschiedlichen Praxis in Bayern und Schottland bietet *Poth-Mögele* 1993.

70 Vgl. *Kohler-Koch* 1998, S. 56 f. In den Verordnungstexten explizit gefordert wird die Einbeziehung der Wirtschafts- und Sozialpartner erst seit der Reform des Jahres 1993; vgl. auch nachfolgend Abschnitt 2.4.

71 Art. 8 Abs. 1 der VO 2052/88 vom 24.6.1988, ABl. L 185 vom 15.7.1988, S. 13.

den, stiegen von rund 7,7 Mrd. ECU im Jahre 1988 auf über 14 Mrd. ECU in 1993[72].

2.3.2.3 Die Umsetzung des Prinzips der Partnerschaft

Die Umsetzung des Partnerschaftsprinzips im Rahmen der Programmplanung und -implementation realisiert sich in folgenden Schritten[73]:

1. Der Mitgliedstaat erstellt in Zusammenarbeit mit seinen subnationalen Untergliederungen einen Regionalentwicklungsplan (REP) mit einem Zeithorizont von drei bis fünf Jahren und unterbreitet diesen der Kommission. Diese Pläne sollen Angaben zu folgenden Punkten enthalten:
   - eine Analyse der Regionalentwicklung und ihrer Defizite,
   - zu finanzierende Förderschwerpunkte und bereits laufende Maßnahmen,
   - eine Beurteilung der Umweltauswirkungen der vorgeschlagenen Maßnahmen,
   - Schätzungen zu den benötigten Gemeinschaftsmitteln[74] (möglichst bereits nach Fonds aufgeschlüsselt).
2. Nach Prüfung des/der REP durch die Kommission und anschließender intensiver Diskussion zwischen ihr und dem betreffenden Mitgliedstaat legt dieser spätestens nach sechs Monaten sogenannte Gemeinschaftliche Förderkonzepte (GFK)[75] vor. Nach Anhörung des zuständigen Ausschusses entwirft die Kommission daraufhin den Finanzierungsplan, der sich an den mit den nationalen Vertretern abgestimmten Förderschwerpunkten orientiert und nach einzelnen Instrumenten aufgeschlüsselt ist.
3. Nach Erstellung und Genehmigung der GFK durch die Kommission beantragen die Mitgliedstaaten die Förderung durch einen oder mehrere

72 Zu Preisen von 1988; vgl. *Armstrong* 1995, S. 46.

73 Vgl. *Zeitel* 1998, S. 63 ff.; *Axt* 1997, S. 890, *Ansell* et al. 1997, S. 363 ff.; *Armstrong* 1995, S. 48 f.

74 Seit 1994 wird für Ziel 1-Förderungen „... eine globale Finanztabelle mit Richtwerten, die einen Überblick über die vorgesehenen nationalen und gemeinschaftlichen Finanzmittel für jeden der gewählten Schwerpunkte gibt" (Kommission 1996a, S. 23), gefordert.

75 Die Entstehung eines GFK ist hier bewußt vereinfacht und „idealtypisch" wiedergegeben. Eine schematische Darstellung des komplexen Vorgangs findet sich bei *Schäfers* 1993, S. 60 f.

Fonds im Rahmen sogenannter Operationeller Programme (OP)[76]. Ein OP verkörpert ein kohärentes Bündel mehrjähriger Maßnahmen, zu deren Umsetzung ein oder mehrere Fonds und ein oder mehrere sonstige vorhandene Finanzinstrumente, einschließlich Kredite der Europäischen Investitionsbank, herangezogen werden können. Dadurch besteht die Möglichkeit, Mittel verschiedener Fonds gebündelt einzusetzen, um so ihre Gesamtwirkung zu erhöhen (sogenannter integrierter bzw. Multifonds-Ansatz)[77].

4. Die Begleitung und Kontrolle der strukturfondsfinanzierten Maßnahmen erfolgt nach dem Prinzip der Partnerschaft „durch gemeinsam vereinbarte Meldeverfahren, Stichprobenkontrollen und die Einsetzung von Ausschüssen." [78] Besonders die Begleitausschüsse, die sich aus Vertretern der Kommission und der Verwaltung „vor Ort" zusammensetzen, sollen ein partnerschaftliches Miteinander garantieren und der europäischen Ebene die nötige „Problemnähe" sichern. Durch umfangreiche Berichtspflichten werden die Mitgliedstaaten ihrerseits angehalten, die korrekte Mittelverwendung zu gewährleisten, da im Falle eines Verstoßes, die Kommission befugt ist, die finanzielle Beteiligung an den betreffenden Maßnahmen zu kürzen oder auszusetzen. Die Kommission wird dabei ihrerseits auf europäischer Ebene von mit nationalen Beamten besetzten Ausschüssen unterstützt und kontrolliert[79], denen sie einmal im Jahr über die Mittelverwendungen im Rahmen der Fonds anhand der GFK berichten muß. Die Stellungnahmen der Ausschüsse zu diesem Bericht gehen dann u. a. an das Europäische Parlament.

Auf der Grundlage von Art. 130e EGV wurden am 19.12.1988 die sogenannte Koordinierungsverordnung sowie die fondsspezifischen Durchführungsverordnungen nach dem Verfahren der Zusammenarbeit (Art. 189c

---

76 Alternative Interventionsformen sind Globalzuschüsse, gemeinschaftliche Großvorhaben und spezifische Beihilferegelungen; vgl. Kommission 1996a, S. 23.

77 So können beispielsweise Mittel des EAGFL-A für Agrarstrukturmaßnahmen und gleichzeitig Mittel des EFRE für Infrastrukturmaßnahmen eingesetzt werden; vgl. *Zeitel* 1998, S. 64. Zu den Problemen bei der praktischen Umsetzung des Multifonds-Ansatzes vgl. nachfolgend Abschnitt 4.4.4.

78 Art. 25 Abs. 1 der VO 4253/88, ABl. L 374 vom 31.12.1988, S. 10.

79 Ausschuß für die Entwicklung und die Umstellung der Regionen, ESF-Ausschuß, Ausschuß für die Agrarstrukturen und die Entwicklung des ländlichen Raumes, Ausschuß für Fischerei- und Aquakulturstrukturen.

EGV) verabschiedet[80]. Da der Abstimmungsmodus lediglich eine qualifizierte Mehrheit und keine Einstimmigkeit erforderte, ergaben sich für die Kommission größere Spielräume, mehrheitsfähige Koalitionen für die Umsetzung ihrer Vorschläge zu erhalten. Dennoch dauerten die Verhandlungen im COREPER und in den verschiedenen Fachministerräten bis in den Dezember 1988, so daß der Abschluß der Reform zum 1.1.1989 mehr und mehr in Gefahr geriet. Das Europäische Parlament beteiligte sich an der Diskussion mit zahlreichen Änderungsvorschlägen[81].

Schematische Darstellung:

Verfahren der Zusammenarbeit gemäß Art. 189c EGV a. F.[82]

80 VO 4253/88 (Koordinierungs-VO), VO 4254/88 (EFRE-VO), VO 4255/88 (ESF-VO), VO 4256/88 (EAGFL-VO), ABl. L 374 vom 31.12.1988; zu den Verhandlungen vor der Verabschiedung vgl. *Falkner* 1994, S. 167 ff.

81 Vgl. Stellungnahme des Europäischen Parlaments vom 18.11.1988, ABl. C 326 vom 19.12.1988.

82 Vgl. *Läufer* 1995, S. 119.

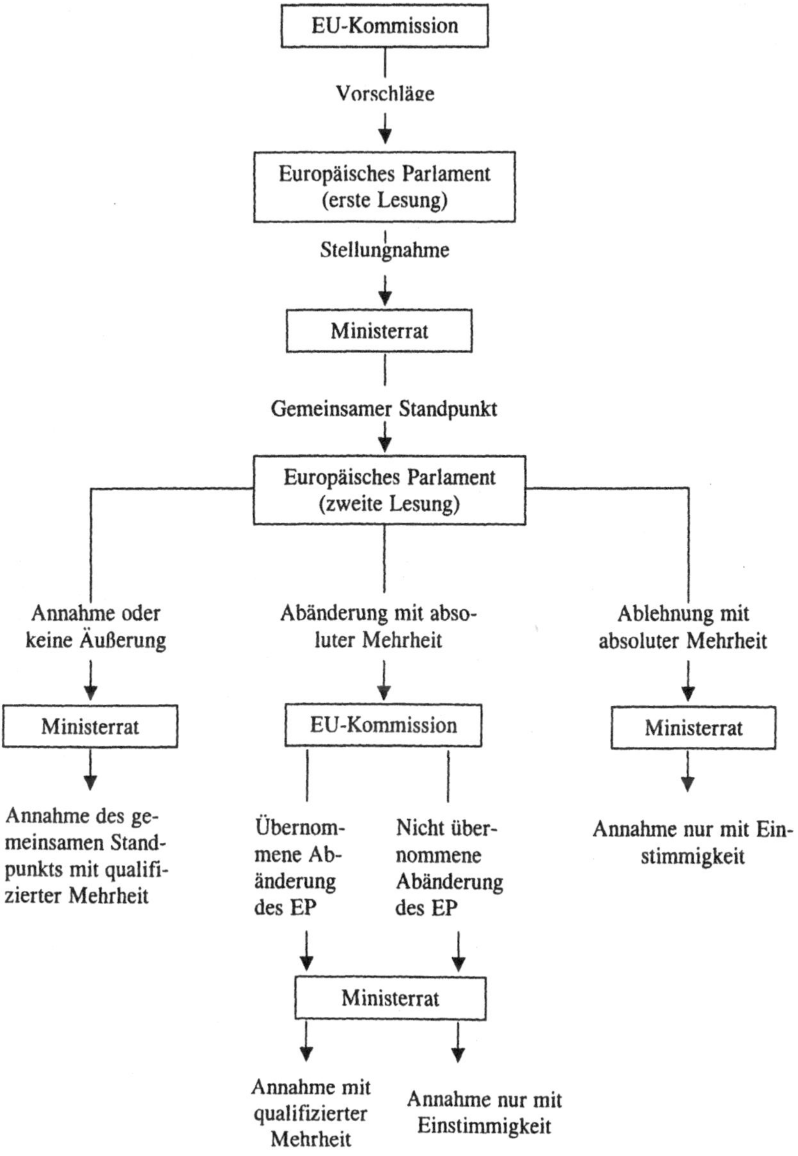
EU-Kommission
Vorschläge
Europäisches Parlament (erste Lesung)
Stellungnahme
Ministerrat
Gemeinsamer Standpunkt
Europäisches Parlament (zweite Lesung)
Annahme oder keine Äußerung
Abänderung mit absoluter Mehrheit
Ablehnung mit absoluter Mehrheit
Ministerrat
EU-Kommission
Ministerrat
Annahme des gemeinsamen Standpunkts mit qualifizierter Mehrheit
Übernommene Abänderung des EP
Nicht übernommene Abänderung des EP
Annahme nur mit Einstimmigkeit
Ministerrat
Annahme mit qualifizierter Mehrheit
Annahme nur mit Einstimmigkeit

Die Reformen des Jahres 1988, insbesondere die Betonung und Ausgestaltung des Prinzips der Partnerschaft bei der Programmplanung und -durchführung, verkörpern einen Qualitätssprung in bezug auf die institutionalisierte Kooperation der drei Ebenen: EU, Mitgliedstaaten und nationale Untergliederungen. Damit wurden zugleich die Voraussetzungen für die Herausbildung von Netzwerken in der Strukturfondsförderung geschaffen bzw. entscheidend verbessert[83]. Einen entscheidenden Beitrag zu dieser Entwicklung sollten auch die Gemeinschaftsinitiativen leisten, die der Kommission eigenständige Handlungsspielräume eröffneten.

2.3.2.4 Die Gemeinschaftsinitiativen

Nachdem im Jahre 1984 die quotenfreie Abteilung der Förderung abgeschafft und in der Folgezeit von der Kommission als Kompensation für die verlorenen Einflußmöglichkeiten verstärkt Gemeinschaftsinitiativen aufgelegt wurden, erhalten diese mit den Verordnungen des Jahres 1988 eine neue Rechtsgrundlage und zugleich eine neue Qualität. Die in der sogenannten Koordinierungsverordnung vorgesehenen Gemeinschaftsinitiativen bedürfen keines Ratsbeschlusses. Wörtlich heißt es: Die Kommission kann „... aus eigener Initiative (...) beschließen, den Mitgliedstaaten vorzuschlagen, einen Antrag auf Beteiligung an Aktionen zu stellen, die für die Gemeinschaft von besonderem Interesse sind“[84]. Durch dieses Planungs- und Entscheidungsverfahren, das sich von dem im Rahmen der Programmförderung praktizierten mehrstufigen Verfahren grundlegend unterscheidet[85], gewinnt die Kommission einen eigenen Gestaltungsspielraum bei der Umsetzung strukturpolitischer Zielsetzungen sowie hinsichtlich der Beeinflussung der nationalen Strukturpolitiken. Weitere Vorzüge, die die Kommission mit den Gemeinschaftsinitiativen (GI) verbindet, sind[86]:

- die GI können auch grenzüberschreitend eingesetzt werden und stellen somit gegenüber den im nationalen Rahmen definierten Fördergebieten eine neue Qualität dar;

83 *Rhodes* et al. (1996, S. 385): „... the reforms of 1988 changed the EU's policy process. It created the conditions for policy networks and sought to shift power to local and regional governmental units.“

84 Art. 11 der VO 4253/88 vom 19.12.1988, ABl. L 374 vom 31.12.1988, S. 6.

85 Vgl. *Rodi* 2000, S. 249 f.

86 Vgl. *Ridinger* 1996, S. 144.

- im Unterschied zu den Strukturfonds, die oftmals eine bloße Ergänzung der nationalen Förderung darstellen, enthalten die GI eine „echte Gemeinschaftsdimension“;
- bei akut auftretenden regionalen Bedürfnissen oder Notlagen kann mit den GI flexibler als mit den herkömmlichen Instrumenten reagiert werden;
- die GI können experimentellen Charakter tragen und auf diese Weise im Erfolgsfall zu innovativen Konzepten der Strukturförderung beitragen.

Gleichzeitig wird im Rahmen der Gemeinschaftsinitiativen die Kooperation mit den Verwaltungen der Mitgliedstaaten intensiviert, beispielsweise im Rahmen des speziell eingesetzten „Ausschusses für die Entwicklung und Umstellung der Regionen“[87], der sich unter Leitung der Kommission aus Vertretern der Mitgliedstaaten und einem Vertreter der EIB zusammensetzt. Die Rückbindung der Kommissionsaktivitäten verlagert sich damit sukzessive von der Ratsebene auf die „Arbeitsebene“ der mitgliedstaatlichen Verwaltungen. Ein weiteres, neues Beratungsgremium wurde per Kommissionsbeschluß[88] ebenfalls im Jahre 1988 eingesetzt: der Rat der regionalen und lokalen Rechtsverbände. Dieses Gremium setzt sich aus Experten der regionalen oder lokalen staatlichen Behörden zusammen, die allerdings einen eher geringen Gestaltungsspielraum haben, da die Kommission allein die Agenda bestimmt und somit ausschließlich ihre eigenen Vorstellungen und Konzepte zur Diskussion stellt. Tömmel kommt deshalb zu der Einschätzung[89]: „Mit der Schaffung dieses zusätzlichen Beratungsgremiums kann die Kommission bereits im Vorfeld der Beschlußfassung ihre Vorhaben mit regionalen und lokalen Verwaltungsinstanzen abstimmen; faktisch beinhaltet dies einen weiteren Schritt in Richtung Verselbständigung der europäischen Politik“.

In der Folgezeit wurde die Kommission verstärkt aktiv, um den neu entstandenen Handlungsspielraum zu nutzen. Bis Ende 1991 verabschiedete sie insgesamt 12 Gemeinschaftsinitiativen[90], die sich hauptsächlich auf Ziel 1-Gebiete bezogen und zum größten Teil aus verschiedenen Fonds finanziert werden konnten. Die so entstehenden „Kombinationseffekte“ waren beab-

---

87 Vgl. Art. 27 der VO 4253/88 vom 19.12.1988, ABl. L 374 vom 31.12.1988, S. 11.

88 Vgl. Entscheidung der Kommission vom 24.6.1988, ABl. L 247 vom 6.9.1988, S. 23 f.

89 *Tömmel* 1994, S. 59.

90 Die Initiativen RETEX und KONVER folgten 1992 bzw. 1993.

sichtigt, denn durch die Nutzung mehrerer Fonds verbreiterte sich das Spektrum der möglichen Maßnahmen bei gleichzeitiger Integration der einzelnen Fondsziele.

Tabelle: Gemeinschaftsinitiativen und geplante Mittelausstattung (in Mio. ECU)[91]

Name	Zielsetzung	Mittel	Fonds
RECHAR	Umstellung von Kohlerevieren	300	EFRE, ESF
ENVIREG	Umweltschutzmaßnahmen, vor allem in Küstengebieten	500	EFRE, ESF, EAGFL
STRIDE	Forschung und technologische Entwicklung	400	EFRE, ESF
INTERREG	Strukturverstärkung in Grenzgebieten	800	EFRE, ESF, EAGFL
REGIS	Fördermaßnahmen für ultraperiphere Gebiete	200	EFRE, ESF, EAGFL
REGEN	Bau von Erdgas- und Elektrizitätsleitungen	300	EFRE
PRISMA	Förderung spezieller Dienstleistungen	100	EFRE
TELEMATIK	Förderung der Telekommunikation	200	EFRE
LEADER	Innovative Maßnahmen in ländlichen Gebieten	400	EFRE, ESF, EAGFL
EUROFORM	Förderung transnationaler Maßnahmen	300	EFRE, ESF
NOW	Förderung der Gleichstellung von Frauen	120	EFRE, ESF
HORIZON	Förderung von Behinderten im Arbeitsprozeß	180	EFRE, ESF
RETEX	Umstellung von Textilgebieten	100	EFRE, ESF
KONVER	Konversion von Rüstungs- u. Militärstandorten	130	EFRE, ESF
Summe		4.030	

Die mit den Gemeinschaftsinitiativen erzielbaren Effekte dürfen allerdings nicht überschätzt werden, handelt es sich doch um sektoriell konzentrierte

91 Vgl. *Tömmel* 1994, S. 114 f.

und finanziell begrenzte Programme. Die Auswertung einer Fragebogenaktion des Deutschen Instituts für Wirtschaftsforschung aus den Jahren 1991 und 1992 zeigt eine erste kritische Bilanz zu der Wahrnehmung der Gemeinschaftsinitiativen auf regionaler Ebene: 20 von 28 befragten Landesministerien stuften zum damaligen Zeitpunkt die Bedeutung der Gemeinschaftsinitiativen für ihr Bundesland als gering ein[92].

2.4 Die Reform der Fondsverordnungen im Jahre 1993

2.4.1 Die Verhandlungen um den Maastrichter Vertrag

Art. 19 der Rahmenverordnung von 1988[93] legt fest, daß eine Überprüfung der Verordnung innerhalb von fünf Jahren zu erfolgen hat. Die Verordnung trat gemäß Art. 20 zum 1.1.1989 in Kraft. Spätestens Ende 1993 mußte somit eine Revision erfolgen. Auf dem Weg dahin lagen die Verhandlungen zu dem Vertragswerk von Maastricht[94], das auch in strukturpolitischer Hinsicht wesentliche Weichenstellungen vornehmen sollte. Folgende Zielsetzungen wurden mit den Verhandlungen verknüpft:

1. Vollendung der Wirtschafts- und Währungsunion (WWU) bis zum Jahr 1999;
2. Schaffung einer Politischen Union durch Einbeziehung der Politikfelder Justiz und Inneres sowie Außen- und Sicherheitspolitik;[95]
3. Gewährleistung größerer Bürgernähe bei der „Verwirklichung einer immer engeren Union der Völker Europas" (Art. A des EU-Vertrags).

Bei der Realisierung dieser Zielsetzungen mußten zwangsläufig Fragen des wirtschaftlichen und sozialen Zusammenhalts (Kohäsion) sowie der nach wie vor bestehenden Entwicklungsunterschiede zwischen den Zentren und den peripheren Gebieten behandelt werden. Einige Mitgliedstaaten sahen

---

92 Vgl. *Franzmeyer* et al. 1993, S. 81 ff.

93 VO 2052/88 vom 24.6.1988, ABl. L 185 vom 15.7.1988, S. 19.

94 Die Unterzeichnung des Maastrichter Vertrages erfolgte am 7. Februar 1992, vorbehaltlich der Regelung einiger noch offener Fragen. Zum deutschen Beitrag - insbesondere der Länder - zu den Verhandlungen der Regierungskonferenz vgl. *Kalbfleisch-Kottsieper* 1993.

95 Daraus resultiert die „Säulenstruktur" der Europäischen Union, mit den bereits vergemeinschafteten Politikfeldern in der ersten Säule sowie den beiden Bereichen der intergouvernementalen Zusammenarbeit.

sich vor dem Dilemma, u. U. zwischen der Wettbewerbsfähigkeit im Binnenmarkt und der Teilnahmemöglichkeit an der WWU wählen zu müssen, weil durch eine übermäßige Neuverschuldung die Erfüllung der Konvergenzkriterien zusätzlich erschwert worden wäre. Spanien drohte mit dem Scheitern der Verhandlungen und forderte als Wortführer der strukturschwachen Länder, daß ein Kompensationsfonds für benachteiligte Gebiete eingerichtet werden solle[96]. Dies geschah auf dem Edinburgher Gipfel des Europäischen Rates im Dezember 1992, der sich über die Finanzierung des neu zu schaffenden Kohäsionsfonds einigte. Am Ende gelang es den Staaten der Peripherie jedoch nicht, ihre Maximalforderung nach „allgemeiner" Zusatzförderung durchzusetzen[97]. Gemäß Art. 130d Abs. 2 EGV soll der Kohäsionsfonds „zu Vorhaben in den Bereichen Umwelt und transeuropäische Netze auf dem Gebiet der Verkehrsinfrastruktur" finanziell beitragen. Förderberechtigt sind all jene Mitgliedstaaten, deren BSP pro Kopf weniger als 90 Prozent des Gemeinschaftsdurchschnitts beträgt. Im Zeitraum 1993 bis 1999 waren für Investitionen in Spanien, Portugal, Griechenland und Irland insgesamt 15,15 Mrd. ECU[98] vorgesehen.

Nachdem es der Kommission in der Reform von 1988 gelungen war, ihre Vorstellungen im Bereich der Strukturfondsförderung weitgehend umzusetzen und dadurch einen größeren administrativen und finanziellen Spielraum zu gewinnen[99], versuchten einige Mitgliedstaaten im Vorfeld der Reform von 1993, diesen wieder einzuengen. Insbesondere Großbritannien, Frankreich und Deutschland drängten auf eine (teilweise) Renationalisierung der regionalen Strukturpolitik. Zu diesem Zweck legte die französische Regierung ein umfassendes Konzept vor, das von Großbritannien, Spanien und Deutschland unterstützt wurde. Dieser Koalition standen Portugal und Irland als Hauptempfängerländer sowie Belgien und die Kommission gegenüber. Angesichts dieser Kräfteverhältnisse stellt sich bei Betrachtung der Ergebnisse des Jahres 1993, die im wesentlichen eine Bestätigung und Fortschreibung der 1988er Reform bedeuten, die Frage, „... warum es einer mächtigen Allianz von Regierungen nicht gelang, den Einfluß der Kommission nachhaltig zu beschneiden."[100] Ein wesentlicher Grund liegt in dem anzuwendenden Entscheidungsverfahren: Da zum Zeitpunkt der Reform (Juli

---

96 Vgl. *Schäfers* 1993, S. 43.

97 Vgl. *Steppacher* 1996, S. 14.

98 Endgültig geregelt in VO 1164/94 vom 16.5.1994, ABl. L 130 vom 25.5.1994.

99 Vgl. *Hooghe* 1996.

100 *Marks* 1996, S. 319.

1993) der Maastrichter Vertrag noch nicht in Kraft[101] getreten war, wurde für die Abstimmung über die Strukturpolitik ein ad hoc-Verfahren angewandt, das Einstimmigkeit im Rat sowie die Beteiligung des Europäischen Parlaments über das Verfahren der Zusammenarbeit (Art. 189c EGV a. F.) vorsah. Bereits im Vorfeld zeigte sich, daß weder eine einstimmige Entscheidung im Rat noch die Zustimmung des Parlaments zur Renationalisierung der Strukturpolitik erreichbar waren. Die Paradoxie dieser Situation besteht darin, daß das Einstimmigkeitsprinzip normalerweise als Verhinderer weitergehender Integrationsschritte etikettiert wird, hier aber die gegenteilige Wirkung entfaltet: Durch den Zwang zur Einstimmigkeit ist es gleichsam schwierig, den erreichten Vergemeinschaftungsgrad wieder zurückzuführen[102].

Das mit dem Vertragswerk von Maastricht verbundene Ziel größerer Bürgernähe bei der Entscheidungsfindung[103] hatte unmittelbare Auswirkungen auch auf die Strukturpolitik. Durch die Verankerung des Subsidiaritätsprinzips in Art. 3b EGV[104] und durch die Etablierung eines Ausschusses der regionalen und lokalen Gebietskörperschaften[105] wurde eine Möglichkeit eröffnet, dem Prinzip der Partnerschaft in der gemeinsamen Programmplanung und -durchführung eine neue Qualität zu geben. Die Kommission machte mit dem sogenannten Delors-II-Paket deutlich, daß sie die Reformen von 1988 für im wesentlichen umgesetzt ansah und brachte gleichzeitig ihre Vorstellungen von Weg und Ziel der weiteren Integration zum Ausdruck. In bezug auf den wirtschaftlichen und sozialen Zusammenhalt ist zu lesen: „Natürlich kann die Gemeinschaft nicht alle Probleme lösen, doch zeigt eine erste Zwischenbilanz, daß die Aktionen, die sie seit 1988 in Angriff genommen hat, weitgehend erfolgreich waren." [106] Daß die solidarische Unterstützung für die wirtschaftlich schwächeren Regionen auch zukünftig einen

---

101 Dieser trat erst am 1. November 1993 nach der Ratifikation durch die Parlamente aller Mitgliedstaaten sowie nach erfolgreichen Referenden in Dänemark (im „zweiten Anlauf") und Frankreich in Kraft.

102 Vgl. *Marks* 1996, S. 320.

103 In der Präambel des EU-Vertrages heißt es im 11. Erwägungsgrund, daß Entscheidungen „möglichst bürgernah" getroffen werden sollen.

104 Einschränkend muß festgehalten werden, daß in der Formulierung des Subsidiaritätsprinzips lediglich von den Mitgliedstaaten - und nicht von deren subnationalen Untergliederungen - die Rede ist; vgl. nur *Calliess* 1996.

105 Nach Artikel 198a-198c EGV; vgl. ausführlicher zum AdR vorstehend Abschnitt 1.3.2.8.

106 Kommission 1992, S. 21.

Schwerpunkt der Gemeinschaftsaktivitäten darstellen soll, bringt ein dem Maastrichter Vertrag beigefügtes „Protokoll über den wirtschaftlichen und sozialen Zusammenhalt“[107] zum Ausdruck.

2.4.2 Anpassung der Grundsätze und Ziele der Strukturfonds

Einer der Erwägungsgründe der am 20. Juli verabschiedeten Verordnung zur Änderung der Rahmenverordnung aus dem Jahr 1988[108] lautet: „Die Grundprinzipien der Strukturfondsreform von 1988 sollen weiterhin für die Tätigkeiten der Fonds bis 1999 gelten, doch haben die bisherigen Erfahrungen gezeigt, daß Verbesserungen vorzunehmen sind, um die Effizienz der Strukturpolitik zu erhöhen und sie weiter zu vereinfachen und transparenter zu gestalten.“ In der Realität wurden die Förderkriterien jedoch aufgeweicht und das Procedere verlor eher noch an Transparenz. Ein Grund für diese Entwicklung liegt darin, daß die Kommission eine Art „Kompensationsmasse“ für künftige Beitrittsverhandlungen schaffen wollte[109]. So wurde beispielsweise ein neuer „Fördertopf“ gebildet, nachdem es der Kommission nicht gelungen war, die Strukturprobleme von Fischereigebieten in einem neuen Ziel Nr. 6 zu lancieren[110]: das Finanzinstrument für die Ausrichtung der Fischerei[111] (FIAF). Die Grundprinzipien der Förderung (Konzentration der Mittel, Partnerschaft, Programmplanung und Zusätzlichkeit der Mittel) blieben gegenüber 1988 unverändert, bzw. wurden nur in einigen Details modifiziert. Folgerichtig werden die Reformen von 1993 in der Literatur als „fine-tuning“[112] der vorangegangenen Revisionsrunde charakterisiert.

2.4.2.1 Das Prinzip der Konzentration der Fördermittel

Der Grundsatz der Konzentration der Förderung auf die wirtschaftsschwächsten Regionen beinhaltet thematische, finanzielle und geographische Aspekte. Die Konzentration auf Zielgebiete wurde beibehalten, die Stringenz bei der Auslegung der Kriterien jedoch in einigen Fällen „aufge-

107 ABl. C 191 vom 29.7.1992, S. 93 f.

108 VO 2081/93 vom 20.7.1993, ABl. L 193 vom 31.7.1993, S. 5; zur Revision der Fondsverordnungen vgl. auch *Staeck* 1996, S. 38 ff.

109 Vgl. *Zeitel* 1998, S. 70.

110 Vgl. *Tömmel* 1994, S. 63 ff.

111 VO 2080/93 vom 20.7.1993, ABl. L 193 vom 31.7.1993.

112 *Armstrong* 1995, S. 24; vgl. auch *Zipfel* 1999, S. 57 f.

weicht", wodurch der Umfang der in den Genuß von Förderung kommenden Regionen weiter zunahm. So blieb zwar die Definition für das **Ziel 1** unverändert. Der Umfang der geförderten Gebiete wurde allerdings allein schon durch die deutsche Einheit wesentlich ausgeweitet - die neuen Bundesländer und der Ostteil Berlins kamen flächendeckend dazu. Aber auch Regionen aus anderen Mitgliedstaaten erhielten den Ziel 1-Förderstatus[113]. Dies erfolgte in der Mehrzahl der Fälle aus „rein politischen Erwägungen"[114], da die BSP der betreffenden Gebiete oberhalb des Schwellenwertes von 75 % des Gemeinschaftsdurchschnitts lagen. Im Ergebnis lebten nun 26,6 % der EU-Gesamtbevölkerung in Ziel 1-Fördergebieten, gegenüber 21,7 % in der Periode 1988-93. Acht Prozent der EU-Bevölkerung - das entsprach 7,4 Mio. Bürgern - kamen somit in den Genuß der Ziel 1-Förderung, obwohl diese Gebiete die harten Kriterien nicht erfüllten. Die Kommission machte für diesen „politischen Kompromiß" das nach wie vor geltende Einstimmigkeitserfordernis bei der Verabschiedung der Liste der Ziel 1-Förderregionen verantwortlich. Sie hatte im Vorfeld der Regierungskonferenz vorgeschlagen, Mehrheitsabstimmungen zur Regel zu machen, konnte sich damit aber nicht durchsetzen[115].

Durch die Revision der Fondsverordnungen wurden die Definitionen der Ziele modifiziert:

Ziel 2: Zusätzlich zu den Industrieregionen mit hoher Arbeitslosigkeit sollen auch städtische Gebiete mit schwerwiegenden Problemen in bezug auf Altlasten und Industriebrachen gefördert werden.

Ziel 3 stellt eine Zusammenfassung der bisherigen Ziele 3 und 4 dar und lautet nun: Bekämpfung der Langzeitarbeitslosigkeit und Erleichterung der Eingliederung der Jugendlichen und der vom Ausschluß aus dem Arbeitsmarkt bedrohten Personen in das Erwerbsleben.

Ziel 4 wurde neu formuliert: Erleichterung der Anpassung der Arbeitskräfte an die industriellen Wandlungsprozesse und an Veränderungen der Produktionssysteme.

---

113 Hainaut (BEL), Cantabria (ESP), die Arrondissements Avesnes, Douai und Valenciennes (FRA), Abruzzi (ITA, 1994-96), Flevoland (NED), Highlands and Islands, Merseyside (UK); vgl. Anhang 1 der VO 2081/93 vom 20.7.1993, ABl. L 193 vom 31.7.1993, S. 19.

114 *Friedmann* 1996, S. 59; weniger kritisch vgl. *Fischer* 1998, S. 18.

115 Vgl. Kommission 1996, S. 116.

Ziel 5 bezieht sich weiterhin auf die Förderung der Entwicklung des ländlichen Raumes. Bei dem ansonsten unveränderten **Ziel 5a)** wurden die Fischereiregionen neu in die Förderkulisse aufgenommen. Die Kriterien für die Förderung auf der Grundlage von **Ziel 5b)** erfuhren eine Erweiterung durch die künftige Förderfähigkeit von ländlich strukturierten Regionen mit niedrigem sozialen und wirtschaftlichen Entwicklungsstand, soweit diese mindestens zwei der drei folgenden Kriterien erfüllen: hoher Anteil der in der Landwirtschaft beschäftigten Personen, niedriges Agrareinkommen, geringe Bevölkerungsdichte und/oder eine starke Tendenz zur Abwanderung[116].

2.4.2.2 Das Prinzip der Partnerschaft

Das Prinzip der Partnerschaft wurde dahingehend ausgebaut, daß nicht mehr nur von den Mitgliedstaaten benannte „Behörden" der nationalen, regionalen oder lokalen Ebene aufgefordert sind, sich an der Planung, Durchführung und Bewertung gemeinschaftlicher Förderprojekte zu beteiligen, sondern darüber hinaus auch „... Einrichtungen und - nach Maßgabe der institutionellen Regeln und der Praxis des Mitgliedstaats - den Wirtschafts- und Sozialpartnern"[117] eine besondere Verantwortung zukommt. Das in dieser Form qualitativ und quantitativ ausgeweitete Partnerschaftsprinzip stellt die bedeutendste institutionelle Neuerung im Rahmen der Reformrunde des Jahres 1993 dar[118]. Hervorgehoben wird das Prinzip der Partnerschaft darüber hinaus in bezug auf die „Vorausbeurteilung und die Ex-post-Bewertung" der Maßnahmen. Offensichtlich galt es besonders auf diesem Gebiet, Defizite in der bisherigen Förderpraxis zu überwinden. Insgesamt sollte mit der Betonung des partnerschaftlich-konsensualen Elements in den Durchführungsverordnungen dem Subsidiaritätsgedanken verstärkt Rechnung getragen werden. Allerdings war es für die „Wirtschafts- und Sozialpartner" in der Folgezeit schwierig, einen Anspruch auf Beteiligung durchzusetzen, da die Entscheidung über die Frage, wer, wann, in welcher Form eingebunden werden soll, weiterhin allein bei den Mitgliedstaaten lag. Der Verbindlich-

---

116 Vgl. Art. 11a, der VO 2081/93 vom 20.7.1993, ABl. L 193 vom 31.7.1993, S. 14.

117 VO 2081/93 vom 20.7.1993, ABl. L 193 vom 31.7.1993, S. 8.

118 *Hooghe* (1998, S. 462) charakterisiert die zukünftige Einbeziehung der Wirtschafts- und Sozialpartner als „... the chief institutional innovation of the structural funds".

keitsgrad der Beteiligung gesellschaftlicher Gruppen seitens der Kommission wurde zudem nicht näher ausgeführt, so daß es sich im konkreten Fall um bloße Informationsweitergabe, um Stellungnahmen, aber auch um substantielle Mitbestimmung handeln konnte[119].

Die Kommission hat durch die Initiierung und Umsetzung des Partnerschaftsprinzips in einigen Fällen dazu beigetragen, Akteure mit entsprechender administrativer Kapazität auf regionaler Ebene überhaupt erst entstehen zu lassen. Vor der Verabschiedung der Förderprogramme gab es beispielsweise in Großbritannien keine offiziell organisierten Regionen. Ermutigt durch die Kommission bildete eine Anzahl regionaler Gruppierungen in Nordwestengland[120] im Februar 1992 eine Vereinigung, die sich seitdem der Planung und Umsetzung europäisch finanzierter Entwicklungsprojekte widmet. Die in Aussicht gestellten Fördermittel wirkten in diesem Fall strukturbegründend - das anfangs rein informelle Netzwerk wurde mit tatkräftiger Unterstützung der Kommission initiiert und durch regelmäßige Kontakte institutionalisiert. Dieses Beispiel belegt das Selbstverständnis der Kommission in der regionalen Strukturpolitik als „critical broker“[121] zwischen Region und Mitgliedstaat. Bezeichnend für die jüngere Vergangenheit ist eine extrem schnelle Zunahme der Anzahl der in Brüssel durch ein eigenes Büro vertretenen Regionen: waren es im Jahre 1985 lediglich 2 offizielle Verbindungsbüros, so liegt deren Zahl mittlerweile bei über 100[122].

2.4.2.3 Das Prinzip der Programmplanung

An der Abfolge der bereits 1988 ausgearbeiteten mehrjährigen Programmplanung (REP, GFK, OP)[123] hat sich durch die Reform prinzipiell nichts geändert. Es wurde jedoch versucht, durch ein beschleunigtes Verfahren, die in der Regel langwierigen Konsultations- und Entscheidungsprozesse bis zur Verabschiedung der Operationellen Programme für einige Bereiche abzukürzen. Für alle Ziele, mit Ausnahme von Ziel 5 a, bestand fortan die Möglichkeit nur noch ein sogenanntes Einheitliches Programmplanungsdokument

---

119 Vgl. *Staeck* 1997, S. 98; vgl. auch den empirisch unterlegten zweiten Teil der vorliegenden Untersuchung.

120 Vgl. *Conzelmann* 1995, insbesondere S. 158 ff.

121 *Ansell* et al. 1997, S. 356.

122 Folgende Etappen sind belegt: 1988 - 15 Büros, 1993 - 54, 1994 - 76; vgl. *Ansell* et al. 1997, S. 360.

123 Ausführlicher vgl. vorstehend Abschnitt 2.3.2.2.

(EPPD) vorzulegen. Dieses EPPD enthielt alle bisher in REP, GFK und OP enthaltenen Angaben gebündelt und erlaubte es den Mitgliedstaaten, „... ihre finanziellen Beihilfeanträge bereits in die der Kommission übermittelten Entwicklungspläne einzubauen."[124] Gleichzeitig blieb das mehrstufige Entscheidungsverfahren bestehen, so daß die Mitgliedstaaten in Absprache mit der Kommission nunmehr die Möglichkeit der Wahl hatten, welche Alternative ihnen für die Planung und Umsetzung des konkreten Förderprojektes besser geeignet erschien.

2.4.2.4 Das Prinzip der Zusätzlichkeit der Mittel

Der Grundsatz der Additionalität wurde ebenso wie die drei vorstehend genannten Prinzipien prinzipiell bestätigt. Die ursprünglich hinter diesem Prinzip stehende Intention bekräftigt Art. 9 Abs. 1 der neuen Koordinierungsverordnung: „Zur Gewährleistung einer tatsächlichen wirtschaftlichen Auswirkung dürfen die Mittel der Strukturfonds und des FIAF (...) nicht an die Stelle der öffentlichen Strukturausgaben oder Ausgaben gleicher Art des Mitgliedstaats (...) treten."[125] Im weiteren Wortlaut wird eine Beibehaltung der bisherigen nationalen Strukturausgaben gefordert. Allerdings sind von dieser „Minimalanforderung" nochmals Ausnahmen aufgrund wirtschaftlicher oder konjunktureller Entwicklungen möglich. Eine kritische Analyse der Revision des Jahres 1993 kommt folgerichtig zu dem Ergebnis: „Das Prinzip der Additionalität, das die EG bereits seit Ende der 70er Jahre in der Praxis mit wenig Erfolg durchzusetzen versucht, wurde erheblich aufgeweicht."[126]

Die Reform von 1988 hatte zu einer Verdopplung[127] der zur Verfügung stehenden Mittel geführt. Einen ähnlichen Quantensprung markierte die Reform von 1993: Die für Verpflichtungen der Strukturfonds und des FIAF verfügbaren Mittel beliefen sich für den Zeitraum 1994-1999 auf insgesamt über 141 Mrd. ECU, wobei ein erheblicher Teil für die unter das Ziel 1 fallenden Regionen mit Entwicklungsrückstand vorgesehen war: rund 96 Mrd. ECU (zu Preisen von 1992). Bemerkenswert ist weiterhin die kontinuierliche jährliche Zunahme der Mittelausstattung. Die Verteilung auf die einzelnen Jahre stellt sich wie folgt dar:

---

124 Vgl. *Staeck* 1997, S. 101.

125 VO 2082/93 vom 20.7.1993, ABl. L 193 vom 31.7.1993, S. 23.

126 *Friedmann* 1996, S. 59; ebenfalls kritisch vgl. *Armstrong* 1995, S. 56.

127 Von 7,2 Mrd. ECU in 1987 auf 14,5 Mrd. ECU in 1993; vgl. *Steppacher* 1996, S. 15 f.

Tabelle: Verpflichtungsermächtigungen für den Zeitraum 1994-99 (in Mrd. ECU zu Preisen von 1992)[128]

	1994	1995	1996	1997	1998	1999	1994-99
Strukturfonds u. FIAF	20,135	21,480	22,740	24,026	25,690	27,400	141,471
davon Ziel 1-Regionen	13,220	14,300	15,330	16,396	17,820	19,280	96,346

2.4.3 Die Reform der Gemeinschaftsinitiativen

Nachdem die Kommission den ihr auf dem Gebiet der Gemeinschaftsinitiativen seit der Novellierung der Fondsverordnungen 1988 zur Disposition stehenden Spielraum extensiv genutzt hatte, versuchten die Staats- und Regierungschefs auf dem Gipfel von Edinburgh im Dezember 1992 diese Handlungsoptionen wieder einzuschränken. Die Mittel für die Gemeinschaftsinitiativen sollten in Zukunft 5 bis 10 Prozent der Gesamtausgaben für die Fonds nicht überschreiten, bei einer gleichzeitigen Beschränkung auf genau festgelegte Bereiche: grenzüberschreitende Kooperation sowie ultraperiphere Gebiete. Für eine Einschränkung der Kommissionsprärogativen machten sich vor allem die Regierungen Frankreichs, Großbritanniens, Deutschlands und Spaniens stark. Verbündete der Kommission waren dagegen die Vertreter Irlands, Portugals und Belgiens[129]. An den langwierigen Verhandlungen wirkte das Europäische Parlament erstmals aufgrund seiner neuen Kompetenzen durch die Vorlage von Änderungswünschen mit: Während der ersten Lesung der Kommissionsentwürfe wurden mehr als 400 Änderungsvorschläge unterbreitet. Der schließlich erzielte Kompromiß sah folgendermaßen aus[130]: Die Mittel für Gemeinschaftsinitiativen werden auf 9 % der Gesamtmittel begrenzt[131] und der Kommission ein aus Vertretern der Mitgliedstaaten zusammengesetzter spezieller Verwaltungsausschuß für die Gemein-

---

128 Vgl. Art. 12 der VO 2081/93 vom 20.7.1993, ABl. L 193 vom 31.7.1993, S. 16 sowie Anhang II (S. 19).

129 Zu den Einzelheiten der Auseinandersetzung vgl. *Ansell* et al. 1997, S. 353.

130 Zu dem Prozeß der Kompromißfindung zwischen Kommission und Rat vgl. *Tömmel* 1994, S. 63 ff.

131 Vgl. Art. 12 Abs. 5 der VO 2081/93 vom 20.7.1993, ABl. L 193 vom 31.7.1993, S. 16.

schaftsinitiativen[132] zur Seite gestellt. Damit wurden die Betätigungsmöglichkeiten, die sich die Kommission bei den Gemeinschaftsinitiativen im Laufe der Jahre erarbeitet hatte, zwar wieder etwas zurückgeschnitten. Die Kernpunkte der Reform des Jahres 1988 blieben jedoch unverändert.

Tabelle: Gemeinschaftsinitiativen für den Zeitraum 1994-1999 (in Preisen von 1994)[133]

Name	**Zielsetzung**	**Mittel (in Mio. ECU)**	**davon Ziel 1-Gebiete**
INTERREG II, REGEN	Grenzüberschreitende Zusammenarbeit, transnationale und internationale Netze	2.900	2.300
LEADER II	Innovative Maßnahmen in ländlichen Gebieten	1.400	900
REGIS II	Fördermaßnahmen für ultraperiphere Gebiete	600	600
NOW, HORIZON, YOUTHSTART	Beschäftigung und Entwicklung der Humanressourcen	1.400	800
ADAPT	Bewältigung des industriellen Wandels	1.400	400
RECHAR II	Umstellung von Kohlerevieren	400	100
RESIDER II	Bewältigung des industriellen Wandels	500	100
KONVER	Rüstungs- und Militärstandortkonversion	500	200
RETEX	Umstellung von Textilgebieten	500	400

132 Vgl. Art. 29a der VO 2082/93 vom 20.7.1993, ABl. L 193 vom 31.7.1993, S. 31.

133 Zusammenstellung auf der Grundlage der von der Kommission am 1. Juli 1994 veröffentlichten Leitlinien zu den Gemeinschaftsinitiativen, ABl. C 180 vom 1.7.1994. Die Initiativen RECHAR, RESIDER II, KONVER sowie RETEX beziehen sich auf den Zeitraum 1994-97. Vgl. auch *Zeitel* 1998, S. 79, *Fischer* 1998, S. 18 f.

Name	Zielsetzung	Mittel (in Mio. ECU)	davon Ziel 1-Gebiete
RETEX (P)	Modernisierung der Textilindustrie in Portugal	400	400
KMU	Förderung kleiner und mittlerer Unternehmen	1.000	800
PESCA	Umstrukturierung der Fischerei	250	125
URBAN	Städtische Krisenviertel	600	400
Reserve		1.600	800
		13.450	8.275

Wie die Auflistung zeigt, war es der Kommission trotz der Beschränkung der Mittel auf 9 % des Gesamtbudgets möglich, sowohl bestehende Programme fortzusetzen (z. B. INTERREG, RESIDER) als auch neue Initiativen[134] zu starten. 90 % der Gesamtfördermittel standen den Strukturfonds und dem FIAF zur Verfügung und ein Prozent für sogenannte Innovative Maßnahmen (z. B. Studien und Pilotvorhaben) und Technische Hilfe, die ebenso wie die GI auf Initiative der Kommission durchgeführt werden. Bei den Gemeinschaftsinitiativen wurden eigene Schwerpunkte gesetzt (KMU, ADAPT) und gleichermaßen die Vorschläge des Europäischen Parlaments aufgegriffen, die u. a. die spezifischen Probleme urbaner Zentren (URBAN) und die Strukturkrise in der Fischerei (PESCA) beinhalteten. Ein Beispiel für das flexible Reagieren der Kommission auf neue oder veränderte Situationen mit Hilfe einer GI ist die Initiative PEACE zur Unterstützung des Friedens- und Versöhnungsprozesses in Nordirland (300 Mio. ECU für 1995-97). Die am 1. Juli 1994 von der Kommission veröffentlichten Leitlinien zu den Gemeinschaftsinitiativen regelten die Frage der potentiell Begünstigten und sahen für die konkrete Förderung folgendes Verfahren vor: „Die Mitgliedstaaten stellen ihre Zuschußanträge für integrierte Operationelle Programme oder Globalzuschüsse innerhalb von vier Monaten nach der Veröffentlichung dieser Mitteilung“[135]. Dabei hatten sich die Verwaltungen der Mitgliedstaaten direkt an die betreffende Generaldirektion (GD) zu wenden, die dann auf der Grundlage eines genau definierten Kriterienka-

134 Vgl. Kommission 1996a, S. 24.

135 ABl. C 180 vom 1.7.1994, S. 4; die zitierte Regelung bezieht sich auf PESCA, findet sich aber auch in den Leitlinien für die anderen Gemeinschaftsinitiativen wieder.

talogs über die Förderfähigkeit der angemeldeten Maßnahmen entschied. Die Zuordnung wurde wie folgt geregelt: Für PESCA war die GD XIV (Fischerei) zuständig, für ADAPT, NOW, HORIZON und YOUTHSTART die GD V (Beschäftigung, Arbeitsbeziehungen und soziale Angelegenheiten), für LEADER II die GD VI (Landwirtschaft). Für alle anderen Gemeinschaftsinitiativen zeichnete die GD XVI (Regionalpolitik) verantwortlich.

2.5 Die Erweiterung um Österreich, Finnland und Schweden

2.5.1 Die Beitrittsverhandlungen

Entgegen früheren Erweiterungsrunden bestand diesmal nicht die Gefahr, daß durch den Beitritt der EFTA-Staaten sich die Entwicklungsunterschiede innerhalb der Gemeinschaft dramatisch verschärfen würden: Österreich und Schweden wurden nach einer Übergangszeit Nettozahler. Lediglich Finnland ist bedingt durch die hohe Arbeitslosenquote bei vergleichsweise niedrigerer Produktivität Nettoempfänger. Dennoch waren die Verhandlungen, die am 1. Februar 1993 offiziell begannen und am 12. April 1994 endeten, von konfligierenden Interessenlagen geprägt, da die Beitrittsaspiranten eine Politik der Besitzstandswahrung verfolgten[136]. Die skandinavischen Länder forderten beispielsweise die sofortige und ausnahmslose Teilnahme an den Strukturfondsförderungen bei gleichzeitiger Gewährung großzügiger Übergangslösungen für die eigene, hochsubventionierte Land- und Fischereiwirtschaft. Begründet wurde diese Haltung u. a. damit, daß in allen beitrittswilligen Staaten Referenden über den Beitritt stattfanden und somit die Bevölkerungsmehrheit davon überzeugt werden mußte, daß sich mit der Mitgliedschaft mehr Vor- als Nachteile verbinden würden. Die Abstimmung in Norwegen endete trotz pro-europäischer Werbung durch die politische Führung mit dem Ergebnis, daß die Bevölkerungsmehrheit wie schon im Jahre 1972 gegen die Mitgliedschaft stimmte.

2.5.2 Die Kompromißlösungen auf dem Gebiet der Strukturfonds

Das Novum dieser Beitrittsrunde bestand darin, daß es auf dem Gebiet der Agrarsubventionen erstmals nicht um Preisstützungen ging, sondern um deren Senkung, da die in den Beitrittskandidaten erzielten Marktpreise über dem Niveau der Gemeinschaft lagen. Im Ergebnis der Verhandlungen wur-

---

136 Vgl. *Bollen* et al. 2000, S. 194 f.

den den Beitrittskandidaten umfangreiche Kompensationszahlungen zugesichert, großzügige Übergangsbestimmungen genehmigt und beträchtliche Subventionen zugesagt, beispielsweise in bezug auf die Milch- und Zuckerquoten sowie bei der Viehhaltung. Geregelt wurden die Fragen des Beitritts in einem Vertrag zwischen den bisherigen EU-Mitgliedstaaten und den Beitrittsländern, dessen Anhänge mehrere hundert Seiten umfassen[137]. Das besondere Interesse der skandinavischen Länder lag auf der Wahrung der Belange der Fischereiwirtschaft, die traditionell einen bedeutenden Sektor ihrer Volkswirtschaften darstellt. Auch in diesem Bereich wurden detaillierte (Übergangs-)Regelungen zu den Fangquoten und -gründen der einzelnen Länder gefunden. Titel VI des Beitrittsvertrages regelt, ergänzt durch umfangreiche Anhänge, den Bereich der Landwirtschaft. Hierin wird u. a Österreich gestattet, bisher gewährte Beihilfen für seine Landwirte auch weiterhin zu zahlen. Von entscheidender Bedeutung für die skandinavischen Länder ist in diesem Zusammenhang die Möglichkeit der „... Gewährung langfristiger einzelstaatlicher Beihilfen, die der Erhaltung der Landwirtschaft in besonderen Regionen dienen."[138] Kriterien für die Bestimmung der auf diese Weise förderwürdigen Regionen sind:

- Lage nördlich des 62. Breitengrades sowie Gebiete mit vergleichbaren klimatischen Verhältnissen,
- geringe Bevölkerungsdichte (maximal acht Personen pro Quadratkilometer),
- hoher Anteil der landwirtschaftlichen Fläche an der Gesamtfläche.

Hinter diesem Kriterienkatalog verbirgt sich zugleich das neue Ziel 6-Gebiet der Strukturfondsförderung. Vor allem die bisher meistbegünstigten Länder der EU hatten sich im Zuge der Beitrittsverhandlungen gegen die Forderungen der Skandinavier gewandt, einen erheblichen Teil der nördlichen Gebiete in die Ziel 1-Förderkulisse zu übernehmen. Der Kompromiß kam dann in Gestalt des zusätzlichen Zielgebietes Nr. 6 für die dünnbesiedelten, landwirtschaftlich geprägten, strukturschwachen Gebiete in Nordeuropa zustande. Immerhin 17 % der finnischen und 5 % der schwedischen Bevölkerung leben in den geographisch weiträumigen Ziel 6-Fördergebieten, die zwar deutlich stärker als die Ziel 2- oder Ziel 5b-Gebiete der Gemeinschaft gefördert werden. Die Förderquote liegt andererseits etwa 17 % niedriger als

137 Vgl. ABl. C 241 vom 29. August 1994, S. 9 ff. Diese umfangreichen (Übergangs-)Regelungen können zugleich als „Vorgeschmack" auf den Regelungsbedarf im Zusammenhang mit der Osterweiterung dienen.

138 ABl. C 241 vom 29. August 1994, S. 46.

die durchschnittliche Quote der Ziel 1-Gebiete[139]. Durch die Schaffung der Ziel 6-Förderung hat nach wirtschaftswissenschaftlicher Kritik „... die innere Kohärenz dieser politischen Konzeption stark gelitten, da die Regionalpolitik auch als Instrument eines vertikalen Finanzausgleichs eingesetzt wird."[140] Die sich aus der Erweiterung um Österreich, Finnland und Schweden ergebende finanzielle Mehrbelastung hielt sich trotz der in den Beitrittsverhandlungen gemachten Zusagen in Grenzen, da es sich bei den Neu-Mitgliedern um wirtschaftlich insgesamt leistungsfähige Volkswirtschaften handelt. Als einziges Ziel 1-Gebiet in den Beitrittsländern wurde das Burgenland ausgewiesen, das in den Jahren 1995 bis 1999 mit insgesamt 184 Mio. ECU gefördert werden soll. Die zusätzlichen Strukturfondsausgaben (Ziele 1 bis 5b und FIAF) für alle drei neuen Mitglieder beliefen sich für diesen Zeitraum auf etwas mehr als 4 Mrd. ECU[141].

2.6 Die Neuerungen des Amsterdamer Vertrages

Art. N Abs. 2 EU-Vertrag a. F. legte fest, daß im Jahre 1996 „eine Konferenz der Vertreter der Regierungen der Mitgliedstaaten" einberufen werden soll, die über eine Revision der dafür vorgesehenen Vertragsbestimmungen verhandelt. Vorbereitet wurde die Regierungskonferenz, deren feierliche Eröffnung am 29.3.1996 in Turin stattfand, in wesentlichen Punkten durch die Tätigkeit der sogenannten Reflexionsgruppe. Dieses Expertengremium wurde auf dem Treffen der EU-Außenminister am 2. Juni 1995 in Messina eingesetzt. Unter Leitung des spanischen Staatssekretärs für Europafragen Carlos Westendorp legte die Reflexionsgruppe am 5.12.1995 ihren Abschlußbericht vor[142]. Auf dem Gipfel der Staats- und Regierungschefs in Amsterdam am 16. und 17. Juni 1997 wurden die Vertragsänderungen und -ergänzungen vorgenommen. Die Unterzeichnung der endgültigen Fassung des Vertrags durch die EU-Außenminister erfolgte am 2. Oktober 1997 an gleicher Stelle[143].

---

139 Vgl. *Steppacher* 1996, S. 19.

140 *Müller/Schrumpf* 1999, S. 15.

141 Vgl. ABl. C 241 vom 29. August 1994, S. 284; hier ist noch von 4,775 Mrd. ECU die Rede, von denen aber der norwegische Anteil (769 Mio ECU) abzuziehen ist.

142 Weitere Details bietet die kommentierte Chronologie zur Regierungskonferenz; vgl. *Metz* 1998, S. 224 ff.

143 Danach begannen die Ratifikationsverfahren in allen Mitgliedstaaten. In Deutschland passierte das Ratifizierungsgesetz am 5.3.1998 den Bundestag und am 27.3.1998 den Bundesrat (Gesetz vom 8.4.1998, BGBl. II S. 386). In Irland

Obwohl der „große Wurf“ einer grundlegenden institutionellen Reform ausblieb[144], wurden einige substantielle Weiterentwicklungen erreicht[145]. Einer der „Gewinner“ ist dabei das Europäische Parlament, das u. a. ein größeres Mitspracherecht bei der Benennung des Kommissionspräsidenten erhält. Außerdem wird das Verfahren der Mitentscheidung[146] verändert und um 23 Anwendungsfälle erweitert. Durch das modifizierte Mitentscheidungsverfahren wurde die Rolle des Parlaments erneut aufgewertet. Zunächst hat es die Möglichkeit, im Rahmen seiner zweiten Lesung den gemeinsamen Standpunkt des Rates mit absoluter Mehrheit abzulehnen, was zum Scheitern des Rechtsaktes führen würde. Allein aus dieser Option ergibt sich ein hohes „Drohpotential“ des Parlaments. In den Fällen, in denen das Parlament Änderungen an dem gemeinsamen Standpunkt des Rates vorschlägt und der Rat nicht mit allen Vorschlägen einverstanden ist, kommt es zur Einleitung eines Vermittlungsverfahrens. Der Rechtsakt kann in diesem Fall nur erlassen werden, wenn der Rat mit qualifizierter und das Parlament mit absoluter Mehrheit der abgegebenen Stimmen dafür votieren.

Schematische Darstellung:

Mitentscheidungsverfahren nach Art. 251 EGV-A[147]

(22.5.1998) und in Dänemark (28.5.1998) fanden Referenden zu dem Vertragswerk von Amsterdam statt, die in beiden Fällen positiv ausfielen.

144 Nach *Waldhoff* (2000, S. 222) hat die Regierungskonferenz in Amsterdam „... trotz eines entsprechenden Verhandlungsmandats weitgehend versagt.“

145 Vgl. stellvertretend *Bogdandy* 1999, S. 38 ff.

146 Zu den Entscheidungsverfahren nach der Vertragsrevision vgl. *Giering* 1998.

147 Vgl. *Zbinden* 1999, S. 148; vgl. auch *Wessels/Müller* 2000, S. 114. Erklärung der (nicht im entsprechenden Verzeichnis aufgeführten) Abkürzungen: EM = einfache Mehrheit, AM = absolute Mehrheit, QM = qualifizierte Mehrheit, ES = Einstimmigkeit, KOM = Kommission.

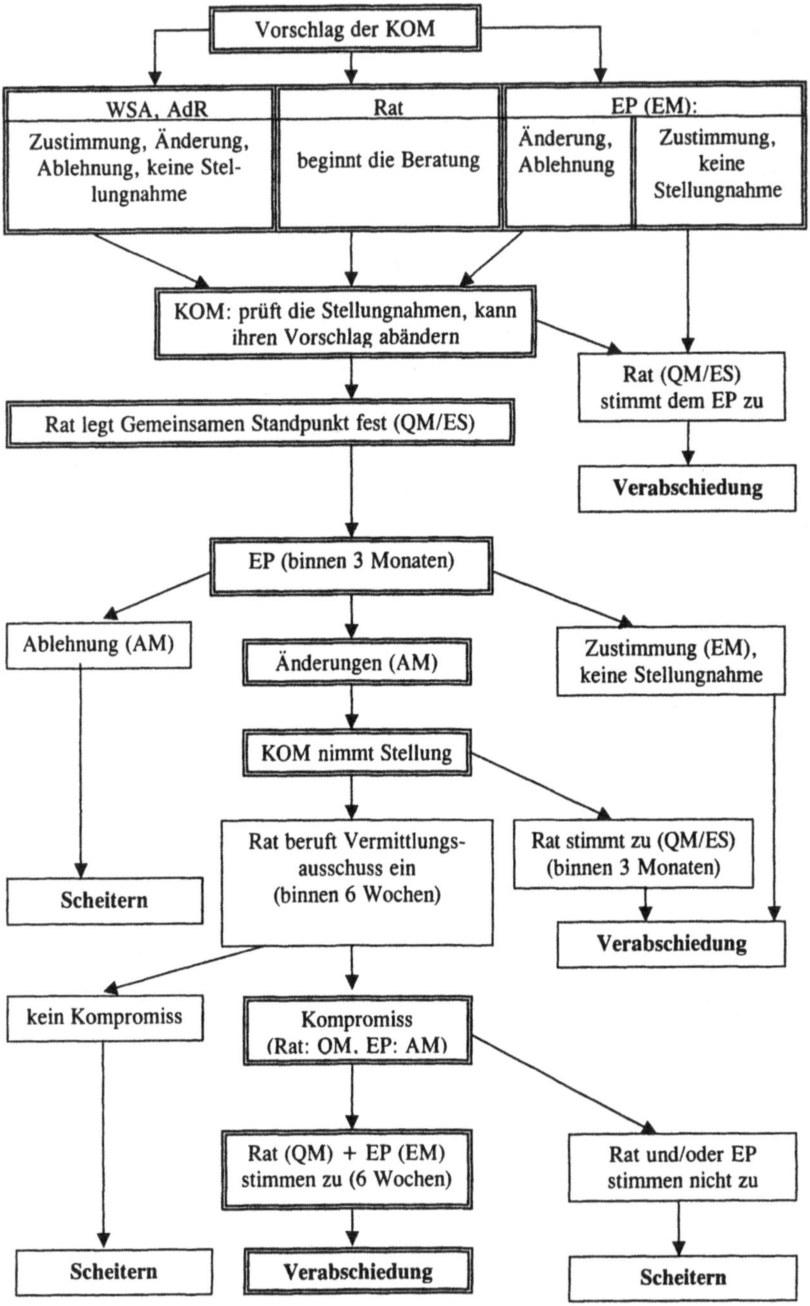

Vorschlag der KOM
WSA, AdR
Zustimmung, Änderung, Ablehnung, keine Stellungnahme
Rat
beginnt die Beratung
EP (EM):
Änderung, Ablehnung
Zustimmung, keine Stellungnahme
KOM: prüft die Stellungnahmen, kann ihren Vorschlag abändern
Rat (QM/ES) stimmt dem EP zu
Rat legt Gemeinsamen Standpunkt fest (QM/ES)
Verabschiedung
EP (binnen 3 Monaten)
Ablehnung (AM)
Änderungen (AM)
Zustimmung (EM), keine Stellungnahme
KOM nimmt Stellung
Rat beruft Vermittlungsausschuss ein (binnen 6 Wochen)
Rat stimmt zu (QM/ES) (binnen 3 Monaten)
Scheitern
Verabschiedung
kein Kompromiss
Kompromiss (Rat: QM, EP: AM)
Rat (QM) + EP (EM) stimmen zu (6 Wochen)
Rat und/oder EP stimmen nicht zu
Scheitern
Verabschiedung
Scheitern

Während einige Punkte im Laufe der Verhandlungen in Amsterdam von der Tagesordnung „verschwanden“[148], bzw. ihre Entscheidung vertagt wurde, waren weder die Reform der Finanzverfassung noch die grundsätzliche Neuregelung der Agrar- und Strukturpolitik überhaupt vorgesehen. Ungeachtet dessen erfolgten im Zuge der Vertragsrevision leichte Modifizierungen der Bestimmungen zum wirtschaftlichen und sozialen Zusammenhalt. So wurde in Art. 158 EGV (ex-Art. 130a) beispielsweise der Passus „oder Inseln“ bei den am stärksten benachteiligten Gebieten eingefügt. In der Erklärung Nr. 30 zu den Inselgebieten wird nochmals unterstrichen, daß Inseln unabänderliche strukturelle Nachteile erleiden, die eine Sonderbehandlung bei der Integration in den Binnenmarkt rechtfertigen würden. Besondere Berücksichtigung erfuhren außerdem die Gebiete in äußerster Randlage, die gekennzeichnet sind „... durch die Faktoren Abgelegenheit, Insellage, geringe Größe, schwierige Relief- und Klimabedingungen und wirtschaftliche Abhängigkeit von einigen wenigen Erzeugnissen“[149]. Wenn diese Voraussetzungen erfüllt sind, kann es - im Einklang mit den Gemeinschaftspolitiken und dem Binnenmarkt - für diese Gebiete zu Sonderregelungen in folgenden Bereichen kommen: Zoll- und Handelspolitik, Steuerpolitik, Freizonen, Agrar- und Fischereipolitik, staatliche Beihilfen sowie die Bedingungen für den Zugang zu den Strukturfonds und zu den horizontalen Gemeinschaftsprogrammen. Konkret betrifft das die Kanarischen Inseln, Madeira, die Azoren sowie die französischen Überseedépartements (Art. 299 Abs. 2 Unterabs. 1 EGV) - es erübrigt sich also der Hinweis darauf, welche Länder sich als „Lobby“ für diese Vertragsänderungen engagierten. Durch die Aufnahme eines eigenen Kapitels über die gemeinschaftliche Beschäftigungspolitik[150] in den Vertrag wurde das Ziel wirtschaftlicher und sozialer Zusammenhalt an anderer Stelle nochmals bekräftigt. Mit der Aktivierung dieses neuen Politikfeldes kann perspektivisch ein Bedeutungswandel der europäischen Strukturpolitik verbunden sein[151].

---

148 Vgl. *Piepenschneider* 1998, S. 14 f.

149 Art. 299 Abs. 2 Unterabs. 2 EGV.

150 Vgl. Titel VIII Beschäftigung, Artt. 125-130 EGV; zu den Details vgl. *Piepenschneider* 1998, S. 46 ff.; zur europäischen Beschäftigungspolitik als „neue Politikstrategie“, in deren Rahmen ESF-Mittel „als Flankenschutz“ eingesetzt werden können vgl. auch *Tömmel* 2000, S. 174 ff. (S. 176).

151 *Hooghe* (1998, S. 474) zu den Gründen für diesen möglichen Wandel: „The goals of the employment agenda are less ambitious than those espoused by former Commission president Jacques Delors for structural policy.“

2.7 Zusammenfassung und Zwischenfazit

Bereits mit der Unterzeichnung des EGKS-Vertrags erlangte die Kommission in Form sogenannter Umstellungsdarlehen eine Möglichkeit, auf die nationalen Strukturpolitiken der Mitgliedstaaten indirekt einzuwirken. Die Präambel des 1957 unterzeichneten EWG-Vertrags formulierte die Verpflichtung, den Abstand zwischen einzelnen Regionen und den Rückstand weniger begünstigter Gebiete zu verringern. Ganz in diesem Sinne erfolgte die Einrichtung des ESF, der zum 1.9.1960 seine Arbeit aufnahm. Durch die Einrichtung des EAGFL im Jahre 1962 wurde versucht, die immer offenkundiger werdenden Probleme im primären Sektor der nationalen Volkswirtschaften (Einkommenssicherung der Landwirte bei gleichzeitig beginnender Überproduktion) zu entschärfen. Insgesamt war der Einfluß der europäischen Ebene auf die nationalen Strukturpolitiken in den Anfangsjahren der Gemeinschaft jedoch marginal.

Die Erweiterungsverhandlungen mit den Beitrittskandidaten Dänemark, Irland und Großbritannien brachten eine neue Dynamik auch in die Entwicklung der gemeinschaftlichen Strukturpolitik[152]. Nach langen, teilweise kontrovers geführten Verhandlungen zwischen den im Rat versammelten Vertretern der Mitgliedstaaten und der sich als „Motor der Integration“ verstehenden Kommission wurde 1975 der EFRE errichtet. Dieser Zeitpunkt kann auch als „Geburtsstunde“ der gemeinschaftlichen Strukturpolitik bezeichnet werden. In der Anfangsphase diente der Fonds lediglich als Ergänzung der nationalstaatlichen Förderpolitiken. Nach der ersten EFRE-Reform im Jahre 1979, in deren Folge die sogenannte quotenfreie Abteilung in Höhe von 5 Prozent des Gesamtbudgets eingerichtet wurde, hatte die Kommission erstmals die Möglichkeit, unbeeinflußt vom Rat eigene Prioritäten in der Strukturpolitik zu setzen.

Der Beitritt Griechenlands zum 1.1.1981 verstärkte die regionalen Disparitäten innerhalb der Gemeinschaft und somit zugleich den Reformdruck auf die Strukturpolitik. Doch es sollte über drei Jahre dauern, bis sich Rat und Kommission auf eine novellierte Fondsverordnung einigen konnten. Die Reform des Jahres 1984 brachte der Kommission durch den Übergang von der Projekt- zur Programmfinanzierung einen erneut erweiterten Gestaltungsspielraum, wenngleich die Vertreter der Mitgliedstaaten im Gegenzug versuchten, die Kompetenzen der Kommission – beispielsweise durch die

---

152 Die vorangegangene Chronologie hat die Entwicklung der europäischen Strukturpolitik in den Kontext der bisherigen Erweiterungsrunden gestellt. Alternativ ist die Phaseneinteilung bei *Klemmer* 1998, S. 466 ff.

Streichung des quota-freien Sektors - wieder zurückzuschneiden. Die Kommission verstand es in dieser Phase jedoch geschickt, ihren Einflußbereich auf dem Gebiet der Strukturpolitik sukzessive auszudehnen. Erstens schaffte sie durch die Einleitung von Pilotprojekten, deren Initiierung nicht der Zustimmung des Rates bedurfte, Realitäten, die bei der Beschlußfassung nicht einfach ignoriert werden konnten. Zweitens nutzte sie bei der Ausweitung der eigenen Kontrollbefugnisse das Interesse des Rates an einer effektiven und effizienten Strukturförderung, z. B. im Rahmen der Integrierten Mittelmeerprogramme. Drittens wurde die Kommission zunehmend erfolgreicher, ihre eigenen Ziele und Konzeptionen „... in einer Form zu verpacken, die das Ausmaß der faktischen Kompetenzausweitung auf europäischem Niveau verschleiert. So stellt sich insbesondere der Programm-Ansatz vordergründig als eine Methodik dar, die die Effizienz der europäischen Politik erhöht; faktisch bietet er jedoch der Kommission weitreichende Einflußmöglichkeiten auf die Politiken der Mitgliedstaaten“[153].

Nach den beiden Reformen von 1979 und 1984 stellte die Unterzeichnung der Einheitlichen Europäischen Akte (EEA) im Februar 1986 einen weiteren wichtigen Schritt auf dem Weg zu einer gemeinschaftlichen Strukturpolitik dar. Durch die Einfügung der Art. 130a bis 130e EG-Vertrag erhielt die Politik zur Stärkung des wirtschaftlichen und sozialen Zusammenhalts eine primärrechtliche Verankerung. Mit dem neuen integrationspolitischen Ziel der Vollendung des Binnenmarktes verbanden sich fortan verstärkt Gemeinschaftsinitiativen zur Förderung spezieller Sektoren und/oder Zielgruppen. Die grundlegende Reform der Fondsverordnungen im Jahr 1988, die eine Konzentration der Mittel auf fünf Ziele, die Prinzipien der Programmplanung, der Partnerschaft und der Additionalität begründete, sowie die Verdopplung der verfügbaren Mittel für den Zeitraum bis 1993 festlegte, stellte einen Qualitätssprung dar. Ermöglicht wurde diese Entwicklung durch das Schnüren eines Verhandlungspakets, das den Namen des damaligen Kommissionspräsidenten trug. Somit wurden die zwischen den Mitgliedstaaten teilweise stark divergierenden Positionen in bezug auf die Strukturfonds nicht mehr isoliert behandelt, sondern gemeinsam mit einer Reform der gesamten Haushalts- und Finanzverfassung bei gleichzeitiger Einbeziehung der Agrarpolitik und der Frage einer Beitragsermäßigung für Großbritannien. Dieses package-dealing führte - verbunden mit einer geschickten Verhandlungsführung (bilaterale Sondierungen) - auf dem Brüsseler Sondergipfel im Februar 1988 schließlich zum erhofften Kom-

153 *Tömmel* 1994, S. 55.

promiß[154]. Mit der Reform von 1988 verlor die Fondsförderung „... zunehmend ihren Charakter als Korrektiv zum Binnenmarkt und diente in wachsendem Maße der Flankierung des Integrationsziels."[155]

Die Vollendung der Wirtschafts- und Währungsunion im Ergebnis des Maastrichter Vertrages sowie die bevorstehende Erweiterung um Österreich und die skandinavischen Länder ließen bei den strukturschwächeren Ländern erneute Kompensationsforderungen für befürchtete Benachteiligung und nach Unterstützung der unterentwickelten Regionen aufkommen. Daraufhin einigte sich der europäische Gipfel von Edinburgh im Dezember 1992 auf die Einrichtung des Kohäsionsfonds für die Periode 1993-99. Die in Maastricht vorgenommene Verankerung des Subsidiaritätsprinzips in Art. 3b EG-Vertrag sowie die Einrichtung des AdR eröffneten neue Möglichkeiten für die nationale und insbesondere für die regionale Ebene. Die von der Kommission vorangetriebene europäische Strukturpolitik leistete einen Beitrag zur Dezentralisierung in einigen Mitgliedstaaten[156]. In der Bundesrepublik Deutschland gab es indes bereits subnationale Verwaltungen auf der Ebene der Länder, die sich durch ihre föderalen Erfahrungen und administrativen Kapazitäten relativ schnell und problemlos auf die Herausforderungen der europäischen Förderprogramme einstellen konnten[157].

Die vorerst letzte Erweiterung der Gemeinschaft um Finnland, Schweden und Österreich zum 1.1.1995 brachte auf dem Gebiet der Strukturfonds ein neues Ziel 6-Gebiet für extrem dünn besiedelte subpolare Regionen, die vornehmlich landwirtschaftlich geprägt sind. Im Unterschied zu früheren (und anstehenden) Erweiterungsrunden verschärften sich die regionalen Disparitäten durch die Beitritte der EFTA-Staaten insgesamt nicht. Nichtsdestotrotz waren auch diese Beitrittsverhandlungen von Bargaining-Prozessen gekennzeichnet, in denen die Strukturpolitik als „Verhandlungsmasse" instrumentalisiert wurde. Dadurch konnten für alle Verhandlungsteilnehmer akzeptable Ergebnisse schneller erzielt werden. Die permanente Ausweitung

---

154 *Neßler* (1999, S. 171): „Das Erfolgsrezept bestand darin, sich nicht auf ein einzelnes, ungelöstes Problem zu konzentrieren, sondern die Problempalette und damit die Handlungsspielräume zu erweitern." Vgl. auch *Falkner* 1994, S. 155 ff.

155 *Werner* 1996, S. 170.

156 Das belegt die Einschätzung von *Rhodes* et al. (1996, S. 381): „Even in the states with a long tradition of centralized decision-making such as Britain, France, Greece, and Ireland, local and regional authorities play an important role in implementing cohesion policies."

157 Zu den Problemen, die sich aus Sicht der Landesverwaltungen mit der Strukturfondsförderung verbinden und zu den Widerständen gegen eine Dezentralisierung unterhalb der Landesebene vgl. nachfolgend Kapitel 4.

der Förderaktivitäten im Zuge der sukzessive voranschreitenden Integration war demnach ein Mittel zur Kompensation der „politischen Kosten" der bisherigen Erweiterungsrunden und Vertiefungsschritte, indem „... widerstrebenden Mitgliedsstaaten Zugeständnisse in Form von diversen strukturpolitischen Zahlungen gemacht wurden."[158] Die Entscheidungsmechanismen auf supranationaler Ebene eröffneten die Chance, die Strukturpolitik in dieser Weise zu instrumentalisieren. Durch das Einstimmigkeitserfordernis in Erweiterungsfragen und bei Vertragsrevisionen erwuchs jedem Mitgliedstaat aus der Vetomöglichkeit die Chance zur Blockade, die häufig erst mit Hilfe finanzieller Zugeständnisse überwunden werden konnte. Die bisherige Geschichte der europäischen Strukturfondsförderung ist somit zugleich eine Chronologie von Bargaining-Prozessen[159], die jeweils mit dem Ziel erfolgten, einen Stillstand der Integration zu vermeiden.

Tabelle: Die Strukturpolitik als „Verhandlungskatalysator"[160] zur Sicherung der Integrationsdynamik[161]

Strukturpolitische Maßnahme	**Offizielle Begründung**	**Tatsächlicher Grund bzw. angestrebte kompensatorische Wirkung**
Einführung des EFRE (1975)	durch Norderweiterung Zunahme der regionalen Disparitäten	indirekter Finanzausgleich für GB zur Vermeidung einer unverhältnismäßigen Nettozahlerposition
Einführung der IMP (1985)	Unterstützung der Mittelmeeranrainer	Ausgleich zugunsten von GRE, ITA und FRA angesichts drohender Konkurrenz durch den bevorstehenden Beitritt von P und ESP
Verdopplung der Mittel (1988)	Verstärkung des Wettbewerbs im Binnenmarkt	Finanztransfers an die Kohäsionsländer, um deren Zustimmung zur EEA (Vollendung des Binnenmarktes) zu sichern

158 *Axt* 1997, S. 891; vgl. auch *Franzmeyer* 1999, S. 45 ff.

159 Vgl. *Waniek* 1992, S. 26 ff.

160 *Zeitel* 1998, S. 89.

161 In Anlehnung an *Axt* 1997, S. 923 f. Zur „Strukturpolitik als Verhandlungssache" vgl. auch *Kohl/Bergmann* 1998, S. 124 ff.

Strukturpolitische Maßnahme	Offizielle Begründung	Tatsächlicher Grund bzw. angestrebte kompensatorische Wirkung
Aufnahme der ostdeutschen Länder in die Förderung (1991)	schnelle Überwindung der teilungsbedingten ökonomischen Probleme	nur durch zusätzliche Mittel (3 Mrd. ECU) finanzierbar, d. h. Besitzstandswahrung der Altbegünstigten
Gemeinschaftsinitiative RETEX (1991)	Anpassung von Textilregionen an den strukturellen Wandel	Ausgleich für diese Regionen anläßlich der Unterzeichnung von Assoziierungsabkommen mit drei MOE-Staaten am 16.12.1991
Einrichtung des Kohäsionsfonds (1993)	Vermeidung höherer Verschuldung (WWU-Konvergenzkriterien)	Vetodrohung Spaniens gegen den Vertrag von Maastricht (ohne Kohäsionsfonds wäre es zum Nettozahler geworden)
Ziel 6-Regionen (1995)	Begünstigung dünn besiedelter Gebiete	Finanzausgleich zugunsten von SWE und FIN als Nicht-Begünstigte in bezug auf Ziel 1

Das Vertragswerk von Amsterdam brachte in dem Bereich regionaler Strukturpolitik nur marginale Veränderungen, wie z. B. die Ermöglichung von Sonderregelungen für Inselgebiete. Durch die Vertagung der institutionellen Reformen gelang es nicht, die EU auf die nächste Erweiterungsrunde im notwendigen Maße vorzubereiten. Eine weitere Revision ist damit „vorprogrammiert". Die in Amsterdam ungelöst gebliebenen Fragen lassen einen Problemdruck entstehen, der zu schnellem Handeln zwingt, denn zusätzlich zu den institutionellen und prozeduralen Reformen sind in den Bereichen Agrar- und Strukturpolitik Verteilungsfragen zu regeln: „Zur Machtfrage treten im Zuge der Erweiterung also Verteilungskonflikte."[162] Das „zeitliche Korsett" für die Neu-Verhandlung der Strukturpolitik ist dadurch vorgegeben, daß die Förderperiode am 31.12.1999 ausläuft und somit zwischen der Vorlage der Kommissionsvorschläge zur Revision der Fondsverordnungen im März 1998 und ihrer Verabschiedung durch den Rat vor dem 31. Dezember 1999[163] nur maximal 21 Monate Zeit liegen würden. Wenn eine un-

162 *Weidenfeld/Giering* 1998, S. 84. Ihre kritische Analyse des Amsterdamer Vertrages kommt mit Blick auf die Erweiterungsfähigkeit der Union zu dem Fazit: „Europa ist zu kurz gesprungen."

163 Die Europäische Kommission legte am 19.3.1998 den Vorschlag für eine Verordnung (VO) mit allgemeinen Bestimmungen zu den Strukturfonds vor, die an die

terbrechungsfreie Anschlußförderung mit entsprechenden Vorlaufzeiten für die Planung und Genehmigung der einzelnen Projekte gewährleistet werden soll, reduziert sich dieser zeitliche Spielraum abermals. Ein Kommissionsbeamter der für Regionalpolitik zuständigen Generaldirektion prognostizierte Anfang Mai 1998 zu den bevorstehenden Verhandlungen angesichts der Zeitknappheit und der z. T. weit auseinander liegenden Positionen der Mitgliedstaaten: „Es steht eine gigantische Verteilungsschlacht bevor."[164]

Stelle der Rahmen-VO (Nr. 2052/88) und die Koordinierungs-VO (Nr. 4253/88) treten soll. In dem zweiten Erwägungsgrund wird auf den Handlungsbedarf bis Ende 1999 hingewiesen; vgl. ABl. C 176 vom 9.6.1998, S. 1.

164 Gesprächsprotokoll EU 1.

3. Kritik der EU-Strukturpolitik

Bei einer Fortsetzung der im vorangegangenen Kapitel durchgeführten chronologischen Betrachtung müßte an dieser Stelle die aktuelle Reformrunde, die auf den Vorschlägen der EU-Kommission im Rahmen der „Agenda 2000" basierte, dargestellt werden. Bevor dies geschieht, soll jedoch eine kritische Würdigung bisheriger Leistungen und bestehender Defizite der Strukturfondsförderung erfolgen, um den Problemkatalog einer Reform umreißen zu können, die die Bezeichnung „großer Wurf" verdienen würde. Darauf aufbauend werden unterschiedliche Reformmodelle vorgestellt und hinsichtlich ihrer politischen Realisierungschancen untersucht. Den Abschluß des Kapitels bildet die Darstellung des entscheidenden Gipfeltreffens der Staats- und Regierungschefs, das im März 1999 in Berlin unter deutscher Ratspräsidentschaft stattfand. Die unter Mitwirkung des Europäischen Parlaments verabschiedeten neuen Fondsverordnungen werden dabei ebenso behandelt wie die sich aus der Novellierung ergebenden Konsequenzen für die Strukturfondsförderung in Deutschland.

3.1 Kritik an der bisherigen Konzeption

Ein grundlegendes Problem der europäischen Strukturpolitik besteht in der Bewältigung des beachtlichen Informationsbedarfs, denn nur auf der Grundlage umfassender, möglichst vollständiger Informationen über die Ausstattungsdefizite bestimmter Regionen oder Branchen kann eine zielgerichtete, problemangemessene Intervention erfolgen[1].Mit der ständigen Ausweitung der europäischen Förderung stiegen zugleich die Anforderungen an das Komplexitätsmanagement der beteiligten Akteure. Erforderlich für das Treffen von Entscheidungen unter Bedingungen der Unsicherheit wäre eine klare theoretische Fundierung, die im Falle der regionalen Strukturpolitik nach überwiegender Meinung in der Literatur jedoch nicht auszumachen ist, da sie „... auf einem sehr fragmentarischen, teilweise heterogenen und auf alle Fälle eher schwankenden wissenschaftlichen Fundament aufbaut."[2] Ohne

---

1 Entsprechend pessimistisch fällt die Einschätzung von *Stehn* (1998, S. 330) aus: „Eine befriedigende Lösung dieses Informationsproblems steht noch aus und wird vermutlich nie gefunden werden."

2 *Klemmer* 1998, S. 464. Das „Fehlen eines übergeordneten Paradigmas in der Regionalpolitik" beklagt ebenso *Berger* 1999, S. 46.

eine wissenschaftlich fundierte, theoriegeleitete Begleitung wird jede Reform des bisher von inkrementalistischer Entwicklung gekennzeichneten Politikfeldes von Pragmatismus und der „Kunst des Möglichen“ gekennzeichnet sein. Die theoretische Fundierung ist jedoch nur notwendige, nicht aber hinreichende Bedingung für eine erfolgreiche Reform. Entscheidend für den Erfolg einer durchgreifenden Reform ist der politische Wille. Eine Alternative zu der durch „muddling through“ gekennzeichneten, Rückschläge und Brüche aufweisenden Reformgeschichte der Strukturpolitik wird von einigen Autoren in der Etablierung einer europäischen Raumentwicklungspolitik gesehen, die primärrechtlich verankert werden müßte[3]. Nach dem gegenwärtigen Stand der Integration ist jedoch nicht zu erwarten, daß die Mitgliedstaaten die hierfür notwendigen Kompetenzen auf die supranationale Ebene zu übertragen bereit wären.

Eine entscheidende Schwäche der bisherigen Konzeption europäischer Strukturpolitik ist die Kompetenzabgrenzung zwischen der supranationalen, der nationalen und der subnationalen Ebene, die als zu wenig klar empfunden werden muß. Die theoretisch möglichen Extrema wären eine vollständig vergemeinschaftete Strukturpolitik einerseits bzw. die ausschließliche Bearbeitung des Politikfeldes auf nationaler und/oder regionaler Ebene. Beide Positionen erscheinen als inadäquat, da sie nicht dem erreichten Integrationsniveau entsprechen. Es bestehen unter den Akteuren verschiedene Vorstellungen darüber, wie die Verteilung der Verantwortlichkeiten auf dem Gebiet der Strukturpolitik konkret ausbalanciert sein sollte. Aus diesem Grund befindet sich die regionale Strukturpolitik in dem Dilemma, im Rahmen des Mehrebenensystems regelmäßig Gegenstand des Kompetenzgerangels auf und zwischen den Ebenen zu sein: auf supranationaler Ebene zwischen Kommission und Rat, zwischen europäischer und mitgliedstaatlicher Ebene sowie zwischen nationaler und subnationaler Ebene. Ein möglicher Ausweg aus dieser Situation bestünde in der bewußten Umsetzung des bereits seit Jahren propagierten Grundsatzes der gleichberechtigten Partnerschaft, verstanden als Synthese der sich aus europäischer Koordination und regionaler Problemnähe ergebenden Vorteile. Die Abstimmung zwischen den Akteuren und ihren Programmen müßte zwei wesentlichen Zielrichtungen dienen:

1. Koordination zwischen den einzelnen europäischen Fonds und Förderprogrammen sowie

---

3 Vgl. stellvertretend *von Malchus* 1996.

2. Koordination der Förderpolitiken der unterschiedlichen Ebenen (EU, Mitgliedstaat, Regionen)[4]. Zu Beginn der aktuellen Reformrunde herrschte jedoch die Einschätzung vor, „... daß Strukturfondsförderung als ein zwar durch das Prinzip der Partnerschaft gemildertes, aber vom Grundsatz her unverändert zentralistisches Modell zu betrachten ist."[5]

Die projektbezogene Finanzierung im Rahmen zeitlich befristeter Programme im Sinne einer Hilfe zur Selbsthilfe konnte nicht verhindern, daß sich ein gewisses „Anspruchsdenken" bei den Begünstigten herausgebildet hat - erleichtert durch die permanente Ausweitung der Förderung in materieller wie räumlicher Hinsicht sowie die Tatsache, daß die Strukturfonds oftmals als „Manövriermasse" bei Erweiterungsverhandlungen eingesetzt wurden. Die daraus abgeleitete Forderung nach Besitzstandswahrung seitens der Empfänger engt den Verhandlungsspielraum bei Neuverhandlungen der Fondsverordnungen ein, behindert auch im Hinblick auf die Osterweiterung dringend notwendige Neugewichtungen und läuft damit der Intention zuwider, daß regionale Strukturpolitik grundsätzlich befristet gewährt werden soll[6]. Bei einer Verstetigung der Förderung über den Zeitraum nachgewiesener Bedürftigkeit hinaus läuft die Strukturpolitik Gefahr, zum „Finanzausgleichssubstitut"[7] zu degenerieren.

Das erklärte Ziel der europäischen Strukturpolitik besteht in dem Abbau von Disparitäten zwischen unterschiedlich entwickelten Regionen. Dabei muß allerdings - deutlicher als das bisher der Fall war - darauf hingewiesen werden, daß es nicht um eine völlige Angleichung der Lebens- und Einkommensverhältnisse gehen kann, sondern lediglich um eine Unterstützung der am wenigsten entwickelten Regionen. Das Versprechen einer Nivellierung bestehender Unterschiede widerspräche dem Prinzip des Wettbewerbs unter den Regionen und führte in letzter Konsequenz zu der Umwandlung der Strukturfonds in eine Dauersubvention[8]. Es kommt vielmehr darauf an,

---

4 Einen großen Nachholbedarf auf diesem Gebiet konstatiert *Armstrong* 1995, S. 60 f.

5 *Schmidt* 1998, S. 197. Gleichlautend die Einschätzung im Interview; vgl. Gesprächsprotokoll B 5.

6 *Armstrong* (1995, S. 31) betont „... that the role of EC regional policy should be only a temporary one, designed to help regions to switch out of declining industries and into those which are expanding."; vgl. ebenso *Steinherr* (2000, S. 121), der lediglich „zeitlich streng begrenzte Beihilfen" für vertretbar hält.

7 *Klemmer* 1998, S. 506; vgl. ebenso *Nass* 1998, S. 107.

8 Mit den Worten von *Evans/Martin* (1994, S. 70) würde die Strukturpolitik in diesem Fall zu einer „... open-ended avenue for income tranfers and subsidies that

durch eine gezielte Strukturpolitik Nachteile für unterentwickelte und ultraperiphere Gebiete zu kompensieren, um so Chancengleichheit herzustellen. Im Umkehrschluß bedeutet das: Regionen, die durch eine aufholende, selbsttragende Entwicklung den Anschluß an die leistungsfähigen Gebiete gefunden haben, müßten idealerweise „von sich aus" auf eine weitere Förderung verzichten. Daß sie sich nicht so verhalten, ist aus der Präferenzstruktur jedes rational handelnden Akteurs („homo oeconomicus"), der seinen wirtschaftlichen Vorteil maximieren möchte, erklärbar. Es bedarf zur verbindlichen Regelung dieser Fragen somit einer unabhängigen, übergeordneten Entscheidungsebene mit entsprechenden Kompetenzen.

Eine flächendeckende, über einen längeren Zeitraum betriebene Subventionierung kann bei privaten Wirtschaftsunternehmen zur Ausprägung einer „rent-seeking-mentality" führen, wonach sich die Wettbewerber primär nicht mehr an Marktsignalen orientieren, sondern verstärkt versuchen, staatliche Fördermittel zu bekommen: „Die ökonomische Rationalität gebietet es, sich um die leichter zu ergatternden Beihilfen zu bemühen, als sich dem rauhen Wettbewerb mit seinen zahlreichen Risiken und Unwägbarkeiten zu stellen."[9] Gleichzeitig kann sich unter den genannten Voraussetzungen eine „transfer-seeking-mentality" bei den politischen Entscheidungsträgern herausbilden, die bestrebt sein werden, EU-Fördermittel zur Finanzierung öffentlicher Investitionen heranzuziehen. Die auf diese Weise frei werdenden Mittel könnten dann in Projekte investiert werden, die u. U. mehr der Steigerung der Chancen zur Wiederwahl als ökonomischen Notwendigkeiten entsprechen. Eine dritte Gefahr besteht darin, daß sich die als Antragsteller fungierenden regionalen und lokalen Entscheidungsträger, bei der Auswahl der Investitionsprojekte mehr an den Förderrichtlinien der Gemeinschaft orientieren als an dem tatsächlich vorhandenen Nachholbedarf. Von diesem Angebotscharakter der gemeinschaftlichen Förderung können wirtschaftspolitisch unerwünschte Lenkungseffekte ausgehen. Aus demokratietheoretischer Sicht ist daran bedenklich, daß unter diesen Bedingungen die Definition staatlicher Aufgaben und die Entscheidungen über ihre Finanzierung nicht mit den tradierten Mechanismen gesellschaftlicher und politischer Willensbildung verbunden sind. Angesichts knapper öffentlicher Haushalte werden zudem wirtschaftsstärkere Mitgliedstaaten „... eher als weniger wohlhabende Mitgliedstaaten in der Lage sein, von einem Beteiligungsangebot der Gemeinschaft Gebrauch zu machen"[10]. Ebenfalls nicht erwünscht ist

---

cannot be maintained over the long run and will ultimately destabilize rather than reinforce the integration process."

9 *Waniek* 1992, S. 164.

10 *Seidel* 1999, S. 579.

der Effekt, wenn durch das Gebot der Ko-Finanzierung die öffentliche Verschuldung erhöht wird[11]. Alle genannten Phänomene können für sich genommen oder in Kombination dazu führen, daß sich ein nicht marktkonformer Infrastrukturrahmen ausprägt, dessen Defizite erneuter Interventionen bedürfen. Daraus würde sich in der Konsequenz eine Förderspirale ergeben, die die Marktkräfte nachhaltig schwächt und somit negative Auswirkungen auf das wirtschaftliche Wachstum hätte.

Die bisher verwendete Einteilung der Förderregionen nach der NUTS-Systematik beruht auf den territorialen Untergliederungen der Mitgliedstaaten. So bezieht sich beispielsweise die NUTS II-Ebene in Deutschland auf die Bundesländer, d. h. der Freistaat Bayern wird gemeinsam mit den Stadtstaaten Bremen oder Hamburg eingeordnet[12]. Ein weiteres Manko besteht darin, daß auf diese Weise Pendlersalden und Verflechtungsbeziehungen nicht oder nur unzureichend abgebildet werden können. Beispielsweise ist die hohe Zahl der Pendler, die in Hamburg arbeiten, aber im Umland wohnen, eine Ursache dafür, daß der Stadtstaat regelmäßig als eine der wohlhabendsten Regionen der EU eingestuft wird. Sozio-ökonomische Verflechtungsbeziehungen gibt es auch zwischen Flächenstaaten, z. B. im Raum Ludwigshafen-Mannheim, deren Nicht-Berücksichtigung in letzter Konsequenz Fehleinschätzungen der Förderfähigkeit anhand der derzeit gültigen Indikatoren (BIP pro Kopf, Arbeitslosenquote) zur Folge hat. Ein Weg zu größerer Verteilungsgerechtigkeit wird darin gesehen, künftig Arbeitsmarktregionen als die „relevanten Diagnoseeinheiten"[13] für die Bemessung der Strukturfondsförderung einzusetzen.

3.2 Kritik an der Förderpraxis

Neben der konzeptionell-programmatischen Kritik soll es im folgenden um die Darstellung von Defiziten bei der praktischen Umsetzung europäischer Förderung gehen. Die Prinzipien der Förderung werden bisher in ihrer Gesamtheit nur unzureichend umgesetzt. Die „Aufweichung" des Prinzips der

---

11 Vgl. *Steinherr* 2000, S. 120. Durch den Zwang zur Einhaltung der WWU-Konvergenzkriterien gibt es diesbezüglich allerdings wenig Spielraum.

12 Einige Gebietskörperschaften der NUTS III-Ebene (Landkreise, kreisfreie Städte) weisen Größenordnungen auf, die denen der Stadtstaaten vergleichbar wären; vgl. *Holtzmann* 1997, S. 173 ff.

13 *Klemmer* 1998, S. 490. Im Rahmen der Bund-Länder-Gemeinschaftsaufgabe wird bei der Fördergebietsabgrenzung auf Arbeitsmarktregionen zurückgegriffen.

Additionalität wurde bereits an anderer Stelle kritisiert[14]. Durch diese Praxis kam und kommt es immer wieder dazu, daß europäische Mittel nicht als Ergänzung nationaler Förderung, sondern als deren Substitut betrachtet werden. Damit läuft die Funktion einer „Anschubfinanzierung" leer, ein „europäischer Mehrwert" bleibt aus. Auf das Problem reagierte die Kommission u. a. mit der Verabschiedung einer Verordnung über die „Finanzkontrolle durch die Mitgliedstaaten bei von den Strukturfonds kofinanzierten Maßnahmen"[15]. Demnach sollen die Mitgliedstaaten „anhand angemessener Stichproben" (Art. 3 Abs. 1), die „mindestens 5 % der zuschußfähigen Ausgaben" (Art. 3 Abs. 2) betreffen, die Einhaltung der vorab partnerschaftlich festgelegten Finanzierungsmodalitäten kontrollieren. Darüber berichten die Mitgliedstaaten jährlich an die Kommission, wobei der entsprechende „Vermerk" (Art. 8) ausdrücklich festgestellte Unregelmäßigkeiten beinhalten soll. Hier macht sich deutlich bemerkbar, daß die Kommission über keinen eigenen administrativen Unterbau in den Mitgliedstaaten verfügt und somit in großem Umfang auf deren Zuarbeit angewiesen ist. Gemäß Art. 4 lit. g der Verordnung obliegt es den nationalen Verwaltungen, „die tatsächliche Bereitstellung der entsprechenden Kofinanzierungsbeträge durch die Mitgliedstaaten" zu überprüfen. Die unmittelbare Geltung der Verordnung und ihre uneingeschränkte rechtliche Verbindlichkeit stehen nicht in Frage. Allerdings eröffnet sich den Mitgliedstaaten ein mehr oder minder großer Spielraum darüber, was und in welcher Form an die Kommission zu berichten ist.

Ähnlich kritisch muß die bisherige Umsetzung des Prinzips der Konzentration der Förderung auf besonders bedürftige Regionen eingeschätzt werden. Als Produkt von Bargaining-Prozessen kam es im Zuge bisheriger Erweiterungsrunden immer wieder zu der politisch motivierten Einstufung einzelner Gebiete als förderungswürdig, obwohl sie diesen Status bei strikter Auslegung der Kriterien nicht hätten erhalten dürfen. Damit einher ging eine ständige Ausweitung des in Fördergebieten lebenden Bevölkerungsanteils auf über 50 % der EU-Gesamtbevölkerung[16]. Einige Autoren fordern im Rahmen der aktuellen Reform die stärkere Beachtung der Arbeitslosenquote als Auswahlkriterium für Fördergebiete, weil ganz offensichtlich ein untrennbarer Zusammenhang zwischen regionalen Strukturproblemen und hoher Arbeitslosigkeit bestehe[17]. Eine weitere Alternative bestünde darin,

---

14 Vgl. ausführlicher vorstehend Abschnitt 2.4.2.4.

15 VO 2064/97 der Kommission vom 15. Oktober 1997, ABl. L 290/1 vom 23.10.1997.

16 Zu diesem „Gießkannenprinzip" vgl. u. a. *Samland* 1997.

17 Vgl. stellvertretend *Cuny* 1997, S. 231.

die jeweils nationalen Förderkriterien zur Anwendung zu bringen bzw. die national geltenden Fördergebiete bis zu einem gewissen Anteil an der Gesamtbevölkerung als Obergrenze anzuerkennen. Das hätte den zusätzlichen Vorteil, daß die nationalen und die EU-Fördergebiete damit deckungsgleich wären. Bisher ist diese Übereinstimmung nicht in jedem Fall gewährleistet[18].

Eines der zentralen Probleme, die sich mit der bisherigen Förderpraxis verbinden lassen, wird mit dem Begriff „diffuse Verteilungseffekte"[19] beschreiben. Besonders in ihren Anfangsjahren wurde die europäische Strukturfondsförderung in großem Umfang für die Finanzierung von Infrastrukturmaßnahmen eingesetzt. Dadurch veränderten sich zwar in vielen Fällen die Rahmenbedingungen für die volkswirtschaftliche Entwicklung der geförderten Gebiete positiv. Ein selbsttragender Aufschwung, der mit längerfristigen Beschäftigungseffekten verbunden gewesen wäre, konnte jedoch nur selten erzielt werden. So betrug der Anteil produktiver Investitionen in der Industrie bzw. im Dienstleistungsbereich in 1987 lediglich 9 % der aus EFRE-Mitteln finanzierten Förderung[20]. Dieser alarmierende Trend wurde erkannt: Der EuRH forderte in einem seiner Sonderberichte, daß schon bei der Planung der Strukturfonds-Interventionen mehr Gewicht auf das Prinzip der Nachhaltigkeit gelegt werden müsse[21]. In der Folgezeit wurde versucht, dieser Forderung zu entsprechen - in erster Linie durch die stärkere Unterstützung klein- und mittelständischer Unternehmen[22], z. B. durch die Gemeinschaftsinitiative KMU[23]. Die kleinen und mittleren Unternehmen rücken immer mehr in den Mittelpunkt der strukturpolitischen Bemühungen der Kommission, stellen sie doch über 99 % der Unternehmen in der EU mit 66 % aller im privaten Sektor Beschäftigten und einem Anteil am Gesamtumsatz von 60 %. Ihrer Bedeutung „als Motor der Beschäftigung, des Wachstums und der Wettbewerbsfähigkeit"[24] tragen vermehrte Aktivitäten

---

18 Zu dieser Problematik bezogen auf die Fördergebiete in Deutschland vgl. auch nachfolgend Abschnitt 5.6.4.

19 *Klemmer* 1998, S. 465.

20 Vgl. *Armstrong* 1995, S. 60.

21 Vgl. Rechnungshof 1998, S. 21.

22 Vgl. *Schulte-Braucks* 1997, S. 62 ff.; *Cuny* (1997, S. 232) schätzt dagegen die Strukturpolitik in bezug auf KMU noch immer als „rudimentär" ein.

23 Diese GI war mit 1.092,5 Mio. ECU für die Periode 1994-99 dotiert; vgl. Rechnungshof 1998a, S. 69.

24 Den KMU wird ein spezieller Abschnitt in dem 9. Jahresbericht der Strukturfonds für das Jahr 1997 gewidmet; vgl. Kommission 1998, S. 9. Aktionen zugunsten der KMU in Deutschland; vgl. ebenda, S. 65.

der EU Rechnung, wie sie z. B. im Rahmen der „Initiative für mehr Wachstum und Beschäftigung“[25] ihren Ausdruck finden.

Im Zuge der Ausdifferenzierung des Förderinstrumentariums wurde ein weiteres Manko immer deutlicher: die „Zielüberfrachtung“[26] der europäischen Strukturpolitik. Das konnte dazu führen, daß sich die einzelnen Zielsetzungen teilweise widersprechen, verursacht durch „erhebliche Überschneidungen“[27]. Einige Programme unterstützten in der abgelaufenen Förderperiode beispielsweise die Schaffung von nichtagrarischen Arbeitsplätzen in strukturschwachen ländlichen Räumen; gleichzeitig wurde die Niederlassung von Junglandwirten in Ziel 5b-Regionen gefördert. Die Kombination der unterschiedlichen Förderschwerpunkte mit den drei Fonds EFRE, ESF und EAGFL-Ausrichtung führte in den neuen Bundesländern (Ziel 1-Förderung) dazu, daß sich die Zahl der Operationellen Programme auf insgesamt 38[28]. erhöhte. Dem versuchte die Kommission zwar mit dem „integrierten Einsatz“ der Strukturfonds entgegenzuwirken - jedes Programm verlangte jedoch eine gesonderte Abwicklung. Eine Zwischenbewertung des Mitteleinsatzes für den Zeitraum 1994 bis 1996 kommt zu der Einschätzung, daß die erhofften Synergieeffekte bisher ausblieben, denn es „... fehlen noch weitgehend die horizontalen Verknüpfungen zwischen den Projekten der verschiedenen Fonds sowie nicht selten sogar zwischen den Interventionen des jeweiligen Fonds“[29]. Besonders deutlich wird das „Förderwirrwarr“ am Beispiel der Stadt Duisburg[30]. Diese Kommune mit rückläufiger Montanindustrie und einer Arbeitslosenquote von 17,7 % erfüllte die Kriterien von drei Zielgebieten: Ziel 2 (Industrie im Strukturwandel), Ziel 3 (Jugend- und Langzeitarbeitslosigkeit) und Ziel 4 (Anpassung der Arbeitskräfte an den strukturellen Wandel). Somit boten sich potentiell Anspruchsberechtigten folgende Fördermöglichkeiten: Unternehmen, freie Träger, Kirchen, Forschungseinrichtungen, Existenzgründer, bestimmte Einzelpersonen sowie die Kommune selbst konnten bei Erfüllung der Antragsbedingungen Mittel aus insgesamt zehn Gemeinschaftsinitiativen und 24 Förderprogram-

---

25 Vgl. Beschluß des Rates vom 19. Mai 1998, ABl. L 155 vom 29.5.1998, S. 43 ff.

26 *Friedmann* 1996, S. 61; vgl. zu möglichen Zielkonflikten auch *Stehn* 1998, S. 331 f.

27 *Schmidt* 1998, S. 196.

28 Vgl. *Steppacher* 1996, S. 43. Kritisch zu dem Mehraufwand äußerte sich eine Interviewpartnerin in Sachsen; vgl. Gesprächsprotokoll SN 4. Ausführlicher vgl. Abschnitt 4.4.8.

29 So die Einschätzung durch *Riedel/Scharr* et al. 1997, S. 397.

30 Vgl. *Axt* 1997, S. 894; zu den spezifischen Problemen der Stadt Duisburg vgl. auch *Bensch* 1997.

men[31] beziehen. Problemverschärfend wirkt sich bei der Koordinierung der einzelnen Maßnahmen aus, daß die verschiedenen Fonds und Gemeinschaftsinitiativen durch unterschiedliche Generaldirektionen verwaltet werden. Außerdem stimmen die Zielkataloge der Strukturpolitiken auf europäischer und nationaler Ebene nicht in jedem Fall überein, was zu weiteren Reibungsverlusten infolge Inkompatibilität führen kann[32].

Das durch die Reform von 1988 eingeführte und in der Folgezeit ausgebaute Prinzip mehrjähriger Programmplanung eröffnet einerseits Planungssicherheit bei gleichzeitiger Einbeziehung möglichst aller Beteiligten durch ein mehrstufiges, klar gegliedertes Entscheidungsverfahren. Die voranschreitende Ausdifferenzierung des Instrumentariums impliziert andererseits die Gefahr zunehmender Unübersichtlichkeit in bezug auf mögliche Förderungen bei gleichzeitig sinkenden Erfolgsaussichten. Mit kritischen Worten geht diese „Bürokratisierung" bei gleichzeitiger „Inflationierung der Förderfälle"[33] einher mit einem individuell sinkenden Nutzen, da immer mehr Projekte aus einem Fonds gefördert werden. Vier Fünftel der EU-Ausgaben werden nicht von den Dienststellen der Kommission, sondern in Verantwortung der mitgliedstaatlichen Verwaltungen abgewickelt. Um die Mittelverwendung nachvollziehbar zu machen, wird oftmals die Einrichtung einer „Parallelverwaltung zum Projektgeschehen" notwendig. Daraus resultiert „ein mitunter erschreckend hoher Verwaltungsaufwand."[34] Zusätzlich gesteigert wird dieser Aufwand durch starre Antragsformalitäten, lange Fristen und die sich daraus ergebende Unsicherheit, ob mit einer Förderung zu rechnen ist oder nicht. Bezeichnend für die Inflexibilität des Systems ist beispielsweise, daß einige Dienststellen der Kommission „für sämtliche Programme immer noch Standardverträge"[35] benutzen. Die Auftragnehmer bzw. Projektdurchführer sehen sich zudem häufig mit Detailregelungen konfrontiert, z. B. für die Kontoführung, denen sie nicht oder nur mit großem Aufwand nachkommen können. Die Konsequenz daraus ist: Agenturen oder

---

31 In Deutschland mußten für elf Gemeinschaftsinitiativen insgesamt 70 Operationelle Programme ausgearbeitet werden; vgl. *Steppacher* 1996, S. 42.

32 Auf die deutsche Problematik der Abstimmung der Förderkulissen und -inhalte zwischen EU-Förderung und der „Gemeinschaftsaufgabe zur Verbesserung der regionalen Wirtschaftsstruktur" sei hier nur kurz verwiesen. Ausführlicher vgl. nachfolgend Abschnitt 5.6.4.

33 *Klemmer* 1998, S. 465.

34 *Schmidt* 1998, S. 196; ebenso vgl. *Stehn* 1998, S. 333.

35 So eine der Erkenntnisse aus dem Jahresbericht des Rechnungshofs; zitiert nach *Hajo Friedrich*, Europas Förderprogramme kranken am Management, in: F.A.Z. vom 27.11.1998, S. 28. Nachfolgendes Zitat ebenda.

(Sub-)Unternehmen spezialisieren sich auf die Antragstellung nach europäischen Fördermitteln, was zu Wettbewerbsverzerrungen führen kann. Aus diesem Grund sei es nicht verwunderlich, „... wenn stets dieselben Consultants oder Unternehmen den Zuschlag erhielten."

Der Europäische Rechnungshof hatte im Zusammenhang mit einem Sonderbericht über die Mittelverwendung im Programmplanungszeitraum 1994-99 Fragebögen an die Mitgliedstaaten verschickt. Ziel der Umfrage war unter anderem herauszufinden, worin die Ursachen für die unvollständige, teilweise geringe Inanspruchnahme der Gemeinschaftsmittel vor allem zu Beginn der Förderperiode[36] liegen. Als wesentliche Gründe für Verzögerungen in der Phase der Programmplanung wurden genannt:

- verspätete Annahme der EPPD, GFK oder OP (69 %[37]);
- Schwerfälligkeit der Verwaltungsverfahren der Gemeinschaft (67 %), bzw. der Mitgliedstaaten (64 %);
- zu optimistischer ursprünglicher Finanzierungsplan (66 %);

Auf Haushaltsebene machen sich nach Meinung von 48 Prozent der Befragten vor allem Widersprüche zwischen den gemeinschaftlichen und nationalen Verfahren und Vorschriften nachteilig bemerkbar. Die Mißverständnisse können im konkreten Fall mit der Übersetzung und dem Verständnis der Begriffe beginnen[38]. Bei der Durchführung der Aktionen kommt es überdurchschnittlich häufig zu einem verzögerten Start der Vorhaben aufgrund von Ausschreibungsverfahren für öffentliche Aufträge (51 %), Umweltverträglichkeitsprüfungen (40 %) oder die Ergebnisse von Durchführbarkeitsstudien (32 %). Schwierigkeiten bei der Koordinierung mehrerer gemeinschaftlicher und nationaler mittelbewirtschaftender Behörden stellen 56 % der Befragten fest, insbesondere bei Multifondsprogrammen.

---

36 Am Ende des Haushaltsjahres 1994 waren 4,5 Mrd. ECU aus den Strukturfonds nicht abgerufen - 22,5 % der Gesamtmittel verfielen. (Bei den Gemeinschaftsinitiativen waren es sogar 71 %!) 1995 wurden wiederum fast 4,4 Mrd. ECU (20 %) der Strukturfonds nicht ausgeschöpft. Erst 1997 erreichte die Mittelausschöpfung akzeptable 98,5 %; vgl. Rechnungshof 1998a, S. 71 f.

37 Die Zahl in Klammern weist die Häufigkeit der Nennung der Bedeutungsausprägung „sehr wichtig" oder „wichtig" durch die Befragten aus. Die Angaben wurden gerundet; vgl. Rechnungshof 1998a, S. 77 ff.

38 Bei einem Projekt in Sardinien gab es beispielsweise Schwierigkeiten mit den Termini „Verpflichtung/Mittelbindung", „Endbegünstigter" und „Förderfähigkeit der Ausgaben". Statt der öffentlichen Ausgaben wurden in diesem Fall anfangs fälschlicherweise die Gesamtkosten berücksichtigt, wodurch EU-Mittel in Höhe von 38,3 Mio. ECU erst verspätet zur Verfügung standen; vgl. Rechnungshof 1998a, S. 60.

Artikel 24 der Koordinierungsverordnung[39] ermöglicht unter bestimmten Voraussetzungen die „Kürzung, Aussetzung und Streichung der Beteiligung". Obwohl die Kommission von dieser Option bisher nur sehr sparsam Gebrauch gemacht hat, geht von ihr ein Drohpotential aus. Im Anwendungsfall hat die Verringerung der Gemeinschaftsbeteiligung zumindest indirekte Auswirkungen auf das Voranschreiten der Projekte, da die fehlenden Mittel nun durch eine verstärkte nationale oder regionale Finanzierung auszugleichen sind. Außerdem besteht für die Kommission die Möglichkeit, unrechtmäßig gezahlte Beträge zurückzufordern. Durch eine derartige Rückforderung für nicht verwendete Fördermittel zu einem Großvorhaben in den Jahren 1989-91 wurde in Kantabrien (ESP) der Start eines sich anschließenden Projektes verzögert. Problemverschärfend kam in diesem Beispielfall hinzu, daß der regionale Haushaltsplan für 1994 erst im März 1995 verabschiedet wurde. Im Endeffekt ging damit die Jahrestranche für 1994 gänzlich verloren, die Zuteilung für 1995 mußte gekürzt werden. Durchaus üblich ist darüber hinaus eine Praxis der Kommission, nach der sie die gemeinschaftlichen Zahlungen „... über mehrere Monate oder gar Jahre aussetzt, bis ihre Meinungsverschiedenheiten mit dem betreffenden Mitgliedstaat ausgeräumt sind."[40]

Immer wieder kommt es bei der Verwendung von Fördergeldern auch zu vereinzelten oder systematisch betriebenen Unregelmäßigkeiten. Um diese Fälle, deren Spektrum von unsachgemäßem Mitteleinsatz bis hin zur Veruntreuung reicht, wirksamer eindämmen zu können, versucht die Kommission in Zusammenarbeit mit den mitgliedstaatlichen Verwaltungen ein leistungsfähiges Informationssystem über Verstöße gegen die gemeinschaftlichen Regelungen auf- und auszubauen. Gemäß ihrer Verpflichtung aus der Verordnung 1681/94[41] meldeten die Mitgliedstaaten der Kommission im Jahre 1997 307 Fälle von Betrug bzw. Unregelmäßigkeiten, die einen Gesamtbetrag von 55,9 Mio. ECU[42] verkörperten. Ergänzt wird die mitgliedstaatlich organisierte Überwachung durch Kontrollen der Kommission vor Ort: Im Kontext der Initiative SEM 2000[43] führten die Kommissionsdienst-

---

39 VO 4253/88, ABl. L 374 vom 31.12.1988, S. 10.

40 Rechnungshof 1998a, S. 60.

41 VO 1681/94 der Kommission vom 11. Juli 1994 betreffend Unregelmäßigkeiten und die Wiedereinziehung zu Unrecht gezahlter Beträge im Rahmen der Finanzierung der Strukturpolitiken sowie die Einrichtung eines einschlägigen Informationssystems, ABl. L 178 vom 12.7.1994, S. 43 ff.

42 Vgl. Kommission 1998, S. 142.

43 „Sound and Efficient Management" (Verbesserung des Finanzmanagements).

stellen 1997 verstärkt Kontrollen durch um zu überprüfen, ob auf Seiten der Mitgliedstaaten ein System für die Verwaltung und Kontrolle der Gemeinschaftsaktionen vorhanden und wirksam ist. Insgesamt nahmen die Kommissionsbeamten 160 Stichproben[44] vor, die durch die Tätigkeit der für die Koordinierung der Maßnahmen zur Betrugsbekämpfung zuständigen Dienststelle (UCLAF) ergänzt wurden. Die am häufigsten auftretenden Mängel[45] betreffen folgende Punkte: die Ausgabenmeldungen enthalten Kosten, die nicht förderfähig sind; die Gemeinschaftsregeln über die Vergabe öffentlicher Aufträge werden nicht oder nur zum Teil beachtet; Zahlungen seitens der nationalen Verwaltungsstellen an die Begünstigten erfolgen mit Verzögerung; fehlende Publizität der Gemeinschaftsregeln und mangelhafte Information der Projektträger über die Förderung; Nichtbeachtung des Jährlichkeitsprinzips (ESF); Fehlen klarer Leitlinien für die Auswahlverfahren und -kriterien; Nichtbeachtung des Prinzips der Trennung von Verwaltungs- und Kontrollaufgaben auf der Ebene der Programmdurchführung; unkorrekte Anwendung der Umrechnungskurse. 1997 hat die UCLAF in 58 Fällen[46] allein oder in Zusammenarbeit mit den betreffenden nationalen Dienststellen Ermittlungsverfahren wegen Betrugsverdachts im Zusammenhang mit Fördergeldern eingeleitet. 22 dieser Ermittlungen betreffen Pilot- und Demonstrationsvorhaben; in 17 Fällen hat die Kommission die Weiterverfolgung und Vertiefung der Ermittlungen den Gerichten der Mitgliedstaaten überlassen. Ein Ergebnis der Bemühungen der Kommission um eine wirksamere Kontrolle der Mittelverwendung ist der Erlaß einer Verordnung[47], die Vorschriften zur Finanzkontrolle bei Fördermaßnahmen beinhaltet.

Ein grundlegendes Defizit der europäischen Strukturpolitik besteht - wie bereits an anderer Stelle erwähnt[48] - in dem Umstand, daß sie kein klar quantifizierbares Langfristziel aufweist. Art. 158 EG-Vertrag fordert von der Gemeinschaft die weitere „Stärkung ihres wirtschaftlichen und sozialen Zusammenhalts“. Ein Mittel, dieses Ziel zu erreichen, wird in dem Abbau der regionalen Disparitäten gesehen. Unbeantwortet bleibt allerdings die

---

44 Davon entfielen 43 auf den EFRE, 86 auf den ESF, 28 auf den EAGFL-Ausrichtung sowie 3 auf den FIAF; vgl. Kommission 1998, S. 139 ff.

45 Vgl. auch *Graf* 1999, S. 156 ff., der zwischen „formalen“ und „wesentlichen“ Fehlern unterscheidet.

46 17 Ermittlungen beziehen sich auf den EFRE, 20 auf den ESF, 13 auf den EAGFL-Ausrichtung sowie 2 auf den FIAF; vgl. Kommission 1998, S. 142.

47 VO 2064/97 der Kommission vom 15. Oktober 1997, ABl. L 290/1 vom 23.10.1997.

48 Vgl. ausführlicher vorstehend Abschnitt 3.1.

Frage, welche Ungleichgewichte in erster Linie zu beseitigen sind. Sollen das Einkommensniveau, der Qualifizierungsgrad der Erwerbstätigen oder etwa die Arbeitslosigkeit als entscheidender Maßstab gelten? Geht es um eine Nivellierung der Entwicklungsunterschiede oder nur um deren Minimierung? In welchen Zeiträumen sollen die Veränderungen erreicht werden? Solange die Maßstäbe für die Messung von (Miß-)Erfolgen nicht geklärt sind, fällt eine Evaluierung der erreichten Ergebnisse schwer[49]. Dessen ungeachtet soll der Versuch unternommen werden, die bisher erfolgte Förderung auf europäischer Ebene kritisch zu würdigen.

3.3 Bisherige Ergebnisse europäischer Strukturpolitik

Im Zuge der Reformen von 1988 wurden die Mitgliedstaaten und die Kommission im Rahmen des Prinzips der Partnerschaft dazu verpflichtet, die Strukturfondsmaßnahmen regelmäßig zu bewerten[50]. Diese Verpflichtung wurde durch die Änderung der Fondsverordnungen im Jahre 1993 sowie mit den neu eingeführten Standardklauseln der GFK und EPPD nochmals betont und verstärkt[51]. Ziel der Evaluierung ist die Ermittlung der sozioökonomischen Auswirkungen der Gemeinschaftsaktionen, d. h. die Untersuchung der Ergebnisse der Maßnahmen im Verhältnis zu den eingesetzten Mitteln (Kosten-Nutzen-Relation). Dazu bedarf es einer statistischen Methode, in deren Rahmen ein System quantifizierbarer Indikatoren auf der Grundlage eines konsistenten Analyserasters ausgewertet werden können. Drei Bewertungsphasen sind zu unterscheiden:

1. Die Ex-ante-Bewertung - auch Vorausbeurteilung genannt - soll auf der Grundlage einer Analyse der vorhandenen Probleme dazu beitragen, im Rahmen der finanziellen Möglichkeiten eine Strategie für deren Lösung zu entwerfen.
2. Aufgabe der Zwischenbewertung ist die Überprüfung, ob die ursprünglichen Annahmen und die darauf aufbauende Programmausrichtung nach wie vor Gültigkeit besitzen bzw. problemadäquat sind. Wenn dies nicht

---

49 Mit *Armstrong* (1995, S. 52): „... it will never be possible to assess accurately the likely effectiveness of a given policy reform. One cannot evaluate a policy until one knows precisely what it is meant to achieve."

50 Zu den Zuständigkeiten bei der Bewertung der Gemeinschaftsinterventionen vgl. *Graf* 1999, S. 159 ff.

51 Vgl. insbesondere Art. 6 der RahmenVO (VO 2052/88; geändert durch VO 2081/93) sowie Art. 26 der KoordinierungsVO (VO 4253/88; geändert durch VO 2082/93).

oder nur zum Teil der Fall ist, müssen Alternativen aufgezeigt und Modifikationen vorgenommen werden.

3. Nach Projekt- oder Programmende wird im Rahmen der Ex-post-Bewertung der Grad der Übereinstimmung zwischen intendierten Zielen und tatsächlichen Ergebnissen untersucht. Erschwert wird die Ermittlung des Zielerreichungsgrades u. a. durch den Umstand, daß mittel- und langfristige Effekte der Fördermaßnahmen oftmals erst nach Jahren erkennbar werden: „Wenn es am Ende einer fünfjährigen Programmlaufzeit zu Evaluation kommt, sind gerade erst 70 % der Mittel verbraucht, wahrscheinlich nur 50 % der Ergebnisse sind sichtbar, nur 30 % der Wirkungen sind erreicht und länger anhaltende bzw. strukturelle Auswirkungen sind nicht zu beobachten."[52]

Die Bewertung der Strukturfondsförderung sieht sich mit einer Reihe von Schwierigkeiten[53] konfrontiert, die der Europäische Rechnungshof in seiner Funktion als Prüfinstanz gemeinschaftlicher Aktivitäten in zwei Sonderberichten anspricht[54]. Danach stehen die Bemühungen der Kommission um eine Verbesserung der Begleit- und Bewertungsverfahren in bezug auf die Fördermaßnahmen außer Zweifel. So wurden beispielsweise nach Ablauf der ersten Hälfte der Förderperiode 389 Zwischenbewertungen[55] durchgeführt. Allerdings muß das Bewertungsverfahren nach Meinung des Rechnungshofs noch stark verbessert werden, um transparente und objektive Ergebnisse zu ermöglichen und eine höhere Verständlichkeit und Vergleichbarkeit der Berichte zu gewährleisten. Bisher wirkt sich die Vielzahl der verwendeten Indikatoren negativ auf die Qualität und Repräsentativität der Bewertungsergebnisse aus[56]. Die zu diesem Zweck eingerichteten Datenbanken, die unter die Zuständigkeit der Mitgliedstaaten fallen, sind laut Rechnungshofbericht oftmals mangelhaft und schmälern zusätzlich die Aussagekraft der ohnehin nicht immer adäquaten Indikatoren. Folgerichtig ergeht der Auftrag an die Kommission, deutlicher als bisher zu machen, wor-

---

52 *Graf* 1999, S. 160 f.

53 Zu den Problemen bei der Evaluierung von strukturpolitischen Maßnahmen vgl. *Friedmann* 1996b. Die Quintessenz bei *Schmidt* (1998, S. 197) lautet: „Eine zuverlässige Erfolgsmessung ist nicht möglich."

54 Vgl. Rechnungshof 1998 und 1998a – jeweils bezogen auf die Förderperiode 1994-99.

55 Vgl. Rechnungshof 1998, S. 14, 25.

56 Die Kommission hat zu diesem Zweck für den Zeitraum 1995-98 ein eigenes Programm (Mittelausstattung: insg. 2,8 Mio. ECU) aufgelegt: „Methoden zur Bewertung der strukturpolitischen Aktionen" (MEANS), das es jedoch ebenfalls nicht vermochte, die Bewertungsindikatoren und -methoden einheitlich festzuschreiben.

auf das „Hauptaugenmerk der Bewertung" liegen soll: auf dem Prinzip der Partnerschaft oder der Zusätzlichkeit der Mittel, auf den Beschäftigungswirkungen oder dem Konvergenzanliegen, auf dem Schwerpunkt endogener Wirtschaftsentwicklung oder dem Aspekt sozialer Wohlfahrt. Gleichzeitig wird vor einer eindimensionalen Betrachtung der strukturpolitischen Effekte, wie sie einigen makroökonomischen Modellen[57] - aus methodischen Gründen - zugrunde liegt, gewarnt[58].

In absoluten Zahlen profitierten bisher Spanien, Italien, Deutschland, Portugal und Griechenland am meisten von der europäischen Strukturfondsförderung. Werden diese Beträge in das Verhältnis zur Bevölkerungszahl gesetzt, ergibt sich jedoch ein anderes Bild: in Deutschland betrug die Fördersumme für die Periode 1994-99 pro-Kopf gut 250 ECU, wohingegen jeder Grieche rund 1.500 ECU an EU-Förderung bekam[59]. Die besondere Begünstigung der weniger entwickelten Gebiete wird noch deutlicher, wenn die EU-Strukturinterventionen auf das jeweilige BIP bezogen werden. Hier lag Portugal (3,98 %) vor Griechenland (3,67 %), Irland (2,82 %) und Spanien (1,74 %). Deutschland rangierte mit 0,21 % noch hinter Italien (0,42 %), Großbritannien (0,25 %) und Frankreich (0,22 %).

---

57 Eine Übersicht verschiedener ökonometrischer Modelle und ihrer Ergebnisse in bezug auf die Auswirkungen der Fördermaßnahmen bietet der Sonderbericht des EuRH; vgl. Rechnungshof 1998, S. 28 ff.

58 „Das Pro-Kopf-BIP darf nicht der einzige Maßstab zur Bewertung der Wirksamkeit der Strukturinterventionen sein." Rechnungshof 1998, S. 21.

59 Vgl. *Axt* 1997, S. 888 f.

Tabelle: Verteilung der Strukturfondsmittel 1994-1999 (in Preisen von 1994) und ihr Anteil an dem BIP der Mitgliedstaaten[60]

Mitgliedstaat	Gesamtförderung 1994-1999 (in Mio. ECU)	davon im Haupt-förderziel (in Mio. ECU)	Anteil der EU-Interventionen am BIP (in %)[a)]
Belgien	1.624	730 (Ziel 1)	0,18
Dänemark	674	301 (Ziele 3, 4)	0,11
Deutschland	18.676	13.640 (Ziel 1)	0,21
Griechenland	13.980	13.980 (Ziel 1)	3,67
Spanien	30.369	26.300 (Ziel 1)	1,74
Frankreich	11.309	3.203 (Ziele 3, 4)	0,22
Irland	5.620	5.620 (Ziel 1)	2,82
Italien	18.959	14.860 (Ziel 1)	0,42
Luxemburg	76	76 (Ziel 5a)	0,15
Niederlande	1.838	1.079 (Ziele 3, 4)	0,15
Portugal	13.980	13.980 (Ziel 1)	3,98
Vereinigtes König-reich	9.095	3.337 (Ziele 3, 4)	0,25
Österreich[b)]	1.461	783 (Ziele 3, 4, 5a)	0,19
Finnland[b)]	1.534	697 (Ziele 3, 4, 5a)	0,40
Schweden[b)]	1.278	728 (Ziele 3, 4, 5a)	0,37

a) bezogen auf das Jahr 1994

b) für die Jahre 1995-99, einschließlich Ziel 6

Trotz des enormen Mitteleinsatzes ist es der europäischen Strukturpolitik bisher nicht gelungen, die regionalen Unterschiede in bezug auf Wohlstand und Arbeitslosigkeit entscheidend abzubauen. Lediglich in Konjunkturphasen war eine Abnahme der Disparitäten zu verzeichnen, die sich in Zeiten der Rezession jedoch wieder verschärften[61]. Im Jahre 1993 lag das Ein-

60 Zusammenfassung von Angaben aus Kommissionsstatistiken; vgl. Kommission 1996, S. 144 und 1996a, S. 22.

61 Vgl. *Axt* 1997, S. 890; vgl. auch *Franzmeyer* 1993, S. 99.

kommen der 25 wohlhabendsten Regionen wie schon zehn Jahre zuvor mehr als zweieinhalbmal höher als in den 25 ärmsten Regionen. Die Einschätzungen in der Literatur kommen zu unterschiedlichen Ergebnissen, wobei die kritischen Stimmen dominieren[62]. Umfangreiche Berechnungen führen zu folgender Aussage: „Die empirische Analyse läßt nicht erkennen, daß das Tempo des Konvergenzprozesses durch die finanzielle EU-Regionalförderung beschleunigt werden konnte.“[63] Dezidiert ist auch die Einschätzung, daß die bisherige Entwicklungsstrategie „... unter dem Gesichtspunkt des Ausgleichs regionaler Disparitäten als gescheitert gelten muß.“[64] Für einen anderen Autor ist hingegen ein Prozeß langfristiger Konvergenz evident, wenngleich dieser seit den 1980er Jahren stagniert[65]. Eine mit erheblichem statistischen Aufwand betriebene Analyse kommt zu einem differenzierten Bild über die Entwicklung einzelner Regionen, das in der Verallgemeinerung seiner Ergebnisse allerdings zu dem wenig trennscharfen Fazit kommt, „... that there are some forces producing convergence and others producing divergence and the actual outcome over time is determined by the net effect of those forces.“[66]

---

62 Ein ernüchterndes Fazit über die geringe Effektivität der europäischen Regionalförderung „... hinsichtlich der Umverteilungs-, Wachstums- und Stabilisierungsfunktion“ liefert die umfangreiche Studie von *Holtzmann* (1997, S. 683 f.). Mehr Nach- als Vorteile in bezug auf die europäische Förderung sieht *Waniek* 1992, S. 165.

63 *Busch* et al. 1997, S. 15. Ebenso *Steinherr* (2000, S. 120): „Der Beitrag der Strukturfondsmittel zur Konvergenz der Regionen ist bislang nicht bestätigt worden.“

64 *Werner* 1996, S. 172.

65 *Molle* (1997, S. 74) sieht einen „... continous process of long-term convergence“.

66 *Cheshire/Carbonaro* 1997, S. 60; zu ähnlich differenzierten Aussagen vgl. *Lesch* 1998, S. 46 ff.

Tabelle: BIP pro Kopf in den reichsten und ärmsten Regionen der EU im Jahre 1993[67]

Rang	Region	BIP pro Kopf (in KKS, EU-15=100)
1	Hamburg (D)	189
2	Rég. Bruxelles-Cap./Brussels Hfdst. Gew. (B)	183
3	Ile de France (F)	166
4	Darmstadt (D)	164
5	Luxembourg (L)	162
6	Wien (A)	161
7	Oberbayern (D)	158
8	Bremen (D)	154
9	Greater London (GB)	144
10	Stuttgart (D)	141
	Höchsten Zehn	**158**
1	Guadeloupe (F)	37
2	Açores (P)	42
3	Alentejo (P)	42
4	Madeira (P)	44
5	Réunion (F)	47
6	Ipeiros (GR)	47
7	Centro (P)	49
8	Voreio Aigaio (GR)	50
9	Mecklenburg-Vorpommern (D)	52
10	Martinique (F)	52
	Niedrigsten Zehn	**48**

Die Unterschiede in den Arbeitslosenquoten haben sich zwischen 1983 und 1995 noch vergrößert. So liegt die durchschnittliche Quote der 25 am stärksten betroffenen Regionen bei 22,4 % (gegenüber 17,2 % in 1983);

67 Vgl. Kommission 1996, S. 134.

während die am wenigsten betroffenen Regionen durchschnittlich 4,6 % (4,8 %) ausweisen - ein Unterschied um nahezu das Fünffache.

Tabelle: Arbeitslosenquote in den am stärksten und am wenigsten betroffenen Regionen der EU im Jahre 1995[68]

Rang	**Region**	**Arbeitslosenquote (in %)**
1	Andalucia (E)	33,3
2	Ceuta y Melilla (E)	33,0
3	Extremadura (E)	30,5
4	Campania (I)	24,7
5	Calabria (I)	23,7
6	Canarias (E)	23,7
7	Sicilia (I)	23,5
8	Pais Vasco (E)	23,0
9	Región de Murcia (E)	22,2
10	Comunidad Valenciana (E)	22,2
	Höchsten Zehn	**26,4**
1	Salzburg (A)	3,2
2	Ionia Nisia (GR)	3,4
3	Tirol (A)	3,4
4	Notio Aigaio (GR)	3,5
5	Niederösterreich (A)	3,6
6	Luxembourg (L)	3,8
7	Kriti (GR)	3,8
8	Kärnten (A)	4,1
9	Oberbayern (D)	4,1
10	Vorarlberg (A)	4,3
	Niedrigsten Zehn	**3,9**

68 Erstmals erstellt im Jahre 1996; vgl. Kommission 1996, S. 136.

In dem nach Art. 159 EG-Vertrag alle drei Jahre vorzulegenden „Bericht über die Fortschritte bei der Verwirklichung des wirtschaftlichen und sozialen Zusammenhalts" kommt die Kommission zu einer differenzierten Bilanz der bisherigen Strukturinterventionen auf europäischer Ebene[69]. Den „bemerkenswertesten Wachstumsschub"[70] verzeichnete Irland, dessen BIP zwischen 1983 und 1995 im Durchschnitt um jährlich 4,5 % wuchs[71]. Nur in diesem Mitgliedstaat konnte zudem ein Netto-Beschäftigungseffekt (0,2 %) nachgewiesen werden[72]. Ebenfalls über dem Gemeinschaftsdurchschnitt von jährlich 2,5 % (1983-95) lag das Wirtschaftswachstum in den Kohäsionsländern Spanien (3,0 %) und Portugal (2,6 %). Griechenland fällt dagegen mit lediglich 1,8 % Wachstum deutlich ab, obwohl hier die EU-Strukturhilfen besonders massiv waren: 1992 betrugen sie 17,5 % der gesamten nationalen Investitionen[73]. Ohne Hilfe aus den EU-Fonds hätte Griechenland wahrscheinlich mit einem „Minuswachstum" rechnen müssen[74]. Ein differenziertes Urteil kommt zu der zusammenfassenden Feststellung, daß die gemeinschaftliche Förderpolitik gegenüber den genannten vier Kohäsionsländern mit Ausnahme Griechenlands „... als äußerst erfolgreich qualifiziert werden kann, die Politik zum Ausgleich regionaler Disparitäten aber mehr oder minder gescheitert ist."[75]

3.4 Reformnotwendigkeiten angesichts der bevorstehenden Erweiterungen

Über die politische Notwendigkeit der EU-Erweiterung um die Staaten Ostmittel- und Südosteuropas herrscht allgemeiner Konsens. Während das

---

69 Zur hohen Ergebnisvarianz bei der Evaluation der Strukturfondsförderung vgl. *Lang* et al. 1998, S. 55 f.

70 Kommission 1996, S. 5. Zu den Hintergründen für die „ungeheuer dynamische Entwicklung" vgl. *Aust* 1999.

71 Und damit von 63,6 % auf 89,9 % des durchschnittlichen BIP der EU der 15; vgl. Kommission 1996, S. 133.

72 Die strukturpolitischen Maßnahmen tragen wesentlich zur Schaffung und Sicherung von Arbeitsplätzen bei. Beispielsweise hingen im Jahre 1993 fast 800.000 Arbeitsplätze bzw. 3,7 % des Arbeitskräftepotentials der Ziel 1-Regionen von der Realisierung EU-geförderter Maßnahmen ab; vgl. *Friedmann* 1996b, S. 79 f.

73 Zum Vergleich: Portugal (13,6 %), Irland (13,7 %), Spanien (2,6 %); vgl. *Axt* 1997, S. 891.

74 Vgl. *Friedmann* 1996b, S. 77.

75 *Fischer* 1998, S. 19.

Procedere eines Beitrittsverfahrens weitgehend geklärt ist[76], besteht allerdings Uneinigkeit über den Stellenwert und das Tempo der Erweiterung(en). Ein Kommentar sieht in der zügigen Öffnung nach Osten eine „sicherheitspolitische Aufgabe ersten Ranges“[77], eine andere Einschätzung betrachtet die Erweiterung dagegen lediglich als „vierte Priorität“ - nach WWU, institutioneller Reform der EU sowie Verwirklichung des Schengener Abkommens[78]. Die Prognosen über die zu erwartenden Gesamtkosten der Osterweiterung[79] weisen zum jetzigen Zeitpunkt noch eine große Bandbreite auf. Während eine Simulationsrechnung auf einen Finanzbedarf von knapp 20 Mrd. ECU jährlich[80] kommt, schwanken die Zahlen anderer Kostenschätzungen zwischen 7,2 und 45 Mrd. ECU[81]. Allgemeiner Tenor ist die Warnung vor einer Überforderung der EU[82], denn es kann als sicher gelten, daß die Heterogenität der EU durch die Beitritte drastisch zunehmen wird: Bedingt durch die gravierenden Unterschiede in der Wirtschaftskraft zwischen den gegenwärtigen Mitgliedstaaten und den Beitrittsaspiranten würden diese Staaten flächendeckend zu Ziel 1-Gebieten werden. Die bisherigen Erweiterungsrunden hatten zwar auch jeweils zu einer Verringerung des Mittelwertes geführt, allerdings nicht annähernd in der jetzt zu erwartenden Größenordnung: Eine Union mit 26 Mitgliedstaaten hätte im Vergleich zur ursprünglichen Sechsergemeinschaft einen Pro-Kopf-BIP-Mittelwert von nur noch 75 %[83]. Der Umfang der im Ziel 1-Gebiet mit höchster Förderpriorität lebenden Bevölkerung würde von 94 Millionen in der Förderperiode 1994-99 auf rund 200 Mio. Einwohner steigen[84]. Schätzungen über die Mehrausgaben im Falle eines gleichzeitigen Beitritts Ungarns, Polens, der Tschechi-

---

76 Zum Rechtsregime eines Beitritts vgl. stellvertretend *Waldhoff* 2000, S. 216 ff.

77 *Kreile* 1999, S. 802.

78 Vgl. *Fink* 1998, S. 168.

79 Vgl. *Ardy* 1998; zu den wirtschaftspolitischen Aspekten der Osterweiterung vgl. auch *Hagen* 1997.

80 Vgl. *Stehn* 1998, S. 328.

81 Vgl. *Axt* 2000, S. 64; vgl. auch *Kohler* 2000, S. 53 ff. Allein das deutsche Mitglied des Europäischen Rechnungshofes setzt die mit der Osterweiterung verbundenen Kosten dagegen deutlich niedriger an, bzw. hält deren Finanzierung im Rahmen des derzeitigen Haushalts für machbar; vgl. *Friedmann* 1996a, S. 18.

82 Vgl. stellvertretend *Pöhle* 1999, S. 237.

83 Vgl. Kommission 1997, Teil II, S. 26.

84 Bezogen auf eine Erweiterung um zehn MOEL; vgl. Kommission 1997, Teil II, S. 29.

schen Republik und der Slowakei allein in bezug auf die EU-Strukturfonds variieren zwischen 14,9 und 34,2 Mrd. ECU jährlich[85].

Allerdings darf die Diskussion nicht nur unter dem Kostengesichtspunkt geführt werden, denn neben den wirtschaftlichen Implikationen verbinden sich mit der schrittweisen Erweiterung auch erhebliche stabilitätspolitische Vorteile. Den voraussichtlichen Kosten müssen außerdem die zu erwartenden langfristigen finanziellen Vorteile gegenüber gestellt werden: Eine Studie des Deutschen Instituts für Wirtschaftsforschung kommt zu dem Ergebnis, daß im Hinblick auf die Handelsbilanzen „... in der Summe für kein Land der EU-15 negative Wirkungen der Osterweiterung festzustellen“[86] seien. Eine andere Analyse kommt zu differenzierteren Ergebnissen: Während für die an der östlichen EU-Außengrenze befindlichen Länder, insbesondere für Österreich und Deutschland, Nettowohlstandsgewinne aus künftigen Erweiterungen prognostiziert werden, können „... die Integrationswirkungen für Länder an der südlichen und westlichen Peripherie die fiskalischen Belastungen nur zum Teil kompensieren“[87]. Damit läßt sich die Haltung begründen, daß insbesondere aus der Sicht der wirtschaftlich schwächeren Mitgliedstaaten die Verhandlungen über zukünftige Beitritte an eine Reihe von Bedingungen geknüpft werden sollen, wie z. B. die Beschränkung der Mittel aus den Strukturfonds auf maximal 4 % des nationalen BIP oder die Vereinbarung langer Übergangsfristen bis zur Herstellung der uneingeschränkten Mobilität der Arbeitskräfte.

Nach dem gegenwärtigen Stand der Beitrittsverhandlungen ist nicht mit ihrem schnellen Abschluß und wahrscheinlich ebenso wenig mit einem gleichzeitigen Beitritt aller Kandidaten zu rechnen. Offizielle Beitrittsverhandlungen laufen seit März 1998 mit den Kandidaten der „ersten Reihe“: Polen, Ungarn, Tschechische Republik, Estland, Slowenien und Zypern. Am 4.11.1998 legte die Kommission dem Europäischen Parlament Berichte über die Lage in allen zwölf beitrittswilligen Staaten vor, deren Grundaussage darin besteht, daß noch umfangreiche Anstrengungen auf Seiten der Kandidaten notwendig sind, um auf die Übernahme des gemeinschaftlichen

---

85 Vgl. *Yenal* 1998, S. 533. Unter Einbeziehung des Bereiches Landwirtschaft wären die Ausgaben noch deutlich höher zu veranschlagen; vgl. *von Urff* 1997, S. 37 ff.; *Fink* 1997, S. 160 ff.

86 Zitiert nach *Kreile* 1999, S. 808. Für *Lösch* (1999, S. 161) steht langfristig gesehen „ein ökonomischer Erfolg der Osterweiterung außer Frage.“

87 *Kohler* 2000, S. 27.

Besitzstandes („acquis communautaire") vorbereitet zu sein[88]. Die Verhandlungen dürften aufgrund der Komplexität der Materie - der acquis umfaßt mittlerweile rund 20.000 Rechtsakte, die etwa 80.000 Amtsblattseiten füllen[89] - und der unterschiedlichen Ausgangsniveaus der Aspiranten[90] weitaus schwieriger und langwieriger sein als bei vorangegangenen Erweiterungen[91]. Selbst in der im Vergleich zu einigen anderen Beitrittskandidaten wirtschaftlich hoch entwickelten Tschechischen Republik hat das sogenannte Sreening der Kommission einen unvermindert großen Anpassungsbedarf des Landes an die EU-Strukturen ergeben[92]. Unter portugiesischer Präsidentschaft wurden im ersten Halbjahr 2000 mit den genannten Kandidaten die Verhandlungen über das Kapitel „Regionalpolitik" aufgenommen[93].

Die bisher längsten Verhandlungen hatte es im Vorfeld der „iberischen Erweiterung" (1978 - 1985) gegeben. Angesichts der noch bestehenden Unsicherheiten konnte der Wiener EU-Gipfel im Dezember 1998 nicht den von den Beitrittskandidaten gewünschten verbindlichen „Fahrplan" für die Erweiterung präsentieren[94]. Der Europäische Rat von Helsinki im Dezember 1999 eröffnete einer zweiten Gruppe von MOE-Ländern die Beitrittsoption, darunter so wirtschaftsschwachen Staaten wie Bulgarien und Rumänien[95]. Mit den beiden genannten Ländern sowie Lettland, Litauen, Malta und der Slowakei wurden am 15.2.2000 offizielle Beitrittsverhandlungen begon-

---

88 Zu den Ergebnissen der Fortschrittsberichte der Kommission aus den Jahren 1998 und 1999 in bezug auf die Kandidaten der ersten Reihe (außer Zypern) vgl. *Dauderstädt* 2000, S. 201 ff.

89 Etwa die Hälfte betreffen den Agrarbereich; vgl. *Rothacher* 1998, S. 256.

90 Zu aktuellen Analysen der führenden deutschen Wirtschaftsforschungsinstitute zur Wirtschaftslage und dem Stand der Reformprozesse in Mittel- und Osteuropa vgl. bfai 2000.

91 *Waldhoff* (2000, S. 230) meint, „... daß mit einer Verzögerung des Beitrittsprozesses zu rechnen sein wird."

92 Bei den nach wie vor bestehenden Defiziten handelt es sich nach Einschätzung von *Jilková* (1999, S. 396) „vor allem um Mängel im Justizwesen (und) in der öffentlichen Verwaltung"; vgl. auch bfai 2000, S. 9 ff.

93 Zu einer Übersicht über den Stand der Beitrittsverhandlungen im April 2000 vgl. *Dauderstädt* 2000, S. 214 ff.

94 Vor einer „nicht sorgfältig vorbereiteten EU-Osterweiterung" warnt u. a. *Welfens* 1999, S. 40.

95 Vgl. bfai 2000, S. 33 ff.; vgl. auch *Steenbrecker* 2000.

nen[96]. Seit dem Europäischen Rat von Helsinki hat auch die Türkei Kandidatenstatus[97]. Für die damit verbundenen Kosten hat die EU bisher keine eigenen Prognosen veröffentlicht. Es kann jedoch als sicher gelten, daß sie gegenüber der ersten Beitrittswelle noch ungleich höher ausfallen werden und damit im Rahmen des gegenwärtigen Fördersystems nicht mehr finanzierbar sein würden. Eine grundlegende Reform erscheint somit schon aus Kostengründen unausweichlich[98], wobei es darauf ankommt, „... daß die gemeinsame Strukturpolitik in Zukunft nicht mehr für beliebige Zwecke mißbraucht wird, sei es als Entschädigung für politisches Wohlverhalten, etwa bei der Aufnahme ungeliebter Konkurrenten oder bei der Durchführung weiterer Integrationsschritte“[99].

Tabelle: Basisdaten der mittel- und osteuropäischen Beitrittskandidaten im Jahre 1995[100]

Land	**Bevölkerung (in Mio.)**	**Fläche (in 1000 km²)**	**BIP (in Mrd. ECU)[a)]**	**BIP pro Kopf (in % der EU)[a)]**
Ungarn	10,2	93	64,6	37
Polen	38,6	313	203,3	31
Rumänien	22,7	238	94,3	23
Slowakei	5,4	49	38,0	41
Lettland	2,5	65	7,9	18
Estland	1,5	45	5,9	23
Litauen	3,7	65	15,3	24
Bulgarien	8,4	111	35,4	24

96 Zu den „Kandidaten der zweiten Reihe“ Rumänien, Bulgarien und Slowakei vgl. *Hartwig/Soveroski* 2000.

97 Das Europäische Parlament hatte dagegen bis zuletzt massive Bedenken; vgl. *Jacobs* 2000, S. 27. Auf die Gefahr einer „geographischen Überdehnung“ verweist *Wessels* 2000.

98 Vgl. *Stehn* 1998, S. 329; vgl. auch *Kämpfe* 1999, S. 13 ff.

99 *Eickhof* 1998, S. 25.

100 Vgl. Kommission 1997, Teil II, S. 74; zu ergänzenden Statistiken über die Kandidaten der ersten Runde (außer Zypern) vgl. *Dauderstädt* 2000, S. 175 ff.

Land	Bevölkerung (in Mio.)	Fläche (in 1000 km²)	BIP (in Mrd. ECU)[a)]	BIP pro Kopf (in % der EU)[a)]
Tschechien	10,3	79	97,2	55
Slowenien	2,0	20	20,1	59
MOEL-10	105,3	1.078	582,0	32
EU-15	371,6	3.236	6.441,5	100

a) BIP in Kaufkraftstandards (KKS)[101]

Selbst wenn das Problem der Nicht-Finanzierbarkeit infolge Überdehnung des EU-Haushalts außer Betracht bleibt, wäre die gegenwärtige EU-Strukturfondsförderung nicht im Verhältnis 1:1 auf die Beitrittskandidaten übertragbar, weil sie die Absorptionsfähigkeit der betreffenden Volkswirtschaften und die Verwaltungskraft der jeweiligen Administration übersteigen würde. Es stünde weiterhin zu befürchten, daß der auf diese Weise ausgelöste Nachfrageschub eher Importe als die einheimische Industrie begünstigte. Eine Übertragung der Förderung zu den jetzigen Konditionen hätte zur Folge, daß 16 % des BIP der Slowakei aus Brüssel kämen, gefolgt von Polen (14 %), Ungarn (12 %) und Tschechien (11 %)[102]. Außerdem wären die Neumitglieder nur in begrenztem Umfang in der Lage, die zur Kofinanzierung[103] notwendigen Beträge aufzubringen. Ein damit zusammenhängendes grundlegendes Erfordernis ist die Modifizierung der traditionellen Förderkriterien. Würde beispielsweise die Kausalität zwischen niedrigem Pro-Kopf-Einkommen[104] und materieller Begünstigung konsequent fortgeschrieben, würden nach Vollendung der Osterweiterung „alle bisherigen Netto-

101 KKS-Wechselkurse werden üblicherweise anstelle der jeweiligen amtlichen Wechselkurse benutzt, um den relativen Lebensstandard zu schätzen. Sie berücksichtigen somit Kostenunterschiede in der Lebenshaltung zwischen den Ländern. Bei einem Vergleich der BIP zu laufenden Marktpreisen würde der Unterschied zwischen der EU-15 und den Beitrittskandidaten noch gravierender ausfallen.

102 Vgl. *Axt* 1997, S. 894. Notwendige Strukturhilfen in Höhe von fast 18 % des aggregierten BIP's der Beitrittskandidaten errechnet *Lesch* (1998, S. 62) - das wären 33 Mrd. ECU jährlich.

103 Von 1989 bis 1995 wurden bereits 42,5 Mrd. DM von insgesamt 261 Mrd. DM (rund 16 %) Fördermitteln nicht in Anspruch genommen, was teilweise damit zusammenhängt, daß die Mittel für die Kofinanzierung nicht aufgebracht werden konnten; vgl. Bayerische Staatskanzlei 1996, S. 31.

104 Zur Kritik an dem Kriterium Pro-Kopf-BIP als Grundlage für einen Wohlstandsvergleich vgl. *Eekhoff* 1995.

empfänger Nettozahler werden."[105] Das wäre auch integrationspolitisch nicht realisierbar, denn unter diesen Bedingungen würden die bisher begünstigten Mitgliedstaaten den Beitritten nicht zustimmen[106]. Andererseits dürfte eine Mitgliedschaft „zweiter Klasse" - mit allen Pflichten, aber nur bestimmten Rechten - ebenso wenig durchsetzbar sein. Aus dieser Überlegung ergibt sich eine erhebliche Verhandlungsmacht der Beitrittskandidaten: „Sie sind vollwertige Mitglieder im europäischen Rent-Seeking-Wettbewerb, und es spricht wenig dafür, daß sie dabei nicht genauso erfolgreich sein werden wie die alten EU-Länder."[107] Der einzige Ausweg besteht somit in einer grundlegenden Reform der Strukturfondsförderung noch vor der nächsten Erweiterungsrunde. Um die gravierendsten Entwicklungsrückstände in den Kandidatenländern möglichst vor deren Vollmitgliedschaft zu überwinden, unterbreitete die Kommission eine spezielle „Heranführungsstrategie"[108] für Beitrittsaspiranten, die auch Gegenstand der Verhandlungen im Rahmen der „Agenda 2000"[109] war.

Die Einführung des sogenannten Einheitlichen Programmplanungsdokumentes im Jahre 1993 war ein erster Schritt in Richtung Verfahrensvereinfachung. Dem Vollzug der Programme mangelte es in der Förderperiode 1994-99 jedoch häufig an der nötigen Flexibilität. So bedurfte beispielsweise jede Mittelverschiebung von einem Maßnahmeposten zu einem anderen eines aufwendigen und zeitraubenden Programmänderungsverfahrens, wodurch der Umsetzungsprozeß oftmals monatelang verzögert wurde. Der Genehmigungsvorbehalt seitens der Kommission galt paradoxerweise sogar dann, wenn durch die Änderung eine größere Investitionssumme ausgelöst wurde als ursprünglich geplant[110]. Folgerichtig bestand ein Anliegen der aktuellen Reformrunde darin, dieses Procedere durch eine Verlagerung der Kompetenzen „nach unten" zu vereinfachen. Die verstärkte Suche nach Dezentralisierungsmöglichkeiten ist im Vorfeld der Osterweiterung auch des-

105 *Eickhof* 1998, S. 25.

106 Vgl. *Nass* 1998, S. 108 f.

107 *Weimann* 2000, S. 13. Eine deutlich schwächere Verhandlungsposition der Beitrittsaspiranten sehen dagegen *Bollen* et al. 2000, S. 199 ff (S. 208): „... no candidate can expect to receive the same privileges because no candidate has the same bargaining power as an existing member of the EU."

108 Zu den verschiedenen Maßnahmen in Vorbereitung der Beitritte, wie Europa-Abkommen, strukturierter Dialog und PHARE-Programm vgl. *Waldhoff* 2000, S. 224 ff.

109 Vgl. Kommission 1997; vgl. auch *Trautmann* 1999, S. 57 f.

110 Vgl. *Cuny* 1997, S. 233.

halb von besonderer Wichtigkeit, weil die bisherigen Erfahrungen gezeigt haben, daß jeder Beitritt wirtschaftlich schwächer Staaten „fast zwangsläufig eine Zentralisierungstendenz im Bereich der Strukturpolitik“[111] nach sich gezogen hat. Das führt zu der These: Je heterogener und je rückständiger einzelne Staaten einer föderalen Gemeinschaft bzw. Regionen einer Nation sind, desto eher sind sie bereit, die Zentralebene zu stärken, insbesondere dann, wenn sich daraus materielle Vergünstigungen ergeben. Daraus ergibt sich ein Szenario, in dem die neuen Mitgliedstaaten nach ihrem Beitritt „... die Politik der Gemeinschaft und die Auflagen, die ihnen die Gemeinschaft unter der Vorherrschaft der wohlhabenderen Geberländer machen wird, im wesentlichen nur ausführen“[112] werden. Die angestrebte Dezentralisierung der Förderung setzt somit voraus, daß die Kandidatenländer bis zu einem Beitritt verstärkte Anstrengungen unternehmen, leistungsfähige und selbstbewußte regionale und lokale Verwaltungsebenen zu etablieren und auszubauen. Gegenwärtig sind die meisten Beitrittskandidaten noch durch starke Zentralregierungen und eine schwache, bzw. stark fragmentierte regionale und kommunale Ebene gekennzeichnet. Folgende Beispiele illustrieren, daß in Richtung Dezentralisierung noch großer Handlungsbedarf besteht: In der Tschechischen Republik gibt es nach wie vor über 6.000, teilweise wenige Einwohner zählende Kommunen. Polen hat zwar eine territoriale Reform eingeleitet, die Woiwoden sind jedoch weiterhin dem Premierminister unterstellt. In Ungarn scheiterte unlängst der Versuch, sogenannte Großregionen zu schaffen[113]. Damit verbindet sich in bezug auf die Strukturfondsförderung die Problematik der derzeit noch völlig unklare Übertragung der NUTS-Systematik auf die Kandidatenländer. Neben der bisher nicht abschließend erfolgten Zuordnung administrativer Gebietseinheiten zu den unterschiedlichen Programmebenen erweist sich das Fehlen aussagefähiger Regionalstatistiken ebenfalls als gravierendes Manko[114].

Bisher standen in diesem Abschnitt ausschließlich die Reformnotwendigkeiten auf Seiten der Beitrittsaspiranten im Mittelpunkt. Neben der Frage der Beitrittsfähigkeit steht jedoch mindestens genauso brennend das noch ungelöste Problem der Erweiterungsfähigkeit der jetzigen Gemeinschaft. Der Amsterdamer Vertrag hat es insgesamt nicht vermocht, die entspre-

---

111 *Klemmer* 1998, S. 474.

112 *Seidel* 1999, S. 580.

113 Vgl. *Gorzelak* 1998, S. 321 ff.

114 Selbst in den ostdeutschen Ländern hatte es trotz massiver Unterstützung aus den Altbundesländern Jahre gedauert, bis zuverlässige Regionalstatistiken aufgebaut worden waren; vgl. *Bollen* et al. 2000, S. 209 f.

chenden institutionellen Voraussetzungen zu schaffen[115]. Das dem Vertrag beigefügte „Protokoll über die Organe im Hinblick auf die Erweiterung der EU“ sieht u. a. vor, daß mit der nächsten Erweiterung jeder Mitgliedstaat nur noch einen Kommissar wird stellen können. Gleichzeitig müßte die (Neu-)Gewichtung der Stimmen im Rat geregelt werden. Außerdem ist in dem Protokoll festgelegt, daß spätestens ein Jahr vor dem Überschreiten der Zahl von 20 Mitgliedstaaten eine Regierungskonferenz einzuberufen ist, „um die Bestimmungen der Verträge betreffend die Zusammensetzung und die Arbeitsweise der Organe umfassend zu überprüfen“. Das impliziert die Gefahr, „... daß die Reform der Institutionen als Hebel genutzt werden kann, um die Erweiterung hinauszuzögern.“[116] Um einer solchen Entwicklung vorzubeugen, beschloß der Europäische Rat von Köln im Juni 1999 eine Zwei-Stufen-Strategie, nach der eine Regierungskonferenz, die im Februar 2000 beginnt und bereits im Dezember 2000 unter französischer Präsidentschaft beendet werden soll, sich auf die Regelung der „left-overs“ von Amsterdam konzentrieren wird: Reform von Größe und Zusammensetzung der Kommission, Neugewichtung der Stimmen im Rat, Übergang zu Mehrheitsentscheidungen im Rat als grundsätzlicher Abstimmungsmodus sowie Reform des Europäischen Parlaments[117]. Parallel dazu soll eine Grundrechtecharta ausgearbeitet werden, die den „Nukleus eines europäischen Verfassungsvertrags“[118] bilden könnte. Die bevorstehenden Erweiterungen erhöhen den Druck auf die Gemeinschaft in Richtung notwendiger institutioneller Reformen. Dieser Zwang zur Veränderung „... kann ihrer Vitalisierung und Vertiefung nur nützen.“[119] Frankreichs Staatspräsident Jacques Chirac hat bei seiner Vorstellung des Arbeitsprogramms der französischen Ratspräsidentschaft vor dem Europäischen Parlament am 4. Juli 2000 in Straßburg bekräftigt, daß die notwendigen institutionelle Reformen auf dem Dezembergipfel in Nizza beschlossen werden sollen. Bei der Umsetzung des Ziels, den Abstimmungsmodus zugunsten von Mehrheitsentscheidungen im Ministerrat auszuweiten, stehen allerdings noch harte Verhandlungen bevor: Le-

---

115 Vgl. stellvertretend *Trautmann* 1999, S. 52 ff.; *Franßen-de la Cerda* (2000, S. 543) nennt die auf diesem Gebiet erzielten Ergebnisse des Amsterdamer Vertrages „... äußerst mager und enttäuschend“.

116 *Kreile* 1999, S. 818.

117 Zur Kritik an diesem, von vornherein auf die „left overs“ von Amsterdam eingeschränkten Mandat der Regierungskonferenz vgl. *Franßen-de la Cerda* 2000, S. 545 ff.

118 *Jopp/Schmalz* 2000, S. 15.

119 So jedenfalls *Lösch* 1999, S. 163.

diglich in zwei von 40 diskutierten Anwendungsfällen konnte bisher (Stand Juli 2000) Konsens zwischen den Mitgliedstaaten erzielt werden[120].

3.5 Alternative Reformvorstellungen

Die Notwendigkeit einer Reform der beiden mit Abstand haushaltswirksamsten Politikbereiche Agrar- und Strukturpolitik bereits vor einer Erweiterung ergibt sich zwingend, da sich durch eine „Verfestigung von Besitzständen der Altmitglieder“[121] die Anpassungsflexibilität der EU weiter verringern würde. Unter den an der Novellierung der Regelungen für die Strukturfonds beteiligten Akteuren aller Ebenen bestand zu Beginn der aktuellen Reformrunde zwar weitgehend Konsens darüber, daß die breite Streuung der Mittel („Gießkannenprinzip“) gestrafft werden muß, um dem Prinzip der Konzentration der Förderung auf die am meisten benachteiligten Regionen noch mehr Geltung zu verschaffen[122]. Damit verbunden wäre ein deutlicher Rückgang des Anteils der in Fördergebieten lebenden Personen an der EU-Gesamtbevölkerung von über 50 Prozent in der Förderperiode 1994-99 auf 35-40 Prozent[123]. Außerdem ist nach überwiegender Meinung eine Zusammenfassung der Ziele sowie die Reduzierung der Anzahl der Gemeinschaftsinitiativen erforderlich, um eine höhere Kohärenz, Homogenität und Transparenz der Förderung zu gewährleisten. So einheitlich das Meinungsbild der Akteure in prinzipiellen Fragen erscheint, so unterschiedlich stellt es sich dar, wenn es um konkrete Regelungen geht - je nach dem Grad der Betroffenheit eigener Interessen. Es folgt eine kurze Vorstellung relativ konkreter Reformprogramme und eine Bewertung hinsichtlich ihrer Praktikabilität[124]. Begonnen wird der Überblick mit Modellen, die eine radi-

---

120 Vgl. *Hartmut Hausmann*, Frankreich will in Nizza den großen Reformschritt für die EU, in: Das Parlament Nr. 29-30 vom 14./21. Juli 2000, S. 13.

121 *Kreile* 1999, S. 814.

122 Eine gegenteilige Position vertritt *Cuny* (1997, S. 233), nach dessen Meinung eine noch weitergehende Konzentration auf besonders benachteiligte Gebiete „... im Interesse der Akzeptanz der EU-Politik in den 'reicheren' Regionen nicht empfohlen werden“ könne.

123 Eine Reduzierung um diese Größenordnung strebte die EU-Kommission im Rahmen der „Agenda 2000“ an; vgl. ausführlicher nachfolgend Abschnitt 3.5.8.

124 Vgl. *Axt* 2000, S. 204 ff. Eine Darstellung auf höherem Abstraktionsniveau geht von vier möglichen Reformvarianten aus: 1. Bürokratisches Kontrollmodell; 2. Administratives Dezentralisierungsmodell; 3. Strategisches Management- und De-

kale Änderung des bestehenden Systems fordern, bzw. die das Kohäsionsanliegen auf eine völlig andere Weise umsetzen wollen. Daran schließen sich evolutionär-pragmatische Vorschläge verschiedener Akteure an, die die aktuelle Reformdiskussion letztlich prägten.

3.5.1 Radikalreform

„For neoliberals, cohesion policy distorts market competition."[125] Aus diesem Grund fordern die Vertreter der neoliberalen Wirtschaftspolitik eine drastische Reduzierung der Interventionen bis hin zu einem völligen Rückzug der EU aus der aktiven Strukturpolitik unter der Überschrift: „Keine ist die beste EU-Strukturpolitik"[126]. Dabei geht es weniger um eine (Rück-) Übertragung von Kompetenzen auf die nationale oder regionale Ebene, sondern um eine Entstaatlichung der Strukturpolitik. Wenn der EU überhaupt eine verteilungspolitische Rolle zugebilligt wird, dann höchstens in Form ungebundener Finanztransfers für Investitionen in den am meisten benachteiligten Gebieten. Um den Wettbewerbsaspekt zu stärken, wäre nach Ansicht neoliberaler Ökonomen zudem die Beihilfenaufsicht der Kommission auszubauen. Alle Politikbereiche mit strukturpolitischem Bezug, wie z. B. die Forschungs- und Technologiepolitik, Verkehrs- und Energiepolitik, sollten nur an Rentabilitätsgesichtspunkten ausgerichtet werden. In diesem Zusammenhang wird dafür plädiert, den im Jahre 2002 auslaufenden EGKS-Vertrag nicht zu verlängern. Außerdem sollen gesamteuropäisch angelegte Aktivitäten, etwa im Bereich der transeuropäischen Netze, nicht weiter verfolgt werden. Neoliberale Ökonomen vertreten die Auffassung, daß eine „entschlackte" EU im Endeffekt erfolgreicher mit den Herausforderungen einer Osterweiterung umgehen könne[127]. Ein Vorschlag spricht sich beispielsweise für ein Auslaufen der „alten" Fonds bis zum Jahr 2005 aus. Anschließend sollte die Verteilung der Kohäsionsmittel „grundsätzlich proportional zu ihrem relativen Pro-Kopf-BIP (...) und ihrer Bevölkerungszahl"[128] in Form ungebundener Finanztransfers erfolgen.

---

zentralisierungsmodell; 4. Evolutionäres Entwicklungsmodell; vgl. *Lang* et al. 1998, S. 125.

125 *Hooghe* 1998, S. 463.

126 *Axt* 2000, S. 204.

127 Vgl. *Klodt/Stehn* et al. 1992, S. 198; vgl. auch *Holtzmann* 1997.

128 *Stehn* 1998, S. 336.

3.5.2 Anreizorientierte Strukturpolitik

Dieser Reformvorschlag basiert auf dem kritischen Befund, daß die bisherige Konzeption europäischer Strukturpolitik einer „Subventionsmentalität" Vorschub leistet, indem sie sich ausschließlich an Kriterien der Bedürftigkeit orientiert. Das gegenwärtig praktizierte Modell impliziere zu wenig Anreize für benachteiligte Regionen, die eigene Lage aktiv zu verbessern: „In den Genuß von Fördermittel gelangt man nur, wenn man Defizite (BIP, Arbeitslosigkeit), nicht aber strukturverbessernde Erfolge nachweisen kann."[129] Die Reform der Strukturfonds sollte deshalb dazu genutzt werden, den „Förder-Automatismus"[130] durch eine spezifisch erfolgsorientierte Konditionierung der Förderung zu ersetzen. Das neue Modell könnte wie folgt ausgestaltet werden: Neben einer Grundsicherung, auf die alle nachweislich bedürftigen Regionen weiterhin Anspruch haben, soll es Zusatzleistungen geben, deren Höhe erfolgsabhängig ist. Ein Indikator zur Messung des Erfolgsgrades wäre dabei die Verringerung des Abstandes zu dem EU-Durchschnitt in einer bestimmten Zeit, gemessen in BIP pro Kopf, ein anderer die Arbeitslosenquote. Ein weiterer Maßstab wäre die vergleichende Gegenüberstellung der Entwicklungen in Regionen mit ähnlichen Defiziten, um so eine Art Wettbewerb um zusätzliche Förderung zu initiieren.

Interessant an diesem Reformmodell sind insbesondere zwei Handlungsoptionen: Angesichts der Sparzwänge in nahezu allen Mitgliedstaaten und der gleichzeitigen Diskussion über die Neubestimmung der EU-Beiträge wäre es möglich, die Gesamtsumme aller Fördermittel nach oben zu begrenzen („Deckelung"), da sich ein erweiterter Handlungsspielraum bei der Aufteilung der zusätzlich frei gewordenen Mittel auf konkrete Projekte ergeben würde. Zum zweiten könnten die Alt-Mitglieder - und damit auch die bisherigen Anspruchsberechtigten - einen Dissens über die sofortige Einführung der neuen Vergabemodi umgehen, indem sie die Neuregelung im Rahmen der Beitrittsverhandlungen anfangs ausschließlich für Neu-Mitglieder gelten lassen, bis diese ihre gravierenden Entwicklungsdefizite überwunden haben. Auf diese Weise würde neben die traditionelle Strukturpolitik eine den Erweiterungserfordernissen angepaßte, erfolgsorientierte Förderung treten. Andererseits entstünde durch ein derartiges Vorgehen eine „Zwei-Klassen-Gesellschaft" in der Strukturfondsförderung, die unter der Maßgabe der grundsätzlichen Gleichbehandlung der Alt- und Neumitglieder abzulehnen ist.

---

129 *Axt* 1997, S. 899.

130 *Axt* 2000, S. 205.

3.5.3 Direkter Finanzausgleich

Finanzausgleichsmodelle[131] haben ein Ziel gemeinsam: die (Re-)Nationalisierung der europäischen Strukturpolitik. Begründet wird dieses Anliegen mit der größeren Problemnähe der nationalen und regionalen Ebene. Aus diesem Grund sollte es bei der Festlegung konkreter Fördermaßnahmen auch keine Mitsprache der supranationalen Instanzen geben[132]. Zur Lösung des weiterhin vorhandenen Problems der Entwicklungsdisparitäten wäre in einem zweiten Schritt ein System ungebundener horizontaler Transferzahlungen zwischen den wohlhabenden und den weniger entwickelten Staaten zu etablieren. Ein Vorschlag geht dahin, die bestehenden Strukturfonds zu einem „regionalen Ausgleichsfonds" zusammenzufassen, der „als Einstieg in einen allgemeinen europäischen Finanzausgleich"[133] dienen könnte.

Der Hauptmangel dieses Modells eines direkten Finanzausgleichs[134] zwischen den Mitgliedstaaten liegt darin, daß es noch keine flächendeckend ausgeprägte europäische Identität gibt, von der eine Verpflichtung zur Solidarität in der notwendigen Größenordnung abgeleitet werden könnte. Auch fehlen die „technischen" Voraussetzungen: „Weder gibt es ein integriertes Steuersystem mit einheitlicher Definition der Steuerkraft, noch sind die regionalen und kommunalen Verwaltungsstrukturen durchgängig qualifiziert und hinreichend homogen."[135] Hinzu kommt eine generell geringe Akzeptanz der Bürger hinsichtlich finanzieller Mehrbelastungen[136]. Wie begrenzt die Belastbarkeit des Solidargedankens selbst in traditionell föderal strukturierten Systemen sein kann, zeigt der jüngste Streit um den Länderfinanzausgleich in Deutschland, der mit den Klagen der Länder Bayern, Baden-Württemberg und Hessen vor dem Bundesverfassungsgericht seinen Höhepunkt erreichte[137]. Auf der anderen Seite trägt das bisher praktizierte System

---

131 Vgl. stellvertretend *Prokop* 1999, *Kohl/Bergmann* 1998, *Stehn* 1998.

132 Vgl. *Ridinger* 1992, S. 97; vgl. auch *Hueglin* 1997, S. 119.

133 *Hilligweg* 1994, S. 250.

134 Zu den Umverteilungsvolumina und den daraus resultierenden Problemen eines europäischen Finanzausgleichs vgl. die Modellrechnungen von *Feldsieper/Prokop* 1996, S. 52 ff.

135 *Franzmeyer* 1999, S. 52.

136 *Waldhoff* (2000, S. 242) warnt: „Das Solidaritätspotential der Unionsbürger wäre durch einen europäischen Finanzausgleich überstrapaziert."

137 Entschieden durch das Urteil des BVerfG vom 11.11.1999, abgedruckt in: DÖV 3/2000, S. 113 ff.; vgl. *Peffekoven* 1999; vgl. auch *Bull* 1999, S. 272 ff.; vgl. kritisch *Sörgel* 1998.

der Strukturfondsförderung mit unterschiedlich hohen EU-Fördersätzen, die je nach dem nationalen Wohlstand differieren, bereits Elemente eines Finanzausgleichs in sich, denn es führt im Endeffekt dazu, „... daß das Beteiligungssystem als Ressourcentransfer von den wohlhabenderen Mitgliedstaaten auf die weniger wohlhabenden Mitgliedstaaten wirkt."[138]

Eine weitere Beschränkung für die Umsetzung des Modells direkter Zahlungen besteht in der Gefahr einer finanziellen Überforderung der Geberländer durch zu hohen Transferbedarf. Nach Einschätzung eines prinzipiellen Befürworters „... stößt ein solches System bei größeren regionalen Entwicklungsunterschieden, wie sie in der EG vorhanden sind, an seine Kapazitätsgrenzen."[139] Fakten, die ebenfalls gegen die Praktikabilität eines europäischen Finanzausgleichs sprechen, sind die sich aus den großen Unterschieden in den nationalen Steuererfassungssystemen ergebenden Unsicherheiten bei der Festlegung der Bemessungsgrundlage sowie der zwischen den einzelnen Mitgliedstaaten sehr stark differierende Autonomiegrad der subnationalen Untergliederungen bei der Finanzverwendung Die dezentrale Verteilung der Mittel wäre schon deshalb problematisch, weil „... der Staats- und Verwaltungsaufbau fast aller EU-Mitgliedstaaten der legislativen Durchsetzung eines wirksamen Finanzausgleichssystems nicht förderlich ist."[140] Solange es keine (vollständige) Steuerharmonisierung auf europäischer Ebene gibt, wird ein horizontaler Finanzausgleich zwischen den Mitgliedstaaten, der dem deutschen System des Länderfinanzausgleichs ähnlich wäre, nicht realisierbar sein. Der einzige Ausweg bestünde in einer speziellen „EU-Steuer", die den nationalen Steuern „draufgesattelt" werden könnte. Dieses Vorgehen würde an der Einnahmenseite mit dem Ziel ansetzen, perspektivisch „... in der Gemeinschaft ein einheitliches Steuersystem mit einer starken Komponente progressiv ausgestalteter direkter Steuern zu verwirklichen."[141] Aber gerade die beiden auf nationaler Ebene häufigsten Finanzierungsmodi staatlicher Ausgaben - die Erhebung von Steuern und/oder die Aufnahme von Krediten - stehen auf supranationaler Ebene nicht zur Verfügung. Ihre Einführung würde angesichts des in Finanzfragen nach wie vor dominierenden Einstimmigkeitsprinzips Konsens zwischen den Mitgliedstaaten benötigen, der beim gegenwärtigen Stand der Integration

---

138 *Seidel* 1999, S. 579.

139 *Ridinger* 1992, S. 97; vgl. auch *Kohl/Bergmann* (1998, S. 49), die einen Transferbedarf in Höhe von 5 % des EU-BIP errechnen, was eine Vervierfachung des EU-Haushalts allein für Kohäsionszwecke bedeuten würde.

140 *Schmidt* 1998, S. 201.

141 *Franzmeyer* et al. 1993, S. 120.

nicht herzustellen sein dürfte. Die „Einräumung originärer Besteuerungskompetenzen der Gemeinschaft“ würde auch der Frage nach der demokratischen Legitimation und Kontrolle solcher Entscheidungen eine neue Qualität verleihen[142].

3.5.4 Re-Nationalisierung der Strukturpolitik

In diesem Modell[143] führen die Mitgliedstaaten wie bisher Mittel an die EU ab, aus deren Fonds Unterstützungsleistungen für die am wenigsten entwickelten Staaten und Regionen finanziert werden. Allerdings erfolgt eine striktere Einhaltung der Kriterien, demzufolge nur der Staat bzw. die Region in den Genuß von Fördergeldern kommen, die nachweislich alle Voraussetzungen erfüllen. Um den EU-Haushalt nicht über die Eigenmitteloberqrenze von 1,27 % des BSP auszudehnen, wird eine Festschreibung der Höhe der Strukturmittel auf dem derzeitigen Niveau vorgenommen. Weiterhin ist vorgesehen, die derzeit existierenden Fonds (EFRE, ESF, EAGFL-Ausrichtung) zu einem einzigen „Europäischen Strukturfonds“[144] zusammenzufassen, um auf diese Weise eine deutliche Vereinfachung des Verfahrens und mehr Transparenz zu erzielen. Es sollte in Zukunft zwischen nur noch einem geographischen und wenigen fachlich orientierten Zielen unterschieden werden. Das regional definierte Ziel würde ähnlich wie das bisherige Ziel 1 ausgestaltet sein[145]. Zu den nicht regional determinierten, fachbezogenen Ziele könnten z. B. negative Folgen des Strukturwandels und eine überdurchschnittlich hohe Arbeitslosigkeit gehören. Die Beitrittsländer kämen in diesem Modell von Beginn an in den vollen Genuß der (reformierten) Förderung, da bei einer Ungleichbehandlung die Glaubwürdigkeit der EU als Integrationsgemeinschaft leiden würde[146].

Kernstück des Reformvorschlags ist die Beschneidung der in dem Bereich Strukturpolitik weitreichenden Kompetenzen der EU-Kommission bei

142 Darauf verweist zu Recht *Waldhoff* 2000, S. 236 ff.

143 Die nachfolgenden Ausführungen gehen in wesentlichen Teilen auf das Positionspapier der Bayerischen Staatsregierung zur Reform der EU-Strukturpolitik zurück; vgl. Bayerische Staatsregierung 1996; vgl. auch *Waniek* 1992, S. 170 ff.

144 *Heinemann* (1999) spricht von einem „Kompensationsfonds“, zu dem es angesichts der bevorstehenden Beitritte keine Alternative gebe.

145 Analog wäre das Kriterium für die Einstufung als förderungswürdig: Pro-Kopf-BIP der letzten drei Jahre unter 75 % des Gemeinschaftsdurchschnitts.

146 Vgl. *Axt* 2000, S. 209.

gleichzeitiger Stärkung der Stellung des Rates und einer Erhöhung der Eigenverantwortung der Regionen. Beispielsweise sollen die Gemeinschaftsinitiativen auf eine begrenzte Zahl und eine Kapitalausstattung von maximal 5 % der Fonds zurückgefahren werden. Auf den Kohäsionsfonds als „Solidaritätsinstrument"[147] könne zwar kurzfristig nicht verzichtet werden. Zielsetzung und Empfängerkreis müßten jedoch auch mit Blick auf die anstehende Osterweiterung überdacht werden. Die Definition der Ziele und Kriterien der künftigen Strukturpolitik sollen durch den Rat und nicht wie bisher durch die Kommission erfolgen. Des weiteren erstellt der Rat einen Katalog von Maßnahmen als Rahmenvorgabe und legt einen Verteilungsschlüssel fest, der sich an quantitativen, nachvollziehbaren Parametern ausrichten soll. Einer Ausweitung und Weiterentwicklung der Strukturpolitik in Richtung einer europäischen Raumordnungspolitik erteilt das auf Re-Nationalisierung ausgerichtete Modell eine klare Absage. Die Haltung zur Beihilfenkontrolle ist dagegen differenzierter: im Sinne einer Wettbewerbshüterin wird der Kommission Kompetenz zugesprochen. Ablehnung erfährt dagegen jede Form von strukturpolitisch motivierter Einflußnahme. So muß es beispielsweise denjenigen Regionen, die aus der europäischen Förderung herausfallen, möglich sein, zumindest im bisherigen Umfang mit eigenen Mitteln staatliche Interventionen vorzunehmen.

Das Vergabeverfahren wird nach diesem Reformmodell renationalisiert und dadurch in bezug auf Programmierung und Genehmigung vereinfacht. Die Kommission soll sich danach auf die Verteilung der Mittel nach den vom Rat beschlossenen Kriterien und Verteilungsschlüsseln beschränken. Die bisherigen Planungsverhandlungen und Genehmigungsverfahren (GFK, EPPD, OP) würden entfallen. Die begünstigten Staaten bzw. Regionen könnten dann über die zugewiesenen EU-Gelder im Rahmen der durch den Rat definierten Ziele frei verfügen und strukturpolitische Maßnahmen eigenverantwortlich durchführen. Als Kompensation für die bisherige Kontrolle der Mittelverwendung durch die Kommission sieht dieses Modell die Erhöhung des Kofinanzierungsanteils vor (auf in der Regel 50 % der Gesamtförderung). Eine verstärkte Förderung auf Darlehensbasis soll ebenfalls zur Erhöhung der Effizienz der Mittelverwendung führen. Die Kontrolle der Mittelverwendung würden nationale und regionale Instanzen nach innerstaatlichem Recht ausüben, während die Kommission - in Kooperation mit den nationalen Organen - lediglich Stichproben vor Ort durchführen dürfte.

---

147 Bayerische Staatsregierung 1996, S. 47.

Das bayerische Modell impliziert die Gefahr, daß wirtschaftlich starken Regionen eine „Freifahrkarte für Subventionswettläufe“[148] ausgestellt werden könnte. Kritisch zu sehen ist weiterhin die Veränderung der institutionellen Balance zugunsten des Rates. Durch die vorgeschlagene Beschneidung der Kommissionsbefugnisse könnte das supranationale Element, das das „Rückgrat der Integration“[149] bildet, verletzt werden. Von einem Vertreter des Europäischen Parlaments wird die Übertragung der Entscheidungskompetenz über die Mittelaufteilung auf den Ministerrat außerdem als „Rückfall in die vordemokratische Zeit“[150] der Europäischen Gemeinschaft vor 1975 bezeichnet. Besonders deutlich spricht gegen dieses Reformkonzept die „Heterogenität von Verfassungsrecht und Verwaltungswesen zwischen und in den Mitgliedstaaten der EU.“[151] Im deutschen föderalen System wäre das für die Realisierung der bayerischen Reformvorstellungen notwendige Maß an Verwaltungskraft vielleicht noch vorzufinden, aber sicherlich nicht in den wirtschaftsschwachen Regionen der Peripherie, die zudem die vorgeschlagenen erhöhten Eigenbeiträge zur Ko-Finanzierung nicht würden aufbringen können. Ein Gegenmodell zum bayerischen Vorschlag plädiert aus diesem Grund dafür, den Ko-Finanzierungsanteil der beitrittswilligen neuen Kohäsionsländer angesichts ihrer zu erwartenden notorischen Finanzschwäche auf 10 % zu begrenzen[152].

3.5.5 Regionalisierung der Strukturpolitik

Dieses Konzept ähnelt dem vorstehend beschriebenen Konzept in vielen Passagen, geht aber mit seiner Forderung nach Regionalisierung der Strukturpolitik noch einen Schritt weiter. Auch dieses Modell nimmt die Festlegung einer Finanzobergrenze für die Strukturförderung als Ausgangspunkt und Planungsgrundlage. Die Mitgliedstaaten statten demnach die Fonds mit entsprechenden Mitteln aus, wobei die EU-Ebene allerdings auf die inhaltliche Definition der Fördertatbestände verzichtet. Der Kommission kommt in diesem Modell lediglich die Rolle einer „Schiedsstelle bei der Verteilung

---

148 *Samland* 1997a, S. 261.

149 *Bach* 1999, S. 9.

150 *Samland* 1997a, S. 262. Das hätte letztlich zur Folge, daß „... 81 % und nicht wie heute 47 % (nur Agrar) der Haushaltsmittel der demokratischen Kontrolle entzogen wären.“

151 *Nass* 1998, S. 108.

152 *Stehn* 1998, S. 336.

der Mittel"[153] zu. Die eigentliche Förderung ist Angelegenheit der regionalen Ebene. Über die Förderwürdigkeit entscheiden nicht in erster Linie quantifizierbare Parameter wie Arbeitslosenquote und regionaler Wohlstand, sondern der Wettbewerb zwischen den Regionen[154]. Auf der Grundlage eines qualitativen Vergleichs erhält die Region mit dem überzeugendsten Programm die höchste Förderung. Maßstab für die Programmgüte sind dabei „... einerseits der Dialog und die konsentierten Entwicklungsstrategien und andererseits der Grad der Beteiligung aller betroffenen Akteure in der Region."[155] Mit dem Grad der Partizipation und der Homogenität der Strategien steigen die Aussichten auf eine EU-Förderung.

Mit diesem Reformmodell soll eine höhere Flexibilität der Förderung erzielt werden, die obendrein mit Einspareffekten verbunden ist: Durch die Deckelung der Ausgaben wird eine verläßliche Planungsgrundlage geschaffen, in deren Rahmen aktive Regionen gefördert werden. Der bisherige Automatismus von Anspruchsberechtigung und Förderung wird damit ersetzt durch einen Wettbewerb um Fördermittel, bei dem die endogenen innovativen Potentiale der regionalen Ebene wirkungsvoller aktiviert werden können. Ein weiterer Vorteil der Regionalisierung besteht darin, daß bisher flächendeckend geförderte Staatsgebiete differenzierter betrachtet werden können, denn selbst in den Kohäsionsländern gibt es weiter und weniger weit entwickelte Regionen. Diese Möglichkeit zur Binnendifferenzierung trägt zusätzlich dazu bei, daß die Förderung zielgenau wirken kann. Mit Blick auf die Osterweiterung impliziert dieses Modell die Chance zur partiellen Entlastung der jetzigen Mitgliedstaaten von Unterstützungsleistungen, die nach dem aktuellen System notwendigerweise zu leisten wären. Würde den Neu-Mitgliedern für eine befristete Übergangszeit - unter Einhaltung von Mindeststandards beim Arbeits- und Umweltschutz - ein gewisses „Umwelt- und Sozialdumping" gestattet, stiege deren Wettbewerbsfähigkeit. Das vorhandene Lohngefälle und niedrigere Standards im Umweltbereich wären dann unbestreitbare Wettbewerbsvorteile der Beitrittsaspiranten.

Einen entscheidenden Schwachpunkt hat das beschriebene Reformmodell: Es ist stark von der deutschen Sichtweise auf selbstbewußte, autonome Regionen geprägt. Derzeit gibt es aber außer in Deutschland nur in Österreich und Belgien einen Föderalismus, der mit diesem Modell kompatibel wäre. Besonders schwierig wird es dagegen in den traditionell zentralistisch

153 *Axt* 2000, S. 212.

154 Zur Forderung nach Einführung eines „Wettbewerbsföderalismus" vgl. stellvertretend *Teufel* 1999.

155 *Axt* 2000, S. 212.

gegliederten Mitgliedstaaten[156], verantwortliche und kompetente regionale Träger für die Strukturfondsförderung zu finden. Diese Heterogenität wird durch die Osterweiterung noch verschärft werden, so daß von einem gleichberechtigten Wettbewerb europäischer Regionen um finanzielle Zuwendungen in absehbarer Zeit nicht wird gesprochen werden können. Der Vorschlag eines abgestuften „Umwelt- und Sozialdumpings" könnte zudem als ungerechtfertigte Diskriminierung verstanden werden und würde das übergeordnete Ziel einer schnellen Übernahme des gemeinschaftlichen Besitzstandes in möglichst allen Bereichen konterkarieren. Als problematisch erweisen sich schließlich die exakte Messung der qualitativen Indikatoren „Dialog" und „Konsens" durch eine unabhängige, übergeordnete Instanz sowie die Sicherstellung der gleichberechtigten Partizipation aller gesellschaftlich relevanten Gruppen.

3.5.6 Samland-Vorschläge

Eine politiknahe, pragmatische Modifizierung der Strukturpolitik fordert Detlev Samland, der zum Zeitpunkt seiner Vorschläge Vorsitzender des Haushaltsausschusses des Europäischen Parlaments war. Die Vorstellungen eines herausgehobenen Parlamentsvertreters sind von besonderer Relevanz, weil sowohl die Strukturfonds als auch der Kohäsionsfonds zu den nichtobligatorischen Ausgaben zählen[157]. Wiederholt hat Samland konkrete Reformvorschläge unterbreitet, deren Hauptziel in der pragmatischen Anpassung der bisherigen Förderpraxis an geänderte Rahmenbedingungen und neue Herausforderungen besteht. Wesentliche Elemente seiner Reformvorstellungen sind[158]:

- das Auslaufen des Kohäsionsfonds in seiner jetzigen Form, da er seine ursprüngliche Zielstellung - die Heranführung der Kohäsionsländer an die Erfüllung der Teilnahmekriterien zur WWU - mit Ausnahme Griechenlands erfüllt hat;
- Umschichtungen von Agrar- und Strukturfondsmitteln innerhalb des Haushaltes, d. h. ohne zusätzliche Mittel;

156 Eine vergleichende Untersuchung zu Unitarismus und Föderalismus mit den Referenzländern Deutschland, Frankreich, Großbritannien und Spanien bietet *Wiedmann* 1996.

157 Vgl. ausführlicher vorstehend Abschnitt 1.3.2.2.

158 Vgl. *Samland* 1997; vgl. auch *Axt* 2000, S. 214 f.; *Schmidt* 1998, S. 199 f.

- verstärkte Kombination der Zuschüsse mit zinsverbilligten Darlehen und Ausweitung der Kooperationen mit der freien Wirtschaft („Public-Private-Partnership")[159];
- Reduzierung des Umfangs der Fördergebiete von über 50 % aller EU-Bürger auf etwa 35 %;
- Ausbau des Grundsatzes der Kofinanzierung durch Festschreibung der Förderung aus Gemeinschaftsmitteln auf in der Regel maximal 50 % der Gesamtsumme;
- Konzentration der Gemeinschaftsinitiativen auf Bereiche, die einen „europäischen Mehrwert" versprechen; Reduzierung ihrer Finanzausstattung auf 5 % der Gesamtförderung;
- „Harmonisierung" der Politikbereiche Beihilferecht und Strukturpolitik, um den Staaten und Regionen nach Rückgang der europäischen Förderung mehr Freiraum für eigenverantwortliche Förderung auch außerhalb der Zielgebiete einzuräumen[160].

Samland fordert weiterhin eine Neudefinition der Zielgebiete und ein Überdenken der Regionenabgrenzung. Nach seinen Vorstellungen sollten die bisherigen Ziele 1 und 2 zu sogenannten A-Regionen zusammengefaßt werden, die anhand einer Kombination der Kriterien BIP pro Kopf sowie einer gewichteten Arbeitslosigkeit/Arbeitsmarktprognose nach NUTS 3 (bisher NUTS 2) abgegrenzt werden. Der ländliche Raum wird zur neuen B-Region, wobei die bisher gültigen, relativ weichen Kriterien[161] durch das Prinzip der Nachhaltigkeit ergänzt werden sollen. Die Heranführung der Beitrittsaspiranten soll im Rahmen eines neuen Förderziels C erfolgen, das nicht flächendeckend, sondern – in Weiterentwicklung des bisherigen PHARE-Pro-

---

159 Für eine „gesunde Mischung aus Zuschüssen und Krediten" tritt *Samland* in einem Interview für die F.A.Z. (vom 27.11.1998, S. 28) ein und wies damit zugleich Forderungen des Präsidenten des EuRH zurück, der eine generelle Umstellung auf Kreditfinanzierung forderte. *Samland* betonte: „Die Kohäsionsländer im Süden der Gemeinschaft sind noch auf Zuschüsse angewiesen."

160 Beispielsweise durch die Gewährung der Möglichkeit für die Mitgliedstaaten und ihre Regionen 10 bis 15 % der Gesamtförderung frei zu vergeben, oder durch die Anhebung der Grenzen der sogenannten De-minimis-Regelung (derzeit 1 Mio. ECU in drei Jahren); vgl. *Samland* 1997, S. 20.

161 Hoher Anteil in der Landwirtschaft beschäftigter Personen, geringe Bevölkerungsdichte und/oder Tendenz der Abwanderung – zwei Kriterien müssen erfüllt sein, um als förderungswürdig zu gelten.

gramms[162] - projektorientiert angelegt sein würde. Danach müßten die Kandidatenländer potentiell förderfähige Projekte anmelden, die dann entsprechend ihrer Übereinstimmung mit den Förderkriterien aus EU-Mitteln finanziert werden würden. Je nach Projekt könnte in diesem Bereich der Anteil der europäischen Kofinanzierung über 50 % liegen. Das bisherige Ziel 4 sollte nach Samlands Vorstellungen beibehalten und um den Aspekt präventiver Arbeitsmarktpolitik erweitert werden. Er plädiert weiterhin dafür, einen „Mid-Term-Review" einzuführen, auf dessen Grundlage die Kommission nach der Hälfte der Förderperiode feststellen könnte, welcher Mitgliedstaat seine nationale Quote nicht ausgeschöpft hat. Die nicht abgerufenen Mittel sollten dann mit einem höheren europäischen Finanzierungsanteil (bis zu 80 %) den Staaten zur Verfügung gestellt werden, die ihre Quoten genutzt haben. Nur so könne der Effekt unterlaufen werden, „... daß die Finanzminister vor allem der finanzstärkeren Länder die Kofinanzierung verweigern, mit dem Ergebnis, daß die Mittel der Strukturfonds anschließend auch aus der europäischen Kasse an sie zurückfließen."[163]

Tabelle: Finanzaufteilung nach einer Reform der Ziele (in Preisen von 1992)

neues Ziel	**Mittelausstattung (in Mrd. ECU)**	**Mittelausstattung (in % der Gesamtförderung)**	**Inhalt/Effekt der Förderung**
A	96,2	65	Reduzierung der Fördergebiete von rund 42 % auf 26 % der EU-Bevölkerung
B	13,2	9	wie bisher 8 % der EU-Bevölkerung
C	15,6	11	Heranführung der MOEL
D	7,3	5	Gemeinschaftsinitiativen
4	14,7	10	Vorbeugende Arbeitsmarktpolitik

162 Das PHARE-Programm („Poland, Hungary Assistance for Reconstruction of the Economy") wurde bereits 1989 ins Leben gerufen und inzwischen auf nahezu alle MOE-Staaten ausgedehnt; vgl. *Waldhoff* 2000, S. 228 f.

163 *Samland* 1997, S. 19. Nachfolgende Tabelle ebenda.

3.5.7 Die Position der Bundesregierung zur Reform der Strukturfonds

Die konzeptionellen Vorstellungen der Bundesregierung, die unter Federführung des Bundesministeriums für Wirtschaft und Technologie (BMWi) entstanden, sehen u. a. folgende „Eckwerte" für die Strukturfondsreform vor[164]:

- deutliche Reduzierung des Gesamtumfangs der Fördergebiete auf maximal 35-40 % der EU-Bevölkerung, insbesondere durch strikte, ausnahmslose Anwendung des Ziel 1-Kriteriums[165];
- konsequente Überprüfung der bisherigen Ziele 2, 4, 5b und 6 sowohl in sachlicher als auch in geographischer Hinsicht, bis hin zur Option der ersatzlosen Streichung (Ziel 4);
- Abschaffung des Instruments der Gemeinschaftsinitiativen, mindestens aber deutliche Reduzierung ihrer Zahl;
- Vereinfachung der Verfahren, z. B. durch die Integration von Programmgenehmigung und beihilferechtlicher Genehmigung, Vereinfachung der Zahlungsmodalitäten, Harmonisierung der Begleitsysteme zwischen den einzelnen Fonds (Monitoring, Evaluation), Überprüfung des arbeitsaufwendigen Ansatzes der Multifondsprogramme, Vereinfachung der Beschlußverfahren in den Begleitausschüssen;
- angemessene Eigenbeteiligung der Mitgliedstaaten und Reduzierung der Fördersätze auf maximal 50 % der öffentlichen Ausgaben, auch verstanden als ein möglicher Beitrag zur Betrugsbekämpfung;
- Begrenzung der Leistungen aus den Struktur- und dem Kohäsionsfonds auf maximal 3 % des BIP des betreffenden Mitgliedstaates, um die Absorptionsfähigkeit der Empfängerstaaten sowie deren Kofinanzierungsbudgets nicht zu überfordern.

Die Forderungen in einem Gutachten des Wissenschaftlichen Beirats beim BMWi gehen in einigen Punkten noch deutlich weiter. So wird z. B. eine sofortige Einstellung der Förderung aus dem Kohäsionsfonds empfohlen, da sein ursprünglicher Zweck weitgehend erfüllt sei. Bei konsequenter Überprüfung der Maßnahmenkataloge in der Agrar- und Strukturpolitik in bezug auf Einsparpotentiale sowie bei gleichzeitiger Erhöhung der Kofinanzierung

---

164 Vgl. BMWi 1997, S. 239 f.

165 Im Förderzeitraum 1993-99 wurden 11 % der Gesamtmittel für das Zielgebiet 1 - immerhin 1,74 Mrd. ECU jährlich - für Regionen aufgewandt, die das 75 %-Kriterium nicht (mehr) erfüllten.

durch die Mitgliedstaaten könnten die Gesamtausgaben nach Berechnungen des Beirats um bis zu 25 % gesenkt werden - das wären fast 16,7 Mrd. Euro jährlich bzw. 0,24 % des EU-BSP[166].

An den Eckwerten des BMWi ist zu erkennen, daß sich die Bundesregierung um eine praxisnahe und pragmatische Reform bemüht. Das stellt insofern eine Weiterentwicklung der eigenen Position dar, als die Haltung der Bundesregierung in den Anfangsjahren der Entwicklung gemeinschaftlicher Strukturfondsförderung ursprünglich das sogenannte Nettoprinzip betonte. Danach hätten nur solche Mitgliedstaaten finanzielle Unterstützung durch die Gemeinschaft erhalten sollen, die in bezug auf das BIP pro Kopf unterhalb des EG-Durchschnitts liegen. Die überdurchschnittlich wohlhabenden Staaten hätten dagegen keine Unterstützung aus europäischen Kassen bekommen sollen, wären andererseits allerdings freier in der Gestaltung eigener Programme strukturpolitischen Inhalts gewesen. Die Kommission lehnte und lehnt dieses Nettofonds-Konzept jedoch stets ab, auch um den eigenen Gestaltungsanspruch in diesem Politikfeld zur Geltung bringen zu können. Ebenfalls ablehnend stehen die deutschen Länder diesem Konzept gegenüber, denn die Beiträge an den EU-Haushalt werden aus Bundesmitteln finanziert: „Für die Länder bedeuten die Rückflüsse aus den Fonds demgemäß Umschichtungen aus dem Bundeshaushalt zu ihren Gunsten."[167] Allerdings darf nicht vergessen werden, daß durch die Notwendigkeit der Ko-Finanzierung gleichzeitig Ländermittel gebunden werden und sich auf diese Weise der autonome Handlungsspielraum der regionalen Ebene bei der Verfolgung eigener Prioritäten einschränkt[168].

Die Auffassung der Bundesregierung stimmt mit der Mehrzahl anderer Reformkonzepte darin überein, daß die auf 1,27 % des gemeinschaftlichen BSP festgelegte Obergrenze der EU-Gesamtausgaben auch im neuen Planungszeitraum nicht überschritten werden soll[169]. Der Anteil der Mittel für den wirtschaftlichen und sozialen Zusammenhalt würde bei 0,46 % des BSP „gedeckelt". Kritik ruft dagegen die Festlegung des Finanzierungssystems für die Dauer von sechs (1994-99) bzw. sieben (2000-2006) Jahren hervor, wodurch zwischenzeitlich eintretenden Veränderungen nur unzureichend Rechnung getragen werden könne[170]. Hier wird der Zielkonflikt deutlich,

166 Vgl. BMWi 1999, S. 30 ff. (S. 32).

167 *Rambow* 1997, S. 207.

168 Vgl. *Seidel* 1999.

169 Vgl. BMWi 1997, S. 238.

170 Vgl. *Rambow* 1997, S. 208.

der zwischen der gerade für Investoren notwendigen mittel- bis langfristiger Planungssicherheit einerseits und der Fähigkeit zu flexibler Reaktion auf sich verändernde Rahmenbedingungen auf der anderen Seite besteht. Mögliche Kompromisse bestünden in der begleitenden Anpassung durch die Ausschüsse sowie einer Halbzeitbewertung[171] der Förderung mit entsprechenden Optimierungen. Die Zurückhaltung der Bundesregierung gegenüber dem Instrument der Gemeinschaftsinitiativen hat verschiedene Gründe. Zum ersten bestehen Zweifel an der Effektivität der eingesetzten Mittel sowie an dem Verhältnis von Aufwand (Antragstellung, Projektdurchführung, Berichterstattung) und Nutzen (tatsächlich erreichter Mehrwert)[172]. Zweitens betrachtet die Bundesebene den Versuch der Kommission, sich in einem ehemals ausschließlich national bestellten Politikfeld zu profilieren, auch mit der Befürchtung eigener Kompetenzverluste. Und zum dritten wird die Erfüllung demokratischer Mindestanforderungen in bezug auf das Vergabeverfahren reklamiert, denn die Entscheidungskompetenz über den Einsatz der Mittel für Gemeinschaftsinitiativen[173] lag im vergangenen Förderzeitraum allein bei der EU-Kommission.

3.5.8 Die Vorschläge der EU-Kommission im Rahmen der „Agenda 2000"

Im Rahmen der am 15. Juli 1997 vorgelegten „Agenda 2000" formuliert die Kommission ein anspruchsvolles Ziel für die kommende Förderperiode: „Die Strukturfondsmaßnahmen müssen überall in der Europäischen Union wettbewerbsfähige Wirtschaftsstrukturen, dauerhaftes, beschäftigungswirksames Wachstum und die Schaffung einer qualifizierten, gut ausgebildeten und anpassungsfähigen Erwerbsbevölkerung ermöglichen."[174] Bei einer Umsetzung der Reformvorstellungen der Kommission würde die Strukturpolitik auch in der nächsten Förderperiode ihre Bedeutung als mit Abstand zweitgrößter Haushaltsposten behalten.

---

171 Ähnlich dem von *Samland* vorgeschlagenen „Mid-Term-Review"; vgl. vorangegangener Abschnitt.

172 Als Gründe werden genannt: „... vielfältige Überschneidungen mit der Ziel-Förderung, übermäßiger Verwaltungsaufwand, zu komplizierte Verfahren"; BMWi 1997, S. 240.

173 Immerhin handelte es sich dabei um 14 Mrd. ECU im Zeitraum 1994-99; vgl. auch *Rambow* 1997, S. 214.

174 Kommission 1997, Teil I, S. 16. Zu den Reformvorschlägen vgl. auch *Fischer* 1998, S. 20 ff.

Tabelle: Neuer Finanzrahmen für die Periode 2000-2006[175]
(in Preisen von 1997)

Mittel für Verpflichtungen (in Mrd. ECU)	**1999**	**2000**	**2001**	**2002**	**2003**	**2004**	**2005**	**2006**
Landwirtschaft (Leitlinie)	43,3	44,1	45,0	46,1	47,0	48,0	49,0	50,0
Strukturpolitik	**36,1**[a]	**35,2**	**36,0**	**38,8**	**39,8**	**40,7**	**41,7**	**42,8**
Interne Politikbereiche	6,1	6,1	6,4	7,3	7,5	7,7	7,9	8,1
Externe Politikbereiche	6,6	6,6	6,8	7,0	7,1	7,3	7,5	7,6
Verwaltung	4,5	4,5	4,6	5,1	5,2	5,3	5,4	5,5
Reserven	1,2	1,0	1,0	0,8	0,5	0,5	0,5	0,5
Mittel für Verpflichtungen insgesamt	97,8	97,5	99,8	105,1	107,1	109,5	112,0	114,5
Mittel für Zahlungen insgesamt	92,5	94,1	96,6	101,1	103,9	106,5	108,9	111,4
Mittel für Zahlungen (in % des BSP)	1,25	1,24	1,24	1,22	1,22	1,22	1,22	1,22
Spielraum (in % des BSP)	0,02	0,03	0,03	0,05	0,05	0,05	0,05	0,05
Eigenmittelobergrenze (in % d. BSP)	1,27	1,27	1,27	1,27	1,27	1,27	1,27	1,27

[a] inklusive 1,8 Mrd. ECU aus früheren Anpassungen

Die maßgeblichen finanziellen Rahmenbedingungen für eine Reform der Strukturpolitik sehen nach den Vorstellungen der Kommission wie folgt aus:

- Deckelung der Ausgaben für die Strukturpolitik bei 0,46 % des EU-BSP[176];
- für die Förderperiode 2000-2006 sollen insgesamt rund 275 Mrd. ECU zur Verfügung stehen, davon 210 Mrd. für die originären Strukturfonds;
- die Gesamtdotation für die neuen Mitglieder wird mit 45 Mrd. ECU veranschlagt, davon 1 Mrd. ECU jährlich als sogenannte Vorbeitrittshilfe;
- der Kohäsionsfonds soll beibehalten und mit 20 Mrd. ECU ausgestattet werden.

---

175 Vgl. Kommission 1997, Teil I, S. 94.

176 Dies wurde bereits auf dem Edinburgher Gipfel am 11./12.12.1992 beschlossen; vgl. *Axt* 1997, S. 906.

Tabelle: Entwicklung der Ausgaben für Strukturmaßnahmen[177]
(in Mrd. ECU, in Preisen von 1997)

	1999	2000	2001	2002	2003	2004	2005	2006
Strukturfonds EU-15	31,4	31,3	32,1	31,3	30,3	29,2	28,2	27,3
Kohäsionsfonds	2,9	2,9	2,9	2,9	2,9	2,9	2,9	2,9
Neue Mitgliedstaaten[a)]		0,0	0,0	3,6	5,6	7,6	9,6	11,6
Vorbeitrittshilfen		1,0	1,0	1,0	1,0	1,0	1,0	1,0
Gesamtsumme	34,3	35,2	36,0	38,8	39,8	40,7	41,7	42,8

[a)] einschließlich Beteiligung am Kohäsionsfonds

Um die eingangs zitierte, ehrgeizige Zielsetzung der Kommission zu verwirklichen, soll u. a. die Anzahl der Ziele von sieben auf drei reduziert werden, von denen zwei Ziele regional und ein Ziel horizontal ausgerichtet sein werden. Die Priorität von Ziel 1 sowie seine bisherige Ausrichtung bleiben erhalten: wie bisher sollen rund zwei Drittel der strukturpolitischen Fördermittel den am wenigsten entwickelten Gebieten zur Verfügung stehen. Im Zuge der Reform soll die Konzentration der Förderung durch noch striktere Auslegung der Kriterien[178] weiter vertieft werden. Damit einhergehend würde sich der Anteil der in bisherigen Ziel 1- und Ziel 2-Fördergebieten lebenden Bevölkerung von rund 51 % auf 35 bis 40 % verringern, mit entsprechenden Übergangsregelungen für bisherige Fördergebiete („Phasing out")[179]. Aus der Perspektive der Osterweiterung ist hierbei zu bedenken, daß sich der EU-Durchschnitt für das Pro-Kopf-BIP im Gefolge der Beitritte drastisch verringern wird und dann bei unveränderter Fortschreibung weitere Regionen aus der Förderung herausfallen würden. Angesichts der Tatsache, daß sich die strukturpolitischen Probleme in den jetzigen Mitgliedstaaten durch die Erweiterung nicht spürbar verringern werden, stellt die Kommission mit Blick auf die bisher geförderten Gebiete - im Sinne einer Besitzstandswahrung - fest: „Die Förderung durch die Gemeinschaft,

---

177 Vgl. Kommission 1997, Teil I, S. 96.

178 „Der Schwellenwert von 75 % des Pro-Kopf-BIP gegenüber dem Gemeinschaftsdurchschnitt muß künftig strikt eingehalten werden." Kommission 1997, Teil I, S. 18.

179 Ihren Förderstatus würden u. a. verlieren: eine Reihe spanischer Regionen, Sardinien, Sizilien, ganz Irland, Hainaut (BEL), Flevoland (NL) sowie die Region Lissabon; vgl. *Fischer* 1998, S. 21.

die für ihren Aufholprozeß im Rahmen der Fünfzehner-Union entscheidend ist, muß daher unbedingt weiterlaufen."[180] Weitere Elemente der Kommissionsstrategie mit dem Ziel, die Neuverteilung der Fördermittel abzufedern, sind neben der Übergangs-Regelung für auslaufende Förderungen u. a. die Gleichbehandlung ultraperipherer Gebiete mit den Ziel 1-Regionen sowie „Sonderregelungen"[181] für die bisherigen Ziel 6-Gebiete. Die genauen Modalitäten der Übergangsregelungen werden von der „Agenda 2000" bewußt offengelassen, um notwendigen Verhandlungsspielraum zu schaffen.

Ziel 2 soll im Gegensatz zu dem nahezu unveränderten Ziel 1 völlig neu definiert werden[182]. Vereinfacht gesagt handelt es sich um eine Zusammenfassung der bisherigen Ziele 2 und 5b, also um Gebiete außerhalb der Ziel 1-Förderkulisse, die vom wirtschaftlichen Strukturwandel besonders hart betroffen sind. Ergänzt werden diese Regionen im neuen Ziel 2 um Krisengebiete, die in hohem Maße von der Fischerei abhängen sowie um urbane Problemgebiete. Die bisher gültigen Ziele 2 und 5b hatten einen Bevölkerungsanteil von zusammen 25,2 % an der EU-Gesamtbevölkerung. Da das neudefinierte Ziel 2 maximal 20 Prozent abdecken wird, ist hier mit einschneidenden Verringerungen der Fördergebietskulissen zu rechnen. Die vorerst nicht näher spezifizierten sozio-ökonomische Kriterien zur Bemessung der Förderfähigkeit sind u. a. die Arbeitslosenquote, der Anteil der in den einzelnen Sektoren der Volkswirtschaft Beschäftigten sowie der Grad der sozialen Ausgrenzung. Interessant ist das Ziel der Kommission, zur Erhöhung der Transparenz der Förderung die angestrebte wirtschaftliche Diversifizierung der Problemregionen „im Rahmen eines einzigen Programms je Region" [183] zu realisieren. Das würde bedeuten, daß die vier verschiedenen Fonds integriert zum Einsatz kommen müßten und wäre damit die „Wiederauferstehung" des vielfach kritisierten Multifonds-Ansatzes[184] in anderer Form.

Das neue Ziel 3 hat die Aufgabe, eine Strategie für die Entwicklung der Humanressourcen zu entwickeln. Den Mitgliedstaaten soll „bei der Anpassung und Modernisierung ihrer Ausbildungs-, Berufsbildungs- und Beschäf-

---

180 Kommission 1997, Teil II, S. 31.

181 Vgl. Kommission 1997, Teil I, S. 19.

182 Vgl. *Fischer* 1998, S. 21 ff.

183 Kommission 1997, Teil I, S. 20.

184 Zur Kritik aus der Sicht der Praktiker vgl. Gesprächsprotokoll SN 4; vgl. auch nachfolgend Abschnitt 4.4.8.

tigungssysteme“[185] geholfen werden. Im Gegensatz zu den neuen Zielen 1 und 2 ist das Ziel 3 in seiner Anwendung nicht regional beschränkt, sondern kann prinzipiell überall dort zum Einsatz kommen, wo es um die Begleitung des wirtschaftlichen Wandels, lebenslanges Lernen, aktive Arbeitsmarktpolitik sowie die Bekämpfung sozialer Ausgrenzung geht[186]. Konkrete Förderkriterien werden von der Kommission aus diesem eher allgemein gehaltenen Auftrag im Rahmen der „Agenda 2000“ noch nicht abgeleitet. Eindeutiger äußert sie sich hingegen zu der Zukunft der Gemeinschaftsinitiativen, deren Anzahl im Laufe der Jahre auf 13 gestiegen war, die sich wiederum in rund 400 Programme untergliederten. Hier ist eine Reform aufgrund der wachsenden Unübersichtlichkeit und zunehmender Überschneidungen mit den fondsgeförderten Programmen auch aus Sicht der Kommission „offensichtlich unerläßlich“[187]. Die GI sollen demnach auf drei Bereiche konzentriert werden: grenzüberschreitende Zusammenarbeit, Entwicklung des ländlichen Raumes und Chancengleichheit. Andere Maßnahmen, die bisher durch GI gefördert wurden, sollen zukünftig im Rahmen der überarbeiteten Ziele gefördert werden. Der Anteil der GI an den Strukturfonds könnte sich auf diese Weise auf 5 % der Gesamtmittel reduzieren. Innovative Maßnahmen und Pilotprojekte[188], die bisher mit einem Prozent der Fonds gefördert wurden, sollen prinzipiell beibehalten werden. Allerdings wird eine „Konzentration auf umfassendere Projekte und eine vereinfachte und transparente Durchführung“[189] eingefordert, um die Effizienz der eingesetzten Mittel zu erhöhen.

Entgegen anderen Reformvorschlägen[190] hält die Kommission den Kohäsionsfonds in der jetzigen Form nach wie vor für erforderlich, selbst für die Kohäsionsländer, die die Konvergenzkriterien erfüllt haben und an der dritten Stufe der Währungsunion (EWU) von Beginn an teilnehmen werden. Ursprünglich war der Fonds mit der Begründung etabliert worden, die geförderten Länder vor zusätzlicher Verschuldung bei der Realisierung der

---

185 Kommission 1997, Teil I, S. 21.

186 Da es nach den Vorstellungen der Kommission vorrangig auf die nicht von Ziel 1 und 2 erfaßten Gebiete anzuwenden ist, spricht *Fischer* (1998, S. 23) von einem „Quasi-Kulissen-Ziel 3“.

187 Kommission 1997, Teil I, S. 21.

188 Zu den Pilotprojekten im Rahmen der Strukturfonds als „neue Politikstrategie“ vgl. *Tömmel* 2000, S. 171 ff.

189 Kommission 1997, Teil I, S. 22.

190 Vgl. u. a. Bundesrat 1998, S. 9, *Samland* 1997, S. 15, Bayerische Staatskanzlei 1996, S. 47.

Konvergenzziele zu schützen. Aus der Erreichung dieses Ziels leiten die Kritiker die Forderung nach Abschaffung des Kohäsionsfonds zumindest für die Länder ab, die an der EWU zum gegenwärtigen Zeitpunkt bereits teilnehmen. Andernfalls bestünde die Gefahr, daß die EU sich zu einer „Transfergemeinschaft" entwickelt, in der „... die Teilnehmer der EWU zur Übernahme von Schulden anderer Partner verpflichtet werden."[191] In bezug auf die Osterweiterung stellt die Kommission deutlich heraus, daß die neuen Mitglieder vom ersten Tag ihrer Mitgliedschaft an vollen Anspruch auf die ungeteilte Solidarität der Gemeinschaft haben. Im Rahmen einer abgestuften Heranführungsstrategie sollen die Beitrittskandidaten auf die Übernahme des gemeinschaftlichen Besitzstandes auch im Bereich der Strukturpolitik vorbereitet werden. Ob die Annahme der Kommission, „... daß sie alle in der Lage sind, den acquis in diesem Bereich in einem Zeitraum von 5 bis 10 Jahren zu übernehmen"[192], realistisch oder übertrieben optimistisch ist, wird sich erweisen müssen. Eine Übertragung der bisher gültigen Fördersätze im Verhältnis 1:1 strebt die Kommission dabei nicht an, wohl wissend, daß damit eine Überforderung der Absorptionsfähigkeit der Haushalte (Kofinanzierung) sowie der administrativen Kapazitäten einhergehen würde. Als Obergrenze der Strukturfondsförderung werden aus diesem Grund 4 %[193] des nationalen BIP des jeweiligen Neumitglieds angesetzt. Berechtigte Kritik weist darauf hin, daß diese pauschale Kappung bei 4 % des BIP die bereits weiter fortgeschrittenen Beitrittskandidaten prämiert. So würde Slowenien im Vergleich zu Estland das Vierfache an Strukturhilfen bekommen. Ein weiterer Effekt bestünde darin, daß die Staaten bei dieser Berechnungsweise immer mehr Fondsmittel bekommen, je erfolgreicher sie sich entwickeln[194].

Im Unterschied zu den konkreten Vorstellungen, die die Kommission in ihrer Agenda 2000 bezüglich der künftigen Finanzierung der Strukturpolitik entwickelt, bleiben die Aussagen zur Modifizierung der Programmdurchführung und -administration eher vage. Zwar ist die Rede von einer klareren Abgrenzung der Befugnisse der unterschiedlichen beteiligten Ebenen, von einem vereinfachten Finanzmanagement und der Pflicht zur systematischen Rechenschaft über die Mittelverwendung. Der einzige konkrete Vorschlag betrifft die Einrichtung einer „Reserve" in Höhe von 10 % der Mittel, die erst zur Halbzeit der Förderung „den leistungsfähigsten Regionen anhand

191 *Axt* 1997, S. 907.

192 Kommission 1997, Teil II, S. 30; im Orignal mit Hervorhebung.

193 Vgl. Kommission 1997, Teil I, S. 23.

194 Vgl. *Ardy* 1998, S. 112 f.

überprüfbarer Ergebnisse"[195] zugewiesen werden soll. Mit diesem Instrument würde sich der Kommission ein Ermessensspielraum eröffnen, in dessen Rahmen sie durch Sanktionierung und Prämierung eine an ihren Vorstellungen ausgerichtete Strukturpolitik betreiben könnte. Die Mitgliedstaaten und Regionen wollen eine Ausweitung der Kompetenzen der Kommission aber gerade verhindern und lehnten deshalb den Kommissionsvorschlag in dieser Form einhellig ab. Der deutsche Bundesrat begründete seine ablehnende Haltung gegenüber der Einführung dieser leistungsgebundenen Reserve in einem Beschluß damit, daß eine sachgerechte Zuordnung dieser Mittel „mangels hinreichend objektiver und transparenter Evaluierungskriterien"[196] nur bedingt möglich sei. Die für die Strukturfonds zuständige Kommissarin Wulf-Mathies modifizierte angesichts dieser deutlichen Ablehnung in den Verhandlungen um die „Agenda 2000" den Vorschlag dahingehend, daß nur noch 5 % der Mittel in die Reserve fließen sollen und diese zudem auf drei Jahre befristet sein soll[197].

Tabelle: Vergleichende Darstellung der Reformmodelle[198]

195 Kommission 1997, Teil I, S. 24.

196 Bundesrat 1998, S. 8.

197 Vgl. Bulletin Quotidien Europe No. 7339 vom 9./10.11.1998, S. 11. Vgl. auch nachfolgend Abschnitt 3.6.3.

198 Vgl. *Axt* 1997, S. 925.

	Radikalreform	Anreizorientierung	Direkter Finanzausgleich	Nationalisierung	Regionalisierung	Samland-Vorschläge	Bundesregierung	Agenda 2000
Kostenbegrenzung durch	radikale Reduzierung	Deckelung	Potential der Geber	Deckelung	Deckelung	Deckelung	Deckelung	Deckelung
Konzentration	nur ärmste Gebiete	nur aktive Regionen	k. A.	nur arme Regionen	k. A.	35 % der EU-Bevölkerung	35-40 % d. EU-Bevölkerung	35-40 % EU-Bevölkerung
Finanztransfer	ungebunden	k. A.	ungebunden	ungebunden	ungebunden	gebunden	gebunden	gebunden
Zuteilung nach	Bedürftigkeit	Erfolg	Bedürftigkeit	Bedürftigkeit	Dialog, Konsens	Bedürftigkeit	Bedürftigkeit	Bedürftigkeit
Förderpriorität	k. A.	k. A.	k. A.	weniger Ziele	regional festgelegt	Neuordnung	weniger, strikt einzuhaltende Ziele	nur noch 3 Ziele
Kontrolle durch	Marktmechanismen	Erfolgskriterien	Geberländer	Kofinanzierung	Dialogverfahren	Mid-Term-Review	im Rahmen der Subsidiarität	Regionen, MS und Kommunen
Kofinanzierung	k. A.	k. A.	k. A.	i.d.R. 50 %	k. A.	i.d.R. 50 %	mindestens 50 %	marginale Änderungen
Kohäsionsfonds	entfällt	k. A.	entfällt	entfällt langfristig	Überprüfung	Auslaufen	Auslaufen	Fortsetzung

	Radikal-reform	**Anreiz-orientierung**	**Direkter Finanz-ausgleich**	**Nationa-lisierung**	**Regiona-lisierung**	**Samland-Vorschläge**	**Bundes-regierung**	**Agenda 2000**
GI	k. A.	k. A.	entfallen	max. 5 % der Fonds	entfallen	max. 5 % der Fonds	entfallen bzw. stark reduzieren	max. 5 % der Fonds
Beihilfen-aufsicht	Stärkung (Wettbewerb)	k. A.	k. A.	Stärkung (Wettbewerb)	k. A.	Harmoni-sierung des Beihilferechts	Integration von Pro-gramm- und beihilfe-rechtl. Ge-nehmigung	k. A.
Osterwei-terung	Öffnung u. Liberalisierung	Flexibili-sierung	Geberländer entscheidend	Gleich-behandlung	ggf. Sozial-dumping	neues Ziel C (11 % d. Fonds)	Heranfüh-rung	Gleich-behandlung
Besonder-heiten	europäische Aktivitäten generell redu-zieren	Grundsiche-rung + er-folgsabhän-giger Bonus	setzt hohes Maß an So-lidarität vor-aus	Stärkung von Rat und Re-gionen, ein-fachere Ver-fahren	basiert auf föderalisti-schem Grundver-ständnis	verstärkt Public-Private-Partnership einsetzen	möglichst kurzfristige-re Planungs-horizonte	Bezug zur Raumordnung, 10 %ige Re-serve

3.5.9 Gegenüberstellung der Reformmodelle und Bewertung

Die vorstehend nochmals in systematischer Form dargestellten Reformszenarien stimmen in einigen Forderungen weitgehend überein, beispielsweise hinsichtlich einer Begrenzung der Kosten bei gleichzeitiger Konzentration der Förderung auf die bedürftigsten Regionen. In anderen Punkten, wie in der Frage der Kontrolle des effizienten Mitteleinsatzes oder der Frage des Umgangs mit den Herausforderungen der bevorstehenden Erweiterung, weichen die Lösungsvorschläge deutlich voneinander ab. Eine dritte Kategorie wird schließlich durch Kriterien gebildet, zu denen die meisten Modelle keine bzw. nur vage Ausführungen machen (Ko-Finanzierung, Beihilfenaufsicht). Eine ausgewogene Reform muß jedoch versuchen, den Problemen in ihrer Gesamtheit gerecht zu werden, indem sie Lösungen für alle Teilprobleme bereithält. Aussicht auf Erfolg haben Reformbemühungen gleichwohl nur dann, wenn sie Mehrheiten finden, bzw. wenn - bei Einstimmigkeitserfordernis - Konsens erzielt werden kann. Daraus ergibt sich die Frage nach den Realisierungschancen der vorgestellten Reformoptionen.

Die ausschließlich ökonomisch motivierte Radikalreform hat keine Aussicht auf Erfolg, da die Mehrheit der Akteure an einer Fortsetzung der aktiven Politik in diesem Politikfeld interessiert ist. Eine Ersetzung des bestehenden Fördersystems durch einen (in)direkten Finanzausgleich erscheint zum gegenwärtigen Zeitpunkt mangels Akzeptanz sowie angesichts der Heterogenität der nationalen Steuersysteme ebenfalls nicht realisierbar zu sein[199]. Das Modell der erfolgsorientierten Förderung kann hingegen als „grundsätzlich politikverträglich“[200] angesehen werden, stellt es doch eine wesentliche Schwäche der bisherigen Konzeption in den Mittelpunkt: Förderung nur bei nachgewiesener Bedürftigkeit ohne Prämierung aktiver Verbesserungsbemühungen. Die Kombination aus Grundförderung und erfolgsabhängigem Bonus könnte eine Reformkomponente sein, um die Effizienz der eingesetzten Mittel zu erhöhen. Bleibt die Frage nach der konkreten Ausgestaltung, die eine transparente, an objektiven Kriterien orientierte Handhabung dieses Instrumentes gewährleisten müßte, damit bei den Nicht-Prämierten das Gefühl willkürlicher Diskriminierung ausbleibt.

So notwendig und wünschenswert einigen Autoren im Vorfeld des entscheidenden Ratsgipfels eine Reform erschien, die die Bezeichnung „großer Wurf“ verdiente, - am wahrscheinlichsten stellte sich ein Szenario dar, das

199 Zu der Beurteilung der Realisierungsmöglichkeiten eines ungebundenen Finanzausgleichs auf Gemeinschaftsebene vgl. *Hilligweg* 1994, S. 112 f.

200 *Axt* 1997, S. 916.

als „unterkritische Reform"[201] bezeichnet werden kann. Ursächlich dafür ist die Komplexität der Macht- und Interessenbalance im europäischen Mehrebenensystem und die daraus resultierende Pluralität konkurrierender Anforderungen[202]. Einzelne Reformaspekte (Kostenbegrenzung, weitere Konzentration der Förderung) erscheinen bei nahezu allen Akteuren auf der Prioritätenliste. Andererseits werden unterschiedliche Gewichtungen vorgenommen, partikulare Interessen verfolgt und bestehende Besitzstände verteidigt, so daß ein gemeinsamer Nenner nicht in jedem Fall erkennbar wird und sich die Reformforderungen in ihren möglichen Konsequenzen teilweise konterkarieren, was wiederum die Realisierbarkeit eines „konzeptionellen Reformdurchbruchs" in Frage stellt. Als typische Beispiele einer politiknahen, pragmatischen Evolution stehen die Reformvorschläge Samlands, der Bundesregierung sowie der Kommission („Agenda 2000"). Die nachfolgend noch näher zu skizzierende Ausgangslage vor dem entscheidenden Treffen der Staats- und Regierungschefs ließ erwarten, „... daß auf absehbare Zeit jedes denkbare System europäischer Regionalpolitik mit hoher Wahrscheinlichkeit in erheblichem Umfang Planungselemente mit Programmcharakter enthalten wird."[203]

3.6 Der Europäische Rat von Berlin im März 1999

3.6.1 Die Rahmenbedingungen des Gipfels

Die Reformvorschläge der Kommission im Rahmen der Agenda 2000 und die darauf basierenden Verordnungsentwürfe erzeugten erwartungsgemäß unterschiedliche Reaktionen. So stieß die Absicht, im Agrarbereich ein System von Direktzahlungen einzuführen, auf den heftigen Widerstand der Bauernverbände. Während die Nettoempfänger, insbesondere die Kohäsionsländer, für die avisierten Ausgabensteigerungen im Bereich der Strukturfonds plädierten, forderten die Nettozahler wie Deutschland und die skandinavischen Mitgliedstaaten einen rigiden Sparkurs[204]. Der knappe Zeithorizont für das Finden einer Kompromißlösung wurde durch die Vorgabe des

---

201 *Lang* et al. 1998, S. 122. Weitere potentielle Reformvarianten werden mit folgenden Überschriften versehen: „Dynamik ohne Wandel", „Die pervertierte Reform" sowie „Die rational realisierte Reform".

202 Mit *Becker* (2000, S. 100): „Der Gradualismus ist im System des Integrationsprozesses angelegt."

203 *Schmidt* 1998, S. 201.

204 Vgl. *Jessen* 1999, S. 169.

Europäischen Rates von Cardiff (August 1998) gesetzt, der die Beendigung der Verhandlungen für März 1999 in Aussicht stellte[205]. Kurz vor der Übernahme der Ratspräsidentschaft durch Deutschland zum 1.1.1999 erklärte Bundeskanzler Schröder auf dem Gipfel in Wien (Dezember 1998), daß für die im September 1998 neugewählte Bundesregierung die Verringerung der EU-Haushaltslasten Priorität besitze[206]. Gleichzeitig äußerte der deutsche Regierungschef den Wunsch nach „zügigen Beitrittsverhandlungen"[207]. Beide Ziele könnten jedoch nur in Einklang gebracht werden, wenn der EU-Haushalt strukturell verändert und damit „erweiterungsfähig" werde. Mit diesen Äußerungen rief der Bundeskanzler bei einigen seiner Amtskollegen zwar Bedenken in bezug auf die Kontinuität deutscher Europapolitik hervor, von ihren Verhandlungspositionen rückten sie deshalb jedoch nicht ab: Premierminister Blair bekräftigte beispielsweise seine Absicht, an dem britischen Beitragsrabatt festzuhalten. Staatspräsident Chirac gab seine Meinung zu erkennen, daß die von Deutschland vorgeschlagene Kofinanzierung im Agrarbereich dem Geist der Gemeinschaft widerspräche. Unter diesen Bedingungen konnte der Wiener Gipfel „keinen Durchbruch"[208] bringen, mußten viele der noch offenen Probleme ungelöst bleiben.

Der informelle Sondergipfel auf dem Petersberg bei Bonn am 26. Februar 1999 machte deutlich, daß die Kontroversen über die Zukunft der Agrarpolitik nach wie vor bestanden und auch in anderen Fragen, wie z. B. über die (Nicht-)Beibehaltung des Kohäsionsfonds, noch keine weitere Annäherung der Positionen erkennbar war[209]. Dennoch hielt die Bundesregierung an ihrem ehrgeizigen Ziel fest, die Verhandlungen über die Agenda 2000 auf dem nächsten Gipfel, der eigens von Brüssel nach Berlin verlegt wurde, erfolgreich abzuschließen. Diese Eile begründete sich auch aus dem weiteren Zeitplan: Die neuen Strukturfondsverordnungen, die im Entwurf

---

205 Zur „Vorgeschichte" ab dem Europäischen Rat von Madrid (Dezember 1995) vgl. *Becker* 2000, S. 77 ff.

206 Der Nettobeitrag Deutschlands, der 1997 bei 22 Mrd. DM gelegen hatte, sollte spürbar reduziert werden; vgl. „Für mehr Beitragsgerechtigkeit in der EU", Regierungserklärung von Bundeskanzler *Schröder* zum EU-Gipfel in Wien und die deutsche Ratspräsidentschaft, in: Das Parlament Nr. 53 vom 25.12.1998, S. 5; vgl. auch *Bulmer* et al. 2000, S. 104 ff.

207 Zitiert nach *Michael Stabenow*, Schröder und der lange europäische Schatten seines Vorgängers. „Deutsche Leistungsfähigkeit nicht überstrapazieren", in: F.A.Z. Nr. 290 vom 14.12.1998, S. 4.

208 *Becker* 2000, S. 86.

209 Vgl. *Hartmut Hausmann*, Hartes Ringen um Agenda 2000. EU-Sondergipfel auf dem Petersberg, in: Das Parlament Nr. 10 vom 5.3.1999, S. 18.

seit dem 18. März 1998 vorlagen, mußten durch die Kommission an die auf dem Gipfel getroffenen Beschlüsse angepaßt werden und in dieser Form den Ministerrat passieren. Dessen Gemeinsamer Standpunkt ginge dann an das Europäische Parlament, das im Mai[210] einen Beschluß fassen würde, dem wiederum die Vertreter der EU-Regierungen zustimmen müßten, bevor die Verordnungen zur Rechtsgrundlage der Gemeinschaftsaktivitäten ab dem 1.1.2000 werden könnten. Unter diesem erheblichen Zeitdruck war es unabdingbar, den Paketcharakter der Agenda 2000 zu erhalten und gegen jeden Versuch separater Einzellösungen zu verteidigen. Um „eine erfolgversprechende Verhandlungsdramaturgie“[211] entwickeln zu können, wurden zahlreiche Sondersitzungen des COREPER durchgeführt. Außerdem traten die Außenminister mehrmals zusammen, um der Koordinierungsrolle des Allgemeinen Rates besser gerecht zu werden. Zur Unterstützung des Sonderausschusses Landwirtschaft erfolgte die Einrichtung einer Ad-hoc-Arbeitsgruppe „Hochrangige Gruppe Landwirtschaft“. Ebenfalls auf der Arbeitsebene setzte die bereits seit dem zweiten Halbjahr 1997 existierende Gruppe „Freunde der Präsidentschaft“ ihren Auftrag um, als Koordinator zwischen den Ratsarbeitsgruppen zu wirken, Expertenrat einzuholen und den COREPER regelmäßig über den Fortschritt der Verhandlungen zu unterrichten[212]. Auf politischer Ebene kam es verstärkt zu bilateralen Gesprächen zwischen den nationalen Regierungen und der deutschen Ratspräsidentschaft: Zur Abstimmung der Verhandlungspositionen für den bevorstehenden Gipfel bereiste Bundeskanzler Schröder in seiner Eigenschaft als Ratspräsident vom 15. bis 19. März 1999 alle EU-Hauptstädte[213]. Regierungsintern war bereits in Vorbereitung auf die deutsche Ratspräsidentschaft die Koordinierungsrolle des Auswärtigen Amtes gestärkt worden: Unter Leitung von Staatsminister Verheugen wurde die Runde der Europa-Staatssekretäre zu einem „schlagkräftigen Entscheidungsgremium“[214] ausgebaut, dem u. a. die Definition der deutschen Verhandlungsposition sowie deren

---

210 Also noch vor Ablauf seiner Legislaturperiode - am 13. Juni 1999 wurde das EP neu gewählt.

211 *Jessen* 1999, S. 170.

212 Diese Arbeitsgruppe setzte sich aus Experten aller Mitgliedstaaten, des Generalsekretariats des Rates sowie Kommissionsvertretern zusammen. Sie traf sich in der Vorbereitungsphase des Berliner Gipfels nahezu wöchentlich, wobei sich ihr Mandat auf die Reform der Strukturfonds, die Heranführungshilfen sowie die neue Finanzielle Vorausschau beschränkte; vgl. *Becker* 2000, S. 80.

213 Diese bilateralen Kontakte wurden im Rahmen des Berliner Gipfels als „Beichtstuhlgespräche“ fortgesetzt.

214 *Jessen* 1999, S. 171.

flexible Anpassung an veränderte Rahmenbedingungen oblag. Rund zehn Tage vor dem Berliner Gipfel schrieb der sächsische Ministerpräsident in seiner damaligen Eigenschaft als Vorsitzender der MPK (Ost) einen Brief an den deutschen Bundeskanzler, in dem die Forderungen der neuen Länder an den EU-Gipfel nochmals formuliert wurden. Wichtigstes Anliegen in bezug auf die Strukturfonds war der möglichst flächendeckende Erhalt des Ziel 1-Fördergebietsstatus[215].

Das Treffen der Staats- und Regierungschefs der EU-Mitgliedstaaten am 24. und 25. März 1999 in Berlin stand aus unterschiedlichen Gründen unter hohem Erwartungs- und Entscheidungsdruck. Der am 15. März erfolgte kollektive Rücktritt der EU-Kommission hatte die Gemeinschaft in eine ihrer schwersten Krisen gestürzt, die einen großen Vertrauensverlust der Brüsseler Behörde offenbarte[216]. Durch diesen Schritt und die damit verbundene Lähmung der Kommissionsarbeit verlor die Ratspräsidentschaft einen „natürlichen Verbündeten" bei der Suche nach tragfähigen Kompromißlösungen[217]. Es kam also darauf an, schnellstmöglich einen Kandidaten für das Amt des neuen Kommissionspräsidenten zu nominieren[218]. Eine weitere nachteilige Rahmenbedingung des Gipfeltreffens ergab sich aus dem Beginn der Bombardierung militärischer Ziele in Serbien durch NATO-Kampfflugzeuge. Die EU wurde dadurch in zusätzlichen Zugzwang gebracht, ihre Handlungsfähigkeit zu beweisen[219].

Eine dritte ungünstige Ausgangsbedingung ergab sich aus der Tatsache, daß die Positionen der Mitgliedstaaten zu Einzelfragen der „Agenda 2000", insbesondere in den Bereichen Agrar- und Strukturpolitik, zum Teil noch weit voneinander entfernt waren. Mit folgenden Verhandlungspositionen sah sich die deutsche Ratspräsidentschaft vor dem Berliner Gipfel in bezug auf die Strukturfonds konfrontiert: Zwischen den Maximalpositionen lag eine Spanne von 50 Mrd. Euro, da die Niederlande für eine starke Reduzierung

---

215 Vgl. Gesprächsprotokoll SN 3.

216 Vgl. Ausschuß Unabhängiger Sachverständiger 1999; vgl. auch die „Enthüllungen" durch *van Buitenen* 1999.

217 Vgl. *Bulmer* et. al 2000, S. 110, nach deren Meinung, der Rücktritt der Kommission „... (was) undermining the support and implementation capacities available to the Presidency."

218 Dies gelang durch die Nominierung von *Romano Prodi*, die einhellige Zustimmung fand; vgl. Erklärung zur Ernennung des Präsidenten der Kommission, Europäischer Rat 1999, S. 26.

219 Vgl. Erklärungen des Europäischen Rates zum Kosovo, Europäischer Rat 1999, S. 27 ff.

des Förderumfangs auf 190 Mrd. Euro plädierten, wohingegen Spanien eine deutliche Erweiterung des finanziellen Rahmens auf 240 Mrd. Euro forderte. Ebenfalls noch völlig offen war die Frage nach der Ausgestaltung der Übergangsregelungen für Gebiete, die ihren Förderstatus verlieren würden. Einige Mitgliedstaaten hatten in diesem Zusammenhang bereits auf „besondere Situationen“[220] hingewiesen. Weitgehend ungeklärt waren zudem technische Fragen, wie z. B. die Form der künftigen Berücksichtigung der Kriterien Arbeitslosigkeit und regionaler Wohlstand bei der Einschätzung der Förderungswürdigkeit.

3.6.2 Die Ergebnisse des Europäischen Rates von Berlin

Angesichts dieser Rahmenbedingungen ist es allein schon als Erfolg zu werten, daß der Gipfel zu verbindlichen Ergebnissen gekommen ist, wenngleich diese erneut durch massives Bargaining und lediglich pareto-optimale Resultate, d. h. weitgehende Besitzstandswahrung bei lediglich geringen Umverteilungswirkungen, gekennzeichnet waren. Bezogen auf die Reform der Strukturfonds können die Beschlüsse lediglich als „zaghafter Zwischenschritt“[221] angesehen werden. Die sich in einer „Doppelrolle“ befindende Bundesregierung - einerseits als „ehrlicher Makler“ des Integrationsgedankens, andererseits als Vertreter nationaler Interessen - mußte von vielen ihrer (Maximal-)Forderungen zurücktreten oder zumindest substanzielle Abstriche machen[222]. So scheiterte beispielsweise das Modell nationaler Ko-Finanzierung in der Agrarpolitik am heftigen Widerstand Frankreichs, dem sich andere Länder anschlossen. Der seit 1984 gewährte Beitragsrabatt für Großbritannien[223] wurde prinzipiell nicht angetastet. Lediglich die Aufteilung der damit verbundenen finanziellen Mehrbelastung auf die anderen Mitgliedstaaten wurde „gerechter“, indem die bedeutenden Nettozahler

---

220 Irland und Portugal, die Niederlande, Belgien und Großbritannien; vgl. *Becker* 2000, S. 93.

221 So jedenfalls *Heimpold* 1999, S. 14. Deutlich positiver fallen die Einschätzungen bei *Wobben* (2000) und *Jessen* (1999) aus.

222 *Helmut Bünder* titelte in der F.A.Z. vom 24.3.1999, S. 14: „Leise räumt die Bundesregierung ihre Positionen.“ Mit den Worten von *Bulmer* et al. (2000, S. 111): „... faced with the reality of EU policy-making and the responsibilities of the Presidency, Schröder compromised his specifically national aims and brokered (and in effect continued to fund) an EU-wide deal.“

223 Zu dem Korrekturmechanismus für Großbritannien vgl. *Waldhoff* 2000, S. 206.

Deutschland, Niederlande, Schweden und Österreich den Rabatt zukünftig nur noch zu einem Viertel finanzieren müssen[224].

Auch der Kohäsionsfonds, dessen Abschaffung von Deutschland und anderen ursprünglich gefordert worden war, konnte von den Empfängerländern verteidigt werden. Spätestens jetzt wurde klar, daß die Ausgestaltung des Fonds, der gemäß Art. 161 Abs. 2 EG-Vertrag nur einstimmig im Rat und mit Zustimmung des Europäischen Parlaments wieder abgeschafft werden kann, „als ein taktischer Fehler der Reform von 1994“[225] angesehen werden muß. Insbesondere Spaniens Ministerpräsident Aznar machte die Fortsetzung der Förderung aus dem Kohäsionsfonds zu einer Grundbedingung für die Zustimmung seines Landes zu dem Gesamtpaket. Damit brachte er das Gipfeltreffen an den Rande des Scheiterns. Aznar holte mit seiner Verhandlungstaktik am Ende neben den vor der abschließenden Verhandlungsrunde bereits zugesagten 15 Mrd. Euro noch weitere 3 Mrd. heraus, so daß der Kohäsionsfonds mit insgesamt 18 Mrd. Euro in der Periode 2000-2006 dotiert sein wird. Allerdings soll im Jahre 2003 eine Halbzeitüberprüfung stattfinden: Länder die die Schwelle von 90 % des Pro-Kopf-BSP gemessen am Gemeinschaftsdurchschnitt überschreiten, werden dann ohne Übergangsregelung aus der Förderung ausscheiden[226]. Der deutschen Ratspräsidentschaft gelang es nach 20-stündigem „Verhandlungsmarathon“ und zahlreichen bilateralen Gesprächen, „... das komplizierte Zahlenspiel aus Einzelforderungen zu einem umfassenden Finanzpaket zu schnüren“[227]. Nach Ansicht eines Kommissionsvertreters besteht in dem Umstand, daß der Paketcharakter der Agenda 2000 gewahrt bzw. jeder Versuch einer Separatverhandlung einzelner Bestandteile verhindert werden konnte, die eigentliche Leistung der deutschen Verhandlungsführung[228]. Die neue finanzielle Vorausschau für den Zeitraum 2000 bis 2006 hat im Ergebnis des Berliner Gipfels folgendes Aussehen:

---

224 Vgl. *Becker* 2000, S. 66.

225 *Axt* 2000, S. 57. Ebenfalls kritisch vgl. *Becker* 2000, S. 98.

226 Vgl. *Zipfel* 1999, S. 65; vgl. auch nachfolgende Tabelle.

227 *Hartmut Hausmann*, In Berlin eine „Trendwende“ erreicht, in: Das Parlament Nr. 14/15, v. 2./9.4.1999, S. 17; vgl. auch *Becker* 2000; *Jessen* 1999.

228 Im Gespräch wurde der Kommissionsbeamte noch deutlicher: Aus Sicht der EU-Kommission seien die Ergebnisse des Berliner Gipfels – gemessen an den ursprünglichen Vorstellungen – kein Erfolg gewesen; der französische Staatspräsident habe die nationale Ko-Finanzierung im Agrar-Bereich „kaputt gemacht“; die Zugeständnisse im Rahmen des Kohäsionsfonds seien „relativ skandalös“; vgl. Gesprächsprotokoll EU 2.

Tabelle: Finanzrahmen für die Periode 2000-2006[229]
(in Preisen von 1999)

Mittel für Verpflichtungen (in Mrd. ECU)	**2000**	**2001**	**2002**	**2003**	**2004**	**2005**	**2006**
Landwirtschaft	40,9	42,8	43,9	43,8	42,8	41,9	41,7
Strukturpolitische Maßnahmen	32,0	31,5	30,9	30,3	29,6	29,6	29,2
Strukturfonds	**29,4**	**28,8**	**28,3**	**27,7**	**27,1**	**27,1**	**26,7**
Kohäsionsfonds	2,6	2,6	2,6	2,6	2,5	2,5	2,5
Interne Politikbereiche	5,9	5,95	6,0	6,05	6,1	6,15	6,2
Externe Politikbereiche	4,55	4,56	4,57	4,58	4,59	4,60	4,61
Verwaltung	4,55	4,6	4,7	4,8	4,9	5,0	5,1
Reserven	0,9	0,9	0,65	0,4	0,4	0,4	0,4
Vorbeitrittshilfen	3,12	3,12	3,12	3,12	3,12	3,12	3,12
Mittel für Verpflichtungen insgesamt	92,0	93,4	93,8	93,0	91,5	90,8	90,3
Mittel für Zahlungen insgesamt	89,6	91,1	94,1	94,7	91,7	89,9	89,3
Mittel für Zahlungen (in % des BSP)	1,13	1,12	1,13	1,11	1,05	1,00	0,97
Beitrittsbetrag (Mittel für Zahlungen)	-	-	4,1	6,7	8,9	11,4	14,2
Obergrenze der Mittel für Zahlungen	89,6	91,1	98,3	101,4	100,6	101,3	103,5
in Prozent des BSP	1,13	1,12	1,18	1,19	1,15	1,13	1,13
Spielraum (in % des BSP)	0,14	0,15	0,09	0,08	0,12	0,14	0,14
Eigenmittelobergrenze (in % des BSP)	1,27	1,27	1,27	1,27	1,27	1,27	1,27

Ein Vergleich dieses Finanzrahmens mit der von der Kommission im Rahmen der Agenda 2000 für die Periode 2000-2006 vorgelegten Planung[230] macht deutlich, daß im Politikfeld Strukturfondsförderung wesentliche Re-

229 Vgl. Europäischer Rat 1999, S. 22, Abweichungen durch Rundung möglich.

230 Vgl. Kommission 1997, Teil I, S. 94; vgl. vorstehend Abschnitt 3.5.8.

formvorstellungen umgesetzt werden konnten, allerdings mit teilweise bedeutenden Abweichungen im Detail, insbesondere hinsichtlich der Mittelausstattung. Realisiert wurde u. a.[231]:

- die Konzentration der Förderung durch eine Reduzierung der Zielkategorien von 7 auf 3;
- die Verringerung der Zahl der Gemeinschaftsinitiativen auf die drei Schwerpunkte INTERREG (grenzüberschreitende, transnationale und interregionale Zusammenarbeit), EQUAL (transnationale Zusammenarbeit zur Bekämpfung von Diskriminierungen und Ungleichheiten jeglicher Art beim Zugang zum Arbeitsmarkt) und LEADER (Entwicklung des ländlichen Raumes) bei gleichzeitiger Reduzierung des Anteils der GI an der Gesamtförderung von neun auf fünf Prozent[232];
- sowie die Fortsetzung der Finanzierung sogenannter Innovativer Maßnahmen und der technischen Hilfe mit einer (gleichbleibenden) Mittelausstattung von 1 % des Gesamtbudgets.

Nach den ursprünglichen Vorstellungen der Kommission im Rahmen der Agenda 2000 sollten in der Förderperiode 2000-2006 insgesamt rund 275 Mrd. ECU für strukturpolitische Maßnahmen zur Verfügung stehen: 210 Mrd. ECU davon für die originären Strukturfonds; ergänzt durch eine Gesamtdotation für die neuen Mitglieder in Höhe von 45 Mrd. ECU sowie einen mit 20 Mrd. ECU ausgestatteten Kohäsionsfonds. Diese Vorstellungen konnten nicht in vollem Umfang umgesetzt werden. Am Ende der Verhandlungen in Berlin legten sich die im Europäischen Rat versammelten Staats- und Regierungschefs auf ein Totalbudget von 195 Mrd. Euro für die Strukturfonds und 18 Mrd. Euro für den Kohäsionsfonds im Planungszeitraum fest. Die Ausgaben für Strukturfondsmittel gestalten sich demnach leicht degressiv: Sie fallen von 29,43 Mrd. Euro im Jahre 2000 auf 26,66 Mrd. Euro in 2006[233]. Das stellt eine „Trendwende" dar, weil in dem vorangegangenen Planungszeitraum die Mittel für die Strukturfonds von Jahr zu Jahr anstiegen. Von Bedeutung für den Gemeinschaftshaushalt ist außerdem die Umschichtung der Mittel zur Förderung des ländlichen Raums aus dem

231 Vgl. *Müller/Schrumpf* 1999, S. 162; vgl. auch *Zipfel* 1999, S. 58 ff.

232 Vgl. Europäischer Rat 1999, S. 13.

233 In Preisen von 1999; vgl. Europäischer Rat 1999, S. 10.

EAGFL - Abteilung Ausrichtung in den EAGFL - Abteilung Garantie und damit in den Haushalt der Gemeinsamen Agrarpolitik[234].

Die Definitionen der drei unterschiedlichen Kategorien förderfähiger Regionen wurden im wesentlichen unverändert aus den Kommissionsvorschlägen der Agenda 2000 übernommen[235]. Danach fallen unter Ziel 1 alle NUTS II-Regionen, deren Pro-Kopf-BIP weniger als 75 % des Gemeinschaftsdurchschnitts beträgt, Gebiete in extremer Randlage, die ebenfalls unter dieser Marge liegen sowie die ehemaligen Ziel 6-Gebiete Finnlands und Schwedens. Das modifizierte Ziel 2, das vereinfacht gesagt eine Zusammenfassung der ehemaligen Ziele 2 und 5b darstellt, unterstützt die wirtschaftliche und soziale Umstellung von Krisengebieten. Dabei kann es sich sowohl um altindustrielle Gebiete handeln, die einen sozioökonomischen Wandel durchlaufen, als auch um ländliche Räume mit rückläufiger Entwicklung sowie um Gebiete mit strukturellen Problemen im Fischereisektor. Das zukünftige Ziel 3 ist zur Unterstützung der „Anpassung und Modernisierung der Bildungs-, Ausbildungs- und Beschäftigungspolitiken und -systeme“[236] konzipiert. Absoluter Schwerpunkt bleiben auch in der neuen Förderperiode die am wenigsten entwickelten Gebiete. Insgesamt 135,9 Mrd. Euro werden für die Ziel 1-Gebiete bereitgestellt Das entspricht einem Anteil von 69,7 % an den Gesamtmitteln. Weitere 22,5 Mrd. Euro (11,5 %) entfallen auf die Gebiete des neu definierten Ziel 2; 24 Mrd. Euro auf das neue Ziel 3 (12,3 %)[237]. Im Grundsatz ebenfalls bestätigt wurden die von der Kommission vorgeschlagenen „Phasing out“-Regelungen. Danach erhalten Regionen, die bisher Zielgebietsstatus hatten, nach den neuen Kriterien aber nicht mehr in der Förderkulisse auftauchen, eine „angemessene Übergangsunterstützung“[238], die sich in dem Planungszeitraum auf insgesamt 11,142 Mrd. Euro belaufen wird.

Schlagende Beweise für die - zumeist hinter verschlossenen Türen - abgelaufenen Bargaining-Prozesse stellen die einzelfallbezogenen Zusatzregelungen dar, die unter der Rubrik „Besondere Situationen“ zusammengefaßt werden. Insgesamt werden hierbei rund fünf Milliarden Euro „diskretionär“ verteilt, um „... das nach objektiven Methoden zu erwartende Verhand-

---

234 Vgl. *Becker* 2000, S. 67. Eine damit verbundene Konsequenz: Es handelt sich fortan um obligatorische Ausgaben, bei denen das Europäische Parlament im Rahmen der Haushaltsgesetzgebung weniger Einfluß hat.

235 Vgl. Kommission 1997, Teil I, S. 18 ff.; vgl. auch vorstehend Abschnitt 3.5.8.

236 Vgl. Europäischer Rat 1999, S. 12.

237 Vgl. auch *Becker* 2000, S. 68 f.

238 Europäischer Rat 1999, S. 14.

lungsergebnis für die Mitgliedstaaten akzeptabel zu machen“[239]. In diesem Zusammenhang wurde für fast jeden Mitgliedstaat eine spezielle Vergünstigung ausgehandelt[240], die die Zustimmung des betreffenden Landes zum Gesamtpaket vielleicht erst ermöglichte, sicherlich aber beförderte. Zu finden sind u. a.[241]:

- eine besondere Auslaufregelung für die Region Lissabon (500 Mio. Euro);
- Weiterführung des PEACE-Programms für die Unterstützung des Friedensprozesses in Nordirland (500 Mio. Euro);
- Zuweisung eines zusätzlichen Betrages für die „Übergangsregion“ Irland (550 Mio. Euro);
- Bereitstellung eines Zusatzbetrages zur „Berücksichtigung der Besonderheiten der Beschäftigungslage in den Niederlanden“ (500 Mio. Euro);
- Aufstockung der Auslaufregelung für Ost-Berlin (100 Mio. Euro);
- Sonderprogramm für die von geringer Bevölkerungsdichte bei gleichzeitig hoher Armut geprägten Highlands and Islands of Scotland (300 Mio. Euro);
- weitere besondere finanzielle Zulagen für Griechenland (450 Mio.), Portugal (450 Mio.), Spanien (200 Mio.) sowie Irland (40 Mio.), „... damit die 1999 erreichte durchschnittliche Gesamthöhe der Pro-Kopf-Hilfe je Einwohner in dem Zeitraum 2000-2006 beibehalten wird.“[242]

Der intergovernementale Verhandlungsmodus (Einstimmigkeitsprinzip) kann somit dazu führen, „... daß die wirtschaftlichen Grundprinzipien der Kohäsionspolitik (...) auf den Kopf gestellt werden, wenn dies politisch durchsetzbar ist.“[243] Eine Vertreterin der Kommission wies dagegen im Interview darauf hin, daß es – im Unterschied zu vorangegangenen Reformrunden –

---

239 *Zipfel* 1999, S. 62. Damit wurden über 2 % der Gesamtmittel für sogenannte side-payments aufgewendet.

240 Lediglich Dänemark, Finnland, Frankreich und Luxemburg erhalten keine derartigen Sonderzahlungen; vgl. kritisch *Becker* 2000, S. 69.

241 Vgl. Europäischer Rat 1999, S. 14 f. In Klammern die jeweilige Mittelausstattung.

242 Ebenda, S. 15. – Ein geradezu klassischer Fall von Besitzstandswahrung.

243 *Steinherr* 2000; S. 121. Noch drastischer liest sich die Einschätzung der erzielten Verhandlungsergebnisse durch *Pöhle* (1999, S. 236): „Bei der Reform der Strukturfonds (...) in Berlin fielen entweder alle Hemmungen oder alle folgten der Devise: noch schnell zugreifen, ehe die Osterweiterung kommt.“

„keine Systembrüche“[244] gegeben habe und die Bedeutung der angesprochenen „Einzeldeals“, deren Umfang lediglich zwei Prozent der Gesamtmittel ausmache, zudem überschätzt werde[245].

Während die Höhe der Beteiligungssätze in den unterschiedlichen Zielgebieten sowie die jeweilige Finanzausstattung in den Schlußfolgerungen des Ratsvorsitzes detailliert geregelt sind, bleiben die Ausführungen zur Mittelbewirtschaftung und -verwaltung relativ allgemein und unverbindlich. Unter anderem heißt es, daß „der bürokratische Aufwand verringert und Beobachtung, Bewertung und Kontrolle verstärkt werden“[246] müssen. Außerdem sollte die Fondsverwaltung „wesentlich vereinfacht“ werden. Welche (Neu-)Regelungen daraus konkret abzuleiten sind, lassen die Schlußfolgerungen des Europäischen Rates von Berlin offen. Die Klärung dieser Fragen blieb den neuen Fonds-Verordnungen vorbehalten, die im Anschluß an den Gipfel verabschiedet werden sollten. Bei den entsprechenden Verhandlungen war Eile geboten, denn erstens lief die Förderperiode zum 31.12.1999 aus und die Planungsdokumente für die Anschlußförderung mußten möglichst noch vorher erstellt, abgestimmt und genehmigt werden. Zweitens stand im Juni 1999 die nächste Wahl zum Europäischen Parlament an, das noch in seiner alten Zusammensetzung an der Ausarbeitung und Verabschiedung der Fondsverordnungen beteiligt werden sollte. Interessanterweise erfolgte die Beteiligung des Parlaments an den Verhandlungen von Seiten der Kommission in einer Form, als ob der Amsterdamer Vertrag bereits in Kraft getreten wäre[247]: Bereits unter österreichischer Ratspräsidentschaft hatte sich die Praxis einer kontinuierlichen Einbeziehung des Europäischen Parlaments bei der Formulierung der Verordnungsentwürfe im Rahmen informeller „Trilog-Gespräche“ herausgebildet. Dieser Abstimmungsprozeß wurde unter deutscher Präsidentschaft auf der Arbeitsebene durch die Gruppe „Freunde der Präsidentschaft“ intensiviert, so daß die kritischen Hinweise und Vorschläge der MdEP direkt in die Entscheidungsfindung der Ratsarbeitsgruppen einfließen konnten[248].

---

244 Beispielsweise soll das objektive Kriterium (weniger als 75 % des Durchschnitts-BIP der Gemeinschaft) bei der Festlegung der Ziel 1-Gebiete strikt eingehalten werden; vgl. auch *Becker* 2000, S. 68 f.

245 Vgl. Gesprächsprotokoll EU 15.

246 Europäischer Rat 1999, S. 17.

247 Dies geschah jedoch erst zum 1.5.1999; vgl. Gesprächsprotokoll EU 15.

248 Zumeist kamen die „Änderungswünsche“ von den Vorsitzenden der zuständigen Fachausschüsse; vgl. *Becker* 2000, S. 97.

3.6.3 Die neuen Fondsverordnungen

Am 21. Juni 1999 erließ der Rat die Verordnung 1260/1999 mit allgemeinen Bestimmungen über die Strukturfonds[249], die an die Stelle der bisher gültigen Rahmenverordnung[250] und der Koordinierungsverordnung[251] tritt. Bereits am 17.5.1999 war die neue EAGFL-Verordnung[252] erlassen worden. An der unterschiedlichen Geschwindigkeit bei der Verabschiedung lassen sich die verschiedenen Beschlußverfahren ablesen: Während das Europäische Parlament bei der EAGFL-Verordnung lediglich in Form einer Stellungnahme beteiligt war, bedurfte es bei der Verabschiedung der allgemeinen Verordnung seiner Zustimmung. Dadurch ergab sich für das Parlament die Möglichkeit, seine Einwilligung gegen Zugeständnisse zu „tauschen". Allerdings durften die Forderungen nicht zu weit gehen, denn ansonsten wäre der Konsens zwischen den Mitgliedstaaten, die die Verordnung im Rat nach dem Einstimmigkeitsprinzip verabschieden mußten, wieder gefährdet gewesen. Verhandlungsspielraum bestand somit lediglich innerhalb des auf dem Berliner Gipfel ausgehandelten Finanzrahmens. Eine zweite Restriktion ergab sich für das Parlament aus der bereits erwähnten Tatsache, daß am 13. Juni 1999 seine Neuwahl anstand und damit kein Raum für lange Verhandlungen oder eine eventuell sinnvolle „Verzögerungstaktik" bestand. Die Forderung nach Modifizierungen beschränkte sich schließlich auf den Bereich der Gemeinschaftsinitiativen: Nach den ursprünglichen Vorstellungen der Kommission sollte deren Zahl auf drei zurückgehen. Das Europäische Parlament drängte jedoch in den „Nach-Berlin-Verhandlungen" darauf, die Gemeinschaftsinitiative URBAN fortzuführen[253]. Bei dieser Entscheidung haben auch deutsche Länderinteressen eine Rolle gespielt, denn das Land Rheinland-Pfalz war beispielsweise sehr bemüht, eine (Teil-)Kompensation für die auslaufende Gemeinschaftsinitiative KONVER zu erhalten. Zu diesem Zweck wurden alle möglichen Kanäle aktiviert, u. a. die rheinlandpfälzischen MdEP. Ein Interviewpartner kommentierte das Ergebnis mit den Worten: „Die Konversionsproblematik konnte zum Teil bei URBAN unter-

---

249 ABl. L 161 vom 26.6.1999, S. 1 ff.

250 VO 2052/88 des Rates vom 24. Juni 1988, ABl. L 185 vom 15.7.1988, S. 9 ff.; zuletzt geändert durch die VO 3193/94, ABl. L 337 vom 24.12.1994, S. 11 ff.

251 VO 4253/88 des Rates vom 19. Dezember 1988, ABl. L 374 vom 31.12.1988, S. 1 ff.; zuletzt geändert durch die VO 3193/94, ABl. L 337 vom 24.12.1994, S. 11 ff.

252 VO 1257/99 des Rates über die Förderung der Entwicklung des ländlichen Raums durch den EAGFL, ABl. L 160 vom 26.6.1999, S. 80 ff.

253 Vgl. *Zipfel* 1999, S. 62; vgl. auch *Becker* 2000, S. 97.

gebracht werden."[254] Bei einem Blick auf die Dotierung der Gemeinschaftsinitiative in Höhe von 700 Mio. Euro wird jedoch der eher bescheidene Erfolg deutlich[255]. Von diesem Änderungswunsch abgesehen akzeptierte das Europäische Parlament das „Berliner Paket" und stimmte am 6. Mai 1999 der allgemeinen Verordnung zu.

Bei den Verhandlungen über die Verordnungen für den EFRE[256] und den ESF[257] hatte das Europäische Parlament einen ungleich größeren Gestaltungsspielraum, denn diese fondsspezifischen Regelungen wurden nach dem Mitentscheidungsverfahren gemäß Art. 251 EG-Vertrag verabschiedet[258]. Am 19. November 1998 gab das Parlament seine Stellungnahmen[259] zu den Kommissionsentwürfen ab und meldete darin Änderungswünsche an. Diese wurden im Gemeinsamen Standpunkt des Rates vom 14. April 1999[260] berücksichtigt, so daß das Parlament am 6. Mai 1999 den Rechtsakten zustimmen konnte. Allerdings unterlag des Europäische Parlament auch in diesem Fall den bereits beschriebenen terminlichen Pressionen und war aus seinem Selbstverständnis als Promotor der weiteren Integration gewissermaßen zur Zustimmung „gezwungen", denn eine Verweigerung hätte zum Scheitern der Rechtsakte geführt und damit zu einer Diskontinuität in der Förderung mit nicht absehbaren Folgen. Um die parlamentarischen Einflußmöglichkeiten richtig bewerten zu können, muß außerdem darauf verwiesen werden, daß die wirklich wichtigen Fragen, wie z. B. die Grundsätze und Ziele, die Förderprinzipien sowie die Mittelaufteilung in der allgemeinen Verordnung beantwortet werden. Die EFRE- und ESF-Verordnungen beschäftigen sich dagegen eher mit Detailregelungen, die u. a. die

---

254 Gesprächsprotokoll RP 2.

255 Damit steigt der Anteil der Gemeinschaftsinitiativen an den Gesamtmitteln für die Strukturpolitik von 5,0 % auf 5,35 %. Allerdings bleibt die Gesamtsumme gleich, indem die Mittel für URBAN von den Mitteln für Innovative Maßnahmen und Technische Hilfe abgezogen werden, deren Anteil entsprechend von einem Prozent auf 0,65 % der Gesamtsumme fällt.

256 VO 1783/99 des Europäischen Parlaments und des Rates vom 12. Juli 1999 über den Europäischen Fonds für regionale Entwicklung, ABl. L 213 vom 13.8.1999, S. 1 ff.

257 VO 1784/99 des Europäischen Parlaments und des Rates vom 12. Juli 1999 betreffend den Europäischen Sozialfonds, ABl. L 213 vom 13.8.1999, S. 5 ff.

258 Vgl. vorstehend die grafische Darstellung des Mitentscheidungsverfahrens in Abschnitt 2.6.

259 ABl. C 379 vom 7.12.1998, S. 178 ff. (EFRE) bzw. S. 186 ff. (ESF); vgl. auch *Becker* 2000, S. 96 f.

260 ABl. C 134 vom 14.5.1999, S. 1 ff. (EFRE) bzw. S. 9 ff. (ESF).

Gemeinschaftsinitiativen, die Innovativen Maßnahmen und die Technische Hilfe sowie Fragen der Förderfähigkeit bestimmter Maßnahmen betreffen[261].

Der Rat war bei der Verabschiedung der neuen Kohäsionsfondsverordnung[262] ebenfalls auf die Zustimmung des Europäischen Parlaments angewiesen. Lediglich seiner Stellungnahme bedurfte es bei der entsprechenden Durchführungsverordnung[263] sowie bei den drei für die Beitrittskandidaten relevanten Verordnungen. Diese drei Verordnungen regeln das strukturpolitische Instrumentarium für die Vorbereitung der Erweiterung. Das bereits seit 1989 bestehende PHARE-Programm[264] wird in der Verordnung 1266/99[265] nochmals an die Anforderungen der sogenannten Heranführungsstrategie angepaßt. Ziel des PHARE-Programms ist es, einen Beitrag zum Aufbau und zur Festigung der institutionellen Voraussetzungen für die Übernahme des gemeinschaftlichen Besitzstandes durch die MOE-Staaten zu leisten. Dazu gehören u. a. die Förderung der sozialen Entwicklung sowie die Steigerung der wirtschaftlichen Konkurrenzfähigkeit durch Umstrukturierungen im industriellen Sektor und durch die Unterstützung von KMU. Die Heranführungsstrategie wird ergänzt durch ein „strukturpolitisches Instrument zur Vorbereitung auf den Beitritt"[266] (ISPA[267]). Die ISPA-Mittel sind für die Überwindung der Infrastrukturdefizite in den Bereichen Verkehr und Umweltschutz vorgesehen. Eine dritte Verordnung zur Vorbereitung der Beitrittskandidaten auf die Mitgliedschaft legt ihren Schwerpunkt auf die Modernisierung der Landwirtschaft und die Entwicklung des ländlichen Raums (SAPARD)[268]. Die Mittel für die drei genannten Instrumente belaufen sich im Zeitraum 2000-2006 auf insgesamt 21,84 Mrd. Euro.

---

261 Schon der quantitative Vergleich läßt Schlußfolgerungen zu, in welchen Verordnungen umfangreiche, grundsätzliche Regelungen getroffen werden: Während die allgemeine Verordnung 43 Seiten im Amtsblatt füllt, kommen die EFRE- und die ESF-Verordnung auf einen Umfang von jeweils lediglich vier Seiten.

262 VO 1264/99 des Rates vom 21. Juni 1999, ABl. L 161 vom 26.6.1999, S. 57 ff.

263 VO 1265/99 des Rates vom 21. Juni 1999, ABl. L 161 vom 26.6.1999, S. 62 ff.

264 Vgl. VO 3906/89, ABl. L 375 vom 23.12.1989, S. 11 ff.; zuletzt geändert durch VO 753/96, ABl. L 103 vom 26.4.1996, S. 5 ff.

265 VO 1266/99 des Rates vom 21. Juni 1999, ABl. L 161 vom 26.6.1999, S. 68 ff.

266 VO 1267/99 des Rates vom 21. Juni 1999, ABl. L 161 vom 26.6.1999, S. 73 ff.

267 Entsprechend der französischen Abkürzung für „Instrument Structurel pour l'Adhésion".

268 VO 1268/99 des Rates vom 21. Juni 1999, ABl. L 161 vom 26.6.1999, S. 87 ff.

Tabelle: Mittelausstattung der strukturpolitischen Instrumente zur Vorbereitung auf den Beitritt[269]

	2000	2001	2002	2003	2004	2005	2006	Summe
PHARE	1560	1560	1560	1560	1560	1560	1560	10920
SAPARD	520	520	520	520	520	520	520	3640
ISPA	1040	1040	1040	1040	1040	1040	1040	7280
Summe	3120	3120	3120	3120	3120	3120	3120	21840

Erwähnenswert ist in diesem Zusammenhang der auf dem Berliner Gipfel vereinbarte „doppelte Bestandsschutz“[270]: Die sogenannten Vorbeitrittshilfen können demnach nicht für die Deckung unvorhergesehener Ausgaben der Altmitglieder verwendet werden. Umgekehrt besteht keine Möglichkeit für die Beitrittskandidaten bzw. für eventuelle Neumitglieder, Ansprüche auf die für die EU-15 reservierten Beträge anzumelden. Daß es in bezug auf die Haushaltsposten, die für die Heranführung der Beitrittsaspiranten bestimmt sind, Begehrlichkeiten und Umwidmungsversuche der Altmitglieder gegeben haben muß, bestätigt die Einschätzung eines Vertreters des Auswärtigen Amtes, wonach die Bereitstellung von Mitteln in dieser Größenordnung, die nicht anderweitig ausgegeben werden dürfen, „einer der größten Erfolge der Agenda 2000“[271] sei, weil dadurch ein klares Signal für die Erweiterung gegeben wurde.

3.6.4 Weiterentwicklung der Grundprinzipien der Förderung

Die im Rahmen der Strukturfondsreform von 1988 formulierten und 1993 weiterentwickelten Förderprinzipien werden durch die aktuelle Reformrunde grundsätzlich bestätigt, im Detail jedoch modifiziert. Das betrifft sowohl die Konzentration der Förderung auf die am meisten bedürftigen Regionen und Zielgruppen, als auch das Prinzip der Programmplanung, die Additionalität sowie das Partnerschaftsprinzip.

---

269 Vgl. Kommission 2000a, S. 126.

270 *Axt* 2000, S. 183; vgl. auch Europäischer Rat 1999, S. 4, Rdnr. 14.

271 Gesprächsprotokoll B 2. Der technische Ausdruck für diese Abgrenzung der erweiterungsbedingten Ausgaben von den für die Altmitglieder vorgesehenen Finanzmitteln lautete „ringfencing“; vgl. *Becker* 2000, S. 88.

3.6.4.1 Konzentration

Das Prinzip der Konzentration der Förderung auf die bedürftigsten Regionen und Zielgruppen wurde durch eine Reduzierung der ehemals sechs auf nur noch drei Ziele weiter geschärft. Allerdings sind die neuen Ziele zwei und drei so weit gefaßt, daß sie in wesentlichem Umfang die Fördertatbestände der alten Ziele 2 und 5b bzw. 3 und 4 in sich aufnehmen. Konsequent umgesetzt wurde das 75 %-Kriterium für die Förderfähigkeit im Rahmen von Ziel 1. Dadurch verlieren Regionen wie Flevoland (NL) und Hainaut (B) sowie große Teile Irlands ihren Ziel 1-Gebietsstatus. Alle aus Ziel 1 und Ziel 2 ausscheidenden Regionen erhalten jedoch eine großzügige, degressiv gestaffelte Übergangsunterstützung („phasing out"). Ein Verhandlungskompromiß bestand darin, daß die ehemaligen Ziel 6-Gebiete in Finnland und Schweden zukünftig auch unter Ziel 1 fallen, obwohl sie nicht in jedem Fall ein BIP aufweisen, das unter 75 % des Gemeinschaftsdurchschnitts liegt. Hierdurch verliert dieses Bemessungskriterium als alleiniger Maßstab wieder an Stringenz. Zusätzlich aufgeweicht wird die Systematik der Mittelverteilung durch die im Ergebnis der Bargaining-Prozesse des Berliner Gipfels ausgehandelten „Besonderen Situationen", in deren Rahmen fast jeder Mitgliedstaat eine spezielle Vergünstigung erhielt[272].

Im Ergebnis leben im neuen Planungszeitraum 22,2 % der Gemeinschaftsbevölkerung in Ziel 1-Gebieten (gegenüber 26,6 % in der Periode 1994-99), in die knapp 70 Prozent der Gesamtfördermittel in Höhe von 195 Mrd. Euro fließen werden. Für das neue Ziel 2 wurde der Anteil an der Gemeinschaftsbevölkerung politisch auf 18 % begrenzt, was einer Verringerung von 7,1 Prozent entspricht, wenn die Plafonds der alten Ziele 2 (16,3 %) und 5b (8,8 %) addiert werden. Die Kommission legt für das neue Ziel 2 für jeden Mitgliedstaat ein Bevölkerungsplafond fest - die sogenannte nationale Fördergebietsbevölkerungshöchstgrenze, wobei die jeweilige Reduzierung nicht mehr als ein Drittel gegenüber der Förderung in der abgelaufenen Periode (Ziele 2 und 5b) betragen darf. Für das neue Ziel 2 werden 11,5 % der Gesamtmittel zur Verfügung stehen, für das horizontale Ziel 3 insgesamt 12,3 %. Strukturmaßnahmen im Fischereisektor außerhalb der Ziel 1-Regionen werden mit 0,5 % der Gesamtmittel gefördert, die Gemeinschaftsinitiativen mit 5,35 %. Für sogenannte Innovative Maßnahmen und die Technische Hilfe sind schließlich 0,65 % der Mittel eingeplant[273].

---

272 Zu den Details der staatenbezogenen Vergünstigungen vgl. vorstehend Abschnitt 3.6.2.

273 Vgl. Kommission 2000a, S. 18 f.

3.6.4.2 Programmplanung

Die überkommene Abfolge Regionalentwicklungsplan, Gemeinschaftliches Förderkonzept (GFK), Operationelles Programm (OP) oder Einheitliches Programmplanungsdokument (EPPD) bleibt prinzipiell erhalten, wobei die Anwendung eines EPPD in Ziel 1-Gebieten grundsätzlich auf alle Förderfälle mit einem Volumen von weniger als einer Milliarde Euro ausgedehnt wird. Für die Ziele 2 und 3 sowie für die Fischereiregionen ist ohnehin die Planung im Rahmen eines EPPD vorgesehen. Den Mitgliedstaaten steht jedoch die Wahlmöglichkeit offen, sich gegebenenfalls für die konventionelle Planung aus GFK und OP zu entscheiden. Neu eingeführt wird ein zusätzlicher Planungsschritt, die sogenannte Ergänzung zur Programmplanung (EPP)[274], in deren Rahmen die Mitgliedstaaten der Kommission die zur Umsetzung der entsprechenden Schwerpunkte des OP vorgesehenen Maßnahmen mitteilen. In der EPP eingeschlossen sind Angaben zu den Endbegünstigten, ein Finanzierungsplan sowie Aussagen über die Vorkehrungen, die einen - möglichst computergestützten - Informationsaustausch mit der Kommission gewährleisten sollen.

Die Kompetenzen der Europäischen Kommission im Rahmen der Programmplanung erstrecken sich auf folgende Bereiche: Sie legt die Verzeichnisse der unter die Ziele 1 und 2 fallenden Regionen fest und nimmt die indikative Aufteilung der Mittel auf die einzelnen Mitgliedstaaten vor. Nach Konsultation mit den Mitgliedstaaten verabschiedet die Kommission die Leitlinien für die Programmplanung im Rahmen der einzelnen Ziele sowie die Leitlinien für die verschiedenen Gemeinschaftsinitiativen. Auf nationaler Ebene werden die Pläne und Programme ausgearbeitet und die Wirtschafts- und Sozialpartner konsultiert. Anschließend erfolgt die Übermittlung der Planungsdokumente an die Kommission. In einem nächsten Schritt verhandeln die Mitgliedstaaten und die Kommission wie bisher über den Inhalt der GFK, OP und EPPD sowie über die darin enthaltenen Finanzierungspläne. Die Kommission verabschiedet schließlich die GFK, OP und EPPD und genehmigt geplante Großprojekte und Globalzuschüsse im Rahmen der Programme „oder lehnt sie unter Angabe von Gründen ab."[275] Im Rahmen der dezentralisierten Programmplanung und -durchführung obliegt nun den Mitgliedstaaten bzw. der von ihnen jeweils benannten Verwaltungsbehörde „die Verantwortung für die Wirksamkeit und die Ordnungsmäßigkeit der Ver-

---

274 Geregelt in Art. 18 Abs. 3 der allgemeinen Verordnung, ABl. L 161 vom 26.6.1999, S. 1 ff. (S. 18 f.); vgl. auch *Wobben* 2000, S. 523.

275 Kommission 2000a, S. 23.

waltung und Durchführung"[276] der einzelnen Interventionen. Als erster Schritt muß die Ergänzung zur Programmplanung erarbeitet werden, die der Zustimmung des Begleitausschusses bedarf. Anschließend wird die EPP zur Information an die Kommission übermittelt. Die EPP bildet fortan die Grundlage der Arbeit der Verwaltungsbehörde, wobei diese Änderungen vornehmen kann, die allerdings nicht die Ziele des betreffenden Förderschwerpunktes oder den Gesamtbetrag der bewilligten Mittel betreffen dürfen. Der Mitgliedstaat bzw. die beauftragte Verwaltungsbehörde führen nach Abschluß der Planung und erfolgter Genehmigung das Programm durch, insbesondere die Auswahl förderfähiger Projekte[277].

3.6.4.3 Partnerschaft

Die allgemeine Definition des Partnerschaftsprinzips bleibt gegenüber den vorangegangenen Förderperioden unverändert als eine „... enge Konzertierung zwischen der Kommission, dem betreffenden Mitgliedstaat und von ihm bezeichneten, auf nationaler, regionaler, lokaler oder sonstiger Ebene zuständigen Behörden, wobei alle Parteien als Partner ein gemeinsames Ziel verfolgen. (...) Die Partnerschaft erstreckt sich auf die Vorbereitung, Finanzierung, Begleitung und Bewertung der Aktionen."[278] Erweitert wird das Prinzip um „eine weitgehende und effiziente Beteiligung aller relevanten Stellen", die der Mitgliedstaat in eigener Verantwortung sicherstellt, „... wobei er der notwendigen Förderung der Chancengleichheit für Männer und Frauen und einer nachhaltigen Entwicklung durch die Einbindung von Anforderungen hinsichtlich des Schutzes und der Verbesserung der Umwelt Rechnung trägt."[279] In der praktischen Umsetzung bedeutet das neue Partnerschaftsprinzip, daß die Mitgliedstaaten bzw. ihre Regionen die Wirtschafts-, Sozial- und sonstigen Partner bereits zu den für die Kommission

---

276 Art. 34 der allgemeinen Verordnung, ABl. L 161 vom 26.6.1999, S. 1 ff. (S. 28 f.). Die Verwaltung durch eine einzige, allein zuständige Verwaltungsbehörde ist ebenfalls eine Neuerung der Reform; vgl. auch *Wobben* 2000, S. 523.

277 In der vorliegenden Untersuchung interessiert in besonderem Maße die Kompetenzverteilung zwischen den Ebenen. Deshalb soll an dieser Stelle nicht näher auf das System der finanziellen Abwicklung (Mittelbindungen, Zahlungen) und die entsprechenden Bestimmungen (Interventionssätze, Zuschußfähigkeit) eingegangen werden. Eine Darstellung der Finanzströme in der EFRE-Förderung in Sachsen bietet nachfolgend Abschnitt 4.4.9.

278 Art. 4 der VO 2052/88 des Rates vom 24. Juni 1988, ABl. L 185 vom 15.7.1988, S. 9 ff. (S. 12).

279 Art. 8 der VO 1260/99, ABl. L 161 vom 26.6.1999, S. 1 ff. (S. 11 f.).

bestimmten Entwicklungsplänen konsultieren sollen. Die Mitgliedstaaten sind angehalten, in den Plänen nachzuweisen, welche Konsultationen im Vorfeld stattgefunden haben. Auch bei der Ausarbeitung der neu eingeführten Ergänzung der Programmplanung sind die Partner beratend hinzuzuziehen.

Die Begleitausschüsse haben durch die Reform eine deutliche Aufwertung erfahren: Bei der Verabschiedung der GFK und der OP bzw. der EPPD genehmigt die Kommission zugleich die Vorkehrungen, die für die Beteiligung der Partner seitens der Mitgliedstaaten getroffen wurden. Der Begleitausschuß wird seinerseits vom Mitgliedstaat im Einvernehmen mit der Verwaltungsbehörde und nach Anhörung der Partner „... innerhalb von höchstens drei Monaten nach der Entscheidung über die Fondsbeteiligung gebildet."[280] Den Vorsitz im Begleitausschuß, der sich eine eigene Geschäftsordnung gibt, hat ein Vertreter des Mitgliedstaats oder der Verwaltungsbehörde inne. Ein Kommissionsvertreter und gegebenenfalls ein Vertreter der EIB nehmen an den Ausschußsitzungen mit beratender Stimme teil[281]. Der Ausschuß prüft und billigt die Ergänzung zur Programmplanung, jeden Vorschlag zur inhaltlichen Änderung der Fondsbeteiligung, den jährlichen Durchführungsbericht sowie den Schlußbericht, bevor diese der Kommission übermittelt werden[282].

3.6.4.4 Zusätzlichkeit

Das Grundprinzip der Berechnungsmethode bleibt unverändert: In Ziel 1-Gebieten kommen alle öffentlichen Strukturausgaben oder Ausgaben gleicher Art zur Anrechnung. In den Zielen 2 und 3 fallen hierunter die Ausgaben für aktive Arbeitsmarktpolitik auf nationaler Ebene[283]. Die Gewährleistung des Additionalitätsprinzips wird im Programmzeitraum (mindestens) drei Mal geprüft: Die neu eingeführte ex-ante-Überprüfung erfolgt noch vor Genehmigung der GFK bzw. EPPD. Ihre Ergebnisse werden in diese Dokumente aufgenommen und dienen „für den gesamten Programmplanungs-

---

280 Art. 35 der VO 1260/99, ABl. L 161 vom 26.6.1999, S. 1 ff. (S. 29 f.).

281 Nach Aussage eines Kommissionsbeamten wolle die Kommission in den Begleitausschüssen zukünftig nur noch die Rolle eines „freundlichen Beobachters" spielen; vgl. Gesprächsprotokoll EU 8.

282 Vgl. auch *Wobben* 2000, S. 523 f.

283 Vgl. Kommission 2000a, S. 27.

zeitraum als Bezugsrahmen"[284]. Als zweite Überprüfung folgt eine Halbzeitbewertung, die bis spätestens 31.12.2003 erfolgt sein soll. Auf der Grundlage dieser Zwischenbewertung können Kommission und Mitgliedstaat die Höhe der zu erreichenden Strukturausgaben revidieren, falls deutliche Veränderungen in den Rahmenbedingungen gegenüber der ex-ante-Beurteilung eingetreten sein sollten. Die dritte Überprüfung wird ex post, d. h. am Ende des Planungszeitraumes, frühestens Ende 2005 stattfinden. Die Mitgliedstaaten sind außerdem verpflichtet, die Kommission während des Programmplanungszeitraumes jederzeit über Entwicklungen zu unterrichten, die es unmöglich machen könnten, die vereinbarte Höhe der nationalen Ko-Finanzierungsbeiträge zu gewährleisten.

3.6.5 Konsequenzen für die Strukturfondsförderung in Deutschland

Deutschland sei „einer der Hauptgewinner"[285] der Strukturfondsreform - zu dieser Einschätzung kommt die für Regionalpolitik und Kohäsion zuständige Kommissarin nach Abschluß des Berliner Gipfels. Die Betrachtung der Zahlen scheint dies zu bestätigen: Der deutsche Anteil an der Strukturfondsförderung wird von rund 14 % in der Förderperiode 1994-99 auf etwa 15,4 % im Zeitraum 2000-2006 ansteigen. Das bedeutet eine Zunahme der Rückflüsse um rund 500 Millionen Euro jährlich[286].

Ziel 1

Die ostdeutschen Bundesländer bleiben auch im neuen Programmzeitraum flächendeckend Regionen mit der höchsten Förderpriorität (Ziel 1). Die einzige Ausnahme bildet Ost-Berlin, für das eine großzügige Übergangsregelung geschaffen wurde[287]. Insgesamt werden 19,229 Mrd. Euro Fördermittel in die neuen Bundesländer fließen[288]. Ausschlaggebend für diesen Anstieg ist - neben der absolut ansteigenden Gesamtförderung - der Berechnungsmodus für die Pro-Kopf-Förderung (Förderintensität), der den deutschen Ziel

284 Art. 11 Abs. 3 lit a) der VO 1260/99, ABl. L 161 vom 26.6.1999, S. 1 ff. (S. 14).

285 *Wulf-Mathies* 1999, S. 366. Ebenfalls einen zufriedenen Tenor hat die Wertung von *Jessen* 1999, S. 174 f.

286 Vgl. *Zipfel* 1999, S. 62.

287 Diese wird sich insgesamt auf 729 Mio. Euro belaufen. In dem Betrag enthalten sind Sonderzahlungen in Höhe von 100 Mio. Euro; vgl. vorstehend Abschnitt 3.6.2.

288 Vgl. *Wobben* 2000, S. 520; vgl. auch Gesprächsprotokoll SN 2.

1-Gebieten entgegen kommt[289]: Die Differenz zwischen dem EU-Durchschnitts-BIP, das momentan bei 17.400 Euro pro Kopf liegt, und dem regionalen Durchschnittseinkommen bildet den Ausgangspunkt der Berechnungen. In einem zweiten Schritt wird dieser Betrag durch zwei Korrekturfaktoren verändert, die dem jeweiligen nationalen und regionalen Wohlstand Rechnung tragen sollen. Auf Deutschland bezogen ergibt sich folgende Berechnung: Da das Land in seiner Gesamtheit 90 % des EU-Durchschnitts-BIPs überschreitet (nationales Wohlstandskriterium), ergibt sich nach dem ersten Prüfschritt eine Förderintensität in Höhe von drei Prozent des Abstandes der jeweiligen Region zum EU-Durchschnitt. Auf diesen Betrag erhalten Regionen mit einem Pro-Kopf-BIP von weniger als 64 % des EU-Durchschnitts einen Zuschlag von 5 % (regionales Wohlstandskriterium). Da alle ostdeutschen Länder unter dieser Marge liegen, profitieren sie von der Regelung. Einzige Ausnahme ist Brandenburg, dessen BIP pro Kopf in die Spanne 64-67 % des EU-Durchschnitts fällt. In dieser Bandbreite erfolgt weder ein Zu- noch ein Abschlag. Bei Werten über 67 % wird schließlich ein Abschlag von 5 % vorgenommen. Ein weiterer Pluspunkt für Ostdeutschland ist der Umstand, daß die Arbeitslosen-Quote in die Berechnungen eingeht. Für jeden Erwerbslosen, der statistisch gesehen über der durchschnittlichen Arbeitslosen-Quote aller Ziel 1-Gebiete liegt, wird ein Zuschlag von 100 Euro gezahlt.

Die bereits genannten 19,229 Mrd. Euro für den Förderzeitraum 2000-2006 verteilen sich auf ein Bundesprogramm Verkehr (1.534 Mio. Euro) und ein Bundesprogramm ESF (1.558 Mio. Euro). Der Löwenanteil (16,137 Mrd. Euro) steht jedoch für Fördermaßnahmen der Länder zur Verfügung. „Die Aufteilung der Mittel auf die einzelnen Bundesländer erfolgte auf Vorschlag der Bundesregierung in Übereinstimmung mit den Ministerpräsidenten der Länder."[290] So konfliktfrei und harmonisch, wie es das vorstehende Zitat suggeriert, verlief die Mittelaufteilung in der Realität nicht. Ursprünglich wollte der Bund einen nationalen Verteilungsschlüssel aus dem Jahre 1991 fortschreiben, der u. a. aufgrund veränderter demographischer Daten einigen Ländern als nicht mehr problemgerecht erschien. Die von der EU-Kommission empfohlene Berechnungsmethode kam dagegen zu anderen Ergebnissen, wodurch sich eine Abweichung von fast einer Milliarde DM ergeben hätte. Die zwischen den neuen Ländern beginnende Auseinandersetzung wurde auf höchster Ebene, d. h. zwischen den Chefs der Staats-

---

289 Vgl. Addendum zu dem Entwurf eines Protokolls über die 2192. Tagung des Rates (Allgemeine Angelegenheiten) am 21. Juni 1999, Nr. 9431/99 ADD 1, S. 4 f.

290 29. Rahmenplan der Gemeinschaftsaufgabe zu Verbesserung der regionalen Wirtschaftsstruktur 2000-2003 (2004), BT-Drs. 14/3250, S. 26.

kanzleien sowie im Rahmen der MPK (Ost) und der EMK ausgetragen. Die Hauptkonfliktlinie verlief dabei zwischen Sachsen und Thüringen auf der einen und Brandenburg, Sachsen-Anhalt und Mecklenburg-Vorpommern auf der anderen Seite[291]. Der letztlich erzielte Kompromiß, der unter der Moderation des Bundesministeriums der Finanzen zu Stande kam[292], hat folgendes Aussehen: Auch die Kommissionsmethode wurde als alleiniger Maßstab abgelehnt. Lediglich 15 % Gesamtsumme wurden nach diesem Schlüssel berechnet. Die Verteilung der restlichen rund 85 % erfolgte auf der Grundlage der nationalen Berechnungsmethode, allerdings auf der Basis aktuellerer demographischer Daten[293]. Im Ergebnis hat der Verteilungsschlüssel folgendes Aussehen[294]:

Tabelle: Aufteilung der Ziel 1-Mittel auf die ostdeutschen Länder im Förderzeitraum 2000-6

Land	**Förderung** (in Mio. Euro)
Brandenburg	2.983
Mecklenburg-Vorpommern	2.442
Sachsen	**4.694**
Sachsen-Anhalt	3.235
Thüringen	2.783

Ziel 2

Die eingangs zitierte, uneingeschränkt positive Einschätzung ist mit Blick auf das neue Ziel 2 zu relativieren. Zwar steigt auch hier die Mittelausstattung für Deutschland gegenüber der vorangegangen Förderperiode an – von rund drei auf 3,51 Mrd. Euro. In dieser Summe sind jedoch 526 Mio. Euro für Übergangsregelungen zugunsten ausscheidender Regionen enthalten, die im Rahmen der ehemaligen Ziele 2 und 5b gefördert worden waren. Die

291 Vgl. Gesprächsprotokoll SN 2.

292 Vgl. Gesprächsprotokoll EU 12.

293 Dabei wurde der Durchschnitt der Zahlen für die Jahre 1994 und 1999 gebildet; vgl. Gesprächsprotokoll B 4.

294 Vgl. 29. GRW-Rahmenplan, BT-Drs. 14/3250, S. 26. Hinzu kommen die bereits an anderer Stelle erwähnten 729 Mio. Euro Übergangsunterstützung für die ehemalige Ziel 1-Region Ost-Berlin.

„bereinigte" Ziel 2 Förderung beläuft sich somit auf 2,984 Mrd. Euro und entspricht damit in etwa der Mittelausstattung des vergangenen Förderzeitraums. Der Umfang der westdeutschen Fördergebietskulisse muß gleichzeitig von ehemals mehr als 15 Mio. Einwohnern auf rund 10,3 Mio. Einwohner reduziert werden. Ausgangspunkt für diese Reduzierung war die Begrenzung des Bevölkerungsanteils der nach dem neuen Ziel 2 geförderten Gebiete auf 18 Prozent der Gesamtbevölkerung der Gemeinschaft, wobei folgende Richtwerte gelten sollen: 10 % in Industriegebieten, 5 % in ländlichen Gebieten, 2 % in städtischen Gebieten und 1 % in Fischereigebieten[295]. Das bedeutet einen Rückgang des EU-Gesamtplafonds von rund 29 % gegenüber dem Umfang der 1994-99 im Rahmen der alten Ziele 2 und 5b geförderten Gebiete. Um unverhältnismäßig große Härten bei der Anpassung zu vermeiden, regelt die allgemeine Strukturfondsverordnung, daß die „höchstmögliche Verringerung" der nationalen Bevölkerungsplafonds nicht mehr als ein Drittel gemessen an der bisherigen Zielförderung betragen darf. Die Bundesrepublik profitiert von dieser auch als „Sicherheitsnetz" bezeichneten Regelung, da sich für Deutschland anhand der Kommissionskriterien ein Plafond von weniger als zwei Drittel der ehemaligen Ziel 2/Ziel 5b-Fördergebietseinwohner ergeben hätte[296].

Nach Art. 4 Abs. 3 der allgemeinen Strukturfondsverordnung „... schlagen die Mitgliedstaaten der Kommission das Verzeichnis der signifikanten Gebiete vor". Bei der Auswahl der förderungswürdigen Regionen sind die Mitgliedstaaten jedoch nicht völlig frei, sondern es gelten gemeinschaftsweit einheitliche Kriterien, die sich wiederum in „harte" und „weiche" unterteilen lassen. Den sogenannten harten Kriterien müssen Gebietseinheiten der NUTS III-Ebene mit mindestens 50 Prozent der gesamten Ziel 2-Bevölkerung genügen. Für die Qualifizierung zu einem der „Gebiete mit einem sozioökonomischen Wandel im Sektor Industrie" lauten die Anforderungen:

a) durchschnittliche Arbeitslosenquote der letzten drei Jahre über dem EU-Durchschnitt;

b) Anteil der in der Industrie Beschäftigten auf oder über dem Gemeinschaftsdurchschnitt[297];

---

295 Geregelt in Art. 4 der Verordnung 1260/1999 des Rates vom 21. Juni 1999 mit allgemeinen Bestimmungen über die Strukturfonds, ABl. L 161 vom 26.6.1999, S. 1 ff. (S. 8 ff.); vgl. auch Europäischer Rat 1999, S. 16.

296 Vgl. *Jung/Hassold* 2000, S. 195.

297 In einem beliebigen Bezugsjahr seit 1985.

c) rückläufige Entwicklung der Zahl der in der Industrie Beschäftigten.

Als ländliche Problemregionen gelten Gebiete, die folgende Kriterien erfüllen:

a) Bevölkerungsdichte weniger als 100 Einwohner pro Quadratkilometer oder ein Anteil der in der Landwirtschaft Beschäftigten, die in einem beliebigen Bezugsjahr seit 1985 mindestens dem Doppelten des Gemeinschaftsdurchschnitts entspricht.

b) durchschnittliche Arbeitslosenquote während der letzten drei Jahre über dem Gemeinschaftsdurchschnitt oder ein Bevölkerungsrückgang seit 1985.

Neben diesen Indikatoren nennt die Verordnung eine Reihe weicher Kriterien, nach denen städtische Problemgebiete, von der Fischerei abhängige Gebiete, ländliche Gebiete mit gravierenden sozioökonomischen Problemen und andere Gebiete mit schwerwiegenden Strukturproblemen und/oder hoher Arbeitslosigkeit ebenfalls als nach Ziel 2 förderfähig eingestuft werden können. Die Formulierung der „weichen" Indikatoren stellte einen der am heftigsten diskutierten Gegenstände bei den Verhandlungen zwischen der Kommission und den Mitgliedstaaten dar, „... denn dieser Punkt war von entscheidender Bedeutung für die Frage, in welchem Umfang der Kommission ein Mitspracherecht bei der Gestaltung der Strukturpolitik in den Mitgliedstaaten eingeräumt wird."[298]

Durch die beschriebene Reduzierung des Bevölkerungsplafonds für das neue Ziel 2 gegenüber den bisherigen Zielen 2 und 5b schien ein „Verteilungskampf"[299] zwischen den westdeutschen Ländern um die Abgrenzung der neuen Fördergebietskulisse vorprogrammiert. In der Auseinandersetzung zwischen den Bundesländern um den Zuschnitt der Fördergebiete müssen die von der Kommission aufgestellten Kriterien beachtet werden. Praktisch wirksam werden die vorstehend näher beschriebenen „harten" Kriterien jedoch nur für die Hälfte der Gebiete, von denen sich wiederum zwei Drittel in den alten Industriegebieten an Rhein und Ruhr befinden. Die Aufteilung des verbleibenden Plafonds mußte folglich anhand der „weichen" Kriterien zwischen den Bundesländern ausgehandelt werden. Das dafür zuständige Gremium ist die Wirtschaftsministerkonferenz der Länder („Wimiko"). Bereits frühzeitig war abzusehen, daß vor allem die ehemaligen Ziel

298 *Jung/Hassold* 2000, S. 196.

299 *Helmut Bünder*, Im Poker um die EU-Strukturfonds beginnt die zweite Runde, in: F.A.Z. Nr. 77 vom 1.4.1999, S. 22.

5b-Gebiete, die sich zu einem Großteil in Bayern befinden, von den Fördermöglichkeiten nur noch sehr eingeschränkt werden profitieren können, bzw. daß sie in die Kategorie der „Auslauf-Förderregionen" fallen werden, da sie die Kommissionsvorgaben, insbesondere das Kriterium Arbeitslosenquote, teilweise deutlich verfehlen[300]. Ein weiteres Problem ergab sich aus dem engen zeitlichen Rahmen: Die neuen Strukturfondsverordnungen wurden erst im Juni 1999 verabschiedet, aber schon ab 1.1.2000 sollte in den genehmigten Gebieten gefördert werden können. Aus diesem Grund setzte die Wimiko eine Arbeitsgruppe ein, deren Sitzungen von einem Vertreter des BMWi moderiert wurden. Diese Arbeitsgruppe tagte parallel zu den in Brüssel laufenden Verhandlungen und erarbeitete Lösungsvorschläge für die innerstaatliche Umsetzung der zu erwartenden europäischen Vorgaben[301].

Wiederum zeitgleich fand die Neuabgrenzung der national im Rahmen der „Gemeinschaftsaufgabe zur Verbesserung der regionalen Wirtschaftsstruktur" (GRW)[302] geförderten Gebiete statt. Vor diesem Hintergrund entschieden sich die Ländervertreter dafür, die Verteilung des Ziel 2-Plafonds auf die Länder grundsätzlich nach ihrem jeweiligen Anteil an der neuen GRW-Gebietskulisse vorzunehmen. Da jedoch eine ausschließliche Orientierung an der neuen Kulisse der Gemeinschaftsaufgabe zu überproportionalen Fördergebietsverlusten einzelner Länder geführt hätte, einigten sie sich auf folgenden Kompromiß: Rund eine Million Fördergebietseinwohner wurden von dem beschriebenen Verteilungsverfahren ausgenommen und den Ländern mit „besonderen regionalen Problemlagen"[303] vorab zugewiesen. Nachdem sich die Ländervertreter über die Aufteilung der Quoten und auf ein bundeseinheitliches Verfahren[304] geeinigt hatten, lag es in ihrem Ermessen, die jeweils förderungswürdigen Landesteile zu benennen. Die auf diesem Wege erstellten Gebietsvorschläge wurden von der Wimiko zusammengefaßt und am 8./9. Juni 1999 gebilligt. Ebenfalls beschlossen wurde die Aufteilung der Ziel 2-Strukturfondsmittel auf die westdeutschen Länder[305]:

---

300 Vor der Gefahr, „... daß die ländlichen Gebiete die großen Verlierer sein werden" warnt *Fischer* (1998, S. 27).

301 Vgl. *Jung/Hassold* 2000, S. 197.

302 Ausführlicher zur GRW-Förderung vgl. nachfolgend Kapitel 4.

303 *Jung/Hassold* 2000, S. 197.

304 Danach sollten die zukünftigen Ziel 2-Gebiete in der Regel Gebiete sein, die auch im Rahmen der GRW gefördert werden. In begründeten Fällen konnte jedoch von diesem Grundsatz abgewichen werden.

305 Vgl. 29. GRW-Rahmenplan 2000-2003 (2004), BT-Drs. 14/3250, S. 27.

Tabelle: Aufteilung der Ziel 2-Mittel auf die westdeutschen Länder im Zeitraum 2000-2006

Land	**Förderung** (in Mio. Euro)
Baden-Württemberg	95
Bayern	524
Berlin (West)	372
Bremen	109
Hamburg	6
Hessen	177
Niedersachsen	708
Nordrhein-Westfalen	938
Rheinland-Pfalz	**166**
Saarland	165
Schleswig-Holstein	249

Noch bedeutsamer als die Bereitstellung europäischer Fördermittel für die (Rück-)Gewinnung nationaler Handlungsspielräume in der regionalen Strukturpolitik ist die Tatsache, daß die von der Kommission in den Verhandlungen zu ihrem Reformpaket „Agenda 2000“ zunächst geforderte vollständige Übereinstimmung gemeinschaftlicher und nationaler Fördergebietskulissen stark abgeschwächt und damit aus der Sicht der Mitgliedstaaten flexibler ausgestaltet werden konnte[306]. Ursprünglich hatte die Kommission angeregt, daß die Mitgliedstaaten nur noch solche Gebiete für die Strukturfondsförderung anmelden dürfen, die auch nationale Fördergebiete im Sinne des Art. 87 Abs. 3c EG-Vertrag sind. Im Ergebnis der Verhandlungen steht die „dehnbare“ Formulierung, „... daß die Mitgliedstaaten sich bemühen werden, bis zum Ende der nächsten Förderperiode eine bessere Kohärenz anzustreben.“[307]

Ziel 3

Als Erfolg kann die Bundesregierung die Ergebnisse in bezug auf das neue Ziel 3 werten, das im wesentlichen eine Zusammenfassung der bisher unter

---

306 Vgl. *Jessen* 1999, S. 174; vgl. auch *Jung/Hassold* 2000, S. 196.

307 *Zipfel* 1999, S. 60; vgl. ausführlicher nachfolgend Abschnitt 5.6.2.

den Zielen 3 und 4 subsumierten Programme für Ausbildung und Beschäftigung darstellt. In die Gewichtung gehen bei der indikativen Aufteilung der Fördermittel folgende Faktoren ein: Arbeitslosenquote, das Ausmaß der sozialen Ausgrenzung, das Bildungs- und Ausbildungsniveau sowie die allgemeine Beschäftigungslage. Diese Förderkriterien kommen der deutschen Problemstruktur entgegen: Insgesamt 4,581 Mrd. Euro werden die Rückflüsse aus diesem „Fördertopf" nach Deutschland im Zeitraum 2000 bis 2006 betragen. Damit erhalten die westdeutschen Länder[308] im Vergleich zu der abgelaufenen Förderperiode rund das Doppelte.

Gemeinschaftsinitiativen

In dem Bereich der Gemeinschaftsinitiativen, deren Mittelausstattung wie bereits berichtet[309] von 9 % Anteil an der Gesamtförderung auf 5,35 Prozent zurückgefahren wurde, wird Deutschland weiterhin an den Fördermöglichkeiten teilhaben und insbesondere von dem INTERREG III-Programm profitieren. Auch im Rahmen der anderen drei Gemeinschaftsinitiativen wird die Bundesrepublik europäische Fördermittel erhalten, die allerdings naturgemäß nur ausgewählten Regionen bzw. Zielgruppen zu Gute kommen.

---

308 Nach Art. 5 der allgemeinen Strukturfondsverordnung betreffen Finanzierungen im Rahmen von Ziel 3 „Regionen, die nicht unter Ziel 1 fallen."; ABl. L 161 vom 26.6.1999, S. 10.

309 Vgl. vorstehend Abschnitt 3.6.4.1.

Tabelle: Aufteilung der Mittel für die Gemeinschaftsinitiativen im Zeitraum 2000-2004 (in Mio. Euro)[310]

	INTERREG	EQUAL	LEADER +	URBAN	Summe
Belgien	104	70	15	20	209
Dänemark	31	28	16	5	80
Deutschland	**737**	**484**	**247**	**140**	**1608**
Griechenland	568	98	172	24	862
Spanien	900	485	467	106	1958
Frankreich	397	301	252	96	1046
Irland	84	32	45	5	166
Italien	426	371	267	108	1172
Luxemburg	7	4	2	0	13
Niederlande	349	196	78	28	651
Österreich	183	96	71	8	358
Portugal	394	107	152	18	671
Finnland	129	68	52	5	254
Schweden	154	81	38	5	278
Großbritannien	362	376	106	117	961
Vernetzung [a)]	50	50	40	15	155
EU 15	**4875**	**2847**	**2020**	**700**	**10442**

[a)] Vernetzung bedeutet die Einrichtung von Beobachtungsstellen zur Förderung des Erfahrungsaustausches und der Verbreitung positiver Beispiele.

3.6.6 Bewertung der Verhandlungsprozesse und -ergebnisse

Die Ergebnisse des Europäischen Rates von Berlin zeigen, daß die Mitgliedstaaten in allen Fragen, die nach dem Einstimmigkeitsprinzip entschieden werden, insbesondere in (Verteilungs-)Fragen mit direkten finanziellen Auswirkungen, nach wie vor das Prinzip der Besitzstandswahrung betonen und diesem eine deutliche Präferenz gegenüber dem Ideal gesamteuropäi-

310 Vgl. inforegio news Nr. 69, 12/1999.

scher Solidarität einräumen. Der dominierende Verhandlungsmodus ist deshalb das Bargaining, das im Konfliktfall mit Vetodrohungen flankiert wird, und nicht die kooperative Problemlösung. Aus diesem Grund konnten radikale Reformen, bei denen es eindeutige „Gewinner" und „Verlierer" gegeben hätte, nicht umgesetzt werden. Beispiele sind die im wesentlichen gescheiterte Reform im Bereich der Gemeinsamen Agrarpolitik, die Fortschreibung des sogenannten Britenrabatts und die Verlängerung des Kohäsionsfonds. Angesichts dieser Entscheidungslogik scheiden einige der kurz vorgestellten Reformmodelle[311], so z. B. die Etablierung eines europäischen Finanzausgleichs, als im gegenwärtigen System nicht umsetzbar aus. Möglich erscheinen dagegen inkrementale, evolutionäre Veränderungen, die nicht zu stark in Besitzstände eingreifen und somit lediglich geringfügige Umverteilungswirkungen entfalten können. Das suboptimale Reformergebnis allein mit mangelnder Reformbereitschaft zu begründen, wäre indes zu eindimensional. Eine starke Prägekraft auf die Ergebnisse der Verhandlungen üben immer auch die Verfahren der Entscheidungsfindung aus[312]. Die Ratspräsidentschaft mußte beispielsweise als „ehrlicher Makler" bestrebt sein, eine Verhandlungslösung zu erzielen, die notwendigerweise Paketcharakter trug. Hierin zeigt sich ein grundlegendes strukturelles Dilemma des europäischen Entscheidungssystems: das nach wie vor viele Politikfelder bestimmende Einstimmigkeitsprinzip.

Daß dennoch Lösungen gefunden werden konnten, die mehr darstellen als den kleinsten gemeinsamen Nenner, ist mehreren Faktoren zu verdanken: Als erstes ist die Tätigkeit der Europäischen Kommission zu nennen, die als konsequenter Verfechter der supranationalen Idee dem Integrationsfortschritt verpflichtet ist. Durch ihr Initiativmonopol kann sie Vorschläge unterbreiten, die den Verhandlungsrahmen vorbestimmen[313]. Andererseits benötigt sie bei der Verabschiedung ihrer Legislativvorschläge die Zustimmung der im Rat versammelten Vertreter der Mitgliedstaaten und - je nach Entscheidungsverfahren - in zunehmendem Maße auch die Zustimmung des Europäischen Parlaments. So nahm die Kommission bereits bei der Erarbeitung der Vorschläge im Rahmen der Agenda 2000 die zu erwartenden Konflikte gedanklich vorweg und versuchte in Form „vorauseilender Kompro-

311 Vgl. vorstehend Abschnitt 3.5.

312 Mit den Worten von *Becker* (2000, S. 100): „Die Bindewirkung und die Pfadabhängigkeit der eingeübten Verfahren erlaubten offenbar keine umfassenden und fundamentalen Reformen."

313 Beispiele: die beiden „Delors-Pakete", die „Agenda 2000" sowie die Vorschläge für die revidierten Fondsverordnungen. Ausführlicher zur EU-Kommission vgl. vorstehend Abschnitt 1.3.2.4.

misse“ mögliche Blockaden auszuschließen. Auch ihre Verhandlungsstrategie im Rahmen des Berliner Gipfels hat gezeigt, daß sie „die Entscheidungsverfahren für die strukturpolitisch relevanten Verordnungen antizipiert“[314] und viele mögliche Dissenspunkte bereits im Vorfeld „entschärfte“. Diese frühzeitige Orientierung der Kommission auf möglichst konsens- und umsetzungsfähige Vorschläge hatte im Bereich der Strukturpolitik zur Folge, daß die Ziele der Agenda 2000 grundsätzlich realisiert werden konnten[315]. Allerdings waren die Mitgliedstaaten nicht bereit, die ursprünglich von der Kommission vorgeschlagene Mittelausstattung zu unterstützen.

Daß es der Kommission dank ihres exklusiven Initiativrechts und ihrer zentralen Stellung im Verhandlungsprozeß gelang, eigene Vorstellungen auch gegen den Willen einer Mehrheit von Mitgliedstaaten durchzusetzen, belegt die Einführung der sogenannten leistungsgebundenen Reserve. Dieses Element einer anreizorientierten, kompetitiven Strukturfondsförderung war in den Verordnungsvorschlägen ursprünglich so konzipiert, daß die Kommission auf der Grundlage der Halbzeitbewertung zehn Prozent der am Beginn der Förderung einbehaltenen Verpflichtungsermächtigungen auf die erfolgreichsten Programme verteilen würde, und zwar gemeinschaftsweit: „Die Reservemittel werden im Rahmen der einzelnen Ziele den Operationellen Programmen oder Programmplanungsdokumenten zugewiesen, die ein zufriedenstellendes Leistungsniveau erreicht haben, wobei gegebenenfalls eine Kürzung vorgenommen wird, falls der betreffende Mitgliedstaat seine Verpflichtung bezüglich der Zusätzlichkeit nicht erfüllt hat.“[316] Gegen diese Bestimmung formierte sich massiver Widerstand aller Mitgliedstaaten[317] und Regionen, insbesondere der deutschen Länder[318]. Angesichts dieser breiten

---

314 *Axt* 2000, S. 172.

315 Eine Kommissionsvertreterin bestätigte, daß die Strukturpolitik im Vergleich zu anderen Politikfeldern „... am nächsten an den Vorstellungen der Kommission verabschiedet“ wurde; Gesprächsprotokoll EU 15.

316 Art. 43 Abs. 3 des Vorschlages der Kommission für eine Verordnung des Rates mit allgemeinen Bestimmungen zu den Strukturfonds, vorgelegt am 19. März 1998, ABl. C 176 vom 9.6.1998, S. 1 ff. (S. 29).

317 So jedenfalls die Auskunft in einem Interview auf Bundesebene; vgl. Gesprächsprotokoll B 4. Eine Kommissionsvertreterin sagte dagegen, daß sich insbesondere die skandinavischen Länder für die Einführung leistungsbezogener Elemente eingesetzt hätten; vgl. Gesprächsprotokoll EU 15.

318 Zu den einzelnen Argumenten vgl. nur die dezidierte Ablehnung durch den Bundesrat, BR-Drs. 637/98 vom 10.07.1998. Einer der schärfsten Kritiker sprach im Interview von einem „Willkürinstrument der Kommission“; vgl. Gesprächsprotokoll B 5.

Ablehnungsfront erscheint überraschend, daß die leistungsgebundene Reserve nicht völlig verschwunden ist, sondern sich in der vom Rat beschlossenen allgemeinen Verordnung wiederfindet, wenn auch in deutlich abgemilderter Form: Die Mitgliedstaaten selbst bewerten die Leistungsfähigkeit ihrer Programme und Maßnahmen. Lediglich vier Prozent der Verpflichtungsermächtigungen „... weist die Kommission in enger Absprache mit den betroffenen Mitgliedstaaten auf der Grundlage des Vorschlags jedes Mitgliedstaats unter Berücksichtigung seiner besonderen institutionellen Rahmenbedingungen und der entsprechenden Programmplanung“[319] auf der Grundlage der Halbzeitbewertung zu, und zwar im Rahmen der nationalen Quote. Durch diese Lösung ist das ursprünglich intendierte Ziel der Kommission, durch Sanktionierung und Prämierung steuern zu können und einen Wettbewerb zwischen den Mitgliedstaaten und Regionen um die besten Programme zu initiieren, allerdings nur noch sehr eingeschränkt umsetzbar.

Neben der Promotorenrolle der Kommission gibt es eine zweite Ursache dafür, daß zumindest partiell der europäischen „Politikverflechtungsfalle“ entkommen werden konnte und auf dem Berliner Gipfel Ergebnisse erzielt wurden, die mehr als den kleinsten gemeinsamen Nenner darstellen. Mit Hilfe des im Theorieteil ausführlicher beschriebenen Verhandlungsmodus der Tausch- und Koppelgeschäfte wurden Paketlösungen „geschnürt“, die für jeden Mitgliedstaat subjektiv empfundene Verluste in einem Politikfeld durch Gewinne in anderen Bereichen kompensierten. Die Hauptaufgabe der Ratspräsidentschaft bestand darin, Konfliktlinien zu erkennen, entsprechende Kompromißmöglichkeiten auszuloten und - in Zusammenarbeit mit der Kommission - tragfähige package deals anzubahnen. Dabei wurden in der Phase der Entscheidungsvorbereitung neue Formen effektiver Koordination entwickelt, beispielsweise in Gestalt der Ad-hoc-Arbeitsgruppe „Freunde der Präsidentschaft“, „... die die Verhandlungen in den Ratsarbeitsgruppen zu den speziellen Fragen der Agenda 2000 überwachte und zusammenführte.“[320] Das erhöhte die Erfolgsaussichten, einen tragfähigen Kompromiß zu finden. Andererseits läßt die durch das package dealing theoretisch mögliche Verknüpfung eines Gegenstandes mit jeder anderen entscheidungsrelevanten Frage die Forderung nach größerer Transparenz der Entscheidungsfindung ins Leere laufen. Damit werden in letzter Konsequenz auch die Kontrollmöglichkeiten der nationalstaatlichen Parlamente gegenüber dem Entscheidungsverhalten der jeweiligen Regierung stark eingeschränkt.

---

319 Art. 44 Abs. 3 der Verordnung 1260/1999 des Rates vom 21. Juni 1999 mit allgemeinen Bestimmungen zu den Strukturfonds, ABl. L 161 vom 26.6.1999, S. 1 ff. (S. 35).

320 *Becker* 2000, S. 101.

Zu der aktuellen Reformrunde der europäischen Strukturfondsförderung kann insgesamt eingeschätzt werden, daß es bei aller Kontinuität eine Reihe von Weiterentwicklungen gegeben hat, die sich mit den Schlagworten Dezentralisierung der Programmverantwortung[321], Einführung leistungsbezogener Instrumente und Stärkung der Bewertung und Kontrolle umschreiben lassen. Kritisch ist festzustellen, daß das ursprüngliche Ziel der Vereinfachung der Verfahren „im Prinzip gescheitert"[322] ist. Durch die zusätzliche Einführung der Ergänzung zur Programmplanung ist das Verfahren eher noch komplizierter und aufwendiger geworden. Die ebenfalls neu aufgenommene ex ante-Beurteilung verursacht zusätzliche Berichts- und Statistikpflichten, die von den Verwaltungen nur mit entsprechendem Mehraufwand bewältigt werden können. Die Etablierung einer allein verantwortlichen Verwaltungsbehörde ist aus der Sicht der Kommission verständlich und nachvollziehbar: Sie möchte einen konkreten Ansprechpartner vor Ort haben, der für die Programmdurchführung allein- bzw. letztverantwortlich ist. Für das deutsche föderale System, das im politisch-administrativen Bereich nach wie vor stark vom Ressortprinzip geprägt ist, bedeutet die Einrichtung der Verwaltungsbehörde insofern einen Systembruch, als sie eine „Parallelverwaltung" zu den bisher zuständigen Fondsverwaltern darstellt. Im nachfolgenden zweiten Hauptteil der Untersuchung geht es um die Auswirkungen der europäischen Strukturpolitik auf den Bund und zwei ausgewählte Länder und das zwischen den unterschiedlichen Ebenen existierende Spannungsverhältnis. Besonderes Augenmerk wird dabei auf die Umsetzung des Partnerschaftsprinzips sowie auf die Implikationen der europäischen Beihilfenkontrolle gelegt.

---

321 *Heimpold* (1999, S. 19) kritisiert die Dezentralisierungsbemühungen jedoch als insgesamt „zu zaghaft".

322 So die (selbst-)kritische Erkenntnis eines Kommissionsbeamten; Gesprächsprotokoll EU 2.

4. Das Verhältnis von europäischer, nationaler und regionaler Strukturpolitik

4.1 Die Gemeinschaftsaufgabe zur Verbesserung der regionalen Wirtschaftsstruktur (GRW)

Seit ihrer Verankerung in Art. 91a GG im Jahre 1969 sind die von Bund und Ländern in gemeinsamer Verantwortung getragenen Gemeinschaftsaufgaben, insbesondere die GRW, regelmäßig Gegenstand der wissenschaftlichen Kritik. Während sie in den 1970er Jahren als schlagender Beweis der „Politikverflechtungsfalle“[1] galt, spricht eine aktuelle Einschätzung von der GRW als einem „... Beispiel für die unzureichende Anpassung nationaler Politikformen. Durch sie werden die alten Fachbruderschaften der Wirtschaftsministerien des Bundes und der Länder gegen eine Öffnung für neue Formen der Querschnittskoordination und der Partnerschaft mit wirtschaftlichen und sozialen Akteuren abgesichert.“[2] Ungeachtet der anhaltenden, teilweise massiven Kritik aus wissenschaftlicher Sicht wurde beim wirtschaftlichen Wiederaufbau in den neuen Bundesländern in großem Umfang auf die Mechanismen der GRW-Förderung zurückgegriffen. Damit verbunden war eine Anpassung der Förderinhalte, -kriterien und -intensitäten an die besonderen Bedingungen Ostdeutschlands. Das führte zu einer Binnendifferenzierung der Bund-Länder-Förderung in eine „GRW-Ost“ und eine „GRW-West“. Von den Befürwortern wird auf die sogenannte Koordinierungsfunktion der GRW verwiesen, womit ihre Rolle als einheitlicher Ordnungsrahmen für die regionale Wirtschaftsförderung von Bund, Ländern und Gemeinden gemeint ist. Aus diesem Grund sei die GRW auch in Zukunft unverzichtbar, stellte die Wirtschaftministerkonferenz der Länder auf einer Tagung im Oktober 1999 fest[3].

Analog zu der Betrachtung der europäischen Strukturpolitik im ersten Hauptteil der Untersuchung, die mit einem chronologischen Abriß begann, soll am Beginn des zweiten Analyseteils die Frage beantwortet werden, wie sich das Politikfeld regionaler Strukturförderung im nationalen Rahmen entwickelt hat. Die dabei gewonnenen Einsichten bilden den Ausgangspunkt

---

1 Vgl. *Scharpf* et al. 1976.

2 *Benz* 1999, S. 68.

3 Vgl. 29. GRW-Rahmenplan für den Zeitraum 2000-2003 (2004), BT-Drs. 14/3250, S. 8 f.

einer vergleichenden Betrachtung der aktuellen Praxis in Rheinland-Pfalz und Sachsen. Um die Prozeßhaftigkeit der Herausbildung und Entwicklung des untersuchten Politikfeldes abbilden zu können, orientiert sich die Darstellung stark am Zeitablauf. Die Periode vor 1990 erscheint auf den ersten Blick nur für das westdeutsche Referenzland des Vergleichs relevant. Der Darstellung der Phase 1972-1990 wird dennoch relativ breiter Raum gewidmet, da sich in diesem Zeitraum die GRW-typische Bund-Länder-Verflechtung herausbildete, die 1990 um die ostdeutschen Länder erweitert und entsprechend modifiziert wurde. Ein Schwerpunkt der Untersuchung wird auf der wachsenden Beeinflussung der nationalen und regionalen Förderpolitik durch europäische Vorgaben liegen, die die nationalen Fördersysteme unter Veränderungsdruck setzen. Den Wirkungen des Partnerschaftsprinzips bei der Programmplanung und -umsetzung soll im Rahmen der Analyse besonderes Interesse gelten.

4.1.1 Von den Anfängen regionaler Wirtschaftsförderung bis zu ihrer Verankerung im Grundgesetz

Bereits in den Anfangsjahren der Bundesrepublik Deutschland entwickelten sowohl der Bund als auch die Länder Aktivitäten, um die regionale Wirtschaftsstruktur nach ihren Prioritäten zu gestalten und zu verbessern. Die Bundesregierung sah sich angesichts der Kriegsfolgen, die sich in Form von Flüchtlingsströmen und hoher Arbeitslosigkeit vor allem im ländlichen Raum zeigten, zur Auflage von Sanierungs- und Umsiedlungsprogrammen veranlaßt. Im Jahre 1951 wurde das erste regionale Förderprogramm für Notstandsgebiete aufgelegt, die sich in der Nachkriegszeit in Bayern, Niedersachsen und Schleswig-Holstein konzentrierten. 1950 war dazu auf Bundesebene der Interministerielle Ausschuß für Notstandsgebietsfragen (IMNOS) gebildet worden. Die Notstandsgebiete wurden nach folgenden Kriterien abgegrenzt: regionale Arbeitslosigkeit, Grad der Betriebszerstörung und landwirtschaftlicher Überbesatz[4]. Mit dem Jahr 1953 trat die sogenannte Zonenrandgebiets-Förderung[5] hinzu, die fortan mit den Unterstützungsmaßnahmen in den Notstandsgebieten zum Regionalen Förderprogramm der Bundesregierung zusammengefaßt wurde. Nach Abschluß der Phase des Wiederaufbaus wurden ab 1959 insgesamt 81 „zentrale Orte“ in strukturschwachen

4 Vgl. *Scharpf* et al. 1976, S. 76.

5 Als „Zonenrandgebiet“ wurde ein 40 km breiter Streifen an der Ostgrenze zur DDR und zur Tschechoslowakei bezeichnet. Der Bundestag beschloß 1953 das „Zonengrenzlandförderungsprogramm“; vgl. *Nägele* 1996, S. 52.

ländlichen Räumen gefördert, die sich ab 1964 „Bundesausbauorte" nannten, wobei die Terminologie bereits darauf hindeutet, daß der Bund häufig selbst die Details der einzelnen Fördermaßnahmen entschied[6]. Der Zwang zur Kooperation zwischen dem Bund und den Ländern auf dem Gebiet der regionalen Strukturpolitik verstärkte sich unter dem Druck der Wirtschaftskrise 1966/67. Im Rahmen Regionaler Aktionsprogramme wurden Bundes- und Landesmittel im Bereich der Wirtschaftsförderung erstmals koordiniert eingeplant, auch um die bisher latente „Förderkonkurrenz"[7] der Programme zu eliminieren. Die Mittelausstattung dieser Aktionsprogramme stieg von 170 Mio. DM im Jahre 1967 auf 320 Mio. DM in 1969. Die Vergabe der Mittel erfolgte auf der Grundlage von fünfjährigen Programmen nach dem sogenannten Schwerpunktorte-Prinzip. Die Aktionsprogramme stellten die Grundlage für die späteren GRW-Rahmenpläne dar[8]. In anderen Bereichen gab es ebenfalls gemeinsame Bund-Länder-Programme, in denen Förderaktivitäten des Bundes koordiniert mit den Maßnahmen und unter finanzieller Beteiligung der Länder durchgeführt wurden, z. B. im sozialen Wohnungsbau, in der Studentenförderung, im Sportstättenbau oder beim Ausbau der Verkehrsinfrastruktur im kommunalen Bereich.

„Das Recht der Wirtschaft" gehört nach Art. 74 GG zu dem Bereich der konkurrierenden Gesetzgebung, in dem der Bund gemäß Art. 72 Abs. 2 GG das Gesetzgebungsrecht an sich ziehen kann, „... wenn und soweit die Herstellung einheitlicher Lebensverhältnisse im Bundesgebiet oder die Wahrung der Rechts- und Wirtschaftseinheit im gesamtstaatlichen Interesse eine bundesgesetzliche Regelung erforderlich macht." Auf dem Gebiet der regionalen Wirtschaftsstruktur ergab sich Handlungsbedarf aus den offensichtlichen Entwicklungsdisparitäten zwischen den einzelnen Gebieten, die auf lange Sicht nur durch eine Bündelung der Anstrengungen von Bund und Ländern zu überwinden sein würden. Die Wirtschaftsstatistik weist aus, daß das BIP pro Kopf des Jahres 1964 im Vergleich der Stadt- und Landkreise zwischen 2.870 und 18.540 DM lag, bei einem Bundesdurchschnitt von 7.150 DM[9]. Sowohl der Bund als auch die Länder waren seit den Anfangsjahren der Bundesrepublik mit wachsender Intensität in dem Bereich der Regionalförderung tätig. Um die Koordinierung der Maßnahmen zu verbessern sowie eine kohärente Strategie bei der Überwindung regionaler Ungleichgewichte

---

6 Vgl. *Maunz/Dürig*, Grundgesetz-Kommentar, Art. 91a Rdnr. 1.

7 *Scharpf* et al. 1976, S. 79.

8 Vgl. *Toepel* 1997, S. 99 f.

9 Vgl. Begründung zu dem Entwurf des Finanzreformgesetzes vom 30.4.1968, BT-Drs. V/2861, S. 26.

überhaupt zu ermöglichen, sollte die regionale Wirtschaftsförderung in den Katalog sogenannter Gemeinschaftsaufgaben aufgenommen werden.

Ende der sechziger Jahre wurden Forderungen nach einer Verfassungsreform immer massiver, um die ständig zunehmende Einflußnahme des Bundes auf originäre Länderaufgaben verfassungsrechtlich zu beschränken[10]. Das Ziel der Reform bestand in erster Linie darin, „... finanzpolitische Zuständigkeiten zu klären und das undurchschaubar gewordene System der Mischfinanzierungen ohne verfahrensmäßige Legitimierung zu bereinigen“[11]. Im Ergebnis des Diskussionsprozesses zwischen Vertretern des Bundes und der Länder wurde das Finanzreformgesetz von 1969[12] verabschiedet, das gleichzeitig mehrere Neuregelungen in das Grundgesetz (GG) aufnahm. Eingefügt wurden: Art. 91a, Art. 91b sowie Art. 104a Abs. 3 und 4 GG. In Artikel 91a GG werden die Gemeinschaftsaufgaben formuliert, die unter Mitwirkung des Bundes durch die Länder wahrgenommen werden sollen[13]. Diese Form gemeinsamer Aufgabenerfüllung soll die Möglichkeiten der Einflußnahme des Bundes sowie die Bereiche der finanziellen Kooperation zwischen Bund und Ländern ordnen und limitieren[14]. Eine der in Art. 91a Abs. 1 aufgeführten Gemeinschaftsaufgaben bezieht sich auf die Verbesserung der regionalen Wirtschaftsstruktur (GRW)[15]. Absatz zwei der

---

10 *Konrad Hesse* prägte in diesem Zusammenhang bereits 1962 den Begriff „Der unitarische Bundesstaat“.

11 *Münch* 1999, S. 8.

12 21. Gesetz zur Änderung des Grundgesetzes vom 12.5.1969, BGBl. I S. 359; geändert durch das 27. Gesetz zur Änderung des Grundgesetzes vom 31.7.1970, BGBl. I S. 1161.

13 Die Bundesregierung hatte ursprünglich vorgeschlagen, neun Gemeinschaftsaufgaben in das Grundgesetz aufzunehmen, was allerdings am Widerstand der Länder scheiterte; vgl. *Laufer/Münch* 1997, S. 198.

14 In der Folgezeit begann eine breite wissenschaftliche Debatte über die Mängel und Gefahren der u. a. aus den Gemeinschaftsaufgaben resultierenden „Politikverflechtung“; vgl. richtungweisend für viele *Scharpf* et al. 1976; zum aktuellen Stand der Theoriedebatte vgl. *Wachendorfer-Schmidt* 1999. Auf die umfangreiche Diskussion der verfassungsrechtlichen Zulässigkeit der Gemeinschaftsaufgaben kann hier nicht näher eingegangen werden.

15 In der Literatur findet oftmals synonym die Abkürzung „GA“ Verwendung. Nachfolgend wird jedoch von der „GRW“ gesprochen, auch um eine Verwechslung mit den anderen Gemeinschaftsaufgaben (GA) zu vermeiden. Eine zweite GA, die für die europäische Strukturpolitik Relevanz besitzt, ist die GA „Verbesserung der Agrarstruktur und des Küstenschutzes“, die im Rahmen des EAGFL-Ausrichtung kofinanziert werden kann; vgl. von *Graevenitz* 1996. Bei der Untersuchung des

genannten Verfassungsbestimmung verlangt nach einem Bundesgesetz, das u. a. allgemeine Grundsätze der Zusammenarbeit von Bund und Ländern bei der Erfüllung der GRW festlegen soll[16].

Das Gesetz vom 6. Oktober 1969[17] kam dieser Forderung nach. Vorangegangen war ein intensiv geführter Dialog zwischen der Länderkammer und der Bundesregierung[18]. Maßnahmen zur Förderung der gewerblichen Wirtschaft sowie zum Ausbau der entsprechenden Infrastruktur stellen nach § 1 Abs. 1 den Kern der GRW dar. Fördergebiete müssen eine Wirtschaftskraft aufweisen, die „erheblich unter dem Bundesdurchschnitt liegt oder erheblich darunter abzusinken droht" (§ 1 Abs. 1). Ebenfalls förderwürdig sind Gebiete, die vom Strukturwandel und seinen negativen Folgen besonders stark betroffen sind. Damit ähneln die Anforderungen an die Förderungswürdigkeit bestimmter Gebiete in starkem Maße den auf europäischer Ebene geltenden Zielgebieten 1 und 2, die allerdings erst zwanzig Jahre später mit der Reform von 1988 eingeführt wurden. Der den allgemeinen Grundsätzen gewidmete Paragraph 2 stellt u. a. fest, daß die Förderung „auf die Erfordernisse der Europäischen Gemeinschaften Rücksicht zu nehmen" hat. Dem Bedarf nach Ausgleich und Koordination mit anderen nationalen Politikbereichen wird ebenfalls Rechnung getragen: So müssen die Fördermaßnahmen „mit den Zielen und Erfordernissen der Raumordnung und Landesplanung übereinstimmen" (§ 2 Abs. 1). Die Förderung erfolgt auf der Grundlage eines gemeinsamen Rahmenplanes[19], der jedes Jahr zu prüfen und aktuellen Entwicklungen anzupassen ist (§ 4). In diesem Plan findet u. a. die Fördergebietsabgrenzung statt (§ 5). Die Aufstellung und gegebenenfalls notwendige Modifizierungen des Rahmenplanes werden durch den Planungsausschuß wahrgenommen. Ihm gehören der Bundesmi-

---

Spannungsverhältnisses zwischen nationaler, regionaler und europäischer Strukturpolitik beschränkt sich die nachfolgende Betrachtung auf die GRW.

16 *Rodi* (2000, S. 550) spricht insofern von einem „organisationsrechtlichen Gesetzesvorbehalt".

17 Gesetz über die Gemeinschaftsaufgabe „Verbesserung der regionalen Wirtschaftsstruktur", BGBl. I S. 1861.

18 Vgl. Entwurf des GRW-Gesetzes, BT-Drs. V/4092, nebst Stellungnahme des Bundesrates (S. 11 ff.) sowie Gegenäußerung der Bundesregierung (S. 15 ff.).

19 Der 1. Rahmenplan wurde vom Planungsausschuß am 29.6.1971 verabschiedet und galt für den Zeitraum 1972 bis 1975, BT-Drs. VI/2451. Die nachfolgenden Ausführungen beziehen sich im wesentlichen auf den 29. Rahmenplan, der am 20. März 2000 für die Periode 2000-2003 (2004) verabschiedet wurde, BT-Drs. 14/3250.

nister für Wirtschaft als Vorsitzender[20], der Bundesminister der Finanzen und die Wirtschaftsminister bzw. -senatoren der Länder an (§ 6 Abs. 1). Die Beschlüsse des Ausschusses werden mit den Stimmen des Bundes und der Mehrheit der Länder gefaßt, d. h. es können weder Beschlüsse gegen die Interessen des Bundes noch gegen das Mehrheitsvotum der Länder verabschiedet werden. Da es sich hierbei um exklusive Verhandlungen der Bundes- und Landesexekutiven handelt, wird in der Literatur auch von „intergovernmental bargain“ [21] gesprochen. Die Finanzierung der GRW-Maßnahmen tragen Bund und Länder gemäß Art. 91a Abs. 4 GG je zur Hälfte.

4.1.2 Die parlamentarische Beteiligung an der Entscheidungsfindung

Durch systematische und teleologische Auslegung ist Art. 91a GG dahingehend zu interpretieren, „... im Bereich der Gemeinschaftsaufgaben neben einer gesetzlichen Rahmenregelung eine weitreichende, Bundes- und Landesinteressen koordinierende, exekutive Rahmenplanung zuzulassen.“[22] Die Volksvertretungen auf Länder- und Bundesebene sind an der Rahmenplanung wie folgt beteiligt: Den Landtagen wird die Anmeldung der jeweiligen Landesregierung zum Rahmenplan, die gemäß § 7 Abs. 1 GRW-Gesetz bis zum 1. Februar jedes Jahres erfolgen muß, übermittelt. Der mit einer Stellungnahme des Bundeswirtschaftsministeriums versehene Entwurf des Rahmenplanes wird daraufhin den zuständigen Bundestagsausschüssen zur Beratung vorgelegt. Die Voten der Parlamente bzw. der befaßten Parlamentsausschüsse gehen schließlich in die Beratungen des Planungsausschusses ein. Der von dem Bund-Länder-Ausschuß verabschiedete GRW-Rahmenplan ist somit kein verbindlicher Rechtsakt im Sinne eines Gesetzes, sondern er bindet letztlich nur die Verwaltung, insbesondere die Landesverwaltungen, deren Aufgabe in der Detailplanung besteht[23]. In der Formulierung des Bundesverwaltungsgerichts hat der Rahmenplan „keine Rechts-

---

20 Damit konnte sich die Bundesregierung – unter Hinweis auf ihre gesamtstaatliche Verantwortung – gegen die Länderforderung nach zweijährig wechselndem Vorsitz zwischen Bundes- und Landesvertretern durchsetzen; vgl. Entwurf des GRW-Gesetzes, BT-Drs. V/4092, S. 13 bzw. S. 16.

21 *Anderson* 1996, S. 167. Ausführlicher zum Planungsausschuß vgl. nachfolgend Abschnitt 4.1.4.

22 *Rodi* 2000, S. 551. Er erkennt in Art. 91a GG insofern eine „parlamentsfeindliche Tendenz“; ebenda, S. 554.

23 Vgl. *Nägele* 1996, S. 71.

satzqualität, jedenfalls aber keine Gesetzesqualität"[24]. Europarechtlich unterliegt der Rahmenplan gemäß Art. 87-89 EG-Vertrag der Beihilfenkontrolle der Europäischen Kommission und muß von ihr genehmigt werden[25], bevor er in alleiniger Verantwortung der Länder (§ 9 GRW-Gesetz) durchgeführt wird.

Der von dem Planungsausschuß beschlossene und der EU-Kommission genehmigte Rahmenplan wird zum Zwecke der finanziellen Umsetzung der Bundes- und den Landesregierungen zugeleitet. Von den Exekutiven werden die Mittelansätze, die für die Finanzierung der GRW-Maßnahmen erforderlich erscheinen, in die Haushaltsentwürfe eingebracht. Der Umfang der damit verbundenen Mittelbindung für die GRW kann 40 bis 50 Prozent der Investitionsausgaben des gesamten Landeshaushaltes betragen. Daraus ergibt sich die „ambivalente Natur" der GRW, denn einerseits verbinden sich mit ihr für die Länder zusätzliche Bundesmittel, andererseits ergeben sich aus diesem vermeintlichen erweiterten Gestaltungsspielraum unter Umständen „massive Abhängigkeiten"[26]. Zwar können die Parlamentarier von ihrem Königsrecht Gebrauch machen und die Mittelbewilligung ganz oder zum Teil ablehnen. Art. 91a Abs. 4 Satz 4 GG regelt: „Die Bereitstellung der Mittel bleibt der Feststellung in den Haushaltsplänen des Bundes und der Länder vorbehalten." Allerdings würden den Landtagen bei Einsatz dieses „Quasi-Vetorechts"[27] die durch den Bund kofinanzierten Mittel verlorengehen. Aus diesem Grund „... stimmen sie normalerweise selbst dann den Etatpositionen für die Gemeinschaftsaufgaben zu, ohne diese nennenswert zu verändern, wenn sie sachliche Bedenken haben."[28] Die Mitbestimmungsmöglichkeiten der Landtage werden somit faktisch begrenzt[29]. Den Abgeordneten bleibt häufig nur die Möglichkeit zu versuchen, bereits in der Vorphase des Planungsprozesses durch informelle Kontakte zur Ministerial-

---

24 BVerwGE 75, S. 109 ff. (S. 116); vgl. auch *Rodi* 2000, S. 552 ff.

25 Im Rahmen des Notifizierungsverfahrens kann die Kommission einzelne Regelungen des Rahmenplans als nicht vereinbar mit den Bestimmungen des gemeinsamen Marktes erklären und ihre Abänderung fordern; zu aktuellen Beispielen vgl. Kommission 1999a, S. 235 ff. Vgl. auch nachfolgend Abschnitt 5.6.

26 *Nass* 1998, S. 105.

27 *Rodi* 2000, S. 551.

28 *Laufer/Münch* (1997, S. 200) sprechen insofern von einer „Angebotsdiktatur" des Bundes.

29 Vgl. *Ast* 1999, S. 151.

bürokratie Einfluß auf die Auswahl von Fördergebieten und -sektoren sowie die entsprechende Mittelausstattung zu nehmen[30].

4.1.3 Die Förderphilosophie und ihre Umsetzung

Um den angestrebten Effekt „Verbesserung der regionalen Wirtschaftsstruktur" zu erzielen, sollen die GRW-Mittel zweckgebunden eingesetzt werden. Prinzipiell förderfähig ist ein Investitionsvorhaben dann, wenn es einen „Primäreffekt" auslöst, der u. a. in der Erhaltung bestehender oder der Schaffung zusätzlicher Dauerarbeitsplätze besteht. Ausgehend von dem sogenannten Exportbasis-Ansatz[31] soll die zu fördernde Betriebsstätte überwiegend Güter herstellen oder Leistungen erbringen, deren Absatz in der Regel überregional[32] erfolgt, um so einen auf die Region beschränkten Umverteilungseffekt zu vermeiden. Dadurch soll das Gesamteinkommen des jeweiligen Wirtschaftsraumes unmittelbar und dauerhaft nicht unwesentlich ansteigen. Zu den förderfähigen Investitionen zählen die Errichtung, Erweiterung und Verlagerung einer Betriebsstätte ebenso wie deren grundlegende Umstellung durch Rationalisierung und Modernisierung sowie der Erwerb einer stillgelegten oder durch Stillegung bedrohten Produktionsstätte. Durch diese Investitionen erweitert sich die Einkommensbasis der geförderten Region. Das zusätzlich erwirtschaftete Einkommen führt zu größerer Nachfrage auch bei Unternehmen mit lokal oder regional begrenzter Ausrichtung, wie z. B. dem Einzelhandel, kleinen Handwerksbetrieben, lokalen Dienstleistern (sogenannter Sekundäreffekt). Ergänzend zur Förderung der gewerblichen Wirtschaft können mit GRW-Mitteln Vorhaben zur Erhaltung und Entwicklung der wirtschaftsnahen Infrastruktur gefördert werden.

Eine Analyse der seit 1971 verabschiedeten Rahmenpläne[33] zeigt das Bestreben des Bund-Länder-Planungsausschusses, die GRW an die sich ständig ändernden Rahmenbedingungen anzupassen und gleichzeitig das

---

30 Davon wird reger Gebrauch gemacht, insbesondere im Vorfeld von Wahlen; vgl. Gesprächsprotokoll SN 7.

31 Das zweite theoretische Grundprinzip der GRW ist die Zentrale-Orte-Theorie; vgl. *Genosko* 1999, S. 97 f.

32 Überregional heißt, daß der überwiegende Teil des Absatzes in einer Entfernung von mehr als 50 km von der Betriebsstätte stattfinden soll. Für die neuen Länder und Ostberlin wird ein Mindestradius von 30 km angesetzt.

33 Der erste Rahmenplan galt für den Zeitraum 1972-75; vgl. zu den Details *Nägele* 1996; *Toepel* 1997, S. 100 ff.

Förderinstrumentarium permanent zu verfeinern. Schon bald wurde allerdings auch offenkundig, daß der jeweils neue Rahmenplan in vielen Passagen lediglich eine Übernahme und Fortschreibung des vorangegangenen Planes darstellte[34]. Einen ersten Qualitätssprung verkörperte der vierte Rahmenplan (1975)[35], der ein bundesweit einheitliches Indikatorensystem für die Messung der Wirtschaftskraft einer Region einführte. Seit dem vierten Rahmenplan werden die Förderregionen zudem nicht mehr nach dem Raster der Landkreise, sondern gemeindescharf im Rahmen der Arbeitsmarktregionen festgelegt, was eine bessere Beachtung von sozio-ökonomischen (Pendler-)Verflechtungen ermöglichen soll[36]. Vorangegangen war ein dreijähriger Diskussionsprozeß zwischen Bund und Ländern, in dessen Verlauf „Verteilungskämpfe um die Länderanteile an den Fördergebieten"[37] stattfanden, die vor allem von Baden-Württemberg und Nordrhein-Westfalen forciert worden waren. Diese beiden Länder wollten die Neuabgrenzung der Fördergebiete sowie die Modifizierung des Indikatorensystems dazu nutzen, ihren Fördermittelanteil zu steigern, was naturgemäß den Widerstand der bisher Begünstigten hervorrief. Das hervorstechendste Merkmal der ersten Neuabgrenzungsrunde kann deshalb mit dem Begriff „Besitzstandswahrung" umschrieben werden[38]. Der Bund mußte als „Schiedsrichter" auftreten und tat dies u. a., indem er 16 (!) alternative Varianten für eine Neuabgrenzung der Fördergebiete zur Diskussion stellte. Der letztlich erzielte Kompromiß kam auch deshalb zustande, weil zwischen Bund und Ländern lediglich eine Grobabgrenzung der Fördergebiete vorgenommen wurde. Mit dem sogenannten Feinabgrenzungskontingent, das insgesamt 1,5 % des jeweiligen Bevölkerungsplafonds entsprach, konnten die Länder die zu fördernden Gebiete in eigener Regie und den eigenen Prioritäten entsprechend abrunden. Hierin zeigt sich ein klassischer Fall von „Entscheidungssequenzierung"[39]: Der Streit zwischen Bund und Ländern um eine trennscharfe Abgrenzung der Fördergebiete wird auf diese Weise zu einer Auseinandersetzung zwi-

---

34 Bspw. in bezug auf die Fördergebietsabgrenzung, die Förderinstrumente und -präferenzen; vgl. *Scharpf* et al. (1976, S. 83 ff.), die mit Blick auf die relativ konstanten Komponenten von den „Eckwerten" der GRW sprechen.

35 Beschlossen vom Planungsausschuß am 20.3.1975, BT-Drs. 7/3601.

36 Hierin besteht ein wesentlicher Unterschied der Fördergebietsabgrenzung zwischen Strukturfonds und GRW, da sich die EU-Förderung nach der NUTS-Systematik richtet; vgl. ausführlicher nachfolgend Abschnitt 5.6.

37 *Scharpf* et al. 1976, S. 89.

38 Vgl. *Nägele* 1996, S. 80 ff.

39 *Scharpf* et al. 1976, S. 93.

schen Landes- und kommunaler Ebene um die Feinabgrenzung. Entlastet wurde dieser Konflikt andererseits durch den Umstand, daß die Länder gegenüber den Gemeinden auf die durch den Planungsausschuß zugeteilten Feinabgrenzungskontingente als „unumstößliche Restriktion" verweisen konnten[40].

In der Folgezeit wurde das Instrumentarium wiederholt in dem Bestreben modifiziert, auf sich verändernde ökonomische Notwendigkeiten reagieren zu können. Der 10. Rahmenplan (1981) erweiterte das System zur Bewertung der Förderfähigkeit um zwei Indikatoren, so daß sich der Gesamtindikator fortan aus: durchschnittlicher Arbeitslosenquote, durchschnittlichem Bruttoeinkommen, BIP je Einwohner, Arbeitskräftereservekoeffizient sowie einem Infrastrukturindikator zusammensetzte[41]. Außerdem war fortan auch die Förderung höher- und hochqualifizierter Arbeitsplätze möglich, um so die Schwächen der relativ undifferenzierten sachlichen Schwerpunktförderung abzumildern[42]. Eine instrumentelle Erweiterung erfuhr die GRW durch den 14. Rahmenplan (1985)[43], der die Möglichkeiten der Investitionsförderung auf neugegründete Unternehmen, Handwerksbetriebe sowie bestimmte Dienstleistungsbereiche ausdehnte. Insgesamt handelte es sich dabei jedoch lediglich um „kosmetische Veränderungen", die keine grundlegende Weiterentwicklung des Gesamtsystems bedeuteten[44]. Im Gegenteil: insbesondere die erste Hälfte der 1980er Jahre brachte der GRW einen Bedeutungsverlust. Unter dem Druck der Finanzkrise gelang es 1981 zwar erstmals, die Ausweitungstendenz der Fördergebiete zu stoppen und eine Reduzierung der Förderkulisse durchzusetzen. Der konjunkturelle Abwärtstrend - Anfang der 1980er Jahre verdoppelte sich die Zahl der offiziell Arbeitslosen auf mehr als zwei Millionen - führte aber gleichzeitig zu einer „Ernüchterung über die geringe Steuer- und Berechenbarkeit wirtschaftlicher und arbeitsmarktpolitischer Zusammenhänge"[45] und zu einer damit verbundenen „Planungslethargie". Die Länder versuchten, den verloren gegangenen Spielraum durch eine Ausweitung ihrer Landesförderprogramme au-

---

40 Verhandlungstheoretisch handelt es sich hierbei um das „scapegoating"-Phänomen.

41 Die Einzelindikatoren wurden dabei unterschiedlich gewichtet. Der teilweise „unplausible Ergebnisse" liefernde Arbeitskräftereservekoeffizient wurde 1987 wieder gestrichen; vgl. *Toepel* 1997, S. 102.

42 Vgl. *Scharff* 1993a, S. 189.

43 Beschlossen am 5.6.1985, BT-Drs. 10/1279.

44 Eine andere Auffassung vertritt *Scharff* (1993a, S. 189), der hierin die „Einfügung von ersten entwicklungspotentialorientierten (...) Elementen in die GRW" sieht.

45 *Ast* 1999, S. 125.

ßerhalb der GRW zu kompensieren. Dadurch und durch die verstärkte Auflage von Sonderprogrammen[46] lief die Gemeinschaftsaufgabe jedoch mehr und mehr Gefahr, ihrer Koordinierungsfunktion entleert zu werden.

4.1.4 Der GRW-Planungsausschuß und andere maßgebliche Gremien

Im Planungsausschuß, der sich aus Vertretern der Bundes- und der Landesebene zusammensetzt[47] und ein bis zwei Mal jährlich tagt, zeigte sich schon bald, daß dieses Gremium in der Regel „nur" zum Austauschen von Standpunkten und zur Beschlußfassung diente[48]. Lediglich jeweils ein Fall ist dokumentiert, in denen der Bund bzw. einige Länder versucht haben einen parteipolitisch motivierten Mehrheitsentscheid herbeizuführen[49]. In allen anderen Fällen siegte die Konsensorientierung der beteiligten Akteure – immer in dem Bewußtsein, daß der Planungsausschuß ein dauerhaftes Gremium darstellt und auch in Zukunft eine Kooperation möglich sein müsse. Das eigentliche Arbeitsgremium, das die Tagesordnungspunkte entscheidungsreif vorbereitet, ist der GRW-Unterausschuß. Nach § 4 der Geschäftsordnung des Planungsausschusses hat ein Vertreter des BMWi den Vorsitz bei gleichzeitiger Teilnahme der „Beauftragten der Mitglieder des Planungsausschusses". Die Ländervertreter sind i. d. R. die zuständigen Regionalreferenten aus den Landeswirtschaftsministerien, die sich im Abstand von etwa sechs Wochen unter dem Vorsitz des zuständigen Referatsleiters aus dem BMWi treffen. Ein Vertreter des Bundesfinanzministeriums nimmt ebenfalls an den Sitzungen teil. Beratende Teilnehmer sind darüber hinaus weitere Ministerien des Bundes[50], der Bundesrechnungshof, die Bundesforschungsanstalt für Landeskunde und Raumordnung, das Institut für Arbeitsmarkt- und Berufsforschung sowie Vertreter der drei kommunalen Spitzenverbände.

---

46 Wie z. B. das Infrastruktur-Sonderprogramm (1977-80) oder das Stahlstandorteprogramm (1982-89); vgl. *Nägele* 1996, S. 100 ff.

47 Zur genauen Zusammensetzung des Ausschusses vgl. vorstehend Abschnitt 4.1.1.

48 Vgl. *Ast* 1999, S. 141 f. Sehr kritisch äußert sich *Nass* (1998, S. 105) zum Planungsausschuß, der nach seiner Meinung zu den „problematischen Produkten des sogenannten kooperativen Föderalismus" gehört.

49 Vgl. *Nägele* 1996, S. 74.

50 Das Arbeits-, das Landwirtschafts- und das Bauministerium sowie das Bundeskanzleramt.

Hauptinhalt der Verhandlungen des GRW-Unterausschusses ist die Suche nach Kompromissen zwischen Bund und Ländern auf der Arbeitsebene. Politisch brisante, grundlegende Fragen werden dagegen im Planungsausschuß beraten. Während die Regionalreferenten aus den Wirtschaftsministerien im Unterausschuß relativ unabhängig von Parteipolitik und parlamentarischer Kontrolle agieren können und sich in oftmals jahrelanger Zusammenarbeit mit Experten aus Wissenschaft und Praxis eine „policy community" entwickelte, der die „Versachlichung der Verteilungsentscheidungen gelingt"[51], stehen die politischen Entscheidungsträger des Bundes und der Länder im Planungsausschuß unter den Zwängen des Parteienwettbewerbs und müssen sich zudem gegenüber den Parlamenten verantworten[52]. In die Politikverflechtungsfalle gerät dieses System immer dann, wenn Umverteilungen in einer Größenordnung vorgenommen werden müssen, die im Unterausschuß technokratisch nicht zu bewältigen sind. In solchen Situationen werden insbesondere die Parlamente der von Verlusten bedrohten Länder aktiv und fordern von den Vertretern ihrer Regierung, in den Bund-Länder-Verhandlungen die finanziellen Interessen des Landes zu wahren. Diese multilateralen Verhandlungen erlangen damit die Qualität eines redistributiven Bargaining, in dessen Rahmen bestenfalls Kompromißlösungen, nicht aber problemangemessene Reaktionen auf veränderte Bedingungen, die sich beispielsweise aus Vorgaben der europäischen Beihilfenkontrolle ergeben können, möglich sind.

---

51 *Benz* 2000, S. 145.

52 Dieses Phänomen der Koppelung der Arena des Parteienwettbewerbs mit der Arena von Bund-Länder-Verhandlungen beschreibt schon *Lehmbruch* 1976.

Schematische Darstellung:

Verhandlungs- und Entscheidungsstruktur der GRW[53]

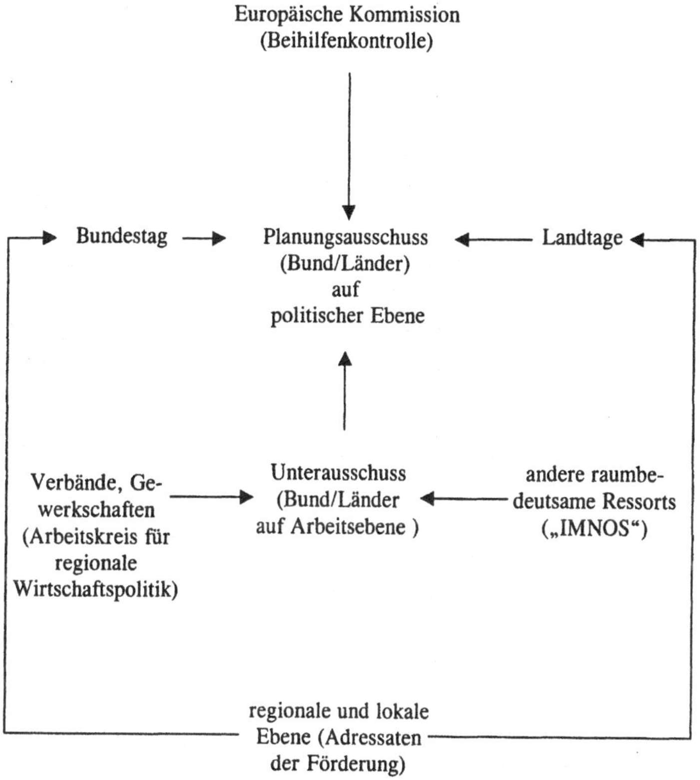

53 Vgl. *Tetsch* et al. 1996, S. 11.

Um zu gewährleisten, daß der Bund in den Sitzungen des GRW-Unterausschusses und erst recht in den Sitzungen des Planungsausschusses mit einer abgestimmten, einheitlichen Position auftreten kann, macht sich eine Vorab-Koordinierung der einschlägigen Bundesministerien erforderlich. Unter dem Vorsitz des BMWi stimmen sich im Rahmen des IMNOS[54] die zuständigen Bundesressorts ab. Neben den Bundesministerien sind in diesem Gremium vertreten: der Bundesrechnungshof, das Bundesamt für gewerbliche Wirtschaft, die Bundesanstalt für Arbeit sowie die Bundesforschungsanstalt für Landeskunde und Raumordnung. Außerdem wird auf den Sachverstand anderer, auf unterschiedlichen Ebenen tätiger Organisationen zurückgegriffen. Dies erfolgt in Form des Arbeitskreises für regionale Wirtschaftspolitik, in dessen Rahmen sich Vertreter der drei kommunalen Spitzenverbände, des Deutschen Gewerkschaftsbundes, des Deutschen Industrie- und Handelstages, des Deutschen Bauernverbandes sowie des Zentralverbandes des Deutschen Handwerks treffen. Allerdings haben die genannten Verbände lediglich informell die Möglichkeit, ihre Interessen einzubringen. Bei dieser Form der Beteiligung geht es den im GRW-Planungsausschuß und dem -Unterausschuß vertretenen Akteuren vor allem um die Erhöhung der Akzeptanz gegenüber den zu treffenden bzw. schon getroffenen Entscheidungen durch eine möglichst frühzeitige Information der Betroffenen - und weniger um deren eigenen Entscheidungsbeitrag. Die insgesamt relativ starke Abschottung des „Bund-Länder-Kartells“ im Rahmen der GRW gegen externe Beeinflussungsversuche zeigt sich in einer ernüchternden Einschätzung in bezug auf den Arbeitskreis für regionale Wirtschaftspolitik: „Das Gremium, das gesetzlich nicht fixiert ist, erlaubt den Mitgliedern keinen Einfluß auf die Politikformulierung.“[55]

4.1.5 Der wachsende Einfluß der europäischen Ebene

Die GRW-Fördergebietskulisse wurde in den siebziger Jahren immer mehr ausgeweitet, da die Länder nicht bereit waren, einmal erreichte Besitzstände aufzugeben. Der Bund hatte auch kein Interesse, sie dazu zu bewegen, denn je umfangreicher die GRW-Förderung ausfiel, um so größer war letztlich sein Mitspracherecht. Diese Entwicklung gipfelte im Jahre 1978 als rund

---

54 Wie schon ausgeführt, wurde der Interministerielle Ausschuß für Notstandsgebietsfragen (IMNOS) bereits 1950 gegründet. Seit 1960 heißt der Ausschuß eigentlich Interministerieller Ausschuß für regionale Wirtschaftspolitik. Die Abkürzung „IMNOS“ wurde jedoch beibehalten; vgl. auch *Scherer* 1997, S. 88 f.

55 *Nägele* 1996, S. 76.

80 % der Fläche der Bundesrepublik Fördergebietsstatus aufwiesen (davon 62 % GRW, 18 % Landesfördergebiet). In diesen Gebieten lebte rund die Hälfte der Bevölkerung (GRW: 37 %)[56]. Eine derartige Ausweitung der Förderung nach dem „Gießkannensystem“ [57] rief nicht nur innerstaatlich Kritik hervor, sondern veranlaßte auch die Europäische Kommission, ihrer Kontrollverpflichtung in bezug auf staatliche Beihilfen stärker nachzukommen. In den Jahren 1979 und 1980 leitete sie erste Prüfverfahren gegen insgesamt acht Arbeitsmarktregionen der GRW-Förderkulisse ein. Zu einer Entscheidung kam es jedoch nicht, u. a. weil der 10. Rahmenplan (1981)[58] die bis dahin ungebremste Ausweitung der Fördergebietskulisse - vorübergehend - stoppte. Damit reduzierte sich der Anteil der in Fördergebieten lebenden Menschen auf rund 30 % der Gesamtbevölkerung. Die Neuabgrenzung des Jahres 1986 führte jedoch zu einer neuerlichen Ausweitung des GRW-Fördergebietsumfangs, obwohl dem BMWi aus Vorverhandlungen mit der Kommission bekannt war, daß diese einer Erhöhung nicht zustimmen würde. Daraus kann der Schluß gezogen werden, daß die Länder im Planungsausschuß bewußt einen Konfliktkurs gesteuert haben, „... oder die Gremien der GRW waren nicht zu aufkommensneutralen, sondern nur zu pareto-optimalen Umverteilungsentscheidungen fähig.“[59]

Im Rahmen der Verhandlungen zwischen dem Bundeswirtschaftsministerium und der EG-Kommission kam es zu einer grundsätzlichen Einigung über die Neuabgrenzung der GRW-Fördergebietskulisse, die insgesamt von 45 % auf 38 % der Bevölkerung zu reduzieren war. In weiteren Schritten sollte eine Reduzierung auf 30 Prozent angestrebt werden. Das qualitativ Neue an dieser, nach den Verhandlungsführern auch „Bangemann-Sutherland-Kompromiß“ genannten Absprache war die Tatsache, daß erstmals eine gemeinsame Obergrenze für Bundes- und Landesförderung festgeschrieben wurde. Damit war den Ländern die Möglichkeit genommen, bei Wegfall der GRW-Förderung über die festgelegte Marge hinaus in Landesförderprogramme auszuweichen. Die Länder, die nicht an den Verhandlungen beteiligt wurden, lehnten die erzielten Ergebnisse erwartungsgemäß ab. Am heftigsten reagierte der Freistaat Bayern, der am 2. Juli 1987 im GRW-Planungsausschuß gegen den Kompromiß stimmte. Edmund Stoiber, damals Chef der Staatskanzlei, sprach dem Bund ab, ein „verläßlicher Verbündeter“ zu sein und warf dem Bundeswirtschaftsminister vor, sich dem „Diktat

56 Vgl. *Nägele* 1997, S. 121.

57 *Lehmbruch* 1976, S. 110.

58 Beschlossen am 8.7.1981, BT-Drs. 9/697.

59 *Nägele* 1997, S. 117.

des EG-Kommissars"[60] gebeugt zu haben. Daß die Bundesregierung ihre exklusive Stellung als Verhandlungsführerin für ihre Interessen zu nutzen verstand, zeigt sich darin, daß die GRW-Förderung im Verhältnis zur landeseigenen Förderung durchaus gestärkt wurde: Das BMWi und die Kommission verständigten sich im „Bangemann-Sutherland-Kompromiß" u. a. darauf, daß in reinen Landesfördergebieten ein Subventionsanteil von maximal acht Prozent nicht überschritten werden dürfe. Diese Regelung hatte in der Konsequenz eine deutliche Dominanz der Bundesförderung zur Folge.

4.1.6 Die GRW-Förderung in der Periode 1972-1990

Als Zwischenfazit kann festgehalten werden: Von 1972 bis zur deutschen Wiedervereinigung war die GRW „ein Beispiel für einen typisch bundesrepublikanischen Kompromiss zwischen unterschiedlichen Wirtschaftsphilosophien sowie territorialen und sozialen Verteilungsansprüchen."[61] Einerseits wurde das verfassungsmäßig verankerte Ausgleichs- bzw. Gerechtigkeitsziel verfolgt, indem in strukturschwachen Regionen durch Zufuhr von investivem Kapital eine entsprechende Anreizstruktur geschaffen werden sollte. In einem Spannungsverhältnis zu diesem Anliegen stand von Anfang an das Wachstumsziel, das von dem ordoliberalen Verständnis eines möglichst unverfälschten Wettbewerbs gekennzeichnet ist[62]. Ursprünglich war die GRW als ein Instrument konzipiert, mit dem u. a. flexibel auf plötzlich auftretende regionale Strukturkrisen reagiert werden kann. Aus diesem Grund soll beispielsweise die Förderbedürftigkeit der Regionen jährlich überprüft und die Förderkulisse entsprechend ausgerichtet werden. Schon bald zeigte sich jedoch, daß die Politikverflechtung in Gestalt des Planungsausschusses („Bund-Länder-Kartell") zur Fortschreibung von Besitzständen und tendenziell zu einer Förderung nach dem „Gießkannenprinzip" führte. Ein Kritiker beschreibt die Entscheidungsfindung im Planungsausschuß als „mühsame Kompromisse in anonymen Beamtengremien" und zieht die Schlußfolgerung: „Wettbewerb zwischen den Länderverwaltungen schalten diese selber aus. Im Kartell lebt es sich leichter."[63] Die ursprünglich intendierten Ziele

---

60 *Stoiber* 1987, S. 547.

61 *Wachendorfer-Schmidt* 1999, S. 25.

62 Ein drittes Oberziel, das später an Bedeutung verlor, war das Stabilitätsziel; vgl. *Berger* 1999, S. 14 ff.; zu den unterschiedlichen Zielen der Regionalpolitik vgl. auch *Scharff* 1993, S. 20 ff.

63 *Nass* 1998, S. 105.

Flexibilität und kurzfristiges Reagieren erschienen nur noch über Sonderprogramme realisierbar. Dadurch wurde die GRW-Förderung letztendlich „zum reaktiven Instrument degradiert“[64].

Zudem hielt sich die finanzielle Ausstattung der GRW - gemessen an der Gesamtinvestitionstätigkeit der Wirtschaft - in eher bescheidenem Rahmen: zwischen 1972 und 1990 brachten Bund und Länder zusammen im Jahresdurchschnitt 555 Mio. DM für die GRW-Normalförderung auf. In Gestalt der ERP-Programme, des Investitionszulagengesetzes und der Zonenrandförderung hatte der Bund weitere regionalpolitisch wirksame Instrumente mit z. T. umfangreicher Dotierung zur Verfügung[65]. Der Planungsausschuß griff in den 1980er Jahren außerdem verstärkt auf den Einsatz von Sonderprogrammen zurück, die ergänzend zu der GRW-Normalförderung Mittel für die Flankierung des Strukturwandels[66] bzw. zur Konjunkturbelebung in ausgewählten Sektoren zur Verfügung stellten. Die Attraktivität dieser Sonderprogramme bestand insbesondere darin, daß sie in der Regel durch zusätzliche Mittel des Bundes finanziert wurden und keine direkte Anrechnung auf den Gebietsplafond der Normalförderung erfolgte. Ein ebenfalls nicht zu unterschätzender Vorteil dieser Programme war ihre Unabhängigkeit von dem zeitlichen Korsett der GRW- Normalförderung. Somit erwiesen sich die Sonderprogramme als geeignet, im Rahmen der GRW auftretende Konflikte „... durch zeitliche Entzerrung und instrumentelle Trennung auszulagern“[67].

Der Einfluß der europäischen Ebene auf die GRW war in den 1970er Jahren marginal, da die nationalen Förderpolitiken zunächst von der europäischen Wettbewerbsbehörde kaum „behelligt“ wurden. Zu Beginn der achtziger Jahre begann die EG-Kommission jedoch, ihre Beihilfenkontrolle verstärkt auf die GRW auszudehnen. Damit wurde das bestehende „Bund-Länder-Kartell“ durch einen externen Akteur zu einer drei Ebenen umfassenden Arena ausgeweitet, in der (anfänglich) jedoch nur zwei Akteure, nämlich das BMWi und die Kommission, als Verhandlungspartner zum Zuge kamen. Durch die übergeordnete Entscheidungskompetenz der Kom-

---

64 *Scharpf* et al. 1976, S. 100.

65 Auf die hier jedoch nicht näher eingegangen werden soll; vgl. *Nägele* 1996, S. 60 ff.

66 Beispielsweise ging es um die Schaffung von Ersatzarbeitsplätzen außerhalb des Steinkohlebergbaus im Ruhrgebiet und im Saarland sowie um Ersatzarbeitsplätze außerhalb der Werftindustrie in Bremen.

67 *Nägele* (1996, S. 106) schreibt weiter zu dem „pazifizierenden Charakter“ der Sonderprogramme: „... offene Verzichtsentscheidungen der bisherigen Hauptnutznießer der GRW können damit unterbleiben.“

mission konnte die permanente Ausweitung der Fördergebietskulisse als Produkt der konsensorientierten GRW-Entscheidungsstruktur gestoppt und temporär in eine gegenläufige Tendenz verwandelt werden. Dabei nutzte die Bundesregierung gleichzeitig ihre exklusive Verhandlungsposition dazu, der Bund-Länder-Förderung im Verhältnis zur reinen Landesförderung Priorität zu verleihen. Es läßt sich somit - ungeachtet der Kritik an dem „Bangemann-Sutherland-Kompromiß" durch die Länder - schlußfolgern, daß die GRW durch das Eintreten eines externen Akteurs in die Entscheidungsarena vor den Gefahren der „Politikverflechtungsfalle" bewahrt wurde.

Hatte die Konzeption staatlicher Wirtschaftsförderung in strukturschwachen Räumen in der Periode 1972-1990 einen hohen symbolischen Wert, so muß sie in ihrer Wirkung als „eine mit Wachstumszielen legitimierte regionale Sozialpolitik"[68] eingestuft werden. Im Zuge der Ausgestaltung der GRW bildeten sich zwischen den beteiligten Ebenen: Bund, Land, (lokale) Endbegünstigte spezifische Kooperationsstrukturen heraus. Die Verhandlungen und Absprachen zwischen Bund und Ländern im Rahmen der GRW verliehen ihr die Funktion eines Ordnungsrahmens, der es u. a. vermochte, einen unbegrenzten Subventionswettlauf zwischen den Ländern zu verhindern. Außerdem wurde durch das allgemein akzeptierte, bundesweit gültige Förderinstrumentarium sichergestellt, daß an den Landesgrenzen kein unüberwindliches Fördergefälle entstehen konnte, bzw. länderübergreifende Förderungen zu gleichen Bedingungen möglich waren. Den Ländern kam die föderale Aufgabenverteilung insofern zugute, als sie mit Hilfe ihrer in der Fläche präsenten Administration eine „Scharnierfunktion" zwischen der zentralstaatlichen und der lokalen Ebene wahrnehmen konnten[69]. Durch die fortgesetzte Ausdifferenzierung der Einzelregelungen wurde das GRW-Fördersystem im Laufe der Jahre „kompliziert und schwer durchschaubar"[70], so daß die Notwendigkeit der Weiterentwicklung Anfang der 1990er Jahre immer dringlicher erschien.

---

68 *Wachendorfer-Schmidt* 1999, S. 26. Zu den ökonomischen Effekten der GRW-Förderung in der Periode 1980-1989 vgl. *Berger* 1999, S. 52 ff.

69 *Anderson* (1996, S. 168): : „Since the federal government lacked an independent administrative apparatus to implement policy, the states were able to position themselves as 'gatekeepers' between federal initiatives and subregional actors."

70 *Tetsch* et al. 1996, S. 47.

4.2 Das Verhältnis von europäischer und nationaler Strukturpolitik bis 1990

4.2.1 Die GRW und der EFRE

Nach Einfügung des Art. 91a in das Grundgesetz entwickelte sich die regionale Wirtschaftspolitik im Rahmen der GRW sukzessive zu einem eigenständigen Politikbereich, in dem Bund und Länder in gemeinsamer Verantwortung Förderinhalte, -gebiete und -programme festlegen. Landesförderprogramme, deren Bedeutung nach Schaffung der GRW wesentlich zurückging, wurden in der Folgezeit weitgehend mit den GRW-Maßnahmen koordiniert bzw. in reduziertem Umfang nach eigenen Prioritäten fortgesetzt[71]. Die Errichtung des EFRE im Jahre 1975 hatte zunächst wenig Einfluß auf das innerstaatliche System[72]. In dieser Phase verstand sich die EG-Förderung als Unterstützung der von den Mitgliedstaaten als förderungswürdig eingestuften Regionen - mit dem dafür vorgesehenen nationalen Instrumentarium, d. h. alle von den nationalen Entscheidungsträgern definierten Fördergebiete konnten grundsätzlich auch mit Geldern aus dem EFRE rechnen. Einzige Voraussetzung war, daß diese Gebiete von der Kommission im Rahmen der Überprüfung nach Art. 92 Abs. 3 EG-Vertrag a. F. als Förderregion genehmigt worden waren. Es bestand auch deshalb kein größeres Problem, die EG-Mittel in den Rahmen der GRW einzubeziehen, weil die EFRE-Verordnungen ebenso wie der jeweilige GRW-Rahmenplan u. a. die Förderung der gewerblichen Wirtschaft sowie der gewerbenahen Infrastruktur zum Ziel hatten: Der EFRE subventionierte in den Anfangsjahren vorwiegend Industrieansiedlungen sowie den Ausbau der Infrastruktur in nationalen Problemgebieten[73].

Diese Interessenübereinstimmung begann sich mit der ersten Reform des EFRE[74] im Jahre 1979, die u. a. die Einrichtung einer quotenfreien Abteilung in Höhe von 5 Prozent des Gesamtfonds beinhaltete[75], zu ändern. Die Reform eröffnete der Kommission die Möglichkeit, verstärkt eigene Prioritäten in der Strukturfondsförderung zu setzen. Im Rahmen „spezifischer

---

71 Vgl. die instruktive empirische Studie von *Böhret/Jann/Kronenwett* 1982.

72 Vgl. die Regelungen in der EFRE-Verordnung VO 724/75 des Rates, ABl. L 73/1 vom 21.3.1975.

73 Vgl. *Werner* 1996, S. 170; vgl. auch vorstehend Abschnitt 2.2.1.

74 VO 214/79 des Rates, ABl. L 35/1 vom 9.2.1979.

75 Diese quotenfreie Abteilung wurde 1984 wieder abgeschafft und durch ein System indikativer Spannen ersetzt; vgl. ausführlicher vorstehend Abschnitt 2.2.2.

Gemeinschaftsprogramme“[76] begann sie, auf der Grundlage einer vom Rat beschlossenen Indikatorenliste eigene Gebietsabgrenzungen vorzunehmen und damit vom Verteilungsschlüssel des jeweiligen Mitgliedstaates abzuweichen. Fast zwangsläufig deckten sich die mit europäischen Mitteln geförderten Regionen nicht mehr in jedem Fall mit den nach nationalen Schwerpunkten festgelegten Fördergebieten[77]. Das Hauptproblem bestand in der Folgezeit darin, daß im Rahmen der Gemeinschaftsprogramme Maßnahmen gefördert werden konnten, die den Förderkatalog der GRW sprengten und damit nicht in den Rahmenplan zu integrieren waren. Beispielsweise handelte es sich dabei um nicht-gewerbenahe Infrastrukturprojekte, Bildungs- oder Beratungsmaßnahmen, die ihrerseits integraler Bestandteil des jeweiligen EG-Programmes waren. Zwei Auswege erschienen zu diesem Zeitpunkt theoretisch möglich: Einerseits hätte der Förderkatalog durch eine Änderung des GRW-Gesetzes erweitert werden können, um ihn so auch mit den neuen EG-Förderungen kompatibel zu machen. Variante zwei bestand darin, den durch die neuen Möglichkeiten aus der EFRE-Reform erweiterten Förderspielraum im Rahmen der Landesprogramme zu nutzen. Der letztgenannte Weg wurde im Rahmen einiger Gemeinschaftsinitiativen, wie z. B. RESIDER, RECHAR oder RENAVAL, beschritten. Eine Erweiterung der Regelungen des GRW-Gesetzes erfolgte dagegen zu diesem Zeitpunkt nicht.

4.2.2 Das Verfahren der Ko-Finanzierung

Das Verfahren zur Abwicklung der Ko-Finanzierung von GRW-Maßnahmen durch EFRE-Mittel geschah bis zur Strukturfondsreform von 1988 nach folgendem Modus[78]: Der EG-Kommission wurden i. d. R. nur solche Vorhaben zur Erstattung vorgelegt, die vollständig mit GRW-Mitteln vor- bzw. durchfinanziert waren. Die daraufhin erstatteten europäischen Mittel, deren Höhe zumeist bei der Hälfte der GRW-Aufwendungen lag, wurden zu je 50 % auf den Bund und die Länder aufgeteilt[79]. Diese Verteilung im Verhältnis 50:50 entsprach der hälftigen Kostentragung im Rahmen der GRW. Durch eine damit korrespondierende Verteilung der Erstattungsanträge an die Kommission konnte garantiert werden, daß die einzelnen Bundesländer genau den Anteil an EFRE-Geldern bekamen, der ihnen laut GRW-Schlüs-

---

76 Vgl. *Beckmann* 1995, S. 93.

77 Vgl. *Anderson* 1996, S. 170.

78 Vgl. *Spiekermann* 1992, S. 37 f.

79 Abzüglich eines 5-prozentigen Vorwegabzugs von den deutschen EFRE-Mitteln für Berlin (West).

sel zustand. Ein Deckungsvermerk im Bundeshaushalt stellte zudem sicher, daß die EFRE-Mittel zweckgebunden, d. h. zur Re-Finanzierung von GRW-Ausgaben, eingesetzt wurden. Der große Vorteil dieses Verfahrens, das auch als „Erstattungsprinzip“ bezeichnet wird, bestand für die nationalen Behörden und Investoren darin, daß die Abwicklung der Finanzierungsmodalitäten zunächst auf die nationale Ebene beschränkt war und damit schnell und direkt vonstatten gehen konnte. Auch mußten die Projektträger kein zusätzliches Antragsverfahren gegenüber den EG-Behörden einleiten.

Wie bereits erwähnt gab es neben den GRW-finanzierten Maßnahmen seit 1979 im Rahmen der Gemeinschaftsprogramme zunehmend auch (ausschließlich) landesfinanzierte Programme, die durch EFRE-Mittel kofinanziert werden konnten. Da der Einsatz von Bundesmitteln in diesen Fällen nicht vorgesehen war, wurden die EG-Erstattungen direkt an die Empfängerländer geleistet. In den Jahren 1982 bis 1988 flossen auf direktem Wege rund 130 Mio. DM aus den EG-Kassen an die Länder. Die EG-Erstattungen für GRW-Aufwendungen betrugen im Vergleichszeitraum knapp 880 Mio. DM[80]. Diese Relation zeigt das deutliche Übergewicht der GRW in den achtziger Jahren gegenüber den EG-Sonderprogrammen, die hinsichtlich ihrer Ausrichtung und ihrer Dotierung den Maßnahmenkatalog und die Mittelausstattung der GRW-Rahmenpläne ergänzten. Daß sich auf diese Weise eine Förderung neben der nationalen Förderung etablierte, wurde von den Akteuren auf Bundesebene toleriert und auf Landesebene begrüßt, verbanden sich doch mit den zusätzlichen Mitteln Chancen, auch außerhalb originärer GRW-Gebiete und über die Inhalte der GRW-Förderkataloge hinaus tätig werden zu können. Die beschriebenen „Kräfteverhältnisse“ änderten sich durch die grundlegende Reform der Strukturfonds im Jahre 1988[81] in quantitativer wie auch in qualitativer Hinsicht.

4.2.3 Die Auswirkungen der Strukturfondsreform von 1988 auf die GRW

Die zum 1.1.1989 in Kraft getretenen neuen Strukturfondsverordnungen übertrugen der Kommission deutlich mehr Entscheidungsbefugnisse und eröffneten ihr damit einen wesentlich größeren Handlungsspielraum[82]. Nicht mehr alle national definierten Fördergebiete waren von nun an auch gleich-

80 Davon flossen rund 460 Mio. DM an die Länder und etwa 418 Mio. DM an den Bund; vgl. *Spiekermann* 1992, S. 38.

81 Vgl. stellvertretend *Franzmeyer* et al. 1993, S. 42 ff.

82 Vgl. ausführlicher vorstehend Abschnitt 2.3.

zeitig im europäischen Rahmen förderfähig: Die Kommission nahm die Fördergebietsabgrenzung auf der Basis selbst definierter Kriterien (Zielgebiete) vor. Außerdem erfolgt seit dieser Reformrunde die Festlegung von Gemeinschaftsprogrammen durch die Kommission selbst, die dadurch den Zielen und Instrumenten der europäischen Strukturfondsförderung ein starkes Eigengewicht geben konnte. Das neue Selbstverständnis der Kommission zeigte sich fortan auch im Rahmen der informellen Vorabkoordinierung der Förderpolitiken zwischen ihr und den Mitgliedstaaten. Zusätzliche Restriktionen für den regionalpolitischen Handlungsspielraum der nationalen Ebene ergaben sich aus der Intensivierung der gemeinschaftlichen Kontrolltätigkeit nach Artt. 92 ff. EG-Vertrag a. F.[83] sowie flankierenden Auflagen[84], die die Handlungsautonomie der nationalen Akteure in diesem Politikfeld weiter einschränkten und zugleich das Regelwerk verdichteten.

Als Reaktion auf die verstärkte Beihilfenaufsicht durch die Kommission verkleinerte die Bundesregierung im Jahre 1988 in Absprache mit den Ländern die nationale Förderkulisse von 45 auf 39 Prozent der (west-)deutschen Gesamtbevölkerung. Zur gleichen Zeit umfaßte die EG-Förderkulisse lediglich 19 % der Bundesbürger[85]. Die vor 1988 gegebene Koordinierungsrolle der GRW, die - zumindest in großem Umfang - die europäischen Fördermittel bis zu diesem Zeitpunkt integrieren konnte, geriet durch die neue Quantität und Qualität der EG-Förderung nach der Strukturfondsreform zunehmend unter Druck. Anfang der 1990er Jahre stellte sich bezogen auf die Bundesrepublik Deutschland ein Verhältnis zwischen nationaler und europäischer Förderung dar, das wie folgt kritisch umschrieben wird: „Die gegenwärtige Situation der beiden Fördersysteme ist weniger durch Integration als durch unkoordiniertes Nebeneinander von GRW und EG-Regionalpolitik gekennzeichnet."[86]

---

83 *Anderson* (1996, S. 170) schätzt ein: „... Germany became the target of repeated and ultimately successful efforts by the Commission's General Directorate for Competition (DG IV) to limit the area coverage of federal and state regional assistance programmes, as well as their award rates."

84 Beispielsweise die Auflage, bei der Mittelvergabe öffentliche Ausschreibungspflichten einzuhalten; vgl. Mitteilung der Kommission 88/2510, ABl. C 22 vom 28.1.1989, S. 3.

85 Vgl. *Anderson* 1996, S. 170 f.

86 *Spiekermann* 1992, S. 36.

4.3 Die GRW seit 1990

Die Wiederherstellung der staatlichen Einheit Deutschlands setzte auch die GRW unter (zusätzlichen) Anpassungsdruck. Um den neuen Ländern einen „Präferenzvorsprung" zu sichern, sollten gemäß Art. 28 Abs. 2 1. Spiegelstrich des Einigungsvertrages „Maßnahmen der regionalen Wirtschaftsförderung unter Schaffung eines besonderen Programms"[87] ergriffen werden. Angesichts des Zeitdrucks wurde auf die vertrauten Mechanismen der GRW zurückgegriffen - verbunden mit einem Quantensprung in ihrer Mittelausstattung. Im Anhang des Einigungsvertrages wurde festgelegt, daß in den neuen Bundesländern und Ost-Berlin für die Dauer von mindestens fünf Jahren im Rahmen der GRW gefördert werden soll[88]. Gleichzeitig bestand im Altbundesgebiet auch weiterhin Förderbedarf für die - am dortigen Durchschnitt gemessen - strukturschwächeren Gebiete. Das hatte eine „zweigleisige Regionalpolitik"[89] zur Folge, die zumindest in bezug auf die Förderintensitäten bis heute besteht. Den Vorgaben des Einigungsvertrages trugen der 20. (1991) und der 22. (1993) Rahmenplan[90] Rechnung: Die neuen Bundesländer wurden flächendeckend zu Gebieten mit höchster Förderpriorität. Zusätzlich verstärkt wurde der Veränderungsdruck durch die Vorgaben des bereits erwähnten „Bangemann-Sutherland-Kompromisses" aus dem Jahre 1987 bezüglich der Förderkulisse, die mittelfristig maximal 30 Prozent der Bevölkerung umfassen sollte. Die nach der Wiedervereinigung veränderten Rahmenbedingungen veranlaßten die zuständige Generaldirektion, eine noch stärkere Konzentration der Regionalförderung auf die ostdeutschen Länder zu fordern, was gleichbedeutend mit einer nochmaligen Reduzierung der Förderkulisse in den Altbundesländern war. In Verhandlungen zwischen dem damaligen Bundeswirtschaftsminister und dem zuständigen EG-Kommissar kam es 1991 zu dem sogenannten Brittan-Möllemann-Kompromiß, der beinhaltete, den Fördergebietsplafond auf 27 % der westdeutschen Bevölkerung abzusenken.

Die nächste Neuabgrenzung der GRW-Förderkulisse mußte zum 1.1.1994 erfolgten. Bereits im Vorfeld wurden Verhandlungen im Rahmen des Planungsausschusses durchgeführt, um eine zwischen Bund und Ländern abge-

---

87 Vertrag zwischen der Bundesrepublik Deutschland und der Deutschen Demokratischen Republik über die Herstellung der Einheit Deutschlands - Einigungsvertrag - vom 31.8.1990, BGBl. II S. 889 ff.; GBl. I S. 1629 ff.

88 Vgl. ebenda, Anlage I, Kapitel V.

89 *Benterbusch* 1994, S. 131.

90 BT-Drs. 12/895 bzw. BT-Drs. 12/4850.

stimmte Position gegenüber der Kommission einnehmen zu können. Die Grundlage bildete ein Beschluß der Wirtschaftsministerkonferenz der Länder vom September 1992 zur deutschen und europäischen Regionalpolitik sowie die vom Planungsausschuß am 24.2.1993 beschlossenen Grundsätze zur Neuabgrenzung des Fördergebietes[91]. Gleichzeitig wurde der GRW-Unterausschuß beauftragt, Gespräche mit der europäischen Wettbewerbsbehörde aufzunehmen, um die Vereinbarkeit der angestrebten Neuabgrenzung mit beihilferechtlichen Vorgaben zu klären. Im Juni 1993 wurden zwischen den Vertretern des Planungsausschusses und dem zuständigen Kommissar entsprechende „Vorvereinbarungen"[92] getroffen. Ein zweites Novum dieser Abgrenzungsrunde bestand darin, daß neben dem Bundeswirtschaftsminister erstmals auch Vertreter der Länder an den Verhandlungen mit der Kommission beteiligt wurden. Damit verlor der Bund das nationale „Verhandlungsmonopol" und gleichzeitig seinen diskretionären Spielraum gegenüber den Ländern.

Die ursprüngliche Forderung der zuständigen Generaldirektion bestand darin, das Plafond für die Förderkulisse in den Altbundesländern unter 20 % der Bevölkerung zu senken, um einen angemessenen Präferenzvorsprung für die neuen Länder zu sichern[93]. Die deutsche Seite forderte ein Plafond in Höhe von 23,5 % der westdeutschen Wohnbevölkerung (einschließlich West-Berlin). Der ausgehandelte Kompromiß lag schließlich bei einem Anteil von 22 Prozent. Im Vergleich zu dem Plafond des Zeitraums 1991-93 bedeutete das eine Reduzierung um 5 %. Tatsächlich handelte es sich jedoch um eine Absenkung um acht Prozent, denn West-Berlin mit einem Bevölkerungsanteil von 3 % war nach dem Auslaufen des Berlinfördergesetzes hinzugekommen. Weitere Absprachen zwischen den Bund-Länder-Vertretern und dem Wettbewerbskommissar betrafen das Verfahren der Fördergebietsauswahl. Danach war es den zuständigen deutschen Behörden u. a. gestattet, in begründeten Einzelfällen und in engem Rahmen durch einen Gebietsaustausch[94] auch solche Regionen mit erheblichen Strukturproblemen ins Fördergebiet aufzunehmen, die sich anhand der - mehrheitlich vergangenheitsbezogenen - Indikatoren nicht als besonders problematisch dargestellt hätten. Diese sogenannte Feinabgrenzung erhöhte den Spielraum der regionalen Behörden und damit auch die Flexibilität des Mit-

---

91 Vgl. *Benterbusch* 1994, S. 131 f.

92 Vgl. *Ast* 1999, S. 131.

93 Vgl. *Nägele* 1997, S. 120.

94 Die Größenordnung des Gebietsaustausches belief sich auf rund sechs Prozent des Gesamtplafonds; vgl. *Benterbusch* 1994, S. 135.

teleinsatzes. Beispielsweise konnte auf diesem Wege die stark von den Folgen des Truppenabzugs betroffene Region Kaiserslautern kurzfristig in das Fördergebiet aufgenommen werden.

Die GRW wurde nach 1990 „das zentrale Instrument zur Förderung der wirtschaftlichen Transformation in Ostdeutschland“[95] und erhielt damit einen Stellenwert, der weit über ihre ursprüngliche regionalpolitische Funktion hinaus ging. Die nahezu unveränderte Übertragung des GRW-Systems, das sich in den Altbundesländern zunehmender Kritik ausgesetzt sah, auf die neuen Länder war dem Problemdruck und der Zeitknappheit geschuldet, die es nicht erlaubten, völlig neue Förderinstrumente zu entwerfen. Ein weiterer Grund lag aus heutiger Sicht „in der Unterschätzung und der fehlenden Gewißheit sowohl über die Tiefe als auch den Zeitbedarf des Transformationsprozesses der Wirtschaft in den neuen Ländern.“[96] Nachdem die Dimension der Aufgabe ersichtlich geworden war, begannen Versuche, das Förderinstrumentarium auf die spezifischen Bedingungen in Ostdeutschland einzustellen. Entscheidend modifiziert wurde die GRW-Förderung durch den 24. Rahmenplan (1995)[97], der u. a. das Schwerpunktorteprinzip aufgab, die bisherige Staffelung der Förderhöchstsätze nach der Investitionsart abschaffte und gleichzeitig die Unterstützung von KMU zu einem neuen Schwerpunkt machte. Eine „grundlegende institutionelle Innovation“[98] der Rahmenplanung betrifft die Aufforderung an die Regionen, integrierte regionale Förderkonzepte zu entwickeln, die als ergänzendes Auswahlkriterium bei der Mittelvergabe fungieren. Danach sollen Förderprojekte, die sich in derartige Entwicklungskonzepte einfügen lassen, vorrangig bewilligt werden. Eine Parallele zu den Regionalen Entwicklungsplänen der europäischen Strukturfonds ist evident. Dem Nachholbedarf der neuen Bundesländer (NBL) auf wirtschaftlichem und infrastrukturellen Gebiet trug der 24. Rahmenplan u. a. dadurch Rechnung, daß die Förderhöchstsätze und der Förderumfang deutlich über dem Niveau der Altbundesländer (ABL) angesiedelt wurden[99].

---

95 *Riedel/Scharr* et al. 1999, S. 63.

96 *Toepel* 1997, S. 110.

97 Beschlossen am 27.4.1995, BT-Drs. 13/1376; vgl. Ast 1999, S. 133 f.; vgl. auch *Tetsch* 1999a, S. 112.

98 *Tetsch* 1999a, S. 117.

99 Zu einer detaillierten Darstellung der Neuerungen des 24. Rahmenplans vgl. *Tetsch* et al. 1996, S. 88 ff.

Tabelle: Darstellung der maximalen Fördersätze in Ost- und Westdeutschland[100]

	Bis einschl. 23. Rahmenplan (1994)		Ab 24. Rahmenplan (1995)	
	NBL	ABL	NBL	ABL
GRW-Förder-höchstsatz	Errichtung: 23 % Erweiterung: 20 % Rationalisierung: 18 %	Errichtung: 18 % Erweiterung: 15 % Rationalisierung: 10 %	Alle Investitionsarten 35 % für KMU 50 %	18 % für KMU 28 %
Kumulierung mit anderen Beihilfen	Errichtung: 35 % Erweiterung: 32 % Rationalisierung: 27 %	Errichtung: 28 % Erweiterung: 25 % Rationalisierung: 20 %	Ausschöpfen des GRW-Förderhöchstsatzes nur bei besonderem Struktureffekt; Förderhöchstsatz kann entweder nur durch GRW (neu) oder durch Kumulierung erreicht werden	

Zum Zwecke der besseren Binnendifferenzierung werden die Fördergebiete in A-, B- und C-Regionen unterteilt. A-Fördergebiete, die sich allesamt in den neuen Ländern befinden, weisen einen „ausgeprägten Entwicklungsrückstand“[101] auf. In diesen Regionen dürfen die förderfähigen Investitionskosten bei klein- und mittelständischen Unternehmen um bis zu 50 Prozent aus GRW- oder sonstigen Mitteln bezuschußt werden, bei anderen Betriebsstätten um maximal 35 %. B-Fördergebiete weisen laut Definition „besonders schwerwiegende Strukturprobleme“ auf, befinden sich ebenfalls ausschließlich in Ostdeutschland und erlauben KMU-Zuschüsse von bis zu 43 % (sonstige Betriebsstätten: max. 28 %). Hierbei handelt es sich um Gebiete, die relativ gesehen wohlhabender sind als der ostdeutsche Durchschnitt[102]. C-Fördergebiete, die ausschließlich in den Altbundesländern zu finden sind, haben mit „schwerwiegenden Strukturproblemen“ zu kämpfen.

100 Vgl. *Toepel* 1997, S. 114.

101 Vgl. 28. GRW-Rahmenplan 1999, BT-Drs. 14/776, S. 13.

102 Wie z. B. brandenburgische Gemeinden im Umland von Berlin („Speckgürtel“), die sächsischen Großstädte Dresden und Leipzig sowie die sie jeweils umgebenden Landkreise.

In diesen Gebieten sind Höchstsätze von 28 % (KMU) bzw. 18 % (sonstige) erlaubt.

Eine derartige Ungleichbehandlung wurde ermöglicht durch den unter den Altbundesländern allgemein bestehenden Konsens darüber, daß die Strukturprobleme in der ehemaligen DDR ihre eigenen um ein Vielfaches übertreffen und somit verstärkte Anstrengungen in Ostdeutschland notwendig sein würden. Allerdings ging die Solidarität der westdeutschen Länder nur bis zu den vorstehend genannten Margen. Ein Vertreter der Kommission bestätigte im Gespräch, daß auch eine noch höhere Beihilfenintensität im Rahmen der GRW für die neuen Bundesländer genehmigt worden wäre. Doch bei maximal 35 % (bzw. 50 % für KMU) Anteil öffentlicher Zuschüsse an den Gesamtinvestitionen war offensichtlich die „Schmerzgrenze“ der alten Länder erreicht. Bei noch höheren Beihilfen befürchteten die westdeutschen Länder, daß massive Abwanderungstendenzen der Unternehmen „nach Osten“ hätten beginnen können[103]. Schwere Verteilungskonflikte traten auch deshalb unmittelbar nach der Wiedervereinigung nicht auf, weil die Bundesregierung die neuen Länder in den ersten fünf Jahren als zusätzliches Fördergebiet sui generis bezeichnete und die GRW-Bundesmittel stark aufstockte: von 480 Mio. DM im Jahre 1990 auf 3,9 Mrd. DM in 1994[104].

Durch diese Ausdehnung der GRW-Förderung auf das Gebiet der ehemaligen DDR änderte sich zwar die Quantität der Bund-Länder-Kooperation - statt 11 waren nun 16 Ländervertreter beteiligt. Qualitativ blieb die Zusammenarbeit der beiden Ebenen jedoch im wesentlichen unverändert, wobei unbestritten ist, daß die neuen Länder in der Anfangsphase aufgrund fehlender administrativer Ressourcen stärker auf den Bund angewiesen waren als die alten Bundesländer. Es gelang allerdings recht schnell und unter Mithilfe der westlichen „Patenländer“, den Informationsvorsprung der Bundesregierung auf dem Gebiet der GRW aufzuholen. Verstärkte Budgetrestriktionen und Einsparungszwänge, denen sich die öffentlichen Haushalte seit Mitte der 1990er Jahre ausgesetzt sehen, führten auch bei der GRW zu bedeutenden Mittelkürzungen. So mußte der Bewilligungsrahmen für die neuen Länder zwischen 1994 und 1999 nahezu halbiert werden, bewegt sich damit aber immer noch auf deutlich höherem Niveau als die Förderung in Westdeutschland. Während in den ostdeutschen Landeshaushalten für das Jahr 2000 GRW-Mittel in Höhe von 4.548 Mio. DM eingestellt wurden,

---

103 Vgl. Gesprächsprotokoll EU 4.

104 Der Anteil der neuen Länder an den Bundesmitteln der GRW stieg dabei von 75,8 % (1991) auf 91,0 % (1994); vgl. *Anderson* 1996, S. 176 f.

verfügen die alten Länder über lediglich 473 Mio. DM Bundes- und Landesmittel[105]. Seit Jahren kürzt der Bund seinen Anteil an der GRW-West im Zuge der Haushaltskonsolidierung: „Hier droht die Gemeinschaftsaufgabe finanziell auszubluten."[106]

Während bisher die inhaltliche Dynamik und die strukturelle Entwicklung der GRW bis 1990 und nach der Wiedervereinigung im allgemeinen dargestellt wurden, soll es nachfolgend um die spezielle Betrachtung des Politikfeldes in zwei ausgewählten Ländern gehen. Die Wahl fiel dabei auf Rheinland-Pfalz und den Freistaat Sachsen, da sich in diesem Paar sowohl Gemeinsamkeiten als auch Unterschiede vereinen[107]. Auch die nachfolgende Darstellung wird stark chronologische Züge tragen, um die Interaktionsprozesse der maßgeblichen Akteure im Zeitverlauf analysieren zu können. Der Vergleich basiert auf folgenden, im Theorieteil entwickelten Kriterien: Umsetzung des Prinzips parlamentarischer Verantwortlichkeit und Kontrolle staatlicher Entscheidungen, Transparenz der Verfahren und Partizipationsmöglichkeiten für Wirtschafts- und Sozialpartner im Rahmen des Partnerschaftsprinzips.

4.4 Regionale Strukturpolitik im Freistaat Sachsen

4.4.1 Die GRW im Freistaat Sachsen

Der Freistaat Sachsen ist nicht nur flächendeckend Ziel 1-Gebiet der EU, sondern zugleich nationales Fördergebiet im Rahmen der Gemeinschaftsaufgabe[108]. Trotz aller Kritik an der GRW, insbesondere in bezug auf den eingeschränkten Förderkatalog, kann diese nach neun Jahren eine in quantitati-

105 Das ergibt eine Zusammenfassung der Finanzierungspläne der Länder in den Regionalen Förderprogrammen; vgl. Anhang 11 des 29. GRW-Rahmenplans, BT-Drs. 14/3250, S. 235.

106 So die Einschätzung von *Tetsch* 1999a, S. 108.

107 Zur Begründung der Auswahl der beiden Referenzländer vgl. schon vorstehend Abschnitt 1.1.

108 In Sachsen sind alle Städte und Kreise A-Fördergebiete, mit Ausnahme der kreisfreien Städte Chemnitz, Dresden, Leipzig und Zwickau, der Landkreise Chemnitzer Land, Delitzsch, Leipziger Land, Meißen, Mittweida und dem Muldentalkreis sowie einiger Gemeinden angrenzender Kreise, die „nur" in der B-Kategorie eingestuft sind; vgl. 29. Rahmenplan 2000, BT-Drs. 14/3250, S. 161 f. sowie S. 246 ff.

ver Hinsicht beeindruckende Statistik für den Freistaat Sachsen vorlegen[109]: Bis Ende Dezember 1999 erhielten demnach 14.533 Vorhaben der gewerblichen Wirtschaft, die ein Gesamtinvestitionsvolumen von rund 57,3 Mrd. DM verkörpern, Zuschüsse von insgesamt 11,5 Mrd. DM im Rahmen der GRW. Hinzu kommen noch einmal rund 8,5 Mrd. DM an staatlichen Zuschüssen in dem zweiten Schwerpunktbereich der GRW - der wirtschaftsnahen Infrastruktur, so daß sich das Gesamtzuschußvolumen auf etwa 20 Mrd. DM für den Zeitraum 1990-99 beläuft. Mit Hilfe dieser Investitionen wurden nach Angaben des 29. Rahmenplans insgesamt 199.264 Arbeitsplätze gesichert und 138.665 Arbeitsplätze neu geschaffen[110].

Zu der Bilanz trägt bei, daß die industrielle Basis in Sachsen im Vergleich zu den anderen Bundesländern auf dem Territorium der ehemaligen DDR im Jahre 1989/90 in bezug auf Maschinen und Anlagen, qualifiziertes Personal und entsprechende Infrastruktur noch am besten ausgestattet war[111]. Hinzu kommt, daß die politischen Akteure in Sachsen frühzeitig versuchten, „eigene Wege" zu gehen, indem sie landesspezifische Lösungen suchten. Als Beispiel sei das Projekt ATLAS[112] genannt, in dessen Rahmen u. a. die stark angeschlagene Deutsche Waggonbau AG durch eine konzertierte Aktion, an der neben der Treuhandanstalt und der Landesregierung auch die Gewerkschaften beteiligt waren, gerettet werden konnte[113]. Bei dieser und anderen erfolgreichen Sanierungen flossen GRW-Mittel in teilweise beträchtlichem Umfang. Allerdings müssen auch die kritischen Stimmen genannt werden, die u. a. darauf hinweisen, daß Wirtschaftsförderung nach GRW-Mechanismen einer großen Anfälligkeit für Mitnahmeeffekte unterliegt und außerdem zu „... räumlichen Fehlallokationen führen kann, weil

---

109 Ein Vergleich der GRW-Praxis in Thüringen, Sachsen und Sachsen-Anhalt kommt zu dem Fazit, daß Sachsen „... in der Konkurrenz der neuen Bundesländer ein Gewinner ist"; *Gerlach/Kattein* 1998, S. 184.

110 Vgl. 29. Rahmenplan 2000, BT-Drs. 14/3250, S. 164. Diese Angaben werden aus wirtschaftswissenschaftlicher Sicht angezweifelt, weil bei der Förderung auftretende Mitnahme- und Substitutionseffekte keine Berücksichtigung finden und die Zahlen deshalb regelmäßig zu optimistisch ausfallen; vgl. *Schalk/Untiedt* 1999.

111 Vgl. *Wegner* (1993, S. 72 f.), der zugleich feststellt, daß Ostdeutschland „generell überindustrialisiert" sei, Sachsen z. B. in bezug auf die Braunkohleförderung und die Textilindustrie. Vgl. auch *Toepel* 1997, S. 53 ff.

112 Ausgesuchte Treuhandunternehmen vom Land Angemeldet zur Sanierung; vgl. *Nägele* 1996, S. 232 ff.

113 Am Ende konnten alle drei Standorte (Görlitz, Bautzen und Niesky) vor der Schließung bewahrt werden, vgl. *Gerlach/Kattein* 1998, S. 178.

beispielsweise Betriebsverlagerungen ausschließlich deswegen vorgenommen werden, um in den Genuß regionaler Förderung zu kommen."[114]

In den ersten Jahren nach der Wiedervereinigung war die Gemeinschaftsaufgabe das zentrale Instrument für die Wirtschaftsförderung im Freistaat Sachsen. So waren im Jahre 1994 über 80 % der in den Etat des Sächsischen Staatsministeriums für Wirtschaft und Arbeit (SMWA) eingestellten Fördermittel für die GRW bestimmt[115]. Das SMWA versuchte dabei frühzeitig den ihm durch den Verzicht auf räumliche Schwerpunktsetzungen in den ersten „Nach-Wende-"Rahmenplänen gegebenen Gestaltungsspielraum bei der Spezifizierung der Förderung zu nutzen. Im Ergebnis führte das zu einer Förderpolitik, mit deren Hilfe flexibel auf neue Problemlagen reagiert werden konnte. Erst der 23. Rahmenplan[116] enthielt detailliertere Vorgaben für die räumliche Differenzierung der Förderung: Die Fördergebiete wurden in drei Kategorien mit unterschiedlichen Höchstsätzen abgestuft[117]. Für die Ballungszentren Dresden, Leipzig und Chemnitz und Teile ihres Umlandes war beispielsweise im Normalfall keine Förderung vorgesehen. Eine Flexibilitätsklausel ermöglichte es dennoch „die Förderung von strukturpolitisch bedeutsamen Einzelvorhaben"[118] zu ermöglichen. Im 24. Rahmenplan[119] wurde das Auswahlverfahren zwar mit mehr Stringenz versehen, auf definitive Aussagen zur Abgrenzung der Fördergebiete jedoch wiederum verzichtet. „Offenkundig hat sich das Wirtschaftsministerium auf diese Weise bei der Auswahl der Fördergebiete einen gewissen politischen Spielraum erhalten"[120]. Daß dieser Spielraum u. a. durch die EU-Beihilfenaufsicht mehr und mehr eingeschränkt wird, soll an anderer Stelle noch näher untersucht werden[121].

---

114 *Genosko* 1999, S. 98.

115 Vgl. *Nägele* 1996, S. 237 ff.

116 Vom Planungsausschuß verabschiedet am 2.3.1994, BT-Drs. 12/7175.

117 Vgl. die Tabelle im vorangegangenen Abschnitt.

118 23. Rahmenplan, BT-Drs. 12/7175, S. 106.

119 Vom Planungsausschuß verabschiedet am 27.4.1995, BT-Drs. 13/1376.

120 *Nägele* 1996, S. 238.

121 Vgl. ausführlich nachfolgend Kapitel 5.

4.4.2 Die Strukturfonds in der Phase 1990-93

Als die Wiederherstellung der Einheit Deutschlands in greifbare Nähe rückte, unterbreitete der deutsche Bundeskanzler auf einem Sondergipfel der EG-Staats- und Regierungschefs in Dublin im April 1990 den Vorschlag, auf Mittel aus den Strukturfonds für den Aufbau der neuen Länder zu verzichten. Im Gegenzug sollte die EG-Kommission eine grundlegende Umstrukturierung der ostdeutschen Volkswirtschaft im Rahmen nationaler und regionaler Programme, die in Übereinstimmung mit den gemeinschaftsrechtlichen Bestimmungen stehen würden, erlauben. Für diesen Vorschlag gab es zwei wesentliche Gründe: Erstens wollte die Bundesregierung die Befürchtungen der bisherigen Empfängerstaaten und -regionen zerstreuen, die in den ostdeutschen Ländern potentielle Konkurrenten um europäische Fördergelder sahen. Der zweite Grund war der Versuch, den Einfluß der Europäischen Kommission auf den Prozeß der Wiedervereinigung möglichst gering zu halten[122]. Kommissionspräsident Delors entwarf als Gegenmodell die Einrichtung eines speziellen EG-Fonds für Ostdeutschland, der es der Kommission ermöglicht hätte, weitergehenden Einfluß auf die regionale Strukturpolitik und die Entwicklung der neuen Länder zu gewinnen. Diesen Vorschlag lehnte Kanzler Kohl jedoch ab[123].

Der Rat der EG beschloß am 4. Dezember 1990[124], die Strukturfondsförderung auf das Gebiet der ehemaligen DDR auszudehnen. Die Gültigkeit dieser Regelung war zunächst bis zum 31.12.1993 befristet. Ausnahmsweise wurde auf die Prüfung der Förderbedürftigkeit nach EG-Kriterien verzichtet[125]. Insgesamt wurden den neuen Ländern drei Milliarden ECU für den Zeitraum 1991-93 zur Verfügung gestellt, deren konkrete Verwendung zwischen Kommission und Bundesregierung auszuhandeln war[126]. Der Rat konnte sich auch deshalb so schnell einigen, weil die genannten 3 Mrd. ECU zusätzlich und nicht durch die Umverteilung eigentlich verplanter Mit-

---

122 Mit den Worten von *Anderson* (1996, S. 179): „... to minimize supranational influence on the regional economic dimension of unification."

123 Vgl. *Lippert* et al. 1993, S. 9.

124 VO 3575 des Rates vom 4.12.1990, ABl. L 353/19 vom 17.12.1990; vgl. auch *Bollen* et al. 2000, S. 125 ff.

125 Der Grund waren fehlende „geeignete statistische Daten für das betreffende Gebiet" (Art. 2 Abs. 5 der VO); vgl. auch *Wegner* 1993, S. 54 f.

126 Diese knapp 6 Mrd. DM für die Jahre 1991-93 stellen im Vergleich zu den West-Ost-Transfers innerhalb der Bundesrepublik im gleichen Zeitraum weniger als 1 % dar; vgl. *Lippert* et al. 1993, S. 9.

tel zur Verfügung gestellt wurden. Ein „positiver Nebeneffekt" aus Sicht der Kommission bestand darin, daß die von deutscher Seite wiederholt und verstärkt vorgetragene Kritik an den permanenten Ausgabensteigerungen des EG-Haushalts nunmehr mit dem Hinweis auf eigene Rückflüsse entkräftet werden konnte[127]. Doch nicht nur Rat und Kommission begleiteten die deutsche Wiedervereinigung mit großem Interesse. Auch das Europäische Parlament beschäftigte sich intensiv mit möglichen Folgen des Beitritts der ostdeutschen Länder zur Gemeinschaft und bildete zu diesem Zweck einen Ad-hoc-Ausschuß, der sich mit den Implikationen der deutschen Einheit befassen sollte[128].

Bereits am 19.12.1990 - zwei Tage nach Veröffentlichung der Verordnung im EG-Amtsblatt[129] - legte die Bundesregierung der Kommission einen regionalen Entwicklungsplan für die neuen Länder und Ostberlin zur Beratung vor, der allerdings angesichts fehlender bzw. unsicherer Informationen über den tatsächlichen Zustand der Wirtschaftsstrukturen auf dem Gebiet der ehemaligen DDR „sehr unpräzise"[130] ausfiel. Auch die anschließenden Verhandlungen wurden in einem bis dahin nie erreichten Tempo abgeschlossen: Innerhalb der dafür vorgesehenen drei Monate[131] wurde das GFK für die Strukturfondsinterventionen auf dem Gebiet der ehemaligen DDR verabschiedet. Zum Vergleich: Durchschnittlich zwei Jahre dauerte die Programmplanungsphase für die alten Bundesländer. Auch in anderen Punkten unterschied sich das Verfahren deutlich von der Programmplanung in den westdeutschen Ländern. So wurden die regionalen Entwicklungspläne für die ostdeutschen Länder in allen Einzelheiten von dem Bundeswirtschafts- und dem Bundessozialministerium ausgearbeitet[132]. Außerdem fanden die Verhandlungen zwischen Kommission und Bundesregierung auf ungewöhnlich hoher Ebene statt: Die zuständigen Generaldirektoren verhandelten zumeist direkt mit den Abteilungsleitern der Bundesministerien, „... was ver-

---

127 Vgl. *Ast* 1999, S. 131.

128 *Bollen* et al. (2000, S. 127): „a temporary committee to consider the impact of German unification on the EC."

129 Nach Art. 2 Abs. 1 der VO 3575/90 hätte sie dazu bis zum 31.1.1991 Zeit gehabt.

130 *Ast* 1999, S. 178.

131 Gemäß Art. 2 Abs. 3 der VO. Das GFK wurde am 13.3.1991 verabschiedet; vgl. Kommission 1991, S. 53 f.

132 Das lag zu einem Großteil daran, daß die politisch verantwortlichen Akteure in den neuen Ländern „... simply were not equipped to contribute independently to the partnership requirement, and quite happily relied on Bonn to carry out this onerous, pressurized task." *Anderson* 1996, S. 179.

mutlich dem schnellen Vertragsabschluß dienlich war."[133] Das vereinbarte GFK beinhaltete folgende Interventionsschwerpunkte[134], die teilweise weit über den Förderkatalog der GRW hinaus gehen:

- Förderung der wirtschaftsnahen Infrastruktur;
- Unterstützung produktiver Investitionen;
- Maßnahmen zur Erschließung des Humankapitals;
- Bekämpfung der Langzeitarbeitslosigkeit;
- Erleichterung der beruflichen Eingliederung von Jugendlichen;
- Maßnahmen zur Entwicklung der Land- und Forstwirtschaft, der Fischerei sowie zur Umstrukturierung der Lebensmittelindustrie;
- Verbesserung der Lebens- und ländlichen Infrastruktur;
- Förderung einer umweltverträglichen Land- und Forstwirtschaft;
- Technische Hilfe für die Konzipierung und Unterstützung der EG-unterstützten Strukturpolitik.

Auf folgenden Finanzierungsschlüssel einigten sich Kommission und Bundesregierung: Aus dem EFRE sollten die Hälfte, aus dem ESF 30 % und aus dem EAGFL-Ausrichtung die restlichen 20 % der Gesamtförderung finanziert werden[135]. Die Verteilung der Mittel auf die einzelnen Länder unterlag einem Bevölkerungsschlüssel, wobei die Kommission versuchte, zusätzlich die Beschäftigungsanteile in den einzelnen Branchen sowie den jeweiligen Anteil an der landwirtschaftlichen Nutzfläche zu berücksichtigen. Inhaltlich wenig umstritten war die Ausgestaltung des GFK in bezug auf die ESF- und EAGFL-Mittel. Bei der Aushandlung des EFRE-GFK gab es jedoch größere Meinungsverschiedenheiten zwischen Kommission und Bundesregierung. Letztgenannte wollte die EFRE-Mittel vollständig an die GRW binden, um auf ein bewährtes Instrument zurückgreifen zu können und gleichzeitig den Verwaltungsaufwand für die neuen Länder gering zu halten. Neben dieser „offiziellen" Begründung spielte folgendes (machtpolitisches) Kalkül eine Rolle: Im Rahmen der GRW hätte sich der Bund auch zukünftig ein Mitspracherecht hinsichtlich der Ausgestaltung der Förderung gesichert

---

133 *Nägele* 1996, S. 209. Kritik kommt von *Wegner* (1993, S. 76): „Die Bundesregierung hat denkbar schwache Zugeständnisse für den 'Beitritt' Ostdeutschlands ausgehandelt."

134 Vgl. Kommission 1991; *Wegner* 1993, S. 56 f.

135 Vgl. Kommission 1991, S. 54; vgl. auch *Ludewig* 1996, S. 45 f.

und gleichzeitig verhindert, daß die Länder „an ihm vorbei" mit der Kommission verhandeln.

Die Kommission verfolgte dagegen das Ziel, ihren regionalpolitischen Ansatz auf die Förderung im Gebiet der ehemaligen DDR - in adaptierter Form - zu übertragen. Das BMWi versuchte deshalb, „vollendete Tatsachen" zu schaffen: Bereits Anfang Dezember 1990 forderte es die Wirtschaftsministerien der neuen Länder sowie den Senator für Wirtschaft in Berlin auf, sich binnen vier (!) Tagen zu der beabsichtigten Bindung der EFRE-Mittel an die GRW zu äußern. Nachdem auf diese Weise die formale Zustimmung der ostdeutschen Landesregierungen eingeholt worden war, „... konnte das Bundeswirtschaftsministerium die EFRE-Mittel den Begehrlichkeiten der anderen Bundesressorts zunächst entziehen, obwohl auch andere Ministerien aufgrund des breiteren Förderspektrums des Regionalfonds diese Mittel durchaus hätten einsetzen können"[136]. Die Kommission kam der Bundesregierung schließlich in bezug auf die EFRE-Förderung sehr weit entgegen und akzeptierte deren Verwendung im Rahmen der GRW, womit sie eigene Prioritäten, die über eine ausschließliche Unterstützung der gewerblichen Wirtschaft und der dazu gehörenden Infrastruktur hinausgehen, zu diesem Zeitpunkt zurückstellte[137]. Allerdings betrachtete die Kommission die Koppelung der EFRE-Mittel an die GRW-Förderung von Anfang an lediglich als „Übergangslösung"[138]: Für den Förderzeitraum nach 1994 war die Aufnahme der ostdeutschen Länder in das System der europäischen Regionalförderung vorgesehen. Im Ergebnis der Verhandlungen ergab sich folgender Finanzplan für die Förderung in den neuen Länder und Ost-Berlin:

136 *Nägele* 1996, S. 210. Weiter heißt es: „Die Länder wurden somit quasi überrannt ...".

137 Das hatte auch zur Folge, daß der (direkte) Einfluß der Kommission auf die regionale Strukturpolitik in den neuen Ländern im Zeitraum 1991-93 marginal blieb; vgl. *Anderson* 1996, S. 179 f.

138 Vgl. *Ast* 1999, S. 179.

Tabelle: Finanzplan für die Jahre 1991-93, zusammengefaßt nach Ländern (in Mio. ECU)[139]

	Gesamt-mittel	öffentl. Mittel gesamt	Struktur-fonds gesamt	EFRE	ESF	EAGFL	Andere	nationale Mittel gesamt	private Mittel gesamt
	1 = 2 + 9	2 = 3 + 8	3 = 4 bis 7	4	5	6	7	8	9
Ziel 1	**13935**	**7380**	**3000**	**1500**	**900**	**600**	-	**4380**	**6555**
Branden-burg	2321	1218	476	240	104	132	-	742	1103
Meckl.-Vorp.	2015	1085	409	177	80	152	-	676	930
Ost-Berlin	819	378	164	116	46	2	-	214	441
Sachsen	**3618**	**1784**	**733**	**444**	**183**	**106**	-	**1051**	**1834**
Sa.-Anhalt	2474	1278	505	268	115	122	-	772	1196
Thüringen	2128	1077	433	244	102	86	-	644	1051
Nicht regio-nal	450	450	225	-	225	-	-	225	-
Techn. Hilfe	110	110	55	10	45	-	55	-	-

Aus der Tabelle wird u. a. ersichtlich, daß Sachsen aufgrund seiner Stellung als bevölkerungsreichstes der neuen Länder die mit Abstand meisten Fördermittel in der Periode 1991-93 erhielt. In der Förderpraxis zeigten sich jedoch schon bald Restriktionen, die sich aus der Koppelung der EFRE-Mittel an die GRW ergaben: Durch den auf diese Weise entstehenden „Flaschenhals“ kamen nur solche Fördermittelanträge, die einerseits den Vorgaben der GRW entsprachen sowie andererseits die EFRE-Auflagen für eine (genehmigungsfreie) Förderung einhielten[140]. Die Kommission beschränkte beispielsweise das Investitionsvolumen bei Infrastrukturprojekten auf 50 Mio. ECU und bei gewerblichen Projekten auf 10 Mio. ECU. Damit wollte

139 Vgl. Kommission 1991, S. 32. Die Darlehen der EIB und EGKS wurden bei der Darstellung vernachlässigt. Kleine Abweichungen durch Rundung möglich.

140 Der BDI spricht in dieser Phase von einem Antragsstau bei der GRW in einer Größenordnung von rund 50 Mrd. DM (bezogen auf das förderungsfähige Gesamtinvestitionsvolumen); vgl. *Hintzen* 1994, S. 90.

sie u. a. verhindern, daß bereits etablierte westdeutsche Großunternehmen überproportional von den Subventionen in Ostdeutschland profitieren konnten. Es wurden in Ausnahmefällen zwar auch Investitionsvorhaben, die über die genannten Beträge hinausgingen, genehmigt. Allerdings verzögerte die Kommission die Genehmigung solcher Großprojekte durch eine lange Bearbeitungsdauer der Förderanträge[141]. Als Reaktion auf diese „Blockadepolitik“ stellte der Freistaat Sachsen keine Anträge mehr und subventionierte Großvorhaben entweder allein oder ausschließlich aus GRW-Mitteln[142].

In der Folgezeit bemängelte die Europäische Kommission nicht nur die Konzentration der Förderung auf kapitalintensive Großvorhaben, sondern rügte auch die unzureichende Berücksichtigung der Forschungs- und Technologiepolitik im Rahmen der GRW, die sich bestenfalls auf den Bau von Technologieparks und Gründerzentren beschränkte, nicht aber deren Betrieb und Fortbestand unterstützte[143]. Ebenfalls mangelhaft war nach Meinung der Kommission die einseitige Konzentration der GRW auf die Erschließung von Gewerbegebieten „auf der grünen Wiese“, gegenüber der Nutzung von Industriebrachen und Konversionsflächen. In den Jahren 1991-93 setzte der Freistaat Sachsen EFRE-Mittel für die Erschließung von 128 Gewerbe- und Industriegebieten ein, wodurch fast 70 % der Gesamtmittel des Förderschwerpunktes „wirtschaftsnahe Infrastruktur“ gebunden wurden. Dem standen im Vergleichszeitraum lediglich 11 Technologiezentren (8,4 % der EFRE-Mittel) gegenüber[144]. Doch nicht nur die Kommission, sondern auch das Europäische Parlament übte Kritik an der in den neuen Ländern betriebenen Koppelung der Strukturfonds an die GRW. Der Kulturausschuß forderte beispielsweise, daß die europäischen Fördermittel im Rahmen der in den Fondsverordnungen gegebenen Möglichkeiten auch zu kulturellen Zwekken eingesetzt werden sollten. Außerdem schlug das Parlament die Einrichtung einer EG-Task-Force vor, deren Aufgabe es u. a. sein sollte, für eine bessere Koordinierung der – in das Fördersystem der GRW integrierten – Gemeinschaftsmaßnahmen zu sorgen[145]. Das Bild wäre jedoch einseitig, wenn nicht auch die nachweisbar erzielten Erfolge Erwähnung finden würden. So wurden in allen neuen Ländern mit Hilfe der rund 1,5 Mrd. ECU aus dem EFRE und der öffentlichen nationalen Kofinanzierung in der ersten

---

141 Vgl. *Nägele* 1996, S. 212.

142 Beispielsweise im Falle des VW-Werks in Mosel. Dadurch brach ein offener Konflikt mit der Kommission aus; vgl. ausführlicher nachfolgend Abschnitt 5.5.

143 Vgl. Gesprächsprotokoll EU 13.

144 Angaben nach SMWA 1994, S. 23.

145 Vgl. EP 1993.

Förderperiode „... knapp 7.700 Vorhaben im gewerblichen Bereich zur Errichtung von Ausbildungseinrichtungen und zur Förderung der wirtschaftsnahen Infrastruktur unterstützt."[146]

4.4.3 Die Verhandlungen im Vorfeld der Förderperiode 1994-99

Das Anfang 1992 von der Kommission vorgelegte „Delors II-Paket"[147] hatte ambitionierte Ziele, die neben der Vollendung des Binnenmarktes eine Verdopplung der Mittel für den wirtschaftlichen und sozialen Zusammenhalt beinhalteten. Dadurch kam die Bundesregierung „in die Zwickmühle", denn einerseits war Bonn daran interessiert, daß die neuen Länder - ihrer Forderung entsprechend - in die höchste Förderpriorität eingestuft werden[148]. Andererseits hätte das unter den gegebenen Rahmenbedingungen zugleich eine Ausweitung des EG-Budgets von 1,2 % auf 1,37 % des gemeinschaftlichen BSP bedeutet. Damit konnte die Bundesregierung als größter Nettozahler nicht einverstanden sein. Die Kommission versuchte diese Interessenkonstellation zu nutzen, um Zustimmung für ihre Budgeterweiterungspläne zu erhalten. Durch das ablehnende dänische Referendum über den Maastrichter Vertrag am 2. Juni 1992 erlitten diese Planungen jedoch einen entscheidenden Rückschlag[149].

Eine wichtige Weichenstellung für die künftige Ausgestaltung der europäischen Förderpolitik in Ostdeutschland nahm der Europäische Rat von Lissabon im Juni 1992 vor, auf dem nach längeren Verhandlungen die neuen Länder als Ziel 1-Regionen für die Förderperiode 1994-99 anerkannt wurden. Umstritten war insbesondere der Fördergebietsstatus von Ost-Berlin, das am Ende der Verhandlungen ebenfalls als Ziel 1 klassifiziert wurde. Vorangegangen war u. a. eine intensive Lobbyarbeit der neuen Länder in Brüssel sowohl gegenüber der Kommission als auch gegenüber anderen Mitgliedstaaten und Regionen, um Verständnis für die besondere Situation

---

146 *Wulf-Mathies* 1996, S. 35.

147 Vgl. Kommission 1992.

148 Mittlerweile lagen statistische Daten über den Zustand der ostdeutschen Wirtschaft vor. Berechnungen des BMWi wiesen das Pro-Kopf-Einkommen der ostdeutschen Länder mit lediglich 36,8 % des Gemeinschaftsdurchschnitts aus; vgl. *Anderson* 1996, S. 181.

149 *Anderson* (1996, S. 184): „The resulting shock wave, which threw the Commission and its ambitious vision of a post-Maastricht Europe on the defensive, killed the centrepiece of the original Delors II package - i. e. the 1,37 per cent increase in the budgetary ceiling."

in Ostdeutschland einzuwerben. Nachdem diese prinzipielle Frage geklärt war, begann die Vorbereitung der Programme für den neuen Planungszeitraum. Wie schon vor der ersten Förderrunde erwies sich die Aushandlung der Regelungen für den ESF[150] und den EAGFL-Abteilung Ausrichtung[151] als relativ problemlos. So wurden beispielsweise im beiderseitigen Einvernehmen zwischen Kommission und Bundesregierung allein für die Förderung arbeitsmarktpolitischer Maßnahmen in Ziel 1-Gebieten rund 8 Mrd. DM bereitgestellt, die durch nationale Mittel zu ergänzen sind[152]. Bei der Frage nach der zukünftigen Ausgestaltung der EFRE-Förderung kündigten sich jedoch grundlegende Meinungsverschiedenheiten an. Ein wesentlicher Streitpunkt war hier die weitere Koppelung der Strukturfondsmittel an die GRW bzw. deren (teilweise) Entkoppelung.

Die wachsende Kritik der Kommission und des Europäischen Parlaments an der Förderpolitik in den neuen Ländern sowie die zunehmende Unzufriedenheit einiger Ministerien in ostdeutschen Landesregierungen mit dem eingeschränkten Förderinstrumentarium der GRW deutete bereits im Vorfeld der Förderperiode 1994-99 bei den Verhandlungen zu erwartende Konfliktlinien an. Ende 1992 legte die Kommission die Entwürfe der geänderten Strukturfondsverordnungen vor[153]. Schon die Entwürfe beinhalteten Erweiterungen der Ziel 1-Förderung, z. B. auf Investitionen im Erziehungs- und Gesundheitswesen, was zwangsläufig mit den Förderschwerpunkten der GRW kollidieren mußte. Nach Bekanntwerden der Kommissionsentwürfe begann Anfang 1993 in Sachsen „eine erste intensive regierungsinterne Debatte über die Bindung der EFRE-Mittel an die GRW."[154] Die Aussicht, im Rahmen der Strukturfonds zukünftig auch Maßnahmen in seinem Geschäfts-

---

150 26 Prozent der ESF-Mittel fließen demnach in ein Bundesprogramm. Die restlichen 74 % gehen direkt an die Länder; vgl. *Hatt* 1996; vgl. auch nachfolgend.

151 Die Verwendung der ESF-Mittel im Rahmen der GA „Verbesserung der Agrarstruktur und des Küstenschutzes" (GAK) stand im Gegensatz zur Koppelung GRW/EFRE nicht grundsätzlich in der Kritik und sollte deshalb (leicht modifiziert) fortgesetzt werden, weil einerseits die Bestimmungen der GAK flexibler als die der GRW erschienen und die zuständige Generaldirektion (GD) andererseits eine größere Kompromißbereitschaft bei der Ergänzung durch nationale Förderprogramme zeigte als die GD Regio; vgl. von *Graevenitz* 1996.

152 Hierbei handelt es sich um ESF-Mittel, bei denen das Bundesministerium für Arbeit als Fondsverwalter auftritt. Die Förderung erfolgt über die nationalen Programme „AFG" und „AFG+"; vgl. *Mauer* 1996, S. 189 f.

153 Der offizielle Vorschlag folgte im Frühjahr 1993; vgl. ABl. C 131 vom 11.5.1993, S. 6.

154 *Nägele* 1996, S. 214.

bereich fördern zu können, veranlaßte beispielsweise das Sächsische Staatsministerium für Soziales, Gesundheit und Familie zu der Forderung, entsprechende Fördermittel zur Ko-Finanzierung im Haushalt einzuplanen. Andere Ministerien, wie das Umwelt- und das Wissenschaftsministerium, brachten ihre Interessen ebenfalls in den Diskussionsprozeß ein. Das sächsische Finanzministerium sprach sich u. a. für eine Entkoppelung der EFRE-Mittel von der Förderung im Rahmen der GRW aus, in der Hoffnung, dadurch eigene Mittel einsparen zu können. Außerdem versprach sich das Finanzministerium aus der Trennung die Möglichkeit, in Zukunft Landesprogramme zu 75 % aus Mitteln der Strukturfonds finanzieren zu können[155]. Als einziges Ressort sprach sich das Staatsministerium für Wirtschaft und Arbeit gegen eine Entkoppelung der Mittel aus. Diese Haltung ist (ebenfalls) durch Ressortegoismus zu begründen, denn die bis dahin gültigen GRW-Mechanismen statteten die Wirtschaftsministerien mit einer Vormachtstellung gegenüber den anderen Ressorts aus. Ein Vertreter des BMWi gibt ihnen deshalb eine „Mitschuld" an der Schärfe der gegenüber der GRW erhobenen Kritik. Demnach haben die Wirtschaftsministerien „... die breitangelegten Fördermöglichkeiten der Gemeinschaftsaufgabe nicht ausreichend transparent gemacht, andere Ressorts zu wenig in die Förderung eingebunden und einen zu hohen Ausschließlichkeitsanspruch auf die Mittel der Gemeinschaftsaufgabe erhoben."[156] Im Gegensatz zur Interessenlage des SMWA bedeutete die Kofinanzierung ihrer Programme durch EFRE-Mittel für die anderen Ressorts dagegen eine Art „zusätzlicher Bestandsschutz": Diese Programme konnten zukünftig nur noch in begründeten Fällen vom Finanzministerium oder dem Haushaltsausschuß des Landtags gestrichen werden[157].

Trotz der aufkommenden Kritik gelang es dem Bundeswirtschaftsministerium im vertikalen Verhältnis, die Ressortvertreter der Länder im Rahmen einer Wirtschaftsministerkonferenz im Frühjahr 1993 auf die GRW „einzuschwören". Das Festhalten an den hergebrachten Fördermechanismen wurde u. a. damit begründet, daß auf diese Weise auch in Zukunft Reibungsverluste bei der Umsetzung der Maßnahmen am besten vermieden und einer „Verzettelung der EG-Förderung" [158] vorgebeugt werden könne. Es wurde beschlossen, die ab 1.1.1994 in Aussicht stehenden EFRE-Mittel ohne Ausnahme zur Investitionsförderung im Rahmen der GRW einzusetzen. Dem

155 Im Rahmen der GRW war das nur zu maximal 50 % möglich.

156 *Tetsch* 1994, S. 332.

157 Vgl. *Nägele* 1996, S. 215.

158 *Tetsch* (1994, S. 331) spricht in diesem Zusammenhang von „Töpfchenwirtschaft".

Bundeswirtschaftsministerium war es parallel dazu gelungen, innerhalb der Bundesregierung einen „Burgfrieden" zu schließen, denn auch auf horizontaler Ebene hatten andere Ressorts, insbesondere das Forschungs-, das Bildungs-, das Bau- und das Umweltministerium, „... lebhaftes Interesse an den EFRE-Mitteln bekundet und für eine Entkopplung der Mittel plädiert."[159] Die genannten Ressorts waren bei ihrer Forderung, die EFRE-Mittel von der GRW abzukoppeln, von Vertretern der EU-Kommission „massiv unterstützt"[160] worden.

Die EG-Außenminister beschlossen am 20. Juli 1993 die neuen Fondsverordnungen[161] und bestimmten gleichzeitig die konkrete Mittelaufteilung. Die neuen Länder, einschließlich Berlin-Ost, wurden demnach als Ziel 1-Fördergebiete eingestuft und mit einer Dotierung von 13,64 Mrd. ECU[162] für den Zeitraum 1994-99 versehen, was einer jährlichen Unterstützung in Höhe von 145 ECU pro Kopf[163] entspricht. Der regionale Entwicklungsplan (REP) für die fünf neuen Länder war unter Federführung des BMWi in Kooperation mit den Wirtschaftsressorts der Länder erstellt worden, wobei der Beitrag der Landesregierungen lediglich darin bestand, in kurzen Regionalentwicklungsplänen auf landesspezifische Entwicklungsstrategien hinweisen zu können[164]. Der REP wurde der Kommission am 13. Juli 1993 erstmals zur Genehmigung vorgelegt. Kerngedanke - und anschließender Hauptstreitpunkt mit der Kommission - war das Festhalten an der Koppelung von GRW und Verwendung der EFRE-Mittel. Ein anderer Konflikt entstand aus dem ursprünglichen Wunsch der Bundesregierung, die Planungsschritte GFK und OP im Rahmen eines Einheitlichen Programmplanungsdokumentes zusammenfassen zu können. Davon versprach sie sich u. a. eine Beschränkung des Einflusses der Kommission, die nur einmal Gelegenheit gehabt hätte, im Rahmen der Verhandlungen zu dem EPPD Veränderungen

---

159 *Nägele* 1996, S. 215; vgl. auch *Anderson* 1996, S. 186 f.

160 *Tetsch* et al. 1996, S. 39; im Original mit Hervorhebung.

161 VO 2080/93 ff. vom 20.7.1993, ABl. L 193 vom 31.7.1993, S. 1 ff.; vgl. auch vorstehend Abschnitt 2.4.

162 In Preisen von 1994; vgl. Kommission 1997a, S. 174.

163 Zum Vergleich: im Zeitraum 1990-93 hatte dieser Betrag bei 62 ECU pro Kopf gelegen; vgl. Kommission 1997a, S. 172.

164 Diese fanden sich lediglich „im Anhang" des REP wieder. Danach stellten die Landwirtschaftsressorts der neuen Länder insofern eine Ausnahme dar, als sie bei der Ausarbeitung des EAGFL-spezifischen Teils „... vergleichsweise gut eingebunden waren"; *Ast* 1999, S. 180.

einzufordern[165]. Diese Strategie war jedoch nicht erfolgreich - die Kommission bestand auf dem mehrstufigen Planungsverfahren.

Die Kritik der für Regionalpolitik zuständigen Generaldirektion umfaßte die Punkte des regionalen Entwicklungsplanes nahezu ausnahmslos: angefangen bei fehlenden Evaluierungsergebnissen in bezug auf den vorangegangenen Planungszeitraum, über die „unzureichende Thematisierung zu erwartender Probleme bei der Umsetzung von Gemeinschaftsvorschriften"[166] bis hin zu der nicht erfolgten Festlegung einheitlicher Entwicklungsschwerpunkte für die Strukturfonds. Der zentrale Kritikpunkt aber war die fortgesetzte Bindung der EFRE-Förderung an die beiden GRW-Schwerpunkte gewerbliche Wirtschaft und gewerbenahe Infrastruktur. Diese Einengung der Förderprioritäten entsprach nach Meinung der Kommission nur in sehr beschränktem Maße den spezifischen Erfordernissen der ostdeutschen Situation. Aus diesem Grund verlangte sie von der Bundesregierung, daß nur 50 % der EFRE-Mittel an die GRW zu binden seien. Die verbleibende Hälfte sollte in spezielle Programme in den Bereichen KMU, Forschung und Entwicklung, Umwelt sowie Stadtentwicklung fließen. Für den Bund war es nach seinem Verständnis von Subsidiarität hingegen der Anspruch der Kommission nicht akzeptabel, „... für die neuen Länder von Brüssel aus die jeweils zweckmäßigsten Entwicklungsprioritäten zu setzen."[167] Die Auseinandersetzung zwischen Kommission und Bundesregierung spitzte sich weiter zu, als das zuständige Kommissionsmitglied Bruce Millan nicht bis zu der vollständigen Einreichung aller Begleitunterlagen zu dem Regionalentwicklungsplan (REP) wartete, sondern schon vorher, am 31.8.1993, in einem Schreiben an die Ministerpräsidenten der neuen Länder und das BMWi die genannten Kritikpunkte sowie die Vorstellungen der Kommission über die künftige Ausgestaltung der Förderung darlegte. Bereits drei Tage nach Eintreffen des Briefes legte das Bundeswirtschaftsministerium einen modifizierten REP vor[168], der nun den Anforderungen der neuen Fondsverordnungen entsprechen sollte. Damit begann die Sechsmonatsfrist zu laufen, die der Kommission für die Verabschiedung eines GFK[169] normalerweise zur Verfügung steht.

---

165 Vgl. *Bollen* et al. 2000, S. 135 ff.

166 Zu weiteren Einzelheiten vgl. *Nägele* 1996, S. 216 f. (217); vgl. auch *Ast* 1999, S. 181.

167 *Tetsch* 1994, S. 335.

168 Also am 2. September 1993; vgl. *Bollen* et al. 2000, S. 134 ff.

169 Gemäß Art. 10 Abs. 1 der VO 2082/93, ABl. L 193 vom 31.7.1993, S. 23.

In Sachsen stießen die Forderungen des EG-Kommissars nach (Teil-)Entkoppelung von EFRE und GRW auf offene Ohren, hatte es doch schon früher Überlegungen in diese Richtung gegeben. Der offenkundige Dissens zwischen Bundesregierung und einzelnen Landesregierungen[170] in bezug auf den Regionalentwicklungsplan verschaffte der Kommission ihrerseits zusätzlichen (zeitlichen) Spielraum, denn sie konnte argumentieren, „... daß Bund und Länder Kernbestandteile des Entwicklungsplans noch gar nicht entschieden hatten."[171] Besonders engagierte sich in dieser Auseinandersetzung Ministerpräsident Kurt Biedenkopf, der sich um Direktkontakte „an der Bundesebene vorbei" bemühte und eigens zu diesem Zweck im Herbst 1993 zweimal nach Brüssel reiste, um mit dem zuständigen Kommissar und dem Präsidenten der Kommission zu sprechen. Hintergrund der Gespräche war das Bemühen des sächsischen Regierungschefs, eine Koalition zwischen dem Interesse des Landes und dem Anliegen der Kommission zugunsten einer weiteren Entkoppelung der Mittel herzustellen[172]. Gleichzeitig versuchte das Bundeswirtschaftsministerium, die Landesressorts auf die GRW festzulegen. Als Konsequenz wurde u. a. eine mögliche Kürzung der GRW-Förderung angekündigt, falls die Forderung nach einer (Teil-)Entkoppelung aufrechterhalten bliebe. Ungeachtet dieser Drohung beschloß das sächsische Kabinett am 1. Februar 1994 den Teilausstieg aus dem bisherigen System. Ab 1995 sollten demnach nur noch 47,8 % der EFRE-Mittel im Rahmen der GRW eingesetzt werden[173].

Dem Beschluß der sächsischen Staatsregierung war eine rege kabinettsinterne Diskussion vorangegangen, die bereits über ein Jahr lang angedauert hatte. Das zu Beginn der Debatte noch sehr aktive Sozialministerium zog sich zwar schon bald zurück[174]. Andere Ressorts forderten dagegen auch weiterhin eine breitere Streuung der europäischen Fördergelder. Beispielsweise drängte das Umweltministerium im Sommer 1993 nachdrücklich darauf, EFRE-Mittel für Verbesserungen in den Bereichen Trink- und Abwas-

170 Neben Sachsen lehnte auch Berlin die lineare Fortsetzung der bestehenden EFRE/GRW-Koppelung ab, später kam noch Brandenburg dazu. Im Interview wurden die „heftigen Kontroversen" zwischen dem BMWi und der sächsischen Landesregierung über die EFRE-GRW-(Ent-)Kopplung bestätigt; vgl. Gesprächsprotokoll SN 2.

171 *Nägele* 1996, S. 218; vgl. auch *Bollen* et al. 2000, S. 135 f.

172 Vgl. *Ast* 1999, S. 182.

173 Vgl. *Reinfried* 1996, S. 69.

174 Mit dem Gesundheitsreformgesetz hatte sich eine andere Quelle für Investitionen im Krankenhausbereich ergeben; vgl. *Nägele* 1996, S. 220.

ser einsetzen zu können. Das Finanzministerium wurde seinerseits nicht müde, auf die Möglichkeit der Substitution von Landesfördermitteln durch EG-, Bundes- und kommunale Fördermittel hinzuweisen. Somit stand das Wirtschaftsressort unter zunehmendem Druck. Als dann noch der Ministerpräsident dieses Politikfeld „zur Chefsache erklärte" und den bereits beschriebenen Kabinettsbeschluß herbeiführte, konnte der Wirtschaftsminister seine vormals vertretene Position nicht länger halten.

Auf Bundesebene schien der sächsische Alleingang zunächst nicht ohne Wirkung, denn auch hier traten die latent vorhandenen Ansprüche der Ressorts auf den „EFRE-Kuchen" nun offen in Erscheinung. Insbesondere das Städtebau-, das Umwelt- und zeitweise auch das Forschungsministerium meldeten ihr Interesse an einer angemessenen Beteiligung an den Fördergeldern an[175]. Selbst innerhalb des Wirtschaftsministeriums gab es unterschiedliche „Lager": Während die Europaabteilung die Fördergelder aus den Strukturfonds breiter streuen wollte, beharrte die volkswirtschaftliche Abteilung auf deren konzentrierten Einsatz im Rahmen der bestehenden GRW-Strukturen. Anfang April 1994 gelang es dem BMWi jedoch, sich im Rahmen einer Kabinettsrunde mit seiner Position einer weiteren Mittel-Koppelung durchzusetzen. Hauptargument des Wirtschaftsministeriums war, daß durch eine Entkoppelung der Förderung die Position des Bundes weder gegenüber den Ländern noch im Verhältnis zu der Europäischen Kommission gestärkt werden würde.

Innerhalb der Kommission war das Problem der (Ent-)Koppelung der Förderung ebenfalls nicht unumstritten. Aus diesem Grund wurden im August 1993 sechs Instituten Forschungsaufträge zur Untersuchung des EFRE-Einsatzes in den neuen Ländern erteilt. Die Ergebnisse wurden mit den Gutachtern und kommissionsintern bis Februar 1994 ausgewertet. Erst anschließend begann die zuständige Generaldirektion, sich mit den Planungsunterlagen der Bundesregierung intensiv zu beschäftigen. Dadurch verzögerte sich der Beginn der Verhandlungen über das GFK, die erst Ende März 1994 mit einem Treffen zwischen der zu diesem Zweck gegründeten Bund-Länder-Arbeitsgruppe[176] und Kommissionsvertretern beginnen konnten. Auf der Seite der Kommission waren unter Führung der GD Regio sie-

---

175 Vgl. *Anderson* 1996, S. 187.

176 Vertreten waren in diesem Gremium die jeweils fondsverwaltenden Bundes- und Landesressorts.

ben Generaldirektionen[177] an den Verhandlungen beteiligt, die auf höherer Ebene das GFK und auf Arbeitsebene parallel die einzelnen Operationellen Programme zum Gegenstand hatten[178]. Nach mehr als zwanzig Sitzungen dieser Gremien, deren Zusammensetzung dabei ständig variierte, und „in einer Vielzahl informeller Kontakte“[179] gelang es schließlich, das GFK entscheidungsreif zu machen, so daß es am 29. Juli 1994 von Kommissar Bruce Millan unterzeichnet werden konnte[180]. Die sieben im Wege der Partnerschaft festgelegten Förderschwerpunkte des GFK für die deutschen Ziel 1-Gebiete gehen in ihrer Gesamtheit weit über den Rahmen des GRW-Förderkatalogs hinaus:

„1. Unterstützung produktiver Investitionen und ergänzender Investitionen in der wirtschaftsnahen Infrastruktur[181],

2. Maßnahmen zur Unterstützung kleiner und mittlerer Unternehmen,

3. Maßnahmen zur Unterstützung von Forschung, Technologie und Entwicklung sowie Innovation,

4. Maßnahmen zum Schutz und zur Verbesserung der Umwelt,

5. Maßnahmen zur Bekämpfung der Arbeitslosigkeit sowie zur Förderung des Arbeitskräftepotentials, zur beruflichen Aus- und Weiterbildung und der Beschäftigung,

---

177 Die Generaldirektionen für (in Klammern die alte Zählweise): Wettbewerb (IV), Soziales (V), Landwirtschaft (VI), Umwelt (XI), Wissenschaft (XII), Regionalpolitik (XVI) und Finanzkontrolle (XX).

178 Vgl. *Bollen* et al. 2000, S. 137 f.

179 *Nägele* 1996, S. 222.

180 Und damit über ein Jahr nachdem der regionale Entwicklungsplan von der Bundesregierung eingereicht worden war; vgl. Entscheidung der Kommission zur Erstellung des GFK für die Strukturinterventionen der Gemeinschaft in den deutschen Ziel-1-Regionen vom 29. Juli 1994, ABl. L 250/18 vom 26.9.1994.

181 Dieser Punkt allein umfaßt den Kernbereich der GRW; alle nachfolgenden Fördermaßnahmen sind im Rahmen der (klassischen) GRW nicht oder nur teilweise realisierbar.

6. Maßnahmen zur Förderung der Landwirtschaft, der ländlichen Entwicklung und der Fischerei,
7. technische Hilfe."[182]

Die Langwierigkeit der Entscheidungsfindung kann zu einem großen Teil durch die Heterogenität der beteiligten Partikularinteressen sowohl im vertikalen Verhältnis zwischen den drei Ebenen als auch im horizontalen Verhältnis zwischen den Ressorts bzw. Generaldirektionen erklärt werden. Neben fachpolitischen Zielsetzungen ging es dabei auch um machtgeleitete Kalküle. Ein Vertreter des BMWi schätzt mit Blick auf die Hintergründe für die ständige Kritik an der GRW ein, „... daß es bei dieser Auseinandersetzung im Kern nicht um die Effizienz der Förderung geht, sondern letztlich um einen Kampf um knappe öffentliche Fördermittel, um die Verschiebung politischer Prioritäten und um politischen Einfluß."[183] Für die Fortsetzung der vollständigen Bindung der EFRE-Mittel an die GRW votierte mit aller Entschiedenheit allein das BMWi. Lediglich mit Einschränkungen wurde es dabei sowohl von den anderen Bundesressorts als auch den Landeswirtschaftsministerien unterstützt, die ihrerseits Interesse an der Verfügung über europäische Fördermittel hatten, bzw. kabinettsinternen Zwängen unterworfen waren. In bezug auf den Freistaat Sachsen war zudem zu beobachten, daß der Ministerpräsident durch sein persönliches Engagement in der Angelegenheit „... kabinetts- und parteiintern seine Machtstellung verbessern, der Finanzminister sein Budget schonen und das jeweilige Fachressort seine Verfügungsmacht über die EFRE-Mittel sichern wollte."[184] Einflußreich wirkte in dem beschriebenen Entscheidungsprozeß die dem Ministerpräsidenten direkt zugeordnete Staatskanzlei, die u. a. für die haushaltspolitische Koordination der Ressorts zuständig ist[185]. Die EU-Kommission verfolgte ihrerseits das Ziel, unter Umgehung des Bundes stärkeren Einfluß auf die Gestaltung der regionalen Förderpolitiken in den neuen Ländern zu bekommen, wobei die Generaldirektionen entsprechend ihrer jeweiligen Ausrichtung unterschiedliche Prioritäten setzten.

---

182 Art. 2 Abs. 1 lit. a der Kommissionsentscheidung 94/628/EG, ABl. L 250 vom 26.9.1994, S. 19. Zur konkreten Ausfüllung dieser Förderschwerpunkte im Zeitraum 1994-96 vgl. *Hagen/Toepel* 1997, S. 50 ff.; zu einer Bilanz der Strukturförderung 1994-99 vgl. SMWA 2000, S. 60 ff. sowie den nachfolgenden Abschnitt 4.4.4.

183 *Tetsch* 1994, S. 332.

184 *Nägele* 1996, S. 222.

185 Vgl. Gesprächsprotokoll SN 2.

4.4.4 Die EFRE-Förderung seit 1994

Verglichen mit den - im vorangegangenen Abschnitt dargestellten - langwierigen Verhandlungen bis zur Verabschiedung des GFK am 29. Juli 1994 ergingen die Kommissionsentscheidungen zu den einzelnen Operationellen Programmen, die die Basis für die Strukturfondsförderung im Freistaat Sachsen bis Ende 1999 bilden sollten, binnen kurzer Frist: das EFRE-dominierte OP wurde am 5. August 1994 verabschiedet[186], das EAGFL-OP am 22.8.1994 und das ESF-OP schließlich am 6.9.1994[187]. Nachdem sich die Befürworter einer Entkoppelung von GRW und EFRE-Förderung in den Bund-Länder-Verhandlungen prinzipiell durchgesetzt hatten, kam es im 24. GRW-Rahmenplan (1995)[188] zur Formulierung eines Kompromisses, der es den ostdeutschen Ländern ermöglichte, die Mittelbindung (teilweise) aufzuheben. In der Förderperiode 1994-1999 war es den Landesregierungen demnach möglich, EFRE-Mittel von dem Ziel- und Maßnahmekatalog der GRW getrennt einzusetzen. Der Freistaat Sachsen wurde im Vergleich der neuen Länder - wie schon im Förderzeitraum 1991-93 - mit den meisten Strukturfondsmitteln ausgestattet.

---

186 Vgl. SMWA 1994.

187 Vgl. SMWA 2000, S. 60.

188 Beschlossen am 27.4.1995, BT-Drs. 13/1376; vgl. auch *Ast* 1999, S. 134.

Tabelle: Finanzplan für die Jahre 1994-99, zusammengefaßt nach Ländern (in Mio. ECU)[189]

	GFK / EPPD gesamt	öf-fentl. Mittel gesamt	Struk-tur-fonds gesamt	EFRE	ESF	EAGFL	FIAF	natio-nale Mittel gesamt	private Mittel gesamt
	1 = 2 + 9	2 = 3 + 8	3 = 4 bis 7	4	5	6	7	8	9
Ziel 1	**57906**	**23896**	**13640**	**6820**	**4092**	**2645**	**84**	**10256**	**34011**
Branden-burg	9443	3751	2169	1075	496	598		1582	5692
Meckl.-Vorp.	7718	3086	1829	824	383	622		1257	4632
Ost-Berlin	2669	1363	745	516	221	8		619	1306
Sachsen	**11539**	**5297**	**3366**	**2014**	**875**	**478**		**1931**	**6242**
Sa.-Anhalt	12516	4424	2368	1264	550	554		2056	8093
Thüringen	11454	3552	2003	1127	490	386		1549	7902
Nicht-region.	2566	2423	1160		1077		84	1263	143

Die Aufteilung der Mittel erfolgte entsprechend der Bevölkerungszahl und der spezifischen Problemstruktur der einzelnen Länder. Folgerichtig erhielten beispielsweise die dünnbesiedelten Länder Brandenburg und Mecklenburg-Vorpommern deutlich mehr EAGFL-Mittel zur Entwicklung des ländlichen Raumes als die höher verdichteten, stärker industrialisierten Länder Thüringen und Sachsen. Aus dem Regionalfonds erhielt Sachsen die mit Abstand meisten Mittel unter den neuen Ländern, die ihrerseits die jeweilige Aufteilung der Gelder auf die einzelnen Ressorts sehr unterschiedlich ausgestalteten. Während in Sachsen-Anhalt beispielsweise alle EFRE-Mittel vom Wirtschaftsministerium zentral verwaltet wurden, nahm Sachsen eine sehr weitgehende Aufsplittung vor, die gleich mehrere Ministerien in den Genuß von Strukturfondsgeldern kommen ließ. Der interne Verteilungs-

189 In Preisen von 1994, kleine Abweichungen durch Rundung möglich; vgl. Kommission 1997a, S. 174.

schlüssel der EFRE-Förderung für die Mittelverwaltung sah folgendermaßen aus[190]:

Ministerium für Wirtschaft, Arbeit und Verkehr (SMWA)	976 Mio. ECU,
Ministerium für Umwelt und Landesentwicklung (SMU)	383 Mio. ECU,
Ministerium für Wissenschaft und Kunst (SMWK)	355 Mio. ECU,
Ministerium für Kultus (SMK)	296 Mio. ECU.

Mit dieser Verteilung auf unterschiedliche Ressorts sollte die Effizienz des Mitteleinsatzes erhöht werden, indem erstens die ganze Bandbreite möglicher Förderinhalte ausgeschöpft und zweitens die Ergebnisverantwortung auf mehrere Schultern verlagert werden kann. Um zu vermeiden, daß dieser dezentrale Ansatz von Ressortegoismen konterkariert wird, erwies sich eine entsprechende Koordinierung der Fördermaßnahmen als notwendig. Diese wurde von dem SMWA geleistet, das als EFRE-Fondsverwalter auch den Vorsitz im sächsischen GFK-Begleitausschuß[191] innehatte. Die Notwendigkeit ressortübergreifender Koordinierung gilt in besonderem Maße angesichts der wirtschaftlichen Situation in Ostdeutschland, die von Strukturbrüchen und anhaltend hoher Unterbeschäftigung geprägt ist[192]. Daß auch in Sachsen Defizite bei der Abstimmung der einzelnen Ressortinteressen auftraten und noch immer auftreten, wurde in verschiedenen Interviews und Hintergrundgesprächen deutlich[193]. Der deutschlandweit einmalige Ressortzuschnitt „für Wirtschaft und Arbeit" erwies sich als insgesamt vorteilhaft bei der Koordinierung der Fördermaßnahmen im Rahmen des ESF und des EFRE[194]. Zwar gibt es für die beiden Bereiche Wirtschaft bzw. Arbeit und

---

190 Vgl. *Reinfried* 1996, S. 70. Zur Aufschlüsselung der Mittel auf die sieben Förderschwerpunkte vgl. SMWA 1994, S. 65.

191 Zur Zusammensetzung und Tätigkeit des Begleitausschusses vgl. ausführlicher den nachfolgenden Abschnitt.

192 *Hilpert/Thierse* (1997, S. 308): „Gelingt es nicht, die Ressortpolitiken abweichend vom bisher geltenden westdeutschen Muster zu konzertieren, dann werden die innovativen Potentiale mangels aktiver politischer Gestaltung nur begrenzte Beiträge zur Entfaltung eines modernen Industriestandortes liefern."

193 Vgl. insbesondere die Gesprächsprotokolle SN 1, 2, 3 und 4.

194 Während Referat 31 des SMWA für den EFRE zuständig ist, wird der ESF in Referat 53 verwaltet. Durch diesen „kurzen Dienstweg" sei ein integrierter Mitteleinsatz besser möglich; vgl. Gesprächsprotokoll SN 6.

Verkehr je einen Staatssekretär mit entsprechend unterschiedlichen Prioritäten, aber durch die Zusammenfassung der beiden Fonds in einem Ministerium ergaben sich vergleichsweise bessere Kommunikationsmöglichkeiten, als wenn ein anderes „Haus" an der Abstimmung zu beteiligen gewesen wäre.

Der EAGFL-A fällt in den Zuständigkeitsbereich des Sächsischen Staatsministeriums für Umwelt und Landwirtschaft. Dieses „Superressort" entstand im Jahre 1998 durch die Fusion der bis dahin eigenständigen Umwelt- und Landwirtschaftsministerien. Es verfügt über einen entsprechend weit verzweigten Behördenapparat[195] mit über 5.000 Mitarbeitern, denen lediglich rund 50.000 Beschäftigte in der Landwirtschaft gegenüberstehen[196]. Auch in diesem Ministerium gibt es unterschiedliche Teilinteressen, die sich in divergierenden Förderpräferenzen in den Bereichen Umwelt und Landwirtschaft äußern können. Darunter leidet die Einheitlichkeit des Auftretens des Ministeriums im Außenverhältnis. Die Integration verschiedener Politikfelder im Rahmen eines Ministeriums stellt somit eine Herausforderung für die „Hausspitze" dar, um mit einer konsistenten Strategie - beispielsweise gegenüber den Kabinettskollegen bei den Haushaltsverhandlungen - auftreten zu können.

Die durch das SMWA im Rahmen des neuen Operationellen Programms vorgelegte Bilanz der Strukturförderung im Freistaat Sachsen[197] in der Förderperiode 1994-99 gleicht einer ebenso fakten- wie erfolgreichen Wirtschaftsstatistik. Anhand der sieben, im vorangegangenen Abschnitt vorgestellten Förderschwerpunkte des GFK, die sich wiederum in einzelne Maßnahmekomplexe ausdifferenzieren, werden der Mitteleinsatz und der Stand der Programmdurchführung im Rahmen der drei Fonds beziffert und dokumentiert. Die Förderung im Rahmen der Gemeinschaftsinitiativen verdient besondere Erwähnung, weil die Vorschläge zu den Programmen zwar zentral von der EU-Kommission kommen, bei den Anträgen auf Förderung jedoch auf die strikte Einhaltung des bottom-up-Prinzips sowie auf die Entwicklung regionaler und lokaler innovativer Ansätze geachtet wird. Insgesamt zehn Gemeinschaftsinitiativen kamen in der Förderperiode 1994-99 in Sachsen zum Einsatz, die mit rund 800 Mio. DM aus den drei Fonds dotiert

---

195 14 Landwirtschaftsämter, drei Ämter für ländliche Neuordnung, eine Landesanstalt für Landwirtschaft, ein Landesamt für Umwelt und Geologie, fünf staatliche Umweltfachämter, 50 Forstämter, zwei Forstdirektionen und ein Landesamt für Forsten.

196 Vgl. *Gunnar Saft*, Die Schonfrist ist abgelaufen, Sächsische Zeitung vom 3.2.2000. Danach arbeiten im Ministerium 482 Bedienstete, in den nachgeordneten Behörden insgesamt 5.087 Mitarbeiter.

197 Vgl. SMWA 2000, S. 60 ff.

waren[198]. Diese von der Kommission vorgeschlagenen Maßnahmen haben nach Einschätzung des SMWA „einen wertvollen Beitrag“[199] zur Stärkung der sächsischen Regionen durch den Abbau spezifischer Entwicklungsrückstände in benachteiligten Gebieten geleistet. Die positive Bewertung findet ihren Ausdruck auch darin, daß in der neuen Förderperiode infolge des Auslaufens der meisten Gemeinschaftsinitiativen zahlreiche Maßnahmen aus den GI in die Regelförderung der Strukturfonds übernommen werden sollen[200]. Daß die Strukturfondsförderung in der abgelaufenen Förderperiode dennoch nicht bei allen beteiligten Akteuren, insbesondere unter dem Aspekt der Partizipation, restlose Zufriedenheit auslösen konnte, soll der nächste Abschnitt zeigen.

4.4.5 Die Umsetzung des Partnerschaftsprinzips

4.4.5.1 ... in der Förderperiode 1994-99

Bereits im Rahmen der Strukturfondsreform von 1988 wurde der Grundsatz der Partnerschaft bei der Programmplanung und -durchführung als eines der vier Förderprinzipien eingeführt. Die Umsetzung dieses Prinzips wurde in der Folgezeit durch die Kommission immer wieder mit dem Ziel angemahnt, Kooperationspartner unterhalb der nationalen Ebene aufzubauen, deren Problemkenntnis für die Lösung regionaler und lokaler Probleme aktiviert werden sollte. Bei der Reformrunde im Jahre 1993 erfolgte die Erweiterung des Partnerschaftsprinzips: von nun an war auch die Beteiligung aller relevanten Wirtschafts- und Sozialpartner vorgeschrieben, für die sich somit eine Möglichkeit zur Partizipation an den Entscheidungsprozessen eröffnete. Dieser Bestimmung wurde durch die Einbeziehung von Verbänden und Gewerkschaften, sonstigen Arbeitgeber- und Arbeitnehmerorganisationen sowie von Vertretern gesellschaftlicher Gruppen im Rahmen spezieller

---

198 INTERREG, KMU, RESIDER, RECHAR, RETEX, URBAN, KONVER, ADAPT, EMPLOY und LEADER.

199 SMWA 2000, S. 82.

200 Im EFRE-Bereich betrifft das die Technologieförderung (aus RESIDER, RECHAR, RETEX und KMU), die Sanierung von Brachflächen (RESIDER, RECHAR, RETEX) oder die bauliche Erneuerung in städtischen Problemgebieten (URBAN). In die ESF-Schwerpunkte werden in Sachsen Bildungs- und Qualifizierungsmaßnahmen aus ehemaligen GI in folgenden Bereichen übernommen: Qualitätsmanagement und Ökoaudit (aus KMU), Altlastensanierung (KONVER) sowie in ehemals monostrukturierten Gebieten (RECHAR und RETEX).

Ausschüsse Rechnung getragen. Die sogenannten Begleitausschüsse[201] bilden die Arena, in deren Rahmen sich die Beteiligung der genannten Akteure an der Begleitung und Kontrolle der Fördermaßnahmen realisiert. Die Bundesebene hatte anfangs Bedenken gegenüber einer weitgehenden, den europäischen Vorgaben entsprechenden Umsetzung des Partnerschaftsprinzips, weil sie darin die Gefahr sah, daß die Kommission ihren Einfluß auf die nationale und regionale Politikgestaltung weiter ausdehnen könnte. Zum zweiten hegte sie die Befürchtung, daß die Länder quasi „am Bund vorbei" versuchen würden, mit der Kommission direkt zu verhandeln, um ihre spezifischen Interessen wahrzunehmen. Außerdem wurde die Ausweitung der Partizipationsmöglichkeiten als eine unnötige weitere Zunahme der Komplexität nationaler Entscheidungsmechanismen abgelehnt.

Als die Umsetzung der Kommissionsvorgaben nicht mehr zu umgehen war, wurde der Bund aktiv. Unter Moderation des BMWi und seinem Vorsitz bildete sich ein Ziel 1-Begleitausschuß, in dem alle an der Förderung beteiligten ostdeutschen Landesressorts mit den Fondsverwaltern der entsprechenden Bundesministerien sowie mit Vertretern der Europäischen Kommission fortan halbjährlich zusammentrafen[202]. Die Wirtschafts- und Sozialpartner und die kommunalen Spitzenverbände waren in diesem Ausschuß, der rund 60 Mitglieder[203] umfaßte, jedoch nicht direkt vertreten, sondern wurden auf Betreiben der Bundesebene lediglich im Rahmen sogenannter „Vorschaltrunden" beteiligt. Dabei handelte es sich um Gespräche mit dem Vorsitzenden des Begleitausschusses, in deren Rahmen versucht werden konnte, mittelbar Einfluß zu nehmen. Einen vollwertigen Ersatz für direkte Ausschußbeteiligung stellten diese Beratungen allerdings nicht dar. Die herausgehobene Stellung des Bundes in dem Begleitausschuß sollte zum zweiten dadurch erreicht werden, daß den Unterausschüssen in den Ländern kaum eigene Entscheidungskompetenzen, sondern lediglich beratende Funktionen übertragen wurden. Nachdem die Bundesebene den Begleitausschuß auf diese Weise gegen vertikale und horizontale Einflußmöglichkeiten weitgehend „immunisiert" hatte, „... wich im Laufe der Arbeit die anfängliche Skepsis mehr und mehr einer Sicht des Partnerschaftsprinzips als „Kommu-

---

201 Vgl. einführend Abschnitt 1.3.4.3.

202 In der Regel einmal im Frühjahr und einmal im Herbst; vgl. Gesprächsprotokoll SN 4.

203 42 Vertreter aus den Länderministerien, die Bundesressorts und die Europäische Kommission; vgl. Lang et al. 2000, S. 109. Eine andere Quelle nennt rund 80 Personen; vgl. Gesprächsprotokoll SN 4.

nikations-Markt“, der nicht direkt eine Bedrohung für die eigene Position darstellt.“[204]

Neben dem länderübergreifenden Ziel 1-Begleitausschuß, konstituierte sich ein Unterausschuß für Sachsen, in dem wiederum die einschlägigen Generaldirektionen (Regionalpolitik, Soziales und Landwirtschaft) und die entsprechenden Bundesressorts (BMWi, BMF, BMAS und BMELF) vertreten waren. Derartige Unterausschüsse wurden in allen neuen Ländern gebildet, allerdings in unterschiedlicher Zusammensetzung und mit teilweise abgestuften Rechten[205]. Ursprünglich wollten die sächsischen Fondsverwalter eigene Wege gehen und drei fondsspezifische Unterausschüsse bilden[206]. Ein Kabinettsbeschluß aus dem Jahre 1995 beendete jedoch diesen Versuch: Es wurde ein einheitlicher, fondsübergreifender Ausschuß festgelegt, in dem maximal acht Vertreter der Wirtschafts- und Sozialpartner sitzen sollten. Unter Vorsitz des EFRE-Fondsverwalters aus dem SMWA, dem auch das Büro des Unterausschusses zugeordnet wurde, nahmen seit diesem Beschluß die beiden anderen Fondsverwalter (aus dem SMWA bzw. dem SMU) sowie Ressortvertreter weiterer, an der Förderung beteiligter Ministerien und der Staatskanzlei ebenfalls mit Sitz und Stimme an den Ausschußsitzungen teil, die zweimal jährlich stattfanden[207]. Bei der Benennung der Ausschußmitglieder aus dem Kreis der Wirtschafts- und Sozialpartner durch die Staatsregierung fiel die erste Wahl auf die „klassischen“ Vertreter: DGB und IHK. Weitere Mitglieder des Begleitausschusses wurden entsandt durch die Vereinigten Arbeitgeberverbände, den Unternehmerverband Sachsen, Vertretungen bestimmter Berufsstände (Handwerkskammer, Landesbauernverband), den Landesfremdenverkehrsverband, die Grüne Liga Sachsen, das Evangelisch-Lutherische Landeskirchenamt, die Deutsche Angestellten Akademie sowie die Liga der Spitzenverbände der Freien Wohlfahrtspflege. Neben den genannten Vertretern der Wirtschafts- und Sozialpartner waren im Begleitausschuß die drei Regierungspräsidien und die Stiftung Innovation und Arbeit Sachsen (IAS)[208] beteiligt.

---

204 *Lang* et al. 2000, S. 110.

205 Die Wirtschafts- und Sozialpartner genossen in Berlin, Brandenburg und Sachsen die Rechte einer Vollmitgliedschaft, während Mecklenburg-Vorpommern ihnen nur beratendes Stimmrecht einräumte.

206 Vgl. Gesprächsprotokoll SN 4.

207 In der Regel wurden die Sitzungen des Unterausschusses rund drei Wochen vor den Treffen des Bundes-Begleitausschusses durchgeführt; vgl. Gesprächsprotokoll SN 4.

208 Ausführlicher zur IAS vgl. nachfolgend Abschnitt 4.4.5.3.

Es fällt auf, daß die Zahl der Vertreter gesellschaftlicher Interessen relativ klein gehalten wurde - immerhin stieg die Zahl der nichtstaatlichen Ausschußmitglieder seit dem (restriktiven) Kabinettsbeschluß sukzessive auf elf. Die dafür gegebene Begründung entspricht dem Selbstverständnis hoheitlichen Verwaltungshandelns[209]: Danach sei die Einbeziehung der Wirtschafts- und Sozialpartner „grundsätzlich sinnvoll", da auf diesem Wege inhaltliche Vorschläge zur Effizienzsteigerung gemacht werden könnten. Andererseits bestünde jedoch die Gefahr, daß durch das Einbringen „sachfremder Argumente" die Entscheidungsfindung verzögert werde bis hin zum Aufbau potentieller Vetopositionen bei der Programmplanung, beispielsweise durch Umweltverbände. Hierin spiegelt sich die allgemein reservierte Haltung der sächsischen politischen Führung gegenüber der Einbeziehung insbesondere von Nicht-Regierungsorganisationen (NRO) wider[210]. Nach einer im Interview gemachten Aussage sei der Ministerpräsident „hinsichtlich der Einbeziehung der Wirtschafts- und Sozialpartner sehr zurückhaltend"[211], weil sich ansonsten die Komplexität der Entscheidungswege und der bürokratische Aufwand weiter steigern würden. In der Besetzung des Begleitausschusses kommt außerdem eine letztlich restriktive Strategie der Länderebene gegenüber den lokalen Gebietskörperschaften zum Ausdruck: Zwar werden alle (Kommissions-)Bemühungen nach Dezentralisierung zugunsten der regionalen Ebene unterstützt. Andererseits verhalten sich die Länder gegenüber der kommunalen Ebene zentralistisch, indem sie eine Verlagerung der Verantwortung für die Implementation der Programme auf die kommunale Ebene ablehnen. Die sächsische Landesverwaltung sieht sich vielmehr selbst als Hüter der Interessen der Städte und Gemeinden: In den Begleitausschüssen hatten die Regierungspräsidien die Aufgabe, kommunale Anliegen einzubringen[212].

Die Einschätzungen zu der Tätigkeit des Unterausschusses Sachsen in der abgelaufenen Förderperiode fallen ernüchternd aus. Durch seine geringe Kompetenzausstattung, die sich auf die technische Feinsteuerung des Mittelabflusses beschränkte, sei der Begleitausschuß „zum Informationsgremium degradiert"[213] worden. Da im Ausschuß keine Entscheidungen über kon-

---

209 Vgl. Gesprächsprotokoll SN 1.

210 „NRO kommen im Denken der Staatsregierung überhaupt nicht vor."; Gesprächsprotokoll SN 5.

211 Gesprächsprotokoll SN 3.

212 Also die Behörde, die u. a. für die Kommunalaufsicht zuständig ist, vgl. Gesprächsprotokoll SN 3.

213 Gesprächsprotokoll SN 4.

krete Projekte fielen und selbst Mittelverschiebungen zwischen einzelnen Schwerpunkten dem Zustimmungsvorbehalt der Kommission unterlagen, „... erwies sich das Interesse der Wirtschafts- und Sozialpartner an der konkreten Mitarbeit (...) oft als ziemlich beschränkt."[214] Somit war es dem Unterausschuß Sachsen letztlich nicht möglich, die angestrebte Koordinierungsleistung zu erbringen[215]. Den vergleichsweise hohen Aufwand, sich in die komplexe Materie der Strukturfondsförderung einzuarbeiten, konnten und wollten viele Ausschußmitglieder nicht erbringen, was dazu führte, daß in den Sitzungen rund 40 Personen anwesend waren, „von denen nur 5-8 wirklich Ahnung hatten"[216]. Zwei Auswege aus dieser Situation erscheinen praktikabel: Um zu höherer Effizienz zu kommen, sollte erstens der Teilnehmerkreis überdacht und gestrafft werden, auch um der „Gefahr der großen Zahl"[217] bei der Entscheidungsfindung zu begegnen. Zweitens müßte denjenigen Ausschußmitgliedern Unterstützung gewährt werden, die sich aufgrund mangelnder Ressourcen nicht adäquat auf die Sitzungen vorbereiten können. Das zuletztgenannte Problem wurde von der EU-Kommission erkannt und entsprechend reagiert: Mittel der Technischen Hilfe können auch für die Qualifizierung der Mitglieder des Begleitausschusses ausgegeben werden. Die sächsische Staatsregierung weigerte sich anfangs, diese Gelder zweckgebunden einzusetzen. Es bedurfte eines Briefwechsels und eines Treffens zwischen der zuständigen Kommissarin und dem sächsischen Finanzminister, um ihn von dieser Finanzierungsmöglichkeit zu überzeugen[218].

4.4.5.2 ... in der Programmplanung für die Förderperiode 2000-06

In der Phase der Programmplanung für die Förderperiode 2000-2006 wurden die Wirtschafts- und Sozialpartner auf Bundesebene im Rahmen der GFK-Begleitausschußsitzungen beteiligt[219]. Ein Vorbereitungstreffen der Bundesfondsverwalter, das am 27. Mai 1999 durchgeführt wurde, diente der Vorbereitung der Programmierung, insbesondere der Diskussion des

---

214 *Lang* et al. 2000, S. 111.

215 Vgl. Gesprächsprotokoll SN 5.

216 Vgl. Gesprächsprotokoll SN 8.

217 Zu diesem entscheidungstheoretischen Phänomen vgl. ausführlicher vorstehend Abschnitt 1.2.1.1.

218 Vgl. Gesprächsprotokoll EU 15.

219 Sogenannte Abstimmungsgespräche fanden am 2.11.1998, 28.1.1999, 5.2.1999, 27.5.1999 und 28.9.1999 statt; vgl. BMWi 2000, S. 295.

Regionalentwicklungsplans (REP). Zwischen dem 5.2.1999 und dem 27.9.1999 gaben folgende Organisationen und Verbände eine Stellungnahme zum REP ab (in chronologischer Reihenfolge): Grüne Liga / WWF, DIHT, WWF, BDI, Deutscher Bauernverband, ZdH. Die Gesamtkoordination für die Erstellung der Programmdokumente oblag dem BMWi, das auf der Bundesebene zu diesem Zweck regelmäßige Treffen der „Ressortkreise" mit den anderen Fondsverwaltern (BMAS, BMELF) sowie weiteren „strukturpolitisch relevanten Ministerien (Umwelt, Städtebau und Verkehr, Bildung und Forschung, Finanzen)"[220] durchführte[221].

Im Freistaat Sachsen bildete eine gemeinsam von Europäischer Kommission, Bundes- und Landesregierung durchgeführte Veranstaltung am 18. Juni 1998[222] den Start in die Planungsphase für die neue Förderperiode. Daran beteiligt waren Vertreter der Wirtschafts- und Sozialpartner, die einschlägigen Ressorts sowie nachgeordneten Behörden. Im Rahmen der turnusmäßigen Begleitausschußsitzungen[223] wurde durch die Fondsverwalter die künftige Förderstrategie vorgestellt und über diese diskutiert. Am 29. April 1999 fand eine Veranstaltung aller Fondsverwalter mit den Partnern statt, in deren Rahmen die drei Fonds einzeln besprochen wurden. Für den ESF-Bereich wurden neben diesem zentralen Treffen drei regionale Foren in den Regierungsbezirken[224] unter Mitwirkung der Stiftung Innovation und Arbeit Sachsen durchgeführt. Darüber hinaus fanden Einzeltreffen statt, beispielsweise zwischen dem Wirtschaftsminister und den Kammern am 14.4.1999 sowie mit dem Landesvorstand des DGB am 6.5.1999. Im Rahmen des Kabinetts erging die Aufforderung an alle Ressorts „zur spezifischen Zusammenarbeit mit den Wirtschafts- und Sozialpartnern zum jeweiligen Förderschwerpunkt."[225] Daraus resultierten diverse Veranstaltungen, von denen

---

220 BMWi 2000, S. 295. Ressorttreffen erfolgten am: 2.9.1998, 30.11.1998, 28.5.1999 und 27.9.1999.

221 Inwieweit die Stellungnahmen tatsächlich Eingang in die Endfassung des Regionalentwicklungsplans fanden oder ihnen zumindest teilweise Rechnung getragen wurde, kann hier nicht beantwortet werden, da sich die geführten Gespräche mit Vertretern der Wirtschafts- und Sozialpartner auf die Landesebene beschränkten und die oben genannten Dokumente nicht frei verfügbar waren.

222 Vgl. SMWA 2000, Anhang 1, S. 1 ff. Alle nachfolgenden Angaben beziehen sich auf diese Quelle, wenn nicht explizit ein anderer Fundort genannt wird.

223 Am 6.5.1998, 30.10.1998, 12.5.1999 und 30.9.1999.

224 Am 10.5.1999 in Leipzig, am 19.5.1999 in Dresden und am 27.5.1999 in Chemnitz; vgl. auch die Gesprächsprotokolle SN 5 und 6.

225 SMWA 2000, Anhang 1, S. 4.

hier nur ein Treffen des Landesbeirats für Umwelt und Landesentwicklung am 27.5.1999 genannt werden soll, an dem die kommunalen Spitzenverbände ebenso teilnahmen wie die beiden großen Kirchen, die IHK Dresden, die IG Bau, der BUND sowie die Verbraucherzentrale Sachsen. Im Zusammenhang mit diesem Diskussionsprozeß gingen zahlreiche Protokolle, Stellungnahmen, Positionspapiere und Forderungen bei dem mit der Koordinierung betrauten SMWA ein[226].

Trotz der gebotenen Möglichkeit zur Partizipation waren die Einschätzungen der interviewten Wirtschafts- und Sozialpartner eher kritisch, denn es fehlte ihnen u. a. an der notwendigen Rückmeldung auf die von ihnen gemachten Anregungen. Beispielsweise leitete die IHK bereits im Dezember 1998 ein Positionspapier an die Staatsregierung, auf das zunächst keine Antwort erfolgte. Nach erneuter Kontaktaufnahme kam es zu unterschiedlichen Reaktionen bei den einzelnen Fondsverwaltern: Das SMU (EAGFL-A) lud zum Gespräch. Im ESF-Bereich wurden im Rahmen der bereits angesprochenen regionalen Workshops ebenfalls positive Erfahrungen gemacht, wohingegen sich die Kooperation in bezug auf den wichtigsten Fonds „immer etwas schwierig“[227] gestaltete. Offensichtlich hatte man im SMWA auch Kapazitätsprobleme, mit der Vielzahl der eingegangenen Kritiken, Hinweise und Vorschläge produktiv umgehen zu können. Deshalb versuchte die IHK Dresden[228], andere Kanäle für ihre Anliegen zu aktivieren, wie z. B. den „Arbeitskreis Wirtschaftsförderung“[229], der nun seinerseits an das SMWA herantrat. Insgesamt wird von der Interessenvertretung der Arbeitgeberseite eingeschätzt, das es im Dialog zwischen der gewerblichen Wirtschaft und der Ministerialverwaltung noch Verbesserungsmöglichkeiten gibt[230]. Ähnlich differenzierte Erfahrungen machte der Landesverband Sachsen des DGB, der einerseits ebenfalls teilweise gute Ansätze sieht, insbesondere durch den

---

226 Beispielsweise: Positionspapier der Grünen Liga (5.2.1999), Stellungnahme des DGB-Landesbezirks Sachsen zur Ausgestaltung des ESF (Februar 1999), Stellungnahme der Vereinigung der Sächsischen Wirtschaft (30.3.1999), Thesenpapier des DIHT (30.3.1999).

227 Gesprächsprotokoll SN 8.

228 In den drei sächsischen IHK'en sind 230.000 Unternehmen der gewerblichen Wirtschaft (Zwangs-)Mitglied.

229 Hierin sind vertreten: Banken, andere Kammern, das RP Dresden, Landratsämter und einzelne Unternehmen.

230 Vgl. Gesprächsprotokoll SN 8.

Beginn einer Regionalisierung der Förderung im ESF-Bereich[231]. Andererseits findet die Bereitschaft der sächsischen Staatsregierung zur Beteiligung der Sozialpartner an Planungs- und Entscheidungsprozessen dort ihre Grenze, wo eigene Interessen tangiert werden könnten[232]. Alles in allem muß die Beteiligung der Wirtschafts- und Sozialpartner an der Programmplanung für den Förderzeitraum 2000-2006 deshalb - von Ausnahmen im ESF-Bereich abgesehen[233] - als „Einbahnstraße" charakterisiert werden: Das federführende SMWA nahm zwar die Anregungen der Partner zur Kenntnis, ließ diese aber nur dann in die Konzeption einfließen, wenn sie der eigenen Position entsprachen oder ihr zumindest nicht zuwiderliefen.

4.4.5.3 Die Stiftung Innovation und Arbeit Sachsen

Die 1997 gegründete Stiftung Innovation und Arbeit Sachsen (IAS) ging aus dem „Aufbauwerk Sachsen" und der Initiative ATLAS[234] hervor. Im Rahmen des Aufbauwerkes wurde durch konzertiertes Zusammenwirken zwischen Staatsregierung und Gewerkschaften versucht, die durch den Strukturwandel verursachte hohe Arbeitslosigkeit mit Hilfe von Arbeitsbeschaffungs-, Bildungs-, Qualifikations- und anderen arbeitsmarktpolitischen Maßnahmen abzufedern. Als die Landesregierung ihre Mitarbeit in dieser Form nicht mehr fortsetzen wollte, stellte das Stiftungsmodell letztlich einen Kompromiß dar, „... mit dem die Gewerkschaften leben konnten."[235] In dem paritätisch besetzten Stiftungsrat sind unter dem Vorsitz des Wirtschaftsministers weiterhin vertreten: der Innenminister, der Präsident und der Vizepräsident der Vereinigung der Sächsischen Wirtschaft, der Vorsitzende des DGB-Landesbezirkes, der Bezirksleiter der IG-Metall sowie die Gleichstellungsministerin als ständiges beratendes Mitglied.

Die IAS stellt den Versuch dar, durch einen dezentralen Ansatz für mehr Beschäftigung in den Problemregionen zu sorgen. Aus diesem Grund wur-

---

231 Vgl. Gesprächsprotokoll SN 5; zur Regionalisierung vgl. ausführlicher nachfolgend Abschnitt 4.4.5.3.

232 Dieses „staatszentrierte" Denken wird u. a. in einem Briefwechsel zwischen dem sächsischen Wirtschaftsminister und dem Vorsitzenden des DGB-Landesbezirks Sachsen deutlich, der dem Verfasser vorliegt.

233 Die Einbeziehung der Partner „klappt eigentlich nur beim ESF"; Gesprächsprotokoll SN 9.

234 Ausgesuchte Treuhandunternehmen vom Land Angemeldet zur Sanierung; vgl. ausführlicher vorstehend Abschnitt 4.4.1.

235 Gesprächsprotokoll SN 10.

den fünf Regionalbüros bzw. -stellen eingerichtet[236], die vor Ort gewährleisten sollen, daß die Wirtschafts- und Sozialpartner bereits frühzeitig an der Entwicklung von Programmen und Projekten beteiligt werden können. Die Parität in der Besetzung der Gremien wird auch auf regionaler Ebene beibehalten[237]: in den sogenannten Regionalforen und ihren Beiräten. Diese Arbeitsgremien konzentrieren sich in dem Bereich der Strukturfondsförderung auf den ESF und den EFRE, da der EAGFL-A eine eigenständiges System der Mittelvergabe und -bewirtschaftung hat[238]. Die IAS führt selbst keine Projekte durch, sondern versteht sich als Ansprechpartner in Förderfragen. Dieses „Coaching“ soll es vor allem kleinen Unternehmen ermöglichen, bei der Einwerbung von Fördermitteln trotz teilweise fehlender Ressourcen[239] erfolgreich zu sein. Im Jahre 1999 wurden durch die IAS 220 Einsätze von Sachverständigen in 120 Unternehmen organisiert, die bei der Formulierung und Einreichung von Projektanträgen unterstützten. Ein zweites, nicht weniger wichtiges Betätigungsfeld der IAS besteht in der Beratung bei der „Bekämpfung akuter Unternehmenskrisen“[240]. Ein wesentlicher Vorteil der IAS ist die unbürokratische Form der Hilfeleistung[241]. Im April 1999 wurde bei den fünf regionalen Zweigstellen der Stiftung außerdem je eine Regionalstelle „Frau und Beruf“ eingerichtet, deren Ziel es ist, zur besseren Integration von Frauen und Mädchen in den ersten Arbeitsmarkt beizutragen[242].

Im Rahmen der Vorbereitung auf die neue Förderperiode leistete die Stiftung einen Beitrag bei der Neuprogrammierung der EU-Strukturfonds, indem sie – wie im vorangegangenen Abschnitt bereits kurz ausgeführt –

---

236 Diese entsprechen den fünf Planungsregionen Sachsens: Leipzig-Westsachsen, Südwestsachsen, Chemnitz-Erzgebirge, Dresden-Oberes Elbtal-Osterzgebirge, Oberlausitz-Niederschlesien.

237 Daraus ergibt sich eine in dieser Form „einmalige Struktur“; vgl. Gesprächsprotokoll SN 10.

238 Die Förderanträge im Rahmen des EAGFL-A werden von der Landesanstalt für Landwirtschaft bewilligt, bei entsprechender Beratung durch die insgesamt 14 Ämter für Landwirtschaft; vgl. Gesprächsprotokoll SN 4.

239 Oftmals mangele es den Unternehmen an Zeit und Kompetenz für die teilweise schwierige Antragstellung; vgl. Gesprächsprotokoll SN 10.

240 IAS 2000, S. 3.

241 „Bei uns gibt es kein Antragsformular.“; Gesprächsprotokoll SN 10.

242 Dieses bundesweit bisher einmalige Projekt verfolgt zwei Hauptrichtungen: „... zum einen die Begleitung von sachsenweiten Initiativen und Projekten und zum anderen die Initiierung und Unterstützung regionaler Projekte.“ SMWA 2000, S. 212.

gemeinsam mit den Fondsverwaltern auf zentraler Ebene drei fondsspezifische Veranstaltungen (EFRE, ESF, EAGFL-A) sowie in den drei Regierungsbezirken jeweils einen Workshop zur ESF-Förderung durchführte. Die Ergebnisse dieser Treffen wurden dokumentiert und gemeinsam mit zahlreichen anderen Stellungnahmen zu einem Positionspapier „Aktionsfelder aktiver und partnerschaftlicher Beschäftigungspolitik in Sachsen" zusammengefaßt, das den Fondsverwaltern „zur Berücksichtigung bei der Erarbeitung des Operationellen Programms"[243] übermittelt wurde. In dem OP zur Strukturfondsförderung im Freistaat Sachsen in der Periode 2000-2006 wird die IAS unter der Überschrift „Integration des Strukturfondseinsatzes" genannt. Ihre Aufgabe „als Impulsgeber und Starthelfer für regional bedeutsame und im Konsens erarbeitete Leitprojekte"[244] soll sich demnach im neuen Förderzeitraum noch stärker als bisher auf den integrierten Einsatz der ESF- und EFRE-Mittel im Rahmen dezentral entwickelter und durchgeführter Programme konzentrieren.

Ausgehend von den im Theorieteil entwickelten mehrdimensionalen Legitimationsformen staatlichen Handelns (parlamentarische Verantwortlichkeit und Kontrolle, Rechtsgebundenheit, Transparenz und Partizipation)[245] kann eingeschätzt werden, daß die IAS einen Beitrag zur Erhöhung der Akzeptanz politisch-administrativer Entscheidungen im Bereich der regionalen Strukturpolitik durch die frühestmögliche Einbeziehung der Adressaten leistet. Obwohl es sich bei der Stiftung ursprünglich um eine auf zentraler Ebene, „von oben" errichtete Institution handelt, die durch die konzertierte Aktion der Landesregierung und der Gewerkschaftsführung ins Leben gerufen wurde, entfaltet sie in der Praxis beachtliche Wirkungen auf der regionalen und lokalen Ebene, indem sie endogenen innovativen Potentialen durch die Vermittlung von Know-how, durch das Aufzeigen von Finanzierungsquellen und durch die Option der Vernetzung mit anderen Akteuren Entwicklungschancen bietet. Die Erweiterung der Partizipationsmöglichkeiten durch die dezentralen Aktivitäten der IAS-Regionalforen kann indes die „klassische" Form der Legitimation demokratischen Regierens nicht vollständig ersetzen, sondern bestenfalls ergänzen. Bei der Verteilung staatlicher (Steuer-)Gelder geht es letztlich immer um die Frage der politischen Verantwortlichkeit für die getroffenen Entscheidungen.

243 IAS 2000, S. 40.

244 SMWA 2000, S. 212.

245 Vgl. ausführlicher vorstehend Abschnitt 1.2.5.

4.4.6 Demokratische Legitimation durch Beteiligung des Landtages

Bei der Betrachtung der Zusammenarbeit zwischen Legislative und Exekutive in Fragen der regionalen Strukturförderung ergibt sich ein zweifach differenziertes Bild: Die Kooperation variiert im Zeitverlauf sowie je nach Art der Förderung. In der Phase des Aufbaus gewaltenteiliger, rechtsstaatlicher Strukturen kurz nach dem Beitritt der neuen Länder zum Geltungsbereich des Grundgesetzes wurde der Sächsische Landtag durch die Exekutive in Förderfragen praktisch nicht einbezogen[246]. Nach Abschluß der Etablierung des Parlaments und einer funktionsfähigen Verwaltung wandelte sich dieses Verhältnis in bezug auf die Bund-Länder-Förderung grundlegend. Mittlerweile werden bei der Anmeldung der Haushaltstitel zum GRW-Rahmenplan alle relevanten Landtagsausschüsse[247] rechtzeitig und umfassend einbezogen, so daß „eine frühzeitige Sensibilisierung der Abgeordneten"[248] stattfinden kann. Auf die haushaltsrechtliche Seite der Förderpolitik kann der Landtag somit großen Einfluß ausüben. Im Jahr 2000 standen diese Steuerungsmöglichkeiten jedoch nur eingeschränkt zur Verfügung, weil im Vorjahr erstmals ein Doppelhaushalt (1999/2000) verabschiedet worden war[249]. Im Gegensatz zu der eher technischen Absicherung der Förderung in den einzelnen Haushaltstiteln liegt die Verantwortung für die Ausarbeitung der Programmplanungsdokumente für die Strukturfondsförderung (REP, GFK, OP) allein bei der Staatsregierung, d. h. in dieser Phase können die MdL nicht unmittelbar wirksam werden, sondern sich lediglich ihrer parlamentarischen Auskunfts- und Anhörungsrechte bedienen. Art. 51 Abs. 1 der Sächsischen Verfassung gibt den Auftrag: „Fragen einzelner Abgeordneter oder parlamentarische Anfragen haben die Staatsregierung oder ihre Mitglieder im

---

246 Vgl. Gesprächsprotokoll SN 1.

247 Der Sächsische Landtag verfügt über 13 ständige Ausschüsse, von denen in Fragen der Strukturförderung folgende Ausschüsse in besonderem Maße involviert sind: Ausschuß für Wirtschaft, Arbeit, Technologie und Tourismus, Ausschuß für Landwirtschaft, Ernährung und Forsten, Ausschuß für Umwelt und Landesentwicklung sowie der Haushalts- und Finanzausschuß und – bei EU-Förderungen – der Europaausschuß.

248 Gesprächsprotokoll SN 1.

249 Die Verabschiedung von Doppelhaushalten wird von MdL dennoch begrüßt, weil dadurch ein höheres Maß an Planungssicherheit erreicht werde; vgl. Gesprächsprotokoll SN 7.

Landtag und in seinen Ausschüssen nach bestem Wissen unverzüglich und vollständig zu beantworten."[250]

Die Landtagsabgeordneten initiieren selbst auch Förderprojekte, insbesondere im Vorfeld von Wahlen. Diese sind allerdings meist punktuell begrenzt und fallen wesentlich kleiner als die „normalen" Programme aus. Zwei allgemeine Trends können aktuell beobachtet werden: Erstens wird die Förderung immer stärker als „Hilfe zur Selbsthilfe" verstanden, d. h. es gibt keine „Mitleidsförderung"[251] mehr wie noch in den ersten Jahren der deutschen Einheit. Zweitens ist der Anteil der „Kleckerförderung" weiter rückläufig, da sich die Erkenntnis mehrheitlich durchgesetzt habe, nur durch Großprojekte dauerhafte Struktureffekte erzielen zu können. Wirtschaftsförderung wird zudem in der Regel „diskret" abgewickelt, da viele Unternehmen nicht daran interessiert sind, in der Öffentlichkeit als Fördermittelempfänger ausgewiesen zu werden. Diesem Anliegen kann die Zielsetzung nach Verbesserung der Publizität der Förderung entgegenstehen. Die Legitimation staatlichen Handelns durch transparente Verfahren bei der Fördermittelvergabe setzt aber gerade die verstärkte Beteiligung der Öffentlichkeit voraus.

Zur Erhöhung der Transparenz hat die sächsische Regierung beschlossen, die bundesweit erste umfassende Fördermittel-Datenbank einzurichten, in der alle im Land angebotenen Fördermöglichkeiten erfaßt sein werden. Nach mehrjähriger Vorbereitungsphase nahm die sogenannte Fömisax im April 2000 ihren Betrieb auf. Mittlerweile (Stand Juni 2000) sind sechs der insgesamt 60 Stellen, die Fördermittel verwalten, mit der Datenbank verbunden, darunter die drei Regierungspräsidien[252]. Die verbleibenden Mittelverwalter - unter ihnen die Ministerien und Landesämter - sollen bis Ende 2002 angeschlossen werden. Anfangs leisteten manche Ressorts heftigen Widerstand gegen diese neue Form der Transparenz, weil sie darin eine Beschneidung ihrer Autonomie sahen. Ein Ministeriumssprecher zu den Gründen der ablehnenden Haltung: „Förderpolitik ist nun mal Machtpolitik." Es bedurfte eines Kabinettsbeschlusses, um der Einrichtung der Fömisax zum Durchbruch zu verhelfen. Im Sommer 2001 sollen dann auch alle Förder-

250 Im Rahmen von Anhörungen in den Ausschüssen oder - bei parlamentarischen Anfragen - im Plenum berichtet die Staatsregierung regelmäßig über ihre Förderpolitik; vgl. Gesprächsprotokoll SN 6.

251 Vgl. Gesprächsprotokoll SN 7. Nachfolgende in Paranthese gesetzte Begriffe ebenda.

252 Vgl. *Steffen Klameth*, Fömisax bringt Licht in den Förderdschungel, Sächsische Zeitung vom 20.6.2000; im Internet unter „http://www.sz-online.de". Nachfolgendes Zitat ebenda.

richtlinien des Landes in die Datenbank eingestellt werden[253]. Allerdings agierte die Staatsregierung bei dieser Entscheidung nicht ohne fremden Antrieb: Die PDS-Landtagsfraktion hatte Anfang März 2000 angekündigt, daß sie eine Flut von kleinen Anfragen - insgesamt 1533 - an die Regierung richten werde, um Auskunft über sämtliche Förderprogramme im Freistaat zu erhalten, wenn nicht schon sehr bald eine entsprechende Datenbank eingerichtet werden sollte. Nach Gesprächen zwischen dem Fraktionschef der PDS im Landtag und dem Chef der Staatskanzlei wurde von der Übermittlung der Anfragen abgesehen. Im Gegenzug erklärte sich die Staatsregierung bereit, „... künftig alle drei Monate über den Abfluss der Fördermittel zu berichten."[254]

Artikel 12 der Sächsischen Landesverfassung (LV) verankert die grenzüberschreitende regionale Zusammenarbeit als Staatszielbestimmung: „Das Land strebt grenzüberschreitende regionale Zusammenarbeit an, die auf den Ausbau nachbarschaftlicher Beziehungen, auf das Zusammenwachsen Europas und eine friedliche Entwicklung in der Welt gerichtet ist." Die Informationspflicht der Staatsregierung gegenüber dem Landtag ist in Art. 50 LV hingegen deutlich allgemeiner gehalten: „Die Staatsregierung ist verpflichtet, über ihre Tätigkeit den Landtag insoweit zu unterrichten, als dies zur Erfüllung seiner Aufgaben erforderlich ist." Zwar werden die parlamentarischen Auskunfts- und Anhörungsrechte in Art. 51 Abs. 1 LV konkretisiert[255]. Eine nähere Bestimmung seines Informationsbedarfs in europäischen Angelegenheiten hat der Landtag bisher jedoch nicht vorgenommen, so daß die Auswahl der Themen für die Unterrichtung und Beteiligung des Parlaments letztlich durch die Regierung vorgenommen werden kann. Diese Vorlagen werden gemäß § 39 der Geschäftsordnung des Landtages (GOLT) den zuständigen Ausschüssen überwiesen, die außerdem über ein Selbstbefassungsrecht verfügen (§ 17 Abs. 1 GOLT), mit dem sich aber kein Empfehlungs- oder Antragsrecht an das Plenum verbindet. Die Behandlung europapolitischer Fragen erfolgt seit der zweiten Legislaturperiode in dem „Europaausschuß"[256], der eine Koordinierungsfunktion zwischen den Fachaus-

---

253 Vgl. auch die Gesprächsprotokolle SN 6 und 11.

254 o. V., Landtag: PDS zieht ihre 1533 Anfragen zurück, Sächsische Zeitung vom 24.3.2000.

255 Auf diese Verfassungsbestimmung wurde bereits im Zusammenhang mit der Haushaltsplanung verwiesen.

256 Vgl. LT-Drs. 2/9 vom 5.10.1994 sowie Plenarprotokoll 2/1 vom 6.10.1994, S. 21 ff. In der ersten Wahlperiode war der Ausschuß noch „... für Bundes- und Europaangelegenheiten" zuständig gewesen.

schüssen wahrnehmen soll und außerdem für die grenzüberschreitende Zusammenarbeit in besonderem Maße verantwortlich ist.

Seit Beginn der dritten Wahlperiode des Sächsischen Landtags ist der Europaausschuß ein „Oppositionsausschuß“[257], denn der Vorsitzende wird von der SPD gestellt, die bei den Wahlen am 19.9.1999 mit 10,7 % lediglich drittstärkste Kraft hinter der PDS (22,2 %) und der allein regierenden CDU (56,9 %) wurde. Aufgrund dieser Konstellation fallen Neuorientierung und Profilierung der Ausschußarbeit schwer, da beispielsweise die Selbstbefassung der Zustimmung der Mehrheitsfraktion bedarf. Eine kritische Bilanz der letzten Legislaturperiode kommt zu dem Ergebnis, daß der Ausschuß seine Gestaltungsmöglichkeiten nicht ausschöpfen konnte, da die Informations- und Beteiligungsrechte des Landtages gegenüber der Regierung bisher als zu gering institutionalisiert gelten müssen, insbesondere in europäischen Fragen: „Die Unterrichtung über europapolitische Themen verläuft rein informell, die Abhängigkeit des Landtags von der Regierung hinsichtlich Auswahl und Umfang der Unterrichtung ist in hohem Maße gegeben.“[258] Handlungsmaxime des Europaausschusses war und ist, daß keine EU-Fördergelder verfallen sollen. Aus diesem Grund bildet die Suche nach Ko-Finanzierungsmöglichkeiten ein wesentliches Betätigungsfeld des Ausschusses.

Wichtigster Kooperationspartner des Ausschußvorsitzenden ist nach eigener Aussage der bei der Staatskanzlei ressortierende Minister für Bundes- und Europaangelegenheiten, der, wie er selbst auch, als Mitglied im Ausschuß der Regionen auf europäischer Ebene sächsische Interessen vertritt. Die Landesregierung hatte in der ersten Amtsperiode des AdR sowohl die Ausschußmitglieder als auch die Stellvertreter aus ihren Reihen benannt. In der zweiten AdR-Legislatur wurde der Landtag paritätisch beteiligt, d. h. Regierung und Parlament stellten jeweils ein Mitglied und einen Stellvertreter. Diese neue Qualität parlamentarischer Beteiligung am AdR beruht in Sachsen allerdings „auf einem Zugeständnis der Regierung“[259], aus dem keinerlei Anspruch des Parlaments erwächst. Es dürfte für den Landtag somit schwer werden, die Sitze im AdR zu verteidigen, sobald Sachsen wieder nur ein ordentliches Mitglied und einen Stellvertreter im AdR benennen

---

257 Der Vorsitzende des Europaausschusses im Deutschen Bundestag gehört ebenfalls der Opposition – in diesem Fall der CDU/CSU-Fraktion – an; vgl. vorstehend Abschnitt 1.3.3.2.

258 *Johne* 2000a, S. 243; vgl. auch bestätigend Gesprächsprotokoll SN 11.

259 *Johne* 2000, S. 113. Hier findet sich auch eine Übersicht der Regelungen in allen anderen Ländern.

darf[260]. Um die Kontrollrechte des Parlaments gegenüber der Staatsregierung nachhaltig zu stärken, muß die in Europafragen bereits vorhandene Infrastruktur durch geeignete institutionalisierte Informations- und Beteiligungsrechte flankiert werden. Einerseits ist die Europapolitik durch die Besetzung des entsprechenden Ausschusses mit einem Vertreter der Opposition im Landtag und dessen Bestellung zu einem der sächsischen AdR-Vertreter dem parteipolitischen Streit weitgehend entzogen. Andererseits steigt die Problemlösungsfähigkeit parlamentarischer Systeme durch die Auseinandersetzung über konkurrierende Politikentwürfe, deren kontroverse Diskussion auch in europäischen Angelegenheiten - bei allem Bemühen um einen parteiübergreifenden Konsens - möglich sein muß.

4.4.7 Landesförderprogramme im Freistaat Sachsen

Neben der europäischen Strukturfondsförderung und der Bund-Länder-Förderung im Rahmen der GRW stellt eine Vielzahl landeseigener Programme[261] die dritte „Säule" der Förderarchitektur dar, wobei diese nicht streng zu trennen sind, weil die Mittel häufig in kombinierter Form bzw. miteinander verschränkt zum Einsatz kommen. Beispielsweise werden seit der 1995 erfolgten Teil-Entkoppelung der Bindung an die Regelungen der GRW 60 % der EFRE-Mittel zur Kofinanzierung von Landesprogrammen in den Bereichen Forschung und Entwicklung (20,6 % der EFRE-Mittel), Umwelt (20,5 %) sowie Bildung (18,9 %) eingesetzt[262]: „Damit werden fast alle landeseigenen Förderprogramme, die nicht rückzahlbare Zuschüsse ausreichen, mit EFRE-Mitteln kofinanziert"[263]. Landeseigene Förderung verfolgt mindestens zwei, sich ergänzende Zielsetzungen: neben die Überwindung des Niveauunterschieds zu anderen deutschen und europäischen Regionen tritt das Streben nach Abbau innerhalb des Landes bestehender Entwicklungsdis-

---

260 Deutschland verfügt über 24 AdR-Mitglieder und ebenso viele Stellvertreter, von denen je 21 den 16 Ländern zustehen. Jedes Land stellt ein ordentliches Mitglied und einen Stellvertreter. Nach dem Rotationsprinzip (die Reihenfolge der Länder ergibt sich aus ihrer Einwohnerzahl) erhöht sich diese Zahl auf zwei; vgl. ausführlicher zum AdR vorstehend Abschnitt 1.3.2.8.

261 Eine Übersicht findet sich bei *Winkler-Otto* 1999, S. 192 ff.

262 Vgl. SMWA 1994, S. 29.

263 *Hagen/Toepel* 1997, S. 32.

paritäten[264]. Dabei kommen Landesprogrammen unterschiedliche Funktionen zu: Neben der Ergänzung von Bundesprogrammen kann es darum gehen, Förderlücken der GRW zu schließen. Landesspezifische Probleme stellen einen weiteren Einsatzschwerpunkt dar, beispielsweise auf dem Gebiet der Tourismusförderung. Schließlich haben die Förderprogramme der Länder nicht selten eine hohe symbolische Bedeutung[265].

Die Spannweite der Landesprogramme, die zumeist zielgruppenorientierte oder einzelfallspezifische Fördermöglichkeiten beinhalten und nicht selten vergleichsweise gering dotiert sind, reicht von einem Programm zur überbetrieblichen Mittelstandsförderung über Angebote zur Unternehmensberatung, Umstrukturierungsbeteiligungen, Maßnahmen der Altlastenbehandlung sowie Ausfallbürgschaften bis hin zu einem Konsolidierungsfonds der Bürgschaftsbank Sachsen. Insgesamt nennt die aktuelle Übersicht 33 verschiedene Finanzierungshilfen des Freistaates Sachsen, die zum Teil nochmals in Unterprogramme[266] aufgegliedert sind. Werden zu diesen Programmen die im Rahmen der GRW und der Strukturfonds bestehenden Fördermöglichkeiten[267] hinzugerechnet, so ergibt sich eine kaum noch zu überblickende Förderlandschaft. Aus diesem Grund wurde bereits Ende 1994 eine Diskussion über Möglichkeiten zur Reform der Förderungsmechanismen in Gang gesetzt. Eine zu diesem Zweck eingerichtete Arbeitsgruppe, die anfangs die gesamte Förderpolitik kritisch überprüfen sollte, erfüllte letztlich nur einen Teil ihres Auftrags, indem sie sich auf „die Vereinfachung und Straffung der einzelbetrieblichen Förderung“[268] konzentrierte. Externer Sachverstand wurde ebenfalls eingeschaltet: Im Auftrag der sächsischen Staatsregierung unterzog das Deutsche Institut für Wirtschaftsforschung die EFRE- und ESF-Interventionen für den Zeitraum 1994-96 einer Zwischenbewertung[269].

---

264 Auf die Gefahr, daß im Zuge des volkswirtschaftlichen Umstrukturierungsprozesses in Ostdeutschland die „industriellen und sozialen Disparitäten“ noch zunehmen können, verweisen u. a. *Hilpert/Thierse* 1997, S. 312.

265 Vgl. *Nägele* 1996, S. 281.

266 Beispielsweise das Programm zur Mittelstandsförderung; vgl. *Winkler-Otto* 1999, S. 192 f.

267 Nach Schätzung des damaligen zuständigen Staatssekretärs gab es 1995 allein rund 180 für Sachsen relevante EU-Förderprogramme; vgl. *Ermisch* 1996, S. 66.

268 *Nägele* 1996, S. 242.

269 Vgl. *Hagen/Toepel* 1997 sowie *Hagen/Toepel* 1997a (Kurzfassung der Studie). Außerdem wurde der Mitteleinsatz im Rahmen des EAGFL von der Sächsischen Landesanstalt für Landwirtschaft evaluiert.

4.4.8 Integrierter Einsatz der Fördermittel

Die sächsische Staatsregierung räumt dem integrierten Einsatz der Fördermittel Priorität ein[270]. In dem EFRE-dominierten Operationellen Programm für den Zeitraum 1994-99 wird dieses Ziel wie folgt klar formuliert: „Die Einheit von europäischer und nationaler Wirtschaftsförderung ist ein wichtiges Anliegen der Strukturpolitik im Freistaat Sachsen."[271] Bei der Umsetzung des OP für den Förderzeitraum 2000-2006 soll dieser integrierte Entwicklungsansatz noch stärker berücksichtigt werden[272]. Erste Evaluierungen zeigen allerdings, daß Anspruch und Wirklichkeit bisher nicht übereinstimmen. Um Synergieeffekte für die wirtschaftliche Entwicklung, insbesondere zur Entlastung des Arbeitsmarktes, zu erzielen, wurden die OP in der Förderperiode 1994-99 in Form von drei sogenannten Multifondsprogrammen angelegt, die einen integrierten Mitteleinsatz sicherstellen sollten: Für jeden Fonds (EFRE, ESF, EAGFL-Ausrichtung) wurde ein Operationelles Programm angefertigt, wobei jeweils unterschiedliche Ressorts bzw. Referate federführend waren. Außerdem mußten für jede Gemeinschaftsinitiative je ein weiteres OP erstellt werden. Das führte zu einem erhöhten Koordinationsaufwand, weil für die unterschiedlichen „Fördertöpfe" somit nicht nur mehrere Generaldirektionen zuständig, sondern gleichzeitig zahlreiche Ministerien auf Bundes- und Landesebene involviert waren. Da es sich bei den OP nicht um eine bloße Fortschreibung der vorangegangenen Pläne handelte - wie dies bei den GRW-Rahmenplänen häufig der Fall war und ist - erwiesen sich die Planungsanforderungen als relativ anspruchsvoll und aufwendig. Dadurch ergab sich die Gefahr, die administrative Leistungsfähigkeit der sächsischen Verwaltung zu überfordern, bzw. ihre Ressourcen in einem unverhältnismäßig hohen Maß allein für die Programmplanung zu binden.

Die Zusammenfassung der OP in Form der Multifondsprogramme erfolgte anfangs nur auf Druck sowie weitgehend nach den Vorstellungen der EU-Kommission[273]: Die ostdeutschen Landesregierungen lehnten diese Programmform angesichts des zu befürchtenden bürokratischen (Mehr-)Auf-

---

270 Vgl. Gesprächsprotokoll SN 2.

271 SMWA 1994, S. 27.

272 Vgl. SMWA 2000, S. 211.

273 Zu Verhandlungsbeginn im Februar 1994 hatte die Kommission noch Mono-Fonds-Programme präferiert, änderte ihre Meinung jedoch im Juni 1994 in Richtung des Multifondsansatzes; vgl. *Bollen* et al. 2000, S. 136 f.

wandes ursprünglich ab[274]. Als Reaktion bekräftigte die Kommission ihr Anliegen nach verstärkter Koordinierung des Mitteleinsatzes und drohte sogar damit, Fördergelder zu sperren[275]. Eine Zwischenevaluierung nach der Hälfte der Förderperiode 1994-99 kommt in bezug auf die erhofften Synergien zu ernüchternden Ergebnissen. Danach seien die Hoffnungen auf zusätzliche positive Effekte bisher nicht erfüllt worden: „Vielmehr hat die komplizierte Struktur der Multifondsprogramme zur Erhöhung des Verwaltungsaufwandes und zu Erschwernissen in der Umsetzung der Förderung geführt."[276] Diese durchweg negative Einschätzung relativierte sich gegen Ende der Förderperiode 1994-99. Viele Fondsverwalter konnten dem von der Kommission forcierten höheren „Verzahnungsdruck"[277] zwischen den drei Strukturfonds mittlerweile auch positive Aspekte abgewinnen, „... wenngleich der Verwaltungsaufwand immer noch als zu hoch empfunden wird"[278]. Die stärkere Kooperation zwischen den einzelnen Fondsverwaltern fand ihren Ausdruck in unterschiedlich ausgestalteten Abstimmungsgremien mit variierendem Formalisierungsgrad, die sich nach und nach zur gegenseitigen Information und Beratung bildeten. Die Spannweite der Abstimmungsmodi informeller oder formeller Art reicht von anlaßbezogenen Telefonaten und gemeinsamen Kantinenbesuchen (persönliche Netzwerke, „kleiner Dienstweg") über semi-institutionalisierte Treffen im Rahmen ad hoc-gebildeter Projektausschüsse, interministerielle Lenkungs- und Arbeitsgruppen bis hin zu den turnusmäßig stattfindenden Sitzungen der GFK-Begleitausschüsse (Bundesebene) und Unterausschüsse (Landesebene).

Die Zwischenevaluierung des Mitteleinsatzes durch die EU-Strukturfonds in Sachsen und ihre Kombination mit Bundes- und Landesmitteln ergibt somit ein differenziertes Bild[279]: Während in einigen Schwerpunkten die Förderung relativ problemlos vonstatten geht, weisen andere Bereiche noch größere Defizite auf, die zu teilweise enormen Effizienzverlusten führen. So kommt das Verfahren nach den Richtlinien der GRW bereits seit 1990 zum Einsatz und hat sich speziell in den Bereichen gewerbliche Wirtschaft und wirtschaftsnahe Infrastruktur prinzipiell bewährt. Dem stehen (Anlauf-)Schwie-

---

274 Das bestätigen - neben den eigenen empirischen Erhebungen - Erfahrungen aus anderen ostdeutschen Ländern; zu der Situation in Brandenburg vgl. *Ast* 1999, S. 184 ff.

275 Vgl. Gesprächsprotokoll SN 1.

276 *Hagen/Toepel* 1997a, S. 808.

277 *Schmachtenberg* 1996, S. 115.

278 *Ast* 1999, S. 186.

279 Für den Zeitraum 1994-96; vgl. *Hagen/Toepel* 1997, 1997a.

rigkeiten in anderen Sektoren gegenüber, wie z. B. im Bereich Forschung und Entwicklung. Besonders verbesserungsbedürftig erscheinen die teilweise unübersichtlichen Förderstrukturen im Umweltbereich, insbesondere bei den wasserwirtschaftlichen Maßnahmen. Die hier seit 1994 geltende Förderrichtlinie Wasserwirtschaft (FRW)[280] versucht, fünf verschiedene Finanzierungsinstrumente aus den EU-Fonds, Bundes- und Landesmitteln koordiniert zum Einsatz zu bringen, was ihr nur mit sehr eingeschränktem Erfolg gelingt[281]. Zwischenfazit: Die Erweiterung des Förderkatalogs führt nicht zwangsläufig zu höherer Flexibilität und steigender Effizienz des Mitteleinsatzes. Eine Ausweitung der Programmvielfalt kann bei einer gleichzeitigen Zunahme der Anzahl potentieller Träger den Koordinierungsaufwand bei der Antragstellung und der Programmdurchführung unverhältnismäßig erhöhen. Voraussetzung für einen transparenten und stabilen Fördermittelmix ist die Kompatibilität der Zielsetzungen der unterschiedlichen Förderangebote, ohne daß diese deckungsgleich sein müssen, sowie die Bereitschaft der Fondsverwalter zu möglichst frühzeitiger, umfassender Beteiligung der Wirtschafts- und Sozialpartner.

4.4.9 Perspektiven regionaler Strukturpolitik in Sachsen

Durch den zwar immer wieder erweiterten, nach wie vor jedoch beschränkten Förderkatalog der GRW sind verschiedene Bereiche nicht förderfähig, in denen hoher Investitionsbedarf besteht. Beispielsweise beträgt der Finanzbedarf zur Schulsanierung im Freistaat Sachsen in den nächsten Jahren mehrere Milliarden Mark. Die Kommunen als Schulträger können diese Mittel nicht allein aufbringen. Nach der neuen EFRE-Verordnung kann sich dieser Strukturfonds u. a. „... an der Finanzierung von Investitionen im Bildungs- und Gesundheitswesen beteiligen“[282]. Lange Zeit gab es in der sächsischen Regierung jedoch keinen Konsens darüber, ob und in welcher

---

280 Vgl. Verwaltungsvorschrift des SMU zur Förderung von wasserwirtschaftlichen Maßnahmen (Förderrichtlinie Wasserwirtschaft - FRW 1994) vom 21.11.1994, SächsABl. 1994, S. 1571 ff. Die aktuell gültige Fassung (FRW 1997) stammt vom 12.6.1997, SächsABl. 1997, S. 795 ff., berichtigt S. 954 ff.; vgl. auch SMU 1998, S. 189 ff.

281 Im konkreten Fall sind das Mittel des EFRE, der GRW, der GAK, des Investitionsfördergesetzes „Aufbau Ost“ sowie Landesmittel aus dem Etat des SMU; vgl. ausführlicher *Hagen/Toepel* 1997, S. 87.

282 VO 1783/99 des Europäischen Parlaments und des Rates vom 12. Juli 1999 über den Europäischen Fonds für regionale Entwicklung, ABl. L 213 vom 13.8.1999, S. 1 ff. (S. 3).

Form von dieser Fördermöglichkeit Gebrauch gemacht werden soll. Im Ergebnis der jahrelangen GRW-EFRE-Koppelung handelte es sich hierbei offensichtlich um eine „heilige Kuh der Wirtschaftsförderer“[283]. Im Rahmen der Kabinettsverhandlungen über die Verabschiedung des nächsten Doppelhaushaltes bahnte sich inzwischen folgender Kompromiß an: Für die Sanierung der Schulen sind insgesamt 740 Mio. DM vorgesehen[284]. Das Land und die Kommunen zahlen - vorbehaltlich der Zustimmung des Landtages[285] - jeweils 300 Millionen für die allgemeinbildenden Schulen. Die Berufsschulen können dagegen mit 140 Mio. DM aus den EU-Strukturfonds gefördert werden.

Ein weiteres Spannungsfeld ergibt sich aus der zunehmenden Entkoppelung des EFRE von den Mechanismen der GRW-Förderung und der damit verbundenen Frage der Ko-Finanzierung. Hierbei handelt es sich um eine Problematik, die im sächsischen Kabinett wiederholt zu einem „Grundsatzstreit“ um die Frage geführt hat: Sollen wir die Bundesmittel nachfragen oder nicht?[286] Einerseits könnten durch die Trennung von den Vorgaben des GRW-Förderkatalogs Handlungsspielräume für das Setzen eigener Prioritäten gewonnen werden. Andererseits wäre im Rahmen der Gemeinschaftsaufgabe die Ko-Finanzierung durch den Bundesanteil zur Hälfte gesichert[287]. Insbesondere in den Fällen, in denen Städte und Gemeinden ko-finanzieren, wie z. B. im kommunalen Straßenbau, könnte die Ko-Finanzierung aufgrund der allgemeinen Finanzschwäche der gemeindlichen Ebene, die in einigen Fällen bereits zu Zahlungsunfähigkeit und Zwangsverwaltung geführt hat, zukünftig im Einzelfall gefährdet sein. Diese Problematik wird in dem Maße an Bedeutung zunehmen, in dem sich die Entkopplung zwischen EFRE und GRW-Förderung fortsetzt. Die ursprünglichen Planungen der sächsischen Staatsregierung gingen in folgende Richtung: Da der GRW-Förderrahmen nach wie vor als zu eng angesehen wird, sollte die „progressive Entkopplung“ verstärkt werden, so daß im Jahre 2006 nur noch etwa

283 Gesprächsprotokoll SN 2 - eigentlich müßte von einem „Tabu“ der Wirtschaftsförderer gesprochen werden, da der GRW-Förderkatalog derartige Investitionen nicht vorsieht.

284 Vgl. *Karin Schlottmann*, Schulsanierung mit einem Haken, Sächsische Zeitung vom 22.8.2000.

285 Im Oktober 2000 wird im Landtag die erste Lesung zu dem Doppelhaushalt stattfinden, d. h. bis dahin muß das kabinettsinterne „Hauen und Stechen“ beendet sein; vgl. Gesprächsprotokoll SN 11.

286 Vgl. Gesprächsprotokoll SN 2.

287 Der Finanzierungsschlüssel würde in diesem Fall lauten: EFRE 50 %, Bund 25 % und Land 25 % der förderfähigen Kosten.

15 % der EFRE-Mittel an die GRW-Regelungen gekoppelt sein würden[288]. In der Zwischenzeit faßte das sächsische Kabinett einen Beschluß[289], bereits ab dem Jahr 2001 keine EFRE-Mittel mehr an die GRW zu binden. Die europäischen Fördermittel werden dann ausschließlich durch Landesmittel kofinanziert[290]. Dadurch verliert der Bund sein Mitspracherecht, das er im Rahmen der Planungsgremien der GRW bisher ausüben konnte[291].

Tabelle: Finanzierungsplan der GRW in Sachsen für die Periode 2000-2004 (in Mio. DM)[292]

	Finanzierungsmittel					
Geplante Maßnahmen	**2000**	**2001**	**2002**	**2003**	**2004**	**2000-2004**
Investive Maßnahmen Gewerbliche Wirtschaft - GRW-Normalförderung	784,29	686,12	428,26	162,38	162,38	2.223,43
Wirtschaftsnahe Infrastruktur - GRW-Normalförderung	397,20	348,11	219,18	86,24	86,24	1.136,97
- EFRE (an GRW gekoppelt)[a]	246,11	--	--	--	--	246,11
Insgesamt - GRW-Normalförderung	1.181,49	1.034,23	647,44	248,62	248,62	3.360,40
- EFRE (an GRW gekoppelt)	246,11	--	--	--	--	246,11
Nicht-investive Maßnahmen	12,50	12,50	12,50	12,50	12,50	62,50
Total (investiv+nicht-investiv)	1.440,10	1.046,73	659,94	261,12	261,12	3.669,01
Zusätzliche Landesmittel	--	--	--	--	--	--

[a] mit den EFRE-Mitteln ist eine anteilige Förderung der Maßnahmen der gewerblichen Wirtschaft und der wirtschaftsnahen Infrastruktur vorgesehen.

---

288 Vgl. Gesprächsprotokoll SN 2 (vom 2.9.1999).

289 Kabinettsbeschluß vom 29.2.2000; vgl. Gesprächsprotokoll SN 1 (vom 15.5.2000).

290 Das birgt zugleich die Gefahr, daß notwendige öffentliche Investitionen durch den Einsatz von EU-Geldern substituiert werden und somit das Additionalitätsprinzip letztlich unterlaufen wird.

291 Das BMWi sah diese Entwicklung entsprechend kritisch; vgl. Gesprächsprotokoll SN 1.

292 Vgl. 29. Rahmenplan, BT-Drs. 14/3250, S. 161; Angaben teilweise aggregiert.

Verschärft werden die Probleme, die sich aus dem wirtschaftlichen „Erbe der DDR“ und dem daraus resultierenden Entwicklungsrückstand gegenüber den westlichen Bundesländern ergeben, sowie die regionalen Disparitäten innerhalb der sächsischen Wirtschaftsstruktur durch die geographische Lage des Freistaats: 527 km der Landesgrenze sind zugleich EU-Außengrenze[293]. Die Grenzregionen sind, neben ihrer peripheren Lage und der relativen Ferne zu größeren Absatzmärkten, insbesondere durch das hohe Lohngefälle zu den Nachbarstaaten benachteiligt. Einen Beitrag zur Milderung dieser Nachteile leisteten in der vergangenen Förderperiode Maßnahmen, die aus der Gemeinschaftsinitiative INTERREG finanziert wurden. Auch in dem Planungszeitraum 2000-2006 wird die grenzüberschreitende Zusammenarbeit wieder einen Schwerpunkt im Rahmen der Gemeinschaftsinitiativen bilden. Bisher existierte für jede GI ein spezieller Lenkungsausschuß, der sich aus Vertretern der Europäischen Kommission, der Ressorts, des Regierungspräsidiums und - im Falle der GI INTERREG - der Euroregionen[294] zusammensetzte. Diese operativen Ausschüsse tagten in der Regel alle drei Monate und trafen die Entscheidungen über die Projektauswahl. Die Aufgabe des Regierungspräsidiums bestand in der abgelaufenen Förderperiode u. a. darin, die Projektanträge „entscheidungsreif“ zu machen: Neben der Annahme der Anträge beinhaltete dies eine Beratung, insbesondere über Möglichkeiten der Ko-Finanzierung, sowie die Abgabe einer Stellungnahme zur Förderwürdigkeit des jeweiligen Projektes. Ziel des RP war es dabei, die Anträge erfolgreich „durch den Lenkungsausschuß zu bringen“[295], was in manchen Fällen eine „gewisse Kreativität“ verlangen konnte. Die finanzielle Abwicklung der Gemeinschaftsinitiativen fällt ebenfalls in die Zuständigkeit der staatlichen Mittelinstanz.

In der Vorbereitungsphase auf den neuen Förderzeitraum 2000-2006 kam es zu Verteilungskämpfen um die Kompetenzen hinsichtlich der Mittelverwaltung. Der allgemeine Trend geht dahin, der Sächsischen Aufbaubank (SAB) die Verantwortung für weitere Programme zu übertragen. Damit wäre die Stellung der staatlichen Mittelbehörden auch in bezug auf die Regionalförderung geschwächt: Die Regierungspräsidien tragen in Sachsen das „Signum der Vorläufigkeit“. Nachdem sie jahrelang ohne spezialgesetzliche Grundlage agierten - ein Landesorganisationsgesetz gibt es bisher nicht -, regelte das „Gesetz über die Regierungspräsidien im Freistaat Sachsen“

293 410 km mit der Tschechischen Republik, 117 km mit der Republik Polen; vgl. SMWA 1994, S. 3.

294 Zu den sächsischen Euroregionen vgl. *Roch* 1997.

295 Gesprächsprotokoll SN 9; nachfolgendes Zitat ebenda.

vom 10.12.1998[296] in Paragraph 5, daß die Staatsregierung dem Landtag bis zum 31.12.2001 berichtet, „... ob sie die drei Regierungspräsidien für die Verwaltungsstruktur des Freistaates Sachsen über den 31. Dezember 2004 hinaus für erforderlich hält." Sollte die politische Entscheidung zu dem angegebenen Zeitpunkt gegen den Fortbestand der Mittelbehörde in der bisherigen Form ausfallen, hätte das entsprechende Auswirkungen auch auf das System der Fördermittelverwaltung[297].

Schematische Darstellung:

Finanzströme im Bereich der EFRE-Förderung in Sachsen[298]

296 SächsGVBl. Nr. 24 vom 30.12.1998, S. 661.

297 Unter dem Aspekt der Unsicherheit über die eigene zukünftige „Daseinsberechtigung" erscheint plausibel, daß die Regierungspräsidien derzeit bestrebt sind, ihren Aufgabenbestand vehement zu verteidigen und nach Möglichkeit noch zu erweitern; vgl. Gesprächsprotokoll SN 9.

298 Vgl. SMWA 2000, S. 230.

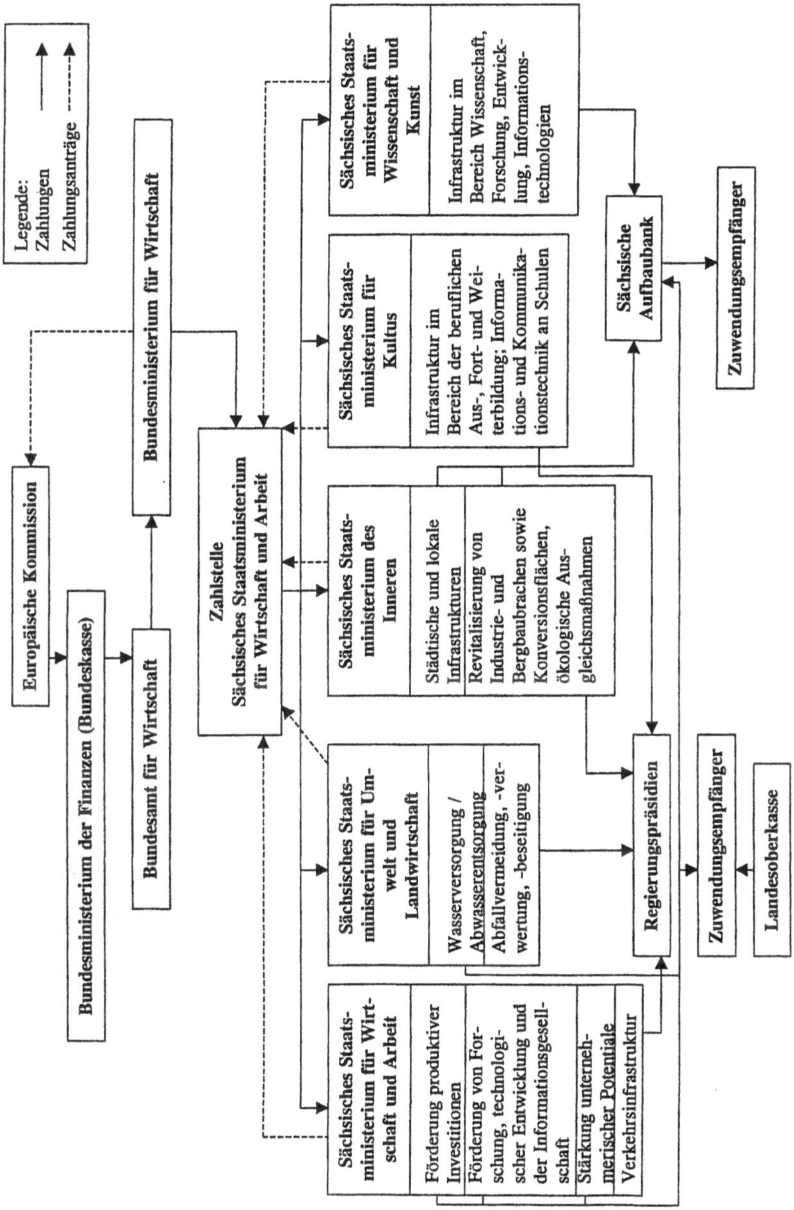
Legende:
Zahlungen
Zahlungsanträge
Europäische Kommission
Bundesministerium der Finanzen (Bundeskasse)
Bundesamt für Wirtschaft
Bundesministerium für Wirtschaft
Zahlstelle
Sächsisches Staatsministerium für Wirtschaft und Arbeit
Sächsisches Staatsministerium für Wirtschaft und Arbeit
Förderung produktiver Investitionen
Förderung von Forschung, technologischer Entwicklung und der Informationsgesellschaft
Stärkung unternehmerischer Potentiale
Verkehrsinfrastruktur
Sächsisches Staatsministerium für Umwelt und Landwirtschaft
Wasserversorgung / Abwasserentsorgung
Abfallvermeidung, -verwertung, -beseitigung
Sächsisches Staatsministerium des Inneren
Städtische und lokale Infrastrukturen
Revitalisierung von Industrie- und Bergbaubrachen sowie Konversionsflächen, ökologische Ausgleichsmaßnahmen
Sächsisches Staatsministerium für Kultus
Infrastruktur im Bereich der beruflichen Aus-, Fort- und Weiterbildung; Informations- und Kommunikationstechnik an Schulen
Sächsisches Staatsministerium für Wissenschaft und Kunst
Infrastruktur im Bereich Wissenschaft, Forschung, Entwicklung, Informationstechnologien
Regierungspräsidien
Sächsische Aufbaubank
Zuwendungsempfänger
Zuwendungsempfänger
Landesoberkasse

Die in der Planungsphase für den neuen Programmzeitraum im ESF-Bereich begonnene Regionalisierung, die ihren sichtbarsten Ausdruck in der bereits erwähnten Durchführung der drei Workshops auf der Ebene der Regierungsbezirke fand, sollte nach Meinung der Gewerkschaften in der Implementationsphase fortgesetzt und dabei auch auf die EFRE- und die EAGFL-A-Förderung ausgedehnt werden. Ein entsprechendes Umsetzungskonzept wurde im Juli 1999[299] erarbeitet und dem sächsischen Wirtschaftsminister anschließend zugeleitet. Das Kernstück des Modells besteht in einer intensiven Einbeziehung der beteiligungsorientierten Strukturen der Stiftung Innovation und Arbeit Sachsen in den Umsetzungsprozeß der Förderung aus den Strukturfonds und den Gemeinschaftsinitiativen. Um eine stärker dezentrale Programmimplementation bei gleichzeitig wirksamer Verzahnung der Fonds, insbesondere des ESF und des EFRE, zu erreichen, schlagen die Gewerkschaften außerdem die Bildung von drei regionalen Koordinierungskreisen (RKK)[300] auf der Ebene der Regierungsbezirke vor. Diesen RKK sollten die Mitglieder der IAS-Regionalforen und ihrer Beiräte[301], das jeweils zuständige Regierungspräsidium sowie weitere relevante Akteure, wie z. B. die Arbeitsämter, angehören. Nach gewerkschaftlicher Vorstellung sollten die Koordinierungskreise ein projektbezogenes Initiativrecht gegenüber den Fondsverwaltern und ein Vetorecht bei der Ablehnung einzelner Projekte bekommen. Durch die Umsetzung dieses Vorschlags würde eine stärker dezentrale Förderung erreicht, die die unterschiedlichen Fonds integrierte und gleichzeitig ein höheres Maß an kontinuierlicher Mitwirkung der Wirtschafts- und Sozialpartner ermöglichte.

Die Antwort des sächsischen Wirtschaftsministers[302] auf diesen Reformvorschlag fiel eindeutig aus: Zwar wird der gewerkschaftlichen Forderung nach regionalisierten Strukturen im ESF-Bereich durch die Etablierung der RKK zugestimmt und deren Errichtung in Aussicht gestellt. Die beiden anderen Fonds sollten jedoch weiter wie bisher zentral verwaltet werden. Außerdem solle den Vorschlägen der Koordinierungskreise lediglich empfehlender Charakter zukommen, die somit nicht zwingend von den Regierungs-

---

299 Vgl. Vorschläge des DGB und der IG Metall zur Weiterentwicklung des Verfahrens zur Umsetzung der EU-Strukturfonds in Sachsen, Dresden, Juli 1999.

300 Im ESF-Bereich besteht bereits ein Landeskoordinierungskreis, der in der Förderperiode 1994-99 einmal monatlich tagte und dabei über die Bewilligung von Projekten entschied; vgl. Gesprächsprotokoll SN 5.

301 Das würde für die IAS-Struktur bedeuten, daß die gegenwärtig fünf Regionalstellen zu drei zusammengefaßt werden müßten.

302 In einem Schreiben vom 12.9.1999, das dem Verfasser vorliegt.

präsidien als Bewilligungsbehörde umgesetzt werden müßten. Auch könne weiteren Forderungen nach stärkerer Beteiligung der Sozialpartner, beispielsweise bei der Auswahl der Programmevaluatoren, nicht entsprochen werden. Angesichts dieser strikten Haltung scheint eine Dezentralisierung im EFRE-Bereich bei gleichzeitig zunehmenden Partizipationsmöglichkeiten für die Wirtschafts- und Sozialpartner zum gegenwärtigen Zeitpunkt als unwahrscheinlich. Es wird somit auch in der Förderperiode 2000-2006 bei der fondsspezifisch getrennten Projektauswahl und Mittelverwaltung bleiben.

Um den Regelungen der neuen allgemeinen Strukturfondsverordnung zu entsprechen, wurde in Sachsen zum 1. Juni 2000 die „Verwaltungsbehörde"[303] eingerichtet, die gemäß Art. 34 der allgemeinen Verordnung im umfassenden Sinne für die Begleitung der Fördermaßnahmen zuständig ist. In ihren Aufgabenbereich fallen u. a.: die Einrichtung eines zuverlässigen Systems zur Erfassung statistischer Daten über die Durchführung der Maßnahmen, die Anpassung und Durchführung der Ergänzung zur Programmplanung, die Erstellung des jährlichen Durchführungsberichtes, die Prüfung der Ordnungsmäßigkeit der Maßnahmen sowie die Durchführung der Halbzeitbewertung. Diese Fülle von Aufgaben konnte mit der anfänglich noch sehr geringen personellen Ausstattung - eine Stelle des höheren Dienstes sowie eine Sekretärin - nicht bewältigt werden. Mittlerweile befindet sich eine spezielle Verwaltungseinheit im Aufbau: in der neuen Abteilung „Politikkoordination" wird eine Stabsstelle EU-Strukturfonds eingerichtet, die formell in die Struktur des SMWA eingegliedert ist, allerdings mit direkter Zuordnung zum Staatssekretär. Dieser Stabsstelle obliegen die Aufgaben der Verwaltungsbehörde im Sinne der allgemeinen Verordnung. Gleichzeitig übernimmt sie die Federführung in dem sächsischen Begleitausschuß, der sich gegenwärtig (Stand: Juni 2000) neu konstituiert. Auf Grund der Umbruchsituation fehlt momentan noch die Klarheit über die genaue Arbeitsteilung zwischen den einzelnen mit EU-Förderung betrauten Verwaltungseinheiten. Sicher ist, daß es gegenüber der bisherigen Struktur, in der der EFRE-Fondsverwalter die Federführung im Begleitausschuß hatte, zumindest „einige Akzentverschiebungen"[304] geben wird. Eine möglichst rasche Konstituierung des Begleitausschusses macht sich schon deshalb erforderlich, weil er die Ergänzung zur Programmplanung bestätigen muß, die im Anschluß an die Genehmigung des OP durch die Kommission, unter Be-

---

303 Zur Begriffsbestimmung vgl. Art. 9 lit n) der Verordnung 1260/1999 des Rates vom 21. Juni 1999 mit allgemeinen Bestimmungen über die Strukturfonds, ABl. L 161/1 vom 26.6.1999, S. 13.

304 So die etwas vage Einschätzung eines Gesprächspartners; vgl. Gesprächsprotokoll SN 1 (2. Teil).

rücksichtigung der Ergebnisse der ex ante-Bewertung von der Verwaltungsbehörde erstellt wird[305]. Genaue Angaben über die Zusammensetzung des Ausschusses konnten die Gesprächspartner zwar noch nicht machen, aber es ist angesichts der bereits geschilderten allgemeinen Zurückhaltung der Staatsregierung gegenüber einer Ausweitung des Partnerschaftsprinzips davon auszugehen, daß der Kreis der Partner im neuen Begleitausschuß nur unwesentlich von seinem Vorgängergremium abweichen wird.

Zusammenfassend kann gesagt werden, daß die Förderung aus den EU-Strukturfonds für das Land Sachsen auch im neuen Planungszeitraum ein wesentlicher, prägender Bestandteil seiner strukturpolitischen Aktivitäten sein wird. Das ergibt sich schon allein aus der Größenordnung der in Aussicht stehenden Mittel: in dem Zeitraum 2000-2006 werden dem Freistaat 4,64 Mrd. Euro zur Verfügung stehen. Bei einem Landeshaushalt von rund 30 Mrd. DM machen die EU-Mittel somit knapp fünf Prozent des Gesamtbudgets aus. In den Gesprächen und Interviews wurde die sich allmählich verbreitende Überzeugung deutlich, daß für die Zeit nach 2006 im besten Fall noch mit einer Übergangsförderung zu rechnen sein könne[306]: Einerseits hofften die Gesprächspartner bis dahin auf eine weitere Verringerung des sächsischen Abstandes zu den wohlhabenderen Regionen. Andererseits müsse klar gesehen werden, daß durch die bis 2006 möglicherweise vollzogenen ersten Beitritte einiger MOE-Staaten neue Anspruchsberechtigte hinzukämen und der EU-Durchschnitt des BIP pro Kopf, der die Bemessungsgrundlage für die Förderfähigkeit nach Ziel 1 darstellt, deutlich sinken werde. Auf die Frage, wie diesen Entwicklungen begegnet werden könne, blieben die Gesprächspartner konkrete Antworten zumeist schuldig. Die einzige Ausnahme bildete ein Vorschlag, Mittel aus INTERREG III bereits in der aktuellen Förderperiode für grenzüberschreitende Projekte in den Euroregionen beiderseits der Grenze einsetzen zu können, um so eine Heranführung dieser peripheren, in der Regel wirtschaftlich unterentwickelten Landesteile zu unterstützen[307].

Auch die bisher noch immer hohen Transfers aus den alten in die neuen Bundesländer, zu denen die Bundesmittel im Rahmen der GRW-Ost hinzu

---

305 Dafür stehen gemäß Art. 35 Abs. 1 der VO 1260/99 „höchstens drei Monate nach der Entscheidung über die Fondsbeteiligung“ zur Verfügung.

306 Vgl. auch *Wobben* 2000, S. 526.

307 Vgl. Gesprächsprotokoll SN 11. Bisher können die INTERREG-Mittel nur auf dem Gebiet der EU eingesetzt werden, d. h. die an grenzüberschreitenden Projekten beteiligten Nicht-EU-Regionen, wie z. B. in Polen oder in Tschechien müssen andere Finanzquellen für ihre Programmbeteiligung aktivieren, was nicht immer gelingt.

gerechnet werden können, sind von mehr oder weniger drastischen Kürzungen bedroht. Während unter den Wirtschaftsministern eine Fortsetzung der Bund-Länder-Förderung unumstritten ist, äußern die Finanzminister immer wieder starke Vorbehalte gegenüber dieser Form der Mischfinanzierung und fordern zumindest den Übergang zu einer Mittelvergabe auf Darlehensbasis[308]. Über die Fortsetzung des sogenannten Solidarpaktes[309], der in seiner jetzigen Form im Jahr 2004 ausläuft, wird gegenwärtig zwischen Bund und Ländern verhandelt, so daß die finanziellen Rahmenbedingungen für die regionale Strukturpolitik über das Jahr 2004 (GRW) bzw. 2006 (Strukturfonds) hinaus als derzeit höchst unsicher einzuschätzen sind[310]. Angesichts allgemeiner Sparzwänge ist nicht anzunehmen, daß sich die Landesmittel in diesem Zeitraum derart positiv entwickeln, um die zu erwartenden Ausfälle vollständig kompensieren zu können. Auch wird es bei weiterhin defizitären Haushalten zunehmend schwierig werden, die nationale Ko-Finanzierung für die Strukturfondsförderung aufzubringen[311].

Das vorstehend entworfene Szenario führt wiederum zu der Frage: Wie kann auf die bereits heute absehbaren Einschränkungen bei der zukünftigen Mittelausstattung reagiert werden? Eine Möglichkeit besteht in der verstärkten Aktivierung endogener Wachstumspotentiale durch die frühzeitige und umfassende Einbeziehung lokaler und regionaler Initiativen. Voraussetzung dafür wäre jedoch eine stärkere Dezentralisierung der strukturpolitischen Aktivitäten, wie sie am Beispiel der regionalen Koordinierungskreise angeregt wurde. Während es im ESF-Bereich hierzu vielversprechende Ansätze gibt, ist der EFRE bisher von dieser Entwicklung noch nicht erfaßt. Das Hauptargument der Landesregierung gegen die weitere Ausdehnung des Partnerschaftsprinzips besteht darin, daß es sich bei der Entscheidung über

---

308 Vgl. Gesprächsprotokoll SN 1 (2. Teil).

309 Der Solidarpakt I beinhaltet folgende Leistungen des Bundes, die seit 1995 für die Dauer von zehn Jahren an die neuen Länder gezahlt werden: jährlich 14 Mrd. DM Sonderbedarfs-Bundesergänzungszuweisungen zum Abbau teilungsbedingter Sonderlasten und zum Ausgleich unterproportionaler kommunaler Finanzkraft sowie 6,6 Mrd. DM für Finanzhilfen nach dem Investitionsförderungsgesetz Aufbau Ost; vgl. *Ragnitz* 2000, S. 229.

310 Der Chef der Sächsischen Staatskanzlei hat in den Verhandlungen zum Solidarpakt II die Federführung für die neuen Länder; vgl. Gesprächsprotokoll SN 11. Auf ihrer 24. Regionalkonferenz forderte die MPK-Ost im November 2000 die Fortsetzung des Solidarpaktes für weitere zehn Jahre bis 2014; vgl. *Dieter Michel*, Der Solidarpakt muss fortgesetzt werden, Das Parlament Nr. 48 vom 24.11.2000, S. 14.

311 Vgl. *Wobben* 2000, S. 525.

die Förderung einzelner Projekte um die Vergabe von Steuergeldern handele, für die die Exekutive gegenüber dem Parlament verantwortlich sei. Diese Argumentation kann insofern entkräftet werden, als es bei dem bottom-up-Ansatz der Gewerkschaften um den Versuch einer stärkeren Einbeziehung des Sachverstandes der Partner bei der Planung und Durchführung der Programme und nicht um die Übernahme hoheitlicher Befugnisse geht. Die Legitimationsgrundlage besteht in diesem Fall in einer Erhöhung der Transparenz und einer Verbesserung der Partizipationsmöglichkeiten betroffener Personen und Gruppen. Unter demokratietheoretischen Gesichtspunkten muß bei der Vergabe von Fördermitteln jedoch sichergestellt werden, daß die Klarheit der Verantwortungszuschreibung bei staatlichen Entscheidungen gewahrt bleibt und daß keine Entscheidungsgremien entstehen, die demokratisch nicht legitimiert sind oder die nicht zumindest demokratischer Kontrolle unterliegen.

4.5 Regionale Strukturpolitik in Rheinland-Pfalz

In der bisherigen Betrachtung ist bereits deutlich geworden, daß die Spielräume der Akteure der Landesebene in den drei Säulen regionalpolitischer Aktivitäten - EU-Strukturfonds, GRW und Landesförderprogramme - sowie in den verschiedenen Phasen des Politikzyklus jeweils unterschiedlich groß sind. Als Beleg für die offensichtlich mangelnde Durchsetzungsfähigkeit von Landesinteressen auf europäischer Ebene können die derzeit (Oktober 2000) noch andauernden, langwierigen Abstimmungsprozesse im Zusammenhang mit dem Ziel 2-Programm des Landes Rheinland-Pfalz für den Planungszeitraum 2000-2006 gelten[312]. Das Bestreben der EU-Kommission, gemäß ihrem Auftrag aus den Artikeln 158 ff. EG-Vertrag auf den gemeinschaftsweiten Abbau regionaler Disparitäten hinzuwirken, steht in einem Spannungsverhältnis zu ihrer originären Zweckbestimmung, gleichzeitig für die Einhaltung eines freien Wettbewerbs durch eine Beschränkung übermäßiger staatlicher Beihilfen (Artt. 87 ff. EGV) zu sorgen. Die damit verbundenen Aktivitäten der supranationalen Ebene werden von Bund und Ländern als Versuch gewertet, in ständig steigendem Maße Einfluß auf die nationalen und regionalen Fördersysteme zu nehmen. Die Förderkataloge der Strukturfonds und der Gemeinschaftsinitiativen sind deutlich breiter gefächert als die Angebotspalette der GRW-Förderung. Damit ergeben sich in der Phase der Programmimplementation zwar relativ umfangreiche Hand-

312 Vgl. Teil 4 des Gesprächsprotokolls RP 9; vgl. ausführlicher nachfolgend Abschnitt 4.5.6.

lungsoptionen für die regionalen Akteure. Die Anhänger der „klassischen" Regionalförderung in den Wirtschaftsministerien reagieren angesichts dieser Fülle von Fördermöglichkeiten jedoch mehrheitlich kritisch, da auf diese Weise die eigene, tradierte Förderphilosophie „aufgeweicht" zu werden droht[313]. In der Praxis wurde die anfangs strikte Fixierung der GRW auf die Bereiche gewerbliche Wirtschaft und wirtschaftsnahe Infrastruktur inzwischen durch eine Öffnung für weitere Bereiche gelockert. Ergänzt wird die Förderung im Rahmen der Strukturfonds und der GRW durch Landesprogramme, die allerdings vielfach als „Löschinstrument für landespolitische Brandherde"[314] dienen müssen.

4.5.1 Die GRW in Rheinland-Pfalz

Rheinland-Pfalz gehört unter den Altbundesländern zu den strukturschwachen. Im Rahmen des sogenannten Ernst-Gutachtens[315] wurde ihm 1973 „eine unzureichende finanzielle Leistungsfähigkeit"[316] attestiert. Die damals angestrebte Länderneugliederung konnte aus verschiedenen Gründen nicht umgesetzt werden. An dem Befund hat sich indes - trotz enormer Anstrengungen - prinzipiell nichts geändert: Auch im Jahre 1997 zählte Rheinland-Pfalz mit einem Ausgleichsanspruch von 76,- DM pro Einwohner zu den Empfängerländern im Rahmen des Länderfinanzausgleichs[317]. Das aktuelle Fördergebiet der GRW ist nicht wie im Fall des Freistaates Sachsen iden-

---

313 Ein Interviewpartner sprach in bezug auf die vielfältigen EU-Programme von einem „bunten Strauß von Fördermöglichkeiten", der die eigenen Förderinstrumente „in Zugzwang" bringe; Gesprächsprotokoll RP 9.

314 *Nägele* 1996, S. 129.

315 Das Gutachten war im Auftrag des Bundesinnenministeriums erstellt worden und sollte Vorschläge für eine praktikable Neugliederung des Bundesgebietes erarbeiten. *Frido Wagener* wirkte maßgeblich an der Erarbeitung einer Fünf-Länder- oder Sechs-Länder-Variante mit; vgl. Sachverständigenkommission 1973.

316 *Wagener* 1974, S. 424. Neben Rheinland-Pfalz nannte er das Saarland, Niedersachsen und Schleswig-Holstein, deren mangelnde wirtschaftliche Leistungsfähigkeit eine Neuordnung notwendig erscheinen lassen.

317 Die umfangreichsten Unterstützungsleistungen flossen jedoch in die neuen Bundesländer (in Klammern jeweils der Pro-Kopf-Anspruch der Nehmerländer): Brandenburg (390 DM), Sachsen (411 DM), Sachsen-Anhalt (415 DM), Thüringen (438 DM) und Mecklenburg-Vorpommern (452 DM). Die Länder mit der größten Pro-Kopf-Ausgleichspflicht (Geberländer) waren in 1997: Hessen (522 DM), Bayern (259 DM) und Baden-Württemberg (236 DM). Zahlenangaben nach *König* 1999, S. 31.

tisch mit dem Landesterritorium, sondern deckt nur einen Teil von Rheinland-Pfalz ab. Schwerpunkte bilden die Arbeitsmarktregionen (AMR) Idar-Oberstein, Pirmasens und Kaiserslautern als C-Fördergebiete sowie die AMR Bad Kreuznach als D-Fördergebiet[318]. Lebte im Jahre 1986 noch fast die Hälfte der Landesbevölkerung im GRW-Fördergebiet, das seinerseits 72 % (!) der Landesfläche bedeckte, so verringerte sich deren Anteil bei jeder Neuabgrenzung des Fördergebietes kontinuierlich. Ursache hierfür war einerseits die vergleichsweise positive wirtschaftliche Entwicklung, in deren Ergebnis fünf rheinland-pfälzische AMR nicht mehr zu den bundesweit strukturschwächsten gehörten und aus der GRW-Förderkulisse herausfielen[319]. Andererseits resultiert die fortgesetzte Verkleinerung des Fördergebietsumfangs auch aus den sich verstärkenden Restriktionen durch die Beihilfekontrolle der Europäischen Kommission, deren erklärtes Ziel es war und ist, das Niveau staatlicher Beihilfen weiter zu senken[320]. Der nach den Festlegungen des 29. GRW-Rahmenplans aktuell gültige „Aktionsraum" der GRW (C- und D-Fördergebiete) umfaßt 23,8 Prozent der Landesfläche mit einem Anteil von knapp 20 % an der Gesamtbevölkerung[321].

---

318 Zur Auflistung der rheinland-pfälzischen GRW-Gebiete vgl. 29. Rahmenplan, BT-Drs. 14/3250, S. 135 sowie Anhang 14, S. 246 ff. Zur Unterscheidung von C- und D-Fördergebieten vgl. ausführlicher nachfolgend Abschnitt 5.6.3.

319 Das waren die AMR Bad Kreuznach, Bitburg, Cochem, Trier und Wittlich. Neu in das Fördergebiet aufgenommen werden mußte dagegen die AMR Kaiserslautern; vgl. MWVLW 2000, S. 7.

320 Vgl. ausführlicher nachfolgend Abschnitt 5.3.

321 Fläche des Aktionsraumes: 4.725 km² bei einer Gesamtfläche von 19.853 km²; 803.391 Einwohner im Aktionsraum bei einer Gesamteinwohnerzahl von 4.024.969 (Stand jeweils 31.12.1998); vgl. 29. Rahmenplan, BT-Drs. 14/3250, S. 135.

Tabelle: Fördergebietskulisse der GRW in Rheinland-Pfalz[322]

Zeitraum	**Rahmen-plan**	**Einwohner**		**Fläche**	
		Anzahl	in % der Landesbev.	Quadrat-kilometer	in % der Landes-fläche
bis 31.12.1986	15.	1.803.799	49,9	14.266,40	71,9
1.1.-31.12.1987	16.	1.596.462	44,2	12.953,36	65,3
ab 1.1.1988	17.-19.	1.348.800	37,3	11.118,81	56,0
davon Normal-fördergebiet		1.249.318	34,6	10.657,33	53,7
ab 1.1.1991	20.-21.	1.070.919	28,9	8.981,00	45,2
ab 1.1.1993	22.	1.086.673	28,9	8.501,00	42,8
ab 1.1.1994	23.-25.	981.945	25,5	8.066,00	40,6
ab 1.1.1997	26.	699.614	17,6	4.774,00	24,0
ab 1.1.2000 (ohne D-Fördergebiet)	29.	647.697	16,1	3.920,00	19,7

Der Bereich gewerbliche Wirtschaft (einschließlich Fremdenverkehr) wurde in Rheinland-Pfalz im Jahr 1998 mit Haushaltsmitteln in Höhe von 24,36 Mio. DM gefördert. Insgesamt wurden im Rahmen der GRW 119 Vorhaben mit einem Investitionsvolumen von rund 187 Mio. DM bewilligt. Damit sind nach Angabe des 29. Rahmenplanes die Voraussetzungen für die Einrichtung und Erhaltung von 833 Dauerarbeitsplätzen geschaffen worden[323]. Im zweiten Schwerpunktbereich, der wirtschaftsnahen Infrastruktur, wurden dagegen im Jahr 1998 keine Investitionen aus GRW-Mitteln finanziert. Für die Jahre 2000-2004 sollen der Bund-Länder-Förderung Haushaltsmittel in Höhe von insgesamt 132 Mio. DM zur Verfügung stehen, die durch zusätzliche, ebenfalls nach den Konditionen der Gemeinschaftsaufgabe zu vergebende Landesmittel aufgestockt werden.

322 Vgl. MWVLW 2000, S. 8.

323 Vgl. 29. Rahmenplan, BT-Drs. 14/3250, S. 141.

Tabelle: Finanzierungsplan der GRW in Rheinland-Pfalz für den Zeitraum 2000-2004[324]

	Finanzmittel (in Mio. DM)					
Geplante Maßnahmen	**2000**	**2001**	**2002**	**2003**	**2004**	**2000-2004**
Investive Maßnahmen Gewerbliche Wirtschaft - GRW-Normalförderung	23,174	27,560	25,520	25,520	25,520	127,294
- EFRE	--	--	--	--	--	--
Wirtschaftsnahe Infrastruktur - GRW-Normalförderung	1,000	1,000	1,000	1,000	1,000	5,000
- EFRE	--	--	--	--	--	--
Insgesamt - GRW-Normalförderung	24,174	28,560	26,520	26,520	26,520	132,294
- EFRE	--	--	--	--	--	--
Nicht-investive Maßnahmen	--	--	--	--	--	--
Zusätzliche Landesmittel[a]	111,000	83,000	83,000	83,000	83,000	443,000
Totalsumme	**135,174**	**111,560**	**109,520**	**109,520**	**109,520**	**575,294**

a) vorbehaltlich der noch zu verabschiedenden Haushalte

Bereits im Jahre 1989 hatten die damaligen Länder gegenüber der Bundesebene durchgesetzt, die für die Förderung von Maßnahmen in Ziel 2- und Ziel 5b-Gebieten vorgesehenen EFRE-Mittel nicht mehr, wie bis dahin üblich, im Rahmen der GRW-Instrumentarien einzusetzen. Um sich das breitere Förderspektrum der europäischen Strukturfonds erschließen zu können, wurden diese fortan zur Kofinanzierung spezieller Landesprogramme herangezogen[325]. Die GRW-Förderung wurde parallel dazu fortgesetzt.

---

324 Vgl. 29. Rahmenplan, BT-Drs. 14/3250, S. 137. Diese Plandaten stellen vorläufige Haushaltsansätze dar, die gegenseitig prinzipiell deckungsfähig sind, um „eine flexible Anpassung an die Entwicklung des Antragsvolumens für die einzelnen Investitionskategorien“ zu ermöglichen.

325 Vgl. *Tetsch* et al. 1996, S. 40; vgl. auch *Ast* (2000, S. 235), die die Entkoppelung auf das Jahr 1988 datiert.

4.5.2 Die Strukturfondsförderung im Zeitraum 1994-99

Der Anteil des Landes an der Gesamtdotierung der Strukturfonds war in der Förderperiode 1989-93 relativ gering: Lediglich 34 Millionen ECU[326] flossen aus Brüsseler Kassen nach Mainz. Das änderte sich in der Förderperiode 1994-99: Im Rahmen der im Januar 1994 von der Kommission vorgenommenen Neuabgrenzung der Fördergebiete für den Zeitraum 1994-96 wurden die Regionen Pirmasens, Zweibrücken sowie Teile der Stadt und des Landkreises Kaiserslautern als Ziel 2-Gebiete anerkannt. Das entsprechende EPPD[327] sah EU-Fördermittel in einer Gesamthöhe von rund 23,5 Mio. ECU vor. Für die Periode 1997-99 wurden EU-Gelder in Höhe von 27,3 Mio. ECU zur Unterstützung der rheinland-pfälzischen Ziel 2-Gebiete eingeplant. Hinzu kamen im Förderzeitraum 1994-99 111,3 Mio. ECU für die Ziel 5b-Gebiete des Landes[328], so daß sich für die Periode 1994-99 eine Gesamtförderung von 162,1 Mio. ECU aus den Strukturfonds ergibt[329]. Die finanzielle Abwicklung der Programme des Förderzeitraums 1994-99 muß bis zum 31.12.2001 abgeschlossen sein.

Im Rahmen mehrerer Gemeinschaftsinitiativen (GI) erfolgte in der Förderperiode 1994-99 zusätzlich zu der Zielgebietsförderung finanzielle Unterstützung durch die Gemeinschaft. Die Förderung des ländlichen Raumes unterstützte das LEADER-Programm. Diese GI kam in Rheinland-Pfalz in dem 5b-Zielgebiet zum Einsatz und war für den Zeitraum 1994-99 mit 8,55 Mio. ECU dotiert[330]. Insgesamt 18,13 Mio. ECU[331] stellte die GI KONVER für eine Vielzahl von Maßnahmen der Standorte- und Rüstungskonversion zur Verfügung. Von besonderer Bedeutung für die Förderlandschaft war die

---

326 Davon 6 Mio. ECU in die Ziel 2-Gebiete und 28 Mio. ECU in die Ziel 5b-Regionen, wovon je 13 Mio. auf den EFRE und den EAGFL-Ausrichtung und 9 Mio. auf den ESF entfielen, außerdem erhielt das Land Fördergelder im Rahmen mehrerer Gemeinschaftsinitiativen; vgl. Kommission 1997a, S. 173, Abweichung durch Rundung.

327 Entscheidung der Kommission zur Genehmigung des EPPD für die Strukturinterventionen der Gemeinschaft in den Ziel 2-Gebieten des Landes Rheinland-Pfalz vom 16.12.1994, ABl. L 384/54 vom 31.12.1994.

328 Vgl. MWVLW 2000, S. 11.

329 Vgl. Kommission 1997a, S. 174. Nach Sachsen flossen im Vergleichszeitraum 3.366 Mio. ECU.

330 Vgl. 28. Rahmenplan, BT-Drs. 14/776, S. 105.

331 Vgl. MWVLW 2000, S. 12. Vgl. auch Antwort des Innenministeriums auf eine Große Anfrage zu dem Thema Konversion in Rheinland-Pfalz, LT-Drs. 13/5015, S. 28; mit Verweis auf das Vorläuferprogramm PERIFRA.

speziell für Grenzgebiete aufgelegte GI INTERREG II, die sich wiederum in Einzelprogramme unterteilte[332]. Das Gesamtprogramm hatte in der Periode 1994-99 eine Dotierung von rund 78 Mio. ECU, von denen 13,58 Mio. ECU auf Rheinland-Pfalz entfielen. Für die Anpassung kleiner und mittlerer Unternehmen an den Binnenmarkt standen im Zeitraum 1996-99 aus EFRE-Mitteln der GI KMU 3,22 Mio. ECU zur Verfügung. Weitere finanzielle Unterstützung erhielt das Land aus den Gemeinschaftsinitiativen ADAPT und EMPLOYMENT.

Tabelle: EU-Strukturfonds in Rheinland-Pfalz im Zeitraum 1994-99 (in Mio. Euro)[333]

Förderziel	**EFRE**	**ESF**	**EAGFL-A**	**Summe**
Ziel 2 (1994-96)	15,246	8,210	-	23,456
Ziel 2 (1997-99)	17,911	9,645	-	27,556
Ziel 3	-	30,2	-	30,2
Ziel 4	-	7,3	-	7,3
Ziel 5b (1994-99)	44,511	22,256	44,515	111,282
Gemeinschaftsinitiativen				
INTERREG	13,580	-	-	13,580
LEADER	5,570	-	2,980	8,550
KONVER	12,174	5,953	-	18,127
KMU	3,218	-	-	3,218
ADAPT	-	5,4	-	5,4
EMPLOYMENT	-	3,7	-	3,7
Summe	**112,210**	**92,664**	**47,495**	**252,369**
pro Jahr				**42,062**

332 In das deutsch-luxemburgische INTERREG II-Programm (beteiligte Region: Trier), das deutsch-lothringische (Westpfalz), das deutsch-belgisch-niederländische (Landkreise Bitburg-Prüm und Daun) sowie das INTERREG II-Programm der Euregio PAMINA (Südpfalz).

333 Vgl. MWVLW 2000, S. 35.

4.5.3 Die Umsetzung des Partnerschaftsprinzips

4.5.3.1 ... in der Förderperiode 1994-99

Teile von Rheinland-Pfalz wurden in der zurückliegenden Förderperiode im Rahmen der Ziele 2 und 5b gefördert. Die Mittelausstattung für das Ziel 2 war, wie oben dargestellt, mit rund 50 Mio. Euro für den Zeitraum von sechs Jahren relativ gering. Schon aus diesem Grund gab es für das mittelverwaltende Ministerium keine Veranlassung, die Einbeziehung der Wirtschafts- und Sozialpartner auf Landesebene zu institutionalisieren. Die Programme seien nach Auskunft eines Gesprächspartners dazu „einfach zu klein" gewesen. Durch die Einrichtung eines Begleitausschusses auf Bundesebene, in dem die Partner vertreten waren, sei dem Partnerschaftsprinzip außerdem genügend Rechnung getragen worden[334].

Im Gegensatz dazu existierte im Ziel 5b-Bereich, der mehr als das Doppelte an EU-Geldern zur Verfügung hatte, ein Landesbegleitausschuß, in dem allerdings nur Vertreter der Exekutiven versammelt waren - ansonsten wäre das Gremium zu groß geworden und die Entscheidungsfähigkeit hätte leiden können[335]: drei Landesministerien[336], drei Bundesministerien[337], Vertreter der zuständigen Kommissionsdienststellen[338] sowie als nichtständige Mitglieder die drei - damals noch existierenden - Bezirksregierungen[339]. Die Wirtschafts- und Sozialpartner, deren Interesse an intensiver Mitarbeit aus der Sicht der Fondsverwalter ohnehin nicht besonders ausgeprägt war[340], wurden lediglich im Vorfeld der Begleitausschußsitzungen beteiligt. Der Ziel 5b-Begleitausschuß traf sich ein bis zwei Mal im Jahr und behandelte

---

334 Vgl. Gesprächsprotokoll RP 9, 1. bzw. 4. Teil.

335 Diese Bedenken trug ein Beamter des zuständigen Ministeriums; vgl. Gesprächsprotokoll RP 8.

336 MWVLW (verwaltet EFRE- und EAGFL-Mittel), MASG (ESF) und Innenministerium.

337 BMWi (EFRE), BMELF (EAGFL), BMAS (ESF).

338 Die Generaldirektionen (in alter Zählweise, mit Fondszuständigkeit) V (ESF), VI (EAGFL) und XVI (EFRE).

339 Diese wurden zum 1.1.2000 in sogenannte Struktur- und Genehmigungsdirektionen (Neustadt und Koblenz) bzw. eine Aufsichts- und Dienstleistungsdirektion (Trier) umstrukturiert; vgl. das entsprechende Gesetz zur Neuorganisation der Landesverwaltung, GVBl. 1999, S. 325 ff.

340 Vgl. Gesprächsprotokoll RP 8. Bestätigt durch Gesprächsprotokoll RP 10.

gleichzeitig die Umsetzung der Gemeinschaftsinitiative LEADER II[341]. Nach Meinung der Fondsverwalter stellten die Vertreter der EU-Kommission in dem Begleitausschuß den einflußreichsten Akteur dar[342], wenngleich die Beschlüsse einstimmig verabschiedet wurden und somit auch die anderen Beteiligten theoretisch die Möglichkeit zum Veto gehabt hätten. Als Hauptgrund für diese starke Position der Kommission wird deren Genehmigungsvorbehalt genannt[343], der sie zudem mit einer „doppelten Option" ausstattet: einmal die sachliche Genehmigung der Programme und zum zweiten die ebenfalls notwendige wettbewerbsrechtliche Genehmigung. Bei der Auswahl konkreter Projekte hatte dann jedoch die Landesebene im Rahmen der genehmigten Programme den größten Spielraum aller beteiligten Akteure[344].

Im Rahmen der - nicht regional-, sondern zielgruppenorientierten - Ziele 3 und 4, die in der Förderperiode 1994-99 mit insgesamt 37,5 Mio. Euro ausschließlich aus dem ESF dotiert waren, wurden Projekte zur Bekämpfung der Langzeitarbeitslosigkeit und zur Erleichterung der Eingliederung von Jugendlichen und der vom Ausschluß aus dem Arbeitsmarkt bedrohten Personen in das Erwerbsleben gefördert. Ebenfalls unterstützt wurde die Anpassung der Arbeitskräfte an die industriellen Wandlungsprozesse und an Veränderungen der Produktionssysteme. Bei einem Blick auf die tatsächliche Umsetzung dieser Zielstellungen wird dem die ESF-Mittel verwaltenden Ministerium für Soziales, Arbeit und Gesundheit (MSAG) unter dem Stichwort Partnerschaftsprinzip bescheinigt, im Vergleich zum Wirtschaftsministerium „eine höhere Sensibilität"[345] gegenüber den Sozialpartnern zu haben. Ein Grund für diese Beobachtung mag darin liegen, daß die Klientel jeweils eine andere ist und die politischen Spitzen der beiden „Häuser" unterschiedlichen Parteien angehören. Auch die Gesprächspartner aus dem Bereich der Wirtschaft kamen zu der Einschätzung, daß es im ESF-Bereich „deutlich mehr Möglichkeiten" gibt, beispielsweise für freie Bildungsträger[346].

---

341 Dem Verfasser liegt die Tagesordnung der 8. Sitzung des Begleitausschusses, die am 22. Juni 1999 stattfand, nebst Verteiler vor.

342 Vgl. Gesprächsprotokoll RP 8.

343 Der Genehmigungsvorbehalt der Kommission war in der abgelaufenen Förderperiode so umfassend, daß ihm praktisch jede Programmänderung unterfiel, auch wenn diese ohne Auswirkungen auf die Gesamtausgaben blieb.

344 Das wurde übereinstimmend von der Mehrzahl der Gesprächspartner aller drei Ebenen so gesehen; vgl. stellvertretend die Gesprächsprotokolle RP 8, B 7 und EU 10.

345 Vgl. Gesprächsprotokoll RP 10.

346 Vgl. Gesprächsprotokoll RP 12.

Im Bereich der Arbeitsmarktförderung, dem auch die ESF-Mittel letztlich unterfallen, verfügt Rheinland-Pfalz über ein ausgebautes „Netzwerk von Trägern"[347]. Jährlich werden vom MSAG sogenannte Trägerkonferenzen organisiert, auf deren Verteiler sich rund 700 Initiativen im ganzen Land befinden[348]. Die Koordination zwischen den Ressorts wird u. a. durch den einmal im Quartal tagenden „Arbeitsmarktbeirat" sichergestellt, in dem neben den einschlägigen Ministerien[349] die Sozialdezernenten der kommunalen Spitzenverbände, die Kammern, die Liga der freien Wohlfahrtspflege (LIGA) sowie weitere Sozialpartner vertreten sind. Bisher handelte es sich hierbei lediglich um ein beratendes Gremium, das in der neuen Förderperiode jedoch eine „qualitative Aufwertung"[350] erfahren soll.

4.5.3.2 ... in der Programmplanung für die Förderperiode 2000-06

Im Planungszeitraum 2000-2006 soll die Beteiligung der Wirtschafts- und Sozialpartner eine neue Qualität bekommen: Für das Ziel 2-Programm wird ein Begleitausschuß eingerichtet. Allerdings gab es im Vorfeld seiner Konstituierung Streit zwischen den Mittelverwaltern und den Sozialpartnern über die konkrete Besetzung des Ausschusses und die Rechte seiner Mitglieder. Während das Wirtschaftsministerium eine Abstufung des Stimmrechtes vornehmen wollte: beschließende Stimmen für die Vertreter der staatlichen Exekutive und lediglich beratendes Stimmrecht für die Partner, verlangten diese eine gleichberechtigte Teilnahme an der Beschlußfassung. Das formale Argument des Ministeriums, es handele sich um die Verteilung von Steuergeldern, zu deren Vergabe den Wirtschafts- und Sozialpartnern die demokratische Legitimation fehle, geht nach Ansicht eines Gewerkschaftsvertreters „am Problem vorbei". Insofern sei das lediglich beratende Stimmrecht ein „wesentlicher Dissenspunkt"[351]. Gleichzeitig sprach sich die Vertretung der Arbeitnehmerinteressen gegen eine übermäßige Ausweitung des Kreises der Beteiligten mit der (offiziellen) Begründung aus, die Entscheidungsfähigkeit des Ausschusses nicht unnötig beeinträchtigen zu wol-

---

347 Gesprächsprotokoll RP 10.

348 Vgl. Gesprächsprotokoll RP 11. Deutlich bescheidener fällt die Zahl im Entwurf des Entwicklungsplans für das Ziel 3 aus: Hier ist von einem „Netz von über 300 Arbeitsloseninitiativen, Beschäftigungsgesellschaften und Projektträgern im Land" die Rede; Bundesregierung 2000, S. 152.

349 Insbesondere: Wirtschafts-, Sozial-, Frauen- und Wissenschaftsministerium.

350 Gesprächsprotokoll RP 11.

351 Gesprächsprotokoll RP 10. Vorstehendes Zitat ebenda.

len. Bei dieser Haltung geht es wohl aber auch darum, die eigene exklusive Stellung in dem Verhandlungsgremium zu sichern.

Offensichtlich haben sich die Einwände der Sozialpartner jedoch nicht durchsetzen können, denn in dem Ziel 2-Begleitausschuß werden die Ministerialverwaltungen der Bundes- und der Landesebene mit jeweils zwei beschließenden Stimmen vertreten sein[352] und die Wirtschafts- und Sozialpartner lediglich beratend teilnehmen. Neben den Gewerkschaften und Kammern werden in dem Ausschuß, der sich unmittelbar nach der Genehmigung des EPPD durch die Kommission konstituieren soll, kommunale Verbände und die LIGA Mitglied sein. Mit der Genehmigung wird allerdings nicht vor Jahresende 2000 gerechnet, da die Kommission zu dem EPPD-Entwurf zahlreiche Änderungswünsche angemeldet hatte[353].

Die Programmplanungsdokumente für das neue Ziel 3, das in der Förderperiode 2000-2006 in Rheinland-Pfalz mit 105 Mio. Euro aus dem ESF dotiert sein wird, wurden zunächst in den Landesministerien vorbereitet und regierungsintern diskutiert: am 7. Juni 1999 fand auf Staatssekretärsebene ein Treffen der in die Förderung involvierten Ressorts statt. Nachdem somit die „grundlegende Strategie“[354] festgelegt war, konnten auch die Wirtschafts- und Sozialpartner einbezogen werden. Am 20. August 1999 wurde eine „Abstimmungssitzung“ unter Beteiligung der LIGA durchgeführt, die fünf Tage später durch eine „Trägerkonferenz“ zur umfassenden Information potentieller Träger über die Fondsverwaltung ergänzt wurde. Im Rahmen des bereits erwähnten Arbeitsmarktbeirates erfolgte am 29. September 1999 eine weitere „Abstimmungsveranstaltung“. Bereits dieser chronologische Werdegang der Ziel 3-Programmplanung zeigt, daß das Sozialministerium im Vergleich zu dem Wirtschaftsressort (Ziel 2-Fondsverwalter) zwar ein höheres Maß an institutionalisierter Beteiligung der Wirtschafts- und Sozialpartner anstrebt. Diese erfolgt jedoch erst zu einem Zeitpunkt, als die entscheidenden Inhalte bereits festgelegt waren. Dadurch werden die Partner zwar umfassend über zukünftige Fördermöglichkeiten informiert - eine tatsächliche Beteiligung im Sinne eines Austauschs von Meinungen und Konzepten kann dagegen, wenn überhaupt, nur sehr eingeschränkt stattfinden.

---

352 Jeweils das Wirtschafts- und das Sozialministerium, wobei auch das BMF Interesse an einer Teilnahme angemeldet hat; vgl. Gesprächsprotokoll RP 9, 2. Teil.

353 Zwar sei der Wirtschaftsbereich dabei „noch relativ gut weggekommen“, aber im Agrarteil habe die Kommission 140 Fragen übermittelt, aus denen auf 150 Seiten Änderungen resultieren. Derzeit finde deshalb „ein intensiver Dialog“ statt; vgl. Gesprächsprotokoll RP 9, 3. und 4. Teil (vom 24.7. bzw. 9.9.2000).

354 Bundesregierung 2000, S. 199. Zu den nachfolgenden Angaben und Termini vgl. ebenda.

Gegen den anfänglichen Widerstand der EU-Kommission hatten sich die westdeutschen Länder auf ein Gesamtplanungsdokument für die Förderung nach Ziel 3 geeinigt, an dessen Erstellung das Bundesministerium für Arbeit und Sozialordnung maßgeblich beteiligt war. Die Koordinierungsleistung der Bundesebene erleichterte den Ländern die Abstimmung ihrer Positionen, woraus sich eine höhere Flexibilität der Verhandlungsführung gegenüber der Kommission ergab. Andererseits kam es durch die wiederholte Beteiligung der Länder unter Federführung des Bundes zu einer entsprechenden Verkürzung der Fristen. Hierin zeigen sich nach Auffassung einer Gesprächspartnerin die Vor- und Nachteile einer Koordinierung durch den Bund: Positiv ist, daß mit einer einheitlichen Position aufgetreten werden kann, wodurch sich die Chancen auf Durchsetzung eigener Vorstellungen in den Verhandlungen mit der EU-Kommission erhöhen. Als negativ müssen dagegen die entstehenden (Mehr-)Kosten für die erforderliche Koordinierung und Abstimmung der unterschiedlichen Einzelinteressen der Länder gesehen werden. Zudem trägt die abgestimmte Position des Bundes und der Länder immer auch Kompromißcharakter, d. h. von kontroversen (Maximal-)Forderungen muß jeder Akteur notwendigerweise abrücken[355]. Nach Genehmigung des Planungsdokumentes durch die Kommission soll auf Bundesebene ein Ziel 3-Begleitausschuß eingerichtet werden, in dem Rheinland-Pfalz durch die zuständigen Ministerien vertreten sein wird. Ein (Unter-)Ausschuß auf Landesebene sei dagegen aus der Sicht der Ministerialverwaltung „nicht erforderlich". Stattdessen soll es ein beratendes „Begleitgremium" geben, in dem die einschlägigen Ressorts, die Wirtschafts- und Sozialpartner (Gewerkschaften, Kammern), die kommunalen Spitzenverbände sowie die LIGA vertreten sein werden[356].

4.5.4 Demokratische Legitimation durch Beteiligung des Landtages

Wie bereits berichtet, werden die Haushaltsansätze für die im Rahmen der GRW finanzierten Maßnahmen Anfang des Jahres von dem Wirtschaftsministerium in das Parlament bzw. dessen zuständige Ausschüsse eingebracht. Im rheinland-pfälzischen Landtag existieren derzeit 15 Ausschüsse, von denen in Fragen der Förderpolitik insbesondere der Ausschuß für Wirtschaft und Verkehr, der Ausschuß für Umwelt und Forsten, der Ausschuß für

---

355 Vgl. Gesprächsprotokoll RP 11, 1. Teil.

356 Welche Kompetenzen dieses Beratungsgremium konkret haben werde, war zum Zeitpunkt der Interviews noch nicht abschließend geklärt; vgl. Gesprächsprotokoll RP 11, 2. Teil. Vorstehendes Zitat ebenda.

Landwirtschaft und Weinbau, der Ausschuß für Arbeit, Soziales und Gesundheit sowie der Haushalts- und Finanzausschuß beteiligt werden. Während Sachverhalte, die sich in der politischen Auseinandersetzung wirksam thematisieren lassen, wie z. B. Forderungen nach Personalabbau im öffentlichen Dienst, Ausbau des Öffentlichen Personennahverkehrs, Integration von Ausländern[357], in der Haushaltsdebatte des Parlaments eine dominierende Rolle spielen, kommt Maßnahmen der regionalen Wirtschaftsförderung eine eher nachgeordnete Bedeutung zu. Hauptursache für den relativ niedrigen Politisierungsgrad von Förderfragen ist der parteiübergreifende Konsens in bezug auf die Notwendigkeit der Unterstützung strukturschwacher Gebiete. Die entsprechenden Haushaltsanmeldungen sind in der Regel von der Ministerialverwaltung bereits „entscheidungsreif" vorbereitet. Bei weiterem Klärungsbedarf werden die einzelnen Titel, bzw. die damit verbundenen konkreten Fördermaßnahmen im Rahmen der üblichen parlamentarischen Instrumentarien (Anhörung in den Ausschüssen oder im Plenum, Antworten auf kleine Anfragen) näher erläutert[358]. Im Rahmen der Anhörungen erfolgt zudem die Einbeziehung der Vertreter der Wirtschafts- und Sozialpartner in die Entscheidungsvorbereitung. Das sei nicht nur wegen der Klärung der finanziellen Ausstattung einzelner Programme sinnvoll, sondern insbesondere auch im Hinblick auf die Festlegung der spezifischen Förderrichtlinien[359].

Die Förderung aus Mitteln der EU-Strukturfonds ist u. a. Gegenstand der Beratungen im „Ausschuß für Europafragen", dessen Vorsitzende dem kleineren Koalitionspartner F.D.P. angehört[360]. Dieser Ausschuß wurde zu Beginn der 12. Wahlperiode (1991) eingerichtet, nachdem in der vorangegangenen Legislatur noch keine Einigung über seine Etablierung hatte erzielt werden können. Gemäß § 69 Abs. 2 der Geschäftsordnung des Landtages (GOLT) umfaßt seine Zuständigkeit „... die Behandlung von europapolitischen Angelegenheiten, soweit die Interessen des Landes berührt sind, sowie von Fragen der grenzüberschreitenden und interregionalen Zusam-

357 In der Lesung des Doppelhaushaltes 2000/2001 im Januar 2000 wurden insgesamt 616 Änderungsanträge zu den genannten und anderen Themen in die Debatte eingebracht; vgl. *Winfried Folz*, Dreitägige Redeschlacht um 40 Milliarden Mark, Die Rheinpfalz Nr. 13 vom 17.1.2000.

358 Vgl. Gesprächsprotokoll RP 11, 1. Teil; vgl. auch die Gesprächsprotokolle RP 10 und 12.

359 Vgl. Gesprächsprotokoll RP 8.

360 Die aktuelle Legislaturperiode läuft im März 2001 aus. In Sachsen handelt es sich bei dem EU-Ausschuß um einen „Oppositionsausschuß" mit entsprechend eingeschränkten Möglichkeiten; vgl. vorstehend Abschnitt 4.4.6.

menarbeit."[361] Der Präsident des Landtags überweist dem Ausschuß Unterrichtungen über EU-Angelegenheiten zur federführenden Beratung (§ 63 GOLT), wobei er weitere mitberatende Ausschüsse benennen kann. Diese grundsätzliche Federführung in Europafragen stärkt die geschäftsordnungsrechtliche Stellung gegenüber den Fachausschüssen. Der Ausschuß hat zudem nach § 74 Abs. 2 GOLT ein Selbstbefassungsrecht für seinen Aufgabenbereich, allerdings ohne begleitendes Antragsrecht, das auf überwiesene Beratungsgegenstände begrenzt ist (§ 74 Abs. 1 und 5 GOLT). Dadurch wird das Recht auf Selbstbefassung erheblich eingeschränkt, denn auch die Anhörung von Sachverständigen und Interessenvertretern setzt in diesen Fällen die Zustimmung des Ältestenrates bzw. des Präsidenten voraus (§ 79 Abs. 1 GOLT).

Während bei der GRW-Förderung der Anreiz zur Bindung von Haushaltsmitteln des Landes darin besteht, den Ko-Finanzierungsanteil des Bundes nicht „verfallen" zu lassen, geht es bei EU-Programmen darum, die nationale Ko-Finanzierung abzusichern. Nach Aussage einer Ministerialbeamtin existiere hierzu ein „uralter Kabinettsbeschluß"[362], wonach europäische Fördermittel prinzipiell nicht verloren gehen sollen. Diese grundsätzliche Einstellung sei auch im Landtag anzutreffen, so daß diesbezügliche Haushaltsanmeldungen aus den Ministerien im Prozeß der parlamentarischen Beratung meist nur kleine Änderungen erfahren. Die Zusammenarbeit mit den Ministerien, die regelmäßig in dem Europaausschuß berichten, wird von einem Mitglied des Landtages als kooperativ eingeschätzt. Die laufende Berichterstattung ermögliche dem Ausschuß eine „insgesamt gute Ergebniskontrolle"[363]. Einziger Kritikpunkt, insbesondere von Seiten der Vertreter der Opposition im Ausschuß, ist die teilweise sehr kurzfristige Vorlage von Planungsdokumenten, wie z. B. des Entwicklungsplans für den ländlichen Raum, die von der Ministerialverwaltung damit begründet wird, daß die regelmäßig engen Fristen gegenüber der EU-Kommission eingehalten werden müssen.

Die entsprechende Wahrnehmung auf der Seite des bürokratischen Apparates ist aufschlußreich: Auch hier wird die prinzipiell gute Kooperation mit dem Landtag bestätigt, allerdings mit dem Zusatz, daß dieser in europäischen Förderfragen ohnehin nur geringe Einflußmöglichkeiten habe[364]. Dies

361 Vorläufige GOLT, LT-Drs. 12/2 vom 21.5.1991; vgl. auch *Johne* 2000a, S. 209.

362 Gesprächsprotokoll RP 11, 1. Teil. Datum und genauer Wortlaut des Beschlusses waren nicht eruierbar.

363 Gesprächsprotokoll RP 13.

364 Vgl. Gesprächsprotokoll RP 9, 1. Teil.

ergebe sich schon allein aus der Tatsache, daß die europäischen Förderprogramme für eine Dauer von mehreren Jahren konzipiert seien und somit die Entscheidung zu Beginn eines Planungszeitraumes faktisch bindend für dessen Gesamtlaufzeit ist. Mit anderen Worten: Wenn der Landtag im Doppelhaushalt 2000/2001 Ko-Finanzierungsmittel für die EU-Förderung (Ziele 2 und 3 sowie Gemeinschaftsinitiativen) einstellt, so geht von dieser Entscheidung eine faktische Bindungswirkung für die nachfolgenden Haushalte aus, wenn die kontinuierliche Umsetzung der EU-Fördermaßnahmen nicht gefährdet werden soll.

Der Ausschuß für Europafragen versuchte, sich aktiv in die Diskussion um die Reform der EU-Strukturfonds einzubringen. Ein Auftrag, die entsprechenden Prioritäten aus rheinland-pfälzischer Sicht zu formulieren, wurde ihm durch Beschluß des Landtags[365] erteilt. Der Ausschuß beriet in insgesamt drei Sitzungen, in deren Rahmen auch ein Anhörverfahren durchgeführt wurde[366]. Die daraus resultierende Beschlußempfehlung vom 30. Juni 1998[367], die auf den Anträgen mehrerer Fraktionen beruht[368], beinhaltet u. a. folgende Punkte:

- die Zusammenfassung der Förderung ländlicher Räume mit anderen Förderzielen wird abgelehnt, ebenso die überdurchschnittliche Verringerung der ländlichen Fördergebietskulisse in dem neuen Ziel 2;
- die Reduzierung der Anzahl der Gemeinschaftsinitiativen wird prinzipiell begrüßt, aber zugleich wird die Fortsetzung der Förderung der Standortekonversion, der Unterstützung von KMU und der GI INTERREG gefordert;
- die von der Kommission vorgeschlagene Einführung einer „leistungsgebundenen Reserve“ wird „mangels klarer Abgrenzungs- und Verteilungskriterien abgelehnt.“ Ebenfalls nicht sinnvoll sei die Fortführung des Kohäsionsfonds in der bisherigen Form.

Das Parlament fordert die Landesregierung zudem auf, die vorstehend auszugsweise genannten Zielstellungen in den Verhandlungen über die deutsche

365 Beschluß vom 20. März 1998, Plenarprotokoll 13/57, S. 4611. Basierend auf dem Antrag der Fraktionen der SPD und der F.D.P. vom 12.3.1998, Reform der EU-Strukturfonds: Prioritäten aus rheinland-pfälzischer Sicht, LT-Drs. 13/2848.

366 14. Sitzung des Ausschusses am 30.4.1998, 15. Sitzung (mit Anhörung) am 26.5.1998; 16. Sitzung am 30.6.1998.

367 LT-Drs. 13/3291.

368 Antrag der Fraktionen der SPD und F.D.P., LT-Drs. 13/2848; Antrag der CDU-Fraktion; LT-Drs. 13/3073.

Position im EU-Ministerrat „... auch weiterhin nachdrücklich gegenüber den anderen Bundesländern und der Bundesregierung zu vertreten."[369] Eine zweite Aufforderung an die Landesregierung beinhaltet ein entsprechendes Auftreten gegenüber der EU-Kommission und dem Europäischen Parlament.

Außerdem versuchten die (Oppositions-)Parteien im Landtag, sich mit eigenen Anträgen zu Beginn der deutschen Ratspräsidentschaft zu profilieren und stellten verschiedene Forderungen auf, beispielsweise zur Bekämpfung der Massenerwerbslosigkeit oder zur Steuerharmonisierung[370]. Doch die regierungstragende SPD-Fraktion hatte ihrerseits bereits vorher deutlich gemacht, daß die Position der Bundesregierung in allen grundsätzlichen Fragen unterstützt werde, gleichzeitig aber nicht versäumt, auf rheinland-pfälzische (Sonder-)Interessen zu verweisen, z. B. in bezug auf die Reform der Weinmarktordnung[371]. Nach Auffassung der Fraktion der F.D.P. müsse die institutionelle Reform der EU bereits unter deutscher Präsidentschaft entscheidend vorangetrieben werden[372]. Dieser eigenständige Antrag des kleineren Koalitionspartners auf Landesebene sollte - in bewußter Abgrenzung zur SPD - die Bundesregierung offensichtlich „in Zugzwang" bringen, da die F.D.P. sich auf Bundesebene in der Opposition befindet.

In der Folgezeit hat sich die Landesregierung zwar an die dargestellte Beschlußlage gehalten und im Europaausschuß regelmäßig über den Fortgang der Verhandlungen berichtet[373]. Bei einer Betrachtung der tatsächlich auf dem Berliner Gipfel erzielten Ergebnisse und angesichts der nachfolgend verabschiedeten Fondsverordnungen muß jedoch eingeschätzt werden, daß viele der Forderungen des Landtages nicht oder nur teilweise realisiert werden konnten. Die Berliner Beschlüsse zur „Agenda 2000" werden von den Regierungsfraktionen - naturgemäß - anders bewertet als von der Landtagsopposition. Zwar bedauern SPD und F.D.P. das Auslaufen der Gemeinschaftsinitiative KONVER und die aus ihrer Sicht ungenügende Berücksichtigung der Belange des ländlichen Raumes, schätzen die erzielten Ergebnis-

---

369 LT-Drs. 13/3291, S. 5.

370 Vgl. Antrag der Fraktion Bündnis 90/Die Grünen vom 21.1.1999, Deutsche Ratspräsidentschaft als Motor für nachhaltige Entwicklung und demokratische Umgestaltung, LT-Drs. 13/3921.

371 Vgl. Antrag der Fraktion der SPD vom 12.1.1999, Die deutsche EU-Präsidentschaft 1999: Erwartungen aus rheinland-pfälzischer Sicht, LT-Drs. 13/3881.

372 Vgl. Antrag der Fraktion der F.D.P. vom 15.1.1999, Institutionelle Reform der EU, LT-Drs. 13/3887.

373 Vgl. Gesprächsprotokoll RP 13.

se jedoch insgesamt als „vertretbaren Kompromiß“[374] ein. Die Bewertung der CDU konzentriert sich auf die nicht erreichten Ziele und schätzt die Berliner Beschlüsse als „enttäuschend“ ein und verbindet mit ihnen „ganz erhebliche negative Auswirkungen für das Land Rheinland-Pfalz“[375].

Ohne an dieser Stelle die Ergebnisse des Berliner Gipfels im einzelnen nochmals zu beleuchten, kann von einer Bestätigung der Annahme einer relativen Durchsetzungsschwäche regionaler Interessen im Rahmen des intergovernemental geprägten Verhandlungssystems auf europäischer Ebene ausgegangen werden, insbesondere wenn es sich um die Entscheidung von Verteilungsfragen nach dem Modus der Einstimmigkeit handelt. Daß Sachsen bei der Mittelaufteilung deutlich mehr profitiert hat als Rheinland-Pfalz, scheint weniger auf einer höheren Professionalität seiner Interessenvertretung zu beruhen, sondern ist vielmehr der Tatsache geschuldet, daß es einen EU-weiten Konsens darüber gibt, die Förderung auf die am wenigsten entwickelten Gebiete (Ziel 1) zu konzentrieren. Gleichwohl gibt es - bei vergleichbaren Ausgangsbedingungen - Unterschiede in bezug auf die Durchsetzungsfähigkeit von Länderinteressen. Insbesondere die bayerische Landesvertretung bei der EU wurde in Gesprächen immer wieder für ihre Schlagkraft gelobt[376].

Die Landesregierung von Rheinland-Pfalz hatte in der ersten Amtsperiode des AdR sowohl die Ausschußmitglieder als auch die Stellvertreter aus den Reihen der Exekutive benannt. In der zweiten AdR-Legislatur wurde der Landtag paritätisch beteiligt, d. h. von den jeweils zwei Mitgliedern und Stellvertretern entfallen je ein Sitz auf die Regierung und auf das Parlament. Diese neue Qualität parlamentarischer Beteiligung am AdR ist in Rheinland-Pfalz Gegenstand der Koalitionsvereinbarung. Alle vier Positionen wurden zudem durch eine Wahl im Landtag bestätigt, wobei das Parlament die von der Landesregierung vorgeschlagenen Kandidaten fraktionsübergreifend unterstützte[377]. Während die Vorsitzende des Ausschusses für Europafragen als

374 Antrag der Fraktionen der SPD und F.D.P., Die Berliner Beschlüsse zur Agenda 2000 aus rheinland-pfälzischer Sicht: Weichenstellung in schwieriger Situation, LT-Drs. 13/4218.

375 Antrag (Alternativantrag) der Fraktion der CDU, Der Europäische Rat von Berlin: Verpaßte Chance in schwieriger Situation, LT-Drs. 13/4238, S. 1.

376 Ein Gesprächspartner verpackte diesen Befund in der salomonischen Einschätzung: „Es gibt Länder, die sind erfolgreich. Und es gibt Länder, die sind erfolgreicher.“ Gesprächsprotokoll RP 3.

377 Vgl. Wahlvorschlag der Regierung für ein ordentliches und ein stellvertretendes Mitglied, LT-Drs. 13/2166 vom 15.10.1997; zur Zustimmung des Landtages vgl. Plenarprotokoll 13/41 vom 16.10.1997, S. 3292.

ordentliches AdR-Mitglied gewählt wurde, gab es bei der Besetzung ihres Stellvertreters keinen Konsens. Von drei konkurrierenden Vorschlägen setzte sich letztlich der Wahlvorschlag der SPD-Fraktion, der von den Stimmen des Koalitionspartners F.D.P. unterstützt wurde, durch.

Bereits zu Beginn der 13. Legislaturperiode setzte der Landtag eine Enquete-Kommission „Parlamentsreform" ein[378], die auf neuere bundesstaatliche und europäische Entwicklungen reagieren sollte, wobei die Stärkung der Kontrollrechte des Landtags gegenüber der Regierung im Mittelpunkt stand. Nachdem eine derartige Reform in der 12. Wahlperiode noch nicht die verfassungsändernde Mehrheit gefunden hatte, konnte durch einen entsprechenden Beschluß vom 16. Februar 2000 eine Verfassungsreform u. a. mit folgenden Änderungen erzielt werden[379]: In Art. 74a der Landesverfassung wurden die europäische Integration und die interregionale, grenzüberschreitende Zusammenarbeit als Staatszielbestimmungen aufgenommen: „Rheinland-Pfalz fördert die europäische Vereinigung und wirkt bei der Europäischen Union mit (...). Rheinland-Pfalz tritt für die Beteiligung eigenständiger Regionen an der Willensbildung der Europäischen Union und des vereinten Europa ein. Es arbeitet mit anderen europäischen Regionen zusammen und unterstützt grenzüberschreitende Beziehungen zwischen benachbarten Gebietskörperschaften und Einrichtungen." Einen allgemeinen Mitwirkungsanspruch des Landtags an der politischen Willensbildung, der sich auch auf europäische Fragen erstreckt, konstituiert Art. 79 LV. Der neue Art. 89b der Landesverfassung beinhaltet ein umfassendes Informationsrecht des Landtags[380]. Insgesamt wird durch die Verfassungsreform die Stellung der Legislative gegenüber der Landesregierung gestärkt. Wie sich die Verfassungswirklichkeit darstellen wird, d. h. wie sich die neuen Kontroll- und Mitwirkungsrechte in der praktischen Umsetzung auswirken, kann zum gegenwärtigen Zeitpunkt noch nicht eingeschätzt werden.

---

378 Vgl. Gemeinsamer Antrag aller Fraktionen, LT-Drs. 13/108 vom 19.6.1996; Einsetzungsbeschluß des Landtags, Plenarprotokoll 13/5 vom 20.6.1996, S. 276.

379 Plenarprotokoll 13/104; basierend auf dem interfraktionellen Gesetzentwurf vom 10.12.1999, LT-Drs. 13/5066. Das verfassungsändernde Gesetz datiert vom 8. März 2000, GVBl. S. 65.

380 Darin heißt es u. a.: „Die Landesregierung unterrichtet den Landtag frühzeitig über (...) 7. Angelegenheiten der Europäischen Union." Zur Verfassungsreform vgl. auch *Johne* 2000a, S. 208, insbesondere Fußnote 397.

4.5.5 *Landesförderprogramme in Rheinland-Pfalz*

Im Verhältnis zwischen GRW und landeseigener Förderung sind vier Varianten möglich[381]:

1. Die Landesprogramme werden innerhalb der GRW-Förderkulisse umgesetzt
   a) nach den Festlegungen des Rahmenplanes zur (zusätzlichen) Förderung von solchen Projekten, bei denen die Mittel der GRW aufgrund der Plafondierung nicht ausreichen;
   b) nach Konditionen, die von dem GRW-Rahmenplan abweichen.
2. Die Landesprogramme fördern außerhalb der GRW-Gebietskulisse in Landesfördergebieten
   a) analog zu den Festlegungen des Rahmenplanes oder zu niedrigeren Fördersätzen;
   b) zu im Vergleich zu den Festlegungen der GRW günstigeren Konditionen.

Rheinland-Pfalz unternimmt neben der Förderung im Rahmen der GRW und der Strukturfonds eigene Anstrengungen, um strukturschwache Regionen wettbewerbsfähiger zu machen. Hierbei wird in der Regel auf die Gebietskulissen und die Mechanismen der bereits genannten Förderarten zurückgegriffen (Variante 1a). Das Land stellt seit Beginn der GRW-Förderung „... zusätzliche Landesmittel nach den Konditionen des Rahmenplans ein, da die Mittel der Gemeinschaftsaufgabe für die Verbesserung der Erwerbs- und Wirtschaftsstruktur in den wirtschaftsschwachen Gebieten nicht ausreichen."[382] Im Jahr 2000 bedeutet das konkret, daß zu dem Haushaltsansatz von gut 24 Mio. DM für die GRW-Förderung weitere 111 Mio. DM an ergänzenden Landesmitteln eingestellt werden sollen[383]. Die nach den GRW-Regelungen möglichen Höchstfördersätze werden dabei teilweise deutlich unterschritten (Variante 1b).

Die Landesregierung beschloß am 15. März 1988 ein „Regionales Landesförderprogramm Rheinland-Pfalz". Hauptgrund für diesen Schritt war die zum 1.1.1988 erfolgte drastische Verkleinerung der GRW-Gebietskulisse[384]. In der Folgezeit wurde das Regionale Landesförderprogramm mehr-

---

381 Vgl. *Scharpf* et al. 1976, S. 96.

382 Vgl. 29. Rahmenplan, BT-Drs. 14/3250, S. 138; vgl. auch *Nägele* 1996, S. 115.

383 Vorbehaltlich der Zustimmung des Haushaltsgesetzgebers; vgl. auch vorstehend die entsprechende Tabelle in Abschnitt 4.5.1.

384 Vgl. ausführlicher vorstehend Abschnitt 4.5.1.

mals entsprechend den Veränderungen der EU-Fördergebiete und der GRW-Gebietskulisse des Landes angepaßt, um „... die Folgen abzumildern, die sich für die betroffenen Regionen durch den Verlust der Fördergebietseigenschaft ergaben.“[385] Als die Fördergebietsbevölkerung durch die zum 1.1.1997 in Kraft getretene Neuabgrenzung der GRW-Gebietskulisse um weitere rund 30 % schrumpfte, wurden die ausscheidenden Gebiete wiederum in das Regionale Landesförderprogramm einbezogen. Außerdem erfolgte in einigen Landkreisen die ergänzende Übernahme von Randgemeinden in das Landesförderprogramm, um den Antragstellern ein homogenes Fördergebiet bieten zu können. Das Ergebnis war ein an Stadt- und Kreisgrenzen orientiertes Gesamtfördergebiet, das die GRW-Gebietskulisse einschließt, aber zugleich teilweise deutlich über diese hinausgeht.

Um weiterhin eigene Prioritäten setzen zu können, weicht Rheinland-Pfalz somit von der Förderkulisse und den Konditionen der GRW und der EU-Strukturfonds ab und fördert Projekte auch in den Gebieten des „Regionalen Landesförderprogramms“, die außerhalb der beiden genannten Gebietskulissen liegen (Variante 2). Die Art der förderfähigen Maßnahmen und die Höhe der Fördersätze orientieren sich dabei an den Regelungen der GRW (Variante 2a): Gefördert werden hauptsächlich klein- und mittelständische Unternehmen entsprechend dem KMU-Gemeinschaftsrahmen[386] mit verlorenen Zuschüssen[387] von bis zu 15 % der Investitionskosten bei Neuerrichtungen oder Erweiterungen. Analog zu dem sogenannten Primäreffekt der GRW dürfen nur solche Unternehmen gefördert werden, die einen überregionalen Absatz nachweisen können. Eine Förderung zu günstigeren Konditionen als sie die GRW und die Strukturfondsförderung bieten (Variante 2b), wird in Rheinland-Pfalz nicht durchgeführt. Dieser würde aller Wahrscheinlichkeit nach auch die beihilferechtliche Genehmigung durch die zuständige Generaldirektion Wettbewerb versagt bleiben[388]. Weitere Schwerpunkte der Landesförderung sind u. a. die Beratung von KMU[389], ein Per-

385 MWVLW 2000, S. 9.

386 ABl. C 213 vom 23.7.1996, S. 4 ff. Vgl. auch die Empfehlung der Kommission vom 3.4.1996, wie KMU zu definieren sind, ABl. L 107 v. 30.4.1996, S. 4 ff.

387 Alternativ ist die Gewährung zinsverbilligter Darlehen möglich; vgl. MWVLW 2000, S. 10.

388 Mit Schreiben vom 7. April 1997 hatte die EU-Kommission das Landesförderprogramm gebilligt; vgl. MWVLW 2000, S. 9.

389 Die Beratung erfolgt durch den Beratungsdienst des Rationalisierungskuratoriums der Deutschen Wirtschaft; vgl. 29. Rahmenplan, BT-Drs. 14/3250, S. 138.

sonaltransferprogramm namens „Innovationsassistent“[390] sowie ein Technologieberatungsprogramm („BITT“). Die Quantität der unterschiedlichen Landesprogramme reicht damit an die Aktivitäten des Referenzlandes Sachsen auf diesem Gebiet heran und ist im Vergleich der alten Bundesländer beachtlich. Während im Freistaat Sachsen 33 unterschiedliche Finanzierungshilfen des Landes angeboten werden, verfügt Rheinland-Pfalz über 30 Initiativen, die sich teilweise in Unterprogramme aufgliedern. Andere Länder sind in bezug auf die Programmvielfalt weniger aktiv: Berlin (29 Programme), Brandenburg (24), Hamburg (21), Hessen (19), Bremen (18), Niedersachsen (16)[391].

4.5.6 Perspektiven regionaler Strukturpolitik in Rheinland-Pfalz

Im neuen Planungszeitraum der Strukturfondsförderung 2000-2006 stellen die strukturschwachen Räume Kaiserslautern, Pirmasens, Zweibrücken und der Landkreis Südwestpfalz Ziel 2-Gebiete dar. Die EU-Kommission ist bei ihrer entsprechenden Genehmigung dem Vorschlag der Landesregierung gefolgt[392]. Die Mittelausstattung für das neue Ziel 2-Programm wird rund 170 Mio. Euro aus dem EFRE betragen, wobei gut 47 Mio. Euro in den sogenannten Übergangsgebieten einzusetzen sein werden. Darunter fallen die bisherigen Ziel 5b-Gebiete (ländlicher Raum), die ab dem 1.1.2000 nicht mehr in die Fördergebietskulisse des neuen Zieles 2 einbezogen sind. Diese Gebiete können noch bis Ende 2005 eine degressiv gestaffelte Übergangsunterstützung erhalten (Phasing out). Ziel 3, das ausschließlich aus dem ESF finanziert wird, erhält im Planungszeitraum eine Dotierung von 105 Mio. Euro. Auch in der neuen Förderperiode wird Rheinland-Pfalz an den Gemeinschaftsinitiativen (GI) partizipieren. Die GI LEADER wird fortgesetzt und prinzipiell auf alle ländlichen Räume des Landes ausgeweitet[393]. Insgesamt werden für diese Gemeinschaftsinitiative Mittel in Höhe von

---

390 Im Rahmen dieses Programms erhalten Unternehmen bei der Neueinstellung von Fach- und Hochschulabsolventen Lohnkostenzuschüsse, die im GRW-Aktionsraum höher ausfallen als außerhalb der Gebietskulisse.

391 Vgl. *Winkler-Otto* 1997, S. 164 ff., S. 192 ff.

392 Vgl. Entscheidung der Kommission vom 9.2.2000 zur Festlegung des Verzeichnisses der in Deutschland unter Ziel 2 der Strukturfonds fallenden Gebiete für den Zeitraum 2000 bis 2006, ABl. L 66 vom 14.3.2000, S. 29 ff.

393 Ermöglicht wird dies durch Art. 20 Abs. 3 der Verordnung 1260/1999 des Rates vom 21. Juni 1999 mit allgemeinen Bestimmungen über die Strukturfonds, ABl. L 161 vom 26.6.1999, S. 21.

10 Mio. Euro zur Verfügung stehen. Außerdem wird in der neuen Förderperiode im GRW-Aktionsraum das INTERREG III A-Programm Lothringen - Saarland - Westpfalz mit einer Dotierung von reichlich 17 Mio. Euro das vorangegangene Programm (INTERREG II A) fortsetzen[394].

Angesichts dieser Mittelausstattung, die in bezug auf die jährliche Gesamtdotierung einen leichten Anstieg gegenüber der Förderperiode 1994-99 darstellt und damit in Relation zu anderen westdeutschen Ländern großzügig ausfällt[395], wird das Fazit eines Gesprächspartners verständlich: Danach hätten die auf der Basis der Agenda 2000 erfolgten Beschlüsse „... für Rheinland-Pfalz viel schlimmer kommen können."[396] Indirekt drückt diese Einschätzung gleichwohl aus, daß nicht alle Anliegen der Landesregierung in dem Verhandlungsprozeß durchgesetzt werden konnten. Beispielsweise gelang es nicht, eine Fortsetzung der GI KONVER, aus der Rheinland-Pfalz im Förderzeitraum 1994-99 über 18 Mio. Euro erhielt[397], zu erreichen, obwohl „alle Kanäle"[398] dafür aktiviert wurden. Ein Grund für das Scheitern dieser Bemühungen lag an der mangelnden Unterstützung durch den Bund, der kein Interesse an der Fortsetzung dieser Gemeinschaftsinitiative zeigte. Auch war der Versuch des Landes, „Verbündete" unter anderen Regionen zu finden und zu mobilisieren, letztlich nicht erfolgreich. Die Einrichtung einer ähnlich ausgerichteten Gemeinschaftsinitiative (RESTRUCT) scheiterte an der allgemeinen Vorgabe des Rates, deren Anzahl im Rahmen der Reform drastisch zu reduzieren[399]. Das Europäische Parlament setzte zwar, wie schon an anderer Stelle erwähnt, im Rahmen der „Nach-Berlin-Verhandlungen" die Fortsetzung der GI URBAN durch, in deren Rahmen auch Konversionsstandorte gefördert werden können. Allerdings ist deren Mittelausstattung eher unbedeutend und für Rheinland-Pfalz nicht relevant.

---

394 Vgl. nachfolgende Tabelle; vgl. auch 29. GRW-Rahmenplan, BT-Drs. 14/3250, S. 139.

395 Vgl. Gesprächsprotokoll RP 8.

396 Gesprächsprotokoll RP 5.

397 Vgl. Antwort des Ministeriums des Innern und für Sport auf eine Große Anfrage zu dem Thema Konversion in Rheinland-Pfalz, LT-Drs. 13/5015, S. 28.

398 Beispielsweise engagierten sich einige rheinland-pfälzische MdEP sehr stark; vgl. Gesprächsprotokoll EU 10.

399 Vgl. Gesprächsprotokoll RP 13.

Tabelle: EU-Strukturfonds in Rheinland-Pfalz im Zeitraum 2000-2006 (in Mio. Euro)[400]

Förderziel	**EFRE**	**ESF**	**EAGFL-A**	**Summe**
Ziel 2	111,430	11,800	-	123,230
Ziel 2 (Übergangsgebiete)	47,447	-	-	47,447
Ziel 3	-	105,000	-	105,000
Gemeinschaftsinitiativen				
INTERREG	17,300	-	-	17,300
LEADER	-	-	10,000	10,000
Summe	**176,177**	**116,800**	**10,000**	**302,977**
pro Jahr				**43,282**

Auch weiterhin wird es die drei eingangs angesprochenen Säulen der regionalen Strukturpolitik in Rheinland-Pfalz geben[401]: EU-Strukturfonds, GRW und Landesförderung. Der Einsatz der unterschiedlichen Förderangebote erfolgt kombiniert, um Doppelförderungen zu vermeiden und um nach Möglichkeit Synergieeffekte zu erzielen. Das Fördergebiet des neuen Strukturfonds-Ziels 2 ist dabei ein Teilgebiet der GRW-Förderkulisse (C-Fördergebiet), so daß die Förderung nach den Konditionen des jeweils gültigen GRW-Rahmenplans erfolgen kann, unter Einhaltung der Regelungen in den Strukturfondsvorschriften. In den außerhalb des C-Fördergebietes liegenden Teilen des Ziel 2-Übergangsgebietes sowie in der Stadt Trier wird zukünftig nach den Regelungen des Regionalen Landesförderprogramms, das nach dem 1.1.2000 fortgesetzt wird, gefördert. Ebenfalls nach den Festlegungen des Landesprogramms und den einschlägigen EU-Vorschriften[402] wird schließlich die Förderung in dem D-Fördergebiet der GRW erfolgen.

---

400 Vgl. MWVLW 2000, S. 35. Die Förderung in den Übergangsgebieten erfolgt im Zeitraum 2000-2005.

401 Vgl. MWVLW 2000, S. 32 f.

402 Insbesondere nach dem KMU-Gemeinschaftsrahmen, ABl. C 213 vom 23.7.1996, S. 4 ff.

Die GRW hat sich nach Einschätzung der Landesregierung in Mainz „grundsätzlich bewährt". Erstens wurden auf diese Weise die regionalpolitischen Förderinstrumente bundesweit vereinheitlicht, und zweitens konnte ein „Subventionswettlauf" zwischen einzelnen Bundesländern verhindert werden. Die Gemeinschaftsaufgabe „... hat darüber hinaus eine gemeinsame Vertretung der Interessen der Länder und des Bundes gegenüber der EU-Kommission erleichtert und damit einem schleichenden Kompetenzverlust der Länder entgegengewirkt."[403] Angesichts stetig abnehmender Dotierung der GRW durch den Bund läuft diese jedoch Gefahr, ihre strukturpolitische Koordinierungsfunktion nicht mehr wahrnehmen zu können: Der Rheinland-Pfalz zur Verfügung stehende Bundesanteil der GRW betrug 1992 noch 30 Mio. DM und sank bis zum Jahr 2000 auf weniger als die Hälfte (12 Mio. DM). Obwohl sich im selben Zeitraum der Umfang des Fördergebiets ebenfalls etwas verringerte, nahm die Pro-Kopf-Förderung damit deutlich ab. Bei der Förderung aus den EU-Strukturfonds stellt sich das Bild genau umgekehrt dar: Zwar wurde das Fördergebiet des neuen Zieles 2 gegenüber den alten Ziel 2- und 5b-Gebieten ebenfalls verkleinert, aber durch die insgesamt steigende Mittelausstattung sowie durch die Unterstützung für die Übergangsgebiete ergibt sich eine Pro-Kopf-Förderung, die im Jahr 2000 erstmals über den Werten der GRW liegt.

403 MWVLW 2000, S. 33.

Tabelle: Entwicklung der Mittelausstattung der GRW und der EU-Strukturfonds[404]

	GRW-West (Bundes- und Landesanteile)					**Einwohner GRW-Gebiet**		**EFRE-Förderung in Rheinland-Pfalz**			
	Gesamt		**Rheinland-Pfalz**			**Rheinl.-Pfalz**		**EFRE-Mittel**		**Einwohner**	
Jahr	in Mio. DM	1991 = 100	in Mio. DM	Anteil (in %)	1991 = 100	Anzahl (in Tsd.)	DM pro Kopf	in Mio. DM	1991 = 100	Anzahl (in Tsd.)	DM pro Kopf
1991	1.090	100,0	67,6	6,2	100,0	1.071	63,16	7,81	100,0	540,9	14,45
1992	980	89,9	60,0	6,1	88,7	1.071	56,03	10,80	138,3	540,9	19,97
1993	700	64,2	44,8	6,4	66,2	1.087	41,23	10,80	138,3	540,9	19,97
1994	700	64,2	44,0	6,3	65,1	981,9	44,85	24,45	312,9	917,2	26,65
1995	700	64,2	44,0	6,3	65,1	981,9	44,85	24,45	312,9	917,2	26,65
1996	700	64,2	44,2	6,3	65,3	981,9	44,98	24,45	312,9	917,2	26,65
1997	700	64,2	50,0	7,1	73,9	699,6	71,47	26,19	335,1	917,2	28,55
1998	400	36,7	28,6	7,1	42,2	699,6	40,82	26,19	335,1	917,2	28,55
1999	460	42,2	32,8	7,1	48,6	699,6	46,95	26,19	335,1	917,2	28,55
2000	474	43,5	24,2	5,1	35,7	804,4	**30,05**	44,99	575,8	1.135	**39,66**

Aus der Tabelle wird ersichtlich, daß die Bund-Länder-Förderung immer mehr an Bedeutung verliert, die EU-Förderung dagegen stetig zunimmt – sowohl in absoluten Zahlen als auch pro Kopf. Noch deutlicher kommt die Dominanz der EU-Strukturfonds gegenüber der GRW zum Tragen, wenn zusätzlich zu den hier ausgewiesenen EFRE-Mitteln die beiden anderen Fonds Berücksichtigung finden: Im horizontalen Ziel 3 werden in dem Zeitraum 2000-2006 ESF-Mittel in Höhe von 105 Mio. Euro fließen. Der Gemeinschaftsinitiative LEADER stehen im selben Zeitraum 10 Mio. Euro aus dem EAGFL-Ausrichtung zur Verfügung. Durch das Erfordernis der nationalen Ko-Finanzierung werden Mittel aus dem Landeshaushalt in entsprechender Größenordnung gebunden, die dann für die Umsetzung eigenständiger landespolitischer Zielstellungen nicht mehr zur Verfügung stehen. Der

404 Vgl. MWVLW 2000, S. 34. Angaben teilweise gerundet.

Handlungsspielraum der Entscheidungsträger auf regionaler Ebene wird durch diese Entwicklung mehr und mehr eingeengt, bzw. er ist zunehmend durch die Vorgaben der europäischen Ebene determiniert. Die genannten Effekte werden durch budgetäre Restriktionen verstärkt: Der Gestaltungsspielraum des rheinland-pfälzischen Landtages als Haushaltsgesetzgeber wird sich in den folgenden Jahren dramatisch verringern. Derzeit ist das Land nach Angaben des Instituts der Deutschen Wirtschaft mit insgesamt 35,5 Mrd. DM, bzw. 8.822 DM pro Kopf verschuldet[405]. Das bedeutet zugleich, daß das Land im Jahr 2000 rund 2 Mrd. DM allein an Zinszahlungen aufbringen muß - das entspricht etwa 10 % des Landeshaushalts[406]. Die Nettokreditaufnahme soll deshalb von 1,57 Mrd. DM (1999) „durch heftigste Sparbemühungen“ bis zum Jahr 2008 auf Null reduziert werden, um anschließend mit der eigentlichen Schuldentilgung beginnen zu können.

4.6 Zwischenfazit

Ein Zwischenfazit soll Gemeinsamkeiten und Unterschiede von europäischer Strukturfondsförderung[407] und GRW-Förderung kurz zusammenfassen[408]: Beide konzentrieren ihre Maßnahmen nach räumlichen und sachlichen Schwerpunkten. Ebenfalls gemeinsam ist ihnen der Grundsatz der Kofinanzierung bei abgestufter Förderintensität, unter Einsatz verschiedener Finanzierungsinstrumente. Auch müssen die konkreten Fördermaßnahmen in beiden Fällen jeweils in übergeordnete Pläne eingebettet sein: bei der Strukturfondsförderung in die regionalen Entwicklungspläne und die daraus entwickelten mehrjährig gültigen GFK und OP bzw. EPPD; bei der Gemeinschaftsaufgabe in die regionalen Entwicklungskonzepte der Länder sowie in die jährlich angepaßten, insgesamt unverbindlicheren Rahmenpläne, die ihrerseits mit den Belangen der Raumordnung und Landesplanung abgestimmt sein müs-

405 Stand: Juni 2000. Zitiert nach *Olaf Lismann*, Hohe Schuldenlast des Landes, Die Rheinpfalz Nr. 233 vom 7.10.2000. Zum Vergleich: Der Freistaat Sachsen weist eine Verschuldung von lediglich 18,4 Mrd. DM, bzw. 4.133 DM pro Kopf auf. Der Durchschnitt aller Länder liegt bei einer Pro-Kopf-Verschuldung von 7.774 DM.

406 Der Anfang 2000 von der Regierung vorgelegte Entwurf des Doppelhaushalts 2000/2001 sah 21,85 Mrd. DM (2000) bzw. 22,12 Mrd. DM (2001) vor; vgl. *Winfried Folz*, Dreitägige Redeschlacht um 40 Milliarden Mark, Die Rheinpfalz Nr. 13 vom 17.1.2000; nachfolgendes Zitat ebenda.

407 Gemeint ist in diesem Zusammenhang die Programmförderung nach Förderzielen. Die Unterstützung aus den Gemeinschaftsinitiativen unterliegt einem anderen Verfahren.

408 Vgl. *Ast* 2000, S. 234 ff.; vgl. auch *Franzmeyer* et al. 1993, S. 45.

sen. Zugleich stellen beide Fördersysteme spezifische Formen der Mischfinanzierung und -verwaltung dar, die „Probleme der Transparenz und der Verantwortungsklarheit“[409] aufwerfen.

Der Prozeß der Entscheidungsfindung und die verfahrenstechnische Abwicklung differieren bei einem Vergleich von GRW- und EG-Förderung in entscheidenden Punkten. Allgemein kann festgestellt werden, daß die GRW über ein - in den alten Bundesländern jahrzehntelang - gewachsenes, methodisch anspruchsvolles Verfahren zur Abgrenzung von Fördergebieten verfügt und damit „... einen wirksamen Interessenausgleich zwischen Bund und Ländern ermöglicht.“[410] Allerdings wurde dieser konsensual betriebene „Interessenausgleich“ durch häufig lediglich pareto-optimale Ergebnisse und eine jahrelang ungebremste Tendenz der permanenten Ausweitung der Fördergebiete erkauft. Das Dilemma der GRW besteht in ihrer Anfälligkeit für die Gefahren der „Politikverflechtungsfalle“: Während auf der Arbeitsebene (im Unterausschuß) eine problemgerechte Aufteilung vorhandener Ressourcen noch gelingen kann, ist die politische Entscheidungsebene (Planungsausschuß) lediglich zu distributivem Bargaining fähig. Ursächlich hierfür wirkt die Verknüpfung der multilateralen Verhandlungen über Verteilungsfragen mit der Arena des Parteienwettbewerbs[411].

Ihr administratives Potential und Erfahrungen mit Planungs- und Programmierungsverfahren ermöglichten es den deutschen Ländern, sich nach der Reform der Strukturfonds von 1988 den veränderten Modalitäten relativ schnell anzupassen[412]. Nach einer vergleichenden Studie wird der Verwaltungsaufwand für die Implementation der Strukturfonds „... als drei- bis viermal so hoch eingeschätzt wie der für rein nationale Programme.“[413] Eine wesentliche Ursache für das vielfach kritisierte „Bürokratieproblem“[414] der

---

409 *Rodi* 2000, S. 251. Seine Kritik bezieht sich auf die Strukturfonds, ist aber auch auf die GRW übertragbar.

410 So jedenfalls *Jakoby* 1998, S. 579.

411 Mit den Worten von *Benz* (2000, S. 145) liegt das Dilemma der GRW darin, „... daß die Problemlösungsfähigkeit des Expertennetzes dann lahmgelegt wird, wenn gravierende Probleme auftreten.“

412 *Anderson* (1996, S. 172): „... existing Land capabilities, both informational and administrative, eased adjustment to the new structural funds regime.“ Im Original mit Hervorhebung.

413 *Lang/Reissert* 1999, S. 383.

414 Eine gegenteilige Meinung vertritt *Cuny* (1997, S. 229), der die Regelungen der Strukturfondsverordnungen in bezug auf die Programmdurchführung als „vorbildlich“ bezeichnet.

europäischen Förderung besteht in der Gestaltung des Entscheidungsprozesses. Das Beschlußverfahren zur Verabschiedung des GRW-Rahmenplanes mit wenigen Planungsschritten und lediglich zwei involvierten Ebenen[415] ist weniger komplex und damit zeitsparender als die Programmentwicklung auf europäischer Ebene[416]. Andererseits zwingt der Programmansatz der EU-Förderung zu einer intensiveren Auseinandersetzung mit dem Stärken- und Schwächen-Profil der betreffenden Region, indem nicht nur deren Einstufung als förderfähig zur Debatte steht, sondern eine Einigung über Ziele und Prioritäten regionaler Entwicklung sowie über mögliche Strategien zu deren Umsetzung erfolgt.

Muß das Fazit also lauten, daß der Planungsablauf der GRW der europäischen Strukturpolitik unter Effizienzgesichtspunkten „technisch überlegen" ist? Dem steht entgegen, daß sich das System der GRW-Förderung als latent reformfeindlich erwiesen und sich deshalb in der GRW-dominierten Regionalpolitik erheblicher Reformbedarf aufgestaut hat. Beispielsweise wird der sogenannte Primäreffekt (überregionaler Absatz der Produkte) nach wie vor als ein entscheidendes Kriterium zur Bestimmung der Förderfähigkeit angesehen[417]. Ungeachtet der in den Rahmenplänen seit 1990 verstärkt vorgenommenen, schrittweisen Öffnung des GRW-Förderkatalogs für nichtinvestive Maßnahmen, wie z. B. berufliche Qualifizierung, Beratungstätigkeit, Forschung und Entwicklung, bildet die Investitionsförderung weiterhin den Schwerpunkt. Das führt dazu, daß die Bandbreite der Fördermöglichkeiten und -instrumente nach Meinung der Kritiker noch immer nicht ausreicht, um einer breiten, wirklich innovativen Regionalförderung gerecht werden zu können. Die konzeptionelle Basis der GRW-Förderung wurde zudem seit den sechziger Jahren im wesentlichen unverändert fortgeschrieben[418], bzw. es wurden zwar alternative Konzepte entwickelt[419], deren Umsetzung jedoch regelmäßig „... mangels eines eindeutigen Reformwillens

---

415 Fristgerechte Anmeldung der Maßnahmen bei dem Bundeswirtschaftsminister sowie Beratung im Unterausschuß und Beschlußfassung des Planungsausschusses.

416 Erstellung eines sozio-ökonomischen Entwicklungsplanes (REP) durch die Mitgliedstaaten unter Beteiligung ihrer nationalen Untergliederungen; Einreichung des REP bei der Kommission; partnerschaftliche Erarbeitung der GFK und OP bzw. eines EPPD unter Beteiligung von drei Ebenen; Genehmigung der Planungsdokumente durch die Kommission.

417 Vgl. kritisch *Jakoby* 1998 und 1999.

418 Zur konzeptionellen Kritik an der GRW vgl. *Nägele* 1996, S. 121 ff.

419 Zu neueren Konzepten, die die Erhöhung der Wettbewerbsfähigkeit von Regionen zum Inhalt haben, vgl. *Jakoby* 1999, S. 409 ff.

der GRW-Akteure wieder fallen gelassen"[420]. Dem steht gegenüber, daß der Katalog möglicher Fördertatbestände aus den Strukturfonds spätestens seit der Reform von 1988 viel weiter gefächert ist als die ursprünglich auf gewerbliche Wirtschaft und gewerbenahe Infrastruktur beschränkte GRW.

Zwischen den drei beteiligten Ebenen - der EU-Kommission, der Bundes- und den Landesregierungen bildete sich in dem Politikfeld ein „two-level-bargaining"[421] heraus, das der Bundesregierung u. a. die Option eröffnete, die Kommission als „Sündenbock" für eigene Interessen hinsichtlich der Begrenzung autonomer Landesförderung zu instrumentalisieren. Umgekehrt verstärkten die Länder ihre Anstrengungen, direkt mit Brüssel in Verbindung zu treten. Dies geschah aufgrund der Erkenntnis, daß immer mehr Entscheidungen mit teilweise weitreichenden Konsequenzen auf europäischer Ebene getroffen oder zumindest beeinflußt werden. Schon zu Beginn der 1990er Jahre wurde eingeschätzt: „Verschiedene Bundesländer reklamieren die Förderangebote des EFRE unter Berufung auf ihre regionalpolitische Kompetenz zunehmend für sich und sind nicht bereit, diese im Rahmen der GRW umzusetzen."[422] Damit verbunden ist zugleich die Chance, bisher - zumindest teilweise - ungenutzte innovative Potentiale der EU-Strukturfondsförderung für die Weiterentwicklung der nationalen Fördersysteme nutzbar zu machen. Zu nennen sind in diesem Zusammenhang: der Programmplanungsansatz, das Partnerschaftsprinzip, das breitere Förderinstrumentarium und das anspruchsvolle Evaluierungskonzept[423]. Eine dritte „Koalitionsmöglichkeit"[424] im Rahmen der Entscheidungstriade wird schließlich immer dann real, wenn Bund und Länder (vermeintliche) Kompetenzüberschreitungen aus Brüssel abwehren müssen, beispielsweise bei der Auswahl der Gebietskulissen sowie bei der Festlegung der Förderkonditionen[425].

---

420 *Nägele* 1996, S. 125.

421 *Anderson* 1996, S. 175.

422 *Spiekermann* 1992, S. 36.

423 Vgl. *Jakoby* 1999, S. 411. Auf den Umstand, daß die Strukturfondsmechanismen als „exogener Schock" oder „Modernisierungsimpuls" auf die nationalen Politiken wirken können, verweisen *Lang/Reissert* 1999, S. 382.

424 Vereinfacht dargestellt ergeben sich somit folgende mögliche Konstellationen: 1.) Kommission (K) + Bundesebene (B) vs. Landesebene (L); 2.) L + K vs. B. sowie 3.) B + L vs. K.

425 Zum anhängigen Rechtsstreit zwischen der Bundesrepublik Deutschland und der EU-Kommission über die Notifizierung des GRW-Rahmenplanes vgl. ausführlicher nachfolgend Abschnitt 5.6.

Eine Betrachtung der Gemeinsamkeiten und Unterschiede beider Fördermechanismen unter dem Aspekt der Legitimation staatlichen Handelns und seiner gesellschaftlichen Rückbindung kommt ebenfalls zu differenzierten Ergebnissen. Zwar finden sich sowohl im Rahmen der GRW als auch bei der Strukturfondsförderung abgestufte Partizipationsmöglichkeiten für die Träger gesellschaftlicher Interessen. Ihre Qualität differiert jedoch in den unterschiedlichen Phasen der Förderung. Das Zusammenwirken von Bund und Ländern im GRW-Planungsausschuß im Rahmen eines lediglich zweistufigen Verfahrens bietet den Akteuren der durch die Förderung begünstigten Ebene, den Gemeinden und Wirtschaftsunternehmen, nicht im gleichen Maße die Möglichkeit zur Einflußnahme wie das im mehrstufigen Verfahren auf EG-Ebene der Fall ist. Eine Antwort auf die Abschottung der Exekutiven im Rahmen des „Bund-Länder-Kartells" und die damit verbundenen unzureichenden Partizipationsmöglichkeiten für Kommunen, Verbände, Unternehmen und Gewerkschaften war der Aufbau eigener „Lobby-Strukturen" auf Landes-, Bundes- und europäischer Ebene. Das hatte auch zur Folge, daß sich die genannten Akteure teilweise an den „offiziellen Kanälen" auf Landes- und Bundesebene vorbei direkt mit Brüssel in Verbindung setzten, oftmals mit dem Ziel Fördermittel zu erhalten. Im Laufe der letzten Jahre haben sich dadurch netzwerkartige Strukturen mit zentralen Akteuren, wie z. B. kommunalen Planungsämtern oder Wirtschaftsförderungsgesellschaften, herausgebildet[426].

Das im Rahmen der Strukturfondsförderung propagierte Partnerschaftsprinzip erweist sich als prinzipiell geeignet, innovative Potentiale auf regionaler und lokaler Ebene zu aktivieren. Dies gelang bisher insbesondere im ESF-Bereich, verbunden mit einer Dezentralisierungstendenz: Ausweis dieser Entwicklung sind z. B. die Regionalen Koordinierungskreise in Sachsen. Der für die Regionalentwicklung bedeutendste Fonds (EFRE) wird jedoch in beiden Referenzländern weiterhin zentral verwaltet, wobei die Wirtschafts- und Sozialpartner in den - kompetentiell aufgewerteten - Begleitausschüssen abgestufte Mitwirkungsrechte wahrnehmen können. Die Legislativen haben im Rahmen der Haushaltsgesetzgebung die Möglichkeit, auf die Mittelausstattung einzelner Schwerpunkte und Programme Einfluß zu nehmen. Dennoch dominieren in beiden Fördersystemen die Exekutiven, insbesondere in der Phase der Entscheidungsvorbereitung (Erstellen der Haushaltsanmeldungen) und in der Implementationsphase des Fördervorgangs. Die Legitimation staatlichen Handelns durch die Herstellung einer demokratischen Öffentlichkeit ist in beiden Referenzländern noch nicht im

---

426 *Anderson* (1996, S. 173): „Specifically, local governments believed that by turning to Brussels, they could reduce their dependence on federal and state agencies."

erforderlichen Maße verwirklicht, wenngleich es erste Ansätze zu transparenteren Vergabeverfahren gibt, beispielsweise durch die Errichtung öffentlich zugänglicher Fördermitteldatenbanken.

Die hohe Geschwindigkeit der im Zuge der deutschen Wiedervereinigung ablaufenden Transformationsprozesse ließ den verantwortlichen Politikern in den neuen Ländern keine Zeit, eine eigene, möglicherweise alternative Entscheidungsstruktur in dem Politikfeld regionaler Strukturpolitik aufzubauen. Auch aufgrund noch mangelnder administrativer Leistungsfähigkeit wurde anfangs bereitwillig auf den in den Altbundesländern entwickelten Politikansatz der Koppelung von europäischen Fördermitteln an den Vergabemechanismus der GRW zurückgegriffen. Dieser Ansatz stand jedoch spätestens seit der Reform der Strukturfonds im Jahre 1988 und dem damit verbundenen ständig zunehmenden Einfluß der EG-Kommission auf die nationalen Förderpolitiken selbst unter Rechtfertigungszwang und Anpassungsdruck. Als positive Wirkung der zunehmenden Aktivität der Kommission auf dem Gebiet der Beihilfenkontrolle muß genannt werden, daß es insgesamt zu einer deutlichen Eindämmung des Subventionswettlaufs kam und sich somit die „Waffengleichheit" der wirtschaftsschwächeren Regionen erhöhte. Mit den sich ausweitenden Möglichkeiten der Strukturfondsförderung bei gleichzeitiger Zunahme behilferechtlicher Restriktionen hinsichtlich nationaler und subnationaler Handlungsspielräume einher ging eine allmähliche Modifizierung der regionalpolitischen Strategien einiger Länder, die zu versuchen begannen, als „Fördermittelmakler"[427] aufzutreten: Schwindende autonome Spielräume und Ressourcen sollten kompensiert werden durch die (kombinierte) Nutzung europäischer und nationaler Strukturförderprogramme, um so letztlich doch eigene Politikziele realisieren zu können.

Nachdem die ostdeutschen Länder in der Periode 1991-93 einen Sonderstatus in bezug auf die Strukturfonds eingenommen hatten, wurden sie für den Zeitraum 1994-99 als flächendeckendes Ziel 1-Gebiet in die höchste Förderpriorität eingestuft. Der Aushandlungsprozeß des GFK für die neue Förderperiode machte deutlich, daß die Entscheidungsträger aus den neuen Ländern eigene Vorstellungen einbringen wollten, die teilweise von den Interessen sowohl der Bundes- als auch der europäischen Ebene abwichen[428].

---

427 *Nägele* 1997, S. 125.

428 *Anderson* (1996, S. 187): „In short, the new Länder took the principle of subsidiarity very seriously, which led them to act not only against the interests of parts of the federal bureaucracy, but also the Commission." Im Original mit Hervorhebung.

Sichtbarstes Ergebnis dieser Haltung war die teilweise Entkoppelung der EFRE-Förderung von der GRW, die insbesondere Sachsen gefordert hatte und nach Aufnahme einer entsprechenden Öffnungsklausel auch praktizierte[429]. Die unterschiedlichen Problemlagen in den alten und neuen Bundesländern führten zu einer Diversifizierung der Lösungsansätze[430], wobei die ostdeutschen Länder verstärkt die Europäische Kommission als Kooperationspartner suchten, um die Restriktionen des Systems der Bund-Länder-Förderung teilweise umgehen zu können. Während die Altbundesländer typischerweise am überkommenen GRW-Netzwerk festhielten, versuchten die neuen Länder durch direkte Kontakte zur europäischen Ebene mehr Spielraum zu gewinnen, um damit eine höhere Flexibilität in der Förderpolitik zu erlangen. Die Bundesebene sieht sich seit der 1988er Reform, spätestens jedoch seit der deutschen Einheit aufgrund dieser Entwicklung mit zunehmenden Steuerungsproblemen in dem vormals von ihr dominierten Politikfeld konfrontiert. Insbesondere im BMWi wächst die Besorgnis, die Kontrolle über die (Ausgaben)Entwicklung zu verlieren. Seinen Anspruch, eigene Impulse in der regionalen Wirtschaftspolitik zu setzen, sieht es zudem von der immer stärker werdenden Einflußnahme durch die EU-Kommission - den diese insbesondere mit Hilfe des Instruments der Beihilfenaufsicht geltend macht - gefährdet[431].

Die GRW steht praktisch seit ihrer Verankerung in Art. 91 a GG permanent in der Kritik. In den 1970er Jahren aus politikwissenschaftlicher Sicht als ausgeprägte Form der Politikverflechtung zwischen Bund und Ländern kritisiert[432], wurde sie zehn Jahre später aus ökonomischer Perspektive wie folgt beurteilt: „Die selektive Regionalförderung der Gemeinschaftsaufgabe ist nicht geeignet, den in den einzelnen Regionen notwendigen Strukturwandel zu erleichtern und das gesamtwirtschaftliche Wachstum zu be-

---

429 Vgl. *Reinfried* 1996, S. 69.

430 *Anderson* (1996, S. 188) spricht von einer „Gabelung“ (bifurcation), die die deutsche Einheit in der nationalen Strukturpolitik bewirkt habe. Die beschriebene Entwicklung stellt für ihn einen „documented case of regional empowerment“ dar.

431 Vgl. Gesprächsprotokoll B 5; zur Beihilfenproblematik vgl. ausführlicher nachfolgend Kapitel 5.

432 Vgl. stellvertretend *Scharpf* et al. 1976. Auch die Verwaltungswissenschaft und insbesondere die Staatsrechtslehre führen seit Jahren eine grundsätzliche, kritische Auseinandersetzung mit den Bund-Länder-Gemeinschaftsaufgaben, auf die hier aus Platzgründen jedoch nicht vertieft eingegangen werden kann.

schleunigen."[433] Wesentliche Argumente gegen eine Bundesbeteiligung an der originären Länderaufgabe regionaler Wirtschaftsförderung sind[434]:

- die Vermischung von Verantwortlichkeiten zwischen Bund und Ländern mit der Folge mangelnder Verantwortungszuschreibung, so daß bei unpopulären Entscheidungen auf die jeweils andere Ebene verwiesen werden kann (Transparenz- und Legitimationsproblem);
- die Erfahrung[435], daß die Bereitstellung von Bundesmitteln einen Anreiz darstellt, die erforderlichen Ko-Finanzierungen aus dem Landesetat aufzubringen, auch wenn dadurch u. U. dringend notwendige Ausgaben in anderen Bereichen unterbleiben (Umlenkungsproblem);
- die Gefahr suboptimalen Mitteleinsatzes, da der GRW-Planungsausschuß Maßnahmen befürwortet, für deren Finanzierung durch die Entscheidungsbeteiligten jeweils nur teilweise zu sorgen ist (Effizienzproblem).

Angesichts dieser fundamentalen Kritik stellt sich die Frage, warum die GRW nicht schon längst abgeschafft wurde[436], bzw. warum sich die Wirtschaftsminister und -senatoren des Bundes und der Länder auf ihrer Herbsttagung 1999[437] dezidiert für die Fortsetzung der GRW-Förderung ausgesprochen haben[438]. Zur Begründung heißt es dort u. a., daß die GRW auf Grund ihrer Koordinierungs- und Leitfunktion auch in Zukunft unverzichtbar sei. Offensichtlich wird der GRW-Planungsausschuß als weiterhin geeignetes Gremium betrachtet, um einen Interessenausgleich zwischen den Ländern herzustellen. Die Beteiligung des Bundes, der sowohl als Mediator als auch mit eigenem Steuerungsanspruch auftritt, wird durch seine Einbeziehung in die Finanzierungsverantwortung für die Länder akzeptabel. Wie könnte eine Alternative zu diesem Modell der Bund-Länder-Mischfinanzierung aussehen? Ein Vorschlag zielt darauf ab, daß sich der Bund aus der Finanzierung zurückziehen sollte, um sich fortan auf eine „allgemeine und restriktive Beihilfenkontrolle"[439] zu beschränken, die wiederum einer „rui-

433 *Lammers* 1987, S. 80.

434 Vgl. *Rosenfels* 1999, S. 4.

435 Bestätigt durch Interviews mit MdL und Ministeriumsvertretern; vgl. Gesprächsprotokolle SN 7 und RP 11.

436 Zur Forderung nach Auflösung der Gemeinschaftsaufgaben vgl. nur *Stahl* 2000, S. 237 f.

437 Konferenz der Wirtschaftsminister und -senatoren („WiMiKo") am 20. und 21. Oktober 1999 in Freising.

438 Vgl. auch Gesprächsprotokoll B 5.

439 *Rosenfels* 1999, S. 7.

nösen Standortkonkurrenz“ zwischen den Ländern vorbeugen würde. Grundvoraussetzung für eine Abschaffung der GRW bzw. die Übertragung ihrer Aufgaben in den alleinigen Zuständigkeitsbereich der Länder wäre, daß zumindest ein Großteil der heute in ihrem Rahmen eingesetzten Bundesmittel den Ländern als allgemeine Finanzmittel zur Verfügung stehen müßten. Das würde einer Neuverteilung des Steueraufkommens zwischen Bund und Ländern bedürfen, die gegen den Willen der Bundesebene nicht machbar wäre. So lange die entsprechenden Rahmenbedingungen nicht gegeben sind, werden sich sowohl der Bund als auch die Länder weiterhin des - aus den genannten Gründen lediglich suboptimalen - Instrumentariums der GRW bedienen wollen.

Gegen den Reformvorschlag einer verstärkten Beihilfenkontrolle durch den Bund kann eingewendet werden, daß das GRW-Gesetz aus dem Jahr 1969 in § 12 Abs. 2 bereits eine entsprechende Rechtsgrundlage bietet: „Der Bund kann zugewiesene Bundesmittel von einem Land zurückfordern, wenn die festgelegten Bedingungen ganz oder teilweise nicht erfüllt werden.“ Als Ergänzung der genannten Bestimmung im GRW-Gesetz handelten die Wirtschaftsminister und -senatoren des Bundes und der Länder Anfang der 1980er Jahre zwei Kodizes aus, die allerdings bestenfalls als „soft law“ einzustufen sind[440]. In den mehr als dreißig Jahren des Bestehens der GRW gab es jedoch kein einziges Gerichtsverfahren, das die vermeintliche Verletzung dieser gesetzlichen Bestimmung zum Gegenstand gehabt hätte. Daraus lassen sich zwei mögliche Schlußfolgerungen ziehen: Entweder halten sich die Länder in vorbildlicher Weise an die getroffenen Absprachen - das widerlegen jedoch die empirischen Daten - oder die Bundesebene hat es nie ernsthaft versucht, zweckentfremdet eingesetzte Gelder von den Ländern zurückzufordern. Diese Haltung des Bundes ist damit zu begründen, daß es im deutschen System des kooperativen Föderalismus an einer entsprechend institutionalisierten Machtposition gegenüber den Ländern mangelt, die eine wirksame Sanktionierung von Verstößen erst ermöglichen würde. Im europäischen Mehrebenensystem gibt es jedoch eine Instanz, die über entsprechende Kontroll- und Sanktionsinstrumente verfügt: Die Aufsicht über die Vergabe staatlicher Beihilfen fällt bereits seit den Gründungsverträgen in den Kompetenzbereich der Europäischen Kommission. Bezeichnenderweise waren es die Regierungen der Mitgliedstaaten, die im Bereich der Wettbewerbskontrolle erhebliche Kompetenzen auf die europäische Ebene verlagerten[441].

---

440 Das waren der „Kodex über Ländersubventionen“ vom 7.7.1982 sowie der „Kodex über Subventionen für Einzelunternehmen“ vom 30.5.1983; vgl. ausführlicher *Wolf* 2000, S. 288 ff.

441 Vgl. *Rosenstock* 1995, S. 79 ff.

Tabelle: Vergleich der Gemeinschaftsaufgabe zur Verbesserung der regionalen Wirtschaftsstruktur (GRW) und der EU-Strukturfondsförderung

Kriterien	**GRW**	**Strukturfonds**
Entstehung und rechtliche Verankerung	Bund-Länder-Mischfinanzierung; im Zuge der Finanzreform (1969) in Art. 91a GG aufgenommen	1960 ESF, 1962 EAGFL, 1975 EFRE; Artt. 2, 3 I k) EGV; seit EEA (1987) Artt. 158-162 EGV; Art. 2 EUV
qualitative Zäsuren	1987 „Bangemann-Sutherland-Kompromiß", 1990 deutsche Einheit, 1991 „Brittan-Möllemann-Kompromiß"	1988 Einführung der Fördergrundsätze, 1993 „fine tuning", 1998/99 Reform im Rahmen der „Agenda 2000"
Zielsetzung	Leitfunktion, Koordinierungsfunktion, Verhinderung eines „Subventionswettlaufs" zwischen den Ländern	Stärkung des wirtschaftlichen und sozialen Zusammenhalts durch Förderung der wirtschaftlich schwächsten Regionen
Förderschwerpunkte	Investitionen in den Bereichen gewerbliche Wirtschaft und wirtschaftsnahe Infrastruktur	breit gefächerter Förderkatalog, z. B. in den Bereichen Infrastruktur, Umwelt, F+E, Bildung, Tourismus
Entscheidungsgremien	Planungsausschuß und -unterausschuß: BMWi (Vorsitz), BMF, Wirtschaftsminister und -senatoren der Länder; im Unterausschuß weitere Ressorts, Behörden und Verbände	Rat verabschiedet die Verordnungen auf Vorschlag der Kommission nach Zustimmung des EP sowie Anhörung von WSA und AdR
Planungshorizont	jährliche Rahmenpläne, Neuabgrenzung der Fördergebiete alle 3-4 Jahre	sechs- bzw. siebenjährige Planung (1994-99, 2000-2006)
Planungsablauf	Rahmenplanung (im GRW-Gesetz vom 6.10.1969 geregelt)	REP - GFK - OP bzw. EPPD + Ergänzung zur Programmplanung (in den Fondsverordnungen geregelt)
Finanzvolumen	1975: 588 Mio. DM, ... 1985: 552 Mio. DM ... 1999: 473 Mio. DM (GRW-West) bzw. 4.547 Mio. DM (GRW-Ost)	195 Mrd. Euro für die Periode 2000-2006, davon 19,23 Mrd. Euro für Ziel 1 (neue Länder); 3,51 Mrd. Euro für Ziel 2 (alte Länder); 4,58 Mrd. Euro für Ziel 3; außerdem GI
Finanzierungsmodi	Bund und Land jeweils 50 % der förderfähigen Kosten bei unterschiedlicher max. Förderintensität (abgestuft je nach Fördergebietsstatus A, B, C oder D)	Grundsatz der Ko-Finanzierung, unterschiedliche max. Förderintensität, abgestuft je nach Fördergebietsstatus (Ziele 1 und 2) bzw. Förderschwerpunkt (Ziel 3)
Rahmenbedingungen	EU- Beihilfenaufsicht (Notifizierungspflicht für die Rahmenpläne), Kommissionsleitlinien und Beihilferahmen	EU-Beihilfenaufsicht (Notifizierungspflicht für die aus den Strukturfonds ko-finanzierten nationalen Maßnahmen)
Beteiligung der Wirt-schafts- u. Sozialpartner	Arbeitskreis für regionale Wirtschaftspolitik, der sich aus Vertretern verschiedener Verbände zusammensetzt, ist gesetzlich nicht verankert und ohne praktischen Einfluß	Anspruch: Partnerschaftsprinzip in allen Phasen des Fördervorgangs; Realität: Begleitausschüsse haben in der Implementationsphase gewissen Einfluß
demokratische Kontrolle	Landtage und Bundestag können im Rahmen des Budgetrechts Einfluß ausüben (Anhörung, parlamentarische Anfragen); Dominanz der Exekutive („Bund-Länder-Kartell")	EP stimmt den Ratsverordnungen zu und kann im Rahmen der Haushaltsgesetzgebung Einfluß nehmen (Strukturfonds gehören zu den sog. nicht-obligatorischen Ausgaben)

5. Kohäsionsziel versus Wettbewerb? Die europäische Beihilfenkontrolle

Eine Analyse der regionalen Strukturpolitik kann nur dann zu aussagefähigen Ergebnissen kommen, wenn mindestens ein weiteres Politikfeld ebenfalls in die Betrachtung einbezogen wird: die europäische Beihilfenkontrolle. Die Darstellung dieser EU-Politik und ihrer regionalpolitischen Wirkungen hätte auch im Rahmen des vorangegangenen Kapitels erfolgen können. Durch die bewußte Trennung in zwei Kapitel soll explizit darauf verwiesen werden, daß es sich bei der Regional- und der Wettbewerbspolitik um eigenständige Politikfelder handelt, die sich in wesentlichen Punkten, insbesondere in ihrem Vergemeinschaftungsgrad, unterscheiden: Während die regionale Strukturpolitik nach wie vor in der originären Zuständigkeit der Mitgliedstaaten bzw. ihrer subnationalen Untergliederungen liegt und die Gemeinschaftsaktivitäten insofern nur ergänzenden Charakter haben sollten, ist das Recht der Beihilfenkontrolle bereits seit den Gründungsverträgen auf Gemeinschaftsebene angesiedelt. Die Aktivitäten der zuständigen Generaldirektion Wettbewerb der Europäischen Kommission sind somit von gravierender Bedeutung für die nationalen und regionalen Fördersysteme. Durch den unterschiedlich hohen Vergemeinschaftungsgrad der beiden Politikfelder Regionalpolitik und Wettbewerbspolitik können sich sogenannte spillover-Effekte ergeben, die sich darin ausdrücken, daß Aktivitäten der europäischen Ebene Wirkungen in Bereichen zeitigen, die nach dem Vertrag nicht oder nur teilweise in ihrem Kompetenzbereich liegen. Eine Instrumentalisierung der Beihilfenaufsicht als „indirekte Regionalpolitik“ erweist sich deshalb als problematisch.

Die fortgesetzte Einschränkung nationaler und subnationaler Handlungsspielräume im Bereich der regionalen Strukturpolitik durch gemeinschaftsrechtliche Vorgaben in bezug auf Förderumfang und -inhalt läßt ein Szenario möglich erscheinen, wonach „... die Beihilfenkontrolle, die Anfang der achtziger Jahre zunächst der GRW die Existenz gesichert hat, dieser nun den Boden unter den Füßen wegzieht.“[1] Die Auseinandersetzung zwischen der Bundesrepublik Deutschland und der EU-Kommission über die Neuabgrenzung der GRW-Fördergebiete in Westdeutschland und Berlin beweist die Brisanz und Aktualität der Problematik und wirft grundsätzliche Fragen nach den regionalpolitischen Implikationen der Kompetenzausübung in dem

---

1 Jedenfalls nach Meinung von *Nägele* 1997, S. 125.

Politikfeld Beihilfenkontrolle auf. Rheinland-Pfalz als westdeutsches Referenzland der Untersuchung ist von den Auswirkungen der beklagten Kommissionsentscheidung in besonderem Maße betroffen[2]. Die ostdeutschen Länder sind nicht unmittelbar in das genannte Beihilfeverfahren involviert. Ihnen stellen sich - derzeit noch - andere Probleme, den Anforderungen der europäischen Wettbewerbskontrolle zu genügen: Am Beispiel der VW-Beihilfe im Freistaat Sachsen[3] soll das Spannungsverhältnis zwischen dem gemeinschaftsrechtlichen Beihilfeverbot mit Genehmigungsvorbehalt und dem nationalen bzw. regionalen Bestreben nach Verbesserung der Standortqualität durch staatliche Interventionen dargestellt werden.

5.1 Der Begriff „staatliche Beihilfe"

Am Beginn der Analyse des Politikfeldes muß aus Gründen der Verständlichkeit eine kurze terminologische Klärung erfolgen. Nach Maßgabe des Art. 3 Abs. 1 lit. g EG-Vertrag ist die Beihilfenkontrolle[4] ein wesentliches Instrument der Kommission zur Herstellung und Sicherung eines Systems, das den Wettbewerb innerhalb des Binnenmarktes im Sinne der „vier Freiheiten" vor Verfälschungen schützt. Bereits seit der sogenannten „Bergmannsprämienentscheidung" des EuGH[5] ist der „nirgendwo legal definierte Begriff"[6] der Beihilfe[7] so weit auszulegen, daß er praktisch jegliche Art staatlicher Zuwendungen umfaßt. Das Wesen einer Beihilfe ergibt sich dabei aus ihrem begünstigenden Charakter gegenüber den Branchen oder Ein-

---

2 Vgl. ausführlicher nachfolgend Abschnitt 5.6.

3 Dabei geht es im Kern um die Auslegung einer Spezialvorschrift des Gemeinschaftsrechts, die speziell auf die Folgen der deutschen Teilung abhebt. Vgl. ausführlicher nachfolgend Abschnitt 5.5.

4 Vgl. ausführlich zu Subventionen und Beihilfen im Binnenmarkt *Diehm* 1998, *Färber* 1995, *Rosenstock* 1995.

5 EuGH, Urteil vom 23.2.1961 in der Rechtssache 30/59, Slg. 1961, S. 1 ff.; vgl. auch *Vogt* 2000, S. 17 f. Wenn im folgenden vom EuGH gesprochen wird, beziehen sich die Ausführungen prinzipiell auch auf das dem EuGH beigeordnete Gericht erster Instanz (EuG).

6 *Hobe* 2000, S. 27.

7 Zum Begriff der staatlichen Beihilfe vgl. Kommission 2000, S. 6; vgl. auch *Schweda* 2000, S. 54 ff.; *Vogt* 2000, S. 36 ff.; *Döring/Stahl* 1999, S. 139 ff.; *Dohms* 1999, S. 229; *Sinnaeve* 1997, S. 28 ff. In der ökonomischen Analyse wird zumeist von „Subventionen" gesprochen; vgl. stellvertretend die Definition bei *Boss/Rosenschon* 2000, S. 12.

zelunternehmen, denen sie gewährt wird, sowie aus der fehlenden direkten Gegenleistung der Begünstigten. Ein weiteres Merkmal besteht neben dem wirtschaftlichen Vorteil, der dem betreffenden Unternehmen erwächst, in seiner selektiven Begünstigung, d. h. die staatliche Beihilfe muß geeignet sein, das Gleichgewicht zwischen bestimmten Unternehmen und ihren Wettbewerbern zu tangieren. Dieser selektive Charakter liegt u. a. bei Regelungen vor, deren Anwendungsbereich regional begrenzt ist (Regionalbeihilfen). Schließlich müssen die Maßnahmen sich auf den Wettbewerb und den Handel zwischen Mitgliedstaaten auswirken, um als staatliche Beihilfen qualifiziert werden zu können[8]. Zu diesem Zweck genügt es nachzuweisen, daß der Begünstigte einer Wirtschaftstätigkeit nachgeht und in einem Markt aktiv ist, in dem Handel zwischen Mitgliedstaaten besteht. Nicht erheblich für die Einstufung als staatliche Beihilfe ist dagegen die Freiwilligkeit der Zahlungen öffentlicher Mittel und die Frage, ob der Vorteil aus unmittelbaren staatlichen Zuwendungen erwächst. Auch die (indirekte) Gewährung geldwerter Vorteile wird in einer Reihe von EuGH-Entscheidungen als Beihilfe qualifiziert, z. B.[9]:

- zinsverbilligte Darlehen oder die Übernahme von Forderungen durch den Staat,
- zeitweilige Befreiung eines Industriezweiges von Soziallasten,
- Festsetzung eines Vorzugsdiskontsatzes ausschließlich für eigene Exportgüter,
- Ausgleichzahlungen bzw. Übernahme von Mindereinnahmen durch den Staat,
- Zinsvergütungen für Ausfuhrkredite.

Nicht unter die Definition staatlicher Beihilfen fallen dagegen allgemeingültige steuerliche Regelungen, staatlich finanzierte Infrastruktur- und Umweltschutzmaßnahmen, sozial motivierte Ausgabenprogramme sowie Privatisierungen staatlichen Vermögens[10]. Die Tatsache, daß die genannten Maßnahmen allesamt qualitätsbildend für einen Wirtschaftsstandort sein können, weil u. a. sie den Rahmen für Investitionsentscheidungen setzen, zeigt be-

---

8 Zu den einzelnen Merkmalen einer staatlichen Beihilfe vgl. *Koenig/Kühling* 2000, S. 1065 ff.; vgl. auch Kommission 1999a, S. 94 ff.

9 Vgl. *Lauffer* 1998, S. 72 f., mit Nachweis der angesprochenen EuGH-Entscheidungen.

10 Zur Beihilfeproblematik bei Unternehmensprivatisierungen und beim Verkauf öffentlicher Immobilien vgl. *Tryantafyllou* 1999, S. 52 f.

reits an dieser Stelle ein Dilemma der EU-Wettbewerbspolitik, die - verkürzt gesprochen - versucht, auf national unterschiedliche Systeme gleiche (supranationale) Maßstäbe anzuwenden. Dieses strukturelle Defizit der Subventionskontrolle wird dann deutlich, wenn ein Unternehmen über Erst- oder Erweiterungsinvestitionen nachdenkt. Maßgeblich für die Wahl eines geeigneten Standortes ist nicht in erster Linie die Höhe eventuell zu erwartender staatlicher Beihilfen, sondern es sind Faktoren wie z. B.: die Nähe zu potentiellen Absatzmärkten, das Vorhandensein einer tragfähigen Basisinfrastruktur (qualifizierte Arbeitskräfte, ausreichende Verkehrs- und Telekommunikationsverbindungen etc.), die Belastungen durch Steuern und Abgaben. Insbesondere die Unterschiede in den nationalen Besteuerungssystemen erschweren einen Vergleich zwischen den Mitgliedstaaten in bezug auf staatliche Beihilfen[11].

5.2 Die Bedeutung staatlicher Subventionen in der EU und in Deutschland

Staatliche Subventionen besitzen - unbeschadet aller Bemühungen um Entstaatlichung und Privatisierung - europaweit nach wie vor einen hohen Stellenwert. In dem Zeitraum 1995-97 betrug das Gesamtvolumen staatlicher Beihilfen in der EU im Jahresdurchschnitt 95 Mrd. Euro[12]. Nach Ansicht der Kommission ist das Niveau öffentlicher Finanzhilfen wegen der damit verbundenen möglichen Wettbewerbsverzerrungen und den Gefahren für das Funktionieren des Binnenmarktes „weiterhin entschieden zu hoch."[13] Entsprechend gestaltet sich der Arbeitsanfall bei der europäischen Wettbewerbsbehörde: Mehr als 500 Fälle staatlicher Beihilfen müssen jedes Jahr untersucht werden, von denen sich lediglich etwa 200 als „reine Routinefälle" herausstellen[14]. Allerdings bestehen hinsichtlich der Intensität der Beihilfengewährung deutliche Unterschiede zwischen den Mitgliedstaaten: Lediglich 0,43 % des BIP werden in Finnland für staatliche Subventionen aufgewendet. Spitzenreiter in dieser Statistik ist Italien mit einem Subventionsanteil von 1,71 %, der damit deutlich über dem Gemeinschaftsdurchschnitt

---

11 Darauf verweisen *Lambarri/Ezkurdia* 1999, S. 169.

12 Zu dieser und den nachfolgenden Zahlenangaben vgl. Kommission 1999, S. 59 ff. Von einem eindeutigen Trend spricht *Wolf* (2000, S. 298), der auf den Rückgang des Subventionsumfangs von gemeinschaftsweit fast 25 % im Verlauf der 1990er Jahre hinweist.

13 *Dohms* 1999, S. 228 f.; vgl. auch Kommission 1999a, S. 91 ff.

14 Vgl. *Held* 2000, S. 7 f.

(1,20 %) liegt[15]. In Deutschland entfielen in der Periode 1995-97 im Jahresdurchschnitt 1,64 % des BIP auf staatliche Subventionen, d. h. daß die politisch verantwortlichen Akteure vergleichsweise intensiv auf das Steuerungsinstrument staatlicher Interventionen in den Wirtschaftskreislauf zurückgreifen[16]. Entsprechend häufig erläßt die Kommission Entscheidungen im Beihilfebereich, die an Deutschland gerichtet sind: Im Jahr 1998 bezogen sich von insgesamt 460 Kommissionsentscheidungen rund ein Drittel (154) auf Deutschland[17].

Die deutsche Wirtschaft befindet sich seit der Wiedervereinigung in einer Sondersituation. Lag das jährliche Gesamtvolumen aller Subventionen[18] im Jahre 1970 noch bei 31,4 Mrd. DM, so stieg es bis 1985 auf 69,7 Mrd. DM, um nach der Wiederherstellung der staatlichen Einheit Deutschlands sprunghaft auf 102,3 Mrd. DM (1991) bzw. auf 115,2 Mrd. DM in 1997 anzuwachsen[19]. Im Ergebnis der allgemeinen Finanzknappheit der öffentlichen Haushalte und der mit der Erfüllung der Konvergenzkriterien verbundenen Haushaltsdisziplin sind die Subventionszahlungen inzwischen wieder in etwa auf das Niveau des Jahres 1990 zurück gegangen[20]. Besonders deutlich wird die Zweiteilung der deutschen Subventionslandschaft, die durch den nach wie vor hohen Finanzierungsbedarf für den Aufbau Ost verursacht wird, wenn die absoluten Beihilfezahlungen und die Zahl der Beschäftigten in den einzelnen Sektoren der Volkswirtschaft zueinander in Relation gesetzt werden: Nach Berechnungen der EU-Kommission wurde jeder Arbeitsplatz in dem Bereich verarbeitendes Gewerbe in den neuen Ländern im

15 Weitere Vergleichswerte: Großbritannien 0,52 %; Dänemark 0,89 %; Belgien 1,17 % des jeweiligen BIP.

16 Durch einen sehr weit gefaßten Subventionsbegriff kommen *Boss/Rosenschon* (2000, S. 25) in ihrer ökonomischen Analyse für Deutschland auf einen Subventionsanteil von 8,0 % des BIP im Jahre 1998.

17 Italien folgte mit 77 Entscheidungen, während auf andere Mitgliedstaaten, wie Frankreich (27), das Vereinigte Königreich (18) oder Irland (2), nur wenige Entscheidungen entfielen; vgl. Kommission 1999a, S. 122.

18 In dieser Summe sind enthalten: Finanzhilfen und Steuervergünstigungen des Bundes, der Länder und der Gemeinden, ERP-Finanzhilfen sowie Marktordnungs- und Agrarstrukturausgaben der EU. In der Literatur wird der Subventionsbegriff verschieden abgegrenzt, was zu teilweise stark differierenden Angaben führt; vgl. die Übersicht bei *Döring/Stahl* 1999, S. 147.

19 Vgl. Bundesregierung 1997, S. 21.

20 Vgl. die detaillierten statistischen Angaben bei *Boss/Rosenschon* 2000.

Zeitraum 1995 bis 97 mit durchschnittlich 5.537 Euro pro Jahr gefördert[21]. In den alten Bundesländern belief sich die Förderung im Vergleichszeitraum auf 456 Euro pro Arbeitsplatz, im EU-Durchschnitt auf 1.298 Euro[22].

5.3 Die Entwicklung der europäischen Beihilfenkontrolle

Bei einem kurzen Blick auf die Entwicklung der Kontrollpraxis der Kommission fällt auf, daß in den ersten Jahren nach Verabschiedung der Römischen Verträge vor allem die direkt an Unternehmen gezahlten Subventionen im Mittelpunkt standen[23]. Staatliche Beihilfen mit regionaler und sozialer Zielsetzung blieben dagegen anfangs noch „unbehelligt". Diese Haltung der Kommission änderte sich in der zweiten Hälfte der sechziger Jahre, als einige Mitgliedstaaten mehr und mehr dazu übergingen, auch relativ wohlhabende Regionen zu fördern. Aus Sorge vor einem „Subventionswettlauf zwischen den europäischen Regionen"[24] begann die Kommission damit, die Beihilfenkontrolle auch auf Regionalbeihilfen auszudehnen. Fortan entwikkelte sie ein Instrumentarium, das schrittweise u. a. abgestufte Förderhöchstgrenzen, ein Transparenzgebot für nationale Beihilfenregelungen sowie Begründungspflichten für die regionale Zielsetzung einzelner Beihilfen einführte bzw. ausdifferenzierte. Parallel zu der Anwendung dieser sogenannten Koordinierungsgrundsätze[25] entwickelte die zuständige Generaldirektion Kriterien für die Auswahl der förderfähigen Regionen, die im Jahre 1988 in einer Kommissionsmitteilung veröffentlicht wurden[26].

---

21 Vgl. Kommission 1999, S. 16. Diese Zahl ist noch immer vergleichsweise hoch, allerdings stark rückläufig: In dem Zeitraum 1992-94 hatte sich der jährliche Durchschnittsförderbetrag für einen entsprechenden Arbeitsplatz in Ostdeutschland noch auf 11.610 ECU belaufen; vgl. Kommission 1997c, S. 8; vgl. *Uerpmann* 1998, S. 226.

22 Italien förderte jeden Arbeitsplatz im verarbeitenden Gewerbe mit durchschnittlich 2.302 Euro, Irland mit 1.454 Euro, Portugal nur mit 525 Euro, Großbritannien mit lediglich 381 Euro; vgl. Kommission 1999, S. 16.

23 Vgl. *Schweda* 2000, S. 105 ff.

24 *Krieger-Boden* 1987, S. 83.

25 Vgl. Mitteilung der Kommission an den Rat über allgemeine Beihilferegelungen mit regionaler Zielsetzung, ABl. C 111 vom 4.11.1971, S. 7 ff.

26 Vgl. Mitteilung der Kommission an die Mitgliedstaaten über die Methode zur Anwendung von Art. 92 Abs. 3 a) und c) auf Regionalbeihilfen, ABl. C 212 vom 12.8.1988, S. 2 ff.

Gisela Färber diagnostiziert bereits zu Beginn der 1990er Jahre einen „... sehr weitgehenden Steuerungsanspruch der EG-Kommission bezüglich der Subventionen in der Europäischen Gemeinschaft."[27] Die Konzeption supranationaler Aufsicht und Kontrolle versetzt die Kommission im Verhältnis zu den Mitgliedstaaten in eine außerordentlich starke Rechtsposition. Diese besteht in einer weitreichenden Beurteilungsprärogative darüber, was an staatlichen Maßnahmen mit den Bestimmungen des gemeinsamen Marktes (un-)vereinbar ist, sowie in dem Recht, die Mitgliedstaaten verbindlich zu Unterlassung, Umgestaltung, Aufhebung oder Rückforderung bereits geleisteter Beihilfen aufzufordern. Nach Einschätzung eines deutschen Ministerpräsidenten ist die europäische Beihilfenkontrolle „... seit der Einführung des Europäischen Binnenmarktes immer rigider und restriktiver ausgefallen"[28]. Eine Ausnahme bildete die Behandlung der neuen Bundesländer in den ersten Jahren nach ihrem Beitritt zum Geltungsbereich des Grundgesetzes. Bis zum 31.10.1993 wurden beispielsweise Verletzungen der Pflicht zur öffentlichen Ausschreibung von Aufträgen ab einer bestimmten Investitionssumme großzügig toleriert und keine Verfahren eingeleitet[29]. Die zuständige Generaldirektion wandte bis Ende 1995 „... im Zusammenhang mit der Privatisierung ehemaliger DDR-Staatsbetriebe weniger strenge Verfahren (insbesondere Dispense von der Notifizierungspflicht) und Beurteilungskriterien an."[30] Seitdem gelten auch für die ostdeutschen Länder grundsätzlich die allgemeinen Regeln, was dort zu einer Reihe von Problemen geführt hat und immer noch führt. Während sich die Kontrollintensität durch die Kommission in den letzten Jahren permanent erhöht hat[31], zeichnet sich der primärrechtliche Rahmen hingegen durch Kontinuität aus: Die einschlägigen Rechtsgrundlagen für das Tätigwerden der Gemeinschaft im Bereich Beihilfenkontrolle wurden praktisch unverändert aus dem Maastrichter in das Vertragswerk von Amsterdam übernommen: Lediglich der zweite Satz in Art.

---

27 *Färber* 1993, S. 3. Sie charakterisiert die Kommission als „... weltweit einzige supranationale oder auch zentralstaatliche Ebene(, die) Subventionen nachgeordneter föderativer Einheiten untersagen muß bzw. sie nur ausnahmsweise genehmigen kann."

28 *Wolfgang Clement*, Die Europäische Union wird föderal sein, F.A.Z. Nr. 68 vom 22.3.1999, S. 15. Zu einer Wertung der Beihilfenkontrolle, insbesondere der Rechtsprechung des Gerichts erster Instanz bei dem EuGH, aus der Sicht eines europäischen Beamten vgl. *Nemitz* 2000.

29 Vgl. *Bollen* et al. 2000, S. 170, Anmerkung 59.

30 *Dohms* 1999, S. 230.

31 Vgl. Kommission 1999a, S. 117 ff.

87 Abs. 3 lit. b) EGV, der sich auf den schrittweisen Abbau von Beihilfen für den Schiffbau bezog, wurde gestrichen[32].

5.4 Die Regelungen der Artikel 87 bis 89 EG-Vertrag

Nach Art. 87 Abs. 1 EG-Vertrag „... sind staatliche oder aus staatlichen Mitteln gewährte Beihilfen gleich welcher Art, die durch die Begünstigung bestimmter Unternehmen oder Produktionszweige den Wettbewerb verfälschen oder zu verfälschen drohen, mit dem Gemeinsamen Markt unvereinbar, soweit sie den Handel zwischen Mitgliedstaaten beeinträchtigen."[33] Das Verbot staatlicher oder quasi-staatlicher Beihilfen gilt jedoch nicht ohne Einschränkung, da einzelne Subventionen gemäß Art. 87 Abs. 2 EGV mit dem Gemeinsamen Markt vereinbar sind bzw. nach Art. 87 Abs. 3 EGV als mit ihm vereinbar angesehen werden können[34]. Das grundsätzliche Verbot nach Art. 87 Abs. 1 EGV wird durch zwei Gruppen von Ausnahmetatbeständen gelockert: die sogenannten Legalausnahmen (Art. 87 Abs. 2 EGV) sowie die sogenannten Fakultativausnahmen (Art. 87 Abs. 3 EGV). Im Falle einer Legalausnahme, deren Ausnahmetatbestände „grundsätzlich eng zu interpretieren"[35] sind, kann der Mitgliedstaat seine politischen Vorstellungen autonom umsetzen, während er im anderen Fall von der Ermessensentscheidung der Kommission abhängt[36].

Für Deutschland ist diese Unterscheidung von besonderer Relevanz, weil seinen Problemen eine spezielle Bestimmung gewidmet ist: Art. 87 Abs. 2 lit. c) EGV erlaubt „Beihilfen für die Wirtschaft bestimmter, durch die Teilung Deutschlands betroffener Gebiete der Bundesrepublik Deutschland, soweit sie zum Ausgleich der durch die Teilung verursachten wirtschaftlichen Nachteile erforderlich sind."[37] Diese Regelung hatte 1957 Ein-

---

32 Vgl. auch *Schneider* 1999, S. 46 f.

33 Noch ausdrücklicher untersagt Art. 4 lit. c EGKS-Vertrag staatliche Subventionen „... in welcher Form dies auch immer geschieht." Art. 95 EGKSV eröffnet der Kommission dagegen die Möglichkeit, in genau definierten Fällen ausnahmsweise Beihilfen zuzulassen; ausführlich zum Beihilfeverfahren vgl. *Klingbeil* 1998.

34 *Koenig/Kühling* (2000, S. 1065) sprechen von einem „präventivem Verbot mit Genehmigungsvorbehalt".

35 *Schweda* 2000, S. 62.

36 Vgl. *Rawlinson* 1999, S. 871 ff.; vgl. auch *Falkenkötter* 1996, S. 2690.

37 Zu Entstehung, Ausgestaltung und Interpretation dieser Regelung vgl. *Vogt* 2000, S. 61 f.; *Uerpmann* 1998, S. 227 ff.; *Kruse* 1998, S. 230 ff.; *Schütz* 1994, S. 97 ff.

gang in die Gründungsverträge gefunden, um eine Begründung für die sogenannte Zonenrandgebiets- und Berlinförderung sowie für die zusätzliche Unterstützung des wieder in das Bundesgebiet eingegliederten Saarlandes zu geben. Nach der Wiederherstellung der staatlichen Einheit Deutschlands wurden Stimmen einiger Mitgliedstaaten laut, die die Vertragsbestimmung für überholt ansahen. In den Verhandlungen um den Maastrichter Vertrag war dieser Vertragspassus im ursprünglichen Vorschlag der Luxemburger Präsidentschaft nicht mehr enthalten. Auf dem vorbereitenden Außenministertreffen in Nordwijk am 4.11.1991 wurde diese Bestimmung auf deutsches Betreiben jedoch wieder in den Vertragstext aufgenommen, „und zwar ohne zeitliche oder räumliche Einschränkung."[38] Die Kommission hat bisher allerdings nur in zwei Fällen auf der Grundlage von Art. 92 Abs. 2 lit. c) entschieden: Im Jahre 1992 stimmte sie einem subventionierten Grundstückskauf der Daimler-Benz-AG am Potsdamer Platz zu[39]. In einem weiteren Verfahren gewährte die Kommission 1994 teilungsbedingte Beihilfen für das an der Grenze zu Thüringen liegende bayerische Tettnau - übergangsweise bis 1996[40]. In allen anderen Fällen hat die Kommission jedoch „... ein Heranziehen der Teilungsklausel stets vermieden."[41]

Bestimmte Beihilfen können nach Art. 87 Abs. 3 EGV von der Kommission als mit dem Gemeinsamen Markt vereinbar erklärt werden. Hierunter fallen staatliche Programme zur Förderung der wirtschaftlichen Entwicklung in Gebieten, die eine außergewöhnlich niedrige Lebenshaltung und/oder eine erhebliche Unterbeschäftigung aufweisen („Regionalbeihilfen" nach Art. 87 Abs. 3 lit. a EGV). Weiterhin können Beihilfen dann genehmigungsfähig sein, wenn eine beträchtliche Störung im Wirtschaftsleben eines Mitgliedstaates eingetreten ist oder die Förderung wichtiger Vorhaben von gemeinsamem europäischen Interesse zum Ziel hat (Art. 87 Abs. 3 lit. b EGV). Einzelne Branchen oder Wirtschaftsräume sind ebenfalls potentiell förderfähig, soweit die jeweiligen Förderungen die Rahmenbedingungen des Handels nicht wettbewerbswidrig beeinflussen („Regional- und/oder Sektoralbeihilfen" nach Art. 87 Abs. 3 lit. c EGV). Bei der Auslegung dieser Vorschrift besitzt die Kommission weiten Ermessensspielraum. Über die

---

38 *Schütterle* 1994, S. 716. Lakonischer Kommentar eines Kommissionsbeamten: „Wir wollten die Regelung heraus haben, aber Vertragsänderungen setzen nun mal Einstimmigkeit voraus." Gesprächsprotokoll EU 4.

39 Vgl. Entscheidung vom 14.4.1992, ABl. L 263 vom 9.9.1992, S. 15 ff.; vgl. auch *Hobe* 2000, S. 40.

40 Vgl. *Uerpmann* 1998, S. 228; *Schütterle* 1994, S. 716.

41 *Kruse* 1998, S. 229; vgl. auch *Dohms* 1999, S. 230; zum Fall VW-Sachsen vgl. Abschnitt 5.5.

dabei angewandten Prüfungsgrundsätze und -methoden hat sie die Mitgliedstaaten mehrfach durch Mitteilungen unterrichtet[42]. Nach Art. 87 Abs. 3 lit. d EGV können Beihilfen zur Förderung der Kultur bzw. zur Erhaltung des kulturellen Erbes als mit dem Gemeinsamen Markt vereinbar angesehen werden. In Art. 87 Abs. 3 lit. e EGV wird dem Rat die Möglichkeit eröffnet, auf Vorschlag der Kommission mit qualifizierter Mehrheit sonstige Arten von Beihilfen als binnenmarktkonform zu erklären[43].

Die Mitgliedstaaten sind nach Art. 88 Abs. 3 EGV verpflichtet, die Kommission vor jeder beabsichtigten Einführung neuer bzw. vor der Umgestaltung bereits bestehender Beihilferegelungen so rechtzeitig zu unterrichten, daß ihr genügend Zeit verbleibt, sich dazu zu äußern. Nach Einschätzung eines Experten ist die Regelung des Art. 88 EGV „etwas unübersichtlich und läßt einige Verfahrensfragen offen."[44] Die sich ständig weiter ausdifferenzierende Rechtsprechung des EuGH sowie die „verästelte Kommissionspraxis"[45] vermochten es bisher letztlich nicht Rechtssicherheit zu schaffen[46]. Aus diesem Grund hat der Rat am 22.3.1999 eine umfassende Verfahrensordnung verabschiedet[47], die am 16.4.1999 in Kraft getreten ist und seitdem die Regelungen des Art. 88 EG-Vertrag ergänzt. Nachfolgend werden die wichtigsten Eckpunkte des Beihilfekontrollverfahrens beschrieben[48].

Ohne Einleitung des Prüfverfahrens besteht für die Kommission zunächst die Möglichkeit, keine Einwände gegen eine durch den Mitgliedstaat angemeldete Maßnahme zu erheben, weil es sich entweder gar nicht um eine Beihilfe handelt oder weil keine Zweifel an ihrer Binnenmarktkonformität bestehen. Wenn die Kommission jedoch Zweifel an der Vereinbarkeit

---

42 Vgl. Leitlinien für staatliche Beihilfen mit regionaler Zielsetzung, ABl. C 74 vom 10.3.1998, S. 9 ff. Diese Leitlinien ersetzen acht vorangegangene Mitteilungen der Kommission auf dem Gebiet staatlicher Beihilfen.

43 Diese Möglichkeit wurde bisher jedoch nur einmal - im Bereich Schiffbau - genutzt; vgl. *Hobe* 2000, S. 23.

44 *Dohms* 1999, S. 233.

45 *Schneider* 1999, S. 43.

46 Vgl. *Dohms* 1999, S. 233.

47 VO des Rates 659/1999 über besondere Vorschriften für die Anwendung von Art. 93 EG-Vertrag, ABl. L 83 vom 27.3.1999, S. 1 ff.; basierend auf dem Kommissionsvorschlag KOM (98) 73 endg., ABl. C 116 vom 16.4.1998, S. 13 ff.; vgl. dazu *Sinnaeve* 1998, S. 268 ff.

48 Zu einer Kurzdarstellung des Genehmigungsverfahrens (Notifizierung) vgl. Kommission 2000, S. 10.

der betreffenden Beihilfe mit den Regelungen des Gemeinsamen Marktes hat oder aus anderen Gründen noch weitere Informationen benötigt, richtet sie ein Auskunftsersuchen an den jeweiligen Mitgliedstaat, der seinerseits zur Kooperation verpflichtet ist. Am Ende der sogenannten Vorprüfung kann eine Genehmigung der betroffenen Beihilfe stehen. In der überwiegenden Zahl der Fälle kommt die zuständige Generaldirektion zu diesem Ergebnis - allerdings mit abnehmender Tendenz: 1996 war es noch bei 79 % aller Überprüfungen; 1997 bei 77 %; 1998 nur bei noch 67 % der Fall[49].

Hat die Kommission Bedenken hinsichtlich der Vereinbarkeit der angemeldeten Maßnahme, so gibt sie eine Empfehlung an den Mitgliedstaat, die Beihilfe umzugestalten bzw. gänzlich aufzuheben. Kommt der Mitgliedstaat dieser Empfehlung nicht nach, kann die Kommission das Hauptprüfverfahren nach Art. 88 Abs. 2 EG-Vertrag einleiten. Zweck dieses Verfahrens ist es, zusätzliche Informationen durch (nochmalige) Stellungnahmen aller Beteiligten sowie durch Auskünfte Dritter zu erhalten. Aus diesem Grund wird die Entscheidung zur Verfahrenseröffnung im Amtsblatt der EG veröffentlicht - mit der Aufforderung verbunden, Kommentare zu der beabsichtigten Beihilfegewährung abzugeben. Mit den „Beteiligten" sind dabei nicht nur die Unternehmen gemeint, die begünstigt werden sollen, sondern auch andere (konkurrierende) Unternehmen oder Verbände, die von der Beihilfe beeinträchtigt werden könnten. Die Frist zur Äußerung wird dabei i. d. R. auf einen Monat festgesetzt. Nach Abschluß des Verfahrens kommt die Kommission zu der verbindlichen Entscheidung, daß die Beihilfe entweder genehmigt wird oder „... daß der betreffende Staat sie binnen einer von ihr bestimmten Frist aufzuheben oder umzugestalten hat" (Art. 88 Abs. 2 EGV). Erst nachdem die Kommission abschließend entschieden hat, darf der Mitgliedstaat beihilfegewährend tätig werden[50]. Einen „Spezialfall" stellt die Untätigkeit der Kommission dar: Äußert sie sich innerhalb einer Prüffrist von i. d. R. zwei Monaten[51] nicht, so darf der Mitgliedstaat das Beihilfeverfahren durchführen - allerdings erst, nachdem er die Kommission hiervon förmlich in Kenntnis gesetzt hat[52]. Nicht genehmigte Beihilfen

49 Angaben nach *Dohms* 1999, S. 234.

50 Zur Genehmigungspraxis durch die Kommission vgl. *Rawlinson* 1999, S. 875 ff.; *Rosenstock* 1995, S. 79 ff.

51 Für KMU-Beihilferegelungen und die Änderung bereits notifizierter Programme wurde ein beschleunigtes Verfahren eingeführt, wonach die Kommissionsentscheidung innerhalb von 20 Arbeitstagen erfolgen soll; vgl. ABl. C 213 vom 19.8.1992, S. 10 ff.

52 *Rawlinson* (1999, S. 894) dazu: „In äußerst geringfügigen Fällen hat die Kommission gelegentlich die Prüffrist bewußt ohne Reaktion verstreichen lassen".

müssen auf Verlangen der Kommission zurückgezahlt werden. Dabei gilt, daß Beihilfen, die nicht ordnungsgemäß notifiziert wurden, auch nicht durch spätere Bewilligung „nachträglich“ regularisiert werden können. Die Rückforderung unrechtmäßig gewährter oder mißbräuchlich verwendeter Beihilfen obliegt dem Mitgliedstaat. Sowohl der beihilfegewährende Mitgliedstaat als auch das (oder die) begünstigte(n) Unternehmen können gegen die Kommissionsentscheidung nach Art. 230 EG-Vertrag vor dem EuGH Klage einreichen (Unternehmen zum Gericht erster Instanz, Mitgliedstaaten zum EuGH). Eine solche Klage hat nach Art. 242 EG-Vertrag keine aufschiebende Wirkung. Jedoch können EuGH bzw. das Gericht erster Instanz auf Antrag die Durchführung der angefochtenen Kommissionsentscheidung aussetzen.

Rat und Kommission haben auf der Grundlage von Artt. 87-89 EG-Vertrag bzw. Art. 95 EGKS-Vertrag eine Reihe von Entscheidungen getroffen, die eine Gewährung von Subventionen an bestimmte Branchen untersagen. Ausnahmen von diesem generellen Verbot werden an die Vorabgenehmigung jedes Einzelvorhabens geknüpft. So existiert in bezug auf die Eisen- und Stahlindustrie beispielsweise ein generelles Beihilfeverbot, das nur durch wenige Ausnahmen[53] aufgelockert wird. Ähnliches gilt für den Werftsektor[54], für die Kraftfahrzeugindustrie[55] oder die Kunstfaserbranche[56]. Eine Ausnahme stellt die sogenannte „de minimis“-Regelung dar, nach der die Kommission Beihilfen mit geringer Bedeutung von der Anmeldepflicht freistellt. Danach sind Einzelbeihilfen oder Beihilfeprogramme, die eine Gesamthöhe von 100.000 ECU[57] innerhalb von drei Jahren nicht übersteigen, von der Notifizierungspflicht ausgenommen.

Außerdem entwickelte die Kommission in Kooperation mit den Mitgliedstaaten Leitlinien und einheitliche Grundsätze für die Bewertung von

---

53 U. a. für das Gebiet der neuen Bundesländer; vgl. Entscheidung Nr. 3855/91/EGKS der Kommission vom 27.11.1991, ABl. L 362 vom 31.12.1991, S. 57 ff.

54 Vgl. Verordnung 1540/98 vom 29.6.1998 zur Neuregelung der Beihilfen im Schiffbau 1.1.1999 - 31.12.2003, ABl. L 202 vom 18.7.1998, S. 1 ff.

55 Bei einem Kostenaufwand von mehr als 50 Mio. ECU, bzw. über 5 Mio. ECU an staatlichen Beihilfen; vgl. Gemeinschaftsrahmen, ABl. C 279 vom 15.9.1997, S. 1 ff.

56 Vgl. Gemeinschaftsrahmen für Beihilfen zugunsten der Kunstfaserindustrie, ABl. C 94 vom 30.3.1996, S. 11 f.

57 Bis 1996 betrug dieser Wert 50.000 ECU. Die Regelung geht auf den Gemeinschaftsrahmen für KMU-Beihilfen zurück, gilt inzwischen aber für Unternehmen aller Größenordnungen; vgl. ABl. C 68 vom 6.3.1996, S. 9 f.

sogenannten horizontalen Beihilfesystemen[58]. Dabei handelt es sich um Rahmenregelungen, die als Gemeinschaftsrahmen, Leitlinien oder Kodizes bezeichnet werden[59]. Derartige Regelwerke sind „keine Rechtsvorschriften im strengen Sinne“[60], sondern sie dienen der Kommission als Maßstab bei der Auslegung der Klauseln des Art. 92 Abs. 3 EG-Vertrag. Gleichzeitig geben sie den Mitgliedstaaten und Unternehmen einen Leitfaden für die Gestaltung von genehmigungsfähigen Beihilfemaßnahmen. Solche Vorschriften bestehen für Beihilfen zugunsten von KMU[61], Umweltschutzmaßnahmen[62], Forschung und Entwicklung[63], Unternehmen in benachteiligten Stadtvierteln[64], bei Rettungs- und Umstrukturierungsbeihilfen für Unternehmen in Schwierigkeiten[65] sowie in dem Bereich Beschäftigung[66] und Ausbildung[67]. Deren Vorgaben sind zu beachten, wenn auf nationaler oder subnationaler Ebene Fördermittel für die Unterstützung bestimmter Branchen oder Zielgruppen vergeben werden sollen. In der Literatur sind jedoch

---

58 „Horizontale“ Systeme beziehen sich auf bestimmte Arten von Beihilfen, mit deren Hilfe Probleme gelöst werden sollen, die sich in allen Branchen und Regionen stellen können. Sie könnten deshalb auch „überregional“ oder „sektorübergreifend“ genannt werden.

59 Vgl. *Schweda* 2000, S. 240 ff.; vgl. auch *Schütterle* 1995, S. 393 f.; *Diehm* 1998, S. 54 f.

60 *Held* 2000, S. 7.

61 Vgl. die entsprechende Rahmenregelung in ABl. C 213 vom 23.7.1996, S. 4 ff. Nach einer Empfehlung der Kommission vom 3.4.1996 (ABl. L 107 v. 30.4.1996, S. 4 ff.) sind alle Betriebe als KMU zu definieren, die: a) maximal 250 Personen beschäftigen; b) einen Jahresumsatz von höchstens 40 Mio. Euro oder eine Jahresbilanzsumme von höchstens 27 Mio. Euro ausweisen; c) unabhängig sind, d. h. maximal 25 % ihres Kapitals bzw. ihrer Stimmrechte dürfen Eigentum von Unternehmen sein, die selbst keine KMU sind; vgl. auch *Dohms* 1999, S. 216.

62 Vgl. Gemeinschaftsrahmen (GR) für staatliche Umweltschutzbeihilfen, ABl. C 72 vom 10.3.1994, S. 3 ff.

63 Vgl. GR für staatliche Forschungs- und Entwicklungsbeihilfen, ABl. C 45 vom 17.2.1996, S. 5 ff.

64 Vgl. GR für Beihilfen an Unternehmen in benachteiligten Stadtvierteln, ABl. C 146 vom 14.5.1997, S. 6 ff.

65 Vgl. Leitlinien für die Beurteilung von staatlichen Beihilfen zur Rettung und Umstrukturierung von Unternehmen in Schwierigkeiten, ABl. C 368 vom 23.12.1998, S. 3 ff.

66 Vgl. Leitlinien für Beschäftigungsbeihilfen, ABl. C 334 vom 12.12.1995, S. 4 ff.

67 Vgl. Gemeinschaftsrahmen für Ausbildungsbeihilfen, ABl. C 343 vom 11.11.1998, S. 10 ff.

sowohl die normative Grundlage solcher Gemeinschaftsrahmen und Leitlinien als auch die von ihnen ausgehende Bindungswirkung nicht abschließend geklärt[68]. Desweiteren ist es der Kommission seit kurzer Zeit möglich, Gruppenfreistellungsverordnungen zu erlassen[69]. Ebenfalls von der Pflicht zur Einzelgenehmigung freigestellt werden können „Beihilfen im Einklang mit den von der Kommission für jeden Mitgliedstaat zur Gewährung von Regionalbeihilfen genehmigten Fördergebieten."[70]

Der Regelungsanspruch der Kommission im Bereich der Beihilfenkontrolle wird durch die grundsätzlichen Probleme mangelnder Transparenz und fehlender Rechtssicherheit sowie durch die erheblichen Interessenunterschiede zwischen Kommission und Mitgliedstaaten relativiert[71]. Erstens bewegen sich die nationalen Beihilfen nach Zahl und Umfang in den letzten Jahren auf einem nahezu unverändert hohen Niveau, das in einigen Branchen bereits zu einer Überkomplexität des Regelwerkes und der damit verbundenen Gefahr eines Kontrollverlusts geführt hat[72]. Zum zweiten muß festgestellt werden, daß das Verhalten der nationalen und subnationalen Akteure in bezug auf staatliche Förderung nicht unbedingt von einem Streben nach Transparenz geprägt ist: „Die Fähigkeit und die Neigung einiger Mitgliedstaaten zu einer korrekten Berichterstattung sind zu gering."[73] Zwar versucht die EU-Kommission schon seit Jahren durch verstärkte Anstrengungen, größere Transparenz in der Förderpolitik zu erreichen. Dem steht jedoch in einigen Branchen eine nur ungenügende Datenbasis gegenüber. So liegen z. B. für den Bereich Landwirtschaft bei acht von zwölf Mitgliedstaaten für den Zeitraum 1992-94 keine vergleichbaren Daten vor[74].

---

68 Diese Problematik soll hier nicht weiter vertieft werden. Vgl. stellvertretend *Hobe* 2000, S. 32 ff.; vgl. auch *Schneider* 1999, S. 43.

69 Dies gilt „... für bestimmte Beihilfetypen, die nicht zwingend einer Einzelfallprüfung durch die Kommission bedürfen"; *Lübbig* 1999, S. 249. Ermächtigungsgrundlage ist die VO 994/98 des Rates vom 7. Mai 1998, ABl. L 142 vom 14.5.1998, S. 1 ff.; vgl. *Schweda* 2000, S. 195 ff.; *Dohms* 1999, S. 235 f., *Schneider* 1999, S. 47 ff.

70 Art. 1 Abs. 1 lit b) der VO Nr. 994/98 des Rates vom 7. Mai 1998, ABl. L 142 vom 14.5.1998, S. 2.

71 Vgl. *Schneider* 1999, S. 44.

72 Einen Überblick über die Finanzierungshilfen des Bundes, der Länder und der internationalen Institutionen für den Bereich der gewerblichen Wirtschaft in Deutschland bietet *Winkler-Otto* 1999.

73 So jedenfalls die Einschätzung von *Nagel* 1998, S. 153.

74 Vgl. Kommission 1997c, S. 29.

Außerdem kontrastiert die starke Rechtsstellung der Kommission mit der relativen Durchsetzungsschwäche ihrer Entscheidungen[75]. Diese ergibt sich aus der Ermangelung eines eigenen Verwaltungsunterbaus in den Mitgliedstaaten, die ihrerseits nach Art. 88 Abs. 2 EG-Vertrag angestrengte Urteile des EuGH gemäß ihrer aus Art. 10 EG-Vertrag resultierenden Loyalitätspflicht „gegen sich selbst" vollstrecken müssen. Nicht nur die unrechtmäßige Leistung von Beihilfen, sondern auch Fälle bestimmungswidriger Verwendung von Fördermitteln, wie z. B. der Skandal um den Bremer Vulkan, haben in der Vergangenheit zu einer gewissen Diskreditierung der europäischen Beihilfenpolitik beigetragen. Angesichts dieser Praxis ist ein Vollzugsdefizit zwar nicht ersichtlich, wenngleich die Rückforderung unrechtmäßig gezahlter Beihilfe sowie die strafrechtliche Sanktionierung aufgrund der Ausschöpfung nationaler Rechtsschutzmöglichkeiten mehrere Jahre dauern kann. Neben der Verpflichtung zur Notifizierung ganzer Programme, z. B. des GRW-Rahmenplans, besteht die gemeinschaftsrechtliche Pflicht zur separaten Anmeldung bestimmter Einzelförderungen, wenn[76]:

- die Fördermaßnahme über den Rahmen bereits genehmigter Programme hinausgeht;
- eine bestimmte Beihilfenhöhe oder -intensität überschritten wird;
- die Förderung in einem wettbewerbspolitisch sensiblen Bereich erfolgen soll.

Um die teilweise Versagung einer derartigen Einzelfallgenehmigung und die anschließende gerichtliche Auseinandersetzung soll es im nachfolgenden Fallbeispiel gehen.

5.5 Fallstudie I: VW-Beihilfe im Freistaat Sachsen

Die in die neuen Länder fließenden staatlichen Fördermittel werden von der zuständigen Generaldirektion als Beihilfen zur Förderung der wirtschaftlichen Entwicklung von Gebieten mit außergewöhnlich niedriger Lebenshaltung oder erheblicher Unterbeschäftigung behandelt und somit nach Art. 87 Abs. 3 lit. a EG-Vertrag geprüft. Bis Ende 1995 wurden dabei aufgrund der ostdeutschen Sondersituation weniger strenge Verfahren bzw. Beurteilungskriterien angewandt, insbesondere durch Dispense von der Notifizierungspflicht. Seit 1996 gelten auch für die neuen Länder grundsätzlich die allge-

75 Vgl. *Vogt* 2000, S. 130 f.

76 Vgl. auch Gesprächsprotokoll EU 8, 2. Teil.

mein verbindlichen Regelungen. Dadurch stieg zwangsläufig die Zahl der Anmeldungen zur Notifizierung, insbesondere in dem noch nicht abgeschlossenen Bereich der (Unternehmens-)Privatisierungen. Aus diesem Grund wurde bei der zuständigen Generaldirektion Anfang 1996 eine „Task Force" für die neuen Länder eingerichtet. Nach eigener Darstellung schenkt die Kommission den Problemen der ostdeutschen Länder nach wie vor besondere Beachtung[77]. Beispielsweise werden Rettungs- und Umstrukturierungsbeihilfen in Ostdeutschland insofern gesondert behandelt, als das sogenannte „Einmal-Prinzip", wonach derartige Zuschüsse einem Unternehmen nur einmal gewährt werden dürfen, erst ab dem 1.1.1996 gilt, d. h. vor diesem Datum gezahlte Beihilfen werden nicht angerechnet. Das Verständnis der Kommission für die Spezifika des wirtschaftlichen Aufbaus in den neuen Ländern hat jedoch Grenzen, wie nachfolgend zu zeigen sein wird.

5.5.1 Zur Vorgeschichte

Die Pkw-Produktion konzentrierte sich in der DDR auf die Standorte Zwickau/Mosel (Trabant), Chemnitz (Barkas) und Eisenach (Wartburg). Bereits im Zuge der Herstellung der Wirtschafts- und Währungsunion zwischen den beiden deutschen Staaten[78] zeigte sich, daß die technologisch veralteten Produkte nicht mehr konkurrenzfähig sein würden. Gleichzeitig wurde erkennbar, daß in den neuen Ländern - und perspektivisch auch in den MOE-Staaten - ein großes Marktpotential für nach westlichen Standards gebaute Fahrzeuge bestand. Aus diesem Grund plante die Volkswagen AG, ihre Produktionskapazitäten in Ostdeutschland durch Neuinvestitionen oder durch die Übernahme und Modernisierung bestehender Standorte auszuweiten, um auf diese Weise Kostenvorteile nutzen zu können und sich gleichzeitig in größerer Nähe zu den neuen Absatzmärkten zu befinden[79]. Unterstützt wurden diese Ansiedlungspläne durch Zusagen der Bundesregierung, der Landesregierung des Freistaats Sachsen sowie der Treuhandanstalt, die dem VW-Konzern bei einem Engagement umfangreiche Fördermittel bzw. Verlustübernahmen in Aussicht stellten.

Vor diesem Hintergrund traf VW die Entscheidung, in einer ersten Etappe in die bereits bestehenden Produktionsstätten in Mosel und Chemnitz

---

77 1998 bezogen sich rund 70 % aller deutschen Beihilfefälle auf die neuen Länder; vgl. *Dohms* 1999, S. 230.

78 Am 1. Juli 1990, also noch vor der Wiederherstellung der staatlichen Einheit am 3. Oktober 1990.

79 Zu weiteren Details der Ansiedlung von VW in Sachsen vgl. *Waniek* 1996, S. 466.

zu investieren, um diese Werke für den Motorenbau sowie die Endmontage der Modelle Polo und Golf umzurüsten. Den so entstehenden Standorten Mosel I und Chemnitz I sollten in einem zweiten Schritt zwei völlig neue Werke (Mosel II und Chemnitz II) folgen. Das Vorhaben mit einer geplanten Gesamtinvestitionssumme von rund 4 Mrd. DM sollte ursprünglich Ende 1994 abgeschlossen sein. Die 1993 beginnende Krise in der Automobilindustrie veranlaßte die Volkswagen AG jedoch, ihre Pläne zu ändern und die Fertigstellung der zweiten Ausbaustufe auf Ende 1997 zu verschieben[80]. Damit verbunden war eine Drosselung der Produktionskapazität von avisierten 1.200 Einheiten auf 750 Fahrzeuge pro Tag sowie eine Senkung der Investitionssumme um rund eine halbe Milliarde Mark. Um die verbleibenden gut 3,5 Mrd. DM aufbringen zu können, beantragte der VW-Konzern Investitionszuschüsse im Rahmen der GRW, Sonderabschreibungen nach dem Fördergebietsgesetz[81] sowie Zulagen nach dem Investitionszulagengesetz[82]. Die zuständigen nationalen Behörden bewilligten auf der Grundlage dieser Anträge Beihilfen in einer Höhe von insgesamt mehr als 1,4 Mrd. DM für den Zeitraum 1991-97.

5.5.2 Die Kommissionsentscheidungen vom 27. Juli 1994 und 26. Juni 1996

In Ausfüllung ihrer Kontroll- und Aufsichtsfunktion zur Sicherung des freien Wettbewerbs im Gemeinsamen Markt traf die Kommission am 27. Juli 1994 eine erste Entscheidung „über Beihilfen für Investitionen des Volkswagen-Konzerns in den neuen Bundesländern“[83]. Von den in der ersten Ausbaustufe durch die nationalen Behörden genehmigten 687 Mio. DM an Beihilfen hielt sie 578 Mio. DM für vereinbar mit dem Gemeinsamen Markt und 109 Mio. DM für unvereinbar[84]. Nach Meinung der Kommission sollte

---

80 Dazu entschloß sich Volkswagen am 13.1.1993; zum Verfahrensablauf vgl. Kommissionsentscheidung vom 27. Juli 1994, ABl. L 385 vom 31.12.1994, S. 5 f.

81 Gesetz über Sonderabschreibungen und Abzugsbeiträge, geschaffen durch Art. 6 des Steueränderungsgesetzes vom 24.6.1991, BGBl. I S. 1322 ff.; amtliche Begründung, BT-Drs. 12/219, S. 39 f.; vgl. *Schütz* 1994, S. 37 f.

82 Nach Art. 7 des Steueränderungsgesetzes vom 24.6.1991, BGBl. I S. 1322 ff.; vgl. BT-Drs. 12/219, S. 40 f.

83 Entscheidung 94/1068/EG, ABl. L 385 vom 31.12.1994, S. 1 ff.

84 Vereinbar waren demnach u. a. eine Verlustübernahme durch die THA für Mosel I in Höhe von 363,1 Mio DM, 59 Mio. DM Verlustübernahme für Chemnitz I sowie 10,55 Mio. DM an Investitionszuschüssen, Sonderabschreibungen und Investiti-

dabei der Ausnahmetatbestand des Art. 92 Abs. 2 lit. c EG-Vertrag a. F. eng ausgelegt werden: „Die Kommission ist der Auffassung, daß die Ausnahmebestimmungen in Artikel 92 Absatz 3 Buchstabe a) und Buchstabe c) EG-Vertrag sowie der Gemeinschaftsrahmen für staatliche Beihilfen an die Kfz-Industrie ausreichen, um die Probleme der neuen Bundesländer zu bewältigen."[85] Die Bundesregierung und der Freistaat Sachsen hatten für eine weite Auslegung des Begriffs „teilungsbedingte Nachteile" gemäß Art. 92 Abs. 2 lit. c EGV a. F. plädiert.

Mit der Entscheidung vom Juli 1994 war der Beihilfefall VW Sachsen erst teilweise abgeschlossen, denn die nationalen Behörden signalisierten ihre Absicht, weitere Regionalbeihilfen für Investitionen in den neu zu errichtenden Fahrzeug- und Motorenwerken des VW-Konzerns in Sachsen zu gewähren (Mosel II und Chemnitz II)[86]. Mitte des Jahres hatten die deutschen Behörden zugesagt, daß die endgültigen Investitionspläne von VW für die neuen Werke bis Ende 1994 vorliegen würden. Durch verschiedene Gründe wurde deren Fertigstellung jedoch immer wieder verzögert, so daß sich die Kommission nach mehreren Mahnschreiben[87] und Gesprächen im ersten Halbjahr 1996 gezwungen sah, von Deutschland die schnellstmögliche Übermittlung der noch ausstehenden Informationen zu dem Investitionsvorhaben in Sachsen zu verlangen, um eine abschließende Entscheidung

---

onszulagen für die Zylinderkopf-Fertigung in Eisenach. Unvereinbar mit den Bestimmungen des Gemeinsamen Marktes waren nach Ansicht der Kommission dagegen 67 Mio. DM an zusätzlichem Verlustausgleich für Mosel I, 21,6 Mio. DM weiterer Investitionshilfen sowie 20,5 Mio. DM an geplanten Zinszahlungen seitens der THA; vgl. ABl. L 385 vom 31.12.1994, S. 13. Daß es bei staatlichen Beihilfen um z. T. noch viel höhere Beträge gehen konnte, zeigt die Entscheidung der Kommission vom 29.5.1996 über Beihilfevorhaben zugunsten der Leuna-Werke GmbH et al. Als vereinbar mit dem Gemeinsamen Markt wurden hier u. a. angesehen: 2.988 Mio. DM als cash-flow-Ausgleich, 2.974 Mio. DM als Investitionsbeihilfe, 1.467 Mio. DM für Schuldendienste sowie bis zu 1 Mrd. DM für die Beseitigung von Umweltschäden; vgl. ABl. L 239 vom 19.9.1996, S. 1 ff. (S. 22).

85 ABl. L 385 vom 31.12.1994, S. 9. *Schütterle* (1994, S. 715 ff.) nennt die Begründung der Kommission „wenig überzeugend"; vgl. ebenso *Vogt* 2000, S. 83 ff.

86 Daß Deutschland in dem Bereich der Kfz-Beihilfen überdurchschnittlich aktiv ist, belegt der 7. Bericht der Kommission über staatliche Beihilfen. Die Statistik weist u. a. aus, daß von gemeinschaftsweit notifizierten Beihilfen in Höhe von 810 Mio. Euro im Jahre 1996 allein 340 Mio. Euro auf Deutschland entfielen; vgl. Kommission 1999, S. 23.

87 Vgl. Entscheidung der Kommission vom 31. Oktober 1995, mit der der deutschen Regierung auferlegt wird, alle Unterlagen, Informationen und Daten über die Neuinvestitionsvorhaben der Volkswagen-Gruppe in den neuen Bundesländern und über die zu gewährenden Beihilfen zu übermitteln, ABl. L 53 vom 2.3.1996, S. 50 f.

treffen zu können. Zu diesem Zeitpunkt waren bereits 371,4 Mio. DM Investitionszuschüsse und -zulagen an VW gezahlt worden. Dies stellte nach Ansicht der Kommission einen Verstoß gegen die Bestimmungen des Art. 93 Abs. 3 EG-Vertrag a. F. (Notifizierungspflicht) dar. Die Beihilfezahlungen waren nach ihrer Meinung somit unrechtmäßig erfolgt.

Die Argumentation der Bundesregierung in bezug auf die Vereinbarkeit der staatlichen Beihilfemaßnahmen mit den Bestimmungen des Gemeinsamen Marktes stützte sich - wie schon 1993 vor der ersten Kommissionsentscheidung - auf folgende Überlegungen[88]:

1. Trotz der inzwischen vollzogenen staatlichen Einheit haben die neuen Länder noch immer in starkem Maße unter den Folgen der Teilung zu leiden. Aus diesem Grund sei Art. 92 Abs. 2 lit. c) EG-Vertrag a. F. Rechtsgrundlage für die Prüfung der Vereinbarkeit der Beihilfen mit dem Gemeinsamen Markt. Wenn die Kommission diese Auffassung teilte, wären alle anderen Bewertungskriterien, insbesondere diejenigen des Gemeinschaftsrahmens für die Kfz-Industrie[89], nicht auf den vorliegenden Fall anzuwenden.
2. Nach mittlerweile vorliegenden Statistiken sei Ostdeutschland komplett als Ziel 1-Gebiet einzustufen. Es eröffnet sich somit die Möglichkeit, nach den Bestimmungen des Art. 92 Abs. 3 lit. a) EGV a. F. (Gebiete mit außergewöhnlich niedriger Lebenshaltung) Beihilfen bis zu der maximal möglichen Höchstförderung zu gewähren.
3. Eine weitere Rechtsgrundlage für die Gewährung staatlicher Beihilfen könnte Art. 92 Abs. 3 lit. b) EGV a. F. ein, wenn davon ausgegangen wird, daß die Transformation einer staatlichen Zentralverwaltungswirtschaft in eine soziale Marktwirtschaft mit „einer beträchtlichen Störung im Wirtschaftsleben" Deutschlands verbunden ist.

---

88 Vgl. Entscheidung der Kommission vom 26. Juni 1996, ABl. L 308 vom 29.11.1996, S. 49; vgl. auch *Vogt* 2000, S. 71.

89 Zu den Kriterien des Gemeinschaftsrahmens für die Kfz-Industrie vgl. ABl. C 123 vom 18.5.1989, S. 3 ff. Deutschland hatte diesem Gemeinschaftsrahmen neben Spanien ausdrücklich widersprochen, woraufhin die Kommission ein Hauptprüfverfahren einleitete; vgl. Entscheidung 90/381/EWG der Kommission vom 21.2.1990, ABl. L 188 vom 20.7.1990, S. 55 ff. Die Frage, ob der Gemeinschaftsrahmen nach seiner Verlängerung für den Zeitraum 1.1.1991 bis 31.3.1991 in den neuen Ländern galt, soll an dieser Stelle nicht vertieft werden; vgl. dazu Entscheidung der Kommission vom 26. Juni 1996, ABl. L 308 vom 29.11.1996, S. 46 f.; vgl. auch *Schütterle* 1995, S. 393 f.; *Falkenkötter* 1996, S. 2692.

Bezogen auf die Beihilfen für Mosel II und Chemnitz II stützte sich die Bundesregierung ergänzend auf folgende Argumente:

1. Durch die Streckung der Investitionen gegenüber der ursprünglichen Planung um bis zu drei Jahre bei gleichzeitig verringertem Gesamtumfang sinken die staatlichen Beihilfen ebenfalls in beträchtlichem Maße.

2. Die hohen Beihilfeleistungen seien gerechtfertigt, weil die Bedingungen in den neuen Ländern mit erheblich größeren Kosten als an einem Vergleichsstandort[90] verbunden sind. Höhere Bau- und Lohnkosten schlagen ebenso zu Buche wie strengere Umweltauflagen.

3. Durch die Investitionen entstehen keine neuen Überkapazitäten im Kfz-Bereich, da bereits vorhandene Kapazitäten lediglich durch modernere Produktionsanlagen ersetzt werden und gleichzeitig neue Märkte in Osteuropa erschlossen und bedient werden könnten.

4. VW versuche durch sein Engagement eine leistungsfähige Zulieferindustrie in der Region aufzubauen, was mit erheblichen Sekundäreffekten für den regionalen Arbeitsmarkt verbunden sei[91].

Die Kommission folgte der Argumentation der Bundesregierung nur bedingt und verbot in ihrer Entscheidung vom 26. Juni 1996 einen Teil der Beihilfe für die VW-Werke Mosel II und Chemnitz II als mit den Bestimmungen des Gemeinsamen Marktes unvereinbar: 189,1 Mio. DM in Form von Investitionszuschüssen und 51,67 Mio. DM in Form von Sonderabschreibungen. Nach Art. 92 Abs. 3 lit. c) EG-Vertrag a. F. sah sie dagegen als beihilfefähig an: Investitionszuschüsse bis zu 418,7 Mio. DM sowie Investitionszulagen bis zu 120,4 Mio. DM[92].

---

90 Als Vergleichsstandort wurde eine Investition „auf der grünen Wiese“ in Metz (Frankreich) herangezogen.

91 Tatsächlich gab es Ende 1995 bereits 129 neu gegründete ostdeutsche Unternehmen, die die VW-Werke in Mosel und Chemnitz mit Teilen und Zubehör belieferten.

92 Vgl. Entscheidung der Kommission vom 26. Juni 1996, ABl. L 308 vom 29.11.1996, S. 56 f.

Tabelle: Entscheidungen der EU-Kommission im Fall VW-Beihilfe Sachsen (in Mio. DM)[93]

Begünstigtes Werk	**Höhe der deutschen Bewilligung**	**EU-Kommission: Mit dem Gemeinsamen Markt**	
		vereinbar	**unvereinbar**
Kommissionsentscheidung vom Juli 1994			
Mosel I	592	483	109
Chemnitz I	85	85	0
Eisenach	11	11	0
Summe	688	579	109
Kommissionsentscheidung vom Juni 1996			
Mosel II	639	407	232
Chemnitz II	141	132	9
Summe	780	539	241
Gesamtbeihilfe	1.468	1.118	350
VW-Gesamtinvest.	3.536	3.536	3.536
Beihilfenanteil an VW-Gesamtinvest.	41,5 %	31,6 %	9,9 %

5.5.3 Die Reaktion des Freistaates Sachsen

Die sächsische Landesregierung billigte der Kommissionsentscheidung vom 26.6.1996 keine Sperrwirkung zu[94], sondern setzte die Auszahlung der Fördermittel an die Volkswagen AG zunächst fort. Nach einem Schreiben des

93 Vgl. Entscheidung der Kommission vom 27. Juli 1994 über Beihilfen für Investitionen des Volkswagen-Konzerns in den NBL, ABl. L 385 vom 31.12.1994, S. 1 ff.; vgl. Entscheidung der Kommission vom 26. Juni 1996 über eine Beihilfe an den Volkswagen-Konzern für die Werke in Mosel und Chemnitz, ABl. L 308 vom 29.11.1996, S. 46 ff.; vgl. Sächsische Staatskanzlei 1996, S. 33 ff.; vgl. *Waniek* 1996, S. 467, Tabelle 1.

94 Zu einem entsprechenden Schreiben des Ministerpräsidenten an die Mitglieder der CDU/CSU-Fraktion vom 25.9.1996 vgl. Sächsische Staatskanzlei 1996, S. 87 ff. Zur „Sperrwirkung“ vgl. *Vogt* 2000, S. 95 ff.

VW-Vorstandsvorsitzenden an Ministerpräsident Biedenkopf vom 8. Juli 1996 zahlte der Freistaat im Juli 1996 Investitionszuschüsse in Höhe von 90,7 Mio. DM an den Automobilkonzern. Diese staatlichen Zuschüsse waren in der angefochtenen Entscheidung als mit dem Gemeinsamen Markt unvereinbar erklärt worden. Die Kommission wendete sich ihrerseits gegen die Auszahlung von staatlichen Fördermitteln, obwohl sie die Beihilfegenehmigung teilweise versagt hatte. Durch die von der sächsischen Regierung veranlaßten Zahlungen an die Volkswagen AG, die „... entgegen einer ausdrücklichen Genehmigungsverweigerung durch die Kommission erfolgte(n)“[95], entstand ein zweites Konfliktfeld, da bereits vor der Klärung durch den EuGH gewissermaßen „vollendete Tatsachen“ geschaffen werden sollten. Die Entscheidung der sächsischen Staatsregierung, die Fördermittel trotz des ausdrücklichen Verbots durch die Kommission auszuzahlen, wird in der Literatur übereinstimmend als Verstoß gegen die Bestimmungen der Art. 92 Abs. 1 und 93 Abs. 3 EG-Vertrag a. F. angesehen und ist somit schon „aus formalen Gründen evident rechtswidrig.“[96] Rechtsschutz gegen die Kommissionsentscheidung hätte allein der EuGH gewähren können.

In diesen Streit zwischen Dresden und Brüssel griff die Bundesregierung - als formal gesehen einzig legitimierter deutscher Verhandlungspartner gegenüber der supranationalen Ebene - vermittelnd ein. Nachdem die Kommission mit einer einstweiligen Verfügung des EuGH gedroht hatte, sperrte die Bundesregierung am 4. September 1996 die Auszahlung eines Betrages in Höhe der strittigen Mittel bis zu einer Klärung des Sachverhalts, „... um die wirtschaftlichen und sonstigen Auswirkungen der Angelegenheit zu neutralisieren.“[97] Die Verhandlungen zwischen der Kommission und der Bundesregierung zogen sich über 15 Monate hin. Die Brüsseler Wettbewerbsbehörde blieb bei ihrem Standpunkt, daß die sächsische Landesregierung ohne vorherige Genehmigung Investitionsbeihilfen an die Volkswagen AG ausgezahlt und damit bewußt gegen europäisches Wettbewerbsrecht verstoßen hatte. Die Bundesregierung bestätigte schließlich in einem Schreiben vom 3. November 1997 an die EU-Kommission, daß alle Vorkehrungen getroffen seien, die Entscheidung vom 26. Juni 1996 umzusetzen. Die Volkswagen AG hatte mittlerweile den unrechtmäßig gezahlten Betrag auf ein spezielles Treuhandkonto eingezahlt, auf das nur die deutschen Behörden zugreifen konnten. Die Kommission zog daraufhin ihre beim EuGH anhängige Klage wegen Nichtbeachtung ihrer Entscheidung vom 26.6.1996

95 *Falkenkötter* 1996, S. 2693.

96 *Uerpmann* 1998, S. 227; ebenso vgl. *Schweda* 2000, S. 27 f.

97 *Nass* 1998, S. 104; vgl. auch *Waniek* 1996, S. 468.

zurück[98]. In der Zwischenzeit wurde dem Unternehmen durch die zuständige Generaldirektion eine Regionalbeihilfe in vergleichbarer Größenordnung (98 Mio. DM) für ein Werk in Kassel/Baunatal (Hessen) genehmigt[99].

Abgeschlossen war der Rechtsstreit damit aber noch nicht: Der Freistaat Sachsen, vertreten durch Ministerpräsident Kurt Biedenkopf, und die Volkswagen AG reichten am 26. August 1996 bzw. 13. September 1996 Klagen bei dem Gericht erster Instanz auf teilweise Nichtigerklärung der Entscheidung der Kommission vom 26.6.1996 betreffend Mosel II und Chemnitz II ein[100]. Die Bundesregierung schloß sich dem Standpunkt Sachsens und der VW AG an. Großbritannien unterstützte die Haltung der Kommission. Im weiteren Verlauf des Verfahrens wurden die Bundesrepublik Deutschland und das Vereinigte Königreich als „Streithelfer" zur Unterstützung der Anträge der Kläger bzw. der Beklagten zugelassen. Einer der Hauptangriffspunkte der sächsischen Klage war die lediglich einen Satz umfassende Begründung in der Kommissionsentscheidung: „Der Ausnahmetatbestand von Artikel 92 Absatz 2 Buchstabe c des Vertrages ist eng auszulegen und sollte nicht für Regionalbeihilfen für neue Investitionsprojekte angewendet werden."[101] Nach Ansicht der Klageführer reiche dieser einzige Satz weder in rechtlicher noch in tatsächlicher Hinsicht aus, die Nichtanwendbarkeit der zitierten Vertragsbestimmung zu begründen[102]. In rechtlicher Hinsicht wird auf das Fehlen einer Begründung hingewiesen, die nach Art. 190 EG-Vertrag a. F. bei jedem verbindlichen Rechtsakt erforderlich ist. In tatsächlicher Hinsicht sei der Ausweis einer Neuinvestition nicht nachvollziehbar, weil in der vorangegangenen Entscheidung sowie in den anderen Entscheidungsgründen davon ausgegangen wird, daß es sich in Mosel und Chemnitz um Erweiterungsinvestitionen handelt[103]. Damit sind nach

---

98 Vgl. *Hobe* 2000, S. 42.

99 Vgl. *Nass* 1998, S. 104; vgl. auch Rheinischer Merkur Nr. 24 vom 12.6.1998, S. 17.

100 Genau genommen reichte Sachsen die Klage am 22.8.1996 ein. Vier Tage später erfolgte ihre Registrierung bei dem Gericht erster Instanz. Zum Wortlaut der Klage vgl. Sächsische Staatskanzlei 1996, S. 33 ff. *Falkenkötter* (1996) sieht in dem Streit um die VW-Beihilfen in Sachsen einen Anlaß für die grundsätzliche Klärung der Auslegung von Art. 92 Abs. 2 lit. c) EG-Vertrag a. F.

101 Entscheidung der Kommission vom 26. Juni 1996, ABl. L 308 vom 29.11.1996, S. 52. Eine derartig enge Auslegung der Teilungsklausel ist nach Meinung von *Kruse* (1998, S. 231) „rechtlich nicht nachvollziehbar".

102 Vgl. ebenso *Vogt* 2000, S. 83 ff.

103 Das hat im konkreten Fall die Begrenzung der genehmigten Beihilfen auf maximal 540 Mio. DM zur Folge, da bei einer Erweiterung die Betriebskosten für lediglich

Ansicht der Kläger zwei der in Art. 173 EG-Vertrag a. F. aufgezählten Klagegründe erfüllt: Verstoß gegen Bestimmungen des Vertrages und Verletzung wesentlicher Formvorschriften[104]. Der Freistaat Sachsen strebte mit der Klage eine Aufhebung der Kommissionsentscheidung vom 26.6.1996 an. Außerdem verlangte er, daß die Kommission eine Ausnahmegenehmigung über die volle Höhe der geplanten staatlichen Beihilfen erteilt bzw. erteilen muß. Im übrigen wurde die bereits vorgestellte Argumentation der Bundesregierung zur Begründung der Notwendigkeit staatlicher Beihilfen für Mosel II und Chemnitz II in allen wesentlichen Punkten wiederholt und bekräftigt[105].

Am 15. Dezember 1999, also über drei Jahre nach ihrer Einreichung, wies das Gericht erster Instanz die von der Bundesrepublik Deutschland unterstützten Klagen des Freistaates Sachsen und der VW AG ab[106] und stellte fest, daß die angefochtene Kommissionsentscheidung vom 26.6.1996 dem Gemeinschaftsrecht entspricht. Nach Auffassung des Gerichts dürfe der Ausnahmetatbestand des Art. 92 Abs. 2 lit. c EG-Vertrag a. F. (teilungsbedingte Nachteile) nicht so weit ausgelegt werden, daß auf Grundlage dieser Bestimmung der wirtschaftliche Rückstand der ostdeutschen Länder vollständig anzugleichen sei. Auch könne Art. 92 Abs. 3 lit b EGV a. F. (beträchtliche Störung im Wirtschaftsleben eines Mitgliedstaats) nicht als Rechtsgrundlage für die in Rede stehende Beihilfengewährung herangezogen werden. Die Anwendung dieser Bestimmung beschränke sich auf Fälle, in denen das gesamte Wirtschaftsleben eines Mitgliedstaates beeinträchtigt sei und nicht nur das eines seiner Regionen oder Gebietsteile[107]. Abschließend unterstreicht das EuG den weiten Ermessensspielraum der Kommission bei

drei Jahre angerechnet werden können, wohingegen bei einer Neuinvestition Mehrkosten über einen Zeitraum von bis zu fünf Jahren anrechenbar sind.

104 Den Begründungsmangel der Kommissionsentscheidung nach Art. 190 EGV a. F. rügen übereinstimmend mehrere Autoren; vgl. nur *Falkenkötter* 1996, S. 2691.

105 Vgl. vorangegangener Abschnitt. Auch wird wiederum auf die Ungültigkeit bzw. Nicht-Anwendbarkeit des Gemeinschaftsrahmens für die Kfz-Industrie verwiesen; vgl. Sächsische Staatskanzlei 1996, S. 41 ff.

106 Vgl. Urteil des Gerichts erster Instanz in den verbundenen Rechtssachen T-132/96 und T-143/96 (Freistaat Sachsen, Volkswagen AG und Volkswagen Sachsen GmbH / Kommission); bisher erschienen in: EuZW 4/2000, S. 115 ff., mit Anmerkung *Wernicke*; JZ 5/2000, S. 251 ff., mit Anmerkung *Koenig/Kühling*.

107 Die letzte Genehmigung einer Beihilfe auf der Grundlage von Art. 92 Abs. 3 lit b EGV a. F. erteilte die Kommission im Jahre 1991, als sie staatliche Zuschüsse für ein Privatisierungsprogramm in Griechenland genehmigte; vgl. Urteil des Gerichts erster Instanz vom 15.12.1999 in den verbundenen Rechtssachen T-132/96 und T-143/96, Rn 159.

der Überprüfung und Beurteilung staatlicher Beihilfen. Somit habe die europäische Aufsichtsbehörde in dem vorliegenden Fall bei der Bemessung der Beihilfenhöhe, die die Volkswagen AG für ihre Investitionen in Sachsen in Anspruch nehmen könne, keine Ermessensfehler begangen. Bei dieser Entscheidung sei es außerdem richtig und notwendig gewesen, die bestehenden Überkapazitäten im Bereich der Kfz-Produktion zu berücksichtigen. Es liege letztlich im Gemeinschaftsinteresse, „... die Zahlung eines Teils der streitigen Beihilfen abzulehnen, soweit diese über einen Ausgleich der wirtschaftlichen Nachteile der neuen Bundesländer gegenüber den nicht geförderten Gebieten der Gemeinschaft hinausgingen."[108]

5.5.4 Bewertung

Das EuG bestätigte in seinem Urteil vom 15.12.1999 die Kommissionspraxis einer engen Auslegung der „Teilungsklausel" nach Art. 87 Abs. 2 lit. c EG-Vertrag. Der Entscheidung, die „... einen wichtigen Akzent in der Fortentwicklung des EG-Beihilfenrechts setzt"[109], ist im Ergebnis zuzustimmen, weil es sich bei den Legalausnahmen des Art. 87 Abs. 2 EGV um eng begrenzte Ausnahmefälle, bzw. temporär auftretende Sondersituationen handelt[110]. Den Problemen des wirtschaftlichen Aufbaus in den ostdeutschen Ländern kann im Rahmen der Fakultativausnahmen des Art. 87 Abs. 3 EGV angemessen Rechnung getragen werden. Bei der Genehmigung derartiger Beihilfen hat die Kommission allerdings einen weiten Ermessensspielraum bei der Abwägung zwischen dem Schutz des gemeinschaftsweiten Wettbewerbs und dem berechtigten Wunsch nach wirtschaftlichem (Wieder-)Aufbau in Ostdeutschland[111]. Weitaus kritischer fällt eine Anmerkung aus, die das Urteil als „... bezüglich der Begründungspflicht unzureichend, in seinen Kernaussagen zur Teilungsklausel unausgereift"[112] qualifiziert. Nach dieser Meinung ist auf Grund der genannten Mängel ein Berufungsverfahren vor dem EuGH absehbar.

---

108 Aus der Pressemitteilung der Abteilung Presse und Information des Gerichts Nr. 97/99 vom 15.12.1999, im Internet unter: http://curia.eu.int/de/cp/aff/cp9997de.htm.

109 Anmerkung von *Koenig/Kühling*, in: Juristenzeitung 5/2000, S. 255 ff. (S. 258).

110 „Die Fortgeltung und grundsätzliche Anwendbarkeit" dieser Vorschrift betont dagegen *Vogt* 2000, S. 74.

111 Vgl. *Koenig/Kühling* 2000, S. 1071; vgl. ebenso *Hobe* 2000, S. 43.

112 Anmerkung von *Stephan Wernicke*, in: EuZW 4/2000, S. 127 f. (S. 128).

Das Urteil stellt trotz der Zurückweisung der Klagen einen „Teilerfolg" für Sachsen insofern dar, als die von der Kommission bestrittene Klageberechtigung des Landes bestätigt wird. Damit festigt das EuG seine Rechtsprechung zur Zulässigkeit der Klagen staatlicher Untergliederungen gegen Beihilfeentscheidungen der Kommission, sofern es sich gemäß Art. 230 Abs. 4 EG-Vertrag bei den klagenden Gebietskörperschaften um eigenständige juristische Personen handelt, die von der an den jeweiligen Mitgliedstaat gerichteten Entscheidung unmittelbar und individuell betroffen sind[113]. Zwar handelt es sich hierbei noch nicht um das, insbesondere von den deutschen Ländern immer wieder geforderte, allgemeine Klagerecht für staatliche Untergliederungen, die mit eigenen Gesetzgebungskompetenzen ausgestattet sind. Die Stellung gesetzgebender Regionen wird durch das Urteil in jedem Fall weiter gestärkt.

5.6 Fallstudie II: Der Konflikt über die Abgrenzung des GRW-Fördergebietes

Die nachfolgende Fallstudie illustriert die Auseinandersetzung zwischen der Generaldirektion Wettbewerb und der deutschen Bundesregierung, die in diesem Fall ausdrücklich auch die Interessen der Länder vertritt[114]. Was nachfolgend wie das technokratische Ringen um Kriterien zwischen zwei Bürokratien anmutet, wodurch zwangsläufig eine Fülle von Verfahrensschritten und Berechnungsmethoden zumindest angesprochen werden müssen, ist nichts anderes als Ausdruck eines Konfliktes um die Dominanz der Entscheidungen in einem Politikfeld mit parallelen Zuständigkeiten im europäischen Mehrebenensystem: der regionalen Strukturpolitik. Die Auseinandersetzung wird mit den Instrumenten des Beihilfenrechts geführt. Deshalb erfolgt zu Beginn eine kurze Darstellung der bisherigen Gemeinschaftspraxis bei der Festlegung und Genehmigung nationaler Fördergebiete. Dem wird die Methodik der GRW zur Bestimmung der Fördergebietskulisse gegenübergestellt, um abschließend auf den aktuellen Streit um die Notifizierung des GRW-Rahmenplanes eingehen zu können.

---

113 Zu einer Bilanz der ersten zehn Jahre (1989-99) EuG-Rechtsprechung auf dem Gebiet des Beihilfenrechts vgl. *Nemitz* 2000, insbesondere S. 440 f.

114 Der Bund-Länder-Planungsausschuß der GRW hatte sich vorab eine gemeinsame Haltung gegenüber der EU-Kommission gebildet.

5.6.1 Das bisherige Verfahren zur Bestimmung der förderfähigen Gebiete

Seit der Förderperiode 1989-93 erfolgt die Bewertung der Regionalbeihilfen nach einer einheitlichen Methode, die den Mitgliedstaaten mitgeteilt wurde, „... um ein besseres Verständnis und größere Transparenz der von der Kommission gemäß Artikel 92 und Artikel 93 getroffenen Entscheidungen zu nationalen regionalen Beihilfesystemen herbeizuführen."[115] Wie bereits ausgeführt können nach Art. 92 Abs. 3 lit. a EGV a. F. Beihilfen zur Förderung der wirtschaftlichen Entwicklung in Gebieten mit außergewöhnlich niedrigem Lebensstandard und erheblicher Unterbeschäftigung als mit dem Gemeinsamen Markt vereinbar angesehen werden. Vergleichsmaßstab für die Meßgrößen Lebensstandard und Unterbeschäftigung ist dabei der Gemeinschaftsdurchschnitt. Alternativ wäre eine Orientierung am jeweiligen nationalen Durchschnitt möglich gewesen. Dies hätte jedoch die Gefahr eines „Subventionswettlaufs" finanzstarker Mitgliedstaaten zugunsten ihrer - jeweils national gesehen - relativ unterentwickelten Regionen zur Folge haben können[116]. Die Bestimmung der auf dieser Grundlage förderfähigen Regionen erfolgt durch den Indikator Bruttosozialprodukt (BSP) pro Kopf gemessen in Kaufkraftstandards (KKS), um den regional unterschiedlich hohen Lebenshaltungskosten Rechnung zu tragen. Um nun als nach Art. 92 Abs. 3 lit. a EGV a. F. förderfähig eingestuft werden zu können, „... darf bei der Mehrzahl der in einem Gebiet der NUTS-Ebene II gelegenen Regionen der Ebene III der BSP/KKS-Schwellenwert von 75 nicht überschritten werden"[117]. Diese Voraussetzungen erfüllten im Jahre 1988 Griechenland, Irland und Portugal (jeweils der gesamte Mitgliedstaat), große Teile Süditaliens sowie zahlreiche spanische Regionen. Ausnahmsweise in das Verzeichnis aufgenommen wurden die französischen Überseedepartements, die spanischen Inseln und Nordirland[118]. Die höchstzulässige Beihilfeintensität lag in diesen Gebieten fortan bei „75 % Nettosubventionsäquivalent einer

---

115 Mitteilung der Kommission über die Methode zur Anwendung von Artikel 92 Absätze 3 a) und c) auf Regionalbeihilfen, ABl. C 212 vom 12.8.1988, S. 2 ff. (S. 2).

116 Vgl. *Dohms* 1999, S. 230 f.

117 Mitteilung der Kommission über die Methode zur Anwendung von Artikel 92 Absätze 3 a) und c) auf Regionalbeihilfen, ABl. C 212 vom 12.8.1988, S. 2 ff.; Schwellenwert gemessen am Gemeinschaftsdurchschnitt.

118 Zur Begründung wird u. a. die Ferne zu den Absatzmärkten - als struktureller Nachteil der Inseln - genannt; vgl. das Verzeichnis der Regionen in Anlage I; ABl. C 212 vom 12.8.1988, S. 6 f.

Erstinvestition"[119], wobei die Kommission die Möglichkeit hatte, in einzelnen Genehmigungsfällen unter dieser Marge zu bleiben.

Im Vergleich zu dieser relativ einfachen, leicht nachvollziehbaren Regelung ist die Methode zur Bestimmung der nach Art. 92 Abs. 3 lit. c EGV a. F. förderfähigen Gebiete komplizierter[120]. Diese Vorschrift soll ermöglichen, daß auch solche Regionen gefördert werden können, die zwar im Vergleich zum Gemeinschaftsdurchschnitt als entwickelt gelten, am nationalen Durchschnitt gemessen jedoch unterentwickelt sind. Allerdings muß die Kommission dabei eine Abwägung vornehmen zwischen den entwicklungsfördernden Auswirkungen einer beabsichtigten Beihilfe und ihren negativen Folgen für das gemeinschaftsweite System eines möglichst unverfälschten Wettbewerbs[121]. Das Prüfverfahren setzt sich aus zwei Schritten zusammen: Ein erster Prüfschritt analysiert die wirtschaftliche und soziale Lage einer Region auf der Aggregationsebene NUTS III anhand der Höhe der strukturellen Arbeitslosigkeit sowie der alternativen Kriterien Pro-Kopf-BIP oder Bruttowertschöpfung zu Faktorpreisen (BWS)[122]. Dabei wird gleichzeitig untersucht, ob und in welcher Höhe Abweichungen innerhalb der einzelnen Mitgliedstaaten - im Sinne regionaler Rückständigkeit im nationalen Rahmen - zu verzeichnen sind. Diese „negative regionale Mindestabweichung" gilt als erfüllt, wenn das Pro-Kopf-BIP bzw. -BWS mehr als 15 % unter dem Landesdurchschnitt und/oder die strukturelle Arbeitslosigkeit (ALO) mindestens 10 % über dem Landesdurchschnitt liegt.

Allerdings galten diese Schwellenwerte (85 % beim Pro-Kopf-BIP bzw. 110 % bei der ALO) für die erforderlichen Mindestabweichungen zum 1.10.1987 nur für Irland und Spanien. Bei allen anderen Mitgliedstaaten machte sich bemerkbar, daß sie in bezug auf den Wohlstand und/oder die strukturelle Arbeitslosigkeit Werte aufwiesen, die besser als der Gemein-

---

119 Diese Höchstgrenze geht zurück auf die Mitteilung der Kommission über regionale Beihilferegelungen, ABl. C 31 vom 3.2.1979, S. 9 ff.; vgl. auch *Diehm* 1998, S. 45 ff.

120 Auch wenn nicht immer explizit darauf verwiesen wird: Die folgende Darstellung der Methode zur Bestimmung der nach Art. 92 Abs. 3 lit. c EGV a. F. förderfähigen Gebiete bezieht sich auf die westdeutschen Länder, insbesondere Rheinland-Pfalz, wohingegen die ostdeutschen Länder, einschließlich Sachsen, seit dem Beitritt unter den Anwendungsbereich des Art. 92 Abs. 3 lit. a EGV a. F., der bereits kurz vorgestellt wurde, fallen.

121 Vgl. *Dohms* 1999, S. 231.

122 Bemerkenswerterweise benutzt die Kommission bei dieser Prüfmethode nicht den Vergleichsmaßstab KKS, wie dies bei der Prüfung nach Art. 92 Abs. 3 lit. a EGV a. F. der Fall ist; vgl. kritisch *Gräber/Spehl* 1992, S. 58 f.

schaftsdurchschnitt waren. Um Verzerrungen vorzubeugen, wird deshalb der genannte Ausgangsschwellenwert mit einem Gemeinschaftsindex[123] verrechnet, woraus sich der „veränderte Schwellenwert" ergibt. In einem zweiten Prüfschritt können schließlich noch andere, „aussagefähige" ökonomische Indikatoren aus nationalen und gemeinschaftlichen Statistiken herangezogen werden, wie z. B. Struktur und Entwicklung der Arbeitslosigkeit, demographische Entwicklung, Migration und Fluktuation, Branchen- und Infrastruktur, Investitionstätigkeit, geographische Lage und topographische Gegebenheiten. Am Ende steht ein von der Kommission anzuwendender Schwellenwert, der der Logik folgt: „Je besser die Lage eines Mitgliedstaats im Vergleich zum Gemeinschaftsdurchschnitt ist, desto größer muß die Abweichung einer Region im nationalen Rahmen sein, um die Gewährung einer Beihilfe zu rechtfertigen."[124] Insbesondere die Vielzahl der in dem zweiten Prüfschritt verarbeiteten Indikatoren eröffnet der Kommission einen weiten Ermessensspielraum, auch solche Regionen als förderbedürftig einzustufen, die die Kriterien des ersten Prüfschritts nicht erfüllen. Umgekehrt können ursprünglich als förderfähig angesehene Gebiete auf diese Weise ihre Einstufung verlieren. Aus nationaler Perspektive erwächst daraus folgende Kritik: „Die Entscheidungen in diesem Prüfschritt sind insofern zwangsläufig mit einer gewissen Willkür behaftet und zudem für die betroffenen Regionen und Nationalstaaten wenig transparent und vorhersehbar."[125] Problematisch ist aus theoretischer Sicht die „Vermengung von nationalen und gemeinschaftsweiten Kriterien"[126]. Die statistischen Daten sind angesichts der national nach unterschiedlichen Methoden vorgenommenen Erhebungen zudem nur bedingt vergleichbar.

Eine weitere Möglichkeit der Kommission, eine Abschichtung je nach Art, Dringlichkeit und Intensität der regionalen Entwicklungsdisparitäten vorzunehmen, besteht in der Festlegung unterschiedlicher Höchstgrenzen der Beihilfenintensität. Während Teile Madrids und Asturiens beispielsweise mit bis zu 45 % staatlicher Beihilfen gefördert werden durften, betrug die Intensitätshöchstgrenze für Amberg und Schwandorf ab 1.1.1988 maximal

123 In diesem Index werden das Einkommensniveau sowie die tatsächliche strukturelle Arbeitslosigkeit für jeden Mitgliedstaat auf der Basis von Durchschnittswerten für die letzten fünf Jahre, jährlich aktualisiert, ausgedrückt.

124 Mitteilung der Kommission über die Methode zur Anwendung von Artikel 92 Absätze 3 a) und c) auf Regionalbeihilfen, ABl. C 212 vom 12.8.1988, S. 5; Anlage II enthält u. a. die am 1.10.1987 angewandten Schwellenwerte für die BRD: 74 % (BIP/BWS pro Kopf) bzw. 136 % (ALO).

125 *Gräber/Spehl* 1992, S. 60.

126 *Nägele* 1997, S. 113.

23 %[127], für Flensburg-Schleswig, Lüneburg und Deggendorf lediglich 12 Prozent. Selbst nach der Einstufung als förderfähig gemäß Art. 92 Abs. 3 lit. c EGV a. F. blieb es der Kommission unbenommen, im konkreten Genehmigungsfall mehr oder weniger deutlich von der Höchstgrenze nach unten abzuweichen. Bereits in den 1980er Jahren wurden somit in großem Umfang gemeinschaftsrechtliche Vorgaben im Bereich der Beihilfenaufsicht geschaffen bzw. bereits bestehende Regelungen immer weiter ausdifferenziert, die in ihrer Gesamtwirkung dazu geeignet waren, die Gestaltungsfreiheit der nationalen und subnationalen Akteure in bezug auf eine autonomen Regionalpolitik sukzessive einzuschränken[128].

5.6.2 Die Leitlinien für Regionalbeihilfen vom 16.12.1997

Mitte der 90er Jahre wurde der Reformbedarf in bezug auf die Kontrollpraxis der Kommission im Bereich der Regionalbeihilfen immer deutlicher sichtbar. Zum ersten war das bisher praktizierte System durch ein hohes Maß an Intransparenz gekennzeichnet. Die beihilferechtlichen Regelungen umfaßten eine Vielzahl von Einzeldokumenten, EuGH-Entscheidungen „... und ständigen, nie kodifizierten Praktiken der Kommission, deren Gesamtkenntnis de facto auf eine sehr kleine Anzahl von Insidern in Kommission, EuGH und Beihilfeabteilungen der Mitgliedstaaten beschränkt war."[129] Ein zweiter Antrieb zu Reformen ergab sich aus der bevorstehenden Osterweiterung, denn es wurde im Rahmen von Modellrechnungen sehr schnell klar, daß alle Beitrittskandidaten als förderfähig gemäß Art. 92 Abs. 3 lit. a EGV a. F. einzustufen sein würden, wodurch sich der Anteil der in beihilferechtlich anerkannten Förderregionen lebenden Unionsbevölkerung signifikant erhöht hätte[130]. Ein dritter Problemkreis umfaßt einige Unzulänglichkeiten der bisherigen Regelungen: So eröffnete beispielsweise die vorstehend beschriebene Methode der Kommission zur Bestimmung der nach Art. 92 Abs. 3 lit. c EGV a. F. förderfähigen Regionen Spielräume für die Bewertung der regionalen Situation und initiierte damit insbesondere in föderal gegliederten Mitgliedstaaten einen in dieser Form nicht beabsichtigten

---

127 Zu den gestuften Regelhöchstsätzen vgl. Anlage III der Kommissionsmitteilung, ABl. C 212 vom 12.8.1988, S. 7 ff. (S. 10).

128 Vgl. stellvertretend die „zeitgenössische" Einschätzung bei *Krieger-Boden* 1987, S. 84 f.

129 *Dietz* 1999, S. 19.

130 Zu den strukturpolitischen Herausforderungen der Osterweiterung vgl. ausführlicher vorstehend Abschnitt 3.4.

Wettbewerb um Fördergelder. Das konnte dazu führen, daß in zunehmendem Maße versucht wurde, „... die Kommission im innerstaatlichen Verteilungsstreit um Regionalfördergebiete zu instrumentalisieren.“[131]

Aus den vorstehend genannten Gründen und mit dem erklärten Ziel, dem Subsidiaritätsprinzip auch im Bereich der Regionalbeihilfen größere Geltung zu verschaffen, verabschiedete die Kommission am 16.12.1997 Leitlinien für staatliche Beihilfen mit regionaler Zielsetzung, die an die Stelle von acht früheren Mitteilungen der Kommission treten[132]. Die neuen Leitlinien basieren auf vier Grundprinzipien[133]:

1. der Konzentration auf die bedürftigsten Regionen;
2. bei gleichzeitiger Reduzierung des Gesamtumfangs der Hilfe;
3. einer stärkeren Beachtung der realen Beschäftigungseffekte der Maßnahmen;
4. einer Verbesserung der Kohärenz zwischen nationalen und EU-Fördergebieten.

1. Verfahrensschritt: Plafondierung

Das Verfahren zur Bestimmung der förderfähigen Regionen läuft seitdem folgendermaßen ab: Die Kommission berechnet einen Bevölkerungsplafond für die Gemeinschaft, der nach Mitgliedstaaten - anhand der Kriterien BIP pro Kopf und ALO-Quote - aufgeschlüsselt wird[134]. Diese „nationalen Fördergebietsbevölkerungshöchstgrenzen“ wurden den Mitgliedstaaten mitgeteilt[135]. Danach steht Deutschland ein Plafond von 34,9 % der Gesamtbevölkerung zur Verfügung. Zum Vergleich: Griechenland, Irland und Portugal verfügen über ein Plafond von je 100 %, während die Niederlande nach Berechnungen der Kommission lediglich 15 % seiner Bevölkerung durch regionale Beihilfen fördern darf. Bisher lebten 46,7 % der EU-Bevölkerung in Gebieten, die durch nationale Regionalbeihilfen gefördert wurden. Dieser

131 *Dietz* 1999, S. 20.

132 Diese sind aufgelistet in Fußnote 2 der genannten Leitlinien, ABl. C 74 vom 10.3.1998, S. 9.

133 Vgl. *Wishlade* 1999, S. 174 f.

134 Zur Berechnungsmethode vgl. Anhang III der Leitlinien, ABl. C 74 vom 10.3.1998, S. 29 ff.

135 ABl. C 16 vom 21.1.1999, S. 5; kritisch vgl. *Tetsch* 1999a, S. 106 ff.; vgl. auch *Jung/Hassold* 2000, S. 190 ff.

Anteil soll um vier Prozentpunkte reduziert werden[136], so daß die „gemeinschaftliche Höchstgrenze" nunmehr bei 42,7 % der Unionsbevölkerung liegt.

Tabelle: Kohärenz zwischen der Gebietsunterteilung „Strukturfonds" und der Gebietsunterteilung „Staatliche Beihilfen"[137]

	Im Rahmen der Strukturfonds förderfähige Regionen	Im Rahmen der Strukturfonds nicht förderfähige Regionen	Insgesamt
Gebiete, in denen staatliche Regionalbeihilfen zulässig sind (Art. 87 Abs. 3 EGV)	44,0	2,7	46,7
Gebiete, in denen staatliche Regionalbeihilfen nicht zulässig sind	6,6	46,7	53,3
Insgesamt	50,6	49,4	100

Aus der Tabelle geht u. a. hervor, daß 6,6 % der EU-Bürger in der Förderperiode 1994-99 in Gebieten lebten, die aus den Strukturfonds gefördert werden konnten, in denen staatliche Regionalbeihilfen unter Wettbewerbsgesichtspunkten dagegen nicht zulässig waren. Auf der anderen Seite lebten 2,7 % der EU-Bevölkerung in Gebieten, die zwar in bezug auf nationale Regionalbeihilfen als förderfähig galten, ohne jedoch Gelder im Rahmen der Strukturfondsförderung zu erhalten. Die zuerst genannte Inkohärenz von gemeinschaftsweit durchschnittlich 6,6 % differierte zwischen den einzelnen Mitgliedstaaten: Während in Belgien, Dänemark, Griechenland, Irland und Portugal eine 100 %-ige Übereinstimmung der Fördergebiete bestand, leb-

136 Das entspricht rund 15,7 Mio. Personen; vgl. *Wishlade* 1999, S. 175; vgl. auch *Dohms* 1999, S. 231 f.

137 In Prozent der Gemeinschaftsbevölkerung; vgl. Entwurf einer Mitteilung der Kommission an die Mitgliedstaaten über die Regionalpolitik und die Wettbewerbspolitik, ABl. C 90 vom 26.3.1998, S. 3 ff. (S. 5).

ten in Finnland immerhin 12,6 % der Bevölkerung in Gebieten, die aus den Strukturfonds gefördert wurden, aber keine staatlichen Regionalbeihilfen erhielten. In Deutschland betrug der Abweichungsgrad bisher 5,3 %, der damit leicht unter dem Gemeinschaftsdurchschnitt lag. Allerdings muß zwischen dem Altbundesgebiet und den neuen Bundesländern unterschieden werden. Ostdeutschland war und ist in bezug auf beide Gebietsunterteilungen flächendeckend förderfähig. In Westdeutschland umfaßte das EU-Fördergebiet dagegen im Jahre 1997 rund 25 Mio. Einwohner und damit 39,3 % der Bevölkerung, während in GRW-geförderten Gebieten lediglich etwas mehr als 13 Mio. Einwohner lebten (20,8 %). Hier wird sich die Umsetzung eines der Hauptziele der neuen Leitlinien, den Grad an Kohärenz zwischen EU-Fördergebieten und national geförderten Gebieten zu erhöhen, deutlich bemerkbar machen.

Der Versuch der Kommission, die supranationale Beihilfenaufsicht im Wege einer größeren Kohärenz zwischen nationalen Regionalbeihilfen und EU-Strukturfonds stärker als bisher in den Dienst der gemeinschaftsweiten Kohäsionspolitik zu stellen, ist unter Subsidiaritätsaspekten problematisch. Die Kommission möchte mit diesem Vorgehen u. a. verhindern, daß gemeinschaftliche Bemühungen um einen Abbau von regionalen Disparitäten durch nationale Fördermaßnahmen außerhalb der EU-Fördergebiete konterkariert werden könnten. Wie die vorstehende Tabelle zeigt, war jedoch bisher die Wahrscheinlichkeit viel größer, daß Strukturfondsförderung auch in Gebieten stattfindet, die außerhalb nationaler Fördergebiete liegen. Die logische Folge einer strikten Anwendung des Subsidiaritätsprinzips wäre deshalb eine stärkere Angleichung der mit EU-Geldern geförderten Gebiete an die nationalen Fördergebiete als umgekehrt. Kritische Stimmen bemängeln deshalb, daß das Drängen der Kommission auf stärkere Übereinstimmung der europäischen mit den nationalen Förderkulissen den innerstaatlichen Interessenausgleich zusätzlich erschweren kann, ohne dem gemeinschaftlichen Ausgleichsziel dadurch näher zu kommen. Aus den beihilferechtlich induzierten Anmeldepflichten würde dann ein regionalpolitisches Instrumentarium, das als „selbständiges Feinsteuerungsinstrument“[138] nur noch mittelbar wettbewerbsrechtlich begründet wäre. Die letztendliche Konsequenz einer solchen Entwicklung bestünde in der Dominanz der Wettbewerbsorientierung gegenüber dem Ausgleichsziel einer Stärkung des wirtschaftlichen und sozialen Zusammenhalts[139].

---

138 *Dietz* 1999, S. 24.

139 Mit den Worten von *Wishlade* (1999, S. 195): „Commission competition policy makers could control where Commission regional policy makers could intervene.“ Im Original mit Hervorhebung.

Die Mitgliedstaaten waren im Rahmen der Verhandlungen über die Agenda 2000 bei der Verteidigung eigener Spielräume zumindest teilweise erfolgreich[140], z. B. in bezug auf die Fördergebietsfestlegung. In dem Entwurf der Kommissionsmitteilung stand noch die Verpflichtung jedes Mitgliedstaates, alle potentiell nach Ziel 2 förderfähigen Gebiete „... auch in das Verzeichnis der Fördergebiete aufzunehmen, die er der Kommission gemäß Artikel 92 Absatz 3 Buchstabe c) meldet."[141] Eine Abweichung von diesem Erfordernis sollte nur in „ausreichend gerechtfertigten Fällen" erfolgen können, wobei die Ausnahmen „höchstens 2 % der nicht im Rahmen von Ziel 1 geförderten Landesbevölkerung" hätten umfassen dürfen. In den neuen Fondsverordnungen ist diese 2 %-Marge nicht mehr zu finden. Statt dessen heißt es, daß die zukünftigen Ziel 2-Gebiete „... überwiegend mit denjenigen übereinstimmen (sollten), die von den Mitgliedstaaten gemäß Artikel 87 Absatz 3 Buchstabe c) gefördert werden. Die Gemeinschaft sollte anstreben, daß diese Kohärenz zum Ende des Zeitraums 2000-2006 durch entsprechende Bemühungen der Mitgliedstaaten im Vergleich zur derzeitigen Situation zunimmt."[142] Diese Formulierung zeigt, daß die Kommission von ihrem Ziel größerer Kohärenz der Gebietskulissen nicht abgerückt ist, sondern dieses lediglich „vertagt" hat, wobei es nun den Mitgliedstaaten obliegt, für weitere Fortschritte zu sorgen.

2. Verfahrensschritt: Auswahl der Fördergebiete

Die Freistellungsvoraussetzungen des Art. 87 Abs. 3 lit. a EGV gelten dann als erfüllt, wenn das BIP pro Kopf (gemessen in KKS) einer NUTS II- Region im Mittel der letzten drei Jahre den Schwellenwert von 75 % des Gemeinschaftsdurchschnitts nicht überschreitet. Es wird also weiterhin davon ausgegangen, daß der BIP pro Kopf-Indikator geeignet ist, die Kriterien „außergewöhnlich niedrige Lebenshaltung" sowie „erhebliche Unterbeschäftigung" adäquat widerzuspiegeln. Die einzige Änderung betrifft den Übergang von NUTS III zu NUTS II als zu berücksichtigende Aggregationsebene. Das Übereinstimmen des Schwellenwertes mit dem Kriterium zur Bestimmung der Förderfähigkeit nach Ziel 1 im Rahmen der Strukturfonds ist bewußt gewählt. Die Konsequenz daraus lautet, daß Ziel 1-Gebiete automatisch Bestandteil der nationalen Förderkulisse sind. In der Fondsverordnung

---

140 Vgl. *Tetsch* 1999a, S. 116; vgl. auch *Jung/Hassold* 2000, S. 196.

141 Entwurf einer Mitteilung der Kommission an die Mitgliedstaaten über die Regionalpolitik und die Wettbewerbspolitik, ABl. C 90 vom 26.3.1998, S. 3 ff. (S. 7).

142 16. Erwägungsgrund der VO (EG) 1260/1999 des Rates vom 21.6.1999 mit allgemeinen Bestimmungen über die Strukturfonds, ABl. L 161 vom 26.6.1999, S. 3. Nachfolgendes Zitat ebenda.

liest sich das wie folgt: „Im Interesse einer effizienten Programmplanung müssen die Regionen mit Entwicklungsrückstand, deren Pro-Kopf-BIP weniger als 75 v. H. des Gemeinschaftsdurchschnitts beträgt, mit den Regionen übereinstimmen, die von den Mitgliedstaaten gemäß Artikel 87 Absatz 3 Buchstabe a) des Vertrags (...) gefördert werden."

Die entscheidende Neuerung der Leitlinien gegenüber der bisher geltenden Mitteilung von 1988 bezieht sich auf die Bestimmung der Gebiete, die unter die Freistellungsvoraussetzungen des Art. 87 Abs. 3 lit. c EGV fallen. Nicht mehr die Kommission, sondern die Mitgliedstaaten legen die Methode und die Indikatoren fest, mit deren Hilfe die förderfähigen Gebiete bestimmt werden sollen und melden die ermittelten Regionen an die Kommission. Diese beschränkt sich ihrerseits auf die Prüfung, ob die angewandte Methode für die Gebietsauswahl geeignet ist[143] und ob das eingereichte Verzeichnis auf der Basis dieser Methode erstellt wurde. Der „revolutionäre Charakter" dieser Neuregelung wird dadurch relativiert, daß die Kommission aus Gründen der Praktikabilität bereits seit Mitte der 90-er Jahre von der Anwendung des in der Mitteilung von 1988 enthaltenen Procederes abgegangen war und sich seitdem des jetzt verbindlich geregelten Verfahrens bedient hatte. Somit handelte es sich „teilweise nur um eine Kodifizierung bereits praktizierter Vorgehensweisen."[144] Allerdings enthalten die Leitlinien einige Bestimmungen, die von den Mitgliedstaaten mehr oder weniger starke Anpassungsleistungen, insbesondere in bezug auf die Indikatoren erfordern. Deren Anzahl begrenzen die Leitlinien auf maximal fünf, die sich auf statistische Angaben für einen Zeitraum von mindestens drei Jahren vor der Notifizierung stützen müssen. Wie gravierend die Schwierigkeiten sind, die sich mit dieser Vorgabe verbinden, belegt das Beispiel Portugals: Hier fand die vorangegangene Abgrenzung nationaler Fördergebiete auf der Grundlage von insgesamt 23 (!) Indikatoren statt[145].

Auch für Deutschland ergeben sich Änderungsnotwendigkeiten: Ein bisher gültiger Indikator umfaßte beispielsweise eine Prognose über mögliche Beschäftigungstrends, ein anderer Indikator beinhaltete eine Schätzung der zukünftigen wirtschaftlichen Entwicklung in der jeweiligen Region. Diese Indikatoren müssen ausscheiden, weil die Kommissionsvorgaben ausschließ-

---

143 Den Leitlinien gemäß muß es sich um eine „objektive" Methode handeln, die es ermöglicht, „... die unterschiedlichen sozioökonomischen Verhältnisse der betreffenden Gebiete des jeweiligen Mitgliedstaats zu bewerten und wesentliche Disparitäten herauszustellen.", ABl. C 74 vom 10.3.1998, S. 12.

144 *Dietz* 1999, S. 20.

145 Vgl. *Wishlade* 1999, S. 187.

lich quantitative, vergangenheitsbezogene Indikatoren zulassen. Die Intention der Kommission bei diesen Vorgaben war das Bestreben, die auf nationaler Ebene getroffenen Entscheidungen besser nachvollziehbar und untereinander (besser) vergleichbar zu machen. Daß damit zugleich die Flexibilität und die Problemadäquanz der nationalen Fördergebietsabgrenzung steigen, muß hingegen bezweifelt werden. Die Möglichkeiten der Mitgliedstaaten, auf nationale Spezifika und regionale Besonderheiten eingehen zu können, sind durch die strikten Vorgaben jedenfalls begrenzter als zuvor. Die entsprechenden Regelungen der Leitlinien werden aus diesem Grund von deutscher Seite als „... unvertretbare Einschränkung des Spielraums der Mitgliedstaaten zur Bestimmung ihrer Problemgebiete abgelehnt“[146].

5.6.3 Die Fördergebietsauswahl im Rahmen der GRW

Der GRW-Planungsausschuß hatte mit Beschluß vom 3. Juli 1996 die westdeutsche Förderkulisse für den Zeitraum 1.1.1997-31.12.1999 neu abgegrenzt. Nach folgenden Regionalindikatoren wurden die westdeutschen Arbeitsmarktregionen (AMR) in eine Rangfolge gebracht (in Klammern jeweilige Gewichtung des Indikators):

- durchschnittliche Arbeitslosenquote der Periode 1992-1995 (40 %);
- Einkommen der sozialversicherungspflichtig Beschäftigten pro Kopf 1995 (40 %);
- Infrastrukturindikator (10 %);
- Arbeitsplatzprognose (5 %);
- Entwicklung der Arbeitslosenquote in dem Zeitraum 1992-1995 (5 %).

Im Ergebnis wurden die ersten 46 der insgesamt 167 westdeutschen AMR[147] als C-Fördergebiete in die GRW-Förderkulisse aufgenommen. Davon umfaßt waren 14,041 Mio. Einwohner bzw. rund 22 Prozent der westdeutschen Bevölkerung.

Bereits am 6. März 1996 hatte sich der GRW-Planungsausschuß über die Neuabgrenzung der Fördergebiete in den neuen Bundesländern, die weiter-

---

146 *Jung/Hassold* 2000, S. 191; zur Kritik an den Leitlinien aus deutscher Sicht vgl. ebenso *Tetsch* 1999, S. 373. Vor einer „Überbetonung der Gebietsabgrenzungsproblematik“ warnt dagegen *Jakoby* 1999, S. 409.

147 Die strukturschwächste AMR lag dabei auf Rang 1, die strukturstärkste auf Platz 167; vgl. 28. Rahmenplan 1999, BT-Drs. 14/776, S. 11.

hin flächendeckend in der Förderung blieben, geeinigt. Es wurde u. a. beschlossen, daß die GRW-Förderung ab 1.1.1997 zugunsten der strukturschwächsten Gebiete regional differenziert vorgenommen werden sollte. Dementsprechend erfolgte eine Abstufung der Förderhöchstsätze[148]: In den strukturschwächeren Regionen (A-Fördergebiete) waren wie bisher maximal 50 % Förderung für KMU sowie höchstens 35 % für große Unternehmen möglich. Die verhältnismäßig wirtschaftsstärkeren Gebiete (B-Fördergebiete)[149] durften danach nur noch bis zu 43 % (KMU) bzw. 28 % fördern. Die Differenzierung erfolgte anhand folgender Regionalindikatoren (in Klammern die jeweilige Gewichtung):

- Unterbeschäftigungsquote[150] 1995 (50 %);
- Einkommen der sozialversicherungspflichtig Beschäftigten pro Kopf 1995 (40 %);
- Infrastrukturindikator (10 %).

Es wird ersichtlich, daß auf die unterschiedlichen Problemlagen in Ost- bzw. Westdeutschland mit spezifischen Indikatorenlisten reagiert wurde[151]. Für die Förderperiode 1.1.2000-31.12.2003 erfolgte die Neuabgrenzung „nach intensiver Diskussion verschiedener Varianten und Überprüfung aller Einzelindikatoren“[152] durch die Beschlüsse des Bund-Länder-Ausschusses vom 25.3.1999[153]. Danach näherten sich die Indikatorenlisten für Ost und West weitgehend an, ohne deckungsgleich zu werden. Die Regionalindikatoren (West) für den Förderzeitraum 2000 bis 2003 lauten:

- durchschnittliche Arbeitslosenquote der Periode 1996-1998 (40 %);
- Einkommen der sozialversicherungspflichtig Beschäftigten pro Kopf 1997 (40 %);
- Infrastrukturindikator (10 %);
- Erwerbstätigenprognose bis 2004 (10 %).

---

148 Vgl. *Jung/Hassold* 2000, S. 193 f.

149 Die AMR Berlin, Leipzig, Dresden, Jena, Schwerin und Halle sowie Teile der AMR Erfurt und Weimar.

150 Neben der Anzahl der Arbeitslosen finden hierin auch die Kurzarbeiter, Teilnehmer an AB-Maßnahmen sowie an Maßnahmen, die nach § 249h AFG gefördert werden, Berücksichtigung.

151 Vgl. *Tetsch* 1999a, S. 113.

152 *Koller/Schwengler* 2000, S. 49.

153 Bundesanzeiger Nr. 76 vom 23.4.1999, S. 6889 ff.

Die Regionalindikatoren (Ost) stimmen mit den genannten Indikatoren (West) sowohl in der Ausgestaltung als auch in der Gewichtung überein. Einzige Ausnahme ist die - weiterhin bewußt vorgenommene - Berücksichtigung der durchschnittlichen Unterbeschäftigungsquote anstelle der Arbeitslosenquote in der Periode 1996-1998[154].

5.6.4 Die Abweichung des GRW-Fördergebietes von den Vorgaben der EU-Kommission

Die vorstehend dargestellte Indikatorenliste der GRW zur Abgrenzung der Fördergebiete für die Periode 2000-2003 entspricht nur zum Teil den bereits angesprochenen Vorgaben aus den Kommissionsleitlinien für Regionalbeihilfen. Insbesondere der zukunftsgerichtete Indikator „Erwerbstätigenprognose bis 2004" läuft den Intentionen der Kommission zuwider. Ein weiterer Dissens zwischen dem GRW-Planungsausschuß und der EU-Kommission ergibt sich aus der sogenannten „diskretionären Anpassung" des Ausgangsplafonds für das jeweilige nationale Fördergebiet gemäß Art. 87 Abs. 3 lit. c EGV. Dieser Plafond wird von der Kommission auf der Grundlage regionenbezogener statistischer Angaben (BIP pro Kopf, ALO-Quote) berechnet. Im Dezember 1997 ergab sich aus den Berechnungen ein deutsches Fördergebietsplafond von 20,6 % der Gesamtbevölkerung[155]. Der errechnete Ausgangsplafond wird in einem zweiten Schritt von der Kommission „diskretionär" angepaßt[156]. Dadurch soll sichergestellt werden, daß

- in jedem Mitgliedstaat mindestens 15 % der Bevölkerung in Fördergebieten leben,
- keiner der Mitgliedstaaten mehr als 25 % seines bisherigen Plafonds verliert und
- aus der Strukturfondsförderung nach Ziel 1 ausscheidende Gebiete, die eigentlich nicht die Kriterien gemäß Art. 87 Abs. 3 lit. c EGV erfüllen, weiterhin gefördert werden können („phasing out").

Da die gemeinschaftlich geltende Höchstgrenze für Regionalbeihilfen ebenfalls plafondiert ist, erfolgt in einem dritten Schritt die „proportionale Re-

---

154 Vgl. *Koller/Schwengler* 2000, S. 49 f.

155 Vgl. *Tetsch* 1999, S. 373 f.

156 Ein Kommissionsvertreter spricht dagegen von „politischen Korrekturfaktoren"; *Dohms* 1999, S. 231.

duktion"[157] derjenigen nationalen Plafonds, die nicht von den eben genannten Regelungen profitieren. Für Deutschland hätte sich im Dezember 1997 aus dieser Anpassung ein auf 18,3 % der Gesamtbevölkerung verringertes Plafond ergeben. Aktualisierte Kommissionsberechnungen anhand der Zahlen aus dem Dezember 1998 belegten[158], daß sich die regionalen Disparitäten in Deutschland verschärft hatten, denn der nunmehr ermittelte Ausgangsplafond stieg auf 23,4 % der Bevölkerung. Die anschließende Kürzung infolge der beschriebenen diskretionären Anpassung fiel allerdings noch dramatischer als im Vorjahr aus. Danach hätte der tatsächlich gültige Plafond nur noch eine Höhe von 17,6 % der deutschen Bevölkerung gehabt.

Der Bund-Länder-Planungsausschuß sah in diesem Vorgehen einen Verstoß gegen das Gebot der Gleichbehandlung und beachtete die Kommissionsfestlegungen insofern nicht, als bei der Festlegung der GRW-Förderkulisse auf den Ausgangsplafond in Höhe von 23,4 % der Bevölkerung zurückgegriffen wurde: Mit Beschluß vom 25.3.1999[159] nahm der GRW-Planungsausschuß die 60 strukturschwächsten westdeutschen AMR in die neue Gebietskulisse auf. In diesen Gebieten leben insgesamt 15,776 Mio. Menschen. Da Berlin seinen Ziel 1-Förderstatus im Rahmen der Strukturfonds ab 1.1.2000 verlor, aber zugleich Anspruch auf Übergangsunterstützung hat, kommen die Einwohner der Bundeshauptstadt (3,425 Mio.) zu dem Fördergebiet gemäß Art. 87 Abs. 3 lit. c EGV hinzu, so daß sich eine Gesamtsumme von rund 19,2 Mio. Menschen ergibt, die einen Anteil von 23,4 % an der gesamtdeutschen Wohnbevölkerung ausmachen. Zu dieser Förderkulisse müssen die neuen Bundesländer addiert werden, die die Freistellungsvoraussetzungen nach Art. 87 Abs. 3 lit. a EGV erfüllen. Daraus ergibt sich ein Gesamtfördergebiet, das 40,56 % der deutschen Bevölkerung umfaßt und damit deutlich über der Vorgabe der Kommission von 34,9 %[160] liegt.

---

157 *Jung/Hassold* 2000, S. 191.

158 Vgl. Kommission 1999a, S. 103: 1995-97 für die Arbeitslosenquote, 1994-96 für das Pro-Kopf-BIP.

159 Bundesanzeiger vom 23.4.1999, S. 6889 ff. Später hätte der Beschluß nicht fallen dürfen, denn nach den Bestimmungen der Kommissionsleitlinien für Regionalbeihilfen müssen die Mitgliedstaaten bis 31.3.1999 ihre Fördergebietskarten zur Notifizierung vorgelegt haben; vgl. Kommission 1999a, S. 103.

160 Vgl. „nationale Fördergebietsbevölkerungshöchstgrenzen" der Mitgliedstaaten, ABl. C 16 v. 21.1.1999, S. 5. Insgesamt beträgt der deutsche Plafond 34,9 %, wovon 17,3 % auf die neuen Länder entfallen (flächendeckend nach Art. 87 III a EGV förderfähig) und somit noch 17,6 % für die alten Länder und Berlin (Förderung nach Art. 87 III c EGV) übrig bleiben; vgl. auch *Dohms* 1999, S. 231 f.

Das Problem der Nicht-Übereinstimmung der Prüfmethode der Kommission mit der von dem GRW-Planungsausschuß angewandten Methode zur Bestimmung der Förderfähigkeit hatte bereits mehrfach ernsthafte Auseinandersetzungen zwischen dem BMWi und der GD Wettbewerb zur Folge[161]. Streitgegenstand waren die unterschiedlichen Indikatoren und ihre differierende Gewichtung, was im Ergebnis regelmäßig dazu führte, daß die jeweils ermittelten Fördergebietskulissen lediglich teilkongruent waren. Die neue Konfliktqualität besteht u. a. darin, daß die Kommission in den Leitlinien quantitative und qualitative Vorgaben zur Ausgestaltung der nationalen Indikatorenlisten macht sowie im Wege der Plafondierung mit anschließender diskretionärer Anpassung den Spielraum für die Umsetzung nationaler regionalpolitischer Zielsetzungen einschränkt. Andererseits resultieren aus der beschriebenen Neuordnung der Beihilfenkontrolle nicht nur Einschränkungen. Die Leitlinien für Regionalbeihilfen eröffnen in einigen Bereichen zusätzliche Fördermöglichkeiten. Beispielsweise können in Zukunft auch lohnkostenintensive Investitionen verstärkt unterstützt werden, „... womit eine höhere Beschäftigungsintensität der Förderung möglich wird."[162] Der Bund-Länder-Planungsausschuß beschloß daraufhin, die neue Fördermöglichkeit hochqualifizierter Arbeitsplätze in den Rahmenplan aufzunehmen[163].

Bereits vor den genannten Leitlinien für Regionalbeihilfen hatte die Kommission ihren Kontrollauftrag immer intensiver wahrgenommen und entsprechende Regelungen erlassen. Zu nennen sind u. a. der „Gemeinschaftsrahmen betreffend Investitionsbeihilfen für die Verarbeitung und Vermarktung landwirtschaftlicher Erzeugnisse"[164], der ausdrücklich auch in bezug auf die deutsche Regionalförderung anzuwenden ist[165]. Im Dezember 1997 verabschiedete die Kommission einen „Multisektoralen Regionalbeihilferahmen für große Investitionsvorhaben"[166], dem Deutschland nicht zustimmte. Ausschlaggebend für die deutsche Haltung war neben dem befürchteten bürokratischen Mehraufwand die Tatsache, „... daß die Entscheidung der EU-Kommission für die Betroffenen nicht vorhersehbar und so für potentielle Investoren die erforderliche Rechtssicherheit nicht ge-

---

161 Vgl. schon *Gräber/Spehl* 1992.

162 *Jung/Hassold* 2000, S. 192.

163 Vgl. 28. Rahmenplan 1999, BT-Drs. 14/776, S. 36.

164 ABl. C 29 vom 2.2.1996, S. 4 ff.

165 Vgl. dazu die Entscheidung der Kommission vom 20.5.1998, ABl. L 60 vom 9.3.1999, S. 60 f.

166 ABl. C 107 vom 7.4.1998, S. 7 ff.

währleistet ist."[167] Wegen der Verweigerung leitete die EU-Kommission ein Hauptprüfverfahren gegen die Bundesrepublik ein, das mit einem für Deutschland negativen Ergebnis endete[168]. Somit muß auch hier der seit dem 1.9.1998 in Kraft befindliche Beihilferahmen beachtet werden. Danach kann die Kommission bei Investitionsvorhaben oberhalb einer festgelegten Größenordnung (Projektvolumen bzw. Gesamtbeihilfe größer als 50 Mio. ECU) im konkreten Fall anhand bestimmter Kriterien[169] den zulässigen Fördersatz um bis zu 85 % absenken. Für Deutschland würde das bedeuten, daß in den ostdeutschen Fördergebieten, bei einer genehmigten Höchstintensität von 35 % nur noch Zuschüsse von 5,25 % möglich wären. In den westdeutschen Ländern (Förderintensität bei maximal 18 %) könnten in diesen Fällen nur noch 2,7 % der Investitionskosten gefördert werden. Die Einschätzung eines Vertreters des BMWi zu diesem Vorbehalt der GD Wettbewerb lautet: „Damit kann man keine wirksame Regionalförderung mehr betreiben."[170]

5.6.5 Konsequenzen für die Regionalförderung in Rheinland-Pfalz

Der GRW-Rahmenplan unterliegt dem beihilferechtlichen Genehmigungsvorbehalt der EU-Kommission. Somit war abzusehen, daß die Beschlüsse des GRW-Planungsausschusses vom 25.3.1999[171] zu erheblichen politischen und rechtlichen Auseinandersetzungen führen würden[172]. Der scheidende Wettbewerbskommissar Karel van Miert teilte am 29. Juli 1999 mit, daß ein Beihilfe-Prüfverfahren gegen die Bundesrepublik Deutschland eingeleitet worden sei[173]. Zwar gab die Kommission „grünes Licht" für die Regional-

---

167 So die Meinung des GRW-Planungsausschusses, 28. Rahmenplan, BT-Drs. 14/776, S. 30.

168 Vgl. Entscheidung der Kommission vom 14.7.1998, ABl. L 304 vom 14.11.1998, S. 24 ff.

169 Die wichtigsten Faktoren betreffen die Wettbewerbswirkungen, das Verhältnis Kapitaleinsatz-Arbeitsplätze sowie die regionalen Wirkungen der Fördermaßnahme, vgl. ABl. C 107 vom 7.4.1998, S. 8 f.

170 *Tetsch* 1999a, S. 107.

171 Vgl. die vorstehenden Abschnitte 5.6.3. und 5.6.4.

172 Dessen war sich der Planungsausschuß bei seiner Entscheidung durchaus bewußt; vgl. *Tetsch* 1999, S. 377.

173 Vgl. Bulletin Quotidien Europe N° 7518 vom 30.7.1999, S. 10.

förderung in den neuen Bundesländern[174], weil deren Förderbedürftigkeit (nach Art. 87 Abs. 3 lit. a EGV) außer Frage stehe. Die Förderung in den alten Bundesländern sowie in Berlin wurde jedoch bis zum Ende des Verfahrens nach Art. 88 Abs. 2 EG-Vertrag ausgesetzt, d. h. nach dem Auslaufen der Förderung zum 31.12.1999 würde es ab 1.1.2000 in den genannten Gebieten keine nahtlose Anschlußfinanzierung geben können. Der Kommissionsbeschluß, einen Teil der deutschen GRW-Förderkulisse für binnenmarktkonform zu erklären, wegen des anderen Teils jedoch ein förmliches Prüfverfahren einzuleiten, wurde im Amtsblatt veröffentlicht[175], verbunden mit der Aufforderung an die Beteiligten, sich zu äußern. Zu diesem Zeitpunkt hatte die Bundesregierung bereits eine schriftliche Stellungnahme abgegeben[176]. In der Folgezeit fanden mehrere Gespräche zwischen Vertretern der EU-Kommission und der Bundesregierung statt[177], die jedoch in den wesentlichen Punkten keine Einigung herbeiführen konnten. Eine der insgesamt fünf eingegangenen Stellungnahmen, die alle von der regionalen Ebene stammten, wurde von Rheinland-Pfalz eingereicht[178].

In der Auseinandersetzung zwischen der Bundesregierung und der EU-Kommission war insbesondere umstritten, wie mit den Fördergebieten zu verfahren sei, die sich gewissermaßen „innerhalb der Differenz“ zwischen dem von der EU-Kommission errechneten Bevölkerungsplafond in Höhe von 17,6 % der deutschen Gesamtbevölkerung und den vom GRW-Planungsausschuß beanspruchten 23,4 % befinden. In Rheinland-Pfalz betraf dies den Landkreis Bad Kreuznach, der in der vorangegangenen Förderperiode teilweise der GRW-Gebietskulisse angehört hatte, nun aber hätte vollständig ausscheiden müssen. Um diesen Konfliktpunkt zu entschärfen, reichte die Bundesregierung im Laufe des Prüfverfahrens am 2. Februar 2000 eine Liste mit 41 Arbeitsmarktregionen (AMR) einschließlich der Stadt Berlin ein, die einem Anteil von 17,7 % der Gesamtbevölkerung entsprechen. Sie tat dies allerdings mit dem Hinweis, von ihrer ursprünglichen

---

174 Ein entsprechendes Schreiben der Kommission an die Bundesregierung datiert vom 17.8.1999.

175 ABl. C 340 vom 27.11.1999, S. 8 ff.

176 Die Stellungnahme wurde der Kommission am 17.9.1999 per Fax übermittelt.

177 Am 12., 18. und 23. November 1999 in Brüssel und am 2. Dezember 1999 in Berlin.

178 Vgl. Stellungnahme des Landes Rheinland-Pfalz zur Neuabgrenzung der Fördergebiete der GRW - Beihilfe/ Maßnahme C 47/99, vom 21. Dezember 1999 (nachfolgend als „Stellungnahme Rheinland-Pfalz“ zitiert).

Rechtsauffassung, wonach eigentlich 23,4 % der Gesamtbevölkerung als förderfähig zu betrachten seien, nicht abzurücken.

Ein zweites Konfliktfeld, von dem Rheinland-Pfalz in besonderem Maße betroffen ist, ergab sich aus der Ankündigung der Kommission, in Zukunft den bisher praktizierten kleinräumigen Gebietstausch, die sogenannte Feinabgrenzung, nicht mehr zu gestatten. Von dieser Ablehnung „... wäre das zentrale Konversionsprojekt des Landes - der Flughafen Hahn - in außerordentlich negativer Weise betroffen."[179] In seiner Stellungnahme berief sich das Land auf die bisherige Praxis, wonach ein Gebietstausch in eng begrenztem Umfang[180] auch von der EU-Kommission toleriert worden war. Die Kommission ließ in ihrer Entscheidung vom 14. März 2000 jedoch keine Feinabgrenzung zu und bestand weiterhin auf dem abgesenkten Plafond in Höhe von 17,6 % der deutschen Gesamtbevölkerung[181]. Nach einer Sitzung des GRW-Planungsausschusses am 20. März 2000 kündigte der Bundeswirtschaftsminister an, daß die Bundesrepublik Deutschland gegen diese Kommissionsentscheidung vor dem Europäischen Gerichtshof klagen werde[182]. Die Klageschrift ist mittlerweile bei dem EuGH anhängig gemacht worden. Nach Auskunft eines Gesprächspartners rügt die Bundesregierung den mit der „diskretionären Anpassung" des Fördergebietsbevölkerungsplafonds verbundenen (vermeintlichen) Verstoß der EU-Kommission gegen den Gleichbehandlungsgrundsatz. Das Verbot der Feinabgrenzung ist dagegen nicht Gegenstand der Klage, obwohl einige Länder, darunter Rheinland-Pfalz, dafür plädiert hatten[183].

Um nicht auf den - ungewissen - Ausgang der gerichtlichen Auseinandersetzung warten zu müssen, die sich zudem über eine längere Zeit hinziehen wird, suchte der Planungsausschuß nach einer Variante, die einerseits

179 Aus dem Anschreiben des Wirtschaftsministers an den EU- Wettbewerbskommissar zur Stellungnahme Rheinland-Pfalz, die auf S. 5 ff. die Konversionsproblematik ausführlich behandelt. Zur Bedeutung der Förderung des Konversionsprozesses, insbesondere den Flughafen Hahn, vgl. auch LT-Drs. 13/5015, S. 47 f.

180 In Rheinland-Pfalz wären davon rund 30.000 Einwohner betroffen, d. h. bei einer Gesamtbevölkerung im GRW-Fördergebiet von rund 800.000 ergäbe das weniger als 4 Prozent.

181 Entscheidung der Kommission vom 14. März 2000 zur Neuabgrenzung der Fördergebiete der GRW in Deutschland für den Zeitraum vom 1.1.2000 bis 31.12.2003 - Westdeutschland und Berlin, K(2000) 809 endg.

182 Vgl. o. V., Bund will höhere EU-Förderung einklagen. Kürzungen an Mitteln aus der Gemeinschaftsaufgabe für die West-Länder, F.A.Z. Nr. 68 vom 21.3.2000, S. 19.

183 Vgl. Gesprächsprotokoll RP 9, 2. Teil.

die Fortsetzung der Förderung ermöglicht, indem sie die Kommissionsauflagen erfüllt, zugleich jedoch die eigene Rechtsauffassung widerspiegelt. Danach hat die GRW-Gebietskulisse in Westdeutschland derzeit folgendes Aussehen: Die 41 strukturschwächsten AMR, die 17,7 % der Gesamtbevölkerung und damit den Vorgaben der EU-Kommission entsprechen, werden als „normales" C-Fördergebiet behandelt. Die 19 in der Rangliste folgenden AMR, die nach Auffassung des GRW-Planungsausschusses ebenfalls zum Gesamtgebietsplafond von 23,4 % gehören und ihrerseits etwa 5,7 % der Bevölkerung umfassen, bilden eine neu geschaffene Kategorie: In diesen sogenannten D-Fördergebieten wird mit abgesenkten Beihilfesätzen gefördert, die sich an der de-minimis-Regelung und dem KMU-Gemeinschaftsrahmen[184] orientieren.

5.6.6 Bewertung

Die von der EU-Kommission vorgenommenen „Berichtigungen" der nach objektiven Kriterien errechneten nationalen Fördergebietsplafonds, in deren Folge sich die Bevölkerungshöchstgrenze für Deutschland in dem beschriebenen Maße verringerte, stellen eine Ungleichbehandlung der Mitgliedstaaten dar, für die es keine wettbewerbsrechtliche Begründung gibt. Auch strukturpolitisch erscheint es wenig sinnvoll, Regionen, die nach objektiven Kriterien als förderfähig einzustufen wären, aus dem Plafond „herauszurechnen", um dafür die Aufnahme von Gebieten in anderen Mitgliedstaaten zu ermöglichen, die diesen Maßstäben im strengen Sinne nicht genügen. Der damit verbundene Verteilungseffekt ist politisch gewollt, führt jedoch zu einer Benachteiligung jener Mitgliedstaaten, die nicht von den „Korrekturfaktoren" profitieren können. Eine zweite Verletzung des Grundsatzes der Gleichbehandlung ist darin zu sehen, daß für die ehemaligen Strukturfondsfördergebiete eine Übergangsregelung geschaffen wurde, damit die Förderung nicht abrupt endet[185]. Für ausscheidende nationale Fördergebiete sind derartige phasing out-Regelungen dagegen nicht vorgesehen. Auch für diese Ungleichbehandlung gibt es weder eine wettbewerbs- noch eine strukturpolitische Begründung.

Absprachen zwischen den Bund-Länder-Vertretern und dem Wettbewerbskommissar hatten es den zuständigen deutschen Behörden in der Vergangenheit gestattet, in begründeten Einzelfällen und in engem Rahmen

---

184 ABl. C 213 vom 23.7.1996, S. 4 ff.

185 Nach Art. 6 Abs. 2 der Verordnung 1260/99 des Rates mit allgemeinen Bestimmungen über die Strukturfonds, ABl. L 161 vom 26.6.1999, S. 1 ff. (S. 10).

durch einen Gebietsaustausch[186] auch solche Regionen mit erheblichen Strukturproblemen ins Fördergebiet aufzunehmen, die sich anhand der Indikatoren nicht als besonders problematisch dargestellt hätten. Die sogenannte Feinabgrenzung erhöhte somit den Spielraum der regionalen Behörden und damit letztlich die Flexibilität des Mitteleinsatzes[187]. Dieser im Rahmen der GRW-Förderung bisher übliche kleinräumige Gebietstausch ist zwar in den Kommissionsleitlinien für Regionalbeihilfen vom Dezember 1997[188] nicht explizit vorgesehen. Zudem legen die genannten Leitlinien fest, daß die Gebietsauswahl anhand einer homogenen geographischen Meßeinheit erfolgen soll. In Deutschland haben sich Bund und Länder daraufhin geeinigt, nicht die übliche NUTS III-Ebene (Kreise) zu benutzen, sondern auf die Abgrenzung nach Arbeitsmarktregionen (AMR) zurückzugreifen, da auf diese Weise bestehende sozioökonomische (Pendler-)Verflechtungen besser berücksichtigt werden können. Dieses Vorgehen wurde von der Kommission ausdrücklich akzeptiert. Nicht einverstanden erklärte sie sich dagegen mit der anschließenden, bisher üblichen „Abrundung" des Fördergebietes durch einen Gebietstausch in begrenztem Umfang. Nach Ansicht des Bundes und der Länder dient die Feinabgrenzung der Umsetzung des Zieles, die Förderung auf die am stärksten benachteiligten Gebiete zu konzentrieren. Sie entspreche damit dem Geist der Leitlinien. Diese Argumentation wird jedoch „... von der Kommission nicht geteilt."[189]

Das Beharren auf der ausschließlichen Verwendung einer einzigen geographischen Meßeinheit bei der Festlegung der Förderkulisse führt dazu, daß Gebietsteile mit ernsten Strukturproblemen dann nicht gefördert werden können, wenn die Gebietseinheit - im deutschen Fall die entsprechende Arbeitsmarktregion (AMR) - insgesamt nicht als förderfähig eingestuft wird. Umgekehrt kann es bei einem solchen Vorgehen zu Fällen kommen, wonach eine AMR Förderstatus erhält, obwohl einige ihrer Teile keine besonderen Strukturprobleme aufweisen. Ein umfänglich begrenzter Gebietstausch verfolgt gerade das Ziel, diese Effekte auszuschließen. Die Feinabgrenzung sollte deshalb weiterhin zugelassen werden bei strikter Einhaltung

---

186 Die Größenordnung des Gebietsaustausches belief sich Anfang der 1990er Jahre auf rund sechs Prozent des Gesamtplafonds; vgl. *Benterbusch* 1994, S. 135;

187 Auf diese Weise konnte die stark von den Folgen des Truppenabzugs betroffene Region Kaiserslautern im Jahre 1994 kurzfristig in das Fördergebiet aufgenommen werden; vgl. ausführlicher vorstehend Abschnitt 4.3.

188 ABl. C 74 vom 10.3.1998, S. 9 ff.; vgl. ausführlicher vorstehend Abschnitt 5.6.2.

189 Rn. 73 der Entscheidung der Kommission vom 14.3.2000 zur Neuabgrenzung der Fördergebiete der GRW in Deutschland für den Zeitraum vom 1.1.2000 bis 31.12.2003 - Westdeutschland und Berlin, K(2000) 809 endg.

der nach objektiven Kriterien festgelegten Fördergebietsbevölkerungshöchstgrenze, d. h. für die aufgenommenen Gebiete müssen in gleichem Umfang Gebiete aus der Förderkulisse „entlassen“ werden.

5.7 Kritische Würdigung der europäischen Beihilfenkontrolle

Die EWG war bei ihrer Gründung eine primär wirtschaftlich motivierte Gemeinschaft, die die Herstellung und den Schutz eines möglichst unverfälschten Wettbewerbs von Anfang an in den Mittelpunkt ihrer Aktivitäten rückte. Entsprechende rechtliche Kompetenzen wurden der Kommission deshalb bereits in den Gründungsverträgen von den Mitgliedstaaten ausdrücklich übertragen. Heute darf allerdings bezweifelt werden, „... ob die Mitgliedstaaten diese Grundentscheidung im selben Maße getroffen hätten, wenn sie die Autonomie, welche die Kommission mittlerweile auf dem Gebiet der Beihilfenaufsicht erlangt hat, hätten voraussehen können.“[190] Der Bereich Regionalbeihilfen stellte in den ersten Jahren der Gemeinschaft noch keinen Schwerpunkt der Kommissionsaufsicht dar, was sich im Verlaufe der Integration immer neuer Politikfelder jedoch ändern sollte. Bereits Ende der sechziger Jahre hatte die Kommission begonnen, ihre Wettbewerbskontrolle mehr und mehr auch auf den Bereich staatlicher Beihilfen mit regionaler Zielsetzung auszudehnen. Die Ausdifferenzierung des gemeinschaftlichen Regelwerkes in diesem Bereich durch die verantwortliche Generaldirektion führte aus Sicht ihrer Kritiker jedoch auch dazu, daß aus dem „wettbewerbspolitischen Kontroll- zunehmend ein regionalpolitisches Koordinierungsinstrument“[191] wurde. Dies veranlaßte Edmund Stoiber, bereits im Jahre 1987 von einem „Kreuzzug“[192] der Kommission gegen die Regionalförderung zu sprechen. Eine aktuellere, wertungsneutrale Einschätzung kommt bezogen auf Deutschland zu folgendem Bild: „Die von der Kommission ausgeübte Beihilfenkontrolle (...) tangiert den weitgehend in die Länderverantwortung fallenden Bereich regionaler Wirtschaftsförderung.“[193]

Seit der durch die EEA beschlossenen Errichtung eines Gemeinsamen Marktes und den sich anschließenden weiteren Integrationsschritten hat die Kommission ihre Aktivitäten in dem Bereich der Wettbewerbs- und Beihil-

---

190 *Hobe* 2000, S. 48.

191 *Nägele* 1997, S. 114.

192 *Stoiber* 1987, S. 547. Ähnlich drastisch die aktuelle Kritik von *Tetsch* 1999a.

193 *Donoth* 1996, S. 43.

fenkontrolle weiter intensiviert, was u. a. in einer Vielzahl von Entscheidungen sowie in der Entwicklung von beihilferechtlichen Leitlinien und Gemeinschaftsrahmen für verschiedene Branchen zum Ausdruck kommt. Unterstützt wird sie dabei von dem EuGH, der ihr in ständiger Rechtsprechung einen weiten Ermessensspielraum einräumt und sich in seiner gerichtlichen Kontrolle auf Verfahrensfragen und auf eventuellen Ermessensfehlgebrauch konzentriert[194]. Mit den beschriebenen Regelwerken sowie ihrer darauf aufbauenden Entscheidungspraxis determiniert die Kommission den Rahmen für die nationale Strukturpolitik. Da die regionale Wirtschaftsförderung nach der Herstellung des Binnenmarktes und den ersten Schritten auf dem Weg zur Einführung einer gemeinsamen Währung eine der wenigen noch verbleibenden Möglichkeiten zur Verbesserung der Standortqualität darstellt, empfinden die Mitgliedstaaten die „... Beihilfenkontrolle häufig weniger als begrüßenswerte Maßnahme zum Schutz des Wettbewerbs denn als eine unwillkommene Einschränkung ihrer Gestaltungsmöglichkeiten."[195] Es besteht somit ein konfliktreiches Spannungsverhältnis[196] zwischen dem generellen europarechtlichen Beihilfenverbot, das durch bestimmte Ausnahmen durchbrochen wird, und dem Streben nach möglichst unbeschränkter Umsetzung nationaler und regionaler Gestaltungsansprüche auf dem Gebiet der Strukturförderung.

Problemverschärfend wirkt sich der Regel-Ausnahme-Charakter der Bestimmungen des Art. 87 Abs. 3 EGV aus, weil die Kommission bei der Genehmigung oder Versagung staatlicher Beihilfen einen weiten Ermessensspielraum hat. Logische Folge der interpretationsbedürftigen Formulierung einzelner Ausnahmetatbestände sind die kontrovers geführten Auseinandersetzungen zwischen der Kommission und einigen Mitgliedstaaten bei der Auslegung der Bestimmungen. Für die deutschen Länder, wie auch für die subnationalen Untergliederungen in anderen Mitgliedstaaten, besteht eine weitere Schwierigkeit darin, daß die Verhandlungen mit der Kommission in der Regel von den zentralstaatlichen Instanzen geführt werden. Da dies

194 Kritisch äußert sich dazu *Sinnaeve* (1997, S. 274), die u. a. feststellt: „Die EuGH-Rechtsprechung schützt die Position des Beihilfeempfängers zu wenig."; vgl. ebenso *Lübbig* 1999, S. 254. Zu der „verfassungsgerichtsähnlichen" Verantwortung des Gerichts Erster Instanz (EuG) in Beihilfefragen sowie zu dem Reformbedarf in der Zuständigkeitsverteilung zwischen EuGH und EuG im Bereich staatlicher Beihilfen vgl. *Nemitz* 2000, S. 441 ff.

195 *Schütterle* 1995, S. 393.

196 Vgl. *Hobe* 2000, S. 36 ff., der das „... Spannungsverhältnis zwischen Subventionsnotwendigkeit und Beihilfenverbot" am Beispiel des wirtschaftlichen Wiederaufbaus in Ostdeutschland beleuchtet.

nicht öffentlich geschieht, kann den Ländern die Verhandlungsstrategie der Bundesregierung verborgen bleiben, denn üblicherweise werden ganze Pakete von Beihilfefällen verhandelt, was einerseits den Verhandlungsspielraum erhöht („package dealing"), andererseits jedoch die Möglichkeiten zur Einflußnahme im Einzelfall einschränkt[197].

Nicht nur der Freistaat Sachsen war bereits, wie vorstehend beschrieben, in Sachen staatliche Beihilfen Streitpartei vor dem EuGH. Auch das zweite Referenzland, Rheinland-Pfalz, mußte sich wiederholt für europarechtswidrig gewährte Subventionen verantworten, so z. B. im Fall „Primäraluminiumhersteller"[198] oder im Fall „Alcan"[199]. Allerdings darf nicht der Eindruck entstehen, daß die gemeinschaftliche Beihilfenaufsicht ausschließlich Nachteile für die Mitgliedstaaten, ihre Regionen und insbesondere für die Bürger mit sich bringt. Unbestritten ist, daß die Handlungsautonomie nationaler und subnationaler Akteure in dem Bereich regionaler Strukturförderung eingeschränkt wird. Auf der „Haben-Seite" steht dagegen ein - schwer zu quantifizierendes - höheres Maß an Rechtssicherheit des wirtschaftlich tätigen und steuerzahlenden Bürgers gegenüber staatlicher Subventionswirtschaft. Unter dem Stichwort „Schutz vor einem Subventionswettlauf und daraus resultierenden Wettbewerbsverzerrungen" wies ein Kommissionsbeamter exemplarisch auf die wirtschaftlichen Aktivitäten zur Sicherung des Standortes Buna in den neuen Bundesländern hin. Dem interessierten Investor Dow Chemicals sollten ursprünglich rund 14 Mrd. DM an staatlicher Unterstützung gezahlt werden. Die Kommission genehmigte davon letztlich nur etwa 10 Mrd. DM: „Dadurch wurden dem Steuerzahler 4 Milliarden DM gespart."[200] Auch zu diesen - relativ gesehen - schlechteren Konditionen war der Investor bereit, sich an dem Standort zu engagieren. Durch die Intervention der Kommission konnte letztlich ein Mitnahmeeffekt von rund 4 Mrd. DM verhindert werden. Ein supranationales Beihilfenregime, das

---

197 Derzeit (Stand März 2000) liegen rund 120 Beihilfefälle aus Deutschland zur Entscheidung bei der Kommission; vgl. Gesprächsprotokoll EU 11; vgl. auch *Nägele* 1997, S. 114.

198 EuGH, Rechtssache 94/87, Slg. 1989, S. 175 ff.; vgl. auch *Diehm* 1998, S. 166.

199 Urteil des EuGH vom 20.3.1997, Rechtssache C-24/95, Slg. 1997, S. 1591 ff.; vgl. Anmerkung *Hoenike*, in: EuZW 7/1997, S. 279 f. Dieser Fall wurde in der Literatur unter verwaltungsrechtlichen Gesichtspunkten kontrovers diskutiert. Während *Scholz* (1998, S. 265) in dem Urteil einen Kompetenzverstoß des EuGH durch eine „Überstrapazierung seiner richterrechtlichen Befugnisse" zu erkennen meint, lehnt die Mehrzahl der Autoren diese Position ab; vgl. stellvertretend *Winkler* 1999, *Frowein* 1998; vgl. auch *Hanf* 1999.

200 Gesprächsprotokoll EU 4.

nach dem Grundsatz der Gleichheit auf alle Mitgliedstaaten angewandt wird, bietet somit erstens die Gewähr für den Schutz der Unternehmen vor unlauterem Wettbewerb. Auch ist ein Subventionswettlauf zwischen den Mitgliedstaaten und ihren Regionen, an dem Deutschland als Wirtschaftsstandort und als Exportnation kein Interesse haben kann, nur noch sehr eingeschränkt möglich[201]. Die Begrenzung der öffentlichen Subventionswirtschaft ist zweitens in letzter Konsequenz zum Vorteil der Steuerzahler, wenngleich die Handlungsspielräume nationaler und subnationaler staatlicher Akteure bei der Gewährung von Beihilfen dadurch eingeschränkt werden können.

In der EU-Kommission entsteht in bezug auf Beihilfefragen zuweilen der Eindruck, daß sich Deutschland „scheinheilig"[202] verhält: Einerseits wird bei offiziellen Anlässen immer wieder eine strenge Beihilfenaufsicht gefordert. Wenn es dann jedoch um eigene Aktivitäten auf diesem Gebiet geht, sollen Ausnahmen gemacht werden. Eine derartige „Sonderbehandlung" kann jedoch nicht im Gemeinschaftsinteresse liegen, dem sich insbesondere die Kommission verpflichtet fühlt. Jede (ungerechtfertigte) Ausnahme würde das im Beihilfenbereich ohnehin „sehr labile Gleichgewicht"[203] zwischen den Mitgliedstaaten empfindlich stören. Durch die mit der Einhaltung der WWU-Konvergenzkriterien verbundenen Haushaltszwänge und den Wegfall der Möglichkeit, negative wirtschaftliche Entwicklungen durch Wechselkurskorrekturen abzufedern, haben sich die wirtschaftspolitischen Handlungsspielräume der Mitgliedstaaten im Rahmen des sich verschärfenden Standortwettbewerbs deutlich verkleinert[204]. In dieser Situation fällt mehr als zuvor ins Gewicht, daß die EU selbst als „potenter Beihilfenzahler"[205] auftritt, der keiner effektiven, wettbewerbsorientierten Aufsicht unterliegt. In Art. 29 Abs. 3 der VO 1260/99[206] heißt es zwar: „Bei Unternehmensinvestitionen erfolgt die Beteiligung der Fonds unter Beachtung der zulässigen Beihilfeintensität und der Kumulierungsregeln für staatliche Beihilfen." Die Kontrolle erfolgt allerdings „indirekt", da nur die nationalen Maßnahmen der Notifizierungspflicht unterliegen. In der Praxis kann das dazu führen, daß eine EU-Förderung nicht zu Stande kommt, weil für die nationale Kofi-

---

201 Vgl. *Nass* 1998, S. 104.

202 Diesen Ausdruck prägte ein Kommissionsbeamter des Juristischen Dienstes; vgl. Gesprächsprotokoll EU 4.

203 So ein Vertreter der GD Wettbewerb; vgl. Gesprächsprotokoll EU 8.

204 Vgl. *Franzmeyer* 1999, S. 49.

205 *Koenig/Kühling* 1999, S. 519.

206 ABl. L 161 vom 26.6.1999, S. 1 ff. (S. 25); vgl. auch *Sinnaeve* 1997, S. 33 f.

nanzierung keine Genehmigung vorliegt[207]. Der Europäische Rechnungshof kontrolliert seinerseits lediglich die haushaltsrechtliche Ordnungsmäßigkeit der Mittelverwendung, nicht aber die wettbewerbspolitischen Implikationen der EU-Fördermaßnahmen. Stärker als bisher kommt es in Zukunft deshalb darauf an, nicht nur die Auswirkungen der Förderprogramme auf den Wettbewerb zwischen den Unternehmen, sondern auch auf den Standortwettbewerb zwischen den Mitgliedstaaten und ihren Regionen zu beachten. Wenn dies weiterhin vernachlässigt wird, kann die EU-Förderung zu dem Effekt führen, den die EU-Beihilfenaufsicht auf jeden Fall vermeiden will - zu Wettbewerbsverzerrungen, die in diesem Fall die nicht geförderten Regionen unverhältnismäßig benachteiligen.

Fallstudie I hat deutlich gemacht, daß die neuen Länder mit enormen Strukturproblemen konfrontiert waren und noch immer sind. Aus diesem Grund entschied sich der Freistaat Sachsen, eine Subvention in beträchtlicher Größenordnung an die Volkswagen AG zu zahlen, um deren Investitionen an die Standorte Mosel, Zwickau und Chemnitz zu binden. Eine Begründung für die Höhe der staatlichen Beihilfe bestand u. a. darin, daß im Falle der Nichtgewährung die Gefahr einer Abwanderung des Investors nach Osteuropa bestanden hätte[208]. Die Zahlung dieser Subvention hat somit neben dem Ziel der Schaffung und Sicherung von Arbeitsplätzen zugleich eine protektionistische Komponente des Schutzes gegenüber osteuropäischer Konkurrenz[209]. Daß sich der Wettbewerbsdruck auf die sächsischen Unternehmen, insbesondere im grenznahen Raum, nach einer Erweiterung der EU um Polen und die Tschechische Republik drastisch erhöhen wird, kann als sicher gelten. Allgemein wird davon ausgegangen, daß die neuen Länder nach Ablauf der aktuellen Förderperiode im Jahre 2006 keinen Ziel 1-Status mehr haben werden, sondern bestenfalls noch mit einer befristeten Übergangsunterstützung werden rechnen können. Bisher fehlen jedoch konkrete Planungen, wie den neuen Herausforderungen im Rahmen der dann weitaus bescheideneren finanziellen Möglichkeiten begegnet werden soll[210].

---

207 Ein Interviewpartner sprach in diesem Zusammenhang von „Wertungswidersprüchen" zwischen dem Kohäsions- und dem Wettbewerbsziel; vgl. Gesprächsprotokoll EU 11.

208 Aufgrund der niedrigeren Lohn- und sonstigen Produktionskosten; vgl. Sächsische Staatskanzlei 1996.

209 Nach Meinung von *Bulmer* et al. (2000, S. 112) stellte die VW-Beihilfe die „... protectionist response to the competitive challenge of enlargement by the Saxon government" dar.

210 Vgl. Gesprächsprotokoll SN 11.

„Das 'Grundübel' des europäischen Beihilfenrechts ist seine relative Intransparenz."[211] An diesem Befund hat die Vertragsrevision von Amsterdam nichts geändert. Durch die anschließende Verabschiedung einer Ermächtigungsverordnung für Gruppenfreistellungen[212] und einer Verfahrensverordnung für die Beihilfenkontrolle[213] wurde jedoch die Möglichkeit für mehr Transparenz und größere Rechtssicherheit auf Seiten der Mitgliedstaaten bei gleichzeitiger „Verwaltungsvereinfachung und Arbeitsentlastung"[214] für die Kommission geschaffen. Die mit den beiden Verordnungen verbundene Kodifizierung der gemeinschaftlichen Verfahren stellt „einen historischen Schritt"[215] in der europäischen Beihilfenkontrolle dar. Die neuen Regelungen können den Verfahrensaufwand verringern und zugleich die Planungssicherheit erhöhen, da sie eine beschränkende (Selbst-)Bindung der Kommission bei der Ermessensausübung beinhalten. Wie sich diese neuen Regelungen in der Praxis auswirken, kann momentan nicht abschließend bewertet werden, da noch keine Erfahrungen vorliegen: Bisher wurde keine Gruppenfreistellungsverordnung erlassen. Für die Bereiche KMU, Forschung und Entwicklung, Umwelt, Ausbildung und Beschäftigung sind entsprechende Kommissionsentwürfe in Vorbereitung[216].

Die derzeitige Kompetenzverteilung im Bereich der europäischen Beihilfenaufsicht soll nicht prinzipiell in Frage gestellt werden: „Eine dem Gemeinschaftsinteresse verpflichtete Kommission scheint am ehesten in der Lage, eine ausgewogene Lösung des Zielkonflikts zwischen Wettbewerbsschutz einerseits und sachpolitischen Zielen des beihilfegewährenden Mitgliedstaats andererseits zu finden."[217] Es ist Aufgabe der Kommission, staat-

---

211 *Ehlermann/Schütterle* 1996, S. 235.

212 VO Nr. 994/98 des Rates vom 7. Mai 1998, ABl. L 142 vom 14.5.1998, S. 1 ff.

213 VO Nr. 659/99 des Rates vom 22. März 1999, ABl. L 83 vom 27.3.1999, S. 1 ff.

214 *Schweda* 2000, S. 240; vgl. ebenso *Schneider* 1999, S. 47 ff.; vgl. auch *Dohms* 1999, S. 236.

215 Nach Meinung von *Sinnaeve* 2000, S. 277; vgl. ebenso *Held* 2000, S. 8 f.

216 Vgl. Kommission 1999a, S. 92. Derzeit werden zwei Verordnungsentwürfe für KMU und den Bereich Ausbildungsbeihilfen diskutiert, die noch im Jahr 2000 erlassen werden sollen; vgl. *Koenig/Kühling* 2000, S. 1072.

217 *Schütterle* 1995, S. 391. Er schließt in diesem Zusammenhang folgende Alternativen – mit unterschiedlicher Begründung – aus: 1. die generelle Wahrnehmung der Entscheidungskompetenz durch den Rat, 2. die Übertragung der Kontrollkompetenz durch die Mitgliedstaaten, 3. die Schaffung einer eigenständigen Behörde (analog dem Bundeskartellamt). *Schmidt* (1999, S. 138 ff.) fordert dagegen die Schaffung einer unabhängigen europäischen Wettbewerbsbehörde.

liche Beihilfen auf ihre Vereinbarkeit mit den Bestimmungen des Gemeinsamen Marktes zu überprüfen, insbesondere in den Bereichen umfassender Gemeinschaftszuständigkeit (Kohle und Stahl, Landwirtschaft etc.). Gleichzeitig verfügen die Mitgliedstaaten jedoch nach wie vor über Kompetenzen von substantiellem Gewicht, deren Autonomiegrad je nach Politikfeld differiert. In diesen Bereichen hat die Kommission ganz im Sinne des Subsidiaritätsprinzips gemäß Art. 5 EG-Vertrag auf die Verantwortung der Mitgliedstaaten Rücksicht zu nehmen und deren Entscheidungsprärogative zu achten. Dazu gehören auch Fragen der eigenverantwortlichen Fördergebietsfestlegung sowie die Vergabeentscheidungen bei staatlichen Subventionen im Rahmen gemeinschaftsweit geltender Standards.

Die Praxis zeigt ein anderes Bild: Mit dem Instrument der Beihilfenkontrolle, insbesondere durch die Plafondierung der „nationalen Fördergebietsbevölkerungshöchstgrenzen", greift die Kommission direkt oder indirekt in die Regionalförderung der Mitgliedstaaten ein. Hierin wird das Selbstverständnis der Kommission auf dem Gebiet der EU-Beihilfenkontrolle deutlich, die sich in erster Linie als Hüterin des fairen Wettbewerbs betrachtet, regional-, kohäsions- und industriepolitische Ziele in ihrer Genehmigungspraxis aber nicht ausblendet. Der ehemalige Wettbewerbskommissar van Miert erklärte bereits zu Beginn seiner Amtszeit: „Die Wettbewerbspolitik der Kommission findet nicht in einem Vakuum statt. Sie hat stets auch ihre Auswirkungen in anderen Politikbereichen der Kommission mit in Betracht zu ziehen, wie etwa Industrie-, Regional-, Sozial- und Umweltpolitik."[218] In der praktischen Umsetzung ergibt sich die unter Subsidiaritätsaspekten problematische Tendenz, die Beihilfenaufsicht zunehmend für fachpolitische Zielsetzungen zu instrumentalisieren, indem beispielsweise eine ausgleichsorientierte Regionalpolitik durch eine unterschiedlich strenge Auslegung der Ausnahmetatbestände betrieben wird[219].

Die Kommission hat das zwischen der Wettbewerbs- und der Regionalpolitik bestehende Kohärenzproblem erkannt, das sich aus dem unterschiedlichen Vergemeinschaftungsgrad der beiden Politikfelder und den daraus resultierenden verschiedenen Kompetenzverteilungen ergibt: „Da aber mehrere Akteure mit unterschiedlichen Befugnissen, Zielen und Zeitplänen impliziert sind, lassen sich die beiden Politikbereiche nur schwer koordinie-

---

218 *Van Miert* 1995, S. 554; vgl. auch *Koenig/Kühling* 1999, S. 519.

219 Vgl. *Waniek* 1996, S. 465.

ren."[220] Der Ausweg aus diesem Koordinationsdilemma kann jedoch nicht darin bestehen, daß die Kompetenzverteilung des vergemeinschafteten Politikfeldes faktisch auf andere Bereiche übertragen wird: Auf dem Gebiet der Genehmigung staatlicher Beihilfen ist die Kommission ausschließlich zuständig, während die Gewährleistung einer regional ausgewogenen wirtschaftlichen Entwicklung originäre Aufgabe der nationalen und subnationalen Akteure ist. Aus diesem Grund dürfen bei der wettbewerbsrechtlichen Bewertung nationaler Fördersysteme nicht strengere Maßstäbe angelegt werden als bei den Regelungen zur Gemeinschaftsförderung, beispielsweise bei der Gewährung von Übergangsunterstützung an ausscheidende Fördergebiete. Die Ungleichbehandlung der Mitgliedstaaten, die sich aus den politisch motivierten „Berichtigungen" der nationalen Fördergebietsbevölkerungshöchstgrenzen ergibt, trägt unter kohäsionspolitischen Gesichtspunkten nicht zur Problemlösung bei und ist deshalb abzulehnen. Kohärenz zwischen Wettbewerbs- und Regionalpolitik darf schließlich nicht bedeuten, daß die nationalen Fördergebietskarten völlig identisch mit der Gebietskulisse der Gemeinschaftsförderung sein müssen. Die berechtigte Forderung nach deren weitgehender Übereinstimmung bedeutet im Umkehrschluß, daß den nationalen und regionalen Entscheidungsträgern Spielraum zu kleinräumiger Feinabgrenzung erhalten bleiben muß. Folglich stellt das Verbot des bisher akzeptierten und erfolgreich praktizierten Fördergebietsaustausches in der Kommissionsentscheidung zum GRW-Rahmenplan einen kohäsionspolitisch nicht gerechtfertigten Eingriff in den Kompetenzbereich der Länder dar.

Der Beitrag der EU-Strukturfonds zur Regionalförderung darf weiterhin lediglich ergänzenden Charakter tragen. Im Rahmen der Gemeinschaftsinitiativen hat die EU-Kommission zudem die Möglichkeit, eigenständige Prioritäten zu setzen. Diese Option sollte beibehalten und intensiv genutzt werden, insbesondere auf dem Gebiet der grenzüberschreitenden Kooperation[221]. Angesichts der bevorstehenden Erweiterungen erscheinen radikale Veränderungen des bisherigen Fördersystems im Sinne einer neuen Arbeits- und Lastenteilung unausweichlich. Ein Ausweg aus dem bereits heute prognostizierbaren Dilemma, daß mit einer gleichbleibenden oder rückläufigen Mittelausstattung immer mehr Anspruchsberechtigte zu befriedigen sein

---

220 Problemdiagnose aus dem Entwurf einer Mitteilung der Kommission an die Mitgliedstaaten über die Regionalpolitik und die Wettbewerbspolitik, ABl. C 90 vom 26.3.1998, S. 3 f.

221 Der Stellenwert der Gemeinschaftsinitiativen wird sich auch in der Organisationsstruktur der entsprechenden Kommissionsdienststelle niederschlagen: In der GD Regio soll es zukünftig für INTERREG und URBAN ein eigenes Referat geben; vgl. Gesprächsprotokoll EU 9.

werden, könnte darin bestehen, die Förderung nach 2006 auf die bedürftigsten Regionen (analog Ziel 1) zu beschränken[222]. Die gegenwärtigen Förderziele 2 und 3 sollten verstärkt in nationaler Verantwortung konzipiert und umgesetzt werden, wobei die europäische Ebene beispielsweise im Bereich der Arbeitsmarktpolitik verstärkt als Koordinator (benchmarking), aber weniger als „Programmierer" einer EU-Beschäftigungspolitik auftreten würde. Freilich ist bei der Umsetzung solch tiefgreifender Reformen mit dem massiven Widerstand der bisher Begünstigten zu rechnen. Welche Auswirkungen das Einstimmigkeitsprinzip in Verbindung mit dem nach wie vor dominierenden Modus der Besitzstandswahrung haben kann, zeigen die Erfahrungen vorangegangener Erweiterungs- und Reformrunden.

222 Vgl. Gesprächsprotokoll EU 8.

6. Zusammenfassung der wesentlichen Aussagen

1. Europäisches Mehrebenensystem

Die fortgesetzte Abgabe staatlicher Souveränitätsrechte an die supranationale Ebene in immer neuen Politikfeldern („Europäisierung") hat aus den ursprünglich primär ökonomisch motivierten Europäischen Gemeinschaften eine Europäische Union werden lassen, die von dem Bundesverfassungsgericht als „Staatenverbund" und in der Literatur häufig als „Gebilde sui generis" bezeichnet wird. Die Einzigartigkeit des sich auf diese Weise herausgebildeten europäischen Mehrebenensystems besteht in der stark variierenden Kompetenzverteilung zwischen einzelnen Politikfeldern - bereits hochgradig vergemeinschafteten Bereichen, wie z. B. der Wettbewerbskontrolle, stehen Politikfelder mit paralleler, subsidiärer Zuständigkeit sowie Bereiche, die unverändert unter die nationale Souveränität fallen, gegenüber. Im Zuge des dynamischen Vergemeinschaftungsprozesses kam und kommt es zu Spill over-Effekten, d. h. die Aktivitäten der europäischen Ebene in einem Politikfeld zeitigen mittelbare Wirkungen in anderen Bereichen. Die politisch-administrativen Systeme der Mitgliedstaaten reagieren auf diesen Europäisierungstrend mit unterschiedlichen Anpassungsstrategien. Neben die grundsätzliche Abwehrhaltung gegen weitere Kompetenzverluste tritt dabei angesichts des erreichten Verflechtungsniveaus ein faktischer „Zwang zur Kooperation". Gleichzeitig eröffnet das Hinzutreten der supranationalen Ebene neue Handlungsoptionen und Koalitionsmöglichkeiten für subnationale Untergliederungen und gesellschaftliche Gruppen mit europäischen Akteuren, z. B. mit der Europäischen Kommission oder mit Regionen anderer Mitgliedstaaten im Rahmen des AdR, unter (bewußter) Umgehung der zentralstaatlichen Ebene. Die in der Bundesrepublik Deutschland sektoral bestehenden Bund-Länder-Netzwerke werden im Prozeß der Europäisierung um die relevanten supranationalen Akteure erweitert. Dadurch wächst der im deutschen föderalen System ohnehin hohe Koordinierungsaufwand exponentiell.

2. Europäisches Regieren

Europäisches Regieren wird angesichts der einzigartigen, von den nationalen Mustern abweichenden Strukturen geprägt durch spezifische Willensbildungs- und Entscheidungsfindungsprozesse. Der Prozeß zur absichtsvollen Herstellung allgemeinverbindlicher Entscheidungen ist auf supranationaler

Ebene ungeachtet des relativen Bedeutungszuwachses des Europäischen Parlaments und der beratenden Gremien (u. a. AdR) nach wie vor durch eine bipolare Machtverteilung gekennzeichnet. Zwei zentrale Institutionen mit unterschiedlich gelagerten Interessen, die Europäische Kommission und der Ministerrat, dominieren das Entscheidungssystem. Während die Kommission ihr Initiativmonopol dazu nutzt, den Ministerrat mit neuen Integrationsprojekten zu konfrontieren, sind die im Ministerrat versammelten Vertreter der nationalen Regierungen regelmäßig bemüht, einer zu starken Verselbständigung der Kommission entgegenzuwirken. Gleichzeitig liegt es jedoch im Interesse der Mitgliedstaaten, Handlungsmacht auf die Gemeinschaftsebene in all jenen Bereichen zu delegieren, die eine gemeinschaftsweite Problemlösung notwendig und sinnvoll erscheinen lassen. Die europäische Wettbewerbskontrolle gehört bereits seit den Gründungsverträgen zu diesen Politikfeldern.

3. Europäische Strukturpolitik

Regionale Strukturpolitik setzt sich aus einem Bündel (re-)distributiver, kohäsions- und allokationspolitischer Zielsetzungen zusammen. Die Begründung der Notwendigkeit ihrer Wahrnehmung auf europäischer Ebene erfolgt in erster Linie pragmatisch. Sie erweist sich als theoretisch wenig fundiert und als kontrovers in der Einschätzung ihrer Ausgestaltung und ihres Erfolges. Bisherige Vertiefungs- und Erweiterungsschritte, vor allem die grundlegenden Weichenstellungen in den 1980er und 90er Jahren mit der Vollendung des Binnenmarktes und der Schaffung der Wirtschafts- und Währungsunion, wurden durch Zahlungen im Rahmen der gemeinschaftlichen Strukturpolitik flankiert. Erweiterungen waren insbesondere dann von einer bedeutenden Erhöhung der Mittel für die Strukturfonds begleitet, wenn es sich um Beitritte wirtschaftsschwacher Kandidaten handelte. Außerdem kam es im Vorfeld jeder Erweiterungsrunde zu Forderungen der Altmitglieder nach Kompensationsleistungen für zu befürchtende Verschlechterungen der eigenen Position (Besitzstandswahrung). In derartigen Bargaining-Prozessen fungierte die Strukturfondsförderung als „Verhandlungsmasse", mit deren Hilfe für alle Akteure akzeptable Ergebnisse erzielt werden konnten (Katalysatorfunktion). Die Revision der grundsätzlichen Regelungen der Strukturfonds ist gemäß Art. 161 EG-Vertrag an konsensuale Verhandlungslösungen gebunden. Aus dieser vertraglichen Konstruktion, die für jeden Akteur eine Veto-Position bietet, ergibt sich die „doppelte Kompensationslogik" der europäischen Förderung: Einerseits ermöglicht sie teilweise massive Transfers in die am wenigsten entwickelten Gebiete. Auf der anderen Seite eröffnet das Einstimmigkeitserfordernis auch für die wohlhabenderen Mitgliedstaaten

Spielräume, in begrenztem Umfang Mittelrückflüsse aus den unterschiedlichen „Fördertöpfen" durchzusetzen. Da die Programme zeitlich befristet sind, besteht ein Druck zur Einigung, weil im negativen Falle der Status quo nach dem Ablauf der Förderperiode nicht erhalten bliebe. Der Programmcharakter der Strukturfondsförderung bildet somit einen wesentlichen Garantiemechanismus, um nicht zwangsläufig in eine „Politikverflechtungsfalle" (Scharpf) zu geraten. Der EU-Kommission eröffnen sich im Rahmen der europäischen Strukturfondsförderung Möglichkeiten, eigene Prioritäten zu setzen, insbesondere in Form von Gemeinschaftsinitiativen und bei Pilotprojekten.

4. Institutionen versus Netzwerke

Der europäische Politikzyklus ist geprägt durch folgende Merkmale:

- Multifunktionalität der Akteure (unterschiedliche Rollenanforderungen an die Akteure in verschiedenen Entscheidungsarenen, die sich u. a. aus wechselnden Koalitionsmöglichkeiten auf und zwischen den Ebenen ergeben),
- prozedurale Differenzierung (je nach behandelter Materie spezifische Beteiligungs- und Entscheidungsverfahren),
- Sektoralisierung der vertikalen Entscheidungsprozesse in einzelnen Politikfeldern (die zwischen Bund und Ländern bestehenden „Fachbruderschaften" werden durch die relevanten Akteure auf europäischer Ebene entsprechend erweitert mit dem Ergebnis einer zunehmenden „Versäulung" der Politikbereiche),
- Parallelität mehrerer Policy-Phasen (Implementation der laufenden Förderung, ihre Evaluierung und die Neuformulierung der Strukturfondsverordnungen finden praktisch zeitgleich statt) sowie
- einen Trend zur Informalisierung und Vernetzung der Akteursbeziehungen.

Insbesondere in der Phase der Entscheidungsvorbereitung erweisen sich informelle, netzwerkartige Beziehungen zwischen den Akteuren als unverzichtbar. Netzwerke sind jedoch nicht in der Lage, institutionalisierte Entscheidungsstrukturen vollständig zu ersetzen, sondern sie ergänzen diese durch neue For(m)en der Kommunikation und Kooperation. In dem politisch-administrativen Bereich finden netzwerkartig strukturierte Interaktionen insofern „im Schatten der Hierarchie" (Scharpf) statt. Je nach Phase des Politik-Zyklus bilden sich spezifische Netzwerktypen mit unterschiedlichen Akteurskonstellationen und divergierenden Machtverteilungen heraus.

Das „grundlegende Dilemma“ (Ridinger), in dem sich das programmorientierte Fördersystem auf europäischer Ebene befindet, besteht darin, daß eine Zentralinstanz wie die EU-Kommission, die weit von den regionalen Problemen entfernt ist und keinen eigenen Verwaltungsunterbau in den Mitgliedstaaten hat, nicht in jedem Fall die ausreichende Detailkenntnis und Sensibilität für eine den regionalen Problemen adäquate Förderung gewährleisten kann. Die Kommission handelt zudem nicht als „monolithischer“ Akteur: Im konkreten Fall können unterschiedliche Generaldirektionen konfligierende Ziele verfolgen. Gleiches gilt für die Regierungen auf Bundes- und Landesebene: Auch hier vertreten die einzelnen Ressorts im Zusammenhang mit (potenziellen) Fördertatbeständen spezifische Interessen. Dadurch tritt neben das Erfordernis vertikaler Koordination der Bedarf an horizontaler Abstimmung. Erhöht wird der Koordinierungsaufwand durch die Ausweitung der Beteiligung im Rahmen des Partnerschaftsprinzips.

5. Demokratische Legitimation und Kontrolle

Die lediglich pareto-optimalen Reformergebnisse des Berliner Gipfels offenbaren das grundlegende strukturelle Dilemma des europäischen Entscheidungssystems: das nach wie vor viele Politikfelder bestimmende Einstimmigkeitsprinzip mit allen daraus resultierenden Konsequenzen (Veto-Möglichkeit, Bargaining, Package-dealing). Die im Umkehrschluß häufig erhobene Forderung nach einem generellen Übergang zu Mehrheitsentscheidungen muß vor dem Hintergrund der Spezifika des europäischen Mehrebenensystems gesehen werden. Zwar würden dadurch Entscheidungen letztlich leichter gefällt, weil einzelne oder kleine Gruppen von Mitgliedstaaten überstimmt werden könnten, solange sie nicht über die erforderliche Sperrminorität verfügen. Ob sich dadurch die Problemangemessenheit der getroffenen Entscheidungen erhöhen würde, muß jedoch zumindest bezweifelt werden.

Aus demokratietheoretischer Sicht ist die Forderung nach genereller Geltung des Mehrheitsprinzips problematisch, weil dadurch – nach der gegenwärtigen Konstruktion der EU-Organe und ihrer Stellung zueinander – Entscheidungen getroffen werden könnten, die den Maßstäben demokratischer Legitimation und Kontrolle, wie sie im nationalen Rahmen gelten, nicht oder nur eingeschränkt gerecht werden. In Fällen, in denen die nationalen Regierungsvertreter im Ministerrat überstimmt werden, ist die Legitimationskette insofern unterbrochen als die Verantwortlichkeit der Regierung gegenüber dem nationalen Parlament ausgehebelt wird. Eine Kompensationsmöglichkeit wird in der „forcierten Parlamentarisierung“ der EU, insbesondere durch den weiteren Ausbau der Rechte des Europäischen Parlaments, gesehen. Solange es jedoch an grundlegenden Voraussetzungen dafür fehlt, daß das EP zu einem gleichberechtigten Partner im Gesetzgebungsprozeß wird, muß die demokratische Legitimation über die traditionellen, nationalen Mechanismen parlamentarischer Verantwortlichkeit und Kontrolle gesichert bleiben. Ergänzt werden kann diese „klassische" Form der Legitimation staatlichen Handelns durch folgende Elemente: Rechtsgebundenheit der Entscheidungen (Kontrolle durch den EuGH), Transparenz der Verfahren (Herstellung einer europäischen Öffentlichkeit) und verstärkte Partizipation gesellschaftlich relevanter Gruppen (Wirtschafts- und Sozialpartner).

6. Osterweiterung

Zur Erweiterung der heutigen Gemeinschaft um die Staaten Ostmittel- und Südosteuropas gibt es keine politische Alternative. Die Beitrittsverhandlungen mit den Kandidaten der „ersten und zweiten Reihe" haben begonnen und sind inzwischen unterschiedlich weit fortgeschritten. Über genaue Beitrittstermine kann derzeit ebenso nur spekuliert werden wie über die exakte Höhe der sich aus den Erweiterungen ergebenden finanziellen Mehrbelastungen für die EU. Eine Reform der Strukturfondsförderung nach Ablauf der aktuellen Förderperiode (2000-2006) ist unabdingbar, da eine lineare Fortschreibung des bisherigen Systems alle Beitrittsländer flächendeckend zu Fördergebieten mit höchster Priorität (Ziel 1) machen würde. Gleichzeitig verlören alle bisherigen Nettoempfänger ihre Ansprüche und würden zu Nettozahlern werden. Eine derartiges Szenario ist politisch nicht umsetzbar, da sich die Altmitglieder auf die Wahrung ihrer Besitzstände zurückzögen – notfalls unter Einsatz des Vetorechts. Der durch die Erweiterungen zunehmenden wirtschaftlichen und sozialen Heterogenität und den sich daraus zwangsläufig ergebenden regionalen Disparitäten muß folglich mit anderen Instrumenten begegnet werden. Eine Alternative wäre die noch stärkere Konzentration der Gemeinschaftsförderung auf die bedürftigsten Gebiete bei gleichzeitiger Beschränkung des Förderumfangs. Diese „Hilfe zur Selbsthilfe" müßte ergänzt werden durch die gezielte Förderung von Projekten im Rahmen der Gemeinschaftsinitiativen.

In der Literatur wird als weitere Alternative die Etablierung eines europäischen Finanzausgleichssystems diskutiert. Diese Option ist beim gegenwärtigen Integrationsstand jedoch nicht zu realisieren, da ein EU-Finanzausgleich angesichts der Größenordnung der notwendigen Transfers die Solidarität der Nettozahler überfordern würde. Die von neoliberalen Ökonomen geforderte völlige Abkehr von der Strukturfondsförderung („Keine Strukturpolitik ist die beste Strukturpolitik.") wird es auf absehbare Zeit jedoch ebenso nicht geben. Eine Mehrzahl der beteiligten Akteure, insbesondere die Begünstigten, werden auf die finanziellen Ressourcen und die Möglichkeiten zur Steuerung wirtschaftlicher Entwicklung auch in Zukunft nicht verzichten wollen. Sollte allerdings die Ernüchterung über die bisher insgesamt bescheidenen Erfolge beim gemeinschaftsweiten Abbau regionaler Disparitäten zur dominanten Einschätzung werden und sich mit den Prognosen über die hohen Kosten der Erweiterungen zu grundsätzlichen Zweifeln an der Fortsetzung der tradierten Förderstrategie verdichten, ist ein Szenario vorstellbar, in dem die regulativ geprägten Ökonomen ihre Aktivitäten auf andere, aus ihrer Sicht erfolgversprechendere Politikfelder verlagern könnten. Die Aufnahme des Kapitels zur Beschäftigungspolitik in den Amsterdamer Vertrag ist ein Indiz für eine beginnende strategische Neuorientierung.

7. Verhältnis Strukturfonds - GRW

Durch das mittlerweile stark ausdifferenzierte Förderinstrumentarium tritt die europäische Förderpolitik ganz oder teilweise in Konkurrenz zu den nationalen und subnationalen Aktivitäten. Andererseits eröffnen sich durch die Förderangebote der Gemeinschaft für die regionalen Akteure zusätzliche finanzielle und inhaltliche Gestaltungsspielräume. Um diese auch außerhalb der engen Grenzen der GRW-Förderung nutzen zu können, nahmen die Altbundesländer bereits Ende der 1980er Jahre eine Entkoppelung der EFRE-Förderung von den Mechanismen der Gemeinschaftsaufgabe vor. In den neuen Ländern existierte diese Koppelung dagegen bis Mitte der 1990er Jahre, bevor Sachsen zum Vorreiter einer (Teil-)Entkoppelung wurde - gegen den massiven Widerstand des BMWi, das dadurch den Einfluß der Bundesebene auf die regionale Strukturpolitik im allgemeinen und die Bedeutung der GRW im besonderen schwinden sah.

Das anspruchsvolle Programmplanungsverfahren der Strukturfondsförderung zwingt die um Fördermittel bemühten Verwaltungen der Mitgliedstaaten und ihrer Untergliederungen zu einer Auseinandersetzung mit dem eigenen Stärken- und Schwächenprofil bei der Aufstellung des Regionalentwicklungsplans. In einem zweiten Schritt müssen konzeptionelle Ziele formuliert werden, die im Rahmen einer partnerschaftlich erarbeiteten Förderstrategie (GFK) umgesetzt werden sollen. Die Konkretisierung dieses Förderkonzeptes erfolgt schließlich in Form Operationeller Programme oder im Rahmen eines Einheitlichen Programmplanungsdokumentes. Seit der Strukturfondsreform des Jahres 1993 sollen an der Planung und Durchführung der Förderung ausdrücklich auch die Wirtschafts- und Sozialpartner auf regionaler und lokaler Ebene beteiligt werden. Das Verfahren zur Aufstellung des GRW-Rahmenplanes ist dagegen lediglich zweistufig und auf die Vertreter der Exekutive des Bundes und der Länder beschränkt. Während im Planungsausschuß die politisch brisanten (Grundsatz-)Entscheidungen gefällt werden, obliegt die Lösung der Detailfragen dem Unterausschuß, der auf Arbeitsebene tagt. Im Rahmen der föderalen Verflechtung („Bund-Länder-Kartell“) kommen sowohl institutionalisierte Beziehungen (Planungsausschuß, Fachministerkonferenzen) als auch informelle Netzwerke („Fachbruderschaften“) zum Tragen, die gegen externe Einflüsse relativ stark abgeschottet sind.

Die konsensorientierte Entscheidungsstruktur der Bund-Länder-Gemeinschaftsaufgabe führte dazu, daß der Umfang der Fördergebiete permanent zunahm („Gießkannenprinzip“). Aktivitäten der europäischen Ebene setzen das GRW-System unter doppelten Anpassungsdruck: Erstens ist der Förderkatalog der Strukturfonds viel breiter gefächert als die ursprünglich auf gewerbliche Wirtschaft und gewerbenahe Infrastruktur beschränkte Gemeinschaftsaufgabe. Zweitens erzwangen die beihilferechtlichen Vorgaben der europäischen Wettbewerbskontrolle eine wiederholte Reduzierung des GRW-Fördergebietes. Das Eintreten eines externen Akteurs in die nationale Entscheidungsarena bewahrte die GRW somit temporär vor den Gefahren der „Politikverflechtungsfalle“. Neben den EU-Strukturfonds und der GRW stellt die Förderung im Rahmen von Landesprogrammen die dritte Säule regionaler Strukturpolitik dar. Angesichts schwindender Spielräume in den Landeshaushalten besteht jedoch die Gefahr, daß sich die Landesförderung perspektivisch - wie die GRW-West - auf das Niveau symbolischer Politik wird beschränken müssen.

8. Beteiligung der Parlamente an der regionalen Strukturpolitik

Die nationalen Parlamente, insbesondere die Landtage der deutschen Länder, gelten als „Hauptverlierer“ des europäischen Integrationsprozesses. Zwar wurde im nationalen Rahmen versucht, der fortgesetzten Abwanderung (sub-)nationaler Kompetenzen auf die europäische Ebene entgegenzuwirken, u. a. durch die Einfügung des „Europaartikels“ 23 in das Grundgesetz und die Verabschiedung entsprechender Begleitgesetze (EuZBBG, EuZBLG). Die meisten der neu geschaffenen Beteiligungsrechte in europäischen Fragen privilegieren jedoch den Bundesrat, der sich aus Vertretern der Landesregierungen zusammensetzt. Allenfalls partiell kompensiert wurde der Verlust der Landtage an Kontroll- und Steuerungsmöglichkeiten durch einen Ausbau der Informations- und Fragerechte der Abgeordneten gegenüber den Regierungen. Selbst die unlängst erfolgte Verankerung eines umfassenden Informationsrechts des Landtags gegenüber der Regierung in

Art. 89b der rheinland-pfälzischen Landesverfassung ändert nichts an dem praktischen Befund: Die Regionalförderung ist auf allen drei untersuchten Ebenen in überwiegendem Maße eine „Veranstaltung der Exekutiven". Zwar haben die Parlamente, insbesondere im Rahmen der Haushaltsgesetzgebung, gewisse Möglichkeiten der Einflußnahme auf die Ausgestaltung und Gewichtung der Förderinhalte. Die grundsätzlichen Fragen der Förderpolitik einschließlich der Mittelverteilung werden jedoch in Gremien entschieden, die sich aus Vertretern der Exekutiven zusammensetzen.

Die nationalen Parlamente mit ihren jährlich oder alle zwei Jahre stattfindenden Hauhaltsverhandlungen[1] sind durch die sechs- (1994-99) bzw. siebenjährige (200-2006) Programmplanung der Strukturfonds nach einer einmal erfolgten Mittelbewilligung für die nationale Ko-Finanzierung in den Folgejahren faktisch durch diese Entscheidung gebunden, wenn nicht die Gesamtförderung in Frage gestellt werden soll. Dem Europäischen Parlament war es aufgrund seiner neuen Mitentscheidungskompetenz gelungen, in den Nach-Berlin-Verhandlungen eine vierte Gemeinschaftsinitiative durchzusetzen. Allerdings ist deren Mittelausstattung, die zudem nur durch eine finanzielle Umschichtung im Rahmen des zwischen den Mitgliedstaaten erzielten Kompromisses erreicht werden konnte, eher bescheiden. Im übrigen unterlag auch das Europäische Parlament einem „strukturellen Zwang" zur Zustimmung, wollte es nicht die auf dem Europäischen Rat mühsam ausgehandelte Paketlösung wieder prinzipiell in Frage stellen und damit als „Bremser" der Integration gelten.

9. Umsetzung des Partnerschaftsprinzips in Rheinland-Pfalz und Sachsen

Die Einführung des Partnerschaftsprinzips und die damit verbundene verstärkte Beteiligung der Wirtschafts- und Sozialpartner sowie anderer gesellschaftlicher Gruppen hat an der Dominanz der Exekutiven im Entscheidungsprozeß bisher prinzipiell nichts geändert. Lediglich bei der Implementation der Programme kam den Begleitausschüssen in der abgelaufenen Förderperiode eine nennenswerte Bedeutung zu. Durch die Aufwertung der Ausschüsse in dem neuen Förderzeitraum - insbesondere auf Drängen der EU-Kommission erfolgt die verstärkte Einbeziehung der Wirtschafts- und Sozialpartner bereits in der Phase der Programmplanung sowie bei der Implementation und Evaluation der Fördermaßnahmen - ergibt sich für lokale und regionale nichtstaatliche Akteure ein „window of opportunity" zur Umsetzung eigener Ziele.

---

1 In Rheinland-Pfalz und Sachsen fand in jüngster Vergangenheit ein Übergang zu Doppelhaushalten statt.

Der deutsche Föderalismus erweist sich in der Strukturfondsförderung als Vor- und Nachteil in gleicher Weise: Die leistungsfähigen Verwaltungen auf Landesebene können, wenn auch mit Mühe und trotz teilweise gegenteiliger Bekundungen, die notwendigen administrativen Kapazitäten für die Programmplanung aufbringen. An einem Entscheidungsbeitrag nichtstaatlicher Akteure sind sie jedoch nur in eingeschränktem Maße interessiert. Da es sich bei den Fördermitteln um Steuergelder handelt, stellt deren Verteilung einen „hoheitlichen Akt" dar, an dem nur demokratisch kontrollierte Entscheidungsträger mitwirken dürfen. Ausdruck dieser Denk- und Verhaltensweise sind die Differenzierung der Stimmrechte im rheinland-pfälzischen Begleitausschuß und die Limitierung der Zahl der zu beteiligenden Wirtschafts- und Sozialpartner per Kabinettsbeschluß in Sachsen. Die administrative Professionalität und das Selbstverständnis der Länder im deutschen föderalen System, die sich u. a. als Sachwalter der kommunalen Interessen verstehen, erschwert somit paradoxerweise die Dezentralisierung der Förderung unterhalb der Landesebene.

Erste zaghafte Regionalisierungsversuche im ESF-Bereich, wie die Einrichtung Regionaler Koordinierungskreise in Sachsen, müßten auf die EFRE-Förderung übertragen werden. Vielversprechend ist in diesem Zusammenhang die top-down-induzierte Etablierung der paritätisch besetzten Stiftung Innovation und Arbeit Sachsen, die mit ihren dezentralen Strukturen (Regionalstellen) die für innovative Regionalentwicklung entscheidenden Vernetzungsaktivitäten initiieren kann. Die verstärkte Dezentralisierung ist jedoch kein linearer Prozeß ohne gegenläufige Tendenzen: Auf Betreiben der EU-Kommission wurde in die neue allgemeine Strukturfondsverordnung eine Bestimmung aufgenommen, wonach auf Landesebene eine einzige Verwaltungsbehörde als zentraler Ansprechpartner in allen Förderfragen zu benennen sei. So verständlich diese Forderung aus Gründen der Verantwortungsklarheit ist - sie konterkariert in letzter Konsequenz das ursprüngliche Ziel nach Dezentralisierung.

10. Europäische Beihilfenkontrolle

Ebenfalls als Spannungsverhältnis zwischen dezentraler Autonomie und zentraler Regulierung müssen die regionalpolitischen Implikationen der gemeinschaftlichen Beihilfenkontrolle begriffen werden. So unbestritten die Notwendigkeit einer unabhängigen Wettbewerbsbehörde mit entsprechenden Sanktionsinstrumenten zur Durchsetzung ihrer Entscheidungen ist, so umstritten sind die mit spezifischen Beihilferegelungen verbundenen Eingriffe in die Präferenzstrukturen der nationalen und subnationalen regionalpolitischen Akteure. Einerseits wird auch von der Europäischen Kommission die

Problemnähe regionaler und lokaler Einheiten betont und auf deren überlegene Problemlösungsfähigkeit im Rahmen dezentraler Ansätze zurückgegriffen. Mit zum Teil überaus detaillierten zentralen Vorgaben bezüglich der Förderfähigkeit, -intensität und -dauer bestimmter Einzelmaßnahmen wird der Handlungsspielraum der genannten Akteure jedoch unverhältnismäßig eingeschränkt und der dezentrale Ansatz letztlich ad absurdum geführt. Die Festlegung nationaler Fördergebietsplafonds durch die EU-Kommission nach einheitlichen, objektiven Kriterien stellt den legitimen Versuch dar, das nach wie vor als zu hoch empfundene Subventionsniveau weiter abzubauen. Die sich anschließende diskretionäre Anpassung der einzelnen Plafonds nach politischen Erwägungen impliziert jedoch eine unverhältnismäßige Ungleichbehandlung der Nicht-Begünstigten, da die Umverteilungsgewinne der begünstigten Mitgliedstaaten zu ihren Lasten gehen. Das Verbot des begrenzten, kleinräumigen Fördergebietstauschs („Feinabgrenzung"), der bisher im Rahmen der GRW möglich war, durch die EU-Kommission reduziert den Entscheidungsspielraum der regionalen Akteure ohne dem kohäsionspolitischen Ausgleichsziel näher zu kommen. Unter dem Aspekt der Subsidiarität werden die Aktivitäten der zuständigen Generaldirektion somit immer dann problematisch, wenn mit dem Instrument der Beihilfenaufsicht regionalpolitische Zielsetzungen verwirklicht werden sollen, da die regionale Strukturpolitik ein Politikfeld darstellt, das nach wie vor in den primären Zuständigkeitsbereich der Mitgliedstaaten bzw. ihrer staatlichen Untergliederungen fällt und der Beitrag der europäischen Ebene in diesem Zusammenhang lediglich ergänzenden und koordinierenden Charakter haben soll.

11. Reform der Strukturfonds im Rahmen der „Agenda 2000"

Die aktuelle Reformrunde der Strukturfondsverordnungen im Rahmen der Agenda 2000 hat gezeigt, daß die Europäische Kommission politische Strategien entwirft, um auch unter sich verändernden Rahmenbedingungen weitere Integrationsschritte verwirklichen zu können. Der allgemeinen Zurückhaltung der Mitgliedstaaten, zusätzliche regulative und (re-)distributive Kompetenzen auf die europäische Ebene zu übertragen, sowie ihren aktuellen Forderungen nach Deregulierung und Dezentralisierung begegnet die Kommission u. a. mit einer Suche nach Partnern auf regionaler und nichtstaatlicher Ebene. Diese sollen bereits in die Phase der Programmplanung verstärkt einbezogen werden. Gleichzeitig wird ein Großteil der Verantwortung für die Implementation der Programme auf die mitgliedstaatlichen Verwaltungen übertragen, verbunden mit erweiterten Berichts- und Statistikpflichten (Ex ante-Bewertung, Ergänzung zur Programmplanung, Einrichtung einer speziellen Verwaltungsbehörde). Der dadurch bewirkte bürokratische Mehraufwand hat zur Folge, daß das mit der Reform ursprünglich verbundene Ziel der Verwaltungsvereinfachung deutlich verfehlt wird. Auf der anderen Seite ist es der EU-Kommission in der Strukturpolitik im Rahmen der Verhandlungen um die Verabschiedung der Agenda 2000 wie in keinem anderen Politikfeld gelungen, eigene Vorstellungen - auch gegen den Widerstand einzelner Mitgliedstaaten - umzusetzen, beispielsweise bei der Einführung einer leistungsgebundenen Reserve. Der Kohäsionsfonds hat sich hingegen als „Konstruktionsfehler" erwiesen, da er nur mit Einstimmigkeit wieder abgeschafft werden kann.

12. Prognose

Eine autonomieschonende, dem Solidaritäts- und dem Subsidiaritätsprinzip entsprechende Neuausrichtung der europäischen Strukturpolitik scheint angesichts der bevorstehenden Erweiterungen dringend geboten. Die zu erwartende dramatische Zunahme der regionalen Disparitäten wird im Bereich der Strukturfonds Verteilungskonflikte hervorrufen. Im Rahmen einer institutionellen Reform, die die EU erweiterungsfähig macht, müßte insbesondere der Übergang zum Mehrheitsprinzip als Regelfall stattfinden. Voraussetzung für diesen Schritt wäre ein höheres Maß an demokratischer Legitimation der auf europäischer Ebene getroffenen Entscheidungen, die auf traditionellem Wege durch eine Stärkung der parlamentarischen Verantwortlichkeit und Kontrolle realisiert werden kann, flankiert durch eine größere Transparenz der Verfahren und neue Formen der Beteiligung an politischen Entscheidungsprozessen. Erst nach dieser Reform darf die Neuverteilung der Strukturfondsmittel vorgenommen werden, um den skizzierten Gefahren der Verknüpfung von Sach- und Verteilungsfragen vorbeugen zu können. Wesentliche Voraussetzung für eine Neuausrichtung der gemeinschaftlichen Förderpolitik wären die Konzentration der EU-Aktivitäten auf Maßnahmen mit „gemeinschaftlichem Mehrwert" sowie die Festlegung und Durchsetzung allgemeingültiger beihilferechtlicher Standards, deren regionalpolitische Wirkungen jedoch nicht in unverhältnismäßiger Weise in den originären Zuständigkeitsbereich der Mitgliedstaaten und ihrer Regionen eingreifen dürfen.

Literaturverzeichnis

Anderson, Jeffrey J., Germany and the Structural Funds: Unification Leads to Bifurcation, in: Liesbet Hooghe (ed.), Cohesion Policy and European Integration: Building Multi-Level Governance, New York 1996, S. 163-194.

Andreae, Lisette/Kaiser, Karl, Die „Außenpolitik" der Fachministerien, in: Wolf-Dieter Eberwein/Karl Kaiser (Hrsg.), Deutschlands neue Außenpolitik, München 1998, S. 29-46.

Ansell, Christopher K./Parsons, Craig A./Darden, Keith A., Dual Networks in European Regional Development Policy, in: Journal of Common Market Studies 3/1997, S. 347-375.

Ardy, Brian, Agricultural, Structural Policy, the Budget and eastern enlargement of the European Union, in: Karen Anderson (ed.), Back to Europe: Central and Eastern Europe and the European Union, London 1999, S. 107-128.

Armstrong, Harvey W., The Role and Evolution of European Community Regional Policy, in: Barry Jones/Michael Keating (ed.), The European Union and the Regions, New York 1995, S. 23-62.

Armstrong, Kenneth/Bulmer, Simon, United Kingdom, in: Dietrich Rometsch/Wolfgang Wessels (Hrsg.), The European Union and the member states. Towards institutional fusion?, Manchester 1996, S. 253-290.

Arnold, Heinz, Disparitäten in Europa: Die Regionalpolitik der Europäischen Union, Basel/Boston/Berlin 1995.

Arnold, Richard, Der Ausschuß der Regionen der Europäischen Union, in: Heinrich Siedentopf (Hrsg.), Europäische Integration/Modernisierung des Staates, Speyerer Arbeitshefte 117, Speyer 1998, S. 9-16.

Ast, Susanne, Wandel traditioneller Politikverflechtung: Die Umsetzung der europäischen Strukturpolitik in Deutschland und Frankreich, in: Edgar Grande/Markus Jachtenfuchs (Hrsg.), Wie problemlösungsfähig ist die EU, Baden-Baden 2000, S. 229-255.

dies., Koordination und Kooperation im europäischen Mehrebenensystem. Regionalisierung europäischer Strukturpolitik in Deutschland und Frankreich, Köln 1999.

dies., Institutionelle Anpassungsreaktionen im Europäischen Mehrebenensystem? Das Beispiel regionaler Strukturpolitik in Deutschland, in: Die Öffentliche Verwaltung 13/1998, S. 535-543.

Ausschuß der Regionen, Stellungnahme zum Vorschlag für eine Verordnung (EG) des Rates mit allgemeinen Bestimmungen zu den Strukturfonds, Brüssel, 16/17.9.1998, CdR 167/98 fin. (zit. AdR 1998).

ders., 4. Bericht über die Berücksichtigung und Resonanz der Stellungnahmen des Ausschusses der Regionen - 1997, Brüssel 1998 (zit. AdR 1998a).

Ausschuß Unabhängiger Sachverständiger, Erster Bericht über Anschuldigungen betreffend Betrug, Mißmanagement und Nepotismus in der Europäischen Kommission, o. O., 15. März 1999 (zit. Ausschuß Unabhängiger Sachverständiger 1999).

Aust, *Andreas*, Irlands Entwicklung im europäischen Binnenmarkt, Wiesbaden 1999.

Axt, *Heinz-Jürgen*, Solidarität und Wettbewerb - die Reform der EU-Strukturpolitik, Gütersloh 2000.

ders., Strukturpolitik und Kohäsion in der Europäischen Union: Reform in der Perspektive der Osterweiterung, in: Zeitschrift für Politikwissenschaft 3/1997, S. 885-927.

ders., Süderweiterung der Europäischen Gemeinschaft: Erfahrungen mit der asymmetrischen Integration, in: Cord Jakobeit/Alparslan Yenal (Hrsg.), Gesamteuropa. Analysen, Probleme und Entwicklungsperspektiven, Opladen 1993, S. 414-438.

Bach, *Maurizio*, Die Bürokratisierung Europas. Verwaltungseliten, Experten und politische Legitimation in Europa, Frankfurt a. M. u. a. 1999.

ders., Transnationale Institutionenpolitik: Kooperatives Regieren im politisch-administrativen System der Europäischen Union, in: Thomas König/Elmar Rieger/Hermann Schmitt (Hrsg.), Europäische Institutionenpolitik, Frankfurt a. M. u. a. 1997, S. 179-199.

Baldwin, *Richard/Francois*, *Joseph/Portes*, *Richard*, The costs and benefits of eastern enlargement: the impact on the EU and central Europe, in: Economic Policy 24/1997, S. 127-171.

Bauer, *Michael W.*, Die Verbindungsbüros der deutschen Länder bei der Europäischen Union in Brüssel, in: Verwaltungsrundschau 12/1996, S. 417-420.

Bayerische Staatskanzlei (Hrsg.), Positionspapier der Bayerischen Staatsregierung für eine Reform der Struktur- und Regionalpolitik der EU vom 17.September 1996, in: EURO Aktuell Nr. 145 vom 25.09.1996.

Beck, Joachim, Netzwerke in der transnationalen Regionalpolitik. Rahmenbedingungen, Funktionsweise, Folgen, Baden-Baden 1997.

Becker, Peter, Die Reformbereitschaft der Europäischen Union auf dem Prüfstand - die Agenda 2000, in: Barbara Lippert (Hrsg.), Osterweiterung der Europäischen Union, Bonn 2000, S. 61-104.

Beckmann, Karin, Probleme der Regionalpolitik im Zuge der Vollendung des Europäischen Binnenmarktes, Frankfurt a. M. u. a. 1995.

Bellier, Irène, The Commission as an Actor: An Anthropoligist's View, in: Helen Wallace/Alasdair R. Young (eds.), Participation and Policy-Making in the European Union, Oxford 1997, S. 91-115.

Bensch, German, EU-Strukturpolitik aus der Sicht der Stadt Duisburg: Duisburg im Strukturwandel, in: Heinz-Jürgen Axt (Hrsg.), Europa im Strukturwandel, München 1997, S. 183-189.

Benterbusch, Ulrich, Neuabgrenzung des Fördergebiets der Gemeinschaftsaufgabe „Verbesserung der regionalen Wirtschaftsstruktur" 1993, in: Mitteilungen aus der Arbeitsmarkt- und Berufsforschung 2/1994, S. 130-136.

Benz, Arthur, Entflechtung als Folge von Verflechtung: Theoretische Überlegungen zur Entwicklung des europäischen Mehrebenensystems, in: Edgar Grande/Markus Jachtenfuchs (Hrsg.), Wie problemlösungsfähig ist die EU, Baden-Baden 2000, S. 141-163.

ders., Verwaltungskooperation im Mehrebenensystem der Europäischen Union - Das Beispiel der regionalen Strukturpolitik, in: Eberhard Schmidt-Aßmann/Wolfgang Hoffmann-Riem (Hrsg.), Strukturen des Europäischen Verwaltungsrechts, Baden-Baden 1999, S. 45-69.

ders., German regions in the European Union: from joint policy-making to multi-level governance, in: Patrick Le Galès/Christian Lequesne (eds.), Regions in Europe, London/New York 1998, S. 111-129.

ders., Politikverflechtung ohne Politikverflechtungsfalle - Koordination und Strukturdynamik im europäischen Mehrebenensystem, in: Politische Vierteljahresschrift 3/1998, S. 558-589 (zit. Benz 1998a).

ders., Ansatzpunkte für ein europafähiges Demokratiekonzept, in: Beate Kohler-Koch (Hrsg.), Regieren in entgrenzten Räumen, PVS-Sonderheft 28/1998, S. 345-368 (zit. Benz 1998b).

ders., Postparlamentarische Demokratie? Demokratische Legitimation im kooperativen Staat, in: Michael Th. Greven (Hrsg.), Demokratie - eine Kultur des Westens? Opladen 1998, S. 201-222 (zit. Benz 1998c).

ders., Regionalisierung als Gemeinschaftsaufgabe von Staat und Kommunen, in: ders./Everhard Holtmann (Hrsg.), Gestaltung regionaler Politik, Opladen 1998, S. 101-122 (zit. Benz 1998d).

ders., Raumentwicklungspolitik als mehrstufige Kooperation, Entscheidung und Kontrolle, in: Siegfried Magiera/Heinrich Siedentopf (Hrsg.), Die Zukunft der Europäischen Union, Berlin 1997, S. 157-174.

ders., Verflechtung der Verwaltungsebenen, in: Klaus König/Heinrich Siedentopf (Hrsg.), Öffentliche Verwaltung in Deutschland, Baden-Baden 1996/97. S. 165-184.

ders., Regionalpolitik zwischen Netzwerkbildung und Institutionalisierung – Zur Funktionalität paradoxer Strukturen, in: Staatswissenschaften und Staatspraxis 1996, S. 23-42.

ders., Politiknetzwerke in der Horizontalen Politikverflechtung, in: Dorothea Jansen/Klaus Schubert (Hrsg.), Netzwerke und Politikproduktion, Marburg 1995, S. 185-204.

ders., Kooperative Verwaltung: Funktionen, Voraussetzungen und Folgen, Baden-Baden 1994.

ders., Mehrebenen-Verflechtung: Verhandlungsprozesse in verbundenen Entscheidungsarenen, in: ders./Fritz W. Scharpf/Reinhard Zintl (Hrsg.), Horizontale Politikverflechtung. Zur Theorie von Verhandlungssystemen, Frankfurt a. M./New York 1992, S. 147-205.

ders./Ast, Susanne/Frenzel, Albrecht, Regionale Institutionenpolitik im Prozeß der Europäisierung, in: Thomas König/Elmar Rieger/Hermann Schmitt (Hrsg.), Europäische Institutionenpolitik, Frankfurt a. M./New York 1997, S. 219-238.

Berend, Rolf, Die Notwendigkeit der Strukturfondsreform, in: Günter Rische/Ingo Friedrich (Hrsg.), Weichenstellung für das 21. Jahrhundert. Erfordernisse und Perspektiven der europäischen Integration, Köln u. a. 1998, S. 267-274.

Berger, Stefan, Die Dezentralisierung und Regionalisierung der Regionalpolitik als eine wesentliche Implikation der neuen Wachstumstheorie, Aachen 1999.

Bergmann, Jan/Lenz, Christofer (Hrsg.), Der Amsterdamer Vertrag. Eine Kommentierung der Neuerungen des EU- und EG-Vertrages, Köln 1998.

Bickenbach, Jörg, Regionalisierte Strukturpolitik in den Ländern - das Beispiel Nordrhein-Westfalen, in: Heinrich Siedentopf/Manfred Scholle/ Erwin Schleberger (Hrsg.), Europäische Regionalpolitik, Baden-Baden 1997, S. 69-80.

Bicker, Eva, Strukturelle Wirkungen von volks- und betriebswirtschaftlichen Kosten staatlicher Regulierungen, dargestellt am Beispiel der Agrarpolitik in Deutschland und der Europäischen Union, Frankfurt a. M. u. a. 1998.

Bieber, Roland, Föderalismus in Europa, in: Werner Weidenfeld (Hrsg.), Europa-Handbuch, Gütersloh 1999, S. 353-366.

ders., Demokratische Legitimation in Europa: Das Spannungsverhältnis zwischen den Funktionen von Europäischem Parlament und staatlichen Parlamenten, in: Zeitschrift für Europarechtliche Studien 2/1999, S. 141-156 (zit. Bieber 1999a).

Bindi Calussi, Federiga, The Committee of the Regions: An atypical influential committee?, in: Marinus P.C.M. van Schendelen (ed.), EU Committees as Influential Policymakers, Aldershot 1998, S. 225-249.

Blank, Sebastian, Regionalisierung der EU-Strukturpolitik, Diplomarbeit, Konstanz 1999.

Blatt, Lothar, Europäische Regionalpolitik und regionale Entwicklung, in: Die Neue Verwaltung 1/1995, S. 4-7.

Boeck, Ilka, Die Abgrenzung der Rechtsetzungskompetenzen von Gemeinschaft und Mitgliedstaaten in der Europäischen Union, Baden-Baden 2000.

Böhner, Martina Martha, Integration und Legitimität in der Europäischen Union. Über Prozesse des Legitimitätserwerbs, Baden-Baden 1998.

Böhret, Carl, Neuere Aspekte der Verwaltungsforschung am Beispiel „staatliche Verwaltung und Wirtschaftsförderung", Speyerer Arbeitshefte 47, Speyer 1983.

ders./Jann, Werner/Kronenwett, Eva, Handlungsspielräume und Steuerungspotential der regionalen Wirtschaftsförderung, Baden-Baden 1982.

Bogdandy, Armin von, Supranationaler Föderalismus als Wirklichkeit und Idee einer neuen Herrschaftsform, Baden-Baden 1999.

Bollen, Frank/Hartwig, Ines/Nicolaides, Phedon, EU Structural Funds beyond Agenda 2000. Reform and Implications for Current and Future Member States, Maastricht 2000.

Borkenhagen, Franz H. U., Mitwirkung in Europa - eine Standortbestimmung der deutschen Länder, in: ders./Thomas Fischer/Fritz Franzmeyer/ Siegfried Magiera/Peter-Christian Müller-Graff, Arbeitsteilung in der EU - die Rolle der Regionen, Gütersloh 1999, S. 13-18.

Boss, Alfred/Rosenschon, Astrid, Subventionen in Deutschland: Eine Aktualisierung, Kieler Diskussionsbeiträge Nr. 356, Kiel 2000.

Buholzer, René Paul, Legislatives Lobbying in der Europäischen Union. Ein Konzept für Interessengruppen, Bern/Stuttgart/Wien 1998.

Buitenen, Paul van, Unbestechlich für Europa. Ein EU-Beamter kämpft gegen Misswirtschaft und Korruption, Basel und Gießen 1999.

Bull, Hans Peter, Finanzausgleich im „Wettbewerbsstaat". Bemerkungen zur neuen Föderalismustheorie und zu ihrer Bedeutung für den Länderfinanzausgleich, in: Die Öffentliche Verwaltung 7/1999, S. 269-281.

Bullmann, Udo/Engel, Christian, Die Politik der Bundesländer in Brüssel, in: Volker Eichener/Helmut Voelzkow (Hrsg.), Europäische Integration und verbandliche Interessenvermittlung, Marburg 1994, S. 283-302.

Bulmer, Simon, The Governance of the European Union: A New Institutionalist Approach, in: Journal of Public Policy 1994, S. 351-380.

ders./Jeffery, Charlie/Paterson, William E., Germany's European diplomacy. Shaping the regional milieu, Manchester, New York 2000.

dies., Deutschlands europäische Diplomatie: die Entwicklung des regionalen Milieus, in: Werner Weidenfeld (Hrsg.), Deutsche Europapolitik, Bonn 1998, S. 11-102.

Bundesamt für Bauwesen und Raumordnung (Hrsg.), Die Strukturpolitik der Europäischen Union nach 2000, Arbeitspapiere 2/1998, Bonn 1998.

Bundesministerium für Wirtschaft und Technologie (Hrsg.), Strukturfondsperiode 2000-2006. Regionalentwicklungsplan für die Neuen Bundesländer, o. J., o. O. (zit. BMWi 2000).

dass. (Hrsg.), Neuordnung des Finanzierungssystems der Europäischen Gemeinschaft, Gutachten des Wissenschaftlichen Beirats, in: Dokumentation Nr. 455, Bonn 1999 (zit. BMWi 1999).

dass., Orientierungspunkte der Bundesregierung zur Revision der Europäischen Strukturfonds vom 4. März 1997, in: Heinz-Jürgen Axt (Hrsg.), Europa im Strukturwandel, München 1997, S. 237-241 (zit. BMWi 1997).

Bundesrat, Entschließung des Bundesrates zu Finanzkontrollen bei EU-Strukturfonds-Interventionen, BR-Drs. 355/00 vom 14.06.2000.

ders., Beschluß des Bundesrates zu: Agenda 2000. Die Finanzierung der Europäischen Union. Bericht der Kommission der Europäischen Gemeinschaften über das Funktionieren des Eigenmittelsystems, BR-Drs. 866/98 vom 26.02.1999.

ders., Entschließung des Bundesrates zu den Gesetzgebungsvorschlägen der Europäischen Kommission im Rahmen der „Agenda 2000“, BR-Drs. 637/98 vom 10.07.1998.

ders., Entschließung des Bundesrates zur Mitteilung der Europäischen Kommission „Agenda 2000 - eine stärkere und erweiterte Union“, BR-Drs. 904/97 vom 28.11.1997.

Bundesregierung, Strukturfondsperiode 2000-2006. Entwicklungsplan für die Interventionen des Ziels 3 in Deutschland, o. O., Entwurf vom 11.1.2000 (zit. Bundesregierung 2000).

dies., Bericht der Bundesregierung über die Entwicklung der Finanzhilfen des Bundes und der Steuervergünstigungen gemäß § 12 des Gesetzes zur Förderung der Stabilität und des Wachstums der Wirtschaft (StWG) vom 8. Juni 1967 für die Jahre 1995 bis 1998 (Sechzehnter Subventionsbericht), BT-Drs. 13/8420 vom 29.8.1997 (zit. Bundesregierung 1997).

Bundesstelle für Außenhandelsinformation (Hrsg.), Wirtschaftslage und Reformprozesse in Mittel- und Osteuropa. Aktuelle Analysen der führenden deutschen Wirtschaftsforschungsinstitute im Auftrag des BMWi, Berlin 2000 (zit. bfai 2000).

Burton, Paul, Policy Networks and the Implementation of the European Union's Structural Funds, in: Stratos Konstadinidis (Hrsg.), A Peoples' Europe: Tuning a concept into content, Aldershot et al. 1999, S. 211-240.

Busch, Berthold, Zur künftigen Finanzierung der Europäischen Union, Köln 1998.

ders./Lichtblau, Karl/Schnabel, Claus, Kohäsion in der Europäischen Union, eine empirische Analyse, in: IW-Trends 1/1997, S. 15-30.

Busse, Volker, Regierungsbildung aus organisatorischer Sicht. Tatsächliche und rechtliche Betrachtungen am Beispiel des Regierungswechsels 1998, in: Die Öffentliche Verwaltung 8/1999, S. 313-322.

Caesar, Rolf (Hrsg.), Zur Reform der Finanzverfassung und Strukturpolitik der EU, Baden-Baden 1997.

Calliess, Christian, Innerstaatliche Mitwirkungsrechte der deutschen Bundesländer nach Art. 23 GG und ihre Sicherung auf europäischer Ebene, in: Rudolf Hrbek (Hrsg.), Europapolitik und Bundesstaatsprinzip, Baden-Baden 2000, S. 13-26.

ders., Das gemeinschaftsrechtliche Subsidiaritätsprinzip (Art. 3b EGV) als „Grundsatz der größtmöglichen Berücksichtigung der Regionen“, in: Archiv des öffentlichen Rechts 1996, S. 509-543.

Cecchini, Paolo, Europa '92. Der Vorteil des Binnenmarktes, Baden-Baden 1988.

Cheshire, Paul/Carbonaro, Gianni, Testing Models, Describing Reality or Neither? Convergence and Divergence of Regional Growth Rates in Europe during the 1980s, in: Karin Peschel (ed.), Regional Growth and Regional Policy within the Framework of the European Integration, Heidelberg 1997, S. 36-65.

Cohen, Michael D./March, James D./Olsen, Johan P., A Garbage Can Model of Organizational Choice, in: Administrative Science Quarterly 1/1972, S. 1-25.

Conzelmann, Thomas, Networking and the Politics of EU Regional Policy: Lessons from North Rhine-Westfalia, Nord-Pas de Calais and North West England, in: Regional & Federal Studies 2/1995, S. 134-172.

Cuny, Reinhard H., Reform der Europäischen Strukturfonds, in: Wirtschaftsdienst 4/1997, S. 227-233.

Czada, Roland, Verhandeln und Inter-Organisationslernen in demokratischen Mehrebenenstrukturen, in: Ulrich Hilpert/Everhard Holtmann (Hrsg.), Regieren und intergouvernementale Beziehungen, Opladen 1998, S. 67-85.

ders., Vertretung und Verhandlungen, in: Arthur Benz/Wolfgang Seibel (Hrsg.), Beiträge zur Theorieentwicklung in der Politikwissenschaft, Baden-Baden 1997, S. 237-260.

Dauderstädt, Michael, Die mittel- und osteuropäischen Beitrittskandidaten der ersten Reihe auf dem Weg in die Europäische Union, in: Barbara Lippert (Hrsg.), Osterweiterung der Europäischen Union, Bonn 2000, S. 167-221.

Decker, Andreas, Die Organe der Europäischen Gemeinschaften und der Europäischen Union, in: Juristische Schulung 10/1995, S. 883-888 und 12/1995, S. 1072-1077.

Decker, Frank, Demokratie und Demokratisierung jenseits des Nationalstaates: Das Beispiel der Europäischen Union, in: Zeitschrift für Politikwissenschaft 2/2000, S. 585-629.

Degen, Manfred, Der Ausschuß der Regionen - Bilanz und Perspektiven, in: Franz H. U. Borkenhagen (Hrsg.), Europapolitik der deutschen Länder, Opladen 1998, S. 103-125.

Derlien, Hans-Ulrich/Murswieck, Axel, Der Politikzyklus zwischen Bonn und Brüssel: Multifunktionalität der Akteure, Iterativität der Prozesse, Informalität der Verfahren, in: dies. (Hrsg.), Der Politikzyklus zwischen Bonn und Brüssel, Opladen 1999, S. 7-19.

Deutscher Industrie- und Handelstag (Hrsg.), EU-Strukturpolitik in Deutschland, Bonn 1998 (zit. DIHT 1998).

Dette-Koch, Elisabeth, Die Rolle des „Länderbeobachters" im Rahmen der Mitwirkung der Länder an der europäischen Integration, in: Thüringer Verwaltungsblätter 8/1997, S. 169-171.

Dewitz, Lars von, Der Bundesrat - Bilanz der Arbeit im EU-Ausschuß seit 1992, in: Franz H. U. Borkenhagen (Hrsg.), Europapolitik der deutschen Länder, Opladen 1998, S. 69-83.

Diehm, Sabine, Die Überwindung der nationalen Beihilfenpolitik durch die Europäische Gemeinschaft, Dissertation, Erlangen-Nürnberg 1998.

Diekmann, Knut, Die Vertretung spezifischer deutscher Interessen in der Europäischen Union - Träger, Strategien, Erfolge, in: Werner Weidenfeld (Hrsg.), Deutsche Europapolitik, Bonn 1998, S. 209-265.

Dietz, Thomas, Die Reform der EU-Beihilfenkontrolle und ihre Auswirkungen auf die regionale Wirtschaftsförderung, in: Aus Politik und Zeitgeschichte 21-22/1999, S. 17-27.

Dietz, Wolfgang A./Fabian, Barbara, Das Räderwerk der Europäischen Kommission, 3., völlig neubearbeitete und erweiterte Auflage, Bonn 1999.

Dohms, Rüdiger, Wettbewerb und Beihilfen, in: Rudolf Strohmeier (Hrsg.), Die europäische Union: ein Kompendium aus deutscher Sicht, 2., neu bearb. und aktual. Auflage, Opladen 1999, S. 211-242.

Döhring, Thomas, Subsidiarität und Umweltpolitik in der Europäischen Union, Marburg 1997.

ders., Subsidiaritätsprinzip und EG-Regionalpolitik, Bonn 1993.

ders./Stahl, Dieter, Räumliche Aspekte der föderalen Aufgabenverteilung, der Finanzverfassung und der Subventionspolitik in der Bundesrepublik Deutschland, Hannover 1999.

Donoth, Hans-Peter, Die Bundesländer in der Europäischen Union, Frankfurt a. M. u. a. 1996.

Eekhoff, Johann, Regionale Strukturpolitik in der Europäischen Union versus Wettbewerb der Regionen, in: Lüder Gerken (Hrsg.), Europa zwischen Ordnungswettbewerb und Harmonisierung, Berlin u. a. 1995, S. 315-328.

Ehlermann, Claus-Dieter/Schütterle, Peter, Vollzugsdefizit der europäischen Beihilfenkontrollregeln?, in: EuZW 8/1996, S. 234-235.

Eichener, Volker, Das Entscheidungssystem der EU. Institutionelle Analyse und demokratietheoretische Bewertung, Opladen 2000.

ders.,/Heinze, Rolf G./Voelzkow, Helmut, Kooperation und Regionalisierung als innovative Ansätze der Strukturpolitik, in: Rüdiger Voigt (Hrsg.), Der kooperative Staat, Baden-Baden 1995, S. 217-232.

Eichener, Volker/Voelzkow, Helmut (Hrsg.), Europäische Integration und verbandliche Interessenvermittlung, Marburg 1994.

Eickhof, Norbert, Osterweiterung der Europäischen Union: Ausgangslage, Auswirkungen und Anpassungserfordernisse, in: Werner Zohlnhöfer, (Hrsg.), Perspektiven der Osterweiterung und Reformbedarf der Europäischen Union, Berlin 1998, S. 9-32.

Eltges, Markus, AGENDA 2000: Was bedeuten die strukturpolitischen Vorschläge für die Bundesrepublik Deutschland?, in: Informationen zur Raumentwicklung 9/1998, S. 567-578.

ders., Die Reform der europäischen Strukturpolitik nach 1999. Einig Anmerkungen und Ideen aus Sicht der Raumordnung, in: Raumforschung und Raumordnung 6/1996, S. 423-432.

Engel, Christian, Kooperation und Konflikt zwischen den Ländern: Zur Praxis innerstaatlicher Mitwirkung an der deutschen Europapolitik aus der Sicht Nordrhein-Westfalens, in: Rudolf Hrbek (Hrsg.), Europapolitik und Bundesstaatsprinzip, Baden-Baden 2000, S. 49-60.

ders., Das „Europa der Regionen" seit Maastricht, in: Franz H. U. Borkenhagen (Hrsg.), Europapolitik der deutschen Länder, Opladen 1998, S. 153-178.

Erler, Petra, Die institutionelle Reform und die Interessen der Länder, in: Franz H. U. Borkenhagen (Hrsg.), Europapolitik der deutschen Länder, Opladen 1998, S. 199-214.

Ermisch, Günter, Zu den Perspektiven der europäischen Strukturförderung, in: Ernst Piehl (Hrsg.), Europa in Ostdeutschland, Bonn 1996, S. 64-67.

Escher, Hendrick, Ländermitwirkung und der Ausschuß der ständigen Vertreter (AStV), in: Franz Borkenhagen (Hrsg.), Europapolitik der deutschen Länder, Opladen 1998, S. 51-68.

Eser, Thiemo W., Europäische Einigung, Föderalismus und Regionalpolitik, Trier 1991.

Europäisches Parlament, Entschließung zur Mitteilung der Kommission zur Agenda 2000 Erster Teil Kapitel II „Wirtschaftlicher und sozialer Zusammenhalt" vom 18. Juni 1998, ABl. C 210 vom 6.7.1998, S. 189-192 (zit. EP 1998).

dass., Bericht des Ausschusses für soziale Angelegenheiten, Beschäftigung und Arbeitsumwelt über die Antwort der Gemeinschaft auf das Problem der Umstrukturierung und auf die Wirtschafts- und Sozialkrise in den neuen Bundesländern (Ko-Berichterstatter: Elmar Brok und Alan Donelly), PE 204.199 endg., Luxemburg 1993 (zit. EP 1993).

Europäischer Rat, Schlußfolgerungen des Vorsitzes, Berlin, 24./25. März 1999, SN 100/99; auch in: Bulletin der Bundesregierung Nr. 30 vom 26.5.1999, S. 321-330 (zit. Europäischer Rat 1999).

Europäischer Rechnungshof, Sonderbericht Nr. 6/99 über den Grundsatz der Zusätzlichkeit, zusammen mit den Antworten der Kommission, ABl. C 68 vom 9.3.2000, S. 1-23 (zit. Rechnungshof 1999).

ders., Sonderbericht Nr. 15/98 über die Bewertung der Strukturfonds-Interventionen in den Zeiträumen 1989-1993 und 1994-1999, zusammen mit den Antworten der Kommission, ABl. C 347 vom 16.11.1998, S. 1-47 (zit. Rechnungshof 1998).

ders., Sonderbericht Nr. 16/98 über die Ausführung der Mittel für Strukturmaßnahmen im Programmplanungszeitraum 1994-1999, zusammen mit den Antworten der Kommission, ABl. C 347 vom 16.11.1998, S. 48-90 (zit. Rechnungshof 1998a).

ders., Stellungnahme Nr. 10/98 des Europäischen Rechnungshofes zu einigen Verordnungsvorschlägen im Rahmen der Agenda 2000, ABl. C 401 vom 22.12.1998, S. 1-47 (zit. Rechnungshof 1998b).

Evans, Andrew/Martin, Stephen, EC Regional Policy and the Evolution of the Structural Funds, in: Stephen Martin (ed.), The Construction of Europe, Dordrecht u. a. 1994, S. 41-70.

Falke, Josef, Komitologie - Entwicklung, Rechtsgrundlagen und erste empirische Annäherung, in: ders./Christian Joerges (Hrsg.), Das Ausschußwesen der Europäischen Union, Baden-Baden 2000, S. 43-159.

Falkenkötter, Thomas, Der Streit um die sächsischen VW-Beihilfen - Anlaß für grundsätzliche Klärung, in: Neue Juristische Wochenschrift 41/1996, S. 2689-2694.

Falkner, Gerda, Supranationalität trotz Einstimmigkeit. Entscheidungsmuster der EU am Beispiel Sozialpolitik, Bonn 1994.

Färber, Gisela, Binnenmarktgerechte Subventionspolitik in der Europäischen Union, Frankfurt a. M. u. a. 1995.

dies., Subventionen vor dem EG-Binnenmarkt. Eine Bestandsaufnahme von nationalen Beihilfen und EG-Interventionen in Deutschland, Frankreich und Großbritannien, Speyerer Forschungsberichte 120, Speyer 1993.

Feldsieper, Manfred/Prokop, Marc, Dimensionen eines Europäischen Finanzausgleichs, in: Staatswissenschaften und Staatspraxis 1996, S. 43-62.

Fink, Gerhard, Osterweiterung: Interessenslagen und Anpassungsprobleme, in: Fritz Breuss/Stefan Griller (Hrsg.), Flexible Integration in Europa - Einheit oder „Europe à la carte"?, Wien/New York 1998, S. 149-171.

Fischer, Carola, Die Entwicklung der Regionalpolitik der Europäischen Union, Berlin 1998.

Fischer, Klemens H., Die Zukunft der Regional- und Strukturpolitik der Europäischen Union, in: Interregiones 7/1998, S. 17-28.

Fischer, Thomas/Schley, Nicole, Europa föderal organisieren. Ein neues Kompetenz- und Vertragsgefüge für die Europäische Union, Bonn 1999.

Franßen-de la Cerda, Boris, Institutionelle und konstitutionelle Aspekte der Weiterentwicklung der Europäischen Union, in: Zeitschrift für Politikwissenschaft 2/2000, S. 539-583.

Franzmeyer, Fritz, Zentralisierungs- und Dezentralisierungskräfte im europäischen Mehrebenensystem - zur Dynamik von Wirtschafts- und Finanzpolitik in Binnenmarkt und EWU, in: ders. et al., Arbeitsteilung in der EU - die Rolle der Regionen, Gütersloh 1999, S. 43-54.

ders., Die Europäische Wirtschafts- und Währungsunion: Ausbau der gemeinschaftlichen Kohäsionspolitik, in: Integration 1993, S. 95-102.

ders./Seidel, Bernhard/Weise, Christian, Die Reform der EG-Strukturfonds von 1988, Berlin 1993.

Friedmann, Bernhard, Die Strukturfonds der Europäischen Union, in: ders. (Hrsg.), Evaluierungsansätze zu ausgewählten Politikbereichen der Europäischen Union, Bonn 1996, S. 53-67 (zit. Friedmann 1996).

ders., Kann die EU die künftigen Herausforderungen finanzieren?, Speyerer Vorträge, Heft 36, Speyer 1996 (zit. Friedmann 1996a).

ders., Probleme der Evaluierung von Maßnahmen der Strukturpolitik, in: ders. (Hrsg.), Evaluierungsansätze zu ausgewählten Politikbereichen der Europäischen Union, Bonn 1996, S. 69-87 (zit. Friedmann 1996b).

Frowein, Jochen Abr., Kritische Bemerkungen zur Lage des deutschen Staatsrechts aus rechtsvergleichender Sicht, in: Die Öffentliche Verwaltung 19/1998, S. 806-811.

Fuchs, Rainer, Die Problematik der Beihilfen in der Arbeitsmarktpolitik, in: Jürgen F. Baur (Hrsg.), Möglichkeiten europäischer und nationaler Industrie- und Beschäftigungspolitik unter dem europäischen Beihilfenrecht, Baden-Baden 2000, S. 49-64.

Füchtner, Natascha, Netzwerke europäischer Räume. Transregionale Kooperation als wirtschaftliches und politisches Potential im Strukturwandel, Bochum 1997.

Genosko, Joachim, Netzwerke in der Regionalpolitik, Marburg 1999.

Gerlach, Frank/Kattein, Martina, Regionale Wirtschaftsförderung in den neuen Bundesländern. Ein Vergleich von Thüringen, Sachsen und Sachsen-Anhalt, in: WSI Mitteilungen 3/1998, S. 174-185.

Gerstenlauer, Hans-Georg, German Länder and the European Community, in: Barry Jones/Michael Keating (ed.), The European Union and the Regions, New York 1995, S. 190-213.

Gerster, Florian, Die Europaministerkonferenz der deutschen Länder: Aufgaben, Themen, Selbstverständnis, in: Integration 2/1993, S. 61-67.

Getimis, Panagiotis/Economou, Dimitris, Die Strukturfondsförderung in Mitgliedstaaten der Europäischen Union: Griechenland, in: Hubert Heinelt (Hrsg.), Politiknetzwerke und europäische Strukturfondsförderung. Ein Vergleich zwischen EU-Mitgliedstaaten, Opladen 1996, S. 166-186.

Gick, Wolfgang (Hrsg.), Die zukünftige Ausgestaltung der Regionalpolitik in der EU, München 1996.

Giering, Claus, Zuordnung der Rechtsgrundlagen des EGV-A und EUV-A zu den Entscheidungsverfahren, in: Werner Weidenfeld (Hrsg.), Amsterdam in der Analyse, Gütersloh 1998, S. 273-291.

ders., Europa zwischen Zweckverband und Superstaat. Die Entwicklung der politikwissenschaftlichen Integrationstheorie im Prozeß der europäischen Integration, Bonn 1997.

Gorzelak, Grzegorz, Europäische Integration und Regionalpolitik in den Transformationsländern, in: Hans-Jürgen Wagener/Heiko Fritz (Hrsg.),

Im Osten was Neues. Aspekte der EU-Osterweiterung, Bonn 1998, S. 303-325.

Götz, Volkmar, Mehrheitsbeschlüsse des Rates der Europäischen Union, in: Ole Due/Marcus Lutter/Jürgen Schwarze (Hrsg.), Festschrift für Ulrich Everling, Baden-Baden 1995, S. 339-353.

Götzmann, Birgit/Seifert, Vera, Räumliche Disparitäten und EG-Regionalpolitik, in: Michael Heine/Klaus-Peter Kisker (Hrsg.), Schwarzbuch EG-Binnenmarkt: die vergessenen Kosten der Integration, Berlin 1991, S. 41-57.

Gräber, Heinrich/Spehl, Harald, Die Beihilfenkontrolle der EG-Kommission und ihre Bedeutung für die nationale Fördergebietsabgrenzung, in: Akademie für Raumforschung und Landesplanung (Hrsg.), Regionale Wirtschaftspolitik auf dem Wege zur europäischen Integration, Hannover 1992, S. 51-69.

Graevenitz, Erdmann von, Zur Koordinierung und Kooperation der Verwaltungen auf den verschiedenen Politikebenen im Hinblick auf die Strukturfonds, in: Ernst Piehl (Hrsg.), Europa in Ostdeutschland, Bonn 1996, S. 192-194.

Graf, Rainer, Die Finanzkontrolle der Europäischen Gemeinschaft, Baden-Baden 1999.

Grande, Edgar, Multi-Level Governance: Institutionelle Besonderheiten und Funktionsbedingungen des europäischen Mehrebenensystems, in: ders./ Markus Jachtenfuchs (Hrsg.), Wie problemlösungsfähig ist die EU, Baden-Baden 2000, S. 11-30.

ders., Regieren in verflochtenen Verhandlungssystemen, in: Renate Mayntz/ Fritz W. Scharpf (Hrsg.), Gesellschaftliche Selbststeuerung und politische Steuerung, Frankfurt a. M. 1995, S. 327-368.

Greenwood, Justin, Representing Interests in the European Union, London 1997.

Greiffenhagen, Martin, Kulturen des Kompromisses, Opladen 1999.

Greß, Franz, Stärkung der Handlungsfähigkeit der Länder durch regionale Netze und Koalitionen? Anmerkungen zum Gebrauch des Netzwerkkonzeptes, in: Rudolf Hrbek (Hrsg.), Europapolitik und Bundesstaatsprinzip, Baden-Baden 2000, S. 81-90.

ders., Die Rolle der deutschen Landesparlamente im Prozeß der europäischen Integration, in: Peter Straub/Rudolf Hrbek (Hrsg.), Die europapolitische Rolle der Landes- und Regionalparlamente in der EU, Baden-Baden 1998, S. 161-175.

ders./Huth, Ronald, Landesparlamente. Gesetzgebungsorgane in den deutschen Ländern, Frankfurt a. M./New York 1998.

Große Hüttmann, Martin/Knodt, Michèle, Die Europäisierung des deutschen Föderalismus, in: Aus Politik und Zeitgeschichte 52-53/2000, S. 31-38.

Gündisch, Jürgen/Mathijsen, Petrus, Rechtsetzung und Interessenvertretung in der Europäischen Union. Verfahren, Mitwirkung, Qualität, Legitimation, Stuttgart u. a. 1999.

Haas, Ernst B., The Uniting of Europe. Political, Social and Economic Forces 1950-1957, London 1958.

Hagen, Jürgen von, Wirtschaftspolitische Aspekte der Ost-Erweiterung der EU, in: Thomas König/Elmar Rieger/Hermann Schmitt (Hrsg.), Europäische Institutionenpolitik, Frankfurt a. M./New York 1997, S. 380-396.

Hagen, Kornelia/Toepel, Kathleen, Europäische Strukturfonds in Sachsen: Zwischenevaluierung für die Jahre 1994 bis 1996, Beiträge zur Strukturforschung Heft 171, Berlin 1997.

dies., Der Einsatz der Europäischen Strukturfonds im Freistaat Sachsen: Zwischenevaluierung für die Jahre 1994 bis 1996, in: DIW Wochenberichte 43/1997, S. 801-808 (zit. Hagen/Toepel 1997a).

Halfmann, Ralf, Entwicklungen des deutschen Staatsorganisationsrechts im Kraftfeld der europäischen Integration, Berlin 2000.

Hanf, Dominik, Der Vertrauensschutz bei der Rücknahme rechtswidriger Verwaltungsakte als neuer Prüfstein für das „Kooperationsverhältnis" zwischen EuGH und BVerfG, in: Zeitschrift für ausländisches öffentliches Recht und Völkerrecht 1/1999, S. 51-92.

Hartmann, Jürgen, Organisierte Interessen und Außenpolitik, in: Wolf-Dieter Eberwein/Karl Kaiser (Hrsg.), Deutschlands neue Außenpolitik, München 1998, S. 239-252.

Hartwig, Ines/Soveroski, Marie, Slowakei, Bulgarien und Rumänien - EU-Kandidaten der zweiten Reihe, in: Barbara Lippert (Hrsg.), Osterweiterung der Europäischen Union, Bonn 2000, S. 251-284.

Hatt, Philippe, Statement zur Koordination und Kooperation der Verwaltungen auf den verschiedenen Politikebenen aus der Sicht des ESF, in: Ernst Piehl (Hrsg.), Europa in Ostdeutschland, Bonn 1996, S. 176-179.

Hauck, Felix, Mitwirkungsrechte des Bundestages in Angelegenheiten der Europäischen Union, Berlin 1999.

Havighorst, Frank, Regionalisierung der Regionalpolitik, Münster 1998.

Heichlinger, Alexander, A Regional Representation in Brussels: The Right Idea for Influencing EU Policy Making?, EIPA, Maastricht 1999.

Heimpold, Gerhard, Reform der EU-Strukturfonds: Fortschritte bei der administrativen Effizienz sind bescheiden, in: Wirtschaft im Wandel 7/1999, S. 14-19.

Heinelt, Hubert, Regionale Strukturpolitik im europäischen Mehrebenensystem, in: Arthur Benz/Everhard Holtmann (Hrsg.), Gestaltung regionaler Politik, Opladen 1998, S. 127-134.

ders., Die Strukturfondsförderung – Politikprozesse im Mehrebenensystem der Europäischen Union, in: ders. (Hrsg.), Politiknetzwerke und europäische Strukturfondsförderung. Ein Vergleich zwischen EU-Mitgliedstaaten, Opladen 1996, S. 17-32.

ders., Länderspezifische Varianzen im Mehrebenengefüge der Strukturfondsförderung, in: ders. (Hrsg.), Politiknetzwerke und europäische Strukturfondsförderung. Ein Vergleich zwischen EU-Mitgliedstaaten, Opladen 1996, S. 277-297 (zit. Heinelt 1996a).

ders., Perspektiven und Probleme der Strukturfondsförderung, in: ders. (Hrsg.), Politiknetzwerke und europäische Strukturfondsförderung. Ein Vergleich zwischen EU-Mitgliedstaaten, Opladen 1996, S. 298-308 (zit. Heinelt 1996b).

Heinemann, Friedrich, Der Kompensationsfonds: Eine neue Finanzverfassung für die EU der 21 +, in: Wirtschaftsdienst 5/1999, S. 293-299.

Held, Ansgar, Europäische Beihilfenpolitik, in: Jürgen F. Baur (Hrsg.), Möglichkeiten europäischer und nationaler Industrie- und Beschäftigungspolitik unter dem europäischen Beihilfenrecht, Baden-Baden 2000, S. 5-9.

Héritier, Adrienne, Innovationsmechanismen europäischer Politik: Regulativer Wettbewerb und neue Koalitionsmöglichkeiten in europäischen Politiknetzwerken, in: Dorothea Jansen/Klaus Schubert (Hrsg.), Netzwerke und Politikproduktion, Marburg 1995, S. 205-221.

dies., Policy-Netzwerkanalyse als Untersuchungsinstrument im europäischen Kontext: Folgerungen aus einer empirischen Studie europäischer Politik, in: dies. (Hrsg.), Policy-Analyse. Kritik und Neuorientierung, Opladen 1993, S. 432-447.

Hesse, Konrad, Der unitarische Bundesstaat, Karlsruhe 1962.

Hilligweg, Gerd, Beurteilung der Regionalpolitik der Europäischen Gemeinschaft und möglicher Weiterentwicklungskonzepte unter besonderer Berücksichtigung des Reformmodells einer finanzausgleichsorientierten Neugestaltung des Systems der EG-Regionalfonds, Bochum 1994.

Hilpert, Ulrich/Thierse, Wolfgang, Deindustrialisierung in den Neuen Bundesländern und Probleme bei der innovativen Restrukturierung, in: Udo Bullmann/Rolf G. Heinze (Hrsg.), Regionale Modernisierungspolitik, Opladen 1997, S. 299-316.

Hintzen, Gabriele, Strukturpolitisches Handeln aus der Sicht des BDI, in: Thomas Klepsch/Hans-Josef Legrand/Axel Sanne (Hrsg.), Integrierte Strukturpolitik, Köln 1994, S. 78-95.

Hobe, Stephan, Das europäische Beihilfenrecht - Grundlagen und Spannungen zu nationalen Wirtschaftspolitiken, in: Jürgen F. Baur (Hrsg.), Möglichkeiten europäischer und nationaler Industrie- und Beschäftigungspolitik unter dem europäischen Beihilfenrecht, Baden-Baden 2000, S. 19-48.

Hödl, Erich/Weida, Andreas, Die Strukturpolitik der Europäischen Union. Konzeption, Umsetzung, Weiterentwicklung aus deutscher Sicht, Frankfurt a. M. u. a. 1997.

Hoffschulte, Heinrich, Einwirkungsmöglichkeiten der kommunalen Gebietskörperschaften auf die Gemeinschaftsebene, in: Jörn Ipsen/Hans-Werner Rengeling (Hrsg.), Gemeinden und Kreise in einem vereinten Europa, Osnabrück 1999, S. 29-53.

Hölscheidt, Sven, Mitwirkungsrechte des Deutschen Bundestags in Angelegenheiten der EU, in: Aus Politik und Zeitgeschichte 28/2000, S. 31-38.

Holtzmann, Hans-Dieter, Regionalpolitik in der Europäischen Union. Eine Erfolgskontrolle in theoretischer und empirischer Sicht, Berlin 1997.

Hooghe, Liesbet, EU Cohesion Policy and Competing Models of European Capitalism, in: Journal of Common Market Studies 4/1998, S. 457-477.

dies., Building a Europe with the Regions: The Changing Role of the European Commission, in: dies. (ed.), Cohesion Policy and European Integration: Building Multi-Level Governance, New York 1996, S. 89-126.

Hosli, Madeleine, An Institution's Capacity to Act: What are the Effects of Majority Voting in the Council of the EU and in the European Parliament?, EIPA, Maastricht 1998.

Hoyer, Werner, Nationale Entscheidungsstrukturen deutscher Europapolitik, in: Wolf-Dieter Eberwein/Karl Kaiser (Hrsg.), Deutschlands neue Außenpolitik, München 1998, S. 75-86.

Hubl, Walter, Europäische Rechnungsprüfung und europäischer Föderalismus, in: Hans-Ulrich Derlien/Axel Murswieck (Hrsg.), Der Politikzyklus zwischen Bonn und Brüssel, Opladen 1999, S. 121-136.

Hueglin, Thomas O., Die Neuordnung Europas als Chance eines regionalen Föderalismus, in: Thomas Jäger/Melanie Piepenschneider (Hrsg.), Europa 2020, Opladen 1997, S. 98-122.

Iltgen, Erich, Bundesstaatliche Ordnung und Europäische Union aus der Sicht der (neuen) deutschen Landtage, in: Detlef Merten (Hrsg.), Die Stellung der Landesparlamente aus deutscher, österreichischer und spanischer Sicht, Berlin 1997, S. 45-54.

Institut für Wirtschaftsforschung (Hrsg.), Die Europäischen Strukturfonds in den neuen Bundesländern. Zwischenbewertung des Mitteleinsatzes von 1994 bis 1996, Dresden 1997.

Ipsen, Hans Peter, Als Bundesstaat in der Gemeinschaft, in: Ernst von Caemmerer/Hans-Jürgen Schlochauer/Ernst Steindorff (Hrsg.), Probleme des europäischen Rechts, Festschrift für Walter Hallstein, Frankfurt a. M. 1966, S. 248-265.

Ipsen, Jörn/Rengeling, Hans-Werner (Hrsg.), Gemeinden und Kreise in einem vereinten Europa, Osnabrück 1999.

Ismayr, Wolfgang, 50 Jahre Parlamentarismus in der Bundesrepublik Deutschland, in: Aus Politik und Zeitgeschichte 20/1999, S. 14-26.

Jachtenfuchs, Markus, Die Europäische Union - ein Gebilde sui generis?, in: Klaus Dieter Wolf (Hrsg.), Projekt Europa im Übergang?, Baden-Baden 1997, S. 15-35.

ders./Kohler-Koch, Beate, Regieren im dynamischen Mehrebenensystem, in: dies. (Hrsg.), Europäische Integration, Opladen 1996, S. 15-44.

Jacobs, Adam S., Die Beziehungen der Türkei zur Europäischen Union und die Frage des türkischen EU-Beitritts, in: Aus Politik und Zeitgeschichte 29-30/2000, S. 22-28.

Jäger, Thomas/Piepenschneider, Melanie, Unterschiedliche Interessen, ein Ziel? Thesen zur Aufhebung unterschiedlicher Interessenprofile in der Europäischen Union, in: dies. (Hrsg.) Europa 2020. Szenarien politischer Entwicklung, Opladen 1997, S. 141-163.

Jakobeit, Cord/Yenal, Alparslan (Hrsg.), Gesamteuropa. Analysen, Probleme und Entwicklungsperspektiven, Opladen 1993.

Jakoby, Herbert, Reform der EU-Strukturfonds. Handlungsbedarf in den Ländern für die neue Programmperiode 2000-2006, in: WSI-Mitteilungen 6/1999, S. 407-414.

ders., Reformbedarf bei der Umsetzung der EU-Strukturfonds in Deutschland vor dem Hintergrund der AGENDA 2000, in: Informationen zur Raumentwicklung 9/1998, S. 579-585.

Janning, Josef/Giering, Claus, Strategien gegen die institutionelle Erosion, in: dies./Wolfgang Merkel/Michael Stabenow, Demokratie und Interessenausgleich in der Europäischen Union, Gütersloh 1999, S. 39-79.

Janning, Josef/Meyer, Patrick, Deutsche Europapolitik. Vorschläge zur Effektivierung, 2. Auflage, Gütersloh 1998.

Jansen, Dorothea, Einführung in die Netzwerkanalyse. Grundlagen, Methoden, Anwendungen, Opladen 1999.

dies./Schubert, Klaus, Netzwerkanalyse, Netzwerkforschung und Politikproduktion: Ansätze zur 'cross-fertilization", in: dies. (Hrsg.), Netzwerke und Politikproduktion. Konzepte, Methoden, Perspektiven, Marburg 1995, S. 9-23.

Jansen, Thomas, Gibt es eine Konzeption der Europäischen Kommission für die regionale Ordnung der Union?, in: Peter Nitschke (Hrsg.), Die Europäische Union der Regionen, Opladen 1999, S. 195-203.

Jeffery, Charlie, Regional Information Offices in Brussels and Multi-Level Governance in the EU: A UK-German Comparison, in: ders. (ed.), The Regional Dimension of the European Union. Towards a Third Level in Europe?, London 1997, S. 183-203.

ders./Collins, Stephen, Zwischen *Apple-Pie* und Interessenpolitik: Die deutschen Länder und die EU-Osterweiterung, in: Raimund Krämer (Hrsg.), Regionen in der Europäischen Union, Berlin 1998, S. 242-259.

Jessen, Christoph, Agenda 2000: Das Reformpaket von Berlin, ein Erfolg für Gesamteuropa, in: Integration 3/1999, S. 167-175.

Jilková, Jirina, Osterweiterung der EU und die Rolle der Strukturfonds. Beispiel Tschechische Republik, in: WSI-Mitteilungen 6/1999, S. 390-396.

Joerges, Christian/Falke, Josef (Hrsg.), Das Ausschußwesen der Europäischen Union, Baden-Baden 2000.

Johne, Roland, Die Vertretung der Landtage im Ausschuß der Regionen. Zur parlamentarischen Komponente unmittelbarer Interessenvertretung der deutschen Bundesländer in der Europäischen Union, in: Zeitschrift für Gesetzgebung 2/2000, S. 103-115.

ders., Die deutschen Landtage im Entscheidungsprozeß der Europäischen Union. Parlamentarische Mitwirkung im europäischen Mehrebenensystem, Baden-Baden 2000 (zit. Johne 2000a).

Jones, *Barry*/*Keating*, *Michael* (eds.), The European Union and the Regions, New York 1995.

Joos, *Klemens*, Interessenvertretung deutscher Unternehmen bei den Institutionen der Europäischen Union, Berlin 1998.

Jopp, Mathias/*Schmalz, Uwe*, Deutsche Europapolitik 2000. Positionen, Prioritäten, Perspektiven, in: Aus Politik und Zeitgeschichte 6/2000, S. 12-19.

Jung, Lothar/*Hassold, Helge*, Die Neuordnung der deutschen und europäischen Regional-/Strukturförderung vor dem Hintergrund der Beihilfenkontrolle und der Agenda 2000, in: DÖV 5/2000, S. 190-198.

Kämpfe, *Martina*, EU-Osterweiterung: Strukturfondsmittel unter Berücksichtigung der Verhandlungsmacht der Beitrittsländer, in: Wirtschaft im Wandel 12/1999, S. 11-15.

Kalbfleisch-Kottsieper, *Ulla*, Die deutschen Länder und der (neue) Art. 23 GG - eine Betrachtung vor allem auch der Rolle des Bundesrates aus der Praxis, Manuskript eines Vortrags, gehalten im Rahmen der Tagung „Die deutsche Verwaltung unter 50 Jahren Grundgesetz", am 14. Oktober 1999 in Speyer.

dies., Fortentwicklung des Föderalismus in Europa - vom Provinzialismus zur stabilen politischen Perspektive?, in: Die Öffentliche Verwaltung 13/1993, S. 541-551.

Kaluza, *Hildegard*, Der Europäische Sozialfonds. Seine Entwicklung und Funktion im europäischen Integrationsprozeß mit einem Exkurs zu seiner Bedeutung für die bundesdeutsche Arbeitsförderung, Baden-Baden 1998.

Karl, *Helmut*, Die Reform der Kohäsionspolitik der Europäischen Union, in: Rolf Cäsar/Hans-Eckart Scharrer (Hrsg.), Die Zukunft Europas im Lichte der Agenda 2000, Baden-Baden 2000, S. 137-152.

ders./*Henrichsmeyer*, *Wilhelm* (Hrsg.), Europäische Raumentwicklungspolitik: Notwendigkeit einer vertraglichen Verankerung?, Bonn 1996.

Keating, Michael, Is there a regional level of government in Europe?, in: Patrick Le Galès/Christian Lequesne (eds.), Regions in Europe, London/New York 1998, S. 11-29.

ders., Zur Politischen Ökonomie des Regionalismus, in: Udo Bullmann/ Rolf G. Heinze (Hrsg.), Regionale Modernisierungspolitik, Opladen 1997, S. 77-107.

ders., Europeanism and Regionalism, in: Barry Jones/Michael Keating (ed.), The European Union and the Regions, New York 1995, S. 1-22.

ders./Loughlin, John (ed.), The political economy of regionalism, London 1997.

Kielmansegg, Peter Graf, Integration und Demokratie, in: Markus Jachtenfuchs/Beate Kohler-Koch (Hrsg.), Europäische Integration, Opladen 1996, S. 47-71.

Klatt, Hartmut, Die innerstaatliche Beteiligung der Bundesländer an der deutschen Europapolitik, in: Peter Nitschke (Hrsg.), Die Europäische Union der Regionen. Subpolity und Politiken der Dritten Ebene, Opladen 1999, S. 133-166.

Klein, Hans H., Die Funktion des Parlaments im politischen Prozeß, in: Zeitschrift für Gesetzgebung 1997, S. 209-232.

Klemmer, Paul, Regionalpolitik, in: ders. (Hrsg.), Handbuch Europäische Wirtschaftspolitik, München 1998, S. 457-517.

Klingbeil, Thilo, Das Beihilfeverfahren nach Art. 93 EG-Vertrag. Verfahrensablauf - Rechte der Beteiligten - Rechtsschutzmöglichkeiten, Baden-Baden 1998.

Klodt, Henning/Stehn, Jürgen et al., Die Strukturpolitik der EG, Tübingen 1992.

Knodt, Michèle, Tiefenwirkung europäischer Politik. Eigensinn oder Anpassung regionalen Regierens?, Baden-Baden 1998.

dies., Auswärtiges Handeln der deutschen Länder, in: Wolf-Dieter Eberwein/Karl Kaiser (Hrsg.), Deutschlands neue Außenpolitik, München 1998, S. 153-166 (zit. Knodt 1998a).

Koenig, Christian/Kühling, Jürgen, Grundfragen des EG-Beihilfenrechts, in: Neue Juristische Wochenschrift 15/2000, S. 1065-1074.

dies., Reform des EG-Beihilfenrechts aus der Perspektive des mitgliedstaatlichen Systemwettbewerbs, in: Europäische Zeitschrift für Wirtschaftsrecht 17/1999, S. 517-523.

Kohl, Eckhard/Bergmann, Jan, Europäischer Finanzausgleich? Gewinner und Verlierer der EU-Politiken, Köln 1998.

Kohler, Wilhelm, Wer gewinnt, wer verliert durch die Osterweiterung der EU?, in: Lutz Hoffmann (Hrsg.), Erweiterung der EU, Berlin 2000, S. 27-77.

Kohler-Koch, Beate, Regieren in der Europäischen Union. Auf der Suche nach demokratischer Legitimität, in: Aus Politik und Zeitgeschichte 6/2000, S. 30-38.

dies., Europäisierung: Plädoyer für eine Horizonterweiterung, in: dies./ Michèle Knodt (Hrsg.), Deutschland zwischen Europäisierung und Selbstbehauptung, Frankfurt a. M./New York 2000, S. 11-31.

dies., Regionen als Handlungseinheiten in der europäischen Politik, in: Raimund Krämer (Hrsg.), Regionen in der Europäischen Union, Berlin 1998, S. 45-74 (zit. Kohler-Koch 1998).

dies., Die Europäisierung nationaler Demokratien: Verschleiß eines europäischen Kulturerbes?, in: Michael Greven (Hrsg.), Demokratie - eine Kultur des Westens?, Opladen 1998, S. 263-288 (zit. Kohler-Koch 1998a).

dies. (Hrsg.), Interaktive Politik in Europa: Regionen im Netzwerk der Integration, Baden-Baden 1998 (zit. Kohler-Koch 1998b).

dies., Die Gestaltungsmacht organisierter Interessen, in: Markus Jachtenfuchs/dies. (Hrsg.), Europäische Integration, Opladen 1996, S. 193-222.

dies., Interessen und Integration. Die Rolle organisierter Interessen im westeuropäischen Integrationsprozeß, in: Michael Kreile (Hrsg.), Die Integration Europas, PVS-Sonderheft 23/1992, S. 81-119.

dies./Knodt, Michèle, Regionales Regieren in der EU: Befunde eines empirisch vergleichenden Projekts, in: Peter Nitschke (Hrsg.), Die Europäische Union der Regionen, Opladen 1999, S. 167-193.

Koller, Martin/Schwengler, Barbara, Struktur und Entwicklung von Arbeitsmarkt und Einkommen in den Regionen. Beiträge zur Arbeitsmarkt- und Berufsforschung Nr. 232, Nürnberg 2000.

Kommission der Europäischen Gemeinschaften, Gemeinschaftsvorschriften über staatliche Beihilfen. Vademekum, Luxemburg 2000 (zit. Kommission 2000).

dies., Strukturpolitische Maßnahmen 2000-2006. Kommentare und Verordnungen, Luxemburg 2000 (zit. Kommission 2000a).

dies., Siebenter Bericht über staatliche Beihilfen in der Europäischen Union im verarbeitenden Gewerbe und in einigen weiteren Sektoren, KOM (1999) 148 endg., Brüssel, den 30.3.1999 (zit. Kommission 1999).

dies., XXVIII. Bericht über die Wettbewerbspolitik 1998, Brüssel, Luxemburg 1999 (zit. Kommission 1999a).

dies., 9. Jahresbericht über die Strukturfonds 1997, KOM (1998) 562 endg., Brüssel, den 30.10.1998, (zit. Kommission 1998).

dies., Fünfzehnter Jahresbericht über die Kontrolle der Anwendung des Gemeinschaftsrechts (1997), KOM (1998) 317 endg., Brüssel, den 19.05.1998, (zit. Kommission 1998a).

dies., Agenda 2000, 3 Teile, KOM (97) 2000, Brüssel, den 15.07.1997, (zit. Kommission 1997).

dies., Die Auswirkungen der Strukturpolitik auf die wirtschaftliche und soziale Kohäsion in der Union 1989-1999, Luxemburg 1997, (zit. Kommission 1997a).

dies., Haushaltsvademekum. Ausgabe 1997, Luxemburg 1997, (zit. Kommission 1997b).

dies., Fünfter Bericht über staatliche Beihilfen in der Europäischen Union im verarbeitenden Gewerbe und in einigen weiteren Sektoren, KOM (97) 170 endg., Brüssel, den 16.4.1997 (zit. Kommission 1997c).

dies., Erster Bericht über den wirtschaftlichen und sozialen Zusammenhalt 1996, Luxemburg 1996, (zit. Kommission 1996).

dies., Strukturfonds und Kohäsionsfonds 1994-1999. Verordnungstexte und Erläuterungen, Luxemburg 1996 (zit. Kommission 1996a).

dies., Deutschland: Programme für regionale Entwicklung 1994, Luxemburg 1995 (zit. Kommission 1995).

dies., Von der Einheitlichen Akte zu der Zeit nach Maastricht: Ausreichende Mittel für unsere ehrgeizigen Ziele, Mitteilung der Kommission, KOM (92) 2000 (sogenanntes Delors-II-Paket, G.E.), Bulletin der EG, Beilage 1/92, S. 15-41 (zit. Kommission 1992).

dies., Gemeinschaftliches Förderkonzept 1991-1993 für die Gebiete Ost-Berlin, Mecklenburg-Vorpommern, Brandenburg, Sachsen-Anhalt, Thüringen und Sachsen, Luxemburg 1991 (zit. Kommission 1991).

dies., Die Einheitliche Akte muß ein Erfolg werden: Eine neue Perspektive für Europa, Mitteilung der Kommission, KOM (87) 100 (sogenanntes Delors-I-Paket, G.E.), Bulletin der EG, Beilage 1/87, S. 5-28 (zit. Kommission 1987).

König, Doris, Die Übertragung von Hoheitsrechten im Rahmen des europäischen Integrationsprozesses - Anwendungsbereich und Schranken des Art. 23 des Grundgesetzes, Berlin 2000.

König, Thomas, Regieren im deutschen Föderalismus, in: Aus Politik und Zeitgeschichte 13/1999, S. 24-36.

ders., Europa auf dem Weg zum Mehrheitssystem. Gründe und Konsequenzen nationaler und parlamentarischer Integration, Opladen/Wiesbaden 1997.

ders./Rieger, Elmar/Schmitt, Hermann (Hrsg.), Europäische Institutionenpolitik, Frankfurt a. M./New York 1997.

dies. (Hrsg.), Das europäische Mehrebenensystem, Frankfurt a. M./New York 1996.

Kraff, Manfred, Der Finanzausgleich in der Europäischen Union: Theorie, Praxis und Perspektiven, Bonn 1997.

Krahmann, Elke, Politische Entscheidungsprozesse in Mehrebenen-Netzwerken, in: Stefanie Pfahl/Elmar Schultz/Claudia Matthes/Katrin Sell (Hrsg.), Institutionelle Herausforderungen im Neuen Europa, Opladen 1998, S. 217-242.

Krämer, Raimund, Die Europäisierung des Ostens - Die ostdeutschen Länder in der Europäischen Union, in: ders. (Hrsg.), Regionen in der Europäischen Union, Berlin 1998, S. 260-286.

Krätke, Stefan/Heeg, Susanne/Stein, Rolf, Regionen im Umbruch. Probleme der Regionalentwicklung an den Grenzen zwischen „Ost" und „West", Frankfurt a. M./New York 1997.

Krause, Joachim, Die Rolle des Bundestages in der Außenpolitik, in: Wolf-Dieter Eberwein/Karl Kaiser (Hrsg.), Deutschlands neue Außenpolitik, München 1998, S. 137-152.

Krautzberger, Michael/Selke, Welf, Auf dem Weg zu einem Europäischen Raumentwicklungskonzept, in: Die Öffentliche Verwaltung 16/1994, S. 685-690.

Kreile, Michael, Die Osterweiterung der Europäischen Union, in: Werner Weidenfeld (Hrsg.), Europa-Handbuch, Gütersloh 1999, S. 802-822.

Krieger-Boden, Christiane, Zur Regionalpolitik der Europäischen Gemeinschaft, in: Die Weltwirtschaft 1/1987, S. 82-96.

Kruse, Eberhard, Ist die „Teilungsklausel" als Rechtsgrundlage für Beihilfen zum Ausgleich teilungsbedingter Nachteile obsolet?, in: EuZW 8/1998, S. 229-232.

Kuhn, Britta/Eichenberger, Reiner, Die Strukturfonds der Europäischen Gemeinschaft, in: Wirtschaft & Statistik 11/1992, S. 575-578.

Kuschnick, Michael, Integration in Staatenverbindungen. Vom 19. Jahrhundert bis zur EU nach dem Vertrag von Amsterdam, Berlin und New York 1999.

Lambarri, Carlos/Ezkurdia, Eduardo Fernández, Regional Development Guidelines: Do they really help regional development?, in: Sanoussi Bilal/Phedon Nicolaides (eds.), Understanding State Aid Policy in the European Community, Maastricht 1999, S. 159-171.

Lammers, Konrad, Die Bund-Länder-Regionalförderung - Ziele, Ansatzpunkte, ökonomische Problematik, in: Die Weltwirtschaft 1/1987, S. 61-81.

Landfried, Christine, Politische Steuerung in der Europäischen Union, in: Hans-Ulrich Derlien/Axel Murswieck (Hrsg.), Der Politikzyklus zwischen Bonn und Brüssel, Opladen 1999, S. 65-82.

Lane, Jan-Erik/Mattila, Mikko, Der Abstimmungsprozeß im Ministerrat, in: Thomas König/Elmar Rieger/Hermann Schmitt (Hrsg.), Europa der Bürger? Voraussetzungen, Alternativen, Konsequenzen, Frankfurt a. M./New York 1998, S. 328-343.

Lang, Jochen/Reissert, Bernd, Reform des Implementationssystems der Strukturfonds. Die neuen Verordnungen vor dem Hintergrund der Leistungsfähigkeit des bisherigen Systems, in: WSI-Mitteilungen 6/1999, S. 380-389.

dies./Naschold, Frieder, Management der EU-Strukturpolitik. Steuerungsprobleme und Reformperspektiven, Berlin 1998.

Lang, Jochen/Schwab, Oliver/Wollmann, Hellmut, Institutionelle Innovation der EU und Renitenz des deutschen Föderalismus: Die Begleitausschüsse in der EU-Strukturfonds-Förderung, in: Verwaltungsarchiv 1/2000, S. 100-116.

Lang, Ruth, Die Mitwirkungsrechte des Bundesrates und des Bundestages in Angelegenheiten der Europäischen Union gemäß Artikel 23 Abs. 2 bis 7 GG, Berlin 1997.

Lange, Niels, Zwischen Regionalismus und europäischer Integration. Wirtschaftsinteressen in regionalistischen Konflikten, Baden-Baden 1998.

Langguth, Gerd, Machtteilung und Machtverschränkung in Deutschland, in: Aus Politik und Zeitgeschichte 6/2000, S. 3-11.

Laufer, Heinz/Münch, Ursula, Das föderative System der Bundesrepublik Deutschland, 7., neu berabeitete Auflage, München 1997.

Läufer, Thomas (Hrsg.), Vertrag von Amsterdam. Texte des EU-Vertrages und des EG-Vertrages mit den deutschen Begleitgesetzen, Bonn 1999.

ders., Entscheidungsverfahren, in: Werner Weidenfeld/Wolfgang Wessels (Hrsg.), Europa von A bis Z, 5. Auflage, Bonn 1995, S. 114-121.

Lauffer, Peter, Beihilfen für den Steinkohlenbergbau in der Europäischen Union nach 2002, Baden-Baden 1998.

Lehmbruch, Gerhard, Parteienwettbewerb im Bundesstaat, Stuttgart 1976; 3., aktualisierte und erweiterte Auflage, Wiesbaden 2000.

Leiße, Olaf, Demokratie „auf europäisch". Möglichkeiten und Grenzen einer supranationalen Demokratie am Beispiel der Europäischen Union, Frankfurt a. M. 1998.

Lenz, Aloys/Johne, Roland, Die Landtage vor der Herausforderung Europa. Anpassung der parlamentarischen Infrastruktur als Grundlage institutioneller Europafähigkeit, in: Aus Politik und Zeitgeschichte 6/2000, S. 20-29.

Lepper, Manfred, Die Rolle und Effektivität der interministeriellen Ausschüsse für Koordination und Regierungspolitik. Länderbericht: Bundesrepublik Deutschland, in: Heinrich Siedentopf (Hrsg.), Regierungspolitik und Koordination, Berlin 1976, S. 433-449.

Lequesne, Christian, France, in: Dietrich Rometsch/Wolfgang Wessels (Hrsg.), The European Union and the member states. Towards institutional fusion?, Manchester 1996, S. 185-196.

Lesch, Hagen (Bearb.), Agenda 2000: Die Rolle der europäischen Strukturpolitik zwischen Kohäsions- und Beschäftigungsziel, IFSt-Schrift Nr. 365, Bonn 1998.

Lewis, Jeffrey, Is the 'Hard Bargaining' Image of the Council Misleading? The Committee of Permanent Representatives and the Local Elections Directive, in: Journal of Common Market Studies 4/1998, S. 479-504.

Lippert, Barbara, Alternative Sichtweisen zur Agenda 2000, in: Rolf Cäsar/ Hans-Eckart Scharrer (Hrsg.), Die Zukunft Europas im Lichte der Agenda 2000, Baden-Baden 2000, S. 39-50.

dies./Günther, Dirk/Woolcock, Stephen, Die EG und die neuen Bundesländer - eine Erfolgsgeschichte von kurzer Dauer?, in: Integration 1/1993, S. 1-18.

Lösch, Dieter, Sind die mittel- und osteuropäischen Staaten „reif" für eine EU-Mitgliedschaft?, in: Gabriele Clemens (Hrsg.), Die Integration der mittel- und osteuropäischen Staaten in die Europäische Union, Hamburg 1999, S. 127-166.

Lübbig, Thomas, Neue Entwicklungen im Beihilfenrecht der Europäischen Gemeinschaften, in: Wirtschaft und Wettbewerb 3/1999, S. 249-256.

Ludewig, Johannes, Bilanz und Perspektiven der wirtschaftlichen Entwicklung in Ostdeutschland, in: Ernst Piehl (Hrsg.), Europa in Ostdeutschland, Bonn 1996, S. 41-49.

Luthart, Wolfgang, Abschied vom deutschen Konsensmodell? Zur Reform des Föderalismus, in: Aus Politik und Zeitgeschichte 13/1999, S. 12-23.

ders., Europäischer Integrationsprozeß, deutscher Föderalismus und Verhandlungsprozesse in einem Mehrebenensystem: Beteiligungsföderalismus als Zukunftsmodell?, in: Staatswissenschaften und Staatspraxis 3/1996, S. 293-316.

Magiera, Siegfried, Die Durchsetzung des Gemeinschaftsrechts im europäischen Integrationsprozeß, in: Die Öffentliche Verwaltung 5/1998, S. 173-183.

ders., Außenkompetenz der deutschen Länder, in: Klaus Lüder (Hrsg.), Staat und Verwaltung. Fünfzig Jahre Hochschule für Verwaltungswissenschaften Speyer, Berlin 1997, S. 97-115.

ders., Das Europäische Parlament als Garant demokratischer Legitimation in der Europäischen Union, in: Ole Due/Marcus Lutter/Jürgen Schwarze (Hrsg.), Festschrift für Ulrich Everling, Baden-Baden 1995, S. 789-801.

ders., Die Grundgesetzänderung von 1992 und die Europäische Union, in: Jura 1/1994, S. 1-11.

Malchus, Viktor Frhr. von, Zur rechtlichen Verankerung der „Europäischen Raumentwicklungspolitik" im Vertrag über die Europäische Union, in: Helmut Karl/Wilhelm Henrichsmeyer (Hrsg.), Europäische Raumentwicklungspolitik: Notwendigkeit einer vertraglichen Verankerung?, Bonn 1996, S. 21-33.

Mann, Siegfried, Macht und Ohnmacht der Verbände. Das Beispiel des Bundesverbandes der Deutschen Industrie e.V. (BDI) aus empirisch-analytischer Sicht, Baden-Baden 1994.

Marin, Bernd/Mayntz, Renate (Hrsg.), Policy Networks: Empirical Evidence and Theoretical Considerations, Frankfurt a. M. 1991.

Marks, Gary, An Actor-Centred Approach to Multi-Level Governance, in: Charlie Jeffery (ed.), The Regional Dimension of the European Union. Towards a Third Level in Europe?, London 1997. S. 20-38.

ders., Politikmuster und Einflußlogik in der Strukturpolitik, in: Markus Jachtenfuchs/Beate Kohler-Koch (Hrsg.), Europäische Integration, Opladen 1996, S. 313-343.

ders., Exploring and Explaining Variation in EU Cohesion Policy, in: Liesbet Hooghe (ed.), Cohesion Policy and European Integration: Building Multi-Level Governance, New York 1996, S. 389-422.

ders., Structural Policy and Multilevel Governance in the EC, in: Alan W. Cafruny/Glenda G. Rosenthal (eds.), The State of the European Community, Longman 1993, S. 391-410.

ders./Hooghe, Liesbet/Blank, Kermit, European Integration from the 1980s: State-Centric v. Multi-level Governance, in: Journal of Common Market Studies 3/1996, S. 341-378.

Mauer, Harald, Die Fondsverwalter auf den drei Ebenen - zur Koordination und Kooperation der Exekutive auf den drei Politikebenen im Hinblick auf die Strukturfonds, in: Ernst Piehl (Hrsg.), Europa in Ostdeutschland, Bonn 1996, S. 188-191.

Mayntz, Renate, Policy-Netzwerke und die Logik von Verhandlungssystemen, in: Adrienne Héritier (Hrsg.), Policy-Analyse. Kritik und Neuorientierung, Opladen 1993, S. 39-56.

dies./Scharpf, Fritz W., Der Ansatz des akteurzentrierten Institutionalismus, in: dies. (Hrsg.), Gesellschaftliche Selbststeuerung und politische Steuerung, Frankfurt a. M. 1995, S. 39-72.

Mazey, Sonia/Richardson, Jeremy, EU policy-making, in: Yves Mény/ Pierre Muller/Jean-Louis Quermonne, Adjusting to Europe, London und New York 1996, S. 41-58.

dies. (eds.), Lobbying in the European Community, New York 1993.

McAleavey, Paul/Mitchell, James, Industrial Regions and Lobbying in the Structural Funds Reform Process, in: Journal of Common Market Studies 1994, S. 237-248.

Meise, Torsten, Strategien der Region. Innovations- und Steuerungspotentiale dezentral-kooperativer Politikmodelle, Münster 1998.

Mentler, Michael, Kooperation und Konflikt zwischen den Ländern: Zur Praxis innerstaatlicher Mitwirkung an der deutschen Europapolitik aus der Sicht Bayerns, in: Rudolf Hrbek (Hrsg.), Europapolitik und Bundesstaatsprinzip, Baden-Baden 2000, S. 61-65.

ders., Der Ausschuß der Ständigen Vertreter bei den Europäischen Gemeinschaften, Baden-Baden 1996.

Menz, Lorenz, Föderalismus: Stärke oder Handicap deutscher Interessenvertretung in der EU? (I), in: Rudolf Hrbek (Hrsg.), Europapolitik und Bundesstaatsprinzip, Baden-Baden 2000, S. 67-74.

Merkel, Wolfgang, Legitimitätsüberlegungen zu einem unionsspezifischen Demokratiemodell, in: Claus Giering/Josef Janning/Wolfgang Merkel/ Michael Stabenow, Demokratie und Interessenausgleich in der Europäischen Union, Gütersloh 1999, S. 27-37.

Metcalfe, Les, Reforming the Commission, in: Eipascope 3/1999, S. 3-9.

Metz, Wolfgang, Kommentierte Chronologie zur Regierungskonferenz 1996/97, in: Werner Weidenfeld (Hrsg.), Amsterdam in der Analyse. Gütersloh 1998, S. 219-272.

Miert, Karel van, Die Wettbewerbspolitik der neuen Kommission, in: Wirtschaft und Wettbewerb 7-8/1995, S. 553-560.

Mietzsch, Oliver, Ende der ersten Amtsperiode des Ausschusses der Regionen: „Kinderkrankheiten wurden überwunden", in: EUROPA kommunal 2/1998, S. 65-71.

Ministerium für Wirtschaft, Verkehr, Landwirtschaft und Weinbau des Landes Rheinland-Pfalz, Ergebnisse der regionalen Strukturpolitik im Zeitraum 1990 bis 1999 und Perspektiven ab dem Jahr 2000, Mainz, 4. Juli 2000 (zitiert MWVLW 2000).

Mögele, Rudolf, Die Behandlung fehlerhafter Ausgaben im Finanzierungssystem der gemeinsamen Agrarpolitik, München 1997.

Molle, Willem, The Regional Economic Structure of the European Union: an Analysis of Long-Term Developments, in: Karin Peschel (ed.), Regional Growth and Regional Policy within the Framework of the European Integration, Heidelberg 1997, S. 66-86.

Müller, Beate/Schrumpf, Heinz, Die strukturpolitischen Reformen der Europäischen Union, hrsg. vom Rheinisch-Westfälischen Institut für Wirtschaftsforschung (RWI), Essen 1999.

Münch, Ursula, Entwicklung und Perspektiven des deutschen Föderalismus, in: Aus Politik und Zeitgeschichte 13/1999, S. 3-11.

Nagel, Bernhard, Wirtschaftsrecht der Europäischen Union, Baden-Baden 1998.

Nägele, Frank, Die „graue Eminenz“ der regionalen Wirtschaftspolitik. Zur regionalpolitischen Bedeutung der EG-Beihilfenkontrolle in der Bundesrepublik Deutschland, in: Staatswissenschaften und Staatspraxis 1/1997, S. 109-130.

ders., Regionale Wirtschaftspolitik im kooperativen Bundesstaat. Ein Politikfeld im Prozeß der deutschen Einigung, Opladen 1996.

Nanetti, Raffaella Y., EU Cohesion and Territorial Restructuring in the Member States, in: Liesbet Hooghe (ed.), Cohesion Policy and European Integration: Building Multi-Level Governance, New York 1996, S. 59-88.

Nass, Klaus Otto, Regionalpolitik im föderalen Spannungsfeld, in: Ursula Männle (Hrsg.), Föderalismus zwischen Konsens und Konkurrenz, Baden-Baden 1998, S. 101-109.

ders., Das „Europa der Regionen“ hat viele Gesichter - Die Regionen aus der Sicht von Rat und Kommission, in: Gisela Färber/Murray Forsyth (Hrsg.), The Regions - Factors of Integration or Disintegration in Europe?, Baden-Baden 1996, S. 201-222.

ders., „Nebenaußenpolitik“ der Bundesländer, in: Europa-Archiv 21/1986, S. 619-628.

Nemitz, Paul F., 10 Jahre Gericht Erster Instanz der Europäischen Gemeinschaften, in: Die Öffentliche Verwaltung 11/2000, S. 437-449.

Neßler, Volker, Willensbildung im Europäischen Parlament - Abgeordnete und Fraktionen zwischen Konsens und Dissens, in: Zeitschrift für Europarechtliche Studien 2/1999, S. 157-182.

Neuss, Beate/Hilz, Wolfram, Deutsche personelle Präsenz in der EU-Kommission, Interne Studie Nr. 180/1999 der Konrad-Adenauer-Stiftung, Sankt Augustin 1999.

Nickel, Dietmar, Ein Kommentar zum Amsterdamer Vertrag aus Sicht des Europäischen Parlaments, in: Integration 4/1997, S. 219-227.

Nugent, Neill, The Government and Politics of the European Union, 4. Aufl., London 1999.

Oppermann, Thomas, Erinnerungen an das Bundeswirtschaftsministerium und seine Europa-Abteilung in den sechziger Jahren, in: Ole Due/Marcus Lutter/Jürgen Schwarze (Hrsg.), Festschrift für Ulrich Everling, Baden-Baden 1995, S. 23-31.

Oschatz, Georg-Berndt/Risse, Horst, Die Bundesregierung an der Kette der Länder? Zur europapolitischen Mitwirkung des Bundesrates, in: Die Öffentliche Verwaltung 11/1995, S. 437-452.

Paape, Björn W., Das Finanzierungsinstrument für die Ausrichtung der Fischerei - FIAF - im Kontext der europäischen Strukturpolitik in den neuen Bundesländern, in: Klaus Dorner et al. (Hrsg.), Aspekte der europäischen Integration, Wiesbaden 1998, S. 39-47.

Padoa-Schioppa, Tommaso, Effizienz, Stabilität und Verteilungsgerechtigkeit. Eine Entwicklungsstrategie für das Wirtschaftssystem der Europäischen Gemeinschaft, Wiesbaden 1988.

Pappi, Franz Urban, Policy-Netze: Erscheinungsform moderner Politiksteuerung oder methodischer Ansatz?, in: Adrienne Héritier (Hrsg.), Policy-Analyse. Kritik und Neuorientierung, Opladen 1993, S. 84-94.

ders./Schnorpfeil, Willi, Das Ausschußwesen der Europäischen Kommission, in: Thomas König/Elmar Rieger/Hermann Schmitt (Hrsg.), Das europäische Mehrebenensystem, Frankfurt a. M./New York 1996, S. 135-159.

Paul, Michael, Die Mitwirkung der Bundesländer an der Rechtsetzung der Europäischen Gemeinschaften de lege lata und de lege ferenda, Frankfurt a. M. u. a. 1996.

Peffekoven, Rolf, Das Urteil des Bundesverfassungsgerichts zum Länderfinanzausgleich, in: Wirtschaftsdienst 12/1999, S. 709-715.

Peters, Guy, Escaping the Joint Decision-Trap: Repetition and Sectoral Politics in the European Union, in: West European Politics 2/1997, S. 22-36.

Pflüger, Friedbert, Die fortschreitende europäische Integration und der Europaausschuß des Deutschen Bundestages, in: Integration 4/2000, S. 229-244.

Piepenschneider, Melanie, Der Vertrag von Amsterdam. Analyse und Bewertung, 3., überarb. Aufl., Sankt Augustin, Januar 1998.

Pilz, Frank, Die Förderpolitik für Ostdeutschland und ihr Interaktionssystem, in: Ulrich Hilpert/Everhard Holtmann (Hrsg.), Regieren und intergouvernementale Beziehungen, Opladen 1998, S. 165-190.

Platzer, Hans-Wolfgang, Interessenverbände und europäischer Lobbyismus, in: Werner Weidenfeld (Hrsg.), Europa-Handbuch, Gütersloh 1999, S. 410-423.

Pöhle, Klaus, Hat die Europäische Union Bestand? Zur Fragwürdigkeit zweier Dogmen der Integrationspolitik, in: Integration 4/1999, S. 231-245.

ders., Das Demokratiedefizit der Europäischen Union und die nationalen Parlamente. Bietet COSAC einen Ausweg?, in: Zeitschrift für Parlamentsfragen 1/1998, S. 77-89.

Polet, Robert/Nomden, Koen, Improving the Management of European Regional Development Policy, in: European Planning Studies 6/1997, S. 777-792.

Poth-Mögele, Angelika, Das Prinzip der „Partnerschaft" in der Strukturpolitik der Europäischen Gemeinschaft, Frankfurt a. M. u. a. 1993.

Priebe, Reinhard, Anmerkungen zur Verwaltungskultur der Europäischen Kommission, in: Die Verwaltung 3/2000, S. 379-413.

ders., Zum Rechtsrahmen der gemeinschaftlichen Strukturfonds, in: Albrecht Randelzhofer/Rupert Scholz/Dieter Wilke (Hrsg.), Gedächtnisschrift für Eberhard Grabitz, München 1995, S. 551-580.

Prittwitz, Volker von, Politikanalyse, Opladen 1994.

Prokop, Marc, Finanzausgleich und europäische Integration. Ein regionaler Ansatz, Marburg 1999.

Putnam, Robert, Diplomacy and Domestic Politics: The Logic of Two-Level Games, in: International Organization 1988, S. 427-460.

Ragnitz, Joachim, Die Zukunft der Ost-Förderung, in: Wirtschaftsdienst 4/2000, S. 225-229.

Rambow, Gerhard, Vorstellungen der Bundesregierung zur Strukturpolitik der EU, in: Heinz-Jürgen Axt (Hrsg.), Europa im Strukturwandel, München 1997, S. 205-215.

Rawlinson, Francis, Staatliche Beihilfen, in: Carl Otto Lenz (Hrsg.), EG-Vertrag. Kommentar, 2. Auflage, Köln u. a. 1999, S. 848-895.

Rath, Christian, Die „unionswärtige Gewalt" des Deutschen Bundestages. Zur verfassungsrechtlichen Legitimation des gemeinschaftlichen Rechtssetzungsprozesses, in: Zeitschrift für Parlamentsfragen, Sonderband 1/1995, S. 114-145.

Reinfried, Dieter, Die Rolle der Landesregierungen im Geflecht der Strukturfondsförderung in Ostdeutschland, in: Ernst Piehl (Hrsg.), Europa in Ostdeutschland, Bonn 1996, S. 68-72.

Rhodes, Rod A. W./Bache, Ian/George, Stephen, Policy Networks and Policy-Making in the European Union: A Critical Appraisal, in: Liesbet

Hooghe (ed.), Cohesion Policy and European Integration: Building Multi-Level Governance, New York 1996, S. 367-387.

Ridinger, Rudolf, Die Reform der Strukturfonds - eine Bilanz, in: Wolfgang Gick (Hrsg.), Die zukünftige Ausgestaltung der Regionalpolitik in der EU, München 1996, S. 133-148.

ders., EG-Regionalpolitik. Wirtschaftlicher und sozialer Zusammenhalt in der Europäischen Gemeinschaft, Hamburg 1992.

Riedel, Jürgen/Scharr, Frank et al., Wirtschaftsförderung im Transformationsprozeß. Die Gemeinschaftsaufgabe „Verbesserung der regionalen Wirtschaftsstruktur" in Thüringen, München 1999.

dies., Die Europäischen Strukturfonds in den neuen Bundesländern. Zwischenbewertung des Mitteleinsatzes von 1994 bis 1996, München 1997.

Roch, Isolde, Die Grenzregionen des Freistaates Sachsen, in: Karl Eckart/Hartmut Kowalke (Hrsg.), Die Euroregionen im Osten Deutschlands, Berlin 1997, S. 49-68.

dies./Ziegler, Astrid, Grenzraumentwicklung und kooperatives Handeln in Europa, in: WSI Mitteilungen 3/1998, S. 186-194.

Rodi, Michael, Die Subventionsrechtsordnung. Die Subvention als Instrument öffentlicher Zweckverwirklichung nach Völkerrecht, Europarecht und deutschem innerstaatlichen Recht, Tübingen 2000.

Rosenfels, Martin, Abschaffung der Gemeinschaftsaufgaben von Bund und Ländern, in: Wirtschaft im Wandel 4/1999, S. 3-9.

Rosenstock, Manfred, Die Kontrolle und Harmonisierung nationaler Beihilfen durch die Kommission der Europäischen Gemeinschaften, Frankfurt a. M. 1995.

Rothacher, Albrecht, Herausforderungen an die Europäische Union: Strategien für eine erfolgreiche Osterweiterung, in: Rolf Cäsar/Hans-Eckart Scharrer (Hrsg.), Die Zukunft Europas im Lichte der Agenda 2000, Baden-Baden 2000, S. 191-209.

ders., Beitrittsszenarien. Die Verhandlungen zur EU-Osterweiterung, in: Hans-Jürgen Wagener/Heiko Fritz (Hrsg.), Im Osten was Neues. Aspekte der EU-Osterweiterung, Bonn 1998, S. 246-264.

Rudolf, Walter, Die Bedeutung der Landesparlamente in Deutschland, in: Detlef Merten (Hrsg.), Die Stellung der Landesparlamente aus deutscher, österreichischer und spanischer Sicht, Berlin 1997, S. 55-70.

ders., Die Mitwirkung der Länder bei der Willensbildung in Europa, in: Dieter Dörr/Meinrad Dreher (Hrsg.), Europa als Rechtsgemeinschaft, Baden-Baden 1997, S. 33-52 (zit. Rudolf 1997a).

Rudzio, Kolja, EU-Finanzen und Strukturfonds vor der Reform, in: Integration 3/1997, S. 180-188.

Sabatier, Paul A., Advocacy-Koalitionen, Policy-Wandel und Policy-Lernen: Eine Alternative zur Phasenheuristik, in: Adrienne Héritier (Hrsg.), Policy-Analyse. Kritik und Neuorientierung, Opladen 1993, S. 116-148.

Sächsisches Staatsministerium für Umwelt und Landesentwicklung, Förderhilfen im Umweltbereich 1998, Dresden, März 1998 (zit. SMU 1998).

Sächsisches Staatsministerium für Wirtschaft und Arbeit, Operationelles Programm zur Strukturfondsförderung des Freistaates Sachsen 2000-2006, Dresden, den 7.12.1999, überarbeitete Fassung vom 14.7.2000 (zit. SMWA 2000).

dass., EFRE-dominiertes Operationelles Programm Sachsen einschließlich EFRE-bezogener ESF-Maßnahmen 1994-1999, Dresden 1994 (zit. SMWA 1994).

Sächsische Staatskanzlei, Teilungsfolgen. Materialsammlung zum Streit um staatliche Beihilfe an die Volkswagen AG für ein Investitionsvorhaben im Freistaat Sachsen, Dresden, September 1996.

Sachverständigenkommission für die Neugliederung des Bundesgebietes, Vorschläge zur Neugliederung des Bundesgebietes gemäß Art. 29 des Grundgesetzes, hrsg. vom Bundesministerium des Innern, Bonn 1973 (zit. Sachverständigenkommission 1973).

Samland, Detlef, Förderpolitik der Europäischen Union für die Regionen – aus der Sicht des Europäischen Parlaments, in: Heinrich Siedentopf/ Manfred Scholle/Erwin Schleberger (Hrsg.), Europäische Regionalpolitik, Baden-Baden 1997, S. 15-20.

ders., Ideenskizze für eine Reform der Strukturfonds nach 1999 auch unter dem Gesichtspunkt der Heranführung der MOEL, in: Heinz-Jürgen Axt (Hrsg.), Europa im Strukturwandel. Südosteuropa, Ruhrgebiet und Reform der EU-Strukturpolitik, München 1997, S. 251-262 (zit. Samland 1997a).

Santer, Jacques, Agenda 2000, in: Günter Rische/Ingo Friedrich (Hrsg.), Weichenstellung für das 21. Jahrhundert. Erfordernisse und Perspektiven der europäischen Integration, Köln u. a. 1998, S. 369-375.

ders., Die große Herausforderung der Europäischen Union: Erweiterung *und* Vertiefung, Speyerer Vorträge, Heft 44, Speyer 1998 (zit. Santer 1998a).

Schaber, *Thomas*, Transparenz und Lobbying in der Europäischen Union. Geschichte und Folgen der Neuregelung von 1996, in: Zeitschrift für Parlamentsfragen 2/1997, S. 266-278.

Schäfers, *Manfred*, Die Kohäsionspolitik der Europäischen Gemeinschaft. Integrationspolitische Einordnung, Darstellung und Erfolgskontrolle, Baden-Baden 1993.

Schalk, *Hans Joachim/Untiedt*, *Gerhard*, Regionale Wirtschaftsförderung: Erfolgreich, gewirkt oder lediglich mitgenommen?, in: ifo Schnelldienst 10-11/1999, S. 20-25.

Scharff, *Reinhard*, Regionalpolitik und regionale Entwicklungspotentiale. Eine kritische Analyse, Frankfurt a. M. u. a. 1993.

ders. (1993a), Grundzüge der entwicklungspotentialorientierten Ausgestaltung der „Gemeinschaftsaufgabe 'Verbesserung der regionalen Wirtschaftsstruktur'", in: Raumforschung und Raumordnung 4/1993, S. 184-200.

Scharpf, *Fritz W.*, Interaktionsformen. Akteurzentrierter Institutionalismus in der Politikforschung, Opladen 2000.

ders., Regieren in Europa. Effektiv und demokratisch?, Frankfurt a. M./ New York 1999.

ders., Games real actors play. Actor-centered institutionalism in policy research, Oxford and Boulder 1997.

ders., Optionen des Föderalismus in Deutschland und Europa, Frankfurt a. M./New York 1994.

ders., Positive und negative Koordination in Verhandlungssystemen, in: Adrienne Héritier (Hrsg.), Policy-Analyse. Kritik und Neuorientierung, Opladen 1993, S. 57-83.

ders., Die Handlungsfähigkeit des Staates am Ende des zwanzigsten Jahrhunderts, in: Politische Vierteljahresschrift 1991, S. 621-634.

ders., Verhandlungssysteme, Verteilungskonflikte und Pathologien der politischen Steuerung, in: Manfred G. Schmidt (Hrsg.), Staatstätigkeit. International und historisch vergleichende Analysen, Opladen 1988, S. 61-87.

ders., Die Politikverflechtungs-Falle. Europäische Integration und deutscher Föderalismus im Vergleich, in: Politische Vierteljahresschrift 1985, S. 323-356.

ders., Die Theorie der Politikverflechtung: Ein kurzgefaßter Leitfaden, in: Joachim Jens Hesse (Hrsg.), Politikverflechtung im föderativen Staat, Baden-Baden 1978, S. 21-31.

ders./Reissert, Bernd/Schnabel, Fritz, Politikverflechtung: Theorie und Empirie des kooperativen Föderalismus in der Bundesrepublik, Kronberg/Ts. 1976.

Schendelen, Marinus P.C.M. van, 'The Council decides': Does the Council decide?, in: Journal of Common Market Studies 1996, S. 531-548.

ders., Die wachsende Bedeutung des europäischen Lobbying, in: Zeitschrift für Parlamentsfragen 1/1993, S. 64-72.

Scherer, Burkhard, Regionale Entwicklungspolitik. Konzeption einer dezentralisierten und integrierten Regionalpolitik, Frankfurt a. M. u. a. 1997.

Schmachtenberg, Rolf, Zur Zwischenbilanz aus der Sicht eines Fondsverwalters, in: Ernst Piehl (Hrsg.), Europa in Ostdeutschland, Bonn 1996, S. 113-115.

Schmalenbach, Kirsten, Der neue Europaartikel 23 des Grundgesetzes im Lichte der Arbeit der Gemeinsamen Verfassungskommission, Berlin 1996.

Schmidt, André, Die europäische Wettbewerbspolitik nach dem Vertrag von Amsterdam, in: Wirtschaft und Wettbewerb 2/1999, S. 133-140.

Schmidt, Klaus-Peter, Europäische Strukturfondsförderung - vor einem Paradigmenwechsel?, in: WSI Mitteilungen 3/1998, S. 194-204.

Schmuck, Otto, Länder und Regionen in Europa: Selbstverständnis - Meinungsbildung - Mitwirkung, in: Franz H. U. Borkenhagen (Hrsg.), Europapolitik der deutschen Länder, Opladen 1998, S. 215-228.

Schnapauff, Klaus-Dieter, Der neue Europaartikel in der staatlichen Praxis, in: Zeitschrift für Gesetzgebung 1997, S. 188-194.

Schneider, Gerald, Auswege aus der Verflechtungsfalle? Eine Analyse der wichtigsten Reformoptionen, in: Thomas König/Elmar Rieger/Hermann Schmitt (Hrsg.), Europäische Institutionenpolitik, Frankfurt a. M./New York 1997, S. 163-177.

Schneider, Jens-Peter, Neuere Entwicklungen im europäischen Beihilferecht, in: Rolf Stober/Hanspeter Vogel (Hrsg.), Subventionsrecht und Subventionspolitik auf dem Prüfstand, Köln u. a. 1999, S. 41-69.

Scholz, Rupert, Zum Verhältnis von europäischem Gemeinschaftsrecht und nationalem Verwaltungsverfahrensrecht, in: Die Öffentliche Verwaltung 7/1998, S. 261-268.

Schönberg, *Christoph*, Europabeauftragte in den deutschen Bundesländern, in: Die Öffentliche Verwaltung 16/1998, S. 665-672.

Schoneweg, *Egon*, Die zukünftige Gestaltung der EU-Strukturpolitik, in: Wolfgang Gick (Hrsg.), Die zukünftige Ausgestaltung der Regionalpolitik in der EU, München 1996, S. 121-131.

Schönfelder, *Wilhelm*, Föderalismus: Stärke oder Handicap deutscher Interessenvertretung in der EU? (II), in: Rudolf Hrbek (Hrsg.), Europapolitik und Bundesstaatsprinzip, Baden-Baden 2000, S. 75-79.

Schubert, *Klaus*, Struktur-, Akteur- und Innovationslogik: Netzwerkkonzeptionen und die Analyse von Politikfeldern, in: Dorothea Jansen/Klaus Schubert (Hrsg.), Netzwerke und Politikproduktion, Marburg 1995, S. 222-240.

Schulte-Braucks, *Reinhard*, Subsidiarität und Deregulierung aus europäischer und mitgliedstaatlicher Sicht, in: Siegfried Magiera/Heinrich Siedentopf (Hrsg.), Die Zukunft der Europäischen Union, Berlin 1997, S. 53-64.

Schumann, *Wolfgang*, Die EG als neuer Anwendungsbereich für die Policy-Analyse, in: Adrienne Héritier (Hrsg.), Policy-Analyse. Kritik und Neuorientierung, Opladen 1993, S. 394-431.

Schütterle, *Peter*, Wende in der Europäischen Beihilfenkontrollpolitik?, in: EuZW 2/1997, S. 33.

ders., Die Beihilfenkontrollpraxis der Europäischen Kommission im Spannungsfeld zwischen Recht und Politik, in: EuZW 13/1995, S. 391-396.

ders., Die Rechtsgrundlage für Beihilfen zur Überwindung der wirtschaftlichen Folgen der Teilung Deutschlands. Zur praktischen Bedeutung von Art. 92 II lit. c EGV, in: EuZW 23/1994, S. 715-718.

Schütz, *Charlotte*, Die Eingliederung der ehemaligen DDR in die Europäische Gemeinschaft unter dem Aspekt der staatlichen Beihilfen, Frankfurt a. M. u. a. 1994.

Schweda, *Marc*, Administrative Normsetzung und Verwaltungsverfahren in der europäischen Beihilfenaufsicht, Osnabrück 2000.

Schwerdfeger, *Clemens*, Die Reform der Strukturfonds in der Europäischen Gemeinschaft. Ländliche Entwicklungsplanung im Spannungsfeld von Agrar- und Regionalpolitik unter besonderer Berücksichtigung der EG-Integration der neuen Bundesländer, Regensburg 1992.

Scott, *Joanne*, Law, Legitimacy and EC Governance: Prospects for 'Partnership', in: Journal of Common Market Studies 1998, S. 175-194.

Sebaldt, Martin, Verbände und Demokratie: Funktionen bundesdeutscher Interessengruppen in Theorie und Praxis, in: Aus Politik und Zeitgeschichte B 36-37/1997, S. 27-37.

Seidel, Martin, Rechts- und Verfassungsprobleme der Kofinanzierung der Struktur- und Agrarpolitik der Europäischen Union, in: Zeitschrift für Europarechtliche Studien 4/1999, S. 549-582.

Siedentopf, Heinrich, Implementation von EU-Richtlinien, in: Hans-Ulrich Derlien/Axel Murswieck (Hrsg.), Der Politikzyklus zwischen Bonn und Brüssel, Opladen 1999, S. 83-103.

ders., Die Kommunen in der Europäischen Union, in: Gerhard Seiler (Hrsg.), Gelebte Demokratie. Festschrift für Manfred Rommel, Stuttgart 1997, S. 67-81.

ders./Scholle, Manfred/Schleberger, Erwin (Hrsg.), Europäische Regionalpolitik, Baden-Baden 1997.

Sinnaeve, Adinda, Die neue Verfahrensverordnung in Beihilfensachen, in: Europäische Zeitschrift für Wirtschaftsrecht (EuZW) 9/1999, S. 270-277.

dies., Der Kommissionsvorschlag zu einer Verfahrensverordnung für die Beihilfenkontrolle, in: EuZW 9/1998, S. 268-273.

dies., Die Rückforderung gemeinschaftsrechtswidriger nationaler Beihilfen. Kollisionen im Spannungsverhältnis zwischen Gemeinschafts- und nationalem Recht, Berlin 1997.

Siwert-Probst, Judith, Die klassischen aussenpolitischen Institutionen, in: Wolf-Dieter Eberwein/Karl Kaiser (Hrsg.), Deutschlands neue Außenpolitik, München 1998, S. 13-28.

Smith, Andy, The sub-regional level: key battleground for the Structural Funds?, in: Patrick Le Galès/Christian Lequesne (eds.), Regions in Europe, London/New York 1998, S. 50-66.

Smyrl, Marc E., When (and How) Do the Commission's Preferences Matter?, in: Journal of Common Market Studies 1/1998, S. 79-99.

Sommermann, Karl-Peter, Staatsziele und Staatszielbestimmungen, Tübingen 1997.

Sörgel, Angelina, Der Länderfinanzausgleich - Teil des Problems oder Teil der Lösung? Ein Beitrag aus Bremen, in: WSI Mitteilungen 3/1998, S. 204-209.

Spiekermann, Bernd, Regionale Wirtschaftspolitik in der Bundesrepublik unter EG-Rahmenbedingungen, in: Akademie für Raumforschung und

Landesplanung (Hrsg.), Regionale Wirtschaftspolitik auf dem Wege zur europäischen Integration, Hannover 1992, S. 36-43.

Stabenow, Michael, Der Straßburger Konflikt als Lehrstück für Europa, in: Claus Giering/Josef Janning/Wolfgang Merkel/Michael Stabenow, Demokratie und Interessenausgleich in der Europäischen Union, Gütersloh 1999, S. 11-25.

Staeck, Nicola, Regieren im Mehrebenensystem der europäischen Strukturfondspolitik, in: Ulrich Hilpert/Everhard Holtmann (Hrsg.), Regieren und intergouvernementale Beziehungen, Opladen 1998, S. 149-164.

dies., Politikprozesse in der Europäischen Union. Eine Policy-Netzwerkanalyse der europäischen Strukturfondspolitik, Baden-Baden 1997.

dies., Die europäische Strukturfondsförderung - Entwicklung und Funktionsweise, in: Hubert Heinelt (Hrsg.), Politiknetzwerke und europäische Strukturfondsförderung, Opladen 1996, S. 33-74.

Stahl, Dieter, Aufgabenverteilung zwischen Bund und Ländern. Ökonomische Kriterien ausgewählter Reformvorschläge, Marburg 2000.

Steenbrecker, Andrea, Wie erfüllen die EU-Bewerberländer die Aufnahmekriterien? Erfahrungen mit dem „politischen Monitoring“, in: Aus Politik und Zeitgeschichte 29-30/2000, S. 29-37.

Stehn, Jürgen, Interregionale Transfers nach einer EU-Osterweiterung: Ein Reformkonzept für die Europäischen Strukturfonds, in: Die Weltwirtschaft 3/1998, S. 316-341.

Steinherr, Alfred, Welche Reformen der EU erzwingt die Osterweiterung?, in: Lutz Hoffmann (Hrsg.), Erweiterung der EU, Berlin 2000, S. 117-128.

Steppacher, Burkard, Regional- und Strukturpolitik der EU und nationale Interessen, hrsg. von der Konrad-Adenauer-Stiftung, Interne Studien Nr. 126, Sankt Augustin 1996.

Stern, Klaus (Hrsg.), Zukunftsprobleme der Europäischen Union, Berlin/New York 1998.

Sternberg, Rolf, Innovative Netzwerke und Regionalentwicklung, in: ARL (Hrsg.), Europäische Einflüsse auf die Raum- und Regionalentwicklung am Beispiel des Naturschutzes, der Agenda 2000 und des regionalen Milieus, Hannover 1999, S. 78-104.

Stiftung Innovation und Arbeit Sachsen (Hrsg.), Jahresbericht 1999, Dresden, im Februar 2000 (zit. IAS 2000).

Stöger, Fritz, Aufgaben und Tätigkeit des Beobachters der Länder bei den Europäischen Gemeinschaften, in: Siegfried Magiera/Detlef Merten (Hrsg.), Bundesländer und Europäische Gemeinschaft, Berlin 1988, S. 101-120.

Stoiber, Edmund, Auswirkungen der Entwicklung Europas zur Rechtsgemeinschaft auf die Länder der Bundesrepublik Deutschland, in: Europa-Archiv 19/1987, S. 543-552.

Storr, Stefan, Die neuen Landtage, in: Zeitschrift für Gesetzgebung 2/2000, S. 116-131.

Strauch, Manfred, Lobbying in Bonn und Brüssel, in: ders. (Hrsg.), Lobbying. Wirtschaft und Politik im Wechselspiel, Wiesbaden 1993, S. 61-89.

Sturm, Roland, Herrschaftspluralismus und Konvergenz der Gestaltungsziele. Zum arbeitsteiligen Regieren in der Europäischen Union, in: Ulrich Hilpert/Everhard Holtmann (Hrsg.), Regieren und intergouvernementale Beziehungen, Opladen 1998, S. 49-64.

ders., Die Reform der Agrar- und Strukturpolitik, in: Werner Weidenfeld (Hrsg.), Europa öffnen. Anforderungen an die Erweiterung, Gütersloh 1997, S. 157-201.

Teufel, Erwin, Föderalismus in Deutschland. Vortrag anläßlich der Eröffnung des Wintersemesters 1998/99, Speyerer Vorträge Heft 47, Speyer 1999.

Tetsch, Friedemann, Zum Verhältnis zwischen EU-Regionalpolitik und nationaler Regionalförderung im Rahmen der Bund-Länder-Gemeinschaftsaufgabe „Verbesserung der regionalen Wirtschaftstruktur" (GA), in: WSI-Mitteilungen 6/1999, S. 371-379.

ders., Aktuelle Entwicklungen der deutschen und europäischen Regionalpolitik, in: ARL (Hrsg.), Europäische Einflüsse auf die Raum- und Regionalentwicklung am Beispiel des Naturschutzes, der Agenda 2000 und des regionalen Milieus, Hannover 1999, S. 105-118 (zit. Tetsch 1999a).

ders., Gemeinschaftsaufgabe „Verbesserung der regionalen Wirtschaftsstruktur" am Scheideweg. Zur zukünftigen Gestaltung der regionalen Strukturpolitik, in: Stadt und Gemeinde 8/1994, S. 331-337.

ders./Benterbusch, Ulrich/Letixerant, Peter, Die Bund-Länder-Gemeinschaftsaufgabe Verbesserung der regionalen Wirtschaftsstruktur. Leitfaden zur regionalen Wirtschaftsförderung in Deutschland, Köln 1996.

Toepel, Kathleen, Zusammenwirken von nationaler und europäischer Regionalpolitik in den neuen Bundesländern, Frankfurt a. M. u. a. 1997.

dies., Regionale Strukturpolitik in den neuen Bundesländern unter Berücksichtigung des EU-Engagements, in: Aus Politik und Zeitgeschichte 49/1995, S. 31-37.

Töller, Annette Elisabeth, Europapolitik im Bundestag, Frankfurt a. M. u. a. 1995.

Tömmel, Ingeborg, Jenseits von regulativ und distributiv: Policy-Making der EU und die Transformation von Staatlichkeit, in: Edgar Grande/ Markus Jachtenfuchs (Hrsg.), Wie problemlösungsfähig ist die EU, Baden-Baden 2000, S. 165-187.

dies., Staatliche Regulierung und europäische Integration. Die Regionalpolitik der EG und ihre Implementation in Italien, Baden-Baden 1994.

dies., Interessenartikulation und transnationale Politikkooperation im Rahmen der EU, in: Volker Eichener/Helmut Voelzkow (Hrsg.), Europäische Integration und verbandliche Interessenvermittlung, Marburg 1994, S. 263-282.

Töpfer, Klaus, Kohäsion und räumliche Entwicklung in der Europäischen Union, in: Wirtschaftsdienst 11/1997, S. 633-636.

ders., Förderpolitik der Europäischen Union für die Regionen - aus der Sicht der Bundesregierung, in: Heinrich Siedentopf/Manfred Scholle/ Erwin Schleberger (Hrsg.), Europäische Regionalpolitik, Baden-Baden 1997, S. 21-27.

Trautmann, Günter, Die Osterweiterung der Europäischen Union - Chancen und Grenzen, in: Gabriele Clemens (Hrsg.), Die Integration der mittel- und osteuropäischen Staaten in die Europäische Union, Hamburg 1999, S. 41-75.

Tresp, Monika, Die Förderprogramme der Europäischen Union, in: Baden-Württembergische Gemeindezeitung 1998, S. 263-264.

Trojanus, Kersten, Subventionen als Instrument der Strukturpolitik in Ostdeutschland, in: ifo-Schnelldienst 29/1995, S. 3-9.

Tryantafyllou, Dimitris, Europäisierte Privatrechtsgestaltung im Bereich der Beihilfenaufsicht, in: Die Öffentliche Verwaltung 2/1999, S. 51-58.

Tsebelis, George, Decision Making in Political Systems: Veto Players in Presidentialism, Parliamentarism, Multicameralism and Multipartyism, in: British Journal of Political Science 3/1995, S. 289-325.

Uerpmann, Robert, Der europarechtliche Rahmen für staatliche Subventionen in Ostdeutschland, in: Die Öffentliche Verwaltung 6/1998, S. 226-233.

Urff, Winfried von, Zur Weiterentwicklung der EU Agrarpolitik. Synopse und Bewertung von Reformvorschlägen, Konrad-Adenauer-Stiftung (Hrsg.), Sankt Augustin, September 1997.

Vierlich-Jürcke, Katharina, Der Wirtschafts- und Sozialausschuß der Europäischen Gemeinschaften, Baden-Baden 1998.

Voelzkow, Helmut, Europäische Regionalpolitik zwischen Bonn, Brüssel und den Bundesländern, in: Hans-Ulrich Derlien/Axel Murswieck (Hrsg.), Der Politikzyklus zwischen Bonn und Brüssel, Opladen 1999, S. 105-120.

ders., Intergouvernementale Abstimmungsprobleme im deutschen Implementationsnetzwerk der Europäischen Regionalpolitik, in: Ulrich Hilpert/ Everhard Holtmann (Hrsg.), Regieren und intergouvernementale Beziehungen, Opladen 1998, S. 257-276.

ders./Hoppe, Andrea, „Druck von oben und von unten". Zu Reformansätzen der deutschen Regionalpolitik als Reaktion auf Implementationsprobleme des Europäischen Regionalfonds in den neuen Bundesländern, in: Hubert Heinelt (Hrsg.), Politiknetzwerke und europäische Strukturfondsförderung, Opladen 1996, S. 108-130.

Vogt, Katharina, Rechtsprobleme der europäischen Beihilfenaufsicht. Anwendbarkeit des Art. 92 Abs. 2 lit. c EGV zugunsten von Unternehmen in den neuen Bundesländern und die Entscheidungen der Kommission im Beihilfenaufsichtsverfahren, Frankfurt am Main 2000.

Voigt, Rüdiger (Hrsg.), Der kooperative Staat: Krisenbewältigung durch Verhandlung?, Baden-Baden 1995.

Voort, Wim van der, The Economic and Social Committee, in: Marinus P.C.M. van Schendelen (ed.), EU Committees as Influential Policymakers, Aldershot 1998, S. 250-273.

Waarden, Frans van, Dimensions and types of policy networks, in: European Journal of Political Research 1992, S. 29-52.

Wachendorfer-Schmidt, Ute, Der Preis des Föderalismus in Deutschland, in: Politische Vierteljahresschrift 1/1999, S. 3-39.

Wagener, Frido, Neugliederung des Bundesgebietes und Bundesrat, in: Bundesrat (Hrsg.), Der Bundesrat als Verfassungsorgan und politische Kraft, Darmstadt 1974, S. 421-451.

Wagener, Hans-Jürgen/Fritz, Heiko, Transformation - Integration - Vertiefung. Zur politischen Ökonomie der EU-Osterweiterung, in: dies. (Hrsg.), Im Osten was Neues, Bonn 1998, S. 17-43.

Walderdorff, Philipp Graf von, Deutscher Industrie- und Handelstag - Lobby seit 1949, in: Manfred Strauch (Hrsg.), Lobbying. Wirtschaft und Politik im Wechselspiel, Wiesbaden 1993, S. 157-170.

Waldhoff, Christian, Probleme des europäischen Finanzausgleichs im Lichte der Erweiterung der Europäischen Union, in: Zeitschrift für Europarechtliche Studien 2/2000, S. 201-242.

Walkenhorst, Heiko, Europäischer Integrationsprozeß und europäische Identität. Die politische Bedeutung eines sozialpsychologischen Konzepts, Baden-Baden 1999.

Wallace, Helen, Die Dynamik des EU-Institutionengefüges, in: Markus Jachtenfuchs/Beate Kohler-Koch (Hrsg.), Europäische Integration, Opladen 1996, S. 141-163.

dies./Wallace, William (eds.), Policy-Making in the European Union, Oxford 1996.

Waniek, Roland W., Die Beihilfenaufsicht der EU im Lichte des Falles Volkswagen Sachsen, in: Wirtschaftsdienst 9/1996, S. 464-471.

ders., EG-Regionalpolitik für die Jahre 1994 bis 1999, in: Wirtschaftsdienst 1/1994, S. 43-49.

ders., Die Regionalpolitik der Europäischen Gemeinschaft, Bochum 1992.

Ward, Stephen/Williams, Richard, Form Hierarchy to Networks? Sub-central Government and EU Urban Environment Policy, in: Journal of Common Market Studies 1997, S. 439-464.

Wasmayr, Bernhard, Kohäsionspolitik der EU in der Europäischen Wirtschafts- und Währungsunion, Frankfurt a. Main u. a. 1997.

Weber, Max, Wirtschaft und Gesellschaft, Tübingen 1972.

Weber, Shlomo/Wiesmeth, Hans, Issue Linkage in the European Community, in: Journal of Common Market Studies 1991, S. 255-267.

Wegner, Manfred (Hrsg.), Die neuen Bundesländer in der EG. Gutachten erstellt im Auftrag des BMWi, Baden-Baden 1993.

Weidenfeld, Werner/Giering, Claus, Die Europäische Union nach Amsterdam - Bilanz und Perspektive, in: Werner Weidenfeld (Hrsg.), Amsterdam in der Analyse. Strategien für Europa, Gütersloh 1998, S. 19-87.

Weidenfeld, Werner (Hrsg.), Europa öffnen. Anforderungen an die Erweiterung, Gütersloh 1997.

ders., Europäische Einigung im historischen Überblick, in: ders./Wolfgang Wessels (Hrsg.), Europa von A-Z, 5. Auflage, Bonn 1995, S. 11-62.

Weimann, Joachim, Europäische Regionalpolitik und Osterweiterung, in: ifo-Schnelldienst 1-2/2000, S. 8-14.

Weindl, Josef/Woyke, Wichard, Europäische Union, 4., aktualisierte und erweiterte Auflage, München/Wien 1999.

Weise, Christian, Die Erweiterung als Herausforderung für die Europäische Union, in: Rolf Cäsar/Hans-Eckart Scharrer (Hrsg.), Die Zukunft Europas im Lichte der Agenda 2000, Baden-Baden 2000, S. 211-220.

Welfens, Paul J. J., Anpassungsprobleme in postsozialistischen Ländern Osteuropas im Vorfeld der EU-Osterweiterung, in: Aus Politik und Zeitgeschichte 3-4/1999, S. 29-42.

ders., Probleme einer EU-Osterweiterung: Struktureller, integrationsseitiger und wirtschaftspolitischer Anpassungsdruck, in: Außenwirtschaft 1/1998, S. 7-28.

Werner, Gabriele, Die europäische Regionalpolitik im Spannungsfeld zwischen Wachstums- und Ausgleichspolitik, Baden-Baden 1996.

Wessels, Wolfgang, Grenzen- und ratlos - Institutionelle Flexibilisierung gegen geographische Überdehnung, in: Barbara Lippert (Hrsg.), Osterweiterung der Europäischen Union, Bonn 2000, S. 349-367.

ders., Das politische System der EU, in: Werner Weidenfeld (Hrsg.), Europa-Handbuch, Gütersloh 1999, S. 333-352.

ders., Strukturen und Verfahren Bonner EU-Politik - eine administrativ-politische Mehrebenenfusion, in: Hans-Ulrich Derlien/Axel Murswieck (Hrsg.), Der Politikzyklus zwischen Bonn und Brüssel, Opladen 1999, S. 21-37 (zitiert Wessels 1999a).

ders., Die Europäische Union der Zukunft - Die Fusionsthese, in: Thomas Jäger/Melanie Piepenschneider (Hrsg.), Europa 2020, Opladen 1997, S. 45-79.

ders., Institutionen der Europäischen Union: Langzeittrends und Leitideen, in: Gerhard Göhler (Hrsg.), Die Eigenart der Institutionen, Baden-Baden 1994, S. 301-330.

ders./Müller, Thorsten, Entscheidungsverfahren, in: Werner Weidenfeld/Wolfgang Wessels (Hrsg.), Europa von A bis Z, 7. Auflage, Bonn 2000, S. 110-122.

Westerhoff, Horst-Dieter, Die Gestaltung der Wirtschaftspolitik bei wachsender internationaler Verflechtung, in: Wolf-Dieter Eberwein/Karl Kaiser (Hrsg.), Deutschlands neue Außenpolitik, München 1998, S. 101-120.

Wiedmann, Thomas, Der Ausschuß der Regionen nach dem Vertrag von Amsterdam, in: Europarecht 1/1999, S. 49-86.

ders., Idee und Gestalt der Region in Europa, Baden-Baden 1996.

Wilkesmann, Uwe, Lernen in Organisationen. Die Inszenierung von kollektiven Lernprozessen, Frankfurt a. M./New York 1999.

Willke, Helmut, Political Intervention - Operational Preconditions for Generalized Political Exchange, in: Bernd Marin (Hrsg.), Governance and Generalized Exchange. Self-Organizing Policy Nezworks in Action, Frankfurt a. M. 1990, S. 235-254.

Winkelmann, Ingo, Die Bundesregierung als Sachwalter von Länderinteressen. Zugleich Anmerkung zum EG-Fernsehrichtlinien-Urteil des Bundesverfassungsgerichts, in: Die Öffentliche Verwaltung 1/1996, S. 1-11.

Winkler, Roland, Das „Alcan"-Urteil des EuGH - eine Katastrophe für den Rechtsstaat?, in: Die Öffentliche Verwaltung 4/1999, S. 148-152.

Winkler-Otto, Anneliese (Bearb.), Die Finanzierungshilfen des Bundes, der Länder und der internationalen Institutionen - Gewerbliche Wirtschaft, in: Zeitschrift für das gesamte Kreditwesen, Sonderausgabe 1999/2000, Frankfurt a. M. 1999.

Wirtschafts- und Sozialausschuß, Stellungnahme zu folgenden Themen: Vorschlag für eine VO des Rates mit allgemeinen Bestimmungen zu den Strukturfonds; Vorschläge für VOen des Rates über den EFRE, den ESF und Strukturmaßnahmen im Fischereisektor; Vorschlag für eine VO des Rates zur Änderung der VO 1164/94 zur Errichtung des Kohäsionsfonds und von Anhang II der VO, Brüssel, 9./10.9.1998, CES 1130/98 (zit. WSA 1998).

Wishlade, Fiona, Competition Policy, Cohesion and Coherence? Member state regional policies and the new regional aid guidelines, in: Sanoussi Bilal/Phedon Nicolaides (eds.), Understanding State Aid Policy in the European Community, Maastricht 1999, S. 173-206.

dies., EU Cohesion Policy: Facts, Figures, and Issues, in: Liesbet Hooghe (ed.), Cohesion Policy and European Integration: Building Multi-Level Governance, New York 1996, S. 27-58.

Wobben, Thomas, Die Reform der europäischen Strukturfonds - eine kritische Einschätzung aus der Sicht der neuen Bundesländer, in: Landes- und Kommunalverwaltung 12/2000, S. 520-526.

Wolf, Dieter, Regelungsbefolgung auf verschiedenen politischen Ebenen: Wird nationales Recht wirklich besser befolgt als internationales Recht?, in: Jan W. van Deth/Thomas König (Hrsg.), Europäische Politikwissenschaft: Ein Blick in die Werkstatt, Frankfurt/New York 2000, S. 281-305.

Wulf-Mathies, *Monika*, Agenda 2000 und die Reform der Europäischen Struktur- und Regionalpolitik, in: WSI Mitteilungen 6/1999, S. 362-371.

dies., Rede auf der Eröffnungssitzung des Gemeinsamen Euro-Runden-Tisches am 4.12.1995 in Berlin, in: Ernst Piehl (Hrsg.), Europa in Ostdeutschland, Bonn 1996, S. 33-40.

Yenal, *Alparslan*, Osterweiterung der Europäischen Union: Ein gewagtes Unternehmen, in: Werner Jann/Klaus König/Christine Landfried/Peter Wordelmann (Hrsg.), Politik und Verwaltung auf dem Weg in die transindustrielle Gesellschaft, Baden-Baden 1998, S. 525-543.

ders., Strukturpolitik, in: Dieter Nohlen (Hrsg.), Wörterbuch Staat und Politik, 4. Auflage, München 1996, S. 753-755.

Zbinden, *Martin*, Die Institutionen und die Entscheidungsverfahren der Europäischen Union nach Amsterdam, Bern 1999.

Zeh, *Wolfgang*, Bundestag und Bundesrat bei der Umsetzung von EU-Recht, in: Hans-Ulrich Derlien/Axel Murswieck (Hrsg.), Der Politikzyklus zwischen Bonn und Brüssel, Opladen 1999, S. 39-51.

Zeitel, *Natascha*, Europäische Regionalpolitik im Spannungsfeld zwischen ökonomischer Zielsetzung und Interessenausgleich, Frankfurt am Main 1998.

Ziegler, *Astrid*, Regionalisierte Strukturpolitik in den Bundesländern. Ein Überblick, in: dies./Hans Gabriel/Reiner Hoffmann (Hrsg.), Regionalisierung der Strukturpolitik, Marburg 1995, S. 11-27.

Zipfel, *Oskar*, AGENDA 2000 - Vorbereitung der Union auf die bevorstehenden Herausforderungen - Strukturpolitik und Kohäsionsfonds, in: Rudolf Strohmeier (Hrsg.), Die europäische Union: ein Kompendium aus deutscher Sicht, 2., neu bearb. und aktual. Auflage, Opladen 1999, S. 55-65.

Zumschlinge, *Konrad*, Die Europakompetenzen der Landesregierungen und die Rolle der Landesvertretungen in Brüssel, in: Hans-Ulrich Derlien/Axel Murswieck (Hrsg.), Der Politikzyklus zwischen Bonn und Brüssel, Opladen 1999, S. 53-64.

Anhang

Interviewleitfaden[1]

1. Die europäische Ebene hat in dem Bereich der Strukturpolitik ihre Aktivitäten in den vergangenen Jahren immer mehr ausgeweitet. Gleichzeitig machen die deutschen Länder ihren Gestaltungsanspruch in diesem Politikfeld nach wie vor geltend. Welchen Stellenwert hat die europäische Strukturfondsförderung für ihr Bundesland bzw. ihr Ressort?

2. Zwischen den drei Ebenen (EU, Bund, Land), die jeweils spezifische Ziele mit der Förderpolitik verbinden, besteht ein Spannungsverhältnis. Wie schätzen Sie die vorhandenen Kooperationsmöglichkeiten, aber auch das Konfliktpotential zwischen europäischer, nationaler und regionaler Förderung ein?

3. Im Rahmen der föderalen Aufgabenverteilung besteht bei Aktivitäten im Bereich regionaler Wirtschaftsförderung ein Kooperationsverhältnis mit dem Bund, der dem Verfassungsauftrag nach Schaffung einheitlicher Lebensverhältnisse im Bundesgebiet verpflichtet ist. Aus diesem Grund wurde 1969 die Gemeinschaftsaufgabe zur „Verbesserung der regionalen Wirtschaftsstruktur“ (GRW) in Art. 91a GG aufgenommen. Welche Bedeutung hat die GRW nach Ihrer Meinung heute, bzw. wird sie in Zukunft haben?

4. Alle Förderaktivitäten in dem Bereich der Strukturpolitik sollen der Stärkung des wirtschaftlichen und sozialen Zusammenhalts dienen, unterliegen aber nach Art. 87-89 EG-Vertrag (ex-Art. 92-94) gleichzeitig der Wettbewerbs- und Beihilfenkontrolle der EU-Kommission. Besteht hier ein Widerspruch zwischen dem Kohäsionsziel und der Gewährleistung des freien Wettbewerbs? Wie ist ihre Meinung zu der bisherigen Genehmigungspraxis der zuständigen Generaldirektion?

---

1 Vorbemerkung: Die nachfolgenden Fragen sind speziell auf die Interviews mit Vertretern der Landesebene zugeschnitten. Sie wurden für die Gespräche auf Bundes- und EU-Ebene entsprechend modifiziert. Die ersten Fragen sind bewußt relativ allgemein gehalten, um den Einstieg in das Interview zu erleichtern. Die weiteren Fragestellungen sprechen hingegen spezifische Probleme an. In der Regel wurde der Interviewleitfaden vorab zugeschickt, um die Gesprächspartner entsprechend vorzubereiten. Der nachfolgende Fragenkatalog war nicht abschließend zu verstehen, d. h. es wurden in den Gesprächen auch andere Themen angesprochen.

5. Finanzielle Ressourcen aus europäischen „Fördertöpfen“ stellen gerade in Zeiten knapper Kassen eine Möglichkeit dar, „den Haushalt aufzubessern“, um mehr Handlungsspielraum für die Umsetzung eigener Ziele zu erlangen. Gleichzeitig bedeutet das Erfordernis der Ko-Finanzierung jedoch die Bindung eigener Haushaltsmittel. Wie tragen Sie diesem Umstand Rechnung? Wie ist die Koordination der einzelnen Ressorts bei der Verwaltung europäischer Fördermittel geregelt?

6. Im Zuge der Strukturfondsreform von 1988 wurde das Partnerschaftsprinzip bei der Programmplanung und -umsetzung eingeführt, das u. a. die verstärkte Einbeziehung der Wirtschafts- und Sozialpartner in den Prozeß der Entscheidungsfindung und Projektbegleitung vorsieht. Ist dieses Prinzip in Ihrem Bundesland bereits uneingeschränkt wirksam? Wenn ja, in welcher Form? Wenn nein, wo liegen noch Defizite?

7. Eine immer wieder geäußerte Forderung, die gegenüber EU-Politik im allgemeinen und der europäischen Strukturpolitik im besonderen erhoben wird, ist der Ruf nach größerer Transparenz und Bürgernähe bei der Mittelvergabe und -verwendung. Wie wird in Sachsen/Rheinland-Pfalz versucht, dem vielfach reklamierten Demokratiedefizit europäischer Politik entgegenzuwirken? Wie ist die Zusammenarbeit von Legislative und Exekutive in Fragen der europäischen Förderpolitik?

8. Bereits in den vorangegangenen Reformrunden der Jahre 1988 und 1993 wurden die Verfahren u. a. zu folgenden Punkten überarbeitet: Programmplanung (REP, GFK, OP oder EPPD), Programmimplementation (Begleitausschüsse) und -bewertung. Auch zwischen den grundlegenden Revisionen versuchte die Kommission immer wieder, durch die Verabschiedung von Gemeinschaftsrahmen[2], Leitlinien[3] u. ä. eigene Präferenzen umzusetzen. Die am 21. Juni 1999 verabschiedeten neuen Fondsverordnungen[4] bringen wiederum Neuerungen in vielen Bereichen. Worin bestehen nach ihrem Dafürhalten grundlegende Änderungen, bzw. wo sind die größten Umsetzungsprobleme zu erwarten?

9. Die vergangene Förderperiode lief Ende 1999 aus. Das Reformpaket der Kommission unter dem Titel „Agenda 2000“ soll die Europäische Union weiterhin handlungs- und zudem erweiterungsfähig machen. Im Prozeß

---

2 U. a. der (von der Bundesrepublik ursprünglich abgelehnte) Multisektorale Regionalbeihilferahmen für große Investitionsvorhaben; ABl. C 74 vom 10.3.1998, S. 9 ff.

3 Z. B. die Leitlinien für staatliche Beihilfen mit regionaler Zielsetzung; ABl. C 107 vom 7.4.1998, S. 7 ff.

4 Veröffentlicht in ABl. L 161 vom 26.6.1999.

der Kompromißsuche wurde jedoch deutlich, daß nationale Egoismen das Finden von konsensualen Lösungen erschweren und am Ende des Verhandlungsprozesses nicht selten sogenannte „package deals" stehen, deren Zustandekommen oft nur schwer nachvollziehbar ist. Der im Bereich der Agrarpolitik gefundene Kompromiß ist ein Beispiel für die Durchsetzungsmacht starker Partikularinteressen. Wie versucht Ihr Land in dem Konzert unterschiedlichster Interessen mitzuspielen? Welche (formellen/informellen) Kanäle werden genutzt?

10. Das Modell eines „Europa der Regionen" beinhaltet neben der Chance, den deutschen Ländern ein angemessenes Gewicht zu sichern, zugleich Elemente eines Wettbewerbs um knappe Ressourcen. Um diesem Wettbewerbsgedanken auf dem Gebiet der regionalen Strukturpolitik besser entsprechen zu können, schlug die Kommission ursprünglich vor, 10 % der Verpflichtungsermächtigungen zurückzuhalten und diese erst nach der Halbzeitbewertung zur Unterstützung der erfolgreichsten Maßnahmen gemeinschaftsweit zuzuweisen („leistungsgebundene Reserve"). Dagegen meldete sich starker Widerstand, u. a. aus dem deutschen Bundesrat. Der Kompromiß besteht nunmehr darin, daß lediglich 4 % der Gesamtmittel zur Halbzeit der Förderperiode im Rahmen des nationalen Verteilungsschlüssels neu zugeordnet werden können. Ist dieses Mittel geeignet, einen Wettbewerb um die innovativsten Förderkonzepte zu prämieren bzw. deren Erfahrungen zur breiten Verfügung zu stellen („benchmarking")?

11. Die EU-Kommission strebt eine größere Kohärenz aus nationalen und europäischen Fördergebieten an, will aber den Mitgliedstaaten gleichzeitig mehr Spielraum in bezug auf die Festlegung der künftig geltenden Zielgebiete („Förderkulisse") geben. Der Gesamtumfang der in Fördergebieten gemäß Art. 87 Abs. III lit. a) und lit. c) EG-Vertrag lebenden Bevölkerung soll nach den Vorstellungen der Kommission für den neuen Förderzeitraum 2000-2006 von bisher 46,7 % auf 42,7 % gesenkt werden. Für Deutschland wurde daraufhin eine „nationale Fördergebietshöchstgrenze" von 34,9 %[5] errechnet, über deren Ausschöpfung Meinungsverschiedenheiten zwischen der Kommission und der Bundesregierung bestehen. Am 29. Juli 1999 teilte der scheidende Wettbewerbskommissar Karel van Miert mit, daß ein Hauptprüfverfahren gegen die Bundesrepublik Deutschland in bezug auf die angemeldete GRW-Förderkulisse eingeleitet worden sei. Bis zum Ende des Prüfverfahrens werden die Regionalhilfen für die Altbundesländer blockiert. Die Regionalförderung in den neuen Bundesländern sei dagegen von dieser Entscheidung nicht berührt. Wie ist Ihre Meinung zu dem Vor-

5 Veröffentlicht in ABl. C 16 vom 21.1.1999, S. 5.

gehen der Kommission? Welche Schritte können unternommen werden, um die drohende Verkleinerung der Förderkulisse abzuwenden oder zumindest abzuschwächen, bzw. in welcher Form solidarisieren Sie sich mit den betroffenen Ländern?

12. Mit wem (Behörde/Person) kommen Sie in bezug auf das angesprochene Thema (am häufigsten) in Kontakt? Welcher Art sind diese Kontakte (informell/formell, eher zufällig/turnusmäßig etc.)? Wer ist nach Ihrem Dafürhalten der einflußreichste Akteur im Netzwerk der regionalen Strukturpolitik?

Mit folgenden Gesprächspartnern wurden Interviews durchgeführt[6]

auf regionaler Ebene:

- Vertreter der fondsverwaltenden Ressorts[7]/der Staatskanzlei
- MdL (aus dem Europaausschuß)
- weitere relevante Akteure, die u. a. im Rahmen der Begleitausschüsse partizipieren (IHK, DGB, Unternehmerverband, Regierungspräsidien)

auf nationaler Ebene:

- Vertreter der mittelverwaltenden Ministerien (BMWi, BMF, BMAS, BMELF)
- Bundesratsvertreter aus Rheinland-Pfalz und Sachsen

auf europäischer Ebene:

- Länderbüros von Rheinland-Pfalz und Sachsen
- MdEP (aus dem entsprechenden Ausschuß)
- Vertreter der Kommission (aus den relevanten Generaldirektionen)
- Ständige Vertretung
- AdR

---

6 In Ergänzung der Interviews, die sich an dem vorstehenden Leitfaden orientierten, führte der Verfasser anlaßbezogen nicht vorstrukturierte Sondierungs- und Hintergrundgespräche, beispielsweise am Rande von Tagungen.

7 In Sachsen: Ministerium für Wirtschaft und Arbeit (SMWA), Ministerium für Umwelt und Landesentwicklung (SMU). In Rheinland-Pfalz: Ministerium für Wirtschaft, Verkehr, Landwirtschaft und Weinbau (MWVLW), Ministerium für Soziales, Arbeit und Gesundheit (MSAG).

FSC
www.fsc.org
MIX
Papier | Fördert gute Waldnutzung
FSC® C083411

Kolibri 360 GmbH
Ferdinand-Jühlke-Straße 7
99095 Erfurt, Deutschland
produktsicherheit@kolibri360.de

Druck:
CPI Druckdienstleistungen GmbH
im Auftrag der
Kolibri 360 GmbH
Ferdinand-Jühlke-Str. 7
99095 Erfurt